정복 왕조의 출현
요·금의 역사

지은이
이계지(李桂芝)
중앙민족학원 역사계 졸업, 현재 중앙민족대학 역사계 교수, 중국 몽고사학회 및 중국 민족사학회 이사

옮긴이
나영남
한국외국어대학교 노어과 졸업, 동대학원 사학과 졸업[문학 박사], 현재 경기대학교 인문대학 사학과 초빙 교수
조복현
중앙대학교 사학과 졸업, 중국 하북대학 역사연구소 졸업[역사학 박사], 현재 경희대학교 후마니타스 칼리지 교수

정복 왕조의 출현: **요·금의 역사**

2014년 11월 14일 초판 1쇄 인쇄
2014년 11월 20일 초판 1쇄 발행

지은이 ■ 이계지(李桂芝)
옮긴이 ■ 나영남 · 조복현
펴낸이 ■ 정용국
펴낸곳 ■ (주)신서원
　　　　서울시 서대문구 냉천동 260 동부센트레빌 아파트 상가동 202호
　　　　전화 : (02)739-0222·3 팩스 : (02)739-0224
　　　　신서원 블로그 : http://blog.naver.com/sinseowon
　　　　등록 : 제300-2011-123호(2011.7.4)

ISBN 978-89-7940-450-0　93910
값 38,000원

신서원은 부모의 서가에서 자녀의 책꽂이로
'대물림'할 수 있기를 바라며 책을 만들고 있습니다.
잘못된 책은 연락주세요.

정복 왕조의 출현

요·금의 역사

| 이계지 지음 / 나영남·조복현 옮김 |

옮긴이 서문

　요(遼)와 금(金)은 각각 거란족과 여진족이 요동 지역에 건립한 왕조로, 대략 10~13세기에 걸쳐 오대·양송·고려·서하와 병립했다. 이른바 정복 왕조라고 일컫는 요·금의 출현은 동북아시아의 정세를 크게 변화시켜 장성 이남의 땅을 일부 지배하고, 남송·고려·서하 등을 신속시켰다. 그들은 민족의식을 자각해 주체적으로 국호와 연호를 사용했을 뿐만 아니라 자국의 언어를 유지하기 위해 문자를 만들었고, 농경민을 통치하기 위한 수단으로 이중지배체제를 확립했다. 이와 같은 정복 왕조의 출현은 동북아시아 역사상 일찍이 경험하지 못한 일대 사건이며, 향후 원(元)과 청(淸)이 중국 전역을 지배할 수 있는 초석을 마련한 것이다.
　하지만 우리에게 요·금 왕조는 발해를 멸망시키고, 고려를 침략했던 오랑캐 정도로 인식되고 있다. 이는 중화주의를 따른 소중화주의에서 비롯된 발상이며, 일국사의 한계를 벗어나지 못한 역사 인식이다. 특히 여진(女眞)은 한반도와 요동 일대에 산거하면서 중원 및 한반도의 역사와 밀접히 관계한 민족이다. 예컨대 『금사(金史)』에는 완안부(完顔部)에 대해 고려와는 "본래 같은 곳에서 나왔다"라고 기록되어 있고, 금 태조 아골타(阿骨打)가 "여진과 발해는 본래 한집안이다"라고 말했던 것도 이를 뒷받침해 준다. 더욱이 금의 시조 함보(函普)가 한반도에서 건너간 고려인 내지는 신라인이었다는 『금사』의 기록도 간과할 수 없다.

따라서 중국의 현재주의적 역사관을 극복하고, 우리 역사의 지평을 넓히기 위해서는 한반도에 국한된 역사 인식을 지양해야만 한다. 왜냐하면 광의의 요동 지역은 예맥족을 비롯해 동호족·숙신족 등이 혼재한 역사의 장이었기 때문이다. 발해가 멸망한 후에도 400여 년간이나 문헌에 등장하는 발해인은 요·금의 정치·경제·문화 등 다양한 분야에 크게 기여했다. 무엇보다도 예맥계의 부여-고구려-발해-고려의 계통성과 민족사적 귀속 문제를 이해하기 위해 북방 민족과 정복 왕조에 대한 이해가 절대적으로 필요하다고 생각한다.

그러나 국내에는 몇 권의 전문 연구서를 제외하면 요금사에 관한 서적이 거의 없는 실정이다. 따라서 좀 더 쉽게 접근할 수 있는 개론서가 절실하다고 판단했기 때문에, 이계지(李桂芝, 리구이즈)의 『요금간사(遼金簡史)』를 선택해 '정복 왕조의 출현: 요·금의 역사'라는 제목으로 발간하게 되었다. 이 책은 대부분 사료를 직접 인용해 서술하기 때문에 표현이 다소 매끄럽지 않거나 어려울 수 있으나, 가공되지 않은 사서의 기록을 독자가 직접 접할 수 있다는 점은 오히려 시대 상황에 관한 해석의 폭을 넓힐 수 있는 기회가 될 수 있을 것이다. 게다가 이 책은 민족사 및 정치·경제·문화사를 망라해 심도 있게 정리했으므로, 개론서 이상의 내용을 담고 있다. 무엇보다도 중원 왕조사에 익숙한 독자가 요의 사시날발(四時捺鉢), 알로타(斡魯朶), 투하주(投下州), 북·남면관제(北南面官制)나 금의 발극렬제(勃極烈制)·맹안모극제(猛安謀克制) 등 생경한 제도를 이해하는 데 큰 도움이 될 것이라 믿는다.

그리고 이 책은 개설서로서의 역할뿐만 아니라 한중 관계사와 동서 교류사의 큰 틀을 이해하는 데도 일조할 것으로 기대한다. 따라서 요·금사는 물론이고 당송사, 오대사, 고려사, 발해사, 만주사, 내륙 아시아사 등을 전공하는 연구자에게 꼭 필요한 책으로 판단된다. 중국에서는 중세사와 요·금사

박사 과정에 지원하려면, 이 책을 반드시 읽어야 한다고 들었다. 이 책이 북방 민족의 치열한 삶과 중원의 지배 방식 그리고 유목 민족의 문화, 정주 민족과의 관계성 등을 살피는 데 조금이나마 도움이 된다면, 그것으로 옮긴이들에게는 큰 위안이 될 것이다.

    이 책의 요사 편은 나영남, 금사 편은 조복현이 각각 번역했다. 옮긴이들은 원저(原著)에 충실하고자 내용 면에서 다소 불만스러운 부분이 있더라도 되도록 첨삭하지 않았다. 다만 아국(我國)이라는 표현을 중국으로 바꾸고, 중국 중심의 주관적 인식을 일부 바로잡았으며, 일부 불균형한 단락을 임의로 재구성했다. 그리고 민족이나 지명 등 고유명사는 우리 한자음으로 표기하는 것을 원칙으로 했으며, 그중 일부는 괄호 안에 외래어 표기법에 따른 명칭을 병기했다. 예를 들면 회골(回鶻, 위구르)·힐알사(黠戛斯, 키르기스)·서랍목륜하(西拉木倫河, 실란물룬 강) 등이 있다. 또한 이해가 필요한 내용이나 용어는 미흡하나마 주를 달아 처리했고, 지명의 이해를 돕기 위해 요금 시대의 전도(全圖)를 추가로 넣었다.

    마지막으로 이 책이 출판되기까지 아낌없는 지원과 격려를 해주신 한국외국어대학교의 이근명(李瑾明) 교수님과 송요금원사학회(宋遼金元史學會)의 여러 선생님에게 감사의 뜻을 전한다. 더불어 이 책의 출판을 결정해 준 (주)신서원 정용국 사장님에게도 진심으로 감사드린다.

2014년 10월
나영남·조복현

차례

옮긴이 서문 ■ 5

요의 역사

1장 거란의 흥기와 요 정권의 건립 ········· 25

1절 거란의 흥기 ········· 27
1. 거란인의 기원 ········· 28
1) 동호의 부락 연맹 ········· 30
2) 오환과 선비 ········· 32
3) 동부 선비 세력의 흥망 ········· 35
2. 고팔부 시기의 거란 ········· 37
3. 대하씨 연맹 시기의 거란 ········· 41
1) 대하씨 연맹 ········· 41
2) 연맹 이외의 거란 부락 ········· 44
3) 대하씨 연맹과 당과의 관계 ········· 45

2절 거란 사회의 발전과 요의 건립 ········· 50
1. 요련씨 부락 연맹 ········· 50
2. 연맹 후기에 거란 사회의 발전 ········· 54
1) 사회경제의 발전과 새로운 귀족의 출현 ········· 54
2) 연맹 내부의 권력 투쟁과 기구의 조정 ········· 57
3. 요 정권의 건립 ········· 60

2장 요 전기의 통치 ····· 65

1절 영토의 개척과 통치 제도의 확립 ····· 67
1. 부락의 개편과 영토의 개척 ····· 67
1) 대외 정복과 부락의 재편성 ····· 68
2) 주현의 건립과 한인의 안치 ····· 71
3) 발해의 멸망과 동란의 건국 ····· 73
4) 유계 16주의 병합 ····· 75

2. 성종의 치세 ····· 81
1) 인재의 선발과 관원의 정돈 ····· 82
2) 신분 계급의 조정과 농업 생산의 발전 ····· 86
3) 영토의 확장과 변경에 대한 통제의 강화 ····· 90

2절 통치 제도와 그 특징 ····· 97
1. 인속이치와 북·남면 관제 ····· 98
1) 북·남면관 ····· 98
2) 지방 제도와 투하주·군 ····· 101

2. 5경과 사시날발 ····· 103
3. 알로타 ····· 106
4. 형법 ····· 109
5. 군대 ····· 113
6. 과거와 학교 ····· 115

3절 사회 모순과 각 민족의 반항 투쟁 ····· 118
1. 통치 집단 내부의 모순과 투쟁 ····· 119
1) 동란왕을 대신한 태종의 즉위 ····· 119
2) 힝도의 회약과 세종의 즉위 ····· 121
3) 천록 연간의 권력 투쟁 ····· 123
4) 응력 연간의 권력 투쟁 ····· 125
5) 건순·보령 연간의 권력 투쟁 ····· 127

2. 각 민족의 반항 투쟁 ····· 129
1) 목종의 잔혹한 정치와 각 민족의 반항 ····· 129
2) 보령 연간의 발해와 오야의 반요 투쟁 ····· 130

3) 오고·적렬·조복의 항요 투쟁 ·· 131
　　　4) 대연림의 반요 투쟁 ·· 133

3장 요의 사회경제 ·· 137

1절 토지 점유와 부역 제도 ·· 139
　1. 토지 소유제와 그 변화 ·· 139
　　　1) 국가 소유의 토지와 부락의 목장 ·································· 140
　　　2) 제궁제할사가 소유한 토지 ·· 141
　　　3) 사묘의 토지 ·· 142
　　　4) 지주와 소농의 사유지 ·· 143
　2. 봉건 요소의 증강에 따른 계급과 계층의 변화 ··············· 144
　　　1) 영주·지주·부상 ·· 144
　　　2) 목축업자·농민·수공업자 ·· 145
　　　3) 궁분인·노예·저장호 ·· 146
　　　4) 계급 관계의 변화 ·· 148
　3. 부역 제도 ·· 150
　　　1) 부락민의 부역 ··· 151
　　　2) 농민의 부역 ·· 152
　　　3) 속국과 속부의 부역 ·· 157

2절 사회경제의 발전 ·· 158
　1. 목축과 수렵 ·· 158
　　　1) 목축업 ·· 158
　　　2) 유목업의 경영 방식 ··· 159
　　　3) 어로와 수렵 ·· 162
　2. 농업의 발전 ·· 165
　　　1) 농업의 작용과 그 지위 ··· 165
　　　2) 농업 정책과 농업의 발달 ··· 166
　3. 수공업과 상업 ··· 174
　　　1) 수공업의 발전 ··· 174
　　　2) 상업의 번영 ·· 182

4장 요의 쇠망 ················· **189**

1절 흥종과 도종의 통치 ················· 191
  1. 흥종 시기: 성쇠의 전환 ················· 191
    1) 흠애정변 ················· 191
    2) 변경 수비에 따른 과중한 군역 ················· 193
  2. 도종 시기: 사회 모순의 격화 ················· 195
    1) 난하의 정변 ················· 196
    2) 야율을신의 천권 ················· 197
    3) 각 민족의 반항 투쟁 ················· 200
2절 천조제의 통치 ················· 203
  1. 정치 부패와 사회 모순의 심화 ················· 204
    1) 천조제의 무분별한 정치 행태 ················· 204
    2) 통치 집단의 부패와 태만 ················· 206
    3) 과중한 부역과 계급 모순의 격화 ················· 208
  2. 여진인의 반요 투쟁 ················· 209
    1) 소해리의 반요 투쟁과 여진의 흥기 ················· 210
    2) 영강주와 출하점 전투 ················· 212
    3) 천조제의 친정 ················· 215
  3. 요 통치 집단의 분열 ················· 218
    1) 야율장노의 폐립 활동 ················· 218
    2) 야율여도의 반요항금 ················· 220
    3) 북요의 건립 ················· 221
  4. 요 경내에서 일어난 각 민족의 반항 ················· 222
    1) 고영창의 자립 ················· 222
    2) 동재의 반요 활동 ················· 224
    3) 원군의 반란 ················· 224
  5. 요의 멸망 ················· 226
    1) 상경의 함락 ················· 227
    2) 중경의 함락 ················· 228
    3) 서경의 함락 ················· 229
    4) 남경의 함락 ················· 229

5) 요의 멸망 ········· 231
3절 요 정권의 재건: 서요 ········· 233
  1. 야율대석의 항금 활동 ········· 234
  2. 중앙아시아에서의 서요 정권 ········· 238
    1) 서요의 통치 범위 ········· 238
    2) 정치 제도와 통치 방식 ········· 239
    3) 서요의 성쇠 ········· 240

5장 요와 주변 국가와의 관계 ········· 243

1절 요와 오대 각 할거 세력과의 관계 ········· 245
  1. 하동 이씨와의 결맹과 전쟁 ········· 245
    1) 야율아보기와 이극용의 결맹 ········· 246
    2) 신주·유주 전투 ········· 248
    3) 망도 전투 ········· 248
    4) 곡양·당하 전투 ········· 250
  2. 거란의 부용국: 후진 ········· 251
    1) 석경당의 옹립 ········· 251
    2) 후진의 멸망 ········· 252
  3. 북한 및 후주와의 관계 ········· 255

2절 송·요의 대치 ········· 257
  1. 고량하·연운 전투 ········· 258
  2. 전연의 맹약 ········· 260
  3. 관남 10현에 대한 교섭 ········· 262
  4. 하동 경계에서의 분쟁 ········· 263

3절 요·하의 화친과 교전 ········· 266
  1. 이계천의 책봉과 당항 할거 세력의 신복 ········· 266
  2. 서하 정권의 수립과 요·하 관계의 악화 ········· 269
    1) 하곡 전투 ········· 270
    2) 하란산 전투 ········· 273
  3. 종번 관계의 안정적 발전 ········· 274

6장 요 왕조의 문화와 거란인의 사회생활 ·········· 277

1절 요 왕조 문화의 발전과 그 특징 ·········· 279
 1. 언어와 문자 ·········· 280
 2. 문학과 예술 ·········· 281
 3. 역사학 ·········· 284
 4. 유학과 종교 ·········· 286
 5. 회화와 조각 ·········· 291
 6. 의학과 천문학 ·········· 301

2절 요대 거란인의 사회생활 ·········· 304
 1. 결혼과 성씨, 가족과 부락 ·········· 304
 2. 생활 습속 ·········· 310
  1) 음식과 거주 ·········· 310
  2) 명절 ·········· 314
  3) 예의와 금기 ·········· 317
  4) 상례와 장례 ·········· 321
  5) 오락 ·········· 322

부록: 요의 중대사 기록표 ■ 325

금의 역사

7장 여진족의 흥기와 금 정권의 건립 ·········· 337

1절 여진족의 흥기 ·········· 339
 1. 여진족의 기원 ·········· 339
 2. 요 왕조 통치하의 여진족 ·········· 341
  1) 계적여진 ·········· 341
  2) 생여진 ·········· 343

3. 완안부의 흥기 ………………………………………………………… 344

2절 금 정권의 건립 ……………………………………………… 347

1. 부락 연맹의 확대와 완안씨 귀족 세력의 증강 ……………… 348

   1) 아소 사건 ……………………………………………………… 349

   2) 반란의 평정 …………………………………………………… 351

2. 항요 투쟁과 금 정권의 건립 …………………………………… 352

3절 금의 대요·대송 전쟁 ……………………………………… 355

1. 금과 요의 전쟁 …………………………………………………… 356

   1) 요와 금의 화의 ……………………………………………… 356

   2) 군사적 승리 …………………………………………………… 358

2. 북송의 멸망 ……………………………………………………… 360

   1) 해상의 맹약 ………………………………………………… 360

   2) 화의의 결렬 …………………………………………………… 361

   3) 금의 북송에 대한 공격 ……………………………………… 363

   4) 하북과 하동 지방의 항금 투쟁 …………………………… 367

8장 금 전기의 통치 ……………………………………… 373

1절 금의 통치 제도 ……………………………………………… 375

1. 관료 제도 ………………………………………………………… 375

   1) 발극렬 제도와 중앙집권화로의 전화 ……………………… 375

   2) 지방 통치 기구 ……………………………………………… 379

2. 군대 ……………………………………………………………… 382

3. 법률 ……………………………………………………………… 384

4. 과거와 학교 ……………………………………………………… 386

2절 금대 전기의 사회적 갈등 ………………………………… 388

1. 희종의 치세 ……………………………………………………… 388

   1) 희종의 즉위 ………………………………………………… 388

   2) 발극렬 제도의 폐지 ………………………………………… 389

   3) 화북으로의 이주 …………………………………………… 390

2. 여진 귀족 사이의 모순과 투쟁 ………………………………… 391

                1) 종실 간의 투쟁 ·· 391
                2) 종필과 희윤의 갈등 ·· 393
                3) 전각의 당화 ·· 394
        3절 완안량의 천도와 남정 ··· 397
            1. 완안량의 정변 ·· 397
            2. 관제 개혁과 연경으로의 천도 ·· 398
            3. 정륭남벌 ·· 399
            4. 여러 민족 백성의 반항 투쟁 ·· 400
                1) 하북과 산동 백성의 반항 투쟁 ······································· 401
                2) 거란인의 반금 투쟁 ·· 402
        4절 금의 전성기 ··· 404
            1. 세종의 통치 ·· 405
                1) 질서의 안정 ·· 405
                2) 관제의 조정과 이치의 정돈 ·· 406
                3) 교육 중시 ·· 407
            2. 장종의 문치 ·· 408
                1) 제도의 완비와 통치력의 강화 ·· 408
                2) 문화 사업의 발전 ·· 411

9장 금의 사회경제 ··· 415

        1절 여진인의 경제생활과 민족의 이주 ··· 417
            1. 건국 초기 여진인의 경제생활 ·· 417
            2. 민족 이주가 여진 사회에 끼친 영향 ······································ 419
                1) 북쪽으로 향한 한족의 이주 ·· 419
                2) 중원으로 향한 여진인의 이주 ·· 421
                3) 여진 사회의 노예 제도 ·· 423
        2절 금의 계급 관계와 부역 제도 ··· 427
            1. 토지의 점유와 계급 관계 ·· 427
                1) 토지 점유의 방식 ·· 427
                2) 여진 사회의 봉건화 ·· 431

3) 계급 관계 ………………………………………………………… 435
　2. 부역 제도 ……………………………………………………………… 437
　　1) 토지세 …………………………………………………………… 437
　　2) 물력전과 통검추배 ……………………………………………… 439
　　3) 상세와 관세 ……………………………………………………… 441
　　4) 잡세 ……………………………………………………………… 445
　　5) 역법 ……………………………………………………………… 447

3절 생산력의 회복과 발전 …………………………………………………… 449
　1. 금대 초기 중원 지역의 파괴 …………………………………………… 449
　2. 질서의 회복과 생산력의 발전 ………………………………………… 452
　　1) 생산력의 회복과 발전을 위한 조치 …………………………… 452
　　2) 농업 생산의 발전 ………………………………………………… 458
　　3) 수공업의 발전 …………………………………………………… 461
　　4) 목축업 …………………………………………………………… 472
　　5) 상업 ……………………………………………………………… 473

10장 금의 쇠망 ……………………………………………… **481**

1절 통치력의 약화와 몽고의 흥기 ………………………………………… 483
　1. 종실 내부의 갈등과 투쟁 ……………………………………………… 483
　　1) 정왕 윤도의 죽음 ………………………………………………… 483
　　2) 호왕 영중의 금고 ………………………………………………… 484
　2. 계급 모순과 민족 모순의 심화 ………………………………………… 485
　　1) 토지의 겸병과 부역의 불공평 …………………………………… 485
　　2) 부패한 정치와 사치스러운 풍속 ………………………………… 487
　3. 몽고의 흥기 ……………………………………………………………… 490
　　1) 몽고의 기원 ……………………………………………………… 490
　　2) 요금 시기의 몽고 ………………………………………………… 491
　　3) 몽고 각 부의 통일 ……………………………………………… 494

2절 금 왕조의 남천과 멸망 ………………………………………………… 497
　1. 몽고의 군사적 진공과 선종의 남천 …………………………………… 497
　　1) 위소왕의 즉위 …………………………………………………… 497

2) 금 선종의 남천 ·· 499
　　3) 규군의 반란과 중도의 함락 ······················· 503
　2. 남천 후 금 왕조의 형세 ································ 506
　　1) 북방의 형세 ··· 507
　　2) 금 후기의 정치와 경제 ······························ 515
　　3) 군사력의 쇠퇴 ··· 526
　3. 몽고군의 전면적인 진공과 금 왕조의 멸망 ··· 530
　　1) 섬서의 함락 ··· 531
　　2) 삼봉산 전투 ··· 532
　　3) 금 애종의 도주와 최립의 변 ····················· 534
　　4) 채주성의 함락과 금의 멸망 ······················ 536

11장 금과 국내 각 정권과의 관계 ············· 537

1절 금대 전기 남송과의 화전 ················· 539
　1. 송 정권의 중건과 남천 ································ 539
　2. 유제의 폐립 ·· 543
　　1) 유예의 건립 ··· 543
　　2) 금·제 연합군의 남송 침략 ························ 544
　　3) 유예의 폐립 ··· 551
　3. 황통화의 ·· 554
　　1) 천권화의와 결렬 ······································ 554
　　2) 악비의 북벌과 황통화의 ··························· 556

2절 중·후기 금과 송의 관계 ··················· 563
　1. 정륭남벌과 대정화의 ··································· 563
　2. 개희북벌과 태화화의 ··································· 569
　　1) 송군의 북벌 ··· 569
　　2) 오희의 배신 ··· 571
　　3) 태화화의 ··· 572
　3. 세폐의 중지와 선종의 남벌 ························· 573
　4. 금의 멸망 ··· 577

3절 금과 서하의 관계 ·· 579
  1. 금·서하 간 종번 관계의 확립 ·· 579
    1) 서하의 신복 ··· 579
    2) 금·서하 경계의 확정 ··· 581
  2. 금대 전기 서하와의 관계 ··· 582
  3. 금·서하 간 종번 관계 강화 ·· 585
  4. 금대 후기 금·서하 관계의 재조정 ·································· 587
    1) 금·서하 관계의 악화 ··· 587
    2) 금·서하 관계의 재조정 ·· 589

12장 금의 문화와 여진인의 사회생활 ······················· 591

1절 금대 문화의 발전과 그 특징 ·· 593
  1. 문학과 예술 ·· 594
    1) 언어와 문자 ··· 594
    2) 문학 ··· 597
  2. 역사학 ·· 611
  3. 유학과 종교 ·· 614
    1) 유학의 전파 ··· 615
    2) 도교에서의 새로운 파벌의 창립 ································· 616
  4. 과학 기술 ··· 620
    1) 천문 역법과 수학 ··· 621
    2) 의학 ··· 622
    3) 건축 ··· 624

2절 여진인의 사회생활 ·· 628
  1. 혼인, 가정, 성시, 부락 조직 ··· 628
    1) 혼인 ··· 628
    2) 가정 ··· 633
    3) 성씨와 부락 ··· 635
  2. 생활 습속 ··· 640
    1) 음식·거주·상장례 ··· 640

2) 세시풍속과 예의 ·· 652

부록: 금의 중대사 기록표 ■ 657

참고문헌 ■ 663
지은이 후기 ■ 665
찾아보기 ■ 667

요의 역사

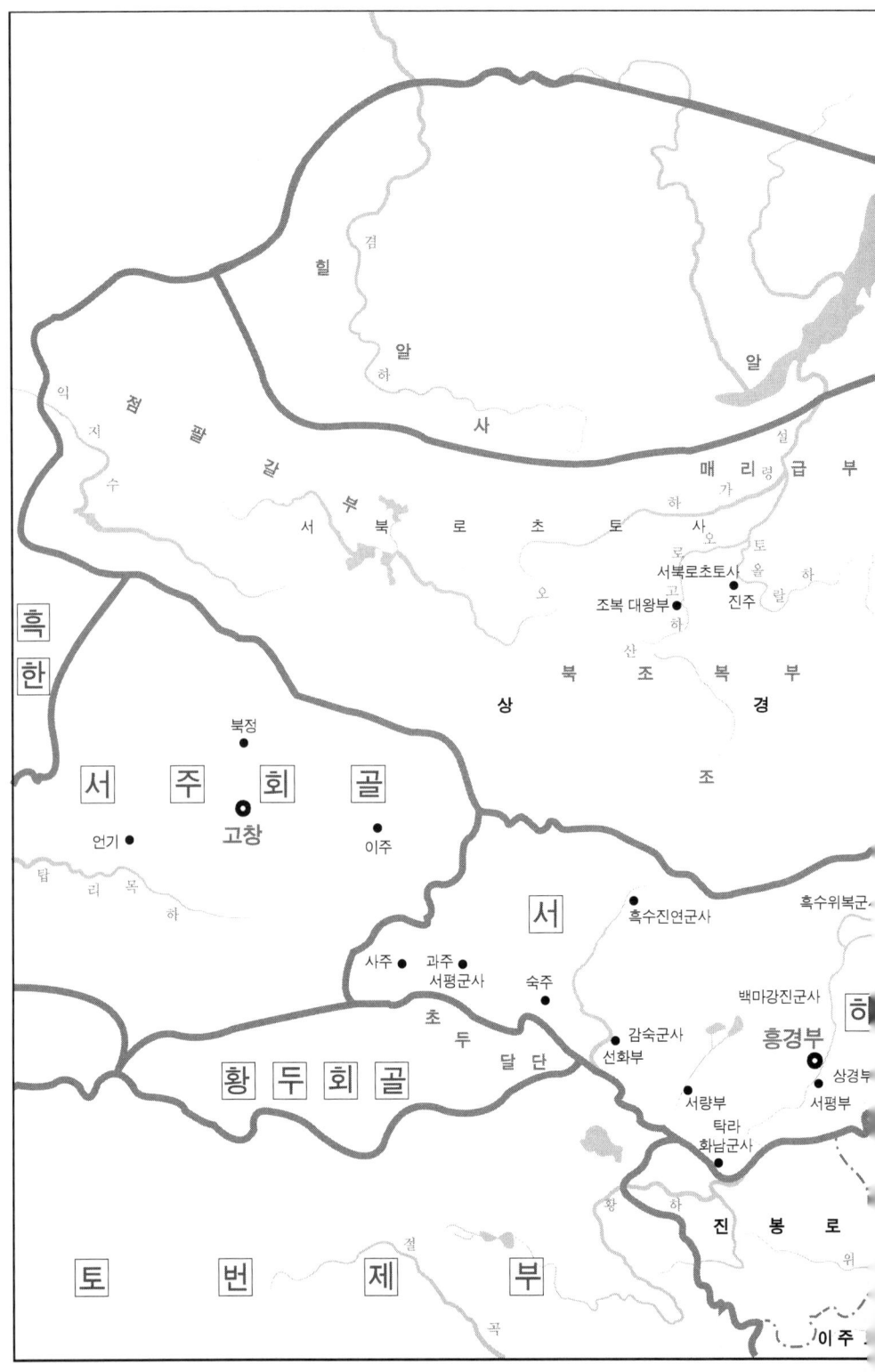

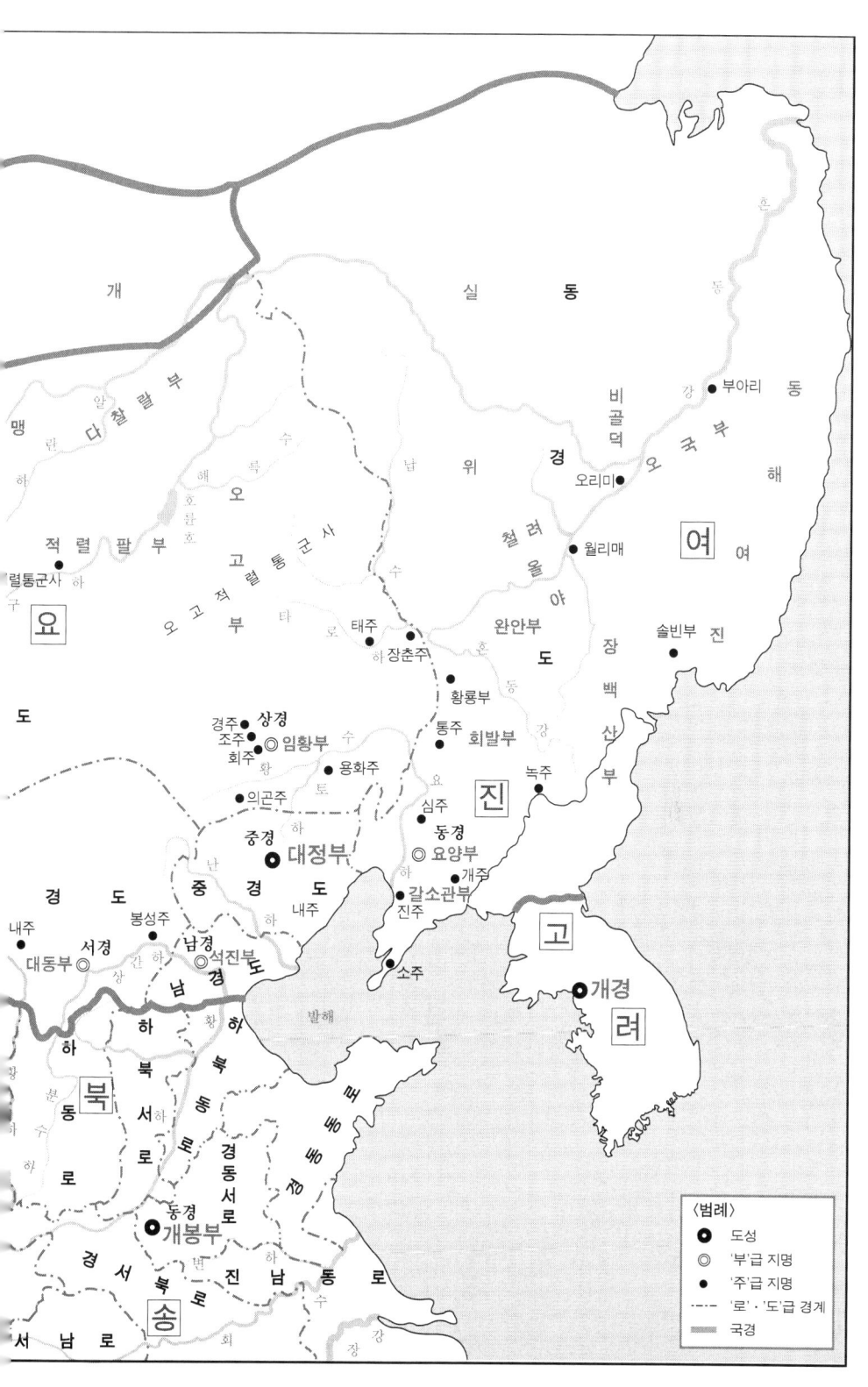

1장
거란의 흥기와 요 정권의 건립

1절
거란의 흥기

9세기 후반에 당(唐) 정권이 쇠퇴하면서 주변의 각 종족에 대한 통제가 이완되었으며, 번진(藩鎭) 간에 끊이지 않는 각축전은 중원을 혼란한 상태로 빠져들게 했다. 한편 회골(回鶻, 위구르)을 멸망시킨 힐알사(黠戛斯, 키르기스)도 몽고고원을 통제하는 강력한 통일 정권을 건립하지 못했으므로, 초원의 각 부족은 분산된 상태로 유목 생활을 영위했다. 그런 가운데 서랍목륜하(西拉木倫河, 실란물룬 강)와 노합하(老哈河, 라오하 강) 유역에서 유목하던 거란인은 흥기할 수 있는 기회를 잡아서 자신의 세력을 신속히 발전시켜 나갔다. 916년 마침내 거란의 귀족 야율아보기(耶律阿保機)가 부락 연맹의 폐허 위에 광활한 요동(遼東) 지역을 포괄하는 요(遼) 정권을 건립했다. 요는 오대(五代)의 정권 및 그 뒤를 이은 북송(北宋)과 왕래하면서 중원과 밀접한 관계를 유지했다. 흉노(匈奴)·유연(柔然)·돌궐(突厥)·회골 등의 뒤를 이은 거란은 동아시아 역사상 중대한 영향을 끼친 또 하나의 유목 국가였다. 그들의 통치 범위와 기간, 정치 체제의 정비, 사회 문화의 발전은 앞서 있었던 유목 민족 정권의 수준을 훨씬 뛰어넘는 것이었다. 거란은 흉노 이후에 이어온 초원의 유목 문화를 계승·발전시켰을 뿐만 아니라 고도로 발전된 중원의 농경문화도 적극적으로 습득했기 때문에 중국의 역사에서도 그 위치와 역할을 소홀히 할 수 없다.

1. 거란인의 기원

한문으로 된 문헌 중에서 거란(契丹)이라는 글자는 고려의 김부식(金富軾)이 편찬한 『삼국사기(三國史記)』에 가장 먼저 보인다. 중국의 역사책 『자치통감(資治通鑑)』에는 진(晋)의 안제(安帝) 의희(義熙) 원년(405)에 거란의 활동상이 처음으로 보인다. 『자치통감』의 「위서(魏書)」에는 거란 및 그들과 밀접하게 관계된 고막해(庫莫奚)가 함께 입전(立傳)되어 전해진다. 이후 『북사(北史)』·『수서(隋書)』·『구당서(舊唐書)』·『신당서(新唐書)』·『구오대사(舊五代史)』·『신오대사(新五代史)』 그리고 『당회요(唐會要)』·『오대회요(五代會要)』·『책부원귀(冊府元龜)』·『문헌통고(文獻通考)』·『송회요(宋會要)』 등의 문헌에도 모두 거란인과 관련된 활동 정황이 구체적으로 기록되어 있다.

상술한 문헌에서는 대체로 거란인의 족원(族源)이 '흉노(匈奴)'와 '동호(東胡)' 설로 대별된다. 위수(魏收)는 『위서』에 "고막해의 조상은 동부우문(東部宇文)의 별종이다"·"거란국은 고막해의 동쪽에 위치하며 그들과 이종동류(異種同類)[1]다"라고 기록하고 있다. 설거정(薛居正)의 『구오대사』에는 "거란은 옛날 흉노의 종족이다"라고 기록되어 있는 반면, 구양수(歐陽脩)의 『신오대사』에는 "거란이 본래 동호의 종족이다"라고 기록되어 있다. 이후에 마단림(馬端臨)과 호삼성(胡三省)은 동호설을 주장하는 한편, 왕흠약(王欽若)은 흉노

---

[1] 거란과 해의 두 민족을 『魏書』·『北史』·『隋書』 등에서 異種同類라고 표현하고 있으나, 그 해석은 분분하다. 陳述은 『契丹史論考證』에서 종족은 다르나 같은 夷類라는 뜻으로 해석한 반면, 王民信은 『契丹史論叢』에서 부족은 달라도 동일한 종족이라는 金毓黻의 同族異部設을 지지하고 있다. 현재 대개 후자의 뜻으로 이해하고 있다. _옮긴이 주

설을 주장했다. 또한 몽고인 탈탈(脫脫)이 편찬한 『요사(遼史)』에는 "염제(炎帝)의 후예 갈오토(葛烏菟)가 대대로 북녘에서 영웅으로 활약했었는데, 후에 묵특가한(冒頓可汗)의 습격을 받아 선비산(鮮卑山)으로 물러났고 그곳을 근거지로 삼았기 때문에 선비씨(鮮卑氏)라고 불렸다. 이윽고 모용연(慕容燕)에게 격파된 후에는 그 부락이 우문·고막·거란으로 분리되었다"고 인식하고 있다. 그들이 염제의 후예라는 것을 차치하더라도 여전히 동호에서 기원했다고 주장하고 있다. 요컨대 거란 민족사와 요사를 연구하는 후세의 연구자 대부분은 거란이 동호 계통으로 동부 선비에서 갈라져 나온 우문부의 후예로 인식한다.

거란이라는 명칭은 본디 그들 스스로가 부른 민족명이었다. 단어의 뜻과 관련해서는 빈철(鑌鐵)·도검(刀劍)·한랭(寒冷)·대중(大中)이거나 혹은 부락의 추장 이름이 변한 것이라는 등 의견이 다양하지만, 아직까지 정론(定論)은 없다. 거란이 흥기한 서랍목륜하와 노합하는 동아시아 고대 문명의 발상지 중 하나다. 1만 년 전부터 이곳에는 이미 원시 인류의 족적이 남아 있다. 이 지역에서 민족의 이동과 융합이 아주 빈번하게 이루어졌으므로, 복잡한 양상을 띤다. 서랍목륜하는 『후한서』에서 요락수(饒樂水)라고 불렸고, 『삼국지』에서는 작락수(作樂水), 『위서』와 『북서』에서는 약락수(弱洛水 또는 弱落水), 『구당서』·『구오대사』·『신당서』·『요사』에서는 황수(潢水, 실란물륜 강), 『신오대사』에서는 황수·효라개몰리(梟羅箇沒里), 『거란국지(契丹國志)』에서도 효라개몰리·여고몰리(女古沒里)·황하(潢河)라고 불렸다. 노합하는 『후한서』에서 오후진수(烏侯秦水), 『수서』에서는 탁흘신수(托紇臣水), 『신당서』에서는 토호진수(土護眞水), 『요사』에서는 토하(土河), 『거란국지』에서는 북먀리몰리(北乜里沒里)·도외사몰리(陶猥思沒里)·토하 등으로 불렸다.[2]

---

2) 약 1,400킬로미터에 달하는 遼河는 대흥안령에서 발원한 서요하와 장백산맥에 수원을 둔 동요하가 만나 발해만으로 흘러든다. 서요하는 바로 노합하와 서랍목륜하가 합류해 형성된다. 서랍목륜해실란물륜 강는 몽고어로 '누런 강'을 의미하며 黃河와 구별하기 위해 이전에는 潢水로 표

5000~6000년 전에 이 지역은 기후가 온난하고 수원(水源)이 풍부해 농업 생산에 적합했다. 원시 거주민은 이곳에서 신석기 시기에 독자적인 홍산문화(紅山文化)3)를 창조했다. 출토된 생산 도구는 어렵(漁獵)과 목축뿐만 아니라 농경에도 사용된 것으로, 당시 사람들이 이미 농업과 목축업에 종사했다는 것을 알 수 있다. 정교하고도 아름다운 옥기(玉器)는 당시 사람들이 심미적인 욕구와 의식(儀式)에 대한 관념이 있었다는 것을 반영한다. 요령성(遼寧省) 객좌현(喀左縣) 동산(東山) 취제단(嘴祭壇) 및 우하량(牛河梁)의 여신묘(女神廟)와 적석총군(積石冢群) 등의 발견은 이미 북방 문화가 상당한 수준에 도달했고, 원시사회에서 계급사회로 이행하기 시작했다는 것을 좀 더 분명하게 밝혀주고 있다.

　그러나 기후의 변화는 이곳의 거주민과 사회 발전에 심각한 영향을 끼쳤다. 대략 4000~5000년 전에 기후가 점차 한랭해졌고 날이 갈수록 가물면서 거주민이 점차 중원으로 남하했기 때문에, 이곳은 농경 지역에서 유목 지역으로 전환되었다. 이후 문헌에 보이는 거주민이 바로 동호(東胡)와 산융(山戎)이다.

1) 동호의 부락 연맹

　동호·산융과 중원 각국과의 관계는 춘추(春秋) 시기까지 거슬러 올라간다. 사마천(司馬遷)은 춘추 시기에 "연[燕]國의 북쪽에 동호와 산융이 있다"라

　　기했다. 신석기 시대에 이 유역에서는 중원 문화와 기원 및 계통을 달리하는 홍산 문화가 번창했다. _옮긴이 주
3)　내몽고와 요하 유역에서 하강 문명과 기원 및 계통을 달리하는 신석기 문화가 발굴되어 '홍산문화'로 불린다. 현재는 중국의 영역인 내몽고자치구 적봉시 홍산을 중심으로 한 지역이다. 이곳은 빗살무늬 토기와 적석총 등으로 대표되는 문화로 중국의 중원 문화와 구별되며, 고조선 등 한반도의 초기 역사와 밀접한 관련이 있다. 그중 가장 오래된 興隆洼 문화는 175채의 집이 열채 단위로 질서정연하게 계획적으로 배치되어 있어 놀라운 수준의 사회 모습을 보여주고 있으며, 그곳에서는 여신상과 옥 귀걸이, 옥룡 등 가장 오래된 玉器들이 발굴되었다. _옮긴이 주

고 기록했다. 흉노(匈奴)는 '호(胡)'라고 불렸고, 동호는 흉노의 동쪽에 있었기 때문에 얻은 이름이었다. 전국(戰國) 시기에 동호는 이미 부락 연맹 단계에 진입했고, 그 세력이 연의 북부에서 동북부까지 이르렀기 때문에 북방의 강적이 되었다. 연의 소왕(昭王) 때 연을 격파하고 대장 진개(秦開)를 인질로 잡아간 적이 있었다. 당시 동호 왕에게 신임을 얻은 진개는 그곳의 허실을 모두 정탐하고 돌아온 뒤에 동호를 공격해 1,000여 리의 영토를 정복했다. 연은 정복한 지역에 상곡(上谷)·어양(漁陽)·우북평(右北平)·요서(遼西)·요동(遼東) 등 다섯 개의 군(郡)을 설치했으며, 동으로는 양평(襄平: 지금의 遼寧省 遼陽市)에서 서로는 조양(造陽: 지금의 河北省 沽源縣과 내몽고 正藍旗閃電河 상류 일대)에 이르기까지 장성을 쌓아 동호를 방어했다. 이로써 동호는 노합하 하류 및 서랍목륜하 유역과 그 이북 지역으로 물러났기 때문에 노합하 상류, 대릉하(大凌河, 다링 강), 난하(欒河, 롼허) 유역은 연이 차지하게 되었다.

진(秦)이 통일한 후에 대장 몽염(蒙恬)을 북쪽으로 파견해 흉노를 막고 장성을 중축했는데, 장성의 동쪽 구간은 연이 쌓았던 것을 계속 사용했으며, 일부 구간만 좀 더 북쪽으로 이동했다. 전국시대 시기부터 한 초기까지 동호는 줄곧 강성했다. 흉노의 무특선우(冒頓單于, 209~174년 B.C. 재위)는 부친을 살해하고 자립했으나, 초기에 권력이 안정되지 않았다. 당시 동호 왕은 스스로 강성함을 믿고 무특선우에게 명마(名馬)·연지(閼氏)4) 및 토지를 요구한 적이 있다. 무특은 그들의 요구를 죄다 들어줌으로써 동호가 흉노를 얕보고 방비를 게을리하게 했다. 그런 연후에 그들의 허점을 이용해 격파했기 때문에 동호의 부락 연맹은 와해되었다. 동호가 참패한 후에 남은 무리는 오환산(烏桓山: 요대 黑山, 지금의 罕山)과 선비산(鮮卑山: 大興安嶺 일대)으로 물러나 보존했는데, 후세에 오환(烏桓)과 선비(鮮卑)의 이름으로 문헌에 등장한다.

---

4) 흉노는 군주를 單于, 그의 아내를 閼氏라고 불렀다. 그 후 鮮卑·氐·羌 등에서도 사용되었으나, 5세기 柔然 이후부터 몽고고원에 설립된 유목 국가의 군주를 可汗[칸]이라고 칭했다. _옮긴이 주

2) 오환과 선비

오환과 선비는 동호를 구성하는 부락 연맹 중에서 중요한 부분이었으나, 연맹이 와해된 후에 흉노에 속박되었다. 흉노의 통치자는 그들에게 공부(貢賦)와 병역을 부담할 것을 강요했다. 오환인은 이를 참기 어려워 때때로 무장 반란을 일으켰다. 한 무제(武帝) 시기에 흉노가 한의 변경을 교란하자 여러 차례 군대를 파견해 공격한 적이 있었다. 원수(元狩) 2년(121년 B.C.)과 4년에 곽거병(霍去病)은 두 차례 흉노를 공격해 멀리 막북(漠北: 지금의 외몽고 지역)으로 쫓아내자 남은 무리가 한에 항복했다. 이에 한은 오환을 상곡·어양·우북평·요서·요동 등 다섯 개 군의 새외(塞外)로 이주시켰고, 그들을 이용해 흉노의 동정을 정찰하고 방어하게 했다. 이와 동시에 호오환교위(護烏桓校尉)를 설치한 후에 오환을 감독함으로써, 그들이 흉노와 연계할 가능성을 차단했다. 더욱이 한(漢)은 오환과 흉노가 서로 공격해 양측의 실력이 약화되는 것을 지켜보았다.

왕망(王莽)이 전한(前漢) 정권을 찬탈한 후에 오환을 이용해 흉노를 공격했으나 그 조치가 부적절했기 때문에 오히려 오환인의 분노를 불러일으켰고, 흉노는 이 기회를 틈타 그들을 자기편으로 유인했다. 후한(後漢) 초에 오환과 흉노가 합세해 한의 변경을 침략했는데 "아침에 천막을 나서서 저녁에 성곽에 이르니 5개 군(郡)의 일반 백성은 집집마다 피해를 입고 군현은 파괴되어 백성은 유망하게 되었다"[5]라고 기록되었다.

건무(建武) 22년(46)에 흉노는 권력 다툼으로 내분이 발생했으며, 또한 해마다 한해(旱害)와 황해(蝗害)를 입어 사람과 가축이 굶어 죽고 전염병이 돌자 기회를 엿보던 오환인은 흉노를 공격해 북쪽으로 쫓아냈다. 따라서 막남(漠南, 지금의 내몽고 지역)의 땅이 텅 비게 되어 오환인은 흉노의 통제로부터 벗어

---

5) 『後漢書』, 「烏桓鮮卑列傳」.

나게 되었다. 건무 24년(48)에 흉노는 남북으로 분열되었고, 그해에 남흉노가 한에 투항해 오원군(五原郡)의 서부 변경에 안치되었다. 이와 동시에 한은 오환을 초무 정책으로 우대해 그 수령에게 폐백(幣帛)을 증여했다. 건무 25년에는 광무제(光武帝) 유수(劉秀)가 오환의 대인(大人) 여든한 명을 후(侯)·왕(王)·군장(君長) 등에 책봉하고, 그 종인(種人)을 불러 "옷과 음식을 제공하니 마침내 한을 위해 정탐하고 흉노와 선비에 대한 공격도 도왔다"고 한다. 그리고 상곡군(上谷郡) 영성(寧城: 지금의 河北省 宣化 서북쪽)에 호오환교위를 다시 설치하고 그들을 관리하면서 선비에 대한 상사(賞賜)·질자(質子)·호시(互市) 등의 일도 담당하게 했다. 이로써 동으로는 요동에서, 서로는 삭방(朔方)에 이르기까지 변경의 모든 군(郡)은 오환인의 거주지가 되었다.

한 헌제(獻帝) 초기에 요서의 오환 수령인 답돈(蹋頓)이 강성해져서 요동·요서·우북평 등 세 개의 군을 통일하니 모두 그의 호령을 따랐다. 한편 관도의 싸움[官渡之戰]에서 패망한 원소(袁紹)의 아들 원상(袁尙)과 원희(袁熙)가 오환으로 도망쳐 와서, 그들의 힘을 빌려 권토중래(捲土重來)했으나 실패했다. 건안(建安) 12년(207)에 조조(曹操)는 오환을 친정해 답돈(踏頓)의 목을 베고 그 나머지 무리를 모두 한의 국경 안으로 옮겨 살게 했는데, 점차 한인과 융합되었다.

오환의 점진적인 남하, 남흉노의 내분 및 북흉노 세력의 쇠퇴는 중국 동북쪽의 형세를 크게 변화시켰다. 그 첫 번째의 직접적인 결과는 선비인의 남하(南下)와 서천(西遷)이었다. 선비인은 대흥안령(大興安嶺, 다싱안링) 일대에서 기원했다. 1980년에 고고학자가 내몽고 호륜패이맹(呼倫貝爾盟, 후룬베이얼멍) 서북의 대흥안령 동쪽 기슭에서 발견한 알선동(嘎仙洞, 가셴둥)은 초기 선비족이 거주했던 석실 중 하나였는데, 그것은 선비족이 대흥안령에서 기원했다는 증거를 확실히 제공해 주었다.

선비는 오환과 마찬가지로 동아시아 북방의 고대 민족이며 "그 언어와 습속이 오환과 같았다"고 한다. 그러나 그들의 발전은 오환보다 늦었을 뿐만 아니라 오환의 북쪽에 거주했기 때문에 교통이 막혀 중원과 관계를 맺는 것도 오환보다 늦었다. 북방 초원 지구의 형세가 변화하면서 선비인은 두 차례에 걸쳐 대규모 이동을 했다. 한 무제 원수(元狩) 연간(122~117년 B.C.)에 곽거병이 흉노의 좌부(左部)를 격파한 후에 오환인을 장성 근처의 새외(塞外)로 남천을 시키자, 선비산에 거주하던 선비인은 요락수 유역으로 남하해 오환의 고지를 점유했는데 이들이 바로 후세의 동부 선비였다. 대선비산석실이 있던 大興安嶺 북단에 거주하던 선비인도 이에 따라 대택(大澤: 呼倫湖와 貝爾湖 일대)으로 남천했는데, 이것이 선비인의 첫 번째 대이동이었다.

후한의 화제(和帝) 영원(永元) 원년(89)에 북흉노는 해마다 기근과 황해(蝗害)가 발생했으며, 그런 와중에 선우의 형제가 대립했다. 이에 한과 남흉노가 연합해 북흉노를 대패시켰고, 결국 북흉노의 선우가 영원 3년에 일부 부중(部衆)을 이끌고 서쪽으로 이동함으로써 흉노 세력은 막북에서 물러났다. 건무 25년(49)에 오환이 장성 이남으로 들어오고, 영원 연간 초기에 북흉노가 서쪽으로 옮겨가자 선비인에게 두 번째 대이동의 기회가 주어졌다. 동부 선비의 세력이 새외에 이르자 그곳에 머물던 오환인은 점차 선비에 융합되어 갔다. 대택으로 이주해 살던 선비인은 그곳을 다시 떠나 갖은 고초를 겪은 끝에 몽고 초원의 서북부에 도착했다.

후한 환제 시기(147~167)에 선비의 수령 단석괴(檀石槐, ?~181)가 부락 연맹을 건설했다. 이때 선비의 세력이 강성해 "북쪽으로 정령(丁零)을 막았으며, 동으로 부여(夫餘)를 물리치고 서로는 오손을 공격해 흉노의 옛 땅을 모두 차지했다"[6]고 한다. 또한 한의 변경을 늘 침략하니 북방의 새로운 강적이 되었다. 한 조정은 이를 저지할 힘이 없었기 때문에 결국 사신을 보내 인수(印綬)를 전달하고 단석괴를 왕으로 책봉해 선비와 화친하기를 희망했다. 그러나 단석괴는 이를 받아들이지 않고 한층 더 침략했다. 또한 연맹을 동·중·서 세

---

6) 『後漢書』, 「烏桓鮮卑列傳」.

부로 나눠 각 대인(大人)에게 다스리게 했으며, 자신은 고류(高柳: 지금의 山西省 陽高)에서 북쪽으로 300여 리 떨어진 탄한산(彈汗山) 부근에 조정을 세워 세 부를 통할했다. 후한 영제(靈帝) 광화(光和) 연간(178~183)에 단석괴가 사망하자 자손들 사이에 내분이 일어나 연맹은 와해되었다. 단석괴의 후손 보도근(步度根)과 중부의 대인 중 한 명인 가비능(軻比能) 세력이 점차 강성해졌으나, 끝내 연맹을 재건하지 못했다. 각 부는 따로따로 한과 조위(曹魏)에 귀순했으나, 반항과 복종을 반복했다.

초원의 서북 지역으로 들어간 선비인도 단석괴의 연맹에 가입했었으나 연맹이 와해되자 다시 남하했다. 그들이 이동한 경로는 길어서 많은 시간이 걸렸으며, 그곳은 대부분 흉노의 고지였다. 이러한 민족 대이동은 반드시 다른 민족과의 잡거와 통혼이 이루어지고 통치자와 피통치자의 관계가 변화하게 마련이다. 그래서 초원에는 아주 많은 새로운 족칭(族稱)이 출현했다. 예를 들면 흉노를 부계로 선비를 모계로 하는 철불흉노(鐵弗匈奴), 선비를 부계로 흉노를 모계로 하는 탁발선비(拓跋鮮卑), 고차(高車)를 양부(養父)로 선비를 양자로 한 걸불씨(乞弗氏) 등이 생겨났다. 탁발부의 시조 역미(力微)는 새로운 부락 연맹을 조성했는데, 이 연맹에는 막북에서 흡수한 흉노·고차·유연 각 부의 부락 외에 새외의 오환과 동부 선비 중 일부 부락이 가입했다. 이후 역미의 후예는 북위(北魏)를 건국했다.

3) 동부 선비 세력의 흥망

단석괴의 부락 연맹이 와해되고 탁발선비가 남하한 후에 동부 선비도 이동하면서 변화가 일어났다. 진(晋) 후기에 이르러 점차 우문부(宇文部)·모용부(慕容部)·단부(段部) 등 세 부가 형성되었고, 각자 수령의 성씨로 부의 명칭을 삼았다.

우문부의 수령은 흉노 남선우의 후손이었고, 시조 갈오토(葛烏菟)는 원래 음산(陰山)에 거주했다. 후한 말기에 갈오토의 후예인 막나(莫那)가 요서군 새외로 옮겨 선비를 주로 하는 부락민을 통치했다. 서진 시기에 유원(濡源: 灤河 상류)에서 유성(柳城: 지금의 遼寧省 朝陽)에 이르는 일대를 점거했는데, 서로는 탁발부와 이웃하고 동으로는 모용부와 접하면서 서랍목륜하, 노합하 유역을 장악했다. 그리고 노합하 상류에 있는 자몽천(紫蒙川)에 기(旗)를 세웠다.

모용부의 선조는 단석괴의 부락 연맹 시기에 중부의 대인 중 한 사람이었으며, 원래 우북평 서쪽으로부터 상곡 새외의 땅에 이르는 지역, 즉 지금의 서랍목륜하 상류 지역에 살았다. 조위(曹魏) 초기에 수령 막호발(莫護跋)이 여러 부를 이끌고 동남으로 향해 요서군에 들어가 살다가 경초(景初) 2년(238)에 대북성(大棘城: 지금의 遼寧省 錦州市 부근) 북쪽에서 건국했는데 모용을 성씨로 삼았다. 섭귀(涉歸)에 이르러 재차 요동의 북쪽으로 옮겨 지금의 요령성 서부인 금주(錦州)·부신(阜新)·창무(彰武)·의현(義縣) 일대를 장악했다. 동으로 부여·고구려와 경계를 접하고, 서로는 우문부의 속지(屬地)와 접했다.

단씨는 미천한 출신이었으며 그 선조인 일육권(日六眷)은 일찍이 어양에 있을 때 오환 대인의 가노(家奴)였다. 어양에 흉년이 들자 요서로 옮겨간 그는 유망민을 초유해 단씨 선비 부족을 형성했다. 일육권이 죽고 동생 걸진(乞珍)과 조카 무물진(務勿塵)이 차례로 계승했다. 초기 양락(陽樂: 지금의 北昌黎 경계)에 기(旗)를 세운 후에 다시 영지(令支)로 옮겨 대릉하(大凌河, 다링허) 서남에서 하북 동북부까지 그 일대를 점유했다. 단부가 거주하는 곳은 남쪽으로 치우쳐 있었으므로 한인의 농업 지대였다. 4세기 초에 무물진은 진(晉)의 정삭(正朔)을 받들어 요서공(遼西公)이 되었으나, 무물진과 그의 아들 육권(六眷)이 죽은 후에 단씨 집단은 권력 다툼으로 내분이 일어났다. 남쪽에 위치한 석륵(石勒)의 후조(後趙)에 위협을 받는 가운데 동쪽에 이웃한 모용부가 점차 강대해지면서 333년 마침내 모용부에 멸망당했다.

모용부는 초기에 비교적 역량이 약해 항상 우문부와 단부의 침략을 받았다. 3·4세기의 교체기에 모용외가 즉위하면서 내정을 정돈하고, 농사와 양잠을 가르치고, 부세를 가볍게 하는 등 농업 생산을 발전시켜 국력이 나날이 강해졌다. 302년에 그는 우문부의 진범(進犯)을 격파하면서 비로소 우무부 및 단부의 실력과 대등해졌다. 세 부의 쟁탈이 격렬해지면서 전쟁은 더욱 빈번해졌다. 319년에 우문부와 단부가 고구려와 연합해 공격했지만, 모용부가 이를 격퇴하고 많은 전리품과 포로를 얻으면서 요동의 땅을 거의 점령하게 되었다. 325년에 다시 우문부의 진범을 격파하고 유성을 점거했다. 333년에 모용외가 죽고 그의 아들 모용황(慕容皝)이 즉위하자 단부를 멸망시켰다. 344년에는 모용황이 20만 대군을 이끌고 우문부를 친정해 그 병사를 모두 포로로 잡았다. 우문부의 5,000여 락(落)은 창려(昌黎)로 강제 이주되었고, 나머지 무리는 고구려로 도주하거나 송막(松漠)[7]으로 숨어 들어갔다. 송막으로 도주한 부락은 수십 년이 지나자 점차 번성해 강해지면서 북위의 변경을 자주 약탈했다.

등국(登國) 3년(388)에 북위의 태조 탁발규(拓跋珪)가 북정하자 송막 사이에서 유목하던 과거의 우문부 무리들이 약락수 남쪽에서 그들을 맞아 싸웠으나 대패했다. 이후에 그 부중(部衆)은 고막해(庫莫奚)와 거란으로 양분되어 각자 독립적으로 발전하게 되었다. 고막해는 북위 근처의 노합하에 거주했고, 거란은 그 북쪽의 서랍목륜하 유역에서 유목했다.

2. 고팔부 시기의 거란

등국(登國) 3년에 북위의 정벌로 인해 고막해와 분리된 거란은 반세기가

---

7) 내몽고 동부의 서랍목륜하와 노합하 중하류 일대를 古稱 송막이라고 한다. 당의 기미도독부의 이름으로 貞觀 22년(648)에 거란 부락을 복속시켜 설치했으며, 治所는 현재 내몽고 巴林左旗 남쪽이다. _옮긴이 주_

지나면서 안정을 되찾았고 점차 세력을 회복하면서 북위와 관계를 맺기 시작했다. 북위의 세조 탁발도(拓跋燾) 태연(太延) 3년(437)에 거란은 사신을 파견해 공물을 바쳤다. 태평(太平)·진군(眞君) 연간(440~450)에는 좋은 말을 매년 공납했다. 현조 탁발홍(拓跋弘, 466~470년 재위) 시기에 거란은 북위와 이미 여러 해 동안 왕래하면서 마침내 정식으로 승인을 받아 "여러 나라의 말석에 끼여 향응에 참가하는 지위를 얻었다"[8]고 한다.

이때부터 6세기 중엽까지 거란은 고팔부(古八部)의 연맹 단계에 해당한다. 고팔부의 명칭과 관련해 『위서』의 「현조기」와 「거란전」 및 『책부원귀』, 『요사』의 「영위지」와 「세표(世表)」의 기록이 서로 일치하고 있지 않지만, 학자들의 전문적인 연구를 통해 획기적인 진전을 이루었을 뿐만 아니라 그것의 성격에 관한 연구도 학계의 주의를 끌고 있다. 북위와의 사신 왕래, 조공, 호시(互市) 및 인근 부족의 습격에 공동으로 대응하면서 각 부는 점차 밀접하게 연계되어 약 460~470년대에는 거란을 핵심으로 하는 고팔부의 연맹이 조직되었다.

고팔부는 강한 이웃 국가의 침략을 공동으로 막기 위해 조직된 느슨한 부락 연맹이었는데, 거란이 당시 연맹의 핵심이었으며 그 수령은 선거로 뽑았다. 선거제와 관련해 『거란국지』에는 "각 부에서 용맹하고 지략이 있는 자를 뽑아 수령으로 추대했다"라고 기록되어 있다. 평시에 각 부는 각자의 수령인 막하불(莫賀弗)의 영도하에 "추위와 더위를 피해 물과 풀을 따라 목축했다"라고 기록되어 있다. 목축업은 그들의 주요 경제 활동이었고 당시 가축의 수가 증가하면서 생산력은 이미 상당한 수준까지 발전했다. 천보(天保) 4년에 북제(北齊)가 거란을 격파하면서 획득한 포로가 10여 만 명, 가축이 수십만 마리에 이른 것을 볼 때, 한 사람당 수 마리 이상의 가축을 소유했음을 추정할 수 있다. 어렵도 여전히 중요한 경제적 수단이었다. 예컨대 거란인은

---

8) 『魏書』, 「契丹傳」.

죽은 자에게 제사를 지내면서 산사람을 보호해 주고 사냥을 통해 돼지와 사슴을 많이 잡게 해달라고 항상 기원했다.

그리고 수레는 아주 중요한 운송 수단이었다. 북위 태화(太和) 3년에 막하불 물우(勿于)가 이끌고 귀순한 무리가 1만여 명이고, 수레는 3,000승이었다. 도구의 개선, 기술의 진보 및 생산성의 향상은 그들에게 비교적 많은 축산품과 수렵물을 제공했으며, 이는 또한 좋은 말과 많은 담비를 북위에 조공할 수 있게 했다. 물질생활이 개선되면서 고팔부의 생산품을 가지고 중원의 농업 및 수공업 제품과 교환하려는 욕구가 생겼다. 부락의 발전과 실력의 증강 및 외부와의 연계가 빈번해지면서 이러한 요구가 가능해졌다. 조공, 회사(回賜), 호시(互市) 무역은 그들이 중원과 물질적으로 교류하는 주요한 방식이었고, 약탈도 이러한 요구를 실현하는 보조적인 경제 수단이었다.

사회가 진보하고 부락의 실력이 강해지면서 그들은 외부로의 진출이 절실했지만, 이웃 부족 내지 국가에 비해 그 힘이 상대적으로 약했고 생활도 여전히 불안정했다. 그들의 동쪽에는 일찍이 봉건화를 이루어 경제 문화가 상당히 앞선 고구려가 있었고, 서쪽에는 강대한 유목 부락 집단인 유연(柔然)이 있었다. 그리고 북부에는 거란과 동일한 계통의 지두우(地豆于)·실위(室韋)·두막루(豆莫婁) 등이 있고, 서남에는 고막해가 있었다. 동서의 양대 강국 사이에서 유목하던 거란의 8부는 항상 이웃 국가의 침략을 받았기 때문에 발전하기 어려웠다. 북위 효문제 태화 3년(479)에 고구려가 유연과 연합해 지두우를 나누어 갖자, 당시 막하불이던 물우는 어쩔 수 없이 부락을 이끌고 북위에 귀순하기를 청했다. 그래서 북위는 그들을 백랑수(白狼水: 지금의 다링 강) 이동 지역에 안치시켰다.

북위 말년에는 돌궐이 점차 강성해져 철륵(鐵勒)을 항복시키고 유연을 격파했는데, 이러한 정세는 거란인에게 발전할 기회를 제공했다. 북제 초기에 거란은 세력이 약해진 유연을 습격해 그 수령 철벌(鐵伐)을 살해했다. 그와 동시에 서쪽으로 돌궐에 저항하고, 남쪽으로는 북제의 변경을 교란시켰다.

그러나 천보(天保) 4년(553)에 북제의 현조 고양(高洋)이 북방을 정벌하면서 거란을 대패시켰는데, 이때 거란인의 손실은 막대했다.

돌궐의 목간가한(木杆可汗, ?~572)이 즉위한 후에 유연을 계속 공격해 마침내 멸망시켰다. 거란도 돌궐의 침입을 받았는데 그들의 강력한 군사력 앞에 거란 부락의 일부는 어쩔 수 없이 돌궐에 귀순했고, 나머지 1만여 가(家)는 동쪽으로 도주해 고구려에 붙어살았다. 이로써 거란의 고팔부 연맹은 와해되었다. 고팔부 연맹은 강력한 이웃 국가의 침략을 막기 위해 임시적으로 만든 느슨한 군사 연맹이었다. 그래서 각 부에 대한 절대적인 구속력이 없었고, 각 부도 거의 독립적으로 유지했다. 이러한 군사 연맹은 적을 효과적으로 방어를 할 수 없었을 뿐만 아니라 강력하게 공세를 취할 수도 없었다. 그래서 강적의 습격을 받기라도 하면 바로 귀순하거나 도피했기 때문에 연맹도 자연히 해체된 것이다.

수나라 초기에 돌궐 세력이 강성해지자 북부 변경의 압력을 줄이기 위해 수 문제(文帝)는 장손성(長孫晟)이 건의한 '원교근공책(遠交而近攻)'과 '이강합약책(離强而合弱)'을 받아들여 거란을 초유하는 한편, 돌궐의 가한들을 이간해 갈등을 조장하기도 했다. 돌궐은 마침내 분열되었고, 이에 따라 거란도 휴양생식(休養生息)의 기회를 얻게 되었다. 개황(開皇) 4년(584)에 여러 막하불이 입조했고, 5년에는 무리를 이끌고 변방의 요새를 두드리니 문제가 그들을 받아들여 옛 땅에 살도록 허락했다. 그 후에 고구려에 붙어살거나 돌궐에 정복되었던 자들도 연이어 돌아왔다. 이때 거란인은 10부로 나뉘었는데, 각 부의 병사가 많게는 3,000명, 적게는 1,000여 명 정도였다. 각 부는 돌궐을 방어하고 자신의 세력을 확장하기 위해 항상 연합하면서 작전을 개시했다. 예를 들어 "정벌을 할 때는 추장들이 서로 의논했고, 병사를 일으키거나 무리를 동원할 때는 부계(符契)를 합쳐야만 했다"[9]고 한다. 각 부 사이에 더욱

---

9) 『隋書』, 「契丹傳」.

강력해진 연계는 부락 연맹을 재건하기 위한 기초가 되었다.

3. 대하씨 연맹 시기의 거란

수 말 동란기에 북방의 반수(反隋) 세력이 잇따라 돌궐과 결속해 자립하고자 했고, 이때 돌궐은 다시 흥기해 거란을 재차 예속시켰다. 당 초기에 돌궐은 힐리가한(頡利可汗)이 즉위했고, 조카인 돌리가한(突利可汗)은 동부 거란 및 말갈 여러 부의 사무를 주관했다. 돌리가한의 폭정은 이들의 불만을 고조시켜 무덕(武德)부터 정관(貞觀)에 걸친 시기에 거란의 각 부가 계속해 당 왕조에 입공하거나 귀순했다. 예를 들어 무덕 4년(621)에 '대수(大帥)' 손오조(孫敖曹)와 말갈 추장 돌지계(突地稽)가 입조했고, 6년에는 '군장(君長)' 돌라(咄羅)가 사신을 파견해 좋은 말과 큰 담비(豊貂)를 공납했다. 정관 2년(628)에도 '기군(其君)' 마회(摩會)가 그 부락을 이끌고 와서 항복했다. 또한 22년에는 굴가(窟哥)를 비롯한 여러 부가 내부하기를 청했고, 욕흘주(辱紇主) 곡거(曲據 또는 据曲, 李去閭)도 무리를 이끌고 귀순했다.

대략 수 말기와 당 초기에 걸쳐 거란인은 두 번째 부락 연맹인 대하씨(大賀氏) 연맹을 다시 조직했다. 당은 초기에 거란 부락을 두 가지 방식으로 안치했다. 즉 대하씨 연맹의 부락에 송막도독부(松漠都督府)를 설치해 연맹의 수령을 도독으로 삼고, 부락에는 주(州)를 설치해 각 부의 수령을 자사(刺史)로 삼았다. 그리고 연맹 이외의 각 부에도 각각 주를 설치해 영주도독부(營州都督府)와 유주도독부(幽州都督府)에 예속시켰다.

1) 대하씨 연맹

대하씨 연맹은 달계(達稽)·흘편(紇便)·독활(獨活)·분문(芬問)·돌편(突便)·예해(芮奚)·추근(隊斤)·복부(伏部) 등 8개의 부로 구성되었다. 귀순과 이주 및 재편을 거치면서 8부의 명칭은 고팔부의 그것과는 이미 달라졌다. 그러나 8부가 건립한 각 주의 명칭은 여전히 고팔부와의 연관 관계가 있었다. 예를 들어 달계부가 건설한 초락주(峭落州)의 이름은 고팔부의 질륙우(叱六于)와 거의 같아서 달계부와 질륙우부가 어느 정도 연원이 있다는 것을 알 수 있다. 기타 독활부의 무봉주(無逢州)와 고팔부의 구복불(具伏弗), 분문부의 우릉주(羽陵州)와 욱우릉(郁羽陵), 돌편부의 일련주(日連州)와 일련(日連), 추근부의 만단주(萬丹州)와 실만주(悉萬州), 복부의 필려주(必黎州)와 필려이(必黎爾) 등은 음이 비슷하거나 같아서 대하씨의 팔부가 모두 고팔부에서 발전해 재조직되었음을 알 수 있다. 흘편부의 탄한주(彈汗州)에 관해서는 무측천(武則天) 시기(684~704)에 임명된 자사(刺史)가 굴가의 중손 호막리(祜莫离)였으므로, 흘편부의 수령을 대하씨로 볼 수 있다. 대하는 아마도 고팔부의 아대하부(阿大何部)와 관계가 있었기 때문에 흘편부의 핵심이 당연히 아대하부였을 것이다.

대하씨 연맹의 8부는 병사가 4만 3,000명, 총인구가 20만 명 전후로 추정되는데, 각 부의 인구수와 역량은 서로 같지 않았다. 평시에 각 부는 단독으로 목축과 어렵 등의 생산 활동을 했으나 전쟁을 수행하기 위해 인적·물적 자원의 동원이 필요한 경우에는 각 부의 합의가 요구되었기 때문에 독자적으로 행동할 수 없었다. 이른바 "사냥은 따로 하고, 전쟁은 함께했던 것"[10]이라고 기록되어 있다. 예컨대 전쟁과 강화, 연맹 수령의 선거와 파면 등과 같은 중대한 사건은 반드시 8부가 모여 의논했기 때문에 이런 종류의 회합은 연맹의 의사회(議事會)에 해당되었다. 8부의 수령을 '대인(大人)'이라고 불렀으며, 그들은 당연히 의사회의 성원이었다.

부락 연맹의 수령은 대하씨 가족 중에서 '세선(世選)'으로 계승했으며 기고(旗鼓)를 세워 8부를 통솔했는데, 일정한 임기가 있었다. 수령은 8부를 대

---

10) 『舊唐書』, 「契丹傳」.

표해 대외 사무를 처리하고 정벌 전쟁을 수행했을 뿐만 아니라 내부적으로 각 부의 관계를 조정했다. 연맹의 수령을 뽑는 세선제(世選制)는 고대의 '선양(禪讓)'이나 고팔부 시기에 "각 부에서 용맹하고 지략이 있는 자를 뽑았던" 방법과는 달랐다. 연맹의 수령은 반드시 동일한 가족 중에서 선출되었기 때문에, 대하씨 가족이 연맹의 수령으로 선출되는 특권을 가졌다. 이것은 세습제로 발전하는 과도기적인 단계이자 과정이었다.11)

돌라(咄羅)는 당시 대하씨 연맹의 첫 번째 수령이었고, 마회(摩會)는 두 번째 수령이었는데, 굴가가 마회의 계승자였다. 『신당서』와 『구당서』의 기록에 의하면 대하씨 연맹은 굴가 이후에 일곱 명의 연맹장이 있었으며, 모두 대하씨 출신이었다고 한다. 아복고(阿卜固 또는 阿不固)의 세계(世系)가 확실하지는 않지만, 굴가를 계승했으므로 그의 자식 내지는 조카였을 것으로 추정된다. 그는 현경(顯慶) 5년(660) 당에 무장 투쟁을 벌이다가 붙잡혀 죽었다. 그 후 이진충(李盡忠)이 굴가의 증손으로 만세통천(萬歲通天) 원년(696)에 발생한 반당 전쟁 중에 죽었다. 개원 2년(714)에 실활(失活)이 사신을 파견해 당에 항복하면서부터 개원 18년(730)에 소고(邵固)가 피살될 때까지 연맹장으로 임명된 실활·파고(婆固)·욱우(郁于 또는 咄于)·소고 등은 모두 이진충의 형제 항렬이었다.

대하씨 연맹에는 병마를 전담하는 군사 수장을 두고 있었으며, 이를 번장(蕃長) 혹은 아관(衙官 또는 牙官)이라고 불렀다. 마회가 연맹장이었을 때 굴가가 번장으로 거란 병사를 이끌고 당나라 영주도독인 장검(張儉)을 따라 요동을 공격한 적이 있었고, 당 태종이 고구려를 정벌할 때도 선행 부대로 나선 적이 있었다. 이진충이 송막도독이었을 당시에 손만영(孫萬榮)은 장수로서 반당 전쟁에서 중요한 역할을 했다. 후기에 이르러 군사 수장의 권력이

---

11) 世選制는 부락 연맹의 수령 및 관원을 선출하는 전통적인 방식이다. 거란족이 발전하면서 관습적으로 동일 가족 내에서 후계자를 선출하는 방식으로 점차 세선제가 정착되었는데, 이것은 선거 제도와 세습 제도의 과도기적 형태로 볼 수 있다. 건국 후에 세선제는 거란 귀족이 요직을 독점할 수 있는 제도로 활용되었다. _옮긴이 주_

확대되면서 그 세력이 커지자 연맹장의 지위를 위협하게 되었다. 실활과 파고 시기에 군사 수장이었던 가돌우가 정석군(靜析軍) 부사(副使)로 임명되면서 세력을 얻게 되자, 연맹 수령과 군사 수장 사이에 갈등이 격화되기 시작되었다. 파고는 영주도독의 지지 아래 요락도독(饒樂都督)이던 해인(奚人) 이대포(李大酺)와 연합해 가돌우를 토벌하고자 했으나, 오히려 가돌우에게 살해되었다. 이로써 대하씨 연맹의 실권은 가돌우의 수중에 장악되었다. 그는 욱우와 소고, 굴렬(屈烈)을 차례로 연맹장에 세웠다. 그 과정에서 욱우가 죽자 그의 동생 토우(吐于)를 강제로 내쫓고 소고를 세웠으나, 730년에 다시 소고를 죽이고 굴렬을 세웠다. 그는 당나라를 배신하면서 거란과 해의 무리를 이끌고 돌궐에 의탁했으나, 후에 당나라에 의해 살해되었다.

2) 연맹 이외의 거란 부락

대하씨 8부 이외에 나머지 거란 부락은 여전히 영주(營州) 부근에서 유목하고 있었다. 그들은 차례로 당나라에 귀순했으므로, 당 조정은 그 부락에 주를 설치하고 영주도독부에 예속시켜 직접 통치했다.

이러한 주는 정관 연간에 내계부락(內稽部落)으로 설치한 위주(威州), 송막부락으로 설치한 창주(昌州), 욕홀주곡거부락(辱紇主曲据部落)으로 설치한 현주(玄州), 거란·실위 부락으로 설치한 사주(師州), 을실혁부락(乙失革部落)으로 설치한 대주(帶州)가 있었다. 그리고 재초(載初) 원년(689)에 창주를 쪼개 설치한 옥주(沃州)와 만세통천 원년(696)에 실활부락(失活部落)으로 설치한 신주(信州) 등도 있었다. 초기에 각각의 주를 영주의 경계 내에 골고루 설치해 영주도독부에 예속시켰다. 만세통천 중에 송막도독 이진충이 귀성주(歸誠州)의 자사 손만영과 무장 투쟁을 일으켜 영주를 점거하는 바람에 거란의 각 주가 내지로 이주하면서 유주도독부의 관할로 바뀌었는데, 이로 인해 당과의 관계가 더욱 밀접해졌다.

3) 대하씨 연맹과 당과의 관계

당 초기인 고조·태종·고종 시기에는 거란 각 부가 계속 들어와 복종했으므로, 송막도독부와 기미주(羈縻州)12)를 정관 22년(648)에 건립했다. 예를 들어 정관 2년에 "마회(摩會)가 그 부락을 이끌고 귀순해 왔고", 3년에는 입조(立朝)했으므로 태종이 권력의 상징인 기고(旗鼓)를 내렸다. 이로써 대하씨 연맹과 당 왕조의 정치적 관계가 형성되기 시작하면서 그는 연맹에 대한 영도권을 당 왕조로부터 승인받았다.

대하씨 연맹이 당 왕조에 귀순해 돌궐에 심중한 타격을 입히자 힐리가한(頡利可汗)은 이를 간과할 수 없었으므로, 사신을 파견해 당과 교섭했다. 당시 돌궐에 의탁해 당나라 변경을 혼란스럽게 하던 북방의 할거 세력인 양사도(楊師道)를 당 왕조에 넘기는 대신 마회가 이끄는 거란의 무리를 돌려보낼 것을 제안했으나, 당 태종은 이를 거절했다.

정관 22년에 마회의 계승자인 굴가가 "부를 들어 내속(內屬)하자" 당 왕조는 대하씨 연맹의 유목지에 송막도독부를 설치하고, 굴가를 사지절십주제군사(使持節十州諸軍事)이자 송막도독으로 삼았으며, 무극현남(無極縣男)으로 책봉해 이씨 성을 하사했다. 또한 8부의 유목 지역에 주를 설치해 각 부의 수령을 자사로 삼았다. 고종 현경(顯慶) 초에 굴가를 다시 좌감문대장군(左監門大將軍)으로 임명했다. 영주도독부 아래에 동이교위(東夷校尉) 겸 통송막·요락부

---

12) 국경 지대 또는 그 밖의 지역에 사는 이민족 집단 또는 그런 집단을 간접 통치하던 곳으로, 전형적인 형태는 당 전기에 볼 수 있다. 羈縻 정책의 '羈'는 말의 굴레를, '縻'는 쇠고삐를 뜻하므로, 속박하고 얽어매는 견제와 통제를 의미한다. 명목상으로는 군현제를 채택해 府·州·縣을 두고 그 지역의 왕·추장을 都督·刺史·縣令 등에 임명했고, 그들의 생활 방식과 풍속 및 수령의 세습을 인정하면서 자치를 허용했다. 한편 이들 전체를 감독하기 위해 都護府[안서·안북·선우·안동·안남·북정]를 두고 중앙에서 도호를 파견했다. 독립국으로 인정할 수도 없고 직할령으로 만들 수도 없는 주변 민족에 대해 취한 정책으로, 주변 여러 나라를 지배하는 데 중요한 역할을 했다. 예를 들어 신라에 계림도독부, 발해에 발해도독부를 설치해 기미 지배를 시도했으나, 그들의 저항으로 실패했다. _옮긴이 주

(統松漠饒樂府)를 설치해 당 왕조와 거란·해 사이에 왕래하는 업무를 처리하게 했다. 대하씨 연맹 내부의 사무는 송막도독과 주의 자사가 관리했는데, 이것은 대하씨 연맹과 당 왕조 사이에 기미(羈縻) 관계가 정식으로 확립된 것이다.

이로써 대하씨 연맹장은 모두 당 왕조의 책봉을 합법적으로 받게 되었다. 개원 초년에 다시 이실활(李失活)이 도독이 되어 송막군왕(松漠郡王)을 책봉받아 좌금오위대장군(左金吾衛大將軍)의 관직을 받았으며, 송막부에 정석군(靜析軍)을 설치해 이실활을 경략대사(經略大使)로 삼았다. 이후 각 도독은 모두 책봉을 받았다.

당 왕조는 철저하게 거란을 통제하는 한편 그들을 이용해 돌궐을 견제했는데, 상사(賞賜)와 화친(和親) 등의 수단을 통해 대하씨 연맹 및 거란 각 부의 수령을 구슬렸다. 대하씨 연맹의 수령도 당 왕조의 지지를 빌려 자신의 지위와 권력을 공고히 하면서 거란 연맹의 안정과 발전을 유지하기 위해 돌궐의 침략을 방어했다. 그들은 부단히 사신을 파견하거나 친히 입관해 조공하거나 혹은 당 왕조의 요구에 따라 질자(質子)를 파견하기도 했다. 또한 당 군대를 따라 빈번히 출정하기도 했다.

대하씨 연맹은 당 초기부터 개원 18년(730)에 소고(邵固)가 피살될 때까지 약 100여 년간 존재했으며, 그 기간 동안에 당 왕조와 우호 관계를 갖거나 때로는 적대 행위를 했다. 전반적으로 말하면 무덕·정관·영휘 연간(618~655)과 개원 전기(714~730)에는 쌍방이 평화롭게 교류하던 시기였던 반면, 굴가가 죽은 이후 실활이 당에 귀순할 때까지는 쌍방이 전쟁을 치른 기간이었다. 전쟁이 일어난 이유는 첫째로 당 왕조가 "능력이 없는 자에게 임무를 맡겨 이들을 제대로 관리하지 못해"[13] 대하씨 연맹의 불만을 초래했으나, 이러한 상황을 매끄럽게 처리하기는커녕 오히려 스스로의 강대함만 믿고 무력 진압에 의존했기 때문이다. 둘째로 거란 세력이 크게 발전해 그 수령의 자립 의

---

13) 『冊府元龜』 卷999, 「外臣部」 入觀.

식이 강해졌기 때문이다.

굴가가 죽은 후에 대하씨 연맹과 당의 관계는 더욱 악화되었다. 송막도독 아복고(阿卜固)는 해인(奚人) 수령과 연합해 당에 반항했다. 고종 현덕(顯慶) 5년(660)에 당은 정양도독(定襄都督) 아사덕추빈(阿史德樞賓)을 행군총관(行軍總管)으로 삼아 거란을 북벌해 아복고를 포획했다. 하지만 무측천 만세통천 원년(696)에 또다시 대규모의 반당 전쟁이 폭발했다.

당의 영주도독이던 조문홰(趙文翽)가 제멋대로 일을 처리하는 과정에서 거란의 기근을 방치한 채 진휼하지 않고 연맹 수령에 대해서도 무례하게 업신여겼으므로, 송막도독 이진충과 귀성주(歸誠州)의 자사 손만영이 분노했다. 이에 따라 두 사람은 그해 5월에 군사를 일으켜 영주를 점거하고 조문홰를 살해했다. 이진충이 스스로를 무상가한(無上可汗)이라 칭하고 손만영을 장수로 임명하자 10여 일 만에 병사가 수만 명에 이르게 되어 곧바로 단주(檀州: 지금의 북경 密雲縣)로 진격해 나갔다. 당은 좌응양위장군(左鷹揚衛將軍) 조인사(曹仁師), 우금오위대장군(右金吾衛大將軍) 장현우(張玄遇), 좌위위대장군(左威衛大將軍) 이다조(李多祚), 사농소경(司農少卿) 마인절(麻仁節) 등 스물여덟 명의 장수에게 조서를 내려 그들을 정벌하도록 했다. 그러나 8월에 서협석황장곡(西峽石黃獐谷: 지금의 河北省 盧龍 부근)에서 거란의 매복전에 걸려들어 당 군대는 대패했고, 조인절(曹仁節)과 장현우도 포로로 붙잡혔다.

9월에 당 왕조는 범죄자와 노비 중에서 용맹한 자를 군대에 충원하도록 명령을 내렸고, 산동(山東: 지금의 太行山 동쪽) 부근의 여러 주에 무장한 기병단을 배치했다. 또한 건안왕(建安王) 무유의(武攸宜)를 우무위위대장군(右武威衛大將軍)·청변도행군대총관(淸邊道行軍大總管)으로 삼아 거란을 토벌하자 더는 버틸 수 없었던 손만영의 병사들은 단주를 습격했다.

10월에 이진충이 죽은 후에 손만영이 그를 대신해 무리를 통솔했으나, 이진충의 아들은 자신이 배척된 것에 불만을 품고 돌궐로 도망가서 구원을 요청했다. 돌궐의 묵철가한(黙啜可汗)은 이 기회를 틈타 당과 교섭했으며, 돌궐의 병마를 이끌고 거란을 토벌하는 대가로 당에 항복한 하서(河西) 지역의 돌궐인 무리를 돌려받기로 했다. 이에 묵철가한은 출병하여 송막을 습격했을 뿐만 아니라 거란의 후방도 교란했다. 그리고 이진충과 손만영의 처자식을 비롯한 많은 거란인을 포로로 잡아 손만영의 반당 세력에 심각한 타격을 입혔다. 손만영은 나머지 무리를 수습해 기주(冀州: 지금의 河北省 冀縣)를 함락한 후에 영주를 공격하면서 하북 지역을 어지럽혔다.

신공(神功) 원년(697) 3월에 당은 다시 하관상서(夏官尙書) 왕효걸(王孝杰)과 우림위장군(羽林衛將軍) 소굉휘(蘇宏暉)에게 병사 17만 명을 주어 손만영을 토벌하게 했고, 마침내 동협석(東硤石)에서 양군이 전투를 벌였다. 거란은 왕효걸의 군사를 낭떠러지까지 유도해 맹렬히 공격했다. 이때 왕효걸은 추락해 죽고, 소굉휘는 도주했을 뿐만 아니라 그들의 병사도 거의 다 죽었다. 손만영은 승리의 기세를 몰아 유주(幽州)로 들어갔다.

당은 다시 하내군왕(河內郡王) 무의종(武懿宗)을 신병도대총관(神兵道大總管)으로, 우숙정대어사대부(右肅政臺御史大夫) 누사덕(婁師德)을 청변도대총관(淸邊道大總管)으로, 우위위장군(右威衛將軍) 사타충의(沙吒忠義)를 전군총관(前軍總管)으로 삼아 병사 20만 명을 이끌고 거란을 공격하게 했다. 무의종의 군대는 조주(趙州: 지금의 河北省 趙州市)에 이르렀으나, 감히 진격할 수 없어 상주(相州: 지금의 河南市 安陽)까지 물러났다. 손만영 군대는 북을 울리며 남으로 내려갔는데 그 병세(兵勢)가 매우 날카로웠다.

손만영은 획득한 무기와 재물을 영주의 서북쪽에 두었고, 요충지에 성을 쌓아 노약자와 부녀를 그곳에 머물게 하면서 그의 매부 을원우(乙冤羽)에게 그곳을 지키게 했다. 돌궐의 묵철가한이 손만영을 쫓아 남하하면서 영주를 습격해 잔류하던 군중을 모두 포로로 잡았다. 후방이 묵철가한에게 습격당했다는 소식이 군중(軍中)에 전해지자 거란 군대가 동요했고, 해인(奚人)은 배신했다. 당 군대는 여세를 몰아 진격해 거란 장수 하아소(何阿小)를 잡고 이해고(李楷固)와 낙무정(駱務整)을 항복시켰다. 마침내 거란 군대는 괴멸되었다. 손만영은 수천 기만 이끌고 동쪽으로 철수했으나, 노수(潞水) 동쪽에 이르러 그의 호위병에게 피살되었다. 대하씨 연맹의 격렬한 반당 전쟁은 이로써 끝이 났다.

이 전쟁은 당과 거란에 모두 커다란 영향을 미쳤다. 그것은 거란인이 당이 임명한 어리석고 무능한 변장(邊將)에게 반항할 수 있는 결단과 역량뿐만 아니라 그들의 용맹함과 수령의 지휘 능력도 보여주었다. 그리고 군중의 정서를 이용해 민심을 쟁취할 수 있게 된 그들은 "어찌 나에게 여릉왕(廬陵王: 당 중종 李顯)을 보내지 않는가?"라고 당 조정에 책문했다. 이진충이 무상가한이라고 칭한 것도 연맹 수령의 권력을 확대하려는 정치적 요구를 반영한 것이다.

손만영이 피살된 뒤 거란은 다시 돌궐에 항복했고, 당과는 거의 20여 년간 왕래가 끊겼다. 그러나 개원 2년(714)에 대하씨 연맹의 수령 실활이 해인을 따라 사신을 파견해 입조하자, 현종은 그들을 더욱더 위무했다. 개원 3년(715)에 송막도독부를 다시 설치해 실활을 도독으로 삼았으며, 4년(716)에는 그를 송막군왕·행좌금오위대장군(行左金吾衛大將軍)으로 책봉했다. 또한 영주도독부를 설치해서 거란을 통솔하고 방어했다. 실활 사후에 전권을 잡은 군사 수장 가돌우(可突于)가 그 수령을 누차 폐위시켰고, 당은 그를 회유하려고 여러 번 그의 요청을 들어주었다. 개원 18년(730) 가돌우가 소고(邵固)를 죽인 뒤 굴렬을 수령으로 세우면서 대하씨 연맹은 요련씨(遙輦氏)로 바뀌게 되었다. 이로써 거란과 당과의 관계는 또다시 단절되었다.

2절
거란 사회의 발전과 요의 건립

1. 요련씨 부락 연맹

　대하씨 연맹이 와해된 후에 가돌우는 굴렬을 수령으로 세웠다. 734년에 굴렬과 가돌우는 다시 친당의 독활부(獨活部) 수령인 우절(遇折)[1]에게 살해되었다. 당 왕조는 우절을 북평군왕(北平郡王), 송막도독으로 삼았다. 요대의 학자 소한가노(蕭韓家奴)의 말에 의하면 이때를 가리켜 "선대가 요련가한(遙輦可汗)와(洼)의 후예로서 국운이 중간에 단절되었던" 시기였다고 했다. 굴렬은 요련씨 연맹의 최초 연맹장인 와가한(洼可汗)이었다. 이듬해 가돌우의 동당(同黨)이자 요련씨의 지지자였던 요 황실의 시조 날리(涅里 또는 泥禮·泥里·雅里)가 우절을 죽이고 그 가족도 살육한 후에 적련조리(迪輦俎里 또는 迪輦祖里)를 수령으로 추대했는데, 그를 조오가한(阻午可汗)이라 불렀다. 조오는 요련씨 연맹의 두 번째 가한이었다.
　대하씨는 당 왕조와의 전쟁을 거치면서 부락이 흩어져, 조오가한 시기에

---

[1] 우절을 『舊唐書』·『新唐書』·『遼史』에서는 '過折'이라 부르고, 張九齡의 『曲江集』에는 '郁捷' 또는 '過折'이라 부른다. _옮긴이 주

는 대하씨 8부 중 단지 5부만 존재했다. 다시 평온을 찾기 시작하면서 조오가한은 날리의 보좌를 받으며, 즉시 부락의 정비와 재건에 착수했다. 요련씨 연맹도 여전히 8부로 조직되었고, 신팔부는 질랄(迭剌)·을실(乙室)·품(品)·저특(楮持)·오외(烏隗)·돌여불(突呂不)·날랄(涅剌)·돌거(突擧)였다. 『요사』「영위지」에 기록된 조오가한의 20부는 당연히 요련 연맹 후기에 조직이 확대된 것을 반영한 기록이다. 그것은 거란인의 실력이 강화된 후에 부단히 정벌한 결과였으며, 조오가한이 정돈한 부락의 조직과는 무관하다.

요련씨 연맹 시기에 각 부락의 수령을 이리근(夷離菫)이라 칭했고 한역(漢譯)으로는 대인(大人)이라고 했는데, 부락 귀족의 가족 중에서 선거로 선출되었다. 그들은 연맹의 중대한 사무를 결정하는 권한이 있었으며, 연맹의 수령을 임명하고 해임할 수도 있었다. "국가에 재난과 질병이 발생해 목축이 쇠하면 바로 8부가 모여 의논한 후에 다음 사람에게 기고(旗鼓)를 세워 수령을 대신하게 했던"[2] 것은 바로 그들이 행사하던 권력에 관한 기록이며, 이는 대하씨 연맹의 정황과도 기본적으로 같았다.

요련씨 연맹의 수령을 가한이라고 불렀으며, 여전히 세선(世選)으로 선출했다. 『요사』의 기록에 의하면 요련씨 연맹은 역대 아홉 명의 가한이 있었는데 모두 요련씨 가족에서 나왔다.[3] 연맹의 존속 기간은 가돌우가 굴렬을 추대했을 때부터 계산하면 170년 남짓 유지했으므로, 가한마다 평균 20여 년씩을 재위했다. 따라서 『요사』에 기록이 누락되지 않았다면 정해진 임기가 있었더라도 가한의 연임은 가능했을 것이다. 임기의 연장은 가한의 권력

---

2) 『新五代史』, 「四夷附錄」.
3) **遙輦可汗의 世系表 _옮긴이 주**

	재위 기간	호칭	이름		재위 기간	호칭	이름
1대	730~734	洼可汗	屈列	6대	831~841	昭古可汗	衣裔
2대	735~755	阻午可汗	迪輦俎里	7대	841~858	耶瀾可汗	屈戌
3대	755~788	胡剌可汗	楷落	8대	858~884	巴剌可汗	習之
4대	788~824	蘇可汗	侯利	9대	885~906	痕德菫可汗	欽德
5대	824~831	鮮質可汗	合孫				

이 신장되었음을 나타낸다. 가한은 권력과 지위를 이용해 선거를 좌우했기 때문에 연맹에 대한 통제는 더욱 강화되었다. 조오가한이 계승할 때 계위 의식인 시책례(柴冊禮)4)를 창제했다. 이것이 바로 가한의 계승을 제도화한 결과이며, 권력을 의례적·제도적으로 보장받게 하여 가한의 지위를 공고히 한 것이다.

요련씨 연맹도 여전히 군사 수장을 설치해 이리근(夷離堇)이라고 불렀다. 날리는 연맹 최초의 이리근이었고, 당 왕조는 그를 송막도독에 책봉했다. 그는 "조오에게 연맹의 가한 자리를 양보하고 자립하지 않았지만", 병마대권(兵馬大權)을 자기 수중에 장악했다. 가한의 권력이 신장된 것과 마찬가지로 이리근의 직책도 점차 부락 내에서 지위가 높은 가족이 장악했다. 질랄부의 이리근은 군사 수장을 겸임하면서 연맹의 병마대권을 계속 관장하고 대외 정벌을 주관했으며, 연맹 내부의 재판권도 장악했다. 요련씨 연맹 후기에 질랄부의 수령도 시책의(柴冊儀)를 거행할 수 있게 되었는데, 이는 이리근의 권한이 이미 가한의 밑에 있지 않다는 것을 보여준다.

요련씨 연맹 초기에는 돌궐에 의부(倚附)한 적이 있어 당 왕조와 대립하기도 했다. 천보(天寶) 4년(745)에 회골의 수령 골력배라(骨力裴羅)가 돌궐을 멸망시키고 위구르 제국을 건설했다. 거란이 돌궐 세력의 통제에서 완전히 벗어나자, 그해 3월 조오가한은 당에 항복했다. 당은 그에게 이회수(李懷秀 또는 李懷節)라는 이름을 하사하고, 송막도독으로 임명하면서 숭순왕(崇順王)으로 책봉했다. 또한 종실의 외질녀 독고씨(獨孤氏)를 정락공주(靜樂公主)로 책봉해 그에게 시집보냈다. 이때 평로절도사(平盧節度使) 겸 압양번사부경략사(押兩蕃四府經略史) 안녹산(安祿山)이 거란과 해를 계속 침략해 당과 거란·해 사이의 갈등을 심화시켰다. 9월 이회수와 해의 수령은 공주를 살해한 뒤 당

---

4) 『遼史』「國語解」에 따르면 "섶을 쌓아 단을 만들어두고 신하들이 바치는 玉冊을 받는 예식이다. 예식을 마치면 섶을 태워 하늘에 제사를 지내는데, 이는 조오가한이 만든 제도였다"라고 한다. 일종의 황제 즉위식으로 행례는 『遼史』「禮志」에 자세히 기록되어 있다. _옮긴이 주

을 배반하고 위구르에 의탁했다.

　당 문종 개성(開成) 5년(840)에 위구르 제국이 키르기스에 멸망당하자 거란은 위구르의 속박에서 벗어났다. 무종 회창(會昌) 2년(842)에 야란가한(耶瀾可汗) 굴수(屈戌)는 당에 의탁해 운휘장군(雲麾將軍)·수우무위장군(守右武衛將軍)으로 임명되었다. 굴수는 위구르의 구인(舊印)을 대신해 새로운 인새(印璽)를 발급해 주기를 요청했으며, 이에 따라 당 왕조는 '봉국거란지인(奉國契丹之印)'을 주조해 수여했다. 위구르 제국이 존재했던 기간에 거란은 그들에게 거의 100년이나 통제를 받았다. 거란은 매년 특산품을 공납했고, 위구르를 위해 당의 동향도 정찰해야만 했다. 요련씨 연맹의 수령은 위구르의 관호는 물론이고 그들이 수여한 인새도 사용했다. 그리고 거란 주거지에 파견된 감사(監使)의 통제와 감독을 줄곧 받았다. 위구르 제국이 멸망한 후에 해와 거란은 당의 초무사(招撫使) 장중무(張仲武)의 지원을 받아 위구르의 감사 등 800여 명을 죽였다.

　거란이 돌궐과 위구르에 의부한 기간에 그들의 문화 및 제도가 거란에 전파되어 사회 발전에 크고 깊은 영향을 주었다. 대하씨 연맹에서 요련씨 연맹까지, 즉 요의 건립 초기까지 그 관호(官號)는 대부분 돌궐과 위구르의 것을 빌려 사용했다. 대하씨 연맹이 돌궐에 의탁한 기간에 '사근(俟斤)'이라는 관호를 받았다. 사근이라는 명칭은 원래 선비·유연에서 나왔으나, 후에 돌궐이 계승했다. 요련씨 연맹 시기에 이르러 다시 이리근으로 전사(轉寫)되었으며, 거기에는 새로운 의미도 포함되었다. 요련씨 연맹 시기에 사용된 관칭(官稱)으로 매록(梅彔)은 '매락(梅落)'·'매로(梅老)'로도 쓰였는데 이것은 위구르의 '미록(媚祿)'·'밀록(密祿)'이었으므로, 시기와 민족에 따라 전사 방식이 달라졌고 맡은 업무에도 변화가 생겼다. 예컨대 총병(總兵)을 지휘관으로 혹은 '황가총관(皇家總管)'으로 사용했다. 야율아보기는 요련씨 연맹 후기에 일찍이 달마월사리(撻馬狘沙里)를 맡았다. 달마는 돌궐의 답마지(答摩支)였고, 요에 이르러 호종관(扈從官)으로 군 수령을 호위했다. 사리(沙里)도 사리(舍利)로 쓰였는데, 그 의미는 낭군(郞君)이었다. 야율아보기가 요련씨를 대신한 후에 동생 살랄(撒剌)을 척은(惕隱)으로 삼아 족장(族帳)의 사무를 담당하게 한 적이 있었다. 척은은 돌궐의 특륵(特勒), 위구르의 적은(狄銀)이며, 대부분 가한의 자제와 족인이 담당했다. 요를 건국한 후에 척은은 황실 사무를 맡는 '종정(宗正)'이 되었다.

2. 연맹 후기에 거란 사회의 발전

안사의 난 이후에 쇠퇴한 당 왕조는 거란에 대한 정벌을 포기했다. 번진의 군사적 역량도 중원 지구의 쟁탈과 각축에 빨려 들어가 북쪽 지역을 살필 여력이 없었다. 위구르는 당 왕조를 도와 반란을 진압하는 동시에 재물을 약탈하는 한편 서쪽으로는 토번과 전쟁을 벌였다. 따라서 거란인에 가해지던 서쪽과 북쪽으로부터의 군사적 압력이 줄어들게 되었다. 더욱이 위구르를 멸망시킨 키르기스는 멀리 서북쪽에 치우쳐 있었으므로, 거란 주위에는 강력한 적대 세력이 더는 없었다. 이로써 상대적으로 유리한 사회 환경에 놓인 거란은 비교적 큰 발전을 이룰 수 있게 되었다.

1) 사회경제의 발전과 새로운 귀족의 출현

유목 생활을 하던 거란인은 대하씨 연맹 후기에 이미 원시적인 농업을 시작했다. 그래서 당 왕조가 날리와 우절에게 내린 조서에는 가돌우가 당을 배신한 이유를 각각 "장정이 농사를 지을 수 없고, 우마(牛馬)가 새끼를 낳아 키우지 못했기 때문이거나" 혹은 "양마(羊馬)가 새끼를 낳지 못하고 밭두둑이 농사짓기에 적합하지 않았기 때문이다"라고 말했다.5) 서랍목륜하와 노합하 유역에서 원시 농업이 출현한 것은 9세기 중엽이었는데, 바로 야율아

보기의 조부(祖父) 균덕실(匀德實)의 시기였다.6)

『요사』에는 균덕실이 "백성에게 농사를 가르치기 시작했고, 축목(畜牧)을 잘해 나라가 부유해졌다"라고 기록되어 있다. 이때 거란인의 목축업이 더욱 크게 발전하면서 잉여 생산품이 발생했고, 또한 부를 축적할 수 있게 되었다. 야율아보기의 부친 살랄적(撒剌的) 시기에 이르러 "대장간을 설치해 백성에게 주조하는 방법을 가르치기 시작했다"고 한다. 거란인은 일찍이 중원과 교류하면서 철제 공구와 무기를 오래전부터 도입해 사용하기 시작했다. 철기의 제조는 생산력의 발전으로 이어졌고, 이는 곧 거란의 경제력과 군사력을 증대시켰다. 살랄적의 형이자 야율아보기의 백부인 석로(釋魯 또는 述瀾)가 우월(于越)이 된 후에 "축성 공사를 일으켜 성읍(城邑)을 설치하기 시작했고, 또한 백성에게 상마(桑麻) 심는 것을 가르쳐서 방직 기술을 익히게 했다"7)고 한다. 따라서 유목하던 거란인은 점차 수공업과 농업 중심의 정주 사회로 전환되었는데, 이것은 오랫동안 유목하던 거란인의 입장에서 보면 획기적인 대사(大事)였다.

일찍이 대하씨 연맹 단계에서 거란 사회는 이미 계급 분화가 이루어졌으므로, 대하씨와 각 수령의 가족은 귀족 계급이 되었다. 이와 동시에 많은 부락민은 그들의 속민이 되었고, 귀족들은 노예를 소유했다. 요련씨 연맹을 건립하던 초기에 "날리(涅里)는 부족을 만들어 각각 땅을 나누어 차지하게 했

---

5) 張九齡, 「勅契丹都督泥禮書」·「勅契丹兵馬中郎李過折書」(『全唐書』 卷285·286, 中華書局, 1982年版).
6) 거란 건국 이전의 世系表_옮긴이 주

	耶律耨里思[肅祖]	耶律薩剌德[懿祖]	耶律匀德實[玄祖]	耶律撒剌的[德祖]
長子	耶律洽愼	耶律叔剌	耶律麻魯	耶律阿保機
次子	耶律薩剌德	耶律帖剌	耶律岩木	耶律剌葛
三子	耶律葛剌	耶律匀德實	耶律釋魯	耶律迭剌
四子	耶律洽禮	耶律古直	耶律撒剌的	耶律寅底石
五子				耶律安端
六子				耶律蘇

7) 『遼史』, 「太祖紀」.

다"고 한다. 그래서 요련씨와 야율씨뿐만 아니라 새롭게 조직된 부락의 수령들도 각각 부락의 귀족이 되었다.

위구르 제국이 멸망한 후에 요련씨 연맹은 초원의 공백을 틈타 군사를 대규모로 일으켜 인근 부족을 침략했다. 그들은 북쪽으로 우궐(于闕 또는 烏古)과 실위(室韋)를 약탈하고, 남쪽으로는 이주(易州)·정주(定州)·해(奚)·습(霫)을 공격해 대규모의 인구와 가축을 노획했으므로 부단히 재부가 늘어났다. 더욱이 농업·수공업·목축업에 관한 선진 기술과 많은 노동력도 제공받았다.

한편 인근 부족은 물론이고 거란 부민도 채무와 범죄 때문에 노비로 전락되는 이들이 점차 출현하기 시작했다. 흔덕근가한(痕德菫可汗) 시기(약 885~906)에 연맹에서 권력 투쟁이 격렬해지면서 죄를 지은 부락의 귀족은 재산을 몰수당하고 가족까지 처벌받았는데, 이로써 '적몰지법(籍沒之法)'이 생겨났다. 적몰된 자는 귀족의 신분을 잃고 권력자의 노예가 되었다. 여러 가지 이유로 평민은 노예로 전락되었을 뿐만 아니라 죄를 지은 귀족도 이를 피할 수 없었다. 자신의 부에 소속된 족인을 노예로 삼는 것이 법에 근거해 기정사실화되었다. 이것은 계급 분화와 권력 투쟁의 구체적인 구현이자 직접적인 결과였다.

노예와 동시에 출현한 것은 부락 귀족이었다. 가한과 이리근은 연맹의 사무를 관리하면서 자기 가족의 이익을 대변했고, 자신의 권력을 점차 확대하면서 임기도 계속 연장했다. 이리근은 연맹의 병마대권을 장악했기 때문에 대외 정벌을 통해 비교적 많은 포로와 전리품을 차지할 수 있었다. 결국 세리(世里 또는 耶律) 가족의 세력은 신속하게 신장해 부락의 현귀(顯貴)가 되었던 반면, 그들을 구속하거나 제한할 수 있는 부락민의 능력은 점차 상실되어갔다. 이와 동시에 부락의 수령은 물론이고 하급의 군사 수령도 대외 정벌을 통해 개인의 재산을 집적했고, 부락이 재편되면서 그들은 크고 작은 봉건 영주이자 노예의 점유자가 되었다.

2) 연맹 내부의 권력 투쟁과 기구의 조정

날리(涅里)가 조우가한을 세웠을 때 "처음으로 제도를 만들어 관속(官屬)을 두었고, 나무에 새긴 부호를 서계(書契)로 삼고, 굴을 감옥으로 이용했다"[8]고 한다. 이때 연맹은 통치 기구, 즉 국가의 초보적인 기능을 가지게 되었다. 당과의 교류와 충돌, 돌궐·위구르에 대한 복종과 배신은 부락의 수령들에게 견문을 크게 넓혀주었다. 또한 선진적인 물질문명과 문화 제도도 부단히 외부로부터 유입되었으므로, 거란 사회가 크게 발전할 수 있었다.

일찍이 대하씨 연맹은 당의 봉건 제도와 선진 문화로부터 충격을 받았다. 또한 연맹과 부락의 수령은 비교적 많은 상사(賞賜), 즉 당 왕조의 부식(扶植)과 보호는 부락 성원이 원래 부여한 권력보다 더 많은 특권을 지니게 했다. 이러한 특권을 쟁탈하는 과정에서 대하씨와 요련씨의 권력 교체가 이루어졌던 것이다. 당 왕조도 부단히 부락의 수령들에게 권력에 대한 의식을 주입시켰다. 예를 들어 당 현종이 날리에게 내린 칙서 중에는 "경의 번법(蕃法)은 대부분 군장(君長)에게 의미가 없다" 또한 "왕이 되어야 비로소 통제하기 어렵지 않을 것이다"라거나 "경은 비록 번인이나 그곳의 호걸이므로 마땅히 뒷일을 방비하고 걱정해야만 한다"라고 훈계하기도 했다. 당시 거란 사회가 이에 상응하는 정도까지 발전했기 때문에 이러한 설교도 받아들일 수 있었다. 날리 시기의 '제도'와 '관속(官屬)'은 연맹장이 권력을 행사할 수 있도록 보장했고, '계약[契]'과 '감옥[牢]'은 인민을 구속하고 배신행위를 처벌하는 도구로 사용할 수 있었다. 요련씨 연맹이 재건되면서부터 자신의 일을 자유롭게 처리하던 부락 조직이 독립적인 통치 기구로 바뀌는 과정으로 진입했다. 이후에 연맹의 조직 기구도 발전해 일련의 새로운 직위와 직무가 출현했다.

---

8) 『遼史』, 太祖紀.

결옥관의 설치 ■■■　　9세기와 10세기가 교차하는 시점에 거란 사회는 급격하게 변화했다. 세선제는 세습되는 부락 귀족을 조성하고, 대외 정벌과 약탈은 귀족의 권력과 재산을 증식시켰다. 따라서 '공공 권력'은 부락 귀족이 추구하는 목표가 되었다.

　질랄부는 요련씨 연맹 중에 강한 부였으며, 그곳의 수령 이리근은 연맹의 군사 수장을 겸임했다. 질랄부의 이리근은 날리 이후에 줄곧 야율씨 가족 중에서 선출되었으므로, 이러한 직위를 뺏으려는 투쟁이 제일 먼저 야율씨 가족 중에서 일어났다. 대략 선질가한(鮮質可汗, 약 860~885년 재위) 전기에 야율아보기의 조부 균덕실이 이리근이 되었으나, 족인 야율한덕(耶律狼德 또는 狼德)이 그를 죽이고 이리근의 직위를 탈취했다. 이러한 투쟁은 격렬하고 잔혹했기 때문에 균덕실의 네 아들은 어쩔 수 없이 돌여부(突呂部)로 피신했다. 그리고 872년에 야율아보기가 출생하자 할머니 월리타(月里朶)는 야율한덕 집단에 피해를 입을까 두려워서 그를 별장(別帳)에 숨겨놓고 외부인 발견되지 않도록 했다. 얼마 지나지 않아 균덕실의 형 포고지(蒲古只 또는 帖剌)가 야율한덕과 그의 동당을 정벌해 죽인 후에 스스로 질랄부의 이리근이 되었다.

　이와 같은 격렬한 투쟁은 옥송(獄訟)을 증가시켰다. 따라서 군사 수장이 형옥관을 겸직하는 것은 형세의 발전에 적응할 수 없었으므로, 형벌만을 전적으로 맡는 결옥관(決獄官)이 생겼다. 문헌에 보이는 요련씨 연맹의 결옥관은 호모리(胡母里)가 있으며, 그는 질랄부 야율씨와 혼인을 맺은 국구(國舅) 발리씨(拔里氏) 출신이었다. 결옥관의 설치는 요련씨 연맹에게 진압과 통치의 기능을 더욱 강화시켜 주었다.

우월의 출현 ■■■　　질랄부에서 이리근의 권력이 확대되면서 야율씨 가족 내에서의 권력 투쟁이 더욱 심화되었다. 그들은 잔혹한 토벌 이외에도 각종 음모를 꾸며 그 자리를 탈취했다. 예를 들어 살랄 이후에 야율석로(耶律釋魯)가 획책해 이리근을 탈취하는 희극적인 사건이 발생했다. 흔덕근가한 시기에 질랄부가 포고지의 아들 엄고지(罨古只)를 이리근으로 추대했지만, 계위식을 거행할 때 엄고지의 이복동생인 할저(轄底)가 홍포를 두르고 초선관(貂蟬冠)을 쓴 채 흰말을 타고 나오자 그의 옹호자들은 "이리근이 나오셨다!"라고 크게 고함쳤다. 엄고지가 미처 손쓸 새 없이 할저가 먼저 시책례를 거행했다. 할저는 연맹의 결정에 따르지 않고 사기를 치는 방식으로 스스로 이리근에 올랐다.

할저가 이리근 직위를 찬탈하는 과정에서 그 음모를 꾸민 석로는 우월에 즉위해 할저와 함께 국정을 맡았다. 『요사』에서 우월을 "총지군국사(總知軍國事)"라고 불렀는데, 그 지위는 연맹장 바로 밑이며, 이리근 위에서 군정의 실권을 보유했다. 석로 이후에 그의 조카 야율아보기가 우월이 되었기 때문에 연맹의 대권은 이미 야율씨 가족에게 장악되었다.

달마[시위군]의 조직 ■■■

야율석로는 이미 부락 연맹의 전통적인 질서를 타파하는 방식으로 연맹의 영도권을 탈취했기 때문에 전통적으로 내려오던 연맹의 지지와 보호를 기대할 수 없었다. 따라서 자신의 권력을 유지하기 위해 그는 시위군(侍衛軍), 즉 달마(撻馬)를 조직했다. 달마는 연맹 수령의 친위군이자 거란인의 가장 중요한 상비군이었다. 상비군의 창건은 연맹이 국가로 가는 과정에서 한발 더 앞으로 나간 것이다.

와리와 적몰지법 ■■■

와리(瓦里)는 귀족의 범죄를 관리하는 기구였으며, '적몰지법(籍沒之法)'은 권력 투쟁에서 세력을 잃은 귀족을 처분하는 불문법이었다. 권력 투쟁에서 실패한 귀족들은 이 법규에 따라 사형되었고 그들의 가속은 노예로 적몰되었는데, 와리가 이들을 관리했다. 이 법규는 부락 귀족 사이에 권력 투쟁이 격화된 결과의 산물로서 흔덕근가한 후기에 출현했다.

우월은 부락 귀족의 위에 군림하며 연맹의 대권과 영광을 향유했기 때문에 야율씨 귀족에게 한껏 매력이 있었고, 더 나아가 분에 넘치는 야심을 품지 않을 수 없게 했다. 그들은 우월의 직위를 취득한 후에 비로소 그들의 궁극적인 목표를 이루게 되었다. 야율아보기가 달마월사리를 맡았을 때 당시 우월이던 야율석로가 살해되는 중대한 사건이 발생했다. 이 계획을 꾸민 자는 한덕(狠德) 집단과 싸워 이겼던 포고지의 족인과 석로의 아들 활가(滑哥 또는 化葛)였다. 흔덕근은 야율아보기에게 이 사건을 심리하도록 명령했으므로, 야율아보기는 모살 사건의 주범인 포고지의 삼족을 노예로 삼아 와리에 편입시켰다. 이후로 그들은 전쟁 포로나 빈곤한 족인은 물론이고, 죄를 범한 귀족도 노예로 전락시켰다.

이때에 이르러 연맹은 국가 기구로서 군대·법정·감옥 등의 초보적인 체계와 내용을 모두 갖추게 되었다. 부락 연맹의 거란 사회는 역사 과정을 통해 이미 문명의 문턱에 진입하게 되었다.

3. 요 정권의 건립

요련씨 연맹 후기에 권력 투쟁 과정 속에서 야율아보기의 실력은 점차 증대했다. 901년에 그는 질랄부의 이리근 겸 연맹의 군사 수령으로 임명되어 정벌에 전념했다. 903년에 우월이 되었고, 907년에는 요련씨를 대신해 연맹의 수령이 되었다.

이 기간에 그는 실위·해·습·토혼(吐渾) 등을 차례로 정벌했다. 또한 하동(河東)·대북(代北)·유계(幽薊)로 남하해 유주(幽州)의 유인공(劉仁恭) 부자, 하동의 이극용(李克用) 부자와 때로는 연합하고 때로는 공격하면서 번진 간의 각축전에 참여했다. 그리고 중원이 혼란하고 발해가 쇠퇴한 틈을 타서 요동을 거란의 통제하에 두었다. 그는 많은 한인을 받아들여 한지(漢地)의 선진 문화를 흡수하면서 성곽을 쌓고, 불사를 건축하고, 시장을 열었다. 그리고 척은

(惕隱)을 두어 족속을 관장하도록 했고, 시위친군을 확대하기 위해 각 부의 호건한 자 2,000여 명을 뽑아 복심부에 두었다. 그뿐만 아니라 숙위를 두고, 국정을 논의하고, 의례를 정함으로써 정권 수립에 필요한 준비를 했다.

그러나 사회의 발전은 신구 세력의 투쟁 중에 실현되는 것이다. 거란 사회의 전통에 따라 연맹 수령의 선거는 3년마다 실시해야 했지만, 야율아보기가 임명된 이후에 5년이 지나도록 선거를 치른 적이 없었다. 그래서 수령의 선거를 둘러싸고 야율아보기와 형제들 간에 투쟁이 전개되었다.

911년 5월에 동생 날갈(剌葛)·질랄·인저석(寅底石)·안단(安端) 등이 야율아보기를 파면하려고 획책했으나, 안단의 아내가 이러한 정황을 야율아보기에게 보고했기 때문에 동생들의 음모는 실현되지 못했다. 야율아보기는 "동생들과 산에 올라가 짐승을 한 마리 잡아놓고 다시는 모반하지 않겠다는 서약을 하늘과 땅에 고하게 한 후에 그 죄를 모두 용서해 주었다"[9]고 한다. 이것이 야율아보기 형제 사이에 처음으로 일어난 권력 투쟁이었다. 야율아보기의 장기 집권은 연맹의 전통에 위배되었기 때문에, 동생들은 전통의 방식을 고수하려는 보수 세력의 힘을 빌려 권력을 빼앗으려고 했던 것이었다. 전통 세력과 집권 세력이 각자 양보해 갈등은 잠시 완화되었다.

912년 10월에 우월 할저와 척은 활가가 다시 날갈 등을 선동해 야율아보기에 반항했다. 그들은 야율아보기가 조복을 친정하고 회군할 때 병사들을 보내 길을 차단했다. 야율아보기는 그들의 공격을 피한 후에 지지자들과 함께 번시제천의식(燔柴祭天儀式, 즉 시책례)을 먼저 거행함으로써 연임하는 것을 기정사실화했다. 형제들은 어쩔 수 없이 이를 받아들이고 사신을 파견해 사죄했다.

그러나 그들은 곧 야율아보기의 장기 집권에 대한 음모를 간파했다. 양측의 대항은 무장 충돌로 발전했다. 913년 3월에 질랄과 안단이 1,000여 기

---

9) 『遼史』, 「太祖紀」.

를 거느리고 와서 압박했으나 사로잡혔다. 그러자 날갈은 기고(旗鼓)를 세워 야율아보기의 자립을 흉내 냈다. 그들은 야율아보기의 영장(營帳)에 있는 군수품과 천막을 불살라 버리고 조상의 신장(神帳)과 연맹의 기고를 강탈해 갔다. 야율아보기의 아내 술률월리타(述律月理朶)가 반격해 다시 기고를 빼앗아 왔다. 야율아보기는 노합하에서 말과 병사를 쉬게 하면서 날갈이 북쪽으로 도주하게 내버려두었으나, 장수들은 급히 추격하기를 요청했다. 그러나 야율아보기는 그들이 고향에서 멀어져 분산될 때를 기다렸다가 일거에 토벌하자고 했다.

    4월에 야율아보기는 실위·토혼의 추장을 앞세워 날갈 군대의 북쪽 퇴로를 막고 북부 재상 소적로(蕭敵魯)를 선봉으로 삼아 반군을 대패시켰다. 마침내 5월에 날갈이 사로잡혔지만, 이번 전쟁은 쉽지 않았다. 당시 야율아보기의 "대군은 오랫동안 밖에 나와 있어서 보급품이 이어지지 않았고, 사졸들은 식량이 부족해 말과 망아지를 구워먹거나 야채를 뜯어 먹기도 했다. 길가에 죽어 버려진 가축이 열 마리 중 일고여덟 마리나 되었으며, 물가는 열 배나 폭등했다. 생활 도구, 옷, 재물 등은 초리하(楚里河)에 버려져 수백 리에 걸쳐 어지럽게 깔려 있었다"10)고 기록되어 있다. 반복적인 대결을 통해 야율아보기는 결국 동생들의 세력을 이겨냈다. 914년에 그는 교수(絞首)·참수(斬首)·투애(投崖)·생예(生瘞)·사귀전(射鬼箭)11) 등의 형법으로 반역자 300여 명을 사형에 처했다. 인저석과 안단은 사면되었으며 주모자인 날갈과 질랄도 장형에 처한 뒤 석방되었다. 915년에 야율아보기는 다시 술률씨(術律氏)의 책략으로 나머지 각 부의 반대자를 제압함으로써 유일한 최고 권력자가 되었다.

    916년에 야율아보기는 정식으로 칭제(稱帝)하면서 거란 귀족을 핵심으로

---

10) 『遼史』, 「太祖紀」.
11) 거란군의 출전 의식이다. 황제가 친정할 때 甲冑를 쓰고 여러 황제의 사당에 제사를 지냈는데, 그때 사형수 한 명을 정벌 나가는 방향의 기둥에 묶어놓고 화살을 마구 쏘아 고슴도치처럼 화살이 꽂히도록 하여 상서롭지 못한 일을 물리쳤다. 이때 화살은 鳴箭을 사용하는데 흡사 귀신이 우는 소리와 같다고 해서 鬼箭이라고도 한다. 훗날 형법 중 하나로 사용되었다. _옮긴이 주

하는 정권을 세웠는데, 국호를 거란으로 정하고 신책(神冊)이라 건원했다. 또한 야율아보기를 천황왕(天皇王), 술률씨를 지황후(地皇后)라고 불렀고, 장자 야율배(耶律倍)를 태자로 삼았다. 신책 3년(918)에 황도를 서루(西樓: 지금의 내몽고 赤峰市 巴林左旗 林東鎭 남쪽)12)에 세웠다.

   요 태종 회동(會同) 원년(938)에 황도를 상경으로 정하고 부(府)를 임황(臨潢)이라 불렀다. 대동(大同) 원년(947)에 국호를 요(遼)로 바꾸었다. 요 성종 통화(統和) 원년(983)에 다시 대거란으로 고쳤고, 통화 25년(1007)에는 중경을 건설해 도성으로 삼았다. 요 도종 함옹(咸雍) 2년(1066)에는 또다시 대요(大遼)라고 불렀다.13)

---

12) 四時捺鉢地를 일컬어 四樓라 한다. 대략 성종 시기에 사시날발지가 고정되었는데, 상경을 西樓, 木葉山을 南樓, 龍化州를 東樓, 慶州를 北樓라고 했다. _옮긴이 주
13) 遼朝의 國號 變遷에 관한 槪況(劉浦江, 「遼朝國號考釋」, 『歷史硏究』, 2001年 6期)_옮긴이 주

연대	한문 국호	비한문 국호
916~937년[태조~태종]	大契丹	哈喇契丹[全稱] 大契丹·契丹國, 契丹[簡稱]
937~982년[태종~경종]	大遼[燕雲漢地]·大契丹[遼朝故地]	
983~1065년[성종~흥종]	大契丹	
1066~1125년[도종~천조제]	大遼	

2장
요 전기의 통치

1절
영토의 개척과 통치 제도의 확립

요 태조와 태종은 정권을 건립해 통치 기반을 견고히 했다. 제도의 창제, 영토의 개척, 통치의 공고화는 이 시기의 주된 정치 활동이었다. 그 뒤를 이은 세종도 공훈을 세우고 업적을 쌓는 데 뜻을 두었기 때문에 어느 정도 제도를 정비했다. 그 결과 요는 호한분치(胡漢分治)의 정치 체제를 확립하는 기초를 마련했다. 그러나 목종(穆宗)은 어리석고 잔혹했으므로, 그의 재위 기간은 정치적으로 암흑기였다. 경종(景宗)은 다시 중흥에 힘을 쏟았고, 황후 소작(蕭綽)도 중요한 역할을 했다. 성종(成宗) 초기에 이르러 소작은 유조(遺詔)를 받들어 섭정을 했는데, 요 왕조의 정국이 점차 안정을 찾아서 경제·문화가 비교적 발전하고 제도와 문물도 갈수록 완비되어 요는 전성기를 맞이했다.

1. 부락의 개편과 영토의 개척

요가 건립될 때 초원의 각 부는 마침 쇠락하는 시기를 맞아 돌궐·당항(黨

項)·토욕혼(吐谷渾)·실위·조복 등의 제 부가 거란의 서쪽 초원에 흩어져 유목하고 있었다. 동북쪽의 발해도 200여 년의 통치를 거치면서 쇠퇴해 가고 있었다. 고구려는 당의 공격을 받아 이미 그 세력이 요동에서 퇴출되었다. 그리고 주온(朱溫)이 당 정권을 찬탈해 안정을 찾기도 전에, 하동의 이극용·이존욱(李存勖) 부자가 당 왕조의 회복이라는 기치 아래 줄곧 이들과 항쟁했다. 이것은 요가 세력을 발전시키고 영토를 개척할 수 있는 절호의 기회를 제공했다. 끊임없는 정벌 과정에서 야율아보기는 정권을 세우고 실력과 영토를 확대해 나갔다.

요 정권이 건립한 후에도 부단히 영토를 확장했다. 예를 들어 천현(天顯) 원년(926)에 태조는 발해를 멸망시켰고, 회동(會同) 원년(938)에는 태종이 유계 16주를 얻었으며, 9년(946)에는 마침내 후진을 멸망시켰다. 성종 통화 22년(1005)에는 북송과 전연(澶淵)의 맹약을 체결해 송과의 경계선을 최종적으로 확정했다.

1) 대외 정복과 부락의 재편성

야율아보기는 요련씨를 대체한 후에 실위·오고(烏古)·해·습과 여진의 여러 부를 계속 공략했고, 그 결과 연맹이 통치하는 인구의 수가 급속도로 증가했다. 따라서 원래 8부로 구성되어 있던 조직의 규모로는 이미 사회 발전에 적응할 수 없어 새로 편성된 부락이 계속 출현했다. 그래서 태조 20부, 즉 『요사』「영위지」에 기록되어 있는 조오가한의 20부가 최종적으로 형성되었다.[1] 이것은 요련씨 연맹 후기에 야율아보기가 국가를 건국하는 과정에

---

1) 『遼史』「營衛志」에는 조오가한 시기에 20부가 형성된 것처럼 기록되어 있으나, 이는 요련씨 연맹 후기에 부족이 확대되는 과정을 거쳐 태조 시기에 비로소 20부가 완전히 형성되었다고 할 수 있다. 『遼史』 卷32·33 「營衛志」 中·下 部族條에 따르면 각 연맹의 부족은 다음과 같다. **옮긴이 주**

서 형성된 것으로 대외 정복 사업의 결과였다. 부락의 재편성은 국가를 건립하는 과정과 동시에 진행되었다. 태조가 조직한 20부의 편성은 여전히 거란 귀족을 핵심으로 이루어졌는데, 그것은 대하·요련·세리[야율]의 삼대 가족 및 야율씨와 통혼한 이심밀(二審密)을 우대함으로써 더욱 확실하게 야율씨의 실력을 키웠다.

신책 원년(916)에 야율아보기는 돌궐·토욕혼·당항·사타(沙陀)를 친정해 그 추장과 부민 1만 5,000여 명을 포로로 잡았고, 갑옷·병기·기복(器服) 등 90여만 점과 무수히 많은 보화와 가축을 획득했다. 3년에 황제의 동생인 안단이 서남 여러 부를 공격했다. 4년에는 태자가 오고를 공격해 포로 1만 4,000여 명과 많은 전리품을 획득했으므로, 오고는 끝내 내부(內附)했다. 천찬(天贊) 원년(922)에 다시 서남의 여러 부를 공략했고, 2년(923)에도 차자(次子)인 야율덕광(耶律德光)을 데리고 토욕혼·당항·조복·회골 등을 재차 정벌했다. 옛 회골성(回鶻城: 지금의 몽고국 哈喇八喇哈孫)을 지나 사막을 넘어 부도성(浮圖城: 지금의 新疆省 吉木薩爾破城子)을 점령해 서부의 유목 부족을 전부 항복시켰다. 이로써 거란의 영역은 서쪽으로 아이태산(阿爾泰山, 알타이 산), 북쪽으로는 여구하(臚朐河: 지금의 克魯伦河, 케룰렌 강)까지 확장되었다.

건국 전후 거란의 부족표

部族 聯盟體名	部落名
古 8部 聯盟	悉萬丹部·何大何部·伏弗郁部·羽陵部·日連部·匹絜部·黎部·吐六于部
隋代 契丹 10部	未詳
唐代 大賀氏 8部 聯盟	達稽部·紇便部·獨活部·芬問部·突便部·芮奚部·墜斤部·伏部
遙輦氏 8部 聯盟	旦利皆部·乙室活部·實活部·納尾部·頻沒部·納會雞部·集解部·奚嗢部
遙輦 阻午可汗 20部 聯盟	3耶律을 7耶律로 2審密을 5審密로 나누어 이전의 8部와 함께 20部를 구성했으나, 알 수 있는 것은 迭剌部·乙室部·品部·楮特部·烏隗部·突呂不部·涅剌部·突舉部 외에 右大部·左大部 등이 있다. 나머지 두 개의 부락 이름은 알 수 없다.
太祖 時期의 20部	五院部·六院部·乙室部·品部·楮特部·烏隗部·涅剌部·突呂不·突舉部·奚王府六部五帳·突呂不室韋部·涅剌孥古部·迭剌迭達部·乙室奧隗部·楮特奧隗部·品達魯虢部·烏古涅剌部·圖魯部[國舅帳이라 일컫는 拔里와 乙室已 2부를 제외하면 실질적으로 18부다]

천찬 원년(922)에 이르러 20부를 다시 조정했다. 통제하기 어려운 강력한 질랄부(迭刺部)를 오원(五院)과 유원(六院)으로 나누고, 황족 중에 현조(玄祖) 균덕실의 세 아들의 후예를 맹부(孟父)·중부(仲父)·계부(季父) 등 3방(房)으로 나누었다. 또한 황족과 통혼한 발리(拔里)·을실이(乙室已) 2족을 국구장(國舅帳)으로 편성했다.

거란 부락의 조정은 인구 증가와 실력 증강의 결과인 동시에 거란 통치자가 권력을 공고히 하여 각 부를 더욱 강력하게 통제하기 위한 조치였다. 왜냐하면 야율아보기가 건립한 정권에 대해 저항한 자는 대부분 질랄부 출신의 구세력들이었다. 이는 요련씨 연맹 이후에 질랄부 출신의 귀족들이 연맹의 권력에 의지해 부단히 실력을 쌓아온 결과였다. 강력한 질랄부는 황권을 위협하는 대상이었으므로, 공신 갈로(曷魯)는 물론이고 역신 할저조차 죽음 앞에서 "질라부를 나누어 세력을 약화시키는 것이 급선무"라고 피력했다.

이것이 바로 질랄부를 오원과 육원으로 나눈 배경이었다. 이원부(二院府)의 이리근[후에 대왕]은 황제가 임명해 남쪽 경계에 머물게 했으므로, 황제권에 대한 위협이 감소했고 남쪽 경계의 방어도 강화할 수 있었다. 황제는 이리근을 통해 이원부를 통제해 질랄부의 특수한 지위를 상대적으로 약화시키고, 을실·해·요련과 나란히 두어 서로 견제하도록 했다. 이른바 "태조는 영웅다운 지략이 세 가지가 있었는데 그것은 바로 국구를 임명해 황족의 짝으로 삼고, 을실을 높여 해왕과 대등하게 하고, 질랄부를 이원(二院)으로 분리시켜 요련을 제어한 것"[2]이었다.

그리고 해인은 유목민 중에서 거란인에 견줄 만한 큰 부족이었다. 해왕이 직접 통할하도록 했던 해육부 외에 태조와 성종이 각각 해의 포로로 4부씩 설치했기 때문에 합계 열네 부족이 있었다. 각 부는 남·북 이재상부(二宰相府)에 나뉘어 예속되었고, 이리근·영온(令穩) 혹은 절도사를 두었다. 조정에서 임명

---

[2] 『遼史』, 「百官志」, 北面諸帳官.

한 부락의 수령과 이재상부는 새로 편성된 각 부와 인호(人戶)를 자신의 통제하에 두었다. 각 부는 거란인과 마찬가지로 목축과 어렵에 종사했을 뿐만 아니라 조정을 위해 국경을 수비함으로써 요 병력의 주축이 되었다.3)

2) 주현의 건립과 한인의 안치

요련씨 연맹 후기에 거란인 세력은 이미 동부와 남부에까지 미쳤다. 야율아보기가 연맹장이 되자 요동에 대한 경략을 더욱 중시했기 때문에 수차례 요동을 순시하고 장성을 쌓아 발해와 고려를 방어했다. 요 초기에 요양(遼陽) 고성을 수축해 이곳을 한인과 발해인으로 채웠다. 또한 요양을 동평군(東平郡)으로 고치고 방어사(防禦使)를 배치함으로써 요동에 대한 통제와 개발을 한층 더 강화했다.

당시 거란 경내로 이미 한인이 이주해 왔다. 왜냐하면 번진 사이의 각축전이 중원 인민들의 고통을 가중시켰기 때문이다. 예컨대 유주(幽州)를 부당한 방법으로 차지한 노룡(盧龍)절도사 유인공(劉仁恭)·유수광(劉守光) 부자가 포학하게 굴어 "유주와 축주(逐州)의 주민 대부분이 거란으로 도주했다. 야율아보기는 이를 기회 삼아 장성으로 들어가 성읍을 함락하고 그 인민을 포로로 잡아왔으며, 당의 주현 제도에 따라 성을 설치해 이곳에 살게 했다"고 한다. 요동의 경략과 한인의 이주는 거란인의 실력을 증강시켰을 뿐만 아니라 중원의 농경문화를 접할 수 있는 기회를 제공했다. 거란을 건국하기 전에 야율아보기는 이미 "한인에게 농사를 짓게 하고 유주의 제도와 마찬가지로 성곽과 마을·시장 등을 정비했기 때문에, 편안해진 그들은 더는 돌아갈 마음

---

3) 해인은 본지에 잔류했던 해의 근간인 6부와 해인 포로로 설치한 태조 때의 4부, 성종 때의 4부를 더해 모두 14부족으로 구성되었다. 북재상부 소속의 해왕 6부[遙里部·佰德部·楚理部·奧里部·南尅部·北尅部]와 남재상부 소속의 7부[迭剌迭達部·乙室奧隗部·楮特奧隗部·窈爪部·耨盌爪部·撒里葛部·訛僕括部] 및 소속 미상의 奚迭剌部 등이 있다. _옮긴이 주

이 없었다"⁴⁾고 한다. 이것은 야율아보기 세력을 빠르게 강화시켜 요련씨를 대신해 야율아보기가 건국을 할 수 있었던 주된 원인 중 하나였다.

요 초기에 거란은 자주 남하해 정주민을 포로로 잡고 재산을 약탈했다. 신책 원년(916)에 삭주(朔州: 지금의 山西省 朔縣)·울주(蔚州: 지금의 山西省 蔚縣)·신주(新州: 지금의 河北省 涿鹿)·무주(武州: 지금의 河北省 宣化)·규주(嬀州: 지금의 河北省 懷來)·유주(儒州: 지금의 北京 延慶) 등을 공략했다. 2년에 하동 신주의 위새군교(威塞軍校)였던 노문진(盧文進)이 절도사 이존구(李存矩)를 죽이고 항복했다. 그는 거란을 도와 신주를 함락했으며, 이 승세를 타고 유주(儒州)를 포위 공격했으나 함락하지는 못했다. 3년에는 운주(雲州)도 공격하고, 5년에는 운내(雲內: 지금의 內蒙古 土左旗)와 천덕(天德: 지금의 內蒙古 烏拉特前旗)을 공격했다. 6년에 신주방어사(新州防禦使) 왕욱(王郁)과 진주(鎮州)의 성덕(成德) 유후(留後) 장문례(張文禮)의 약속에 따라 단주(檀州: 지금의 北京 密雲縣)·순주(順州: 지금의 北京 順義縣)·안원(安遠, 지금의 北京 薊縣 서북)·삼하(三河: 지금의 河北省 涞原縣)·양향(良鄉: 지금의 北京 房山縣 동쪽)·망도(望都: 지금의 河北省 盧龍縣 남쪽)·노주(潞州: 지금의 內蒙古 巴林 경내)·만성(滿城: 지금의 河北省 滿城縣 서쪽 2리)·수성(遂城: 지금의 河北省 徐水縣 서쪽 25리) 등에 병력을 나누어 들어가 약탈했다. 천찬 원년(922)에 다시 유주(幽州)와 계주를 공략했고.⁵⁾ 2년에 평주(平州)를 점령한 후에 또다시 유주를 공격했고, 3년에는 연남(燕南)을 점령했다.

거란 통치자는 중원의 한제(漢制)에 따라 상경·동경·중경·남경 등에 주현을 설치해 한인 포로를 안치했는데, 그들이 원래 살던 주현의 명칭을 새로 설치한 주현에 거의 그대로 사용했다. 예를 들어 천찬 원년에 유주(幽州) 노

---

4) 『新五代史』,「四裔附錄」.
5) 성덕절도사 王鎔의 부했던 王德明은 그를 살해한 뒤 대신해 成德留後가 되었다. 왕덕명은 장문휴로 이름을 바꾸고 이존욱을 견제하기 위해 義務절도사 王處直과 협의했다. 왕처직은 신주방어사로 있던 자신의 양아들 王郁에게 몰래 연락해 거란이 남하하도록 했다. 그러나 이존욱의 사타군이 북상해 趙州를 함락하자 장문례는 분사하고, 왕처직도 王都의 쿠데타로 유폐되었으므로 왕욱은 거란에 내부했다._옮긴이 주

현(潞縣)의 사람들을 포로로 잡아 상경 동쪽에 같은 이름의 노현을 설치했다. 단주(檀州)의 포로로 동경도에 단주[지금의 遼寧省 康平]를 설치했고, 단주 삼하현(三河縣) 사람으로 삼하현[지금의 遼寧省 瀋陽]을 설치했다. 이 외에 상경도와 중경도의 임황현(臨潢縣)·용화현(龍化縣)·혜주(惠州)·무안주(武安州)·패성현(霸城縣) 등도 대부분 포로로 잡은 한인을 배치해 설치한 것이다. 한인이 북쪽으로 대거 이주하면서 유계 지구의 인구는 감소했지만, 거란의 약탈 범위가 갈수록 확대되었기 때문에 유계 지구에 하북의 중부 지역에서 잡은 포로를 채워 안희현(安喜縣)·행당현(行唐縣)·망도현(望都縣) 등을 설치했다. 발해가 멸망한 후에 거란에서는 주현의 설치가 더욱더 보편화되었다.

3) 발해의 멸망과 동란의 건국

천찬 4년(925)에 야율아보기는 군사를 일으켜 발해를 정벌하고자 황후·태자·대원수 및 북·남이부 재상, 북·남이원 이리근 및 한신(漢臣) 강묵기(康黙記)·한연휘(韓延徽) 등을 전부 따르게 했다. 천현 원년(926) 정월에 부여부(扶餘府: 지금의 吉林 農安)를 함락한 데 이어 홀한성(忽汗城: 발해국 상경 龍泉府, 지금의 黑龍江省 寧安 東京城)을 포위하자 발해 국왕 대인선(大諲譔)이 성을 나와 항복했다. 이와 동시에 거란은 발해의 군현민을 초유(招諭)했다. 2월에 발해 안변부(安邊府: 지금의 러시아에 속하고 동해와 접한다)·막힐부(鄭頡府: 지금의 黑龍江省 阿城)·남해부(南海府: 지금의 한국 咸興)·정리부(定理府: 지금의 러시아에 속하고 동해와 접한다) 등이 연이어 투항했다. 결국 발해는 멸망했다.

거란 통치자는 발해의 제도를 답습하고, 발해의 상층민을 포섭해 발해 지구를 다스렸다. 천현 원년에 야율아보기는 발해를 동란(東丹)으로 이름을 바꾸고, 태자 야율배(耶律倍)를 동란왕으로 삼았다. 정책 결정과 국가 행정의 기구로 중대성(中臺省)을 설치하고, 좌·우 대상, 좌·우 차상이 동란왕을 보좌하도록 했다. 황제의 동생인 질랄을 최초의 좌대상으로 삼았고, 우대상에는 발해의 노상(老相)을 유임시켰다. 그리고 좌차상은 발해 사도(司徒) 대소현(大素賢)에게, 우차상은 육원부 귀족 야율우지(耶律羽之)에게 맡겼다. 발해인의 모반을 방지하기 위해 야율아보기는 발해 국왕 대인선과 그의 가족 및 발해의 귀족을 거란의 내지로 이주시켰는데, 한인 포로에게 적용했던 방식대로 주현을 설치해 안치시켰다. 상경도에 발해인 포로로 설치한 주현으로는 장태(長泰)·정패(定覇)·보화(保化)·부여(扶餘)·현리(顯理)·부의(富義)·장녕(長寧)·의풍(義豊) 등이 있는데, 이러한 주현도 대부분 발해인이 원래 살던 지역의 명칭을 그대로 사용했다.

태종 초기에 동란의 우차상 야율우지가 발해인을 동평군으로 강제 이주시킬 것을 상표해 요청했다. 그는 홀한성이 상경에서 멀리 떨어져 있어 통제하기 불편하기 때문에, 마땅히 발해가 쇠한 틈을 이용해 그 백성을 남쪽으로 이주시켜야만 후일 번식의 우환을 방비할 수 있다고 생각했다. 게다가 "양수의 땅은 그들의 고향이고 토지가 비옥해 나무와 철·소금·물고기의 이익이 있으므로",[6] 그들을 옮기는 것이 안정된 생활을 누리며 즐거이 일하게 할 것이라고 말했다. 그래서 천현 4년(929)에 태종은 조서를 내려 동란의 백성을 양수(梁水: 지금의 遼寧省 太子河)의 땅으로 강제 이주시켰고, 동평군을 남경으로 승격시켰다. 6년에는 남경으로 중대성을 옮겨 동란국의 정치 중심을 남쪽으로 이전시켰다. 이번 강제 이주는 발해인을 쉽게 통제하는 것은 물론이고, 동란국의 규모를 축소시켜 동란왕의 세력을 제한하려는 의도가 있었던 것이다.

태종이 시기했기 때문에 동란왕은 천현 6년(931)에 바다를 건너 후당으로 망명했다. 요 왕조는 동란왕의 아내 소씨에게 동란을 주재하게 했다. 그리고 야율우지를 좌상으로 삼아 발해인을 진정시키도록 했다. 세종이 즉위한 후에 숙조부 안단에게 동란을 주관하게 했으나, 곧 소멸되었다. 동란은 요의

---

6) 『遼史』, 「耶律羽之傳」.

구성 중 주요한 부분이었으나 어느 정도 독립이 보장되었으므로, 자신의 국호와 연호를 사용하고 외국에 직접 사신을 파견해 이웃 국가와도 왕래했다. 동란은 매년 요 조정에 포(布) 15만 단(端), 말 1,000필(匹)을 공납했다. 동란왕이 망명한 뒤에는 국왕과 재상은 물론이고 백관도 요 조정에서 임명했으며, 이후에는 요에 병합되어 동경도가 관할했다.7)

4) 유계 16주의 병합

천현 11년(936)에 후당의 하동절도사 석경당(石敬瑭)과 말제(末帝) 이종가(李從珂)의 권력 투쟁이 심화되었다. 이에 석경당은 후당을 대신하고자 거란에 사신을 파견해 구원을 요청했다. 칭신(稱臣)과 칭자(稱子) 하기를 청했을 뿐만 아니라 일이 성사되면 노룡도(盧龍道)와 애문관(雁門關) 북쪽의 16주를 할양할 것도 약속했다. 9월에 요 태종은 친히 거란 군대를 이끌고 석경당을 원조해 진양(晉陽: 지금의 太原)에서 후당의 장경달(張敬達)과 양광원(楊光遠)을 패배시켰다. 마침내 11월에 석경당이 후진의 황제가 되었다. 후진은 유주(幽州: 지금의 北京)·계주(薊州: 지금의 天津 薊縣)·영주(瀛州: 지금의 河北省 河間)·막주(莫州: 지금의 河北省 任丘市)·탁주(涿州: 지금의 河北省 涿州市)·단주(檀州)·순주(順州)·신주(新州)·규주(嬀州)·유주(儒州)·무주(武州)·운주(雲州)·응주(應州: 지금의 山

---

7) 동란은 동쪽의 거란이라는 뜻으로 국명에서 볼 수 있듯이 거란의 종속국 내지는 괴뢰 정권인데, 거란이 요동 지배 질서를 확립하기 위해 만든 과도기적인 정치 체제다. 그러나 태종이 성급하게 동란을 포기함으로써 요동에 대한 거란의 지배 영역은 상당히 후퇴했다. 이후 야율배의 아들 耶律阮이 세종으로 즉위하면서 동란을 명목상 부활시킨다. 안단을 明王으로 책봉해 동란의 국정을 맡도록 하고, 발해인 高模翰을 중대성의 우상으로 임명해 동란 정권의 형식적인 체제를 갖추게 했다. 중앙 집권을 추진했던 세종이 굳이 동란을 부활시킨 것은 부친의 왕국이었다는 점에서 그 원인을 찾을 수 있다. 하지만 성종이 즉위하면서 동란의 중대성 편제를 철회하면서 요동 지역의 통치를 동경유수사에서 맡도록 했다. 이로써 동란은 형식과 내용 면에서 완전히 요의 지방 행정 체제로 편입되어, 그 이름은 57년 만에 소멸되었다. 그 결과 발해 고지에 대한 통제력은 이완되었고, 이는 훗날 발해인의 반요 투쟁과 여진인의 건국으로 이어져 거란을 멸망시키는 하나의 원인을 제공했다. _옮긴이 주

西省 應縣)·환주(寰州: 지금의 山西省 朔縣 馬邑)·삭주(朔州)·울주(蔚州) 등 16주를 거란에게 할양하고 매년 비단 30만 필을 공납했다.

유계 16주[8]가 거란에 병합된 것은 동란을 건국한 후에 또 다른 일대 사건이었다. 이로써 거란은 유주(幽州)와 운중(雲中) 일대의 넓은 농업 지역을 점유하게 됨으로써, 경제적 발전과 국력의 증강이 매우 촉진되었다. 많은 한인이 거란의 통치 범위로 들어옴으로써 중원의 주현 체제와 선진 문화가 거란 귀족과 거란 사회에 직접적인 영향을 끼쳤다. 한인과 발해인은 이미 요 정권의 중요한 구성원이 되었다. 앞서 거란 통치자는 초원 지역에 들어온 한인을 어떻게 관리해야 할지 고민했으나, 이제는 한지(漢地)를 어떻게 다스려야 할지 고민하지 않을 수 없었다. 앞서 "당 태종 시기에 거란에 도독과 자사를 두었고, 무측천 시기에는 왕으로 높여 책봉했다. 또한 현종 시기에 경략사(經略使)를 설치함으로써 비로소 거란은 당의 관작을 갖추게 되었다. 그 후에도 하북의 번진은 당의 관명을 관습적으로 제수(除授)했기 때문에 태사(太師)·태보(太保)·사도(司徒)·사공(司空) 등의 관직이 거란의 각 부족에 내려졌다. 그래서 요 태조는 그것을 그대로 따랐다"[9]고 한다. 건국 후에 한족의 인구가 증가하자 한인 관료를 임명해 한인의 사무를 주관하게 했는데 여전히 당 왕조의 관호를 답습했다.

예를 들면 신책과 천찬 연간에 강묵기(康默記)는 선휘사(宣徽使)와 좌상서(左尙書)에 임명된 적이 있다. 한연휘는 수정사령(守政事令)·숭문관대학사(崇文館大學士)·참결정사(參決政事)에 임명된 적이 있고, 발해를 평정한 후에는 또다시 우복야(右僕射)에 임명되었다. 태종 시기에는 정사령(政事令)과 남경삼사사

---

8) 후에 북송에서는 습관적으로 燕雲 16州라고도 불렀다. 16주의 현재 위치는 다음과 같다. 幽州[北京]·順州[北京 順義縣]·儒州[北京 延慶縣]·檀州[北京 密雲縣]·薊州[天津 薊縣]·涿州[河北省 涿州]·瀛州[河北省 河間]·莫州[河北省 任丘北]·新州[河北省 涿鹿縣]·媯州[河北省 懷來縣]·武州[河北省 宣化縣]·蔚州[河北省 蔚縣]·應州[山西省 應縣]·寰州[山西省 朔州 東]·朔州[山西省]·雲州[山西省 大同市]. _옮긴이 주

9) 『遼史』, 「百官志」, 南面.

(南京三司使)를 역임했다. 한지고(韓知古)는 일찍이 지한아사사(知漢兒司事)를 총괄하면서 각 나라의 예절과 의식도 겸해 관리했으므로 좌복야에 임명되었다. 발해를 평정한 뒤에는 중서령(中書令)으로 관직을 옮겼다. 왕욱은 발해를 평정한 공으로 동정사문하평장사(同政事門下平章事)·수중서령(守中書令)·정사령(政事令)을 역임했다. 그러나 이때의 한인 관료는 대부분 사람과 일에 따라 임의대로 임관되었을 뿐 아직 한인의 관직 체계가 형성되지 않았다.

회동 원년(938)에 후진은 16주의 지도와 호적을 헌납했다. 요 태종은 통치기구와 관호를 초보적으로 조정하면서 황도를 상경으로 고치고, 부(府)의 이름을 임황(臨潢)이라고 했다. 그리고 유주(幽州)를 남경으로 승격시키고 남경을 동경으로 바꿨으며, 신주(新州)를 봉성주(奉聖州)로, 무주(武州)를 귀화주(歸化州)로 고쳤다. 또한 북·남이원과 을실의 이리근을 왕으로 승격시키고, 주부(主簿)를 영(令)으로, 영을 자사로, 자사를 절도사로 승격시켰다. 이부(二部)의 척은은 사도, 달랄(達剌)을 부사(副使)라고 하고, 마도불(麻都不)을 현령, 현달랄간(縣達剌干)을 마보(馬步)라고 했다. 선휘(宣徽)·각문사(閣門使)·공학(控鶴)·객성(客省)·어사대부(御史大夫)·중승(中丞)·시어(侍御)·판관(判官)·문반아서(文班牙署)·제궁원세촉(諸宮院世燭)·마군(馬群)·요련세촉(遙輦世燭)을 설치했고, 남북부(南北府)와 국구장(國舅帳)의 낭군을 창사(敞史)라 고쳤으며, 각 부의 재상절도사장(宰相節度使帳)을 사공이라고 했다. 또한 이실위달림(二室韋闥林)을 복야(僕射)라 하고, 응방·감야국(鷹坊監冶局) 등의 장관은 상온(詳穩)이라고 했다.

이렇게 조정을 마친 후에 16주에 대한 통제와 감독을 더욱 강화하기 위해 오원·육원·을실부의 지위를 제고시켰다. 즉 부락 조직 중 한관의 명칭을 도입하면서 감독, 예절 의식, 공문 서찰, 대외 교류를 맡는 기구와 관원도 늘렸다. 남경이 관할하는 주현에 "백관을 설치하면서 모두 중국식으로 따르고 중국인을 섞어 등용했다"[10]고 한다. 이로써 북·남면 관제를 형성하는 중요

---

10) 『新五代史』, 「契丹」.

한 첫걸음을 내딛게 되었다.

거란 통치자는 16주의 사회 제도를 바꾸지 않고 기존의 방식대로 통치했다. 한인 인사를 선발하기 위해 연운 지구에서 제일 먼저 과거를 실시했는데, 이는 한족 인사들에게 입사의 길을 열어주었다. 16주는 선진의 농업 지구였으며 농업·수공업·상업이 모두 발달했기 때문에 그곳의 합병은 요의 경제력을 증강시켰을 뿐만 아니라 거란 사회의 봉건화를 가속화했다.

회동 5년(942)에 후진의 고조 석경당이 죽자 그의 조카 석중귀(石重貴)가 즉위했다. 요 태종에게 보낸 국서에 단지 칭손(稱孫)만 했을 뿐 칭신(稱臣)하지 않는 등의 불손한 태도를 취하기 시작했다. 이에 격노한 태종은 후진을 응징하기 위해 군대를 일으켜 개봉을 점령했고, 마침내 9년 12월에 석중귀가 항복함으로써 후진은 멸망했다.

대동 원년(947) 정월에 태종이 변경(汴京)에 들어와 중국 황제의 의관(衣冠)을 착용하고, 한례(漢禮)에 따라 백관을 접견하는 등 중원 경영에 남다른 열의를 보였다. 이때 국호를 대요(大遼)로 바꾸고 진주(鎭州)를 중경으로 승격시켰다.[11] 항복한 석중귀는 부의후(負義侯)로 삼아 홍중부(興中府)로 이주시켜 안치했다. 조의수(趙延壽)를 대승상(大丞相) 겸 정사령(政事令)·추밀사(樞密使)·중경유수(中京留守)로 삼았고, 후진의 관리 장려(張礪)를 평장사(平章事)로, 이숭(李崧)을 추밀사로, 풍도(馮道)를 태부(太傅)로, 화응(和凝)을 한림학사(翰林學士)로, 조영(趙瑩)를 태자태보(太子太保)로, 유구(劉昫)를 수태보(守太保)로, 풍옥(馮玉)을 태자소보(太子少保)로 삼았다. 이와 동시에 각 번진에 조서를 내려 표를 받들어 칭신하거나 혹은 입조하라고 명을 내렸다. 한편 하동절도사 유지원은 당시의 시국을 이용해 건국을 준비하고 있었다.

당시 거란 기병은 후진의 경내에 있으면서 군량과 마초(馬草)를 구한다는 명분으로 사방을 약탈했는데, 이를 이른바 타초곡(打草穀)[12]이라고 했다. 이

---

11) 태종이 국호를 거란에서 대요로 고친 해는 947년이 아니라 연운 16주를 할양받은 937년이라고 고증하는 경우도 있다. _옮긴이 주

러한 소란 속에 "장정들은 창끝에 죽고 노약자는 계곡에 버려졌으며, 동서 양기(兩畿: 大梁과 洛陽의 속현)와 정주(鄭州)·활주(滑州)·조주(曹州)·복주(濮州)까지 수백 리에 걸쳐 재물이 다 소진되었다"13)고 한다. 또한 태종은 장병들의 상급을 충당한다는 구실로 가혹한 가렴주구를 실시했다. 그는 삼사사(三司使) 유구영(劉昫營)에게 책임지고 금백(錢帛)을 마련하라고 명령을 내렸으나, 후진의 창고는 텅 비어 있었다.

결국 도성의 백성에게 의지할 수밖에 없었으므로 장상(將相) 이하 모든 사람들은 가렴주구를 피할 수 없었다. 또한 사자(使者) 수십 명을 각 주현에 파견해 조급하게 수탈하는 과정에서 횡포에 견디다 못한 백성은 거란의 관병을 죽이고 주현을 점거하는 등 격렬하게 저항했으므로, 거란인은 통치력을 상실했다. 태종은 "중국인을 다스리기가 이처럼 어려운지 몰랐다!"14)라고 탄식했다. 중원 깊숙이 들어온 그는 물질적인 풍요와 문물제도의 완비, 중국 황제의 권위를 직접 목격했지만, 중국을 다스리는 것이 쉽지 않다는 것도 체험했다. 그래서 요 태종은 새로 점령한 중원 지구를 어떻게 통치해야 할지 심각하게 고민하지 않을 수 없었다.

더욱이 2월에 후진의 하동절도사 유지원이 태원에서 칭제하고 후한(後漢)을 건립하자 각지의 절도사는 거란의 감군(監軍)·사자(使者) 등을 다수 죽이고 유지원에게 붙었다. 중원의 주현 질서는 혼란해졌고, 거란은 중원을 더는 효과적으로 통제할 수 없었다. 마침내 태종은 개봉에 입성한 지 3개월 만에 돌연 북으로 돌아갈 것을 선언했다.15) 3월에 태종은 백관을 소집한 후에

---

12) 타초곡은 요대 일반적인 군사 행위다. 『遼史』「兵衛志」에 따르면 군대가 출정해서도 "병사와 군마에게 군량과 마초를 지급하지 않고 매일 타초곡의 기병을 사방으로 내보내 약탈하게 했다"라고 한다. 이것은 전문적인 병참이 없이 병사가 스스로 보급품을 약탈해 조달하게 하는 방식이었다. 거란 병제는 正軍 한 명마다 打草穀과 守營盤家丁이 각각 한 명씩 붙었고, 馬匹·甲冑·武器 등을 스스로 준비했다. _옮긴이 주_
13) 『資治通鑑』 卷286, 「後漢紀一」.
14) 『資治通鑑』 卷286, 「後漢紀一」.
15) 태종이 철수한 이유는 표면적으로 중원이 더워 오래 머물 수 없다는 것이었지만, 실제로는 중

날씨가 더워 더는 머무르기 어렵고, 황태후에게 돌아가고 싶다는 명분을 내세워 귀환하기로 했다. 거란 군대가 변경을 떠나자마자 거란이 임명했던 각 절도사는 잇따라 배반했다.

태종은 여양도(黎陽渡)를 건너면서 근신들에게 이번 군사 정벌의 교훈을 총결산하며 말했다. "짐은 이번에 세 가지 실수를 했다. 군사를 풀어 마초와 곡식을 빼앗은 것이 첫 번째이고, 백성의 사적인 재산을 빼앗은 것이 두 번째이며, 절도사들을 진(鎭)으로 서둘러 돌려보내지 않은 것이 그 세 번째다."16) 또한 황제의 동생 이호(李胡)에게 군의 상황을 설명하면서 "하동(河東)은 아직 귀부하지 않고, 서로(西路)의 추장들도 서로 무리지어 어디로 귀부할까 밤낮으로 생각하고 있으니 그들을 제압하는 방법은 오직 백관의 마음을 구하고, 군사의 마음을 다독이며, 백성의 마음을 어루만지는 이 세 가지 방법뿐이다"라고 다시 강조했다. 전쟁은 3년간 진행되었으나, 태종은 후진의 수도 변량(汴梁)에서 단지 3개월간 머물렀을 뿐이다. 그동안 그는 중원의 정치·경제·문화적 정황 및 민정·군정에 대해 체험하면서 중원을 어떻게 다스려야 하는지 초보적이나마 이해하게 되었다.

4월에 회군 도중에 태종이 난성(欒城)에서 병사하자 동란왕의 장자 야율완(耶律阮)을 군중의 장수들이 추대했다. 세종은 중경 진주에서 즉위했으며 대동 원년을 천록(天祿) 원년으로 개원했다. 세종은 천록 원년 8월에 북원추밀사를 설치해 숙위 업무를 총괄하던 맹부방의 야율안단(耶律安摶)에게 이를 맡겼다. 9월에 숙조부 안단(安端)에게 동란국을 주재하게 하고, 안단의 아들 찰가(察哥 또는 漚僧, 漚里僧)를 태령왕(泰寧王)으로, 인저석(寅底石)의 아들 유가(劉哥)를 척은으로, 사방관사(四方館使)였던 후진의 고훈(高勛)을 남면관 계통의 최고 장관인 남추밀사로 임명하고, 천록 4년(950)에 정사성(政事省)을 설치

국인의 저항에서 벗어나야만 했고 본토의 반대파, 즉 술률태후 일파를 견제하기 위해 귀환한 것이다. _옮긴이 주
16) 『遼史』, 「太宗紀」.

했다. 5년에는 주현의 녹사참군(錄事參軍)·주부(主簿)에게 조서를 내려 정사성의 인사 행정을 맡도록 했다. 남면관에도 추밀사와 정사령을 설치함으로써 직무의 담당과 역할이 갈수록 명확해졌다. 이때 북·남면 관제의 체계가 초보적으로나마 확립되었다.

2. 성종의 치세

천록 5년(951)에 화신전(火神澱)의 난으로 세종이 피살되었다. 태종의 아들 야율경(耶律璟)이 즉위했는데 그가 바로 목종이다. 목종은 "주색에 흠뻑 빠졌으며 사냥을 너무 좋아했다. 또한 상벌을 내리는 것이 일정하지 않고 정사를 살피지도 않았다"고 한다. 그의 통치 기간 내내 거란 귀족의 권력 투쟁이 빈번하게 발생해 사회 질서가 매우 불안정했다. 마침내 응력(應力) 19년(969)에는 근시(近侍) 소가(小哥)가 그를 행궁에서 살해했으므로, 세종의 아들 야율현(耶律賢)이 그 뒤를 이어 경종으로 즉위했다. 경종은 네 살 때 화신전의 난을 겪으면서 평생 동안 질환에 시달려 정사를 제대로 돌보지 못했다. 그래서 정사와 대외 정벌은 대부분 황후 소작(蕭綽)과 함께 의논해 결정했다.

건형(乾亨) 4년(982) 경종이 죽고 그의 아들 야율융서(耶律隆緒)가 즉위해서 성종이 되었다. 당시 성종의 나이가 열두 살이었으므로 종실의 왕들은 분수에 넘치는 야심을 품었지만, 소작이 유조(遺詔)를 받들어 어린 군주를 잘 보좌했다. 보령(保寧) 원년(969)부터 통화 27년(1009)까지 거의 40여 년간 그녀가 집정했다. 이 기간 동안에 그녀는 거란 신료인 야율사진(耶律斜軫)·야율휴가(耶律休哥)·야율사(耶律沙)·소간(蕭幹)·소달름(蕭撻凜 또는 蕭撻覽)·소배압(蕭排押)과 한인 신료인 한덕양(韓德讓)·실방(室昉)·마득신(馬得臣)·형포박(邢抱朴)·왕계충(王繼忠) 등에 의지해 성종의 황권을 공고히 했다. 이와 동시에 생산력의 발전을 중시했을 뿐만 아니라 관리의 품행과 치적을 정돈하고, 통치 기구와 전장 제도를 완비했다. 이는 거란 사회의 발전을 추진해 국력을 매우 신장시켰다. 성종 시기에 요는 전성기에 도달했으며, 봉건화가 완성되었다.

1) 인재의 선발과 관원의 정돈

요 경종 야율현과 예지황후(睿智皇后) 소작, 성종 야율융서는 목종의 폭정을 이은 직후였기 때문에 통치 집단의 인심은 불안정했고, 송은 남부의 변방을 위협했다. 그들은 종족에 대한 편견을 버리고 오직 재능 있는 자를 임용했으므로, 번한(蕃漢) 신료에게도 같은 마음으로 정사를 보좌하게 했다. 안으로 백성을 안정시키고 밖으로 강적에 대항해 정국의 안정 및 경제의 발전, 국가의 번영을 위한 조건을 만들어나갔다. 그들은 인재 선발을 중시했으므로, 종실과 외척, 각 부의 재능 있는 귀족과 관원은 물론이고 한인도 부단히 임용했다. 경종 시기에 비로소 과거를 제도화함으로써 한인 사족은 물론이고 포로나 투항한 자 중에서도 인재를 망라해 통치 기반을 구축했다.

요 왕조의 한관은 최초에 포로로 잡히거나 사신으로 왔다가 억류된 한인과 그 자손이 대부분이었다. 예컨대 한연회(韓延徽)·한지고(韓知古)·조사온(趙思溫)·유성(劉晟) 등을 들 수 있다. 이후에 항복한 관료나 장수 중에서 적지 않은 인재를 선발했는데, 항복한 장수로는 왕계충과 장검 등을 들 수 있다. 또한 한지고의 손자 한덕양은 국가를 통치하는 데 아주 중요한 역할을 담당했다. 그는 상경유수, 남경유수, 남원추밀사, 정사령, 북부재상령추밀사사 겸 북원추밀사 등의 관직을 차례로 역임하고 마침내 대승상에 임명되었다. 그는 거란 관료와 함께 국사를 결정하면서 "나라를 보존하기 위해 하지 않은 일이 없을 정도였다"고 한다.

대내적으로 부세를 줄이고, 인재를 등용하고, 사악한 자를 물리치고, 청탁을 차단해 질서를 안정시켰다. 대외적으로는 "송과 화약을 체결해 화목하게 지냈고, 중국과 외국을 모두 복종시켜 조그만 틈도 없게 했다"[17]고 한다.

그는 승천태후(承天太后)와 성종을 보좌하면서 전력을 다해 큰 공을 세웠기 때문에 어느 누구와도 견줄 수 없는 특별한 영예를 얻었다. 그는 왕에 책봉되고, 야율의 성을 하사받았을 뿐만 아니라 궁적(宮籍)에서 벗어나 계부방(季父房)에 속하게 되었다. 더욱이 왕부(王府)의 설치도 허락받았으며 사후에는 건릉(乾陵: 경종의 능) 옆에 배장(陪葬)되었는데, 장례의 규모가 경종황후 소작과 비슷했다고 한다.[18]

거란 신료 중에는 우월 야율휴가, 북원추밀사 야율사진, 서북로초토사 소달름 등과 같이 변경을 안정시키면서 치국에 공헌해 일대 명신에 오른 사람들이 있다. 그중 야율휴가는 남쪽의 군무를 맡았을 때 "수비병의 복무를 균등하게 해 번갈아 쉬는 법을 정하고, 농사짓고 누에치는 일을 장려했으며, 군 장비를 손질해 변경을 잘 다스렸다"고 한다. 통화 4년(986)에 그는 송의 장수 조빈(曹彬)을 기구관(岐溝關: 지금의 河北省 逐州市 서남쪽)에서 패배시키고, 지웅주(知雄州) 하령도(賀令圖)도 사로잡았기 때문에 송의 군대가 감히 북쪽으로 향하지 못했다. 그리고 "연(燕) 백성이 피폐해져 있던 상황을 감안해 부역을 줄이고 고아나 홀어미를 보살폈다. 또한 국경의 병사에게 송의 국경을 범하지 못하게 하고, 소나 말이 북쪽으로 도망쳐 오더라도 모두 돌려주도록 명령했다. 먼 데나 가까운 데나 모든 사람이 순종해 국경이 안정되었다"[19]고 한다.

---

17) 『契丹國志』 卷18, 「耶律隆運傳」.
18) 소작은 입궁 전부터 한덕양과 알고 있던 사이로 그에 대한 감정이 남달랐다. 경종 사후에 그녀는 한덕양의 정치적·군사적 재능을 알아보고 중책을 맡겼다. 이어서 그에게 '耶律'의 국성을 내리고 이름도 隆運으로 바꾸게 한 다음 대권을 총괄하는 대승상에 임명했다. 승천태후는 한덕양에게 "지금 어린 주상은 당신의 아들과 같으니 친아들처럼 잘 보좌해 주시오"라고 당부한 적이 있을 정도였다. 그녀는 한덕양의 아내 이씨를 죽인 후에 그와 공개적으로 부부의 인연을 맺었으며 성종 또한 한덕양에게 부친의 예를 갖출 정도였다. 당시 거란족의 풍속으로는 허용될 만한 것이었다. 그는 승천태후 밑에서 활약하면서 송을 굴복시켜 澶淵의 맹약을 맺고 요대 最盛期의 기초를 확립했다. 그는 승천태후 사후 1년 반이 지난 1011년에 죽었다. _옮긴이 주
19) 『遼史』, 「耶律休哥傳」.

그들은 신중하게 관원을 선임했을 뿐만 아니라 관리에 대한 심사도 중시했다. 성종 시기에 송의 제도를 참고해 관원을 심사하는 방법을 확립했다. 청렴과 절제를 장려했던 반면, 탐혹과 아첨에 영합하는 행위는 처벌했다. 조정의 상벌이 엄하고 공정했기 때문에 성종 시기에 장검과 같이 검소하고, 형포박과 같이 백성을 잘 보살피며, 마득신과 같이 직언하는 이들이 많았다. 또한 야율해리(耶律海里)·야율학고(耶律學古)·소배압·소유자(蕭柳者)와 같이 백성을 잘 다스리는 자들도 있었고, 소달름과 같이 탁월한 전공이 있는 자도 있었다. 반면에 태사 자모(柘母)는 권력에 영합했기 때문에 벌을 받았고, 남원 대왕 야율발고(耶律勃古)는 백성을 학대했으므로 장형에 처해졌다. 그리고 소합(蕭合)은 재능과 덕을 갖추지 못했고, 야율아모리(耶律阿沒里)는 재물을 마구 거둬들였으므로, 당시에 천박하다는 평가를 받았다. 그래서 조야(朝野)의 풍속이 비교적 바로 서게 되었다.

승천태후와 성종은 통치 체제를 정돈하는 동시에 옥송(獄訟)을 심리하는 것도 중시해 억울한 누명을 벗겨주었다. 보령(保寧) 3년(971)에 목종이 폐기했던 종원(鍾院)을 회복시켜 등문고원(登聞鼓院)을 다시 설치함으로써 백성의 억울함을 구제했다. 또한 나라 안팎의 관원에게 밀봉한 상소문을 올리도록 해 정사의 좋고 나쁜 점을 이해하고자 했다. 태후와 성종은 단호하게 다스리면서도 신중하게 판단하기 위해 옥에 오래 갇혀 있는 죄인을 직접 판결하기도 했다. 또한 여러 신하를 각 도에 보내 지체된 사건을 빨리 처리하도록 했을 뿐만 아니라 억울하게 누명을 쓴 죄인이 있으면 신속하게 석방했다. 통화 연간에 남경과 이주·평주에 있는 감옥이 비었다는 소식이 들릴 정도였고, 개태 연간에는 각 도의 감옥이 전부 비었다. 이것은 사회 질서가 안정되었음을 반영한 것으로 생산 발전에도 유리하게 작용했다.

성종 시기에는 당시의 사회적 상황에 맞춰 여러 차례 법령을 개정했는데, 봉건 통치에 불리한 구제도는 제거하는 반면, 봉건 질서를 유지할 수 있는 내용은 증가시켰다. 예를 들면 노비의 범죄에 대해 주인이 제멋대로 죽일 수 없도록 관부가 죄를 다스렸고, 족장(族帳)이 죄가 있으면 각 부의 선례에 따라 경묵(黥墨: 얼굴이나 팔에 먹물로 죄명을 새기는 형벌)했다. 그리고 거란인이 십악(十惡)을 저지르면 한율(漢律)에 따라 처리했다. 이와 동시에 소송 제도는 물론이고, 사법과 행정 기구도 계속 완비해 나갔다. 통화 원년(983)에 조서를 내려 "모든 형이 이미 결정이 나서 판결이 났더라도 원통함이 있는 자는 관서에 나와 호소하도록" 했다. 개태 8년(1019)에는 다시 "각 도에 조서를 내려 일의 크고 작은 것에 상관없이 이미 결정된 것은 3월에 일차적으로 조목조목 보고하도록" 했다.

통화 12년(994)에 대리시(大理寺)에 소경(少卿)과 정(正)을 두었고, 16년에는 "민간에서 관리의 봉급을 거두는 것을 폐지하고 내탕(內帑)에서 지급하도록" 했다. 개태 3년(1014)에 추밀사 이하의 월급을 올린 적이 있고, 남경·봉성·평주·울주·운주·웅주 등에 전운사를 설치했다. 태평 원년(1012)에 장자 야율종진(耶律宗眞)을 태자로 삼아 장자 계승제를 확립했다. 10년에는 조서를 내려 다음 해부터 공거법(貢擧法: 각 지방의 우수한 인재를 뽑아 추천하던 일)을 시행하도록 했다. 상술한 조치를 통해 황권을 강화하면서 점차 봉건 질서를 확립해 나갔다. 이로써 각 항의 제도가 마침내 확립되어 법령도 나날이 완벽해졌다.

이 기간에 요의 통치자는 유가 사상을 적극적으로 선양(宣揚)하고 아울러 그것을 요의 통치 사상으로 삼고자 충·효·예·의 등의 의식과 행위 규범을 확립했다. 예를 들면 민간에 부모가 있는 데도 호적을 따로 해 별거하는 자를 이웃이 알아차리면 이를 처벌했다. 부모를 잘 봉양해 삼대가 동거하는 자는 마을 어귀에 기(旗)를 세워 표창했으며, 세금을 수년 동안 면제해 주었다. 혼인한 여자가 재혼하는 것도 금지했다. 중경에 태조 사당을 세웠으며, 제례(祭禮)와 제기(祭器)는 모두 옛 제도를 따랐다. 또한 황족과 신분이 낮은 소족장(小族帳)이 통혼하는 것을 금지하고, 적서(嫡庶)를 구분해 서자는 모친의 신분에 따라 귀천을 결정했다. 결과적으로 거란의 구제도를 약화시키는 동시에 봉건의 존비(尊卑) 제도를 더욱 강화시켰다.

2) 신분 계급의 조정과 농업 생산의 발전

부락 조직의 조정 및 노비의 해방 ▪▪▪▪ 태조가 부락을 조직한 뒤로 요 사회에는 매우 큰 변화가 발생했다. 정치·경제·문화가 전반적으로 발전하면서 사회의 모습이 크게 바뀌었다. 성종은 변화하는 정세에 적응하기 위해 부락 조직을 조정했는데, 그 정황은 대체로 세 종류로 나누어 살펴볼 수 있다.

첫 번째는 호구가 늘어나면서 새로운 부를 건설할 필요가 있었다. 태조 시기에 해인을 방어하기 위해 일찍이 거란 8부 중에서 각각 20호를 뽑아 20개의 상온을 설치해 낙마하(落馬河)와 속로하(速魯河: 老哈河의 支流) 근처에서 해인을 정탐시켰다. 수십 년이 경과하면서 호구가 번식했으므로, 성종은 마침내 특리특면부(特里特勉部)를 설치해 절도사에게 관리를 맡겼다. 그리고 남부(南府)에 예속시켜 도탑령(倒塌嶺)을 수비하게 했다. 이는 요 사회가 안정되고 인구가 증가한 결과였다.

두 번째는 횡장대족(橫帳大族)의 노비와 궁분호(宮分戶)로 부를 설치했다. 태조가 해를 정벌하면서 잡은 포로를 저장자제(著帳子弟)로 삼아 살리갈(撒里葛)·요조(窈爪)·누완조(耨盌爪) 등 세 개의 영(營)을 편성했다. 최초에 이들은 궁분의 호적에 올라 예속되었으며, 이리근을 설치해 관리했다. 성종은 3영을 3부로 바꾸고 궁분에서 분리시킨 뒤 절도사가 통치하게 하여 남부에 예속시켰다. 3부는 각각의 유목지가 있으며 황제가 사냥할 때 노역을 제공했다. 와복괄부(訛僕括部)도 비슷한 상황이었다. 요 초에 궁위(宮衛, 즉 알로타)와 횡장대족에서 노예를 뽑아 초와석렬(稍瓦石烈)과 갈술석렬(曷術石烈)을 편성했는데, 이들은 황실을 위해 송골매를 잡고 대장장이 일을 했다. 성종 시기에 두 석렬[20]의 인구가 증가하여 마침내 각각 부를 설치했다. 이곳에 절도사를 두고 관리했으며, 동경도부서사(東京都府署司)에 예속시켰다.

---

[20] 각 부족 아래 石烈 혹은 彌里가 설치되어 있었는데, 거란어로 鄕의 의미다. 큰 집단을 '석렬', 작은 집단을 '미리'라고 불렀다. _옮긴이 주

궁분인과 노예로 구성된 부가 새롭게 설치되면서 많은 노예가 해방되었고, 계급 관계도 조정되었다. 궁분인과 노예는 새로운 부에 편성되어 노역의 처지에서 벗어났으므로, 각 부의 속민과 마찬가지로 국가의 편호(編戶)가 되었다. 이에 따라 요의 노예제는 더욱 약화된 반면, 봉건적인 생산과 계급 관계는 더욱 발전했다. 이것은 거란 사회를 실질적으로 변화시켜 결국 봉건 질서를 완성하게 했다.

세 번째로 새롭게 편입된 여러 부족민으로 부를 설치했다. 성종 시기에 포로 내지는 새로 붙은 실위·여진·달로괵(達魯虢)·오고·적렬·당고(唐古)·회골·비골덕(鼻骨德)·부아리(剖阿里)·분노리(盆奴里)·오리미(奧里米)·월리독(越里篤)·월리길(越里吉) 등의 인호(人戶)를 기존의 궁위와 부에 더는 배속시키지 않았다. 단지 새로운 부를 조직해 절도사가 관리했으며, 기존의 부와 마찬가지로 북남이부(北南二府) 혹은 연변의 군사 기구에 예속시켜 변경을 수비하도록 했다. 그들이 원래 간직해 온 생산과 생활 방식을 그대로 두었고, 내지로 이주시키지도 않았다. 즉 그들의 거주지와 발전 수준에 맞춰 관리 방식을 채용했을 따름이다.

성종은 부를 신설하는 방식으로 많은 노예를 해방시키는 동시에 포로와 채무 노예를 해방하도록 명령을 내렸고, 더는 한인 포로가 노예로 전락되지 않도록 조치했다. 그리고 통화 7년(989)에 포로 중에 친속 관계가 있지만 여러 장(帳)으로 분산되어 예속된 이들을 관전(官錢)으로 대속(代贖)해 서로 모여 살게 했다. 13년(995)에는 응력(951~969) 이후에 강제로 부곡민이 된 민호를 주현의 호적으로 옮기게 했다. 그리고 29년(1012)에 다시 조서를 내려 수재를 입고 기아에 허덕이는 백성 중에 인질이 된 남녀를 다음 해 정월부터 하루 고용 가치를 10문으로 계산해 그만큼의 노역을 다하면 집으로 돌려보내도록 했다. 또한 주인이 제멋대로 노비를 죽이는 것도 금지했다. 그래서 개태 6년(1017)에는 공주 새가(賽哥)가 죄 없는 여자 종을 제멋대로 죽이자 그녀를 현주(縣主)로 강등했고, 부마 소도옥(蕭圖玉)은 집안을 잘 다스리지 못했다는 이유로 평장사 관직을 삭탈했다. 이렇게 해서 노예의 생존권은 법률적으로 어느 정도 보장받게 되었다.

백성의 부담에 대한 경감과 농업 생산의 발전 ▪▪▪ 승천태후와 성종은 민정에 힘을 쏟아 백성의 부담을 줄이고, 재난에 따른 빈곤을 구휼하기 위해 사회 질서를 안정시키고 생산력을 발전시키는 조치를 취했다. 홍수와 가뭄 등 재난에 대비하기 위해 통화 연간에 각 도에 의창(義倉)을 설치하도록 했다. 풍년에 곡물을 거두어 의창에 저장해 두었다가, 흉년에 빈곤한 백성을 진휼했다. 성종 시기에 재난으로 인한 빈민을 구휼하는 기록이 여러 차례 보인다. 계속되는 수해(水害)·한해(旱害)·황해(蝗害)뿐만 아니라 송의 공격에도 당시 사회 질서는 여전히 안정되었다.

통화 원년(983)에 동경과 평주에 한해와 황해가 발생하자 국가는 창고를 열어 이재민을 구휼했다. 그리고 남경에 가을비가 내려 농작물이 피해를 입자 관세 징수를 일시 중지해 산서로부터 곡식을 싼값에 살 수 있게 했다. 7년에는 국가 소유의 가축을 변경의 부민(部民)에게 나누어 주었다. 8년에 가뭄으로 부민들이 먹고 살기 어려워지자 이들을 구휼했다. 15년에 의창의 곡식을 내어 남경의 현민(縣民)을 진휼했고, 25년에도 요주(饒州)의 굶주린 백성을 진휼했다. 성종은 이재민과 빈민을 구제하는 동시에 백성의 부담을 줄이기 위해 생산력 향상에 필요한 조치를 제정했다.

성종 시기에는 목축업뿐만 아니라 농업도 중시했으므로, 통화 8년(990)에 민전을 조사하고 농업 지구를 정돈하면서 제도와 법령을 완비했다. 12년에는 세법을 정해 봉건 질서를 회복했지만, 농지를 측량하고 조세를 정하는 과정에서 오류도 나타났다. 농지 측량이 매우 엄격했고, 세율이 너무 높았기 때문에 9년에 농지 측량을 일시 중지하도록 명을 내렸다. 13년에 다시 조서를 내려 조세를 경감시켰고, 14년에는 3경의 조세를 감면해 주었다.

승천태후와 성종은 여러 차례 각지에 사신을 파견해 농사를 권장하고 농작물을 시찰하도록 했다. 그리고 모든 군관이 아무 때나 사냥을 해서 농사를 방해하는 것과 행군 중에 병사가 군영을 나가 약탈하는 것을 금지했다. 또한 부민이 민간의 뽕나무와 가래나무를 벌목하거나 가축을 방목해 농작물에 피해를 주는 것도 금지했다. 이로써 구제도였던 거란 군대의 타초곡을 개선했다. 이와 같이 농지를 보호해 농업 생산을 크게 늘리는 동시에 부역에 대한 부담도 줄여주었다.

통화 3년(985)에 추밀원은 부역을 지고 있는 민호가 매우 곤궁해졌으니 부호(富戶)가 대신해 줄 것을 요청했다. 성종이 친히 각 부의 호적을 검토해 보니, 날랄과 오외 2부의 호가 적고 부역이 무거웠으므로 이를 감면해 주었다. 4년에 대송 전쟁 때문에 주현민이 도망가고 농작물을 적절한 시기에 수확할 수 없었다. 한덕양은 백성을 모집해 곡식을 수확하게 하고 그 수확량의 반을 그들에게 나누어 줄 것을 건의해 허락받았다. 정사령 실방(室肪)이 산서의 각 주는 전쟁 때문에 민력이 쇠퇴하고 곡식은 대부분 병사들에게 짓밟혔다고 보고하자, 그해 조세를 면제해 주었다. 6년에 상해(霜害)와 한해(旱害)로 백성이 굶주리자, 삼사(三司)에 조세로 받는 곡식의 값을 높여 백성을 이롭게 하라고 했다.

그리고 10년에는 운주의 조부(租賦)를 면제하고, 삭주의 유민을 모아 그들의 요역을 3년간 면제해 주었다. 또한 12년에도 행재 50리 내에 있는 백성의 조세를 면제하고, 의주(宜州: 지금의 遼寧省 義縣)의 조세도 감면해 주었다. 수해를 입은 남경 민호의 조세를 면제하면서 각 부의 민호가 매년 바치는 양(羊)과 관징(關征: 관문에서 징수하는 세금)도 면제했다. 그리고 14년에는 3경과 주의 조세를 감면해 주었는데, 새로 정한 남경의 세율이 너무 무거웠으므로 다시 심사해 조정했다. 이와 동시에 급하지 않은 부역을 중단했으며, 각 부의 공납을 줄이고 그 종류도 조정함으로써 부민의 부담을 가볍게 했다.

성종은 백성을 이주시키거나 모집해 농사를 짓게 하고 황무지를 개간했는데, 이는 농업 생산을 늘리는 데 탁월한 효과가 있었다. 통화 7년(989)에는 송의 계벽채(鷄壁砦)에 거주하는 200호를 단주·순주·계주 등 세 주로 옮겨 경작시키고, 경우(耕牛)와 종자를 관에서 지급했다. 조서를 내려 연락현(燕樂縣)과 밀운현(密雲縣)의 황무지를 백성이 경작할 수 있도록 허락하면서 10년간 조세를 면제해 주었다. 13년에 창평현(昌平縣)과 회유현(懷柔縣)의 백성이 황무지를 개간하겠다고 청하자 이를 허락했다. 15년에 조서를 내려 백성에게 나무를 심도록 권장했고, 품부(品部)에도 조서를 내려 백성이 빈 땅을 경작하게 했다. 그리고 개태 원년(1012)에 다시 조서를 내려 "백성의 요역이 번중(煩重)하면 공가(工價)를 많이 공급해 주고, 그해 농사가 흉년이 들면 창고를 열어 곡식을 빌려주고, 농경지가 황폐해진 곳에는 소와 파종할 씨앗을 주어 보조하도록 하라"21)고 명령했다.

이상의 조치는 사회 질서를 안정시키고 농업 생산을 촉진시켰다. 태평 5년(1025)에 풍년이 들자 연(燕) 지역의 백성은 성종이 행차하는 곳마다 앞다투어 가서 토산물을 바쳤다. 그러자 성종은 연로한 사람에게는 예로써 대하고, 홀아비와 과부에게는 은혜를 베풀어 음식을 하사했다. 저녁에 황제가 평복 차림으로 출행해 선비와 서민이 즐겁게 노는 것을 살펴보니, 온통 안정된 생활을 누리며 즐겁게 일하는 광경뿐이었다. 이 기간에 서북 변경에 대한 개발은 그 성과가 한층 탁월했다. 서북에 위치한 각 유목 부족을 통제하기 위해 성종은 서북로초토사에 병력을 증가시키는 동시에 여구하와 진주(鎭州)에 둔전을 확대시켜 병사들의 식량 공급을 해결했다.

3) 영토의 확장과 변경에 대한 통제의 강화

국력이 증강되면서 주변의 각 국가와 정권에 대한 요 왕조의 영향도 나날이 확대되었다. 성종 통화 7년(989)에 당항의 귀족 이계천(李繼遷)을 하국왕

---

21) 『遼史』, 「食貨志」.

(夏國王)으로 책봉해 주종 관계를 확립했다. 요 왕조는 대송 전쟁에 앞서 후방의 걱정을 제거하기 위해 통화 10년(992)부터 개태 8년(1019)까지 세 차례 고려를 공격해 신복(臣服)시켰다. 그리고 통화 22년(1004)에 송과 전연의 맹약을 체결해 요·송 간에 우호 관계를 맺고, 25년에는 해왕(奚王)의 아장(牙帳)22) 지역에 중경을 건설했다.

요 왕조는 주변 국가들과의 관계를 조정하는 한편, 각 민족과 부족을 자신의 속부로 만들었다. 태종 시기에 발해인을 남천시켰으므로, 동쪽 경계의 중심이 동경의 요양 일대까지 물러났다. 발해 고지에 대한 통제가 이완되자 원래 발해에 예속되어 있던 여진 각 부는 발전할 기회를 얻는다. 압록강 양안과 백두산 주위에서 혼동강[북류 송화강, 동류 송화강]과 흑룡강 하류까지 그 사이의 광대한 지역은 여진 각 부의 활동 범위가 되었다. 압록강과 백두산 일대에 거주하던 여진인은 일찍이 요 왕조에 입공했는데, 이들을 각각 압록강 여진과 백두산 여진이라 불렀다. 경종 시기에 압록강 여진은 동경도 귀덕주(貴德州: 지금의 遼寧省 撫順市 북쪽)의 동쪽 경계와 귀주(歸州: 지금의 遼寧省 復縣 북쪽)의 다섯 성채[五寨]를 계속 침략했다.

성종 초기에 변경의 변란을 제거하기 위해 여진인에 대한 정벌을 개시했다. 통화 원년(983)에 성종은 친히 동경유수의 병마를 검열하고, 선휘사 야율 포령(耶律蒲寧 또는 耶律阿沒里)을 동로행군도통(東路行軍都統)으로, 부마도위(駙馬都尉)이자 임아(林牙)인 소항덕(蕭恒德)을 도감(都監)으로 삼았다. 3년(985)에 다시 각 로(路)에 조서를 내려 갑옷과 병기를 손질시켜 동쪽 정벌을 준비했다. 마침내 추밀사 야율사진, 임아 소항덕, 숙직관 소달름 등을 파견해 여진을 토벌했는데, 이번 정벌의 주요 대상은 압록강 여진이었다. 요 왕조의 강력한 군사력에 굴복한 여진인은 포로로 잡히거나 귀순했다. 귀순자는 요양의 남쪽으로 이주시켜 요의 호적에 올렸고, 갈소관(曷蘇館) 여진의 일부 구성

---

22) 황제나 장수가 머무는 營帳의 옛 이름으로 그 앞에 깃대 끝을 상아로 장식한 牙旗를 세운다. 또한 북방 민족인 흉노·선비·유연·회골·돌궐·해·거란 등의 首府를 지칭하기도 한다. _옮긴이 주

원이 되었다.[23]

요의 동북 경계, 즉 지금의 흑룡강성 의란(依蘭)·동강현(同江縣) 일대에 오야부(烏惹部)가 있었다. 그들은 황룡부에서 멀지 않은 곳에 있었으나, 줄곧 신복하지 않았다. 통화 13년(995)에 성종은 장수를 파견해 오야를 정벌했고, 14년에는 오야의 수령 오소경(烏昭慶)이 내부할 것을 청했으므로 그들도 요의 속국으로 삼았다. 압록강 여진과 오야성이 복속된 후에 동북쪽에 위치한 장백산(長白山) 여진 30부(部), 회발부(回跋部), 포로모타부(蒲魯毛朶部), 오국부(五國部) 등도 연이어 귀순해 요의 속국 내지는 속부가 되었다. 요는 대왕·절도사·상온을 각각 설치해 이들을 다스리면서 동북 변경의 통제를 강화했다.

요의 북부 해륵수(海勒水: 지금의 海拉爾河), 고로박(栲栳泊: 지금의 呼倫湖) 주위에는 오고 부족이 거주했다. 오고는 『요사』에 오고리(烏古里)·우골리(于骨里)·우궐(于厥)·우궐리(于厥里)·우궐률(于厥律) 등으로도 기록되어 있으며, 실위 계통의 한 부족이었다. 오고의 서쪽에는 적렬(敵烈)이 있었는데, 『요사』에는 적렬덕(敵烈德)·적렬득(敵烈得)·적렬득(迪烈得)·질렬덕(迭烈德)이라고도 기록되어 있고, 8부로 나뉘어 오고와 밀접한 관계를 유지했다. 오고와 적렬은 요의 북쪽 경계에 인접해 있었고, 그들은 서로 연합해 요의 통치에 빈번히 저항했다.

태조 초기에 여러 차례 오고를 정벌한 적이 있었다. 신책 4년(919)에 1차로 1만 4,000명을 포로로 잡았고, 그들을 부로 편성해 거란의 한 부분으로 편입시켰다. 태조 20부 중 오고날랄부(烏古涅剌部)와 도로부(圖魯部)는 오고의 포로로 편성해 조직한 것이다. 원주지에 남아 있던 오고는 요의 속부가 되었는데, 이른바 '요 외 10부' 중 하나였다. 요는 상온과 도감을 파견해 그곳을 감

---

[23] 요대 여진은 크게 生女眞과 熟女眞으로 나뉘었다. 태조 야율아보기는 여진이 우환거리가 될까 염려해 强宗大姓의 수천 호를 요양 남쪽으로 이주시켜 본부와 분리시킴으로써 서로 왕래하지 못하게 했다. 이때 요양으로 이주시켜 요에 入籍시킨 자들을 葛蘇館 혹은 哈蘇館이라 했는데, 이들이 이른바 숙여진이다. 이후에도 성종의 동방 경략을 통해 일부 여진인을 요양 남쪽에 안치시켰다. _옮긴이 주

독했다. 태종 초기와 목종 말기에 오고부(烏古部)는 두 차례 병사를 일으켜 요에 대항한 적이 있으나 모두 진압되었다.

성종 통화 초기에 요는 빈곤해진 오고의 부족을 진휼한 적이 있고, 변부(邊部)에 대한 통제를 강화하기 위해 조정에서 임명한 절도사를 그곳에 파견했다. 이와 동시에 조복(阻卜)을 방어하기 위해 오고부의 병사를 징발해 서북 변방을 지키게 했다. 성종 시기에도 오고와 적렬이 항요 투쟁을 전개한 적이 있었으나, 모두 진압되었다. 요는 이곳의 인호(人戶)를 포로로 잡아 부를 설치했는데, 성종 34부 중 일부였다. 바로 질로적렬부(迭魯敵烈部)·북적렬부(北敵烈部)·알돌완오고부(斡突盌烏古部) 등이 오고와 적렬의 포로로 조성된 것이다. 그들은 각각 북·남이부에 예속되어 요의 서남과 북부 변경을 지켰다. 이와 동시에 오고와 적렬의 소재지에 오고적렬통군사를 설치해 이들을 통제했다.

조복은 『요사』에 술불고(術不姑 또는 述不姑) 혹은 직불고(直不姑 또는 直不古)라고도 기록되어 있다. 이것은 거란인이 실위 계통의 몽고어족에 붙인 범칭이었다. 서로 통할되거나 예속되지 않은 몇몇 부락이 요의 서쪽과 서북쪽 경계에서 유목했다. 조복의 활동 지역은 남으로 음산(陰山)에서 북으로는 여구하에까지 이르렀으며, 서로는 사막[알타이 산 이남과 新疆 서북부의 사막], 동으로는 흑거자실위(黑車子室韋)의 광대한 초원 지구에 접했다. 요는 그들을 유목 지역의 방위에 따라 북조복·서조복·조복[동쪽 지역의 조복 부락]으로 나누었다.

그들의 유목지가 거란 내지에 접근해 있었으므로, 요 태조는 흑거자실위를 정복한 후에 거란에 근접한 동쪽의 조복 부락을 항복시켰다. 대조는 만년에 대거 북벌서정(北伐西征)한 적이 있었는데 창끝이 북으로 고단우국(古單于國: 지금의 몽고 烏蘭巴托 일대)에, 서로는 부도성(浮圖城)에까지 미쳤다. 조복의 여러 부는 모두 정벌의 대상이었다. 경종 보령 3년(971)에 야율현적(耶律賢適)과 야율속살(耶律速撒)을 차례로 서북로초토사에 임명했다. 통화 초에 이르러 야율속살은 "순종한 부족에는 상을 내리고 반역한 부족은 토벌해 그 위세를 크게 떨쳤다"고 한다. 몇몇 부락은 요의 속부가 되어 요와 호시 무역을 했다.

통화 12년(994) 황태후의 언니이자 제왕(齊王) 엄살갈(罨撒葛)의 아내 호련(胡輦)에게 오고부의 병사와 영홍궁(永興宮: 태종 斡魯朶)의 군사를 통솔해 서북 변경을 지키게 하면서, 군사와 관계된 일을 소달름이 감독하게 했다. 소달름은 조복을 정벌해 영토를 멀리까지 확장했으나 여러 부족의 복종과 배반이 무상하니, 국경 수비를 위해 세 개의 성을 건설해 변경의 근심거리를 단절할 것을 주청했다. 22년에 옛 가돈성(可敦城)을 고쳐 건안군(建安軍)을 새로 설치하고 방주(防州)·유주(維州)에 두 개의 변방성(邊防城)을 쌓아 수천 리의 경계를 개척했다. 요는 여러 부족에서 2만 기의 주둔군을 선발했으며, 발해인·여진인·한인 등 700여 호를 세 곳으로 이주시켰다. 진주(鎭州)를 서북로초토사의 주둔지로 삼았고, 방주와 유주를 자사주(刺史州)로 건설해 서북의 군사 요충지로 만들었다. 이로써 요는 서북 지구에 대한 통치를 더욱 견고히 했다.

840년에 키르기스가 위구르[회골]를 멸망시킨 후부터 그들은 서쪽으로 이주했다. 요 초기 정벌 중 일부 위구르인이 포로로 잡혀와 거란의 부에 편입되었다. 성종 34부 중 설특부(薛特部)가 바로 위구르인으로 조성된 것이다. 원주지에 남아 서쪽으로 이주하지 않은 위구르인은 요에 투항해 의탁했는데, 그들이 '요 외 10부' 중 하나인 회골부(回鶻部)였으며, 요에 매년 상공(上供)했다. 서쪽으로 이주한 위구르인은 감주(甘州) 회골, 고창(高昌) 회골[또는 西州 回鶻, 和州 回鶻, 師子國이라 칭한다]·객라한국(喀喇汗國)[『송사』에서는 "黑汗王朝", 『요사』에서는 "阿薩蘭回鶻"이라 기록했다. 즉 카라한 왕국]으로 나뉘었다.

감주 회골의 가한은 약락흘(藥落紇 또는 葯羅葛)씨였으며 감주(지금의 甘肅省 張掖)에 아장(牙帳)을 세워 숙주(肅州: 지금의 甘肅省 酒泉)·양주(凉州: 지금의 甘肅省 武威)·태주(秦州: 지금의 甘肅省 天水) 등을 점유했는데, 하란산(賀蘭山)을 사이에 두고 서하와 이웃했다. 고창 회골의 수도는 객라화탁(喀喇和卓: 高昌, 지금의 新疆省 투루판 동남쪽)에 있었으며, 북정(北庭)은 그 귀족의 피서지이자 제2의 수도였다. 카라한 왕국의 수도는 팔랍사곤(八拉沙袞, 발라사군)에 있었고, 동부의 정치적 중심지는 객십갈이(喀什噶爾, 카슈가르)[지금의 신강성 喀什]이었다. 그것의 동북쪽 경계는 지금의 신강성 서북부에 있는 이리하(伊犁河, 일리 강)·낙민하(諾敏河) 유역으로, 요 상경도의 서쪽 경계와 서로 접해 있었다. 고창·감주 회골의 북쪽 경계도 모두 요 상경도의 서쪽 경계와 접했다.

요 태조 천찬 3년(924)에 서쪽을 정벌하면서 감주 회골의 도독인 필리알(畢離遏)을 붙잡은 후에 그의 주군인 오모주가한(烏母主可汗)에게 사신을 파견해 국서를 전달했다. "그대는 고국을 그리워하는가. 짐이 그대를 위해 즉시 회복시켜 줄 것이니 그대가 어찌 돌아갈 수 없겠는가. 짐이 그렇게 해주겠노라. 짐이 존재하는 것이 그대들이 존재하는 것과 같다"[24]라고 유시(諭示)했다. 그러나 회골은 정주한 지 이미 몇 세대가 지났고 군민들이 모두 이곳에 익숙해져 쉽게 떠나려 하지 않았으므로 다시 돌아갈 수 없었다. 이후 요에 사신을 보내고 입공하기 시작했다.

고창 회골은 요의 속국이었으며 요는 고창에 도감을 파견해 감시했다. 그리고 카라한 왕국은 요와 조공 관계를 맺었다. 성종 통화 연간에 서북을 경략하면서 조복의 여러 부락을 복종시킨 뒤 회골과의 연계를 더욱 강화했는데 그들이 요에 입공한 기록이 자주 나타난다. 요는 회골을 속국으로 편입시켜 감주회골대왕부·고창회골대왕부·아살란(阿薩蘭)회골대왕부 등 속국관(屬國官)을 각각 설치했다.

감주·고창 회골은 요와 북송에 동시에 부속되었다. 11세기 초에 감주 회골은 여러 차례 서하로부터 공격을 받았기 때문에 북송에 입조해 서하를 같이 도벌할 것을 요청했다. 그러자 시하는 요와 연합해 통화 26년, 통화 28년, 태평 6년 등 세 차례에 걸쳐 감주 회골을 습격했다. 이때 요는 여러 차례 회골에 패했으며, 오고·적렬·조복 등의 반항도 초래했다. 태평 8년(1028)에 감주 회골의 정권은 당항(黨項)의 이원호(李元昊)에게 멸망되었다. 당항은 감주

---

24) 『遼史』, 「天祚皇帝紀」.

(甘州)·양주(凉州)·과주(瓜州)·사주(沙州) 등을 잇따라 소유하게 되었다.

개태 2년(1013)에 추밀사 야율화가(耶律化哥)가 요에 반항하는 조복을 섬멸하자, 그 무리는 익지수(翼只水: 지금의 額爾齊斯河, 이르티시 강)로 뿔뿔이 도망쳐 카라한 왕국의 경계로 들어갔다. 그 뒤 야율화가가 카라한 왕국으로 깊숙이 들어가 마구 약탈했기 때문에 그들은 요와 관계를 단절했다. 이에 따라 야율화가는 견책되어 대동군(大同軍)절도사로 강등되었다. 그 후 흥종·도종 시기에 카라한 왕국과의 관계가 점차 회복되기 시작했다.

2절

통치 제도와 그 특징

　요는 영토가 넓고 민족 성분이 복잡했다. 유목민은 "가축을 기르면서 고기잡이와 사냥도 했고, 모피로 옷을 지어 입으면서 계절에 따라 옮겨 다녔는데, 거마(車馬)로 집을 삼았다"고 한다. 반면 정주민은 "농사를 지었고 비단과 삼베로 옷을 지어 입었는데, 주로 성곽 안에 집을 짓고 살았다"[1]고 전해진다. 이와 같이 각 종족 간의 경제·문화적 차이가 매우 컸으므로 사회 발전 수준도 매우 불평등했다. 요의 통치자는 영토를 개척하는 동시에 각 민족의 치국 경험과 문화·제도를 받아들이면서 자신의 통치 체제를 갖추어나갔다. 세종 시기에 이르러 독자적인 정치 제도가 형성되기 시작했고, 목종·경종·성종 등 3조(朝)에 걸쳐 기본적인 통치 제도와 기구가 완비되었다. 요의 통치 제도의 특징은 한마디로 '인속이치(因俗而治)' 즉 "국제(國制)로서 거란을 다스리고, 한제(漢制)로서 한인을 대우했으므로"[2], 그 기구의 설치에도 이러한 원칙이 적용되었다.

---

1) 『遼史』, 「營衛志」.
2) 『遼史』, 「百官志」.

1. 인속이치와 북·남면 관제

1) 북·남면관

'인속이치'의 방침은 이중적 통치 기구의 설치로 구현되었다. 요는 중앙에서 지방에 이르기까지 모두 이중 체계인 북면관과 남면관으로 구성되었다. 『요서』 「백관지」에 따르면 "북면관은 궁장(宮帳)·부족(部族)·속국(屬國)에 관한 정사를 다스렸다"고 한다. 즉 북면관은 거란 각 부 및 기타 유목 부족과 어렵 부족의 사무를 처리했는데, 그 장관은 거란 귀족이 맡았으며 일을 처리하는 기구는 황제어장(皇帝御帳)의 북면에 위치했다. "남면관은 한인의 주현(州縣)·조부(租賦)·군마(軍馬)의 일을 다스렸다." 즉 남면관은 한인·발해인의 사무를 관리했으며, 장관은 거란 귀족 내지는 한인·발해인의 상위 계층이 맡았는데, 일을 처리하는 기구는 황제어장의 남면에 위치했다.

중앙의 북면관에서 최고 권력 기구는 북추밀원(北樞密院)이었고, 거란추밀원이라고도 불렸다. 장관은 북원추밀사(北院樞密使)·지북원추밀사사(知北院樞密使事)·북원추밀부사(北院樞密副使)·북원추밀직학사(北院樞密直學士)·북원추밀도승지(北院樞密都承旨) 등이 있었다.

북·남 이재상부는 거란을 비롯한 각 유목 부족의 군정과 유목 사무를 총괄하는 중앙 기구였다. 장관은 남·북부 재상이었다. 일찍이 요련의 조오가한 시기부터 거란 8부는 이미 둘로 나뉘어 통솔되었다. 910년에 소적로(蕭適魯)가 북부 재상으로 임명된 뒤부터 후족(后族) 소씨가 북부 재상의 선출에 대대로 참여했다. 성종 시기에 북부는 오원·육원·오외·날랄·돌여불 등 28부를 통치했다. 신책 6년(921)에 황제의 동생인 야율소(耶律昭)가 남부 재상으로 임명된 후에 줄곧 종실이 대대로 남부 재상의 선출에 참여했다. 남부는 을실(乙室)·저특(楮特)·돌거(突擧)·품(品) 등 16부를 관할했다. 후기에 사회가 발전하면서 종실 출신이 아닌 거란인 내지 한인과 발해인도 양부의 재상이 되었다.

북선휘원(北宣徽院)은 어전지응(御前祇應)의 일을 맡았다. 대체로 조회(朝會), 행행(行幸), 환경(還京), 사신 접견 등 궁궐의 의례를 맡았다. 장관은 북선휘사(北宣徽使)·동지북원선휘사사(同知北院宣徽使事) 등이 있었다.

이리필원(夷離畢院)은 형옥을 관장했고, 장관은 이리필(夷離畢)이다. 이리필은 요련연맹 후기에 설치되었는데, 정형(政刑) 외에 세제(歲除: 섣달 그믐날 밤)·제산(祭山)·상장(喪葬) 등의 의식도 맡았다.

대림아원(大林牙院)은 문한(文翰)에 관한 일을 관장했다. 장관은 북면도임아(北面都林牙)·북면임아승지(北面林牙承旨)·북면임아(北面林牙) 등이 있었다. 북면관 중에 백관 위에 위치하는 대우월(大于越)이 있었다. 대우월은 관장하는 일이 없었으나, 공덕이 큰 자에게 제수되었다. 이 직책은 존관(尊官)으로 한제(漢制)의 '삼공(三公)'에 해당된다.3)

남면관 중에 최고의 권력 기구는 남추밀원(南樞密院)이었고, 한인추밀원이라고도 불렸다. 장관은 남추밀사(南樞密使)·동지남원추밀사사(同知南院樞密使事)·남원추밀부사(南院樞密副使)·남원추밀직학사(南院樞密直學士)·남원추밀도승지(南院樞密都承旨) 등이 있었다. 남원 아래 이(吏)·호(戶)·병(兵)·형(刑)·청(廳) 등 5방(房)을 설치해 각 부의 일을 나누어 관리하도록 했는데, 당대의 상서성(尙書省)과 같은 직능을 겸임했다.

남추밀원 밑에는 중국의 관제에 따라 점차 중서성(中書省)·문하성(門下省)·상서성(尙書省)의 3성이 설치되어 있었지만, 문하성은 다만 명목상의 존재에 그쳤다. 중서성의 전신은 태조 시기의 한아사(漢兒司)였으며, 초기에 한인 사무를 관리했다. 남추밀원이 성립되자 상서성 직능의 대부분이 남추밀원에 귀속되었고, 한아사는 정사성(政事省)으로 바뀌었다. 홍종 중희 13년(1044)에는 정사성을 중서성으로 개칭했으며, 이곳에서 6품 이하의 한관을 임명하고 예부의 일도 겸했다. 장관은 중서령(中書令)·중서시랑(中書侍郞)·중

---

3) 요대 우월의 존귀한 이름을 얻은 사람은 세 명으로, 耶律曷魯·耶律屋質·耶律仁先을 三于越이라고 한다. _옮긴이 주

서사인(中書舍人) 등이 있었다. 동중서문하평장사(同中書門下平章事)와 참지정사(參知政事)는 남면관의 재상이다. 그러나 "한재상(漢宰相), 즉 남면재상은 반드시 추밀사를 겸했으므로 중요한 일들을 처리했다"[4]고 한다.

요의 경내에 봉건적 요소가 증가하면서 중앙집권화가 촉진되었기 때문에 성종 이후에는 한인도 북면관에 임명되는 경우가 드물지 않았다. 예를 들어 한덕양은 북·남 추밀사를 겸한 적도 있었다. 실방(室昉)·유성(劉晟)·형포질(邢抱質)·대강의(大康義)도 차례로 남·북부 재상에 임명되었다.

요대 최고의 정책 결정 기구는 매년 겨울과 여름의 날발(捺鉢) 중에 소집되는 북·남 신료 회의였다. 정치의 중심은 바로 황제가 순행하는 사시날발(四時捺鉢)이었다. 황제의 행궁 및 황족 사무를 관리하는 북면관은 거란제행궁도부서사(契丹諸行宮都部署司)였고 그 장관은 거란제행궁도부서(契丹諸行宮都部署)인데, 행재행군알로타(行在行軍斡魯朶)의 정령(政令)을 맡았다. 각 알로타에 도부서(都部署)를 설치했으며 궁사(宮使)라고도 불렸으며, 알로타의 군정(軍政)·민정(民政)·사법(司法)과 유목의 업무를 맡아 관리했다.

대척은사(大惕隱司)는 황족의 정교(政敎)를 관장했으며, 장관은 척은(惕隱)으로 중국의 종정(宗正)과 유사하다. 황제의 금위(禁衛)와 숙위(宿衛) 등은 전전도점검사(殿前都點檢司)가 맡았으며, 장관은 전전도점검(殿前都點檢)이고 대내도점검(大內都點檢)이라고도 불렸다. 도점검(都點檢)의 직책은 목종 시기에 출현했으며, 당연히 후주와 북송의 제도를 답습한 것이다. 행궁의 한인·발해인에 관한 사무는 남면관의 한인제행궁도부서사(漢人諸行宮都部署司)가 맡았다.

---

4) 余靖, 『武溪集』 卷18, 「契丹官儀」.

2) 지방 제도와 투하주·군

요의 전성기에 영토는 "동으로 바다에 이르고, 서로는 금산(金山, 알타이산)과 사막에 이르며, 북으로는 여구하에, 남으로는 백구(白溝)에까지 이르니 영역이 1만 리나 되었다"[5)]고 한다. 요는 국가를 5도(道)로 구획해 상경 임황부(臨潢府)를 상경도에, 동경 요양부(遼陽府)를 동경도에, 중경 대정부(大定府: 지금의 내몽고 赤峰市 寧城)를 중경도에, 남경 석진부(析津府: 지금의 북경시)를 남경도에, 서경 대동부(大同府: 지금의 山西 大同市)를 서경도에, 또한 홍중부(興中府)를 중경도에 두었으므로, 모두 5경(京)·6부(府)·156주군성(州軍城)·209현(縣)에 달했다.[6)]

지방 통치와 기구의 설치에서도 '인속이치'의 특징이 구현되어 거란을 비롯한 유목 부족은 부락으로 통치하고, 한인과 발해인은 주현으로 통치했다. "요의 지방 행정 구획은 도(道) 이하 일반적으로 부주군성(府州軍城)과 현(縣)으로 구분되었다. 부는 경부(京府)와 번부(蕃府)로 나뉘었고, 주는 절도주(節度州)·관찰주(觀察州)·단련주(團練州)·방어주(防禦州)·자사주(刺史州)로 나뉜다. 관찰주 이하 나머지 주는 도에 예속되거나 혹은 부와 절도주에 예속되었다."[7)] 경부는 유수(留守)를 두고 나머지 부는 지부사(知府事)를 두었다. 주에

---

5) 『遼史』, 「地理志」.
6) 최근에 일부 학자들은 『遼史』 「地理志」에 출현하는 道의 행정 편제를 인정하지 않는다. 關樹東에 따르면 五京道의 잘못된 선례를 만든 사람은 바로 『요사』의 편찬자라고 한다. 당시 원대 사관들이 전대의 5경을 중심으로 주현을 배열하던 편찬 체제를 그대로 받아들여 요대의 것을 정리했기 때문에 오류가 생겼다고 한다. 요는 실제로 府·節度州-防·刺州-縣 세 등급의 행정 제도를 실시했으며, 동시에 당과 오대의 관례에 따라 道로 절도사 관할 구역을 지칭하거나 경우에 따라서는 조정·궁위에 직접 속한 방·자주를 가리켰다고 한다. 그래서 楊福瑞는 『遼史』와 『契丹國志』 등의 문헌을 검색하면 道와 상응하는 지방 기구 및 직관 등의 내용이 전혀 없기 때문에 요의 지방 행정 구획은 京-府-節度州(軍)이며, 5경의 留守司가 맡고 있는 범위도 단지 경성과 그 부근의 주현뿐이라고 주장한다. 옮긴이 역시 원대 『요사』의 편찬자가 당·송의 道와 路의 계통성을 잘못 받아들였기 때문에 현재 혼란이 조성된 것이라고 생각한다. _옮긴이 주
7) 譚其驤 主編, 『中國歷史地圖集』 第六冊, 「遼北宋時期圖組編例」(地圖出版社, 1982年版).

는 각각 절도사·관찰사·단련사·방어사 혹은 자사를 두었고, 현에는 영(令)·
승(丞)·위(尉)·주부(主簿)를 두었다. 이것은 정주하는 농경민을 다스리는 지방
기구였으며, 주로 당의 제도를 따랐다.

　유목민의 부락은 북면관제의 지방 행정 기구였고, 초기에 설치한 해육부
의 왕부(王府)를 제외하면, 나머지 부의 장관은 모두 이리근이라고 칭했다.
태종 시기에 대부족의 수령을 왕으로 승격시켜 왕부를 설치했다. 예를 들면
북대왕부(北大王府)는 오원을 통치하고, 남대왕부(南大王府)는 육원을 다스리
고, 을실대왕부(乙室大王府)는 을실부를 통솔했다. 나머지 부락에는 절도사사
(節度使司)를 설치했고 그 장관은 절도사였다.

　요에는 국가가 관할하는 주현 외에 귀족이 건립한 투하주(投下州)도 있었
다. 투하는 두하(頭下)라고도 했으며, 요의 왕·공주·외척·대신이 정벌하면서
획득한 포로와 노예로 건립한 사성(私城)이다. 왕·공주·국구(國舅)는 주성(州
城)을 창립할 수 있었고, 그 나머지는 군·현 혹은 보(保)를 설립했다. 주·현의
이름과 규모는 조정에서 정했다. 투하는 알로타와 마찬가지로 분봉제 아래
에 크고 작은 봉건 영주의 영지였다.[8]

　투하호는 주로 전쟁 중에 포로로 잡은 한인·해인·발해인이었다. 후기 대
외 정벌이 감소하자 공주가 건설한 투하호는 대부분 배가(陪嫁)의 잉호(媵戶)
로 설치했다. 태조는 초기에 한연휘의 건의를 받아들여 "성곽을 세우고 시장
과 마을을 분리해 한인을 살게 했다. 또한 배우자를 정해주고 농사짓는 방법

---

[8] 頭下는 유목 사회의 분권적 성격을 인정한 거란의 특수한 지방 행정 단위로서 일종의 봉건 영지
라고도 볼 수 있다. 일반 주현의 민호가 국가의 소유라면 두하호는 영주의 사적인 예속민이었
다. 규모는 많게는 1~2주에서 적게는 수백 호에 이르렀는데 州가 될 수 없는 것은 軍이라 했고,
縣이 될 수 없는 것은 城이라고 했으며, 성이 될 수 없는 것은 堡라고 불렀다. 원대에도 이 두하
제가 존속되었으며 『元史』와 『元章典』 등에는 대체로 투하라고 적혀 있지만, 양자는 같은 의
미의 同音異寫였을 것으로 추정된다. 한편 王國維는 원조의 투하는 본래 거란에서 나왔고 두하
는 거란어의 音譯이라고 주장했으며, 이후에 陳述을 비롯한 일부 연구자도 두하의 음역설로 보
는 경향이 있다. 그러나 아직까지 두하라는 단어의 어원과 그 뜻은 명확히 해결되지 않은 문제
로 남아 있다. _옮긴이 주

을 가르쳐 살아갈 수 있게 함으로써 도망치는 자들이 적어졌다"9)고 한다. 이것은 거란 통치자가 포로와 항복한 자를 안무하는 방식이었으나, 결과적으로 투하제가 출현하는 배경이 되었다. 그리고 한인·발해인으로 구성된 투하주는 요의 농업·수공업을 발전시키는 데도 아주 긍정적인 작용을 했다. 투하주의 관원과 절도사는 조정에서 임명했지만, 자사 이하의 모든 관리는 이 투하의 부곡(部曲)10)으로 충원했다.

속국과 속부의 "높은 관직은 왕에 봉해진 것에 견줄 정도였고, 낮은 관직은 부사(部使)에 견줄 정도였다"11)고 한다. 대왕·절도사는 거란 귀족 혹은 각 부족의 추장으로 임명했다.

2. 5경과 사시날발

성종 시기에 요는 이미 상경·중경·동경·남경 등 4경을 건설했다. 흥종 중희 13년(1044)에 후진이 할양한 운주(雲州)를 서경으로 승격시켜 5경 체제를 갖추었다. 초기에 상경을 수도로 삼았으나, 중경을 건설한 후에 그 역할을 대신하게 했다. 그러나 유목하는 거란인이 건설한 국가는 이동한다는 데 특징이 있어, 그 나라의 정치적 중심은 5경에 있지 않았다. 5경은 바로 주현을 통할하는 데 이용했으므로 그 통치의 주요 대상은 한인과 발해인이었다. 5경은 각각의 특징이 있으며, 그 역할도 모두 같지는 않았다.

---

9) 『遼史』, 「韓延徽傳」.
10) 부곡은 본래 漢 이래의 군사 제도인데 후에 변해 군대의 대명사인 士卒隊伍의 변칭이 되었다. 위진 이래 전란으로 빈곤해진 농민들이 무장을 하고 대족을 보호하기를 청하면서 개인의 부곡으로 변했다. 그래서 家兵이라고도 불렸다. 전쟁으로 끊임없이 확대되고 연속되는 부곡이 많아짐으로써 점차 전쟁과 농업의 생산자로 변했다. 唐 때 이르러서는 주요 농업 생산자나 가내의 복역자가 되었다. 개인의 소유로서 자유가 없었으며 주인의 허락이 없이는 토지를 떠날 수 없었는데, 도망치면 죄로 다스렸다. 요대에도 비슷한 상황이었을 것이다. _옮긴이 주
11) 『遼史』, 「百官志」, 北面屬國官.

상경 임황부는 태조가 창업한 곳으로 "산을 등지고 바다를 안고 있어서 천혜의 요새로 삼기에 충분했다. 또한 토지는 비옥해 농경에 적합하고, 수초(水草)는 가축을 기르기에 적당했으므로"12) 거란 사부족13)의 유목지였다. 후에 한인과 발해인이 대규모로 이주해 와서 농업·수공업·상업이 모두 발전했다. 동경은 발해·여진을 통제하고 고려를 방비하기 위해 이용되었다. 서경은 서하와 서남의 유목 부족을 방어했다. 중경과 남경은 경제 발전 수준이 비교적 높아 요 경제에서 중요한 위치를 차지했으므로, 재부관(財賦官)을 많이 두었다.

요 황제는 항상 상경이나 중경에 거주하지 않고 북·남면 신료 및 황족과 함께 추위와 더위를 피해 수초가 있는 사시날발 지역을 순행했다. 요의 정치적 중심도 황제의 소재에 따라 이전되었다. 날발은 '납발(納拔)·납발(納鉢)·날발(剌鉢)·납보(納寶)'로도 쓰였는데, 한자로는 '행궁(行宮)' 혹은 '행재(行在)'의 뜻이다. 요의 사시날발 제도는 바로 거란인의 유목과 어렵 활동에 적응한 것으로, 정치 정세에 따라 영향을 받기도 했다.

요 초기에 날발은 겨울과 가을에 대부분 상경 및 그 이남의 서랍목륜하·노합하 유역에 있었고, 여름과 가을에는 대부분 상경 서북의 영안산(永安山)·예랄산(拽剌山: 지금의 대흥안령 산맥 동남쪽 끝자락) 일대에 있었다. 성종 전기에 송과의 교섭 때문에 날발도 남쪽으로 옮겨 봄에는 대부분 원앙박(鴛鴦泊: 지금의 河北省 張北昂古里諾爾)에 머물렀고, 여름과 가을에는 탄산(炭山: 지금의 대흥안령 산맥 동남쪽)에 있었으며, 겨울에는 주로 남경에 거주했다. 천조제(天祚帝) 말기에는 동북에서 전쟁이 일어나자 날발을 서남쪽의 원앙박·서경·남경 일대로 옮길 수밖에 없었다.

성종 후기부터 흥종과 도종, 천조제 전기까지 약 100여 년간을 거치면서 사회가 안정되었고, 날발 제도도 완비되어 그 지점이 점차 고정되었다. 춘날

---

12) 『遼史』, 「地理志」.
13) 요의 사부족은 遙輦九帳族, 橫帳 三父房族, 國舅帳 拔里·乙室已族, 國舅別部 등이다. **_옮긴이 주**

발은 장춘주(長春州) 부근의 압자하(鴨子河)·혼동강·압자하박(鴨子河泊)에, 하날발은 영안산·예랄산 일대에, 추날발은 경주(慶州) 복호림(伏虎林)에, 동날발은 황수와 토하 사이의 광평전(廣平澱)에 있었다.

황제를 수행해 사시날발의 지점에 이르는 것은 방대한 행궁의 부락 집단이었다. 그것은 황제의 족인뿐만 아니라 행궁 알로타호와 중앙의 북·남면 관원을 포괄했다. 중앙의 북면관은 전부 수행하고, 남면관 중에는 선휘원에 소속된 많은 관원 즉 추밀원·중서성 재상 한 명, 추밀도·부승지 두 명, 영사 열 명, 중서령 한 명, 어사대·대리사 각 한 명 등이 수행했다. 나머지 한인 관료는 중경에 머무르면서 한인에 관한 공무를 처리했다. 유수관(留守官)이 현령(縣令)·녹사(錄事) 이하 문관을 임명했지만, 현령 이상의 문관은 일단 재상의 서명을 받아 임명했더라도 행재의 회의를 기다렸다가 황제의 허락을 받은 뒤 칙서를 발급해 정식으로 임명했다. 그러나 무관은 반드시 상소를 올려 허락을 받아야만 했다.

춘날발의 주요 활동은 구어(鉤魚)와 포아(捕鵝)였다. 정월 상순에 아장(牙帳)을 접고 동날발을 떠나 3월 상순에 춘날발에 도착한다. 강이 아직 녹지 않아 철새가 오지 않았으므로 얼음을 뚫고 물고기를 낚다가, 얼음과 눈이 녹아 천아(天鵝)[14]가 남쪽에서 돌아오면 송골매를 풀어 사냥한다. 물고기와 고니를 처음으로 잡으면 두어연(頭魚宴)과 두아연(頭鵝宴)을 거행하면서 서로 축하한다. 이것은 거란인의 생산 활동이자 요 통치자의 오락 활동이었다. 춘날발의 활동 시기에 그 주위 1,000리 내에 있는 속국·속부의 수령은 이곳에 와서 요 황제를 조견하고 신복을 표시해야만 한다. 그래서 춘날발의 활동 중에는 각 속국과 속부에 대해 안무(按撫)하고 통제하고 감시하는 등의 정치적 내용도 포함되어 있다.

4월 중순에는 행궁 집단이 춘날발의 강을 떠나 하날발의 산으로 들어가서

---

14) 天鵝는 白鳥屬[學名은 Cygnus]의 조류이며, 크게 다섯 종에서 일곱 종으로 나뉜다. 흔히 고니·백조·흑조라고 불린다. 따라서 이 책에서는 천아를 고니로 통일해 번역했다. _옮긴이 주

더위를 피하고 꽃놀이를 한다. 이때 황제는 남북 신료와 함께 국사를 논의했는데, 이것이 1년 중 첫 번째 관료 회의다. 그 외 나머지 시간에는 수렵에 종사한다. 7월 중순에는 산에서 호랑이와 사슴을 사냥하면서 추날발로 바뀐다. 날씨가 추워지면 동날발 지점으로 이동해 다시 두 번째 관료 회의를 개최하는데, 이때 중요한 정책을 정한다. 그리고 송을 비롯한 여러 나라의 사신을 접견하고 쉬는 시간에는 사냥을 일삼고 무예도 익힌다.

　황제의 날발 활동은 거란인의 경제 활동과 일상생활을 반영한 것인 동시에 통치 집단의 중요한 정치 활동이다. "북방의 사막은 목축과 사냥을 생업으로 삼았으나, 한인에게 농경을 장려함으로써 생활에 필요한 물자는 오히려 농업에서 나오게 되었다. 요가 국가를 세우면서 5경을 건립하고 북남원을 두어 중국을 통제하면서도 사냥하는 습성은 예전 그대로 여전히 남아 있었다."15) 송나라 사람은 이에 대해 "북쪽 사람이 사냥하면서 1년 동안 여러 장소로 옮겨 다니는 것은 마치 남쪽 사람이 농사짓는 것과 같다"16)고 한 것으로 보아 날발에 대해 충분히 이해한 듯하다. 이는 우문무소(宇文懋昭)가 "나라가 태평한 지 오래되어 일은 하지 않고 사시사철 돌아다니면서 사냥에 빠져 있다"17)라고 말한 것과는 사뭇 다르다. 날발은 국정에 관한 회의를 거행하고 황제가 국사를 처리하는 장소였기 때문에, 바로 요 정치의 중심이었다.

3. 알로타

　알로타(斡魯朶)는 한역(漢譯)하면 '행궁(行宮)'이며, 황제가 순행할 때 거주하는 전장(氈帳)이자 업무를 보는 아서(衙署)였다. 알로타는 황제를 보위하는

---

15) 『遼史』, 「遊幸表」.
16) 張舜民, 『使遼錄』.
17) 『大金國志』 卷11.

기구와 군대뿐만 아니라 황제를 위해 봉사하고 생산에 종사하는 궁분인으로 조성되었다. 그들은 "궁에 들어오면 수위(守衛)하고 나가면 호종(扈從)하게 했으며"·"징발하면 장정들은 전쟁터에 나가고 노약자들은 능침을 지키게 했다"고 한다. 요는 열세 개의 알로타를 공유했는데 아홉 명의 황제, 두 명의 황후, 한 명의 황태제 등 열두 개 알로타와 성종조의 대승상 한덕양이 건설한 문충왕부(文忠王府)도 포함된다.[18)]

알로타제는 흉노 이후 유목 국가의 전통적인 제도였다.[19)] 요의 알로타는 건국 초기에 시작되었다. 야율아보기는 질랄부(迭剌部)를 오원과 육원으로 나누고, 종실을 맹부·중부·계부의 삼부방으로 나누었다.[20)] 그들을 시위군의 복심부로 삼아 별도의 산알로타(算斡魯朶)를 건립했다. 거란어로 심복을 '산(算)'이라 하고 궁을 '알로타'라고 한다. 이것이 요의 첫 번째 알로타였

---

18) 요대 알로타 현황표 _옮긴이 주

宮主	斡魯朶	宮名	位置	正戶	蕃漢轉戶	騎軍
太祖	算斡魯朶	弘義宮	臨潢府	8,000	7,000	6,000
太宗	國阿輦斡魯朶	永興宮	淶古河側	3,000	7,000	5,000
世宗	耶魯盌斡魯朶	積慶宮	土河 東	3,000	8,000	8,000
應天皇太后	蒲速盌斡魯朶	長寧宮	高州	7,000	6,000	6,000
穆宗	奪里木斡魯朶	延昌宮	紇雅其山 南	1,000	3,000	2,000
景宗	監母斡魯朶	彰愍宮	合魯河	8,000	10,000	10,000
承天皇太后	孤穩斡魯朶	崇德宮	土河 東	6,000	10,000	10,000
聖宗	女古斡魯朶	興聖宮	女混活直	10,000	20,000	5,000
興宗	窩篤斡魯朶	延慶宮	高州 西	7,000	10,000	10,000
道宗	阿思斡魯朶	太和宮	好水濼	10,000	20,000	15,000
天祚帝	阿魯盌斡魯朶	永昌宮		8,000	10,000	10,000
耶律隆慶	赤實得本斡魯朶	敦睦宮		3,000	5,000	5,000
耶律隆運		文忠王府		5,000	8,000	10,000

19) 李桂芝,「契丹大賀氏遙輦氏聯盟的部落組織: 遼史營衛志考辨」(『王種翰先生八十壽辰紀念文集』(遼寧大學出版社, 1933).
20) 四帳皇族은 야율아보기 조부의 후예다. 야율아보기의 조부 匀德實은 네 명의 아들이 있었다. 장남 麻魯는 후손이 없었다. 차남 巖木의 후예들은 '孟父房'이라 했고, 삼남 釋魯의 후예는 '仲父房'이라 했다. 또한 야율아보기 동생들의 후예를 '季父房'이라 했는데, 이것이 곧 '皇族三父房'이다. 그리고 야율아보기 직계 자손들은 삼부방에서 독립되어 '大橫帳'으로 불렸는데, 이들과 삼부방을 합해 사장황족이라고 불렀다. _옮긴이 주

고, 그 주인은 요의 개국 황제였던 태조 야율아보기였다. 야율아보기가 죽은 후에 알로타는 그 자손에게 계승되었다. 이후 각 알로타는 "주현을 나누고 부족을 쪼개 관부를 설치했고, 호구를 등록하고 병마를 준비했다. 무릇 주가 서른여덟 개, 현이 열 개, 제할사가 마흔한 개, 석렬이 스물세 개, 와리(瓦里)가 일흔네 개, 말리(抹里)가 아흔여덟 개, 득리(得里)가 두 개, 갑살(閘撒)이 열아홉 개이며, 그 정호(正戶)가 8만 호이고 번한 전호(轉戶)가 12만 3,000으로 공히 20만 3,000호였다"21)고 한다.

알로타는 저장호(著帳戶)·궁분호 및 주현을 관할했다.22) 저장호는 죄를 지은 종실·외척과 대신의 가속으로 조성된 것이며, 그들은 복역(僕役)·시종(侍從)·경위(警衛) 등 비생산적인 일을 맡았다. 궁분인의 대부분은 전쟁 포로 내지는 후비가 시집올 때 수행한 자, 즉 잉신(媵臣)과 주현·부족에서 뽑힌 사람들이었다. 초기에는 지원해 궁적에 오른 자도 있었는데, 그들 중에는 한인·발해인·거란인 등이 있었다. 궁분인의 대다수는 농업·수공업·목축업 및 수렵에 종사했다.

알로타에 속한 주현민은 제궁제할사(諸宮堤轄司)에서 관리했으며, 이들은 사시날발의 활동에는 참가하지 않았으나, 알로타에 요역과 군역을 제공해야만 했다. 알로타의 관리 기구는 도부서사(都府署司)였고, 그 장관은 도부서(都府署)로 궁사(宮使)라고도 불렸다. 궁사는 본 알로타의 호구(戶口)·금백(錢帛)·사법(司法)·형옥(刑獄)을 맡았다. 동시에 궁분군(宮分軍)을 통솔했으므로 본 알로타의 행정 장관이자 군사 통수(統帥)였다. 각 알로타의 군정 사무를 총령하는 기구는 거란제행궁도부서(契丹諸行宮都部署)와 한아제행궁도부서(漢兒諸行宮都部署)였다.

---

21) 『遼史』, 「營衛志」.
22) 알로타의 인적 구성은 주현 알로타호, 부족 알로타호, 행궁 알로타호 등으로 대별할 수 있으며, 『요사』 중에는 주현 알로타호를 蕃漢轉戶라고 불렀고, 부족 알로타호를 契丹正戶라고 불렀다. 이 외에 거란 황제의 사시날발을 수행하는 행궁 알로타호가 있었는데, 그들을 이른바 著帳戶라고 불렀다. _옮긴이 주

사시날발 중에 황제의 알로타는 소금위(小禁圍)를 조성하고 기타 각 알로타가 황제의 알로타 주변을 따라가면서 대금위(大禁圍)를 조성했는데, 그들은 황제의 안전을 공동으로 보위했다. 알로타의 군사력은 궁위기군(宮衛騎軍)이었으나, 평시의 시위는 전전도점검(殿前都點檢)과 제궁도부서(諸宮都部署)가 통솔하는 군대가 맡았다.

4. 형법

건국 전에 거란인은 문자가 없어 "나무에 부호를 새겨 서계(書契)로 삼고, 굴을 파서 감옥으로 삼았다"23)고 한다. 성문법이 없었기 때문에 죄가 있으면 그 경중에 따라 임시로 처결했다. 그러나 당시 사회의 모순 속에서 투쟁이 나날이 격화되자 법률로 구속할 필요가 있었다. 요련씨 연맹 후기에 야율석로의 피살 사건을 심리하면서 처음 '적몰지법(籍沒之法)'이 제정되었다. 그리고 야율아보기가 형제들의 반란에 연루된 집단을 처벌하면서 "그 형량에 맞게 법을 세워" 다음과 같이 규정했다. 즉 친왕이 모역죄를 저지르면 관청으로 보내지 않고 형벌을 집행했는데, 죄인이 투애(投厓: 높은 언덕에서 몸을 던지는 것)해서 스스로 죽을 수 있게 했다. 음란한 자 혹은 부모에게 거역한 자는 오거환(五車轘: 車裂刑의 일종)으로 처형한다. 윗사람을 비방해 침해한 자는 숙철추(熟鐵錐)로 그 입을 찢어 죽인다. 또한 연루자는 그 경중을 따져 장형에 처한다.

건국 후 법률은 점차 완전한 모습을 갖췄다. 신책 6년(921)에 "법률을 정해 반작(班爵)을 바로잡도록 조서를 내렸고", 다음 해에는 돌여불(突呂不)에게 『결옥법(決獄法)』을 편찬하게 했다"고 기록되어 있다. 이어 "대신에게 조서

---

23) 『遼史』, 「太祖紀」.

를 내려 거란 및 여러 이족(夷族)을 다스리는 법을 제정하도록 했다. 그중에 한인은 율령으로 단죄하고 종원(鐘院)24)을 두어 민원이 상달되도록 했다"고 한다. 태종 시기에 "발해인은 한법(漢法)에 의해 다스릴 것을 규정"했다. 이로써 요의 경내에 거주하는 각 민족의 범죄에 대해 판단할 법률적 근거가 생겼다. 요의 법률도 '인속이치'의 특징을 구현함으로써 한인·발해인은 당율령에 근거하고, 거란과 기타 유목 부족은 「치거란급제이지법(治契丹及諸夷之法)」에 근거해 처벌했다. 그러나 한인·발해인·해인·거란인 사이에 일어나는 분쟁은 한법(漢法)으로만 판단했다. 이는 요가 법령을 제정해 성문법을 갖추기 시작했음을 알려준다.

성종 시기에 승천태후는 "주의해서 옥송을 판단했고, 황제에게도 법률을 관대하게 적용하도록 권장하니" 성종 본인도 노력해 "다시 정한 법령이 십수 가지에 이르렀는데, 대부분 민심에 잘 부합되었다. 또한 그는 형법을 적용하는 데도 상세하고 신중했다"고 한다. 성종이 개정한 법령의 주요 특징은 형벌을 정하는 데 관대하면서도 간단하게 이루어졌다. 또한 거란인과 한인 간의 차별을 축소해 거란 귀족의 특권을 제한하고, 한법 중에 봉건적 통치를 지키는 '십악팔의(十惡八議)'25) 등의 내용을 보충했다.

흥종 중희 5년(1036)에 편찬한 『신정조제(新定條制)』에 제정된 형법은 다섯 종류에 547조로 이루어졌다. 도종 함옹(咸雍) 6년(1070)부터 대안(大安) 3년(1087)까지 여러 차례 조례를 수정하면서 거란인과 한인을 다스리는 법률을 하나로 통합했다. 그러나 "조문이 번다해 담당한 자가 두루 숙지할 수 없었고, 우민은 피할 바를 알지 못해 죄를 짓는 자가 많았다. 또한 관리는 이를

---

24) 요대 상소로 올라온 冤案을 처리하던 관청이다. 억울한 백성이 종원에 와서 종을 치면 이 원안을 황제에게 전달했다. 태조 신책 6년(921)에 최초 설치했으나 목종 시기 폐지되었고, 경종 보령 3년(971)에 다시 설치했다. **_옮긴이 주**

25) 十惡은 『唐律』 卷1 「名例」에 나열된 것 중 극악무도한 열 가지 범죄[謀反·謀大逆·謀叛·惡逆·不道·大不敬·不孝·不睦·不義·內亂]이며 그 내용의 핵심은 봉건 질서를 유지하기 위한 수단이었다. **_옮긴이 주**

구실 삼아 간교를 부렸다"26)고 한다. 따라서 대안 5년(1089)에 새로운 법을 모두 철폐하고 구제(舊制)를 다시 사용하도록 했다.

요의 형벌은 사형(死刑)·유형(流刑)·도형(徒刑)·장형(杖刑)·태형(笞刑) 등 다섯 종류가 있었다. 사형은 교(絞)·참(斬)·능지(凌遲)·환(轘)·효(梟)·지해(支解)·요참(腰斬)·생예(生瘞)·투애(投厓)·사귀전(射鬼箭) 등이 있었다. 어떤 것은 당의 형벌을 답습한 것이고, 어떤 것은 수(隋) 이전의 잔혹한 형벌과 거란 사회의 고유한 형벌을 따랐다. 유형은 세 등급이 있었는데 변성(邊城)에 위치한 부족 지역에 안치시키는 것이 일반적이었으나, 멀리 보낼 경우에는 국경 밖으로 내보내기도 하고 절역(絶域)에 사신으로 보내기도 했다. 도형도 종신형·5년형·1년반형 등 세 가지 등급이 있다. 장형은 50대부터 300대 이하였고, 이외에 태형(笞刑)·궁형(宮刑)·경형(黥刑) 등이 있었다.

또한 연좌법·적몰법·속죄법(贖罪法) 등이 있었다. 반역한 집안은 비록 형제가 그 사실을 몰랐어도 연좌된다. 귀족이 모반하면 주범을 처형하는 것 외에 그 가족도 관노로 삼았다. 품관이면서 공사(公事)를 그르쳤거나, 일흔 살 이상 열다섯 살 이하의 일반 백성이 죄를 저지르면 동(銅)을 헌납해 속죄할 수 있게 했다.

형벌을 가하는 기구로는 사대(沙袋)·목검(木劍)·목봉(木棒)·철골타(鐵骨朶) 등이 있고, 고문하는 기구로는 추장(麁杖)·세장(細杖)·편(鞭)·낙(烙) 등이 있었다. 목검·사대·철골타는 거란 특유의 형구(刑具)다. 목검은 태종 시기에 만든 형구로서 그 면이 평평하고 등이 볼록하다. 대신이 중죄를 지었으나 관용을 베풀고자 할 때는 목검으로 때렸다. 사대는 목종 시기에 만들어졌는데 숙피(熟皮)를 합봉한 것으로 길이 6촌, 너비 2촌의 포대에 모래를 가득 채웠고, 그것을 매단 자루는 1척 남짓 되어 소가죽으로 감쌌다. 장 50대 이상의 형을 받은 사람은 사대로 체벌이 결정된다. 철골타는 숙철로 만든 속이 빈 팔각

---

26) 『遼史』,「刑法志」.

형[八片虛合]의 머리 부분에 3척 길이의 버드나무 자루를 붙여 사용했다. 철골타로 치는 수는 다섯 대 내지 일곱 대로 제한했다.

요대의 법 집행은 일관되지 않는 현상이 비교적 흔히 보인다. 세종 시기에 천덕(天德) 등이 모반했을 때 천덕은 사형되었지만, 소한(蕭翰)은 장형을, 유가(劉哥)는 유배형을 받았다. 그리고 분도(盆都)는 키르기스에 사신으로 보내졌다. 이 네 명의 죄는 대체로 균등한 데도 불구하고 형벌은 각각 달랐다. 요대에는 죄는 같으나 형벌이 다른 경우가 많았던 듯하다. 목종은 사소한 이유로 시어(侍御)·근신(近臣) 등을 학살했고, 홍종 시기에도 청탁을 하면 형량을 감면해 주는 것이 일상적이었다. 그래서 법에 따라 처벌하지 않고 제멋대로 법을 적용하는 현상이 매우 보편적이었다.

성종 이전에 "거란인과 한인이 서로 치고받아 죽인 적이 있었는데 그 법의 경중이 균등하지 않아" 성종은 "같은 등급으로 처벌하도록" 명확하게 법령을 정했다. 하지만 거란인들 사이에서 한인을 침해하는 것이 당연한 권익으로 받아들여졌기 때문에 비호를 받는 경우가 종종 있었다. 도종 시기에 이르러서도 그 상황은 근본적으로 바뀌지 않았다. 소철(蘇轍)은 이러한 사실에 대해 정곡을 찔러 지적했다. "북조(北朝)의 정치는 거란인에게 관대하고, 연인(燕人)에게 모질었는데, 대개 구제(舊制)를 따랐기 때문이다. 산전(山前)에 있는 여러 주의 기후(祇侯)와 공인(公人)을 방문했을 때, 서민이 싸워 살상한 죄에 대한 판결은 폐해가 많았으나 강한 집안이나 부자에게는 이와 같지 않았다.[27] 이런 의견은 요가 법에 따르지 않고 제멋대로 법을 집행하는 경향이 있다는 것을 피력한 것일 뿐 아니라 요대 법률의 계급적 성격을 여실히 반영한 것이다.

---

27) 『欒城集』 卷40, 「北使還論北邊事札子五道」.

5. 군대

거란은 기타 유목 부락과 마찬가지로 민간이 병역을 동시에 맡았다. 남자는 열다섯 살이 되면 병적에 올라 평시에는 유목과 사냥을 하면서 생산에 종사했지만, 정벌이 있으면 당연히 출정해야 했다. 정군(正軍) 한 명마다 타초곡과 수영반가정(守營盤家丁)이 각각 한 명씩 붙었고, 마필(馬匹)·갑주(甲胄)·무기(武器) 등은 스스로 준비했다. 대개 전쟁이 일어나면 각 도에 조서를 내려 징집했다. 금어부(金魚符)를 주조해 병마를 징발했고, 말을 징발하거나 명령을 전할 때 사용하는 은패(銀牌)가 있었다.[28]

요의 군대는 궁위기군(宮衛騎軍)·부족군(部族軍)·오경향정(五京鄕丁)·속국군(屬國軍) 등이 있었다. 궁위기군은 알로타군·궁분군으로 불렸는데 각 알로타에 속한 군사력으로, 평시에는 생산에 종사하다가 전쟁이 일어나면 각 궁의 제할사가 징발했다. 요의 12궁 1부는 5경(京)과 봉성주(奉聖州)·평주(平州)에 각각 제할사를 설치했다. "출정할 때는 5경과 2주의 제할사가 격문을 보내 군사를 모집했는데, 주현이나 부족에서 징발하지 않아도 10만 기를 바로 갖출 수 있었다"고 한다. 황제에게는 시위군과 숙위군 같은 어장친군(御帳親軍)이 있었다. 건국 전에 야율아보기가 정예병을 선발해 복심부로 삼았고, 후에 이를 기초로 하여 태종과 술률황후가 각각 피실군(皮室軍: 거란어로, 金剛를 의미한다)과 속산군(屬珊軍)을 설치했다. 알로타를 세운 후에 속산군과 피실군은 원정과 수자리에 종사하는 상비군으로 점점 변해갔고, 금위(禁衛)는 점차 알로타의 궁위기군이 대신 맡았다. 세종 시기에는 오대의 영향을 받아 전

---

[28] 금어부는 군사를 이동시킬 때 사용했다. 왼쪽 반을 수장에게 미리 주었고, 일이 생기면 사자가 오른쪽 반을 가지고 가서 자호를 맞춰본 후에 서로 합치되면 군사를 일으킬 수 있다. 전쟁이 끝나면 內部로 보내 보관했다. 은패는 驛馬의 신용 증명이었다. 나라에 중대사가 생기면 황제가 은패를 친히 사자에게 주고, 손수 쓴 서찰과 역마 몇 필을 준다. 목적지에 도달하면 말을 바꿔주는데, 명령을 어기는 사람이 없다. 사자가 상경에 돌아온 후에 답신을 황제에게 직접 올리고, 은패는 패인 낭군에게 돌려준다. _옮긴이 주

전사(前殿司)를 설치해 숙위를 맡겼다.

요 경내의 유목 부족은 각각 부족군이라 불리는 군대가 있었으며, 남·북 이재상부에 속했다. 평시에는 부민과 함께 유목에 종사하면서 변경을 지키는 군사 임무를 맡았는데, 전쟁이 일어나면 당연히 출정에 징발되었다. 각 부는 자신의 유목 범위가 있었으며, 군대 주둔지는 일반적으로 유목지에 근접해 있었다. 오원육·육원부는 남경에 주둔하면서 송을 방어했고, 오외부는 동북에 주둔하면서 여진을 방어했다. 돌여불부·저특부 등은 서북에 주둔하면서 서북의 각 유목 부족을 방비했고, 날랄부·을실부·품부 등은 서남에 주둔하면서 서하와 조복 등을 제어했다. 그리고 각 부에는 귀족 자제로 조성된 사리군(舍利軍)이 있었으며, 그들은 거란 내지의 남부를 지켰다. 또한 변경을 방어하기 위해 변경의 여러 부민으로 조성한 '규군(乣軍)'[29]이 있었다.

5경에는 각각 한인·발해인·거란인으로 구성된 군대가 있었는데, 평시에 경성을 수비하다가 전쟁이 나면 동원되었다. 각 주에 절도사를 설치했고, 5경의 병무는 각각 전담하는 기구가 따로 있었다. 남경은 원수부를 설치해 번한병(蕃漢兵)을 통솔했고, 중경의 군사 업무는 남·북양대왕부(南北兩大王府)가 통령했다. 그리고 서경은 을실왕부(乙室王府)가, 동경은 도부서사(都府署司)·통군사사(統軍使司)가, 상경은 상경총관부(上京總管府)·상경성황사사(上京城隍使司)가 통령했다. 이 외 남경·중경·서경에는 각각 금군(禁軍)도 있었다. 요 전성기에 2장(二帳, 즉 二國舅帳), 12궁 1부, 5경에는 164만 명의 병사가 있었다. 이것이 요의 주요 군사력이었다. 속국과 속부도 각각 군대가 있었으며 종군 명령을 따르지 않으면 토벌되었다. 그러나 요는 전쟁이 일어나면 대부분 궁위군과 5경에 속한 군대를 동원했을 뿐 부족군과 속국군을 징발하

---

29) 규군은 『遼史』 「百官志」의 北面軍官條에 十二行乣軍·各宮分乣軍·遙輦乣軍·各部族乣軍·羣牧二乣軍 등 다섯 종류가 기록되어 있지만, 이들의 편제나 역할 등의 세부 사항에 대해서는 알 수 없다. 요대에는 특정한 임무를 지닌 정규군이라고 보기 어렵고, 금대에 와서 비로소 정식 군대의 편제에 소속된다. 확실한 것은 금대 규군이 서북 변경 지구에 있는 유목 부족으로 조성된 군대였으며, 훗날 금을 배신하고 몽고에 투항해 거꾸로 금을 공격했다. ─옮긴이 주

는 경우는 비교적 적었다.

　요는 변경을 방어하는 기구도 설치했다. 예를 들면 진주(鎭州: 可敦城, 지금의 蒙古國 布爾根省 喀魯哈河 하류 남쪽의 靑托羅蓋古城)에 서북로초토사(西北路招討司)를 설치해 서북 지역의 각 유목 부족을 제압했고, 풍주(豊州: 지금의 몽고 呼和浩特 동쪽)에 서남로초토사를 두어 서하를 통제했다. 그리고 태주(泰州)에 동북로통군사(東北路統軍司)를 두고 황룡부에 병마도부서사(兵馬都部署司)를 두어 동북의 속국과 속부를 제어했다. 초토사(招討司)는 초토사(招討使)를 두고, 통군사(統軍司)와 도부서사(都部署司)는 각각 통군사(統軍使)와 도부서(都部署)를 두었다. 군사 작전은 도통(都統)·부도통(副都統)·도감(都監) 등이 지휘하는데, 이들은 황제가 훈척·종실·대신 중에서 임명했다.

6. 과거와 학교

　야율아보기는 여러 차례 연운 지역을 정벌한 적이 있고, 한인 포로를 통해 중원 문화와 접촉했다. 그는 한어를 알아들었으며, 유가 사상의 힘을 빌려 통치하려는 경향이 있었다. 태자 야율배는 한 문화에 더욱 열중했다. 그래서 요 정권은 건립한 날부터 거란과 한의 문화가 공동으로 발전하는 경향이 분명히 있었다. 태조 시기에 거란 문자를 창제해 한자와 함께 사용했다.

　관원의 선발과 관련해 과거는 한인·발해인이 입사하는 방법 중 하나였다. 회동 연간에 후진으로부터 새롭게 얻은 유계 16주를 안무하고 통치하기 위해 요는 한족 인사를 서둘러 선발해야만 했기 때문에 과거를 실시한 적이 있었다. 태종·세종·목종·경종·성종 5대에 걸쳐 관료를 역임했던 한인 관료 실방(室昉)은 바로 태종 회동 초년에 진사로 급제한 사람이다.

　요의 과거 제도는 임시 조치로 출발했지만, 후에 제도화되었다. 회동(938~946) 초에 유계 지구에서 과거로 지식인을 선발했으며, 이것이 첫 번째 임시 조치의 과거였다. 보령 8년(976)에는 "남경에 조서를 내려 예부공원(禮部貢院)을 복원함으로써" 정식으로 과거 시험을 주관하는 상설 기구가 건립되었다. 성종 통화 6년(988)에 조서를 내려 공거(貢擧)를 실시함으로써 과거는 이미 제도화되었다. 태평 10년(1030)에는 "조서를 내려 내년에 공거법(貢擧法)을 시행하도록" 했으므로, 제도는 신속하게 완비되었다. 그리고 통화 27년(1009)부터 전시(殿試)가 치러지기 시작했다. 예를 들면 그해에 "어전에서 유이의(劉二宜) 등 세 명이 시험을 치렀다"고 한다. 그리고 흥종 중희 5년(1036)에 "황제가 원화전(元和殿)에 들어『일사삼십육웅부(日射三十六熊賦)』과『행연시(幸燕詩)』로 진사들을 평가했는데, 바로 황제가 친히 문제를 내어 전시를 거행했던 것"이라고 기록되어 있다.

요에서 과거를 거행한 시간은 전기와 후기가 달랐다. 회동 원년(938)부터 통화 6년(988)까지는 시험 날짜를 정하지 않은 채, 다만 한족 사인을 임기응변으로 선발하기 위한 조치였다. 통화 6년부터 중희 원년(1032)까지는 대략 1년에 한 차례씩 거행했다. 중희 이후에는 3년에 한 차례씩 실시했다. 전자는 당제를 답습한 것이고, 후자는 송의 영향을 받은 것이다.

고시 과목은 성종 시기에 사(詞)와 부(賦)로 정과(正科)를 치렀고, 법률로 잡과(雜科)를 치렀다. 후에는 송의 제도를 참고해 "과거 시험의 모범 답안은 시부(詩賦)와 경의(經義)로 나누고 각각 장원을 뽑았다"고 한다. 요는 멸망할 때까지 사와 부를 중시하고 경(經)·율(律)을 경시했기 때문에 율과의 진사 수가 적었다. 도종 시기에 현량과(賢良科)를 설치한 적이 있었는데 응시자는 먼저 자신이 공부한 것을 만언서(萬言書)로 제출해야만 했다. 과거의 절차는 "향(鄕)·부(府)·성(省)에서 각각 세 차례의 시험을 치렀으며, 향시(鄕試)를 향천(鄕薦), 부시(府試)를 부해(府解), 성시(省試)를 급제(及第)"라고 했다. 성시는 예부의 공원에서 주관하고, 성적에 따라 갑·을·병 세 등급으로 나눠 등용했다.

요의 과거는 전적으로 한족 인사를 선발하기 위한 것이었으므로, 오로지 한인과 발해인만이 응시할 수 있었다. 거란인이 과거에 응시하는 것을 매우 엄격하게 제한했다. 거란인 중에도 문학지사(文學之士)가 적지 않았으나, 그들은 대부분 진사 출신이 아니었다. 중희 연간에 계부방 야율포로호(耶律蒲魯虎)가 과거에 응시해 급제했지만 관리가 이 사실을 고발했기 때문에, 그의 부친 야율서잠(耶律庶箴)은 "자식이 과거를 치르게 내버려 두었다는" 이유로 편형(鞭刑) 200대에 처해졌다. 도종 시기에 이르러 백습인(白霫人) 진사 정각(鄭恪)이 있었고, 천경 5년(1115)에는 거란인 진사 야율대석(耶律大石) 등도 있었다. 이때는 이미 거란인·해인·습인 등에 대한 응시 제한이 완화되었음을 알 수 있다. 한인에 대한 응시 제한은 중원의 역대 제도를 답습해 의사·점쟁이·도축업자·노예·상인의 집안과 부모를 저버리거나 죄를 짓고 도망간 자는 응시할 수 없었다.

과거와 동시에 학교를 설립해 인재를 양성했다. 태조·도종 시기에 상경과 중경에 각각 국자감을 설치해 좨주[祭酒]·사업(司業)·감승(監丞)·주부(主簿)를 두고 생도를 가르치도록 했다. 태종은 남경에 태학을 설치했고, 성종은 남경에 있는 수외장(水塊莊)의 한 구역을 하사해 공부하는 이들을 도와주었다. 5경의 주현에도 학교를 설치했다. 도종 청녕(清寧) 원년(1055)에 조서를 내려 학교를 설치하고 박사·조교 등을 두었으며, 오경(五經)의 주해(註解)도 반포했다. 거란인·발해인·해인·한인의 자제가 입학해 배웠을 뿐만 아니라 성종 시기에는 고려에서 파견된 학생도 입학해 거란어를 배웠다.

요의 관원은 종실·외척·귀족 중에 공로가 있는 자와 능력이 있는 자를 기용하는 것 외에도 과거로 한관을 선발했지만, 후기에는 입속(入粟)으로 충원된 자도 있었다. 요컨대 요의 과거는 한인과 발해인에게 입사의 길을 제공했다. 비록 과거를 통해 관원이 된 사람은 20~30퍼센트에 불과했으나, 그들이 정치·경제·문화 방면에 기여한 것은 과소평가할 수 없다. 그들 중에는 나라를 잘 다스린 정치가도 있었고, 저명한 문학가·사학자 등도 있었다. 과거 제도는 통치 기반의 확대뿐만 아니라 문학·교육 사업도 촉진했다. 또한 한 문화와 유학을 요의 경내에 확산시키는 역할을 했다.

3절
사회 모순과 각 민족의 반항 투쟁

요는 거란 귀족을 주체로 하고 한인·발해인·해인 등의 상류 계층을 포괄해 공동으로 통치한 정권이었다. 성종 시기에 봉건제의 전환이 완성되었으나, 비교적 많은 원시부락제가 잔재했다. 경내에는 거란 부락과 포로로 잡은 각 유목 부족을 포괄해 조성한 부락이 있었는데, 그들은 요의 북면관 치하의 주요 편호였으며, 남·북 이재상부에 예속되었다. 요에 속한 유목·어렵 부락은 오고·적렬·조복·회골·당항·오야(烏惹)·여진·오국(五國) 등이 있었다. 그들과 관련된 일은 부의 대왕·절도사가 처리했고, 요 정권과 군사에 관련된 일은 변경 지구에 설치한 초토사·통군사·병마도부서사 등이 각각 나누어 맡았다.

발해인과 한인은 발전 정도가 비교적 높은 농경민이었는데, 그들은 남면관 치하의 편호로 5경과 주현에서 관리했다. 사회 발전 단계의 불균형, 경제·문화적 차이, 통치 방식의 구분은 요 사회의 모순을 더욱 복잡하게 만들었다. 요 사회는 노예와 노예주, 속민과 영주, 농민과 지주 등 계급 간의 모순뿐만 아니라 지배 민족과 피지배 민족 간의 갈등도 있었다. 계급의 모순과 통치 집단 내부의 권력 투쟁이 함께 뒤섞이면서 상호 영향을 주거나 제약했는데, 그 갈등의 시기와 방식은 서로 다른 특징을 나타낸다.

1. 통치 집단 내부의 모순과 투쟁

야율아보기는 건국 후 황태자를 책립(冊立)해 초보적으로나마 세습제를 확립했다. 그러나 거란 사회는 세선제의 잔재가 여전히 뿌리 깊게 남아 있었으므로, 귀족과 종실이 정치적으로 중요한 역할을 했다. 그래서 통치 집단 내부에 잠재된 신구 세력 간의 반목이 권력 투쟁과 겹치면서 매우 복잡한 양상을 띠었다.

1) 동란왕을 대신한 태종의 즉위

요 태조의 적자 중 장남 야율배(耶律倍)가 태자 자리에 올랐다. 발해를 멸망시킨 후 야율배는 태조의 명령에 따라 동란의 국사를 주관했다. 야율배는 한 문화를 경모했고, 공자와 유가 사상도 존숭했다. 차남 야율덕광(耶律德光)은 천하병마대원수(天下兵馬大元帥)로서 정벌과 병마대권을 맡았으며, 모친 순흠황후(淳欽皇后)를 매우 공손히 모셨다. 막내아들 야율이호(耶律李胡)는 잔인하고 살인을 좋아해 인심을 얻지 못했지만, 오히려 술률씨의 총애를 받았다.

천현(天顯) 원년(926) 태조가 발해를 멸망시키고 회군하다가 황룡부(黃龍府)에서 죽었다. 이에 순흠황후가 황제 대신 나라의 정사를 맡아 잠시 군국대사를 결정했다. 술률씨는 "대쪽같이 매우 결단력이 있어" 태조가 정권을 건립하는 데도 중요한 역할을 발휘한 적이 있었다. 그런데 그녀는 국가를 관리하는 데 거란의 부락민과 목축업을 중시한 반면, 한인·발해인과 농업을 경시했다. 초년에 요 태조는 유주로 남하할 생각이 있었지만, 술률씨는 기병만을 파견해 그 사방의 들판을 약탈할 것을 주장했다. 그리고 왕욱(王郁)·왕처직(王處直)이 진주(鎭州)를 이존욱(李存勗)의 포위에서 풀어줄 것을 요청했을 때도 술률씨는 적극적으로 반대한 적이 있다. 그리고 황위 계승에서 그녀는 태자 야율배를 저버리고 대원수 야율덕광을 세웠고, 그 과정에서 야율배를 옹호하거나 중원 문화에 치우쳐 있던 거란·한인 관료를 일부 살해했다.1) 이것은 이후에 있을지도 모를 권력 투쟁의 화근을 미리 제거해 버린 것이다. 야율배를 통제하기 위해 태종은 동란국의 중심을 목단강 유역에서 요동으로 옮겼다. 동시에 형에 대한 경계와 감시를 더욱 강화했으므로, 야율배는 분심을 참지 못하고 "작은 산이 큰 산을 누르니 큰 산이 전혀 힘을 쓸 수 없구나[小山壓大山 大山全無力]"라는 탄식을 남긴 채 바다를 건너 후당으로 망명했다.

요 태종은 재위 기간에 황태후 술률씨와 정견이 거의 맞지 않았다. 태종이 후진을 멸망시키기 위해 전쟁을 일으키자 술률씨는 소극적으로 지지했을 뿐 줄곧 반대하는 태도를 보였다. 그녀는 "비록 한지(漢地)를 얻더라도 거주할 수 없다고" 인식했기 때문에 여러 차례에 걸쳐 후진과 강화하려고 했던 것이다. 난성(欒城)에서 죽은 태종의 유해를 초원으로 운반해 왔는데도 술률씨는 소리 내어 울지 않았으며, 게다가 "여러 부락이 처음처럼 편안할 수 있는 것은 바로 너를 장례하는 것이다"2)라고 말했다. 이는 그녀가 한편으로 후진과의 전쟁에 대해 불편한 마음에 두고 있었고, 다른 한편으로 황위 계승에 대한 근심 걱정이 앞서고 있었다는 것을 반영한다. 머지않아 술률씨 및 이호와 세종 야율완 사이에서 첫 번째 권력 투쟁이 폭발했다.

---

1) 『契丹國志』와 『資治通鑑』 등의 기록에 따르면 應天皇后가 야율아보기의 묘 앞에서 황제의 은혜를 입은 반대파 대신들을 죽여 殉葬했다. 그 과정에서 漢臣 趙思溫이 선제와의 친밀 정도를 따지면서 황후도 순장되기를 요구하자, 그녀는 자식들이 나이가 어리고 나라가 혼란해질 수 있다는 구실로 거절했다. 그 대신에 그녀는 자신의 오른쪽 팔을 잘라 태조의 묘에 순장했다고 전해진다. 이러한 고사는 당시 제위 계승을 둘러싼 권력 투쟁이 매우 격렬했음을 반영하고 있다. ―옮긴이 주
2) 『契丹國志』, 「太宗嗣聖皇帝」.

2) 횡도의 화약과 세종의 즉위

대동 원년(947) 4월에 야율덕광은 후진을 멸망시키고 회군하는 도중에 난성에서 병사했다. 동란왕 야율배의 아들 영강왕(永康王) 야율완(耶律阮)이 여러 장수에 의해 옹립되어 진주(鎭州: 지금의 河北省 正定)에서 즉위했는데 바로 요의 세종이다.

세종의 즉위는 동란왕이 실각한 이후 종실 내부에서 일어난 권력 투쟁의 연속선상에 있었다. 태종이 술률씨의 지지를 얻어 황제가 되었으나, 거란 귀족은 장자인 동란왕을 동정했다. 태종이 죽자마자 곧바로 군중(軍中)에서 동란왕의 아들을 옹립하고자 했다. 술률씨가 태종의 즉위를 반대하던 거란 귀족을 살해한 적이 있었으므로, 군중의 장수들은 이러한 비극이 재현될까 두려워 하루 빨리 계승자를 옹립하고자 했다. 동란왕을 지지하다가 살해된 거란 귀족의 자손들은 술률씨에 대해 줄곧 불만을 품고 있었으므로, 이번 기회에 복수해 선조의 억울함을 씻고자 했다. 야율완은 그의 부친과 마찬가지로 중원 문화를 경모했고 후진의 항복한 신료들을 다수 임용했으므로, 그들에게도 지지를 받을 수 있었다.

군중의 장수들은 진주에서 회의를 개최해 누구를 즉위시킬 것인지 의논했다. 여기에서 남원대왕 야율후(耶律吼), 북원대왕 야율와(耶律洼), 숙위 야율안단(耶律安摶)은 매우 중요한 역할을 했다. 야율후는 우선 야율와의 처소로 가서 의논하기를 "천자의 자리는 하루도 비워둘 수 없습니다. 만일 태후께 청하면 야율이호에게 돌아갈 것입니다. 이호는 포악하고 잔인합니다. 그가 어떻게 백성을 통치할 수 있겠습니까? 당연히 영강왕을 세워야 할 것입니다"3)라고 지적했다. 야율와도 적극적으로 찬성했다. 장수들은 비록 야율완을 즉위시키려고 했으나, 태후 주변에 이호와 태종의 아들 수안왕(壽安王)

---

3) 『遼史』, 「耶律吼傳」.

이 있는 것을 우려하지 않을 수 없었다. 야율완이 숙위 야율안단을 불러 계책을 묻자 안단은 "대왕은 총명하고 차분하며 또한 너그러워 용서하실 줄도 압니다. 또한 인황왕(人皇王)의 적장자이기도 합니다. 선황께서 수안왕을 두셨으나, 천하의 마음은 대부분 대왕에게 있습니다. 지금 만일 결단하시지 않는다면 후회해도 어쩔 수 없을 것입니다"[4]라고 말했다.

안단은 마침 경사에서 온 사신을 군중에서 만났는데, 그는 이를 이용해 이호가 이미 죽었다고 거짓으로 전달해 여러 사람의 마음을 확고부동하게 했다. 그는 그런 연후에 남북 대왕을 차례로 방문했고, 이 세 사람은 서로 의기투합했다. 마침내 장수들을 소집하고 야율와가 영을 내리며 "대행 황제께서 붕어(崩御)하시어 지금 천자 자리에 주인이 없다. 영강왕은 인황왕의 적장자이며 하늘과 백성 모두의 기대가 모아져 있다. 따라서 당연히 등극하셔야 한다. 따르지 않는 자가 있다면 군법으로 다스리겠다"[5]라고 말하자, 장수들이 모두 복종했다. 그런 후에 야율천덕(耶律天德) 등에게 태종의 영구(靈柩)를 호위해 먼저 상경에 도착하도록 했다.

술률씨는 동란왕이 후당으로 도망간 것에 불만을 품었을 뿐만 아니라 막내아들 이호를 편애했으며 더욱이 야율완과 정치적 견해가 맞지 않았으므로, 군중의 결의를 받아들이지 않았다. 그래서 야율완의 황위 계승을 무력으로 부결시키기로 결심했다. 그녀는 이호에게 병사를 이끌고 야율완을 맞아 싸우도록 했다. 야율완은 황숙조(皇叔祖)이자 오원 이리근인 야율안단과 서남변의 대상온(大詳穩) 야율유가(耶律劉哥)를 선봉에 내세워 이호군을 태덕천(泰德泉)에서 패배시켰다. 곧이어 술률씨와 이호는 병력을 황수(潢水) 북쪽에 주둔시켰으므로 양측이 석교(石橋)에서 강을 끼고 대진하게 되었다.

당시 형세가 매우 위급해지자 척은 야율옥질(耶律屋質)이 중재자로 나서 양측의 이해득실을 진술했다. 골육상잔과 국력의 손실을 피하기 위해 술률

---

4) 『遼史』, 「耶律安摶傳」.
5) 『遼史』, 「耶律洼傳」.

씨는 마지못해 화해의 건의를 받아들이면서 "지난날 태조가 여러 아우가 일으킨 난을 만나 천하가 해독을 입었다. 그 상처가 아물지 않았는데 어찌 다시 싸움을 벌일 수 있겠느냐"6)라고 말했다. 일촉즉발의 횡도 싸움[橫渡之戰]은 마침내 평화적으로 끝났지만, 술률씨가 여전히 이호와 권력 탈취를 모의했다. 이 소식을 들은 세종은 그들을 조주(祖州: 지금의 내몽고 赤峰市 巴林左旗 哈達英格)로 옮겨 살게 하는 동시에 태후가 파견했던 귀족 획설(劃設)과 초불리(楚不里)를 죽였다.

요 세종은 걸출한 인물이었다. 그림도 잘 그렸고 술도 마실 줄 알았으며, 예의를 아는 선비를 좋아했다. 비록 요 황제 중 재위 기간이 가장 짧았으나 적극적으로 행동한 황제였다. 그는 요 왕조의 통치 기구를 건립하고 제도를 완성시키는 데 힘을 쏟았다. 그러나 세종은 후진에서 항복한 신하를 많이 기용한 반면, 거란 귀족을 무시했기 때문에 그들의 불만을 초래했다. 통치가 항상 불안정한 상황에서 남쪽 정벌을 수차례 의논했지만, 이 또한 거란 귀족의 반대에 부딪혔다. 세종이 집정한 아주 짧은 4년 동안 거란 귀족은 그의 정치 개혁을 방해했고, 부단히 암살을 모의해 결국 그의 통치 시기를 종식시켰다. 이것은 요 왕조의 공고함과 발전을 적어도 20년은 지연시켰다.

3) 천록 연간의 권력 투쟁

술률씨가 야율배를 버리고 야율덕광을 즉위시키는 바람에 야율아보기가 처음에 의도했던 적장자 계승제를 확립하지 못했다. 귀족들도 세선제의 영향 때문에 군신 관념이 엄격하지 않았다. 예를 들어 마답(痲答 또는 耶律拔里得: 태종의 숙부이자 날갈의 아들)이 중경에 머무르는 동안 "제멋대로 출입하거나 황포를 걸쳤으며, 황제의 수레와 물건을 마구 사용하면서 '이런 일을 한인들

---

6) 『遼史』, 「耶律屋質傳」.

은 할 수 없다고 생각하지만, 내 나라에서는 거리낄 것이 없다'고 말했다"[7] 고 한다. 이것은 바로 종실 내부에서 수차례 발생한 권력 투쟁의 사회적 기반이었다.

천록 2년(948)에 태종의 삼남인 야율천덕(耶律天德)이 시위 소한(蕭翰), 척은 유가(留哥), 그의 동생 분도(盆都)와 함께 은밀히 결탁해 세종을 암살하려고 모의했으나, 사건이 발각되어 미수에 그쳤다. 야율천덕은 사형되었고, 소한은 장형에 처해졌으나 유가는 오고부에 유배되었고, 분도는 키르기스에 사신으로 보내졌다. 머지않아 다시 소한과 그의 아내, 세종의 여동생 아불리(阿不里)가 안단에게 글을 올려 세종의 폐위를 모의했다. 야율옥질은 그 글을 얻어 세종에게 상주했으므로 소한은 죽음을 면치 못했고, 아불리는 구금되었으나 옥중에서 죽었다.

거란 귀족의 권력 투쟁은 세종의 정신력과 체력을 소진시켰다. 또한 요 군대가 북쪽으로 철수한 후에 중원의 형세도 크게 변했다. 요 태종이 변경(汴京)을 떠날 때 선무군절도사(宣武軍節度使) 소한에게 그곳을 지키게 했으나, 유지원이 군대를 이끌고 남침할 것을 두려워해 제멋대로 후당 명종의 아들 이종익(李從益)을 황제로 즉위시킨 직후에 자신은 병사를 이끌고 중경에 와서 세종을 만났다. 그리고 세종은 중경을 철수하면서 다시 마답을 중경유수로 삼았으나, 그는 잔인하고 탐혹해서 한인 병사의 군량과 급료를 착복했다. 결국 병변이 발생해 그는 진주에서 축출되어 북쪽 초원으로 돌아왔다. 세종은 성이 함락된 데 대한 책임을 물었으나 그는 불복했기 때문에 죽임을 당했다. 소한과 마답이 북으로 귀환하자마자 중원의 주현을 맡던 각 절도사는 잇따라 후한에 항복했다. 세종은 내치가 불안해 남쪽 정벌을 돌볼 겨를이 없었으므로 중원에 대한 통제권을 잃게 되었다.

천록 5년(951)에 후한 추밀사 곽위(郭威)가 즉위해 후주(後周)를 건립했다.

---

7) 『資治通鑑』卷287, 「后漢紀二」.

이때 하동절도사 유숭(劉崇)은 진양(晉陽)에서 자립해 북한(北漢)을 세웠다. 유숭은 그 아들 승균(承均)을 파견해 요 세종에게 "본 왕조가 망국에 처해 제위를 이어갈 수 없게 되었으니 북조가 원조해 줄 것을 요청드립니다"[8]라고 국서를 올리자 세종은 북한과 연합해 후주를 공격할 것을 약속했다. 후진과의 전쟁이 끝난 지 얼마 지나지 않았기 때문에 여러 부족은 전쟁터에 나가기 싫어했다. 세종은 출병할 것을 강력하게 명령하면서 스스로 남벌에 나섰다. 마침내 군대가 귀화주(歸化州)의 상고산(祥古山) 화신전(火神澱: 지금의 河北省 宣化 서쪽)에 도착하자 세종은 동란왕에게 제사를 지냈고, 신하들은 모두 만취했다. 안단의 아들 태령왕(泰寧王) 찰가(察哥 또는 察割)와 남경유수 연왕(燕王) 첩렵(牒獵 또는 述軋) 등은 이 틈을 타서 세종을 살해한 후 첩렵을 황제로 즉위시켰는데, 역사상 이를 화신전의 변[火神澱之變]이라고 부른다. 우피실상온(右皮室詳穩) 야율옥질은 일단 도주한 후에 왕들과 시위군을 소집해 난을 진압했다. 찰가와 첩렵을 죽인 후에 태종의 아들 야율경(耶律璟)을 즉위시켰는데 이 사람이 목종이다.

4) 응력 연간의 권력 투쟁

요 목종은 천록 5년을 응력(應力) 원년으로 개원했다. 응력 전기에 거란 귀족의 정권 탈취 음모가 계속 빈번하게 발생했다. 목종은 "노는 것을 좋아해 국사를 돌보지 않았다. 매일 밤마다 술을 거나하게 마신 뒤 아침이 되어도 계속 잠들어 있다가 바야흐로 한낮에 일어나기 때문에 국인들은 그를 수왕(睡王)이라 불렀다"[9]고 한다. 또한 그는 "상과 벌을 내리는 것이 일정치 않고, 정사를 살피지 않았으며, 사람을 죽이는 일을 즐겨 마다하지 않았기 때문에"[10] 인심을 크게 잃었다. 그는 정치적 능력이 없었을 뿐만 아니라 나라

---

8) 『資治通鑑』 卷290, 「后周紀一」.
9) 『資治通鑑』 卷290, 「后周紀一」.

를 다스리거나 현인을 구하려는 뜻도 없었다. 오히려 도량이 좁아 오직 친한 사람만을 임명하고, 세종을 옹립했던 이들과 그 자손을 배척했으므로 통치집단의 인심은 극도로 어지럽고 불안했다.

응력 2년(952)에 먼저 태위 홀고질(忽古質)이 반역을 모의하다가 사형에 처해졌다. 바로 뒤이어 정사령(政事令) 누국(婁國: 동란왕 아들이자 세종 동생)은 목종이 술에 빠져 정사를 돌보지 않았으므로 다른 마음이 생겼다. 그는 임아적렬(適烈 또는 適獵), 유주절도사 소미고득(蕭眉古得: 세종 처의 동생), 시중 신도(神都), 낭군 해리밀(海里密)과 함께 폐립을 모의했다. 일부 한인 관원도 요 정권에 대한 확신을 잃고 있었다. 선정전학사(宣政殿學士) 이한(李瀚)은 후주(後周)에 이러한 정황을 제공하면서 "지금 황제는 교만하고 어리석어 오직 격구만 좋아하고 부녀자를 탐하며 사방을 돌볼 뜻도 없어, 그 형세가 이전과 달라 보입니다. 또한 친밀한 귀족과 신하들은 항상 다른 뜻을 품고 있으니 그 미약함을 알 수 있습니다.… 이처럼 어지럽고 약한 시기를 이용해 신속하게 공격한 후 즉시 화의한다면 그들은 결코 하동[北漢]을 힘써 도와줄 수 없을 것입니다"11)라고 고무했다. 그러나 그는 사정이 발각되어 남쪽으로 도망가려고 했으나, 실행하지 못했다. 이한은 장형에 처해졌고, 소미고득과 누국 등은 사형을 당했다.

3년(953)에 이호의 아들 야율완(耶律宛)을 비롯해 임아 필할(畢割)과 낭군 혜간(稽幹)·적렬(敵烈)·신라(新羅) 등도 다시 목종을 폐위시키려고 모의했다. 마침 목종의 동생 엄살갈(罨撒葛)이 사천(司天)에게 길흉을 점치게 한 것이 누설되어 필할과 혜간 등은 사형에 처해졌다. 그러나 야율완은 석방되었고, 엄살갈은 강등되어 서북으로 쫓겨났다. 9년(959)에도 목종의 넷째 동생 적렬이 선휘사였던 야율해사(耶律海思) 및 소달간(蕭達干) 등과 재차 모반했으나, 이 또한 사전에 발각되었다. 적렬은 석방되었으나 해사는 수감되어 옥중에서 죽었다.

---

10) 『遼史』, 「穆宗紀」.
11) 『冊府元龜』 卷762, 「總錄部」, 忠義三.

10년(960)에는 정사령 야율수원(耶律壽遠)과 태보 초아불(楚阿不) 등도 모반을 꾀하다가 죽임을 당했다. 곧이어 이호의 아들 희은(喜隱)이 다시 모반했는데 이호도 여기에 연루되었다. 희은은 석방되었지만 이호는 수감되어 옥중에서 죽었다. 10년을 경과하면서 여러 차례 권력을 탈취하려는 사건이 있었으나, 목종은 하나씩 하나씩 저지하면서 지위를 보존했다. 이후 종실 간의 권력 투쟁은 잠시 진정되었으나, 오히려 계급과 민족 간의 모순이 갈수록 첨예해졌다.

목종 시기의 권력 투쟁은 여전히 태조 야율아보기의 자식, 즉 야율배[동란왕]·야율덕광[태종]·야율이호의 자손들 사이에서 진행되었지만, 실질적으로는 동란왕의 실위(失位)와 횡도의 화약에서 비롯되어 이어진 권력 투쟁이었다.

5) 건순·보령 연간의 권력 투쟁

응력(應曆) 19년(969) 봄에 목종은 사냥하러 회주(懷州: 지금의 내몽고 林東縣)에 도착해 직접 활을 쏘아 곰을 잡았다. 시중 소사온(蕭思溫)과 이리필 아리사(雅里斯) 등은 술을 올리며 축하했고, 목종은 기쁘게 술을 마시다가 취기가 올라 말을 타고 행궁으로 돌아왔다. 이날 밤에도 술을 즐기며 취해 있었는데, 칼을 품고 식사를 올리던 포인(庖人) 신고(辛古)가 근시(近侍) 소가(小哥), 관인(盥人) 화가(花哥) 등 여섯 명과 함께 목종을 행궁에서 시해했다. 소사온은 남원추밀사 고훈(高勳), 비룡사(飛龍使) 여리(女里)와 함께 세종의 아들 야율현(耶律賢)을 옹립했으니 그가 바로 경종이다.

권력을 강화하기 위해 경종과 황후 소작(蕭綽)은 제일 먼저 자신의 옹호자에게 주요 관직을 제수해 군정 대권을 장악했다. 보령 원년(969)에 소사원와 고훈을 각각 북원과 남원 추밀사로 임명했고, 야율현적(耶律賢適)을 동중서문하평장사로 특진시켰다. 동시에 종실의 자제를 왕으로 책봉함으로써 반대 세력을 진정시켰다. 예컨대 보령 원년에만 동란왕·태종·이호 등의 아들 여덟 명이 왕으로 책봉되었다.

화신전에서 변이 일어나자 어린 경종을 수라간의 상식(尙食) 유해리(劉解里)가 이불로 싸서 장작더미에 숨겨두었기 때문에 죽음을 모면했다. 그는 즉위 후에 풍질(風疾)에 걸려 거의 정사를 살피지 못했으므로 "정무는 모두 황후가 결정했다"고 한다. 따라서 권력을 탈취하려는 이들의 공격 대상은 황후의 부친 소사온(蕭思溫)이었다.

보령 2년(970)에 국구(國舅) 소해지(蕭海只)·해리(海里)·신도(神都)가 획책해 소사온을 죽였다. 이러한 정황이 밝혀지자 해지와 해리는 모두 사형에 처해졌고, 신도는 황룡부로 유배를 갔다가 나중에 죽임을 당했다. 보령 6년(974)에 이호의 아들 송왕(宋王) 희은(喜隱)은 권력을 탈취하려다가 폐위되었다. 건형 2년(980)에도 다시 반역을 꾀하다가 구금되었다. 3년에는 상경의 한인 군대가 병변을 일으켜서 희은을 황제로 세우려 했으나 뜻을 이루지 못하고, 그의 아들 유례수(留禮壽)를 세웠으나 진압되어 유례수는 죽임을 당했다. 4년에 희은도 사사(賜死)되었다. 보령 8년(976)에 경종의 동생 영왕(寧王) 지몰(只沒)과 고훈 등이 폐립을 모의하다가 둘 다 제명되었고, 지몰의 아내 안지(安只)는 죽임을 당했다.

경종과 황후 소작은 "거침없이 일을 맡겨 신상필벌했으나", 종실 왕들의 권력 투쟁은 조금도 나아질 기미가 없었다. 이는 요 왕조의 통치 권력에 심각한 영향을 주었지만, 다행히 신하들의 일치단결된 협력에 힘입어 황후 소작은 자신의 지위를 공고히 할 수 있었고, 연경(燕京)을 방어하는 전쟁에서도 승리를 얻을 수 있었다. 이로 말미암아 그녀는 성종을 보좌해 통화·개태 연간의 번영된 국면을 개창할 수 있었다.

2. 각 민족의 반항 투쟁

1) 목종의 잔혹한 정치와 각 민족의 반항

목종은 10년 동안 권력을 빼앗으려던 상대를 억누르고 자신의 통치 지위를 확립했으나, 결코 나라를 잘 다스리지 못했다. 그는 무당의 거짓말을 신뢰해 남자의 간으로 불로장생약을 만들어 먹었으며, 제멋대로 인명을 해쳤다. 그는 노예를 혹독하게 부리거나 처형했는데, 항상 시중드는 것이 소홀하다는 등의 사소한 이유로 근시와 오방(五坊)의 노예를 잔혹하게 주살했다. 노예를 처형하는 가혹한 형벌로 장(杖)·참(斬)·격(擊)·사(射)·요(燎)·획구(劃口)·쇄치(碎齒)·철소(鐵梳)·효수(梟首)·연시(臠尸)·좌시(剉尸)·단수족(斷手足)·난견고(爛肩股)·절요경(折腰脛) 등을 이용했다. 잔혹한 처형은 노예의 강렬한 증오와 반항을 초래했다. 응력 19년(969) 2월에 근시 소가, 관인 화가, 포인 신고 등 여섯 명이 함께 모의해 목종을 행궁에서 시해함으로써 마침내 그의 잔혹한 정치는 끝이 났다.

목종이 죽은 뒤 경종 야율현은 전전도점검(殿前都點檢) 야율이렵(耶律夷臘)과 우피실상온(右皮室詳穩) 소오리지(蕭烏里只)에게 숙위를 철저히 하지 못한 죄를 물어 참수했다. 그러나 소가 등은 오랫동안 잡아들이지 못했다. 아마도 이 사건은 많은 사람이 관련된 비교적 큰 규모의 첫 번째 노예 투쟁이었고, 일부 권문귀족도 그들을 종용하고 지지했기 때문이었을 것이다. 그래서 소가 등은 그들의 비호하에 보령 5년(973)까지 계속 숨어 있다가, 경종의 통치가 공고해지고서야 비로소 처벌을 받았다.

목종 시기에 변방의 속부도 반요 투쟁을 일으켰다. 응력 14년(964) 12월에 북쪽 경계의 황실위(黃室韋)와 오고가 잇따라 봉기했다. 이때 상온 승은(僧隱)은 싸움에 패해 죽었다. 목종은 추밀사 아리사(雅里斯)를 행군도통으로 파견해 각 부의 병사와 함께 실위의 반란을 평정했다. 오방인(五坊人) 40호도 오고의 반요 대오에 참가했다. 목종은 다시 독리(禿里)와 여고(女古) 등을 파견해 토벌하는 동시에 각 부를 초무했다. 오고와 실위는 여러 차례에 걸쳐 요 군대에 패했지만 초무를 받아들이지 않았고, 2년 이상 투쟁을 지속하면서 요 서쪽 변경과 북쪽 변경을 뒤흔들어놓았다. 요 왕조는 각 부의 병력을 동원하고 나서야 비로소 반란을 진압할 수 있었다.

2) 보령 연간의 발해와 오야의 반요 투쟁

발해를 멸망시킨 후에 명문대가를 요양(遼陽)과 상경 부근으로 이주시켰으나 상당수의 발해인은 여전히 고지에 남아 있었다. 발해의 부여부는 태조 시기에 황룡부로 이름을 고쳤으나, 여전히 발해인을 장수로 삼아 주둔시켰다. 도감(都監)과 수장(守將)을 동시에 임명해 공동으로 방어하면서 발해 고지를 통제하고 감독했다. 경종 시기에 황룡부의 수장은 발해인 연파(燕頗)였다. 보령 7년(975)에 연파는 요 왕조에서 파견한 도감 장거(張琚)를 죽이고 그곳의 발해인을 이끌면서 요의 통치에 반항했다. 요 경종은 북원대왕 야율아로불(耶律何魯不 또는 曷里必)를 파견해 이들을 정벌하게 했고 패배한 연파의 군대는 오야성(烏惹城)으로 후퇴했다. 그는 오야부 수령 오현명(烏玄明)과 연합해 공동으로 요 군대에 저항하면서 반격했다.

8년에 오현명은 연파의 지지하에 오야성을 중심으로 정권을 건립했는데 국호를 정안(定安), 연호를 원흥(元興)이라고 했다.[12] 오현명은 송에 사신으로 가는 여진인을 통해 송 태조에게 국서를 보내 송과 함께 남북에서 호응하

---

12) 『宋史』 卷491 「정안국」의 기사를 보면 "정안국은 본디 馬韓의 종족인데 거란의 침략으로 격파되어 그 추장이 남은 무리를 규합했고, 서쪽 변방에 웅거하면서 나라를 세워 개원하고 정안국이라 자칭했다.… 정안국 왕이 [송 태종에게] 표를 올려 이르기를 신은 본래 고구려 옛 땅의 발해 유민으로서 한쪽 모퉁이를 지켰다"고 기록되어 있다. 여기서 말하는 마한은 고구려의 雅名이며 정안국은 고구려 후예인 발해 유민들이 건국한 소국이었으나, 요에 두 차례 침공을 받아 망한 뒤 兀惹라는 속부로 전락했다. _옮긴이 주

기를 희망했다. 그래서 송 태종은 연운을 북벌할 때 오현명에게 조서를 내려 "기각지세(掎角之勢)를 펼칠 것을" 지시한 적이 있었다. 보령에서 통화 초까지 요는 남쪽에서 송군의 압력을 받았기 때문에 오야에 대해서는 강력하게 군대를 동원할 수 없었다. 그래서 연파는 오야성에 의지하면서 거의 20년간이나 계속 세력을 발전시켜 나갈 수 있었다.

통화 13년(995)에 오야의 수령 오소경(烏昭慶)은 요의 속부였던 철려(鐵驪)를 공격했으므로, 성종은 해왕 화삭노(和朔奴)와 동경유수 소항덕(蕭恒德)을 파견해 오야성을 포위했다. 거란의 군세에 겁을 먹은 오소경이 스스로 항복을 청했으나, 요군 도부서인 해왕 화삭노는 포로를 사로잡을 욕심으로 이를 허락하지 않았다.[13] 오소경은 어쩔 수 없이 군민을 이끌고 끝까지 성을 사수했다. 요 군대는 성과도 없이 돌아왔는데, 죽고 상처를 입은 병마가 너무 많아 화삭노와 소항덕의 작호(爵號)가 강등되었다.

3) 오고·적렬·조복의 항요 투쟁

야율속살(耶律速撒)이 죽은 후에 서북의 정세는 불안정해졌다. 통화 12년(994)에 승천태후와 성종은 소달름을 서북로초토사로 임명하고, 황태후의 언니이자 제왕(齊王) 엄살갈(罨撒葛)의 아내 호련(胡輦)에게 조서를 내려 오고부 등의 병사와 영흥궁의 군대를 이끌고 서북 변경을 안정시키도록 했다. 14년(996)에 소달름은 요에 반기를 든 조복의 수령 아로돈(阿魯敦)을 비롯해 60여 명을 유인해 죽였다. 15년에 적렬 8부가 다시 상온을 살해하고 요를 배반하고는 서북 변경으로 도주했다. 소달름은 경기병을 이끌고 추격해 그 부족의 반을 포로로 잡은 뒤, 남은 조복 부락에 투항을 권유했다.

---

13) 거란의 제도는 전쟁시에 노획한 포로와 물자로 개인의 투하군·주를 설치할 수 있었는데, 적군이 투항하면 이러한 이득이 허사가 되었다. 따라서 화삭노는 오소경의 항복을 받아들이지 않고 무리하게 공격하다가 참패했다. _옮긴이 주

통화 19년(1001)에 서북로초토사 소도옥(蕭圖玉)은 서북 지역의 통치를 더욱 강화하기 위해서는 비록 "조복이 이미 복종해 교화되어 있으나, 마땅히 각 부를 나눠 절도사가 다스리게 해야 한다"[14]고 황제에게 요청했다. 조복의 부락들을 요 왕조에 포함시켜 직접 통치하도록 허락했으므로, 29년에는 조복의 각 부에 절도사를 두었다. 그러나 능력이 없는 절도사가 그들을 제대로 안무하지 못했기 때문에 부민들의 원망을 사서 다시 반란을 도모하게 했다. 개태 원년(1012)에 조복의 각 부가 계속 배신하자 소도옥은 가돈성에 포위되었다. 오고와 적렬도 이에 호응해 또 한 차례 위세가 높은 항요투쟁을 벌였다. 요 왕조는 북원추밀사 야율화가(耶律化哥)를 파견해 이들을 섬멸했고, 양과 말, 군수 물자를 잃은 조복은 궤멸해 도주했다. 소도옥이 사람을 파견해 그들을 초유했으므로 각 부는 다시 귀부했다.

개태 2년에 동경유수 소혜(蕭惠)를 서북로초토사로 임명했다. 소혜는 포학무도해 부민을 잘 다스리지 못하면서 단지 형벌에만 의존했다. 태평 6년(1026)에 초토사가 위구르를 토벌하기 위해 병사를 징발했는데, 조복의 추장 직랄(直剌)이 기한 내에 도달할지 못했다는 이유로 죽여버렸다. 그러자 그 아들은 병사를 모아 소혜를 습격했고, 서조복의 각 부도 다시 반란을 일으켰다. 도감 날로고(涅魯固 또는 涅里姑)와 돌거부절도사(突擧部節度使) 해리(諧里), 아불여(阿不呂 또는 曷不呂)가 구원하러 와서 가돈성 서쪽에서 조복과 싸웠다. 날로고와 아불여는 조복에게 살해되었지만, 소혜는 복병전으로 조복을 패주시켰다. 이후 조복은 복종과 반항을 반복했기 때문에 요 왕조는 서북부 변경을 방어하는 데 부담이 더욱 커졌다.

---

14) 『遼史』, 「蕭圖玉傳」.

4) 대연림의 반요 투쟁

동경 지역은 일찍이 동란국의 통치하에 있었고, 약간의 특수한 대우를 향유했다. "신책 연간부터 발해인이 내부했는데 그때는 술·소금·누룩 등에 관한 전매법이 없었고, 관시의 세금도 매우 관대했다"[15]고 기록되어 있다. 그러나 요 왕조 경내에 봉건적 요소가 증가하면서 동경 지구에 대한 통제도 더욱 강화되었다. 성종 태평 연간에 동경호부사(東京戶部使) 한소훈(韓紹勳) 등이 남경 지역과 같은 부세 제도를 동경 지역에 실시해 부담을 증가시킴으로써 발해인의 불만을 초래했다. 그때 공교롭게도 남경에 매년 흉작이 들자 호부부사(戶部副使) 왕가(王嘉)는 연(燕) 지역을 진휼하기 위해 배를 만들고, 항해에 익숙한 동경민을 모집해 바닷길로 양식을 운반시켰다. 하지만 바닷길은 험난해 배가 뒤집혀 침몰하는 경우가 많았다. 그런데도 한소훈과 왕가 등은 이들을 보살피기는커녕 오히려 엄격하고 가혹한 형벌로 위협했으므로, 백성은 몹시 못마땅하게 여겼다.

태평 9년(1029) 8월에 동경 사리군(舍利軍)의 상온이던 발해인 대연림(大延琳)이 백성의 정서를 이용해 반항 투쟁을 일으켰다. 한소훈, 왕가, 사첩군도지휘사(四捷軍都指揮使) 소파득(蕭頗得)을 죽이고, 동경유수이자 부마도위(駙馬都尉) 소효선(蕭孝先)과 남양공주(南陽公主) 최팔(崔八)을 가둬놓은 후에 칭제건원했다. 국호를 흥요(興遼), 연호를 천경(天慶)이라 했고, 관원을 임명해 통치 기구를 정비했다.[16] 대연림이 반요의 기치를 내걸고 대부승(太府丞) 고길덕(高吉德)을 고려에 사신으로 파견해 건국을 알리면서 그들의 원조와 지지를 얻으려고 힘썼다. 다른 한편으로 태사 대연정(大延定)은 병사를 일으켜 요

---

15) 『遼史』, 「聖宗紀」.
16) 『高麗史』의 기록에 따르면 대연림은 발해 왕실의 7대손이라고 전한다. 그런데 혹자는 발해 왕실의 후손 대연림이 국호를 흥요라고 했던 점을 의문시한다. 참으로 상식적이지 않아 이해하기 어렵지만, 흥요의 해석과 관련해 흥요현이라는 작은 지명에서 따온 이름이라고도 하고, 요동이 발해의 고토였기 때문에 발해를 지칭한다고 해석하기도 한다. _옮긴이 주

에 반항하도록 여진을 선동했다. 마침내 남북 여진이 일치해 호응했고 고려도 요에 공납하는 것을 중단했으므로, 요 정권은 동북에서 큰 위협을 받았다. 동시에 대연림은 다시 황룡부(黃龍府)와 보주(保州)에 사신을 파견해 후원을 얻고자 했다.

그러나 동경부유수(東京副留守) 왕도평(王道平)은 성을 넘어 도주해 황룡부에 있던 황편(黃翩)과 함께 행재(行在)로 달려가서 고변(告變)했다. 보주를 지키던 발해 태보 하행미(夏行美)가 대연림의 반란을 보주의 통수(統帥) 야율포고(耶律蒲古)에게 보고하자 그는 잠재적 위험이 있다고 판단해 하행미 휘하의 발해인 병사 800명을 죽여 동쪽 길을 차단했다. 국구상온 소필적(蕭匹敵)의 투하주였던 위주(渭州: 지금의 寧彰 武境)는 동경 근처에 위치했으므로, 자신이 관리하던 무장과 가병을 이끌고 요충지를 점거해 대연림이 서진하는 길을 차단했다. 대연림은 북방의 원조가 끊기고, 동서 모두가 요 군대에 막히자 군사를 나누어 심주(瀋州: 지금의 遼寧省 瀋陽)를 공격했다. 그러나 절도부사 장걸(張傑)이 거짓으로 항복하는 바람에 공격이 늦춰졌고 이 틈을 이용해 거란은 방비 태세를 갖추었으므로, 결국 대연림 군대는 심주를 취하지 못하고 요양으로 돌아왔다.

이때 요 조정도 바로 군사를 조직해 진압에 착수했다. 10월에 성종은 남경유수이자 연왕 소효목(蕭孝穆)을 도통으로 소필적을 부도통으로 삼고, 해육부 대왕 소포노(蕭蒲奴)를 도감으로 삼아 군을 이끌고 와서 토벌했다. 먼저 대연림을 포하(蒲河)에서 물리쳤고, 그런 연후에 요충지를 점거해 고려와 여진의 원군을 막는 한편, 대연림을 추격해 다시 수산(手山: 지금의 遼寧省 首山)에서 패배시켰다.[17] 대연림은 요양성으로 후퇴했다. 소포노는 군을 이끌고

---

17) 고영창은 大府丞 高吉德을 고려에 보내 건국을 알리고 원병을 청했으나, 고려는 군사적 행동에 신중을 기했다. 이후에도 세 차례나 더 사신을 보내 구원을 요청했으나, 시종 반응을 보이지 않고 구원병도 보내지 않았다. 오히려 훗날 흥요국이 거란에 평정되었을 때 金智如를 요에 보내 동경 수복을 축하했다. _옮긴이 주

요양성 주위의 성읍을 토벌했다. 소효목은 동경을 포위한 후에 사방에 성보를 쌓고 망루를 설치해 외부와의 연계를 단절시켰기 때문에 요양성 내에서는 어쩔 수 없이 가옥을 뜯어 땔감으로 사용했다. 10년(1030)에 수장(守將) 양상세(楊詳世)가 요 군대와 몰래 내통해 남문을 열어줌으로써 마침내 대연림은 체포되었다. 이로써 발해인의 반요 투쟁은 1년 만에 실패로 끝났다.

3장
요의 사회경제

경제 구조를 분석해 보면 요의 민족은 대체로 세 부류의 유형으로 나눌 수 있다. 어로와 수렵을 주로 하는 원시 씨족 단계의 부락민, 거란인·해인과 같은 유목민, 농업에 종사하는 한인·발해인 등의 정주민이다. 그래서 요의 경제에는 여러 종류의 형식과 성분이 존재했으므로, 농업·목축업·어렵뿐만 아니라 수공업과 상업도 발달했다.

1절
토지 점유와 부역 제도

1. 토지 소유제와 그 변화

  요의 경내에서는 각 민족마다 경제 구조와 토지 제도가 달랐다. 일반적으로 말해 남경·서경·동경은 대부분 농업 지구였으며, 상경·중경은 유목 내지는 반농반목 지구였다. 이러한 경제 형태와 사회 발전에 적응해 토지의 점유와 사용 방식이 변화했다. "거란 초기에는 초야(草野)를 옮겨 다녔으므로 정해진 장소가 없었다"[1]고 한다. 요련의 조오가한(阻午可汗) 시기에 날리(涅里)가 부락을 정돈하자 비로소 각자의 분지(分地)가 정해져 고정된 유목 범위를 갖게 되었다. 국가를 건립한 후에 황제를 정점으로 하는 통치 집단이 토지에 대한 절대적 지배권을 가졌다. 이로써 과거에 부락이 공유한 토지는 실제로 국유의 토지로 전환되어 황제와 귀족이 점유했다. 그러나 봉건적 요소가 확대되면서 사유제는 부단히 국유제에 영향을 미쳤고, 그 결과 상경과 중경의 토지 소유제는 매우 복잡한 양상을 띠게 되었다.

---

1) 『遼史』, 「營衛志」.

1) 국가 소유의 토지와 부락의 목장

요는 군목(群牧)을 설립해 국가에 마필(馬匹)·우양(牛羊)·낙타(駱駝) 등을 제공했다. 군목의 초장(草場)과 가축은 모두 국가의 소유였다. 대부분의 군목은 대흥안령 남단의 서쪽 기슭에 있었는데, 지금 알 수 있는 곳은 적하알리타(迪河斡里朵)·알리보(斡里保 또는 斡里本)·포속알(蒲速斡)·연사(燕思)·올자(兀者) 등이 있다. 군목관(群牧官)은 국가에서 임명했고, 사목자(司牧者)는 각 부족의 부호(富戶) 내지는 군목관의 자제, 여정(餘丁) 혹은 노예 등으로 이루어졌다. 그들은 국유의 목장에서 가축을 방목하면서 국가에 필요한 것을 공급했다.

방어를 위해 요는 서북 변경에 주성(州城)을 설치해 군대를 주둔시켰다. 그들 중 일부는 경작과 목축에 종사했고, 나머지는 변경을 수비했다. 그들이 경작하는 농경지와 유목 초지도 국가 소유였으므로, 그곳에서 생산된 곡물과 가축은 국경 수비를 위한 경비로 충당되었다. 이렇듯 소유권과 사용권이 모두 국가에 귀속되었으므로, 토지는 명실상부한 국유지였다.

거란 각 부의 유목지는 원래 부락이 공유했었다. 야율아보기가 건국한 후에 요련 8부를 기초로 새로 편성한 부락에 분봉(分封)하면서 재차 각 부의 유목 범위가 확정되었다. 이렇게 조정한 결과 상경도의 중심 지구를 서쪽은 대흥안령 남단의 경주(慶州)와 의곤주(儀坤州)부터 동으로는 압자하(鴨子河) 유역의 장춘주(長春州)까지, 북으로는 달로하(撻魯河: 지금의 洮兒河)에서부터 남으로 중경의 접경에 이르는 광대한 지역을 전부 사부족(四部族)에 나누어 귀속시켰다. 그리고 나머지 부는 사부족 주위에 안치시켰다. 이는 모든 부락의 유목지를 최고 통치 집단에 분배해 획정한 것이며, 각 부의 수령이 부 내에서 최대 영주가 되었다. 이러한 토지 소유권은 황제로 대표되는 국가에 귀속되었고, 부락은 이를 점유해 사용하는 형식이었다. 하지만 부락의 성원은 서로 지위가 달랐기 때문에 토지를 차별적으로 사용했다.

요 전기에 왕·공주·부마·공신의 대부분은 투하를 건립했다. 투하는 국가에 전부(田賦)를 납부해야만 했기 때문에 투하호가 사용하는 토지도 국유지였다. 투하의 주인은 이러한 토지에서 황제가 윤허한 특혜를 향유했다. 그러나 봉건적 요소가 증가하면서 투하제는 점차 쇠퇴했고, 각각 다른 방식으로 국가에 회수되었다.[2]

상경 지구에 포로와 이민자가 개간한 황무지와 남경 지구에 경작하지 않는 땅은 국가의 소유였다. 성종 시기에 백성이 개간하는 것을 허락한 연락(燕樂)·밀운(密雲) 등의 황무지는 바로 이런 종류의 토지였다. 요는 필요에 따라 경계선을 그어 목장을 만들거나 농호를 유치해 개간하면서 조세를 수년간 면제해 주었다. 이 농호들은 국유지를 경작하는 관전호(官田戶)였으나, 일부는 호적에 올라 조세를 납부했으므로 그들의 개간지는 점차 사유 재산으로 변해갔다. 조정은 가끔 각지에 관리를 보내 황무지를 조사했다. 만약 남의 이름을 도용해 점유한 경우에는 관에서 몰수하거나 계약을 맺어 세금을 징수했다.

2) 제궁제할사가 소유한 토지

황제 직할의 각 알로타에는 제할사를 설치해 그곳에 속한 번한전호(蕃漢轉戶)를 관리했다. 대부분의 번한전호는 농업에 종사했고, 주로 남경·서경·봉성주·평주에 거주했으나 중경·상경에도 일부가 있었다. 그들이 경작하는 토지는 알로타 소유였는데, 실제로는 황제의 장원(莊園)이나 다름없었다.

---

[2] 투하주는 시간이 흐르면서 私城의 성격보다는 일반 주현의 성격으로 변질되어 남추밀원의 감시를 받는 등 점차 제약을 받기에 이른다. 중앙집권화를 확립하고자 힘쓰던 요는 투하주를 계속 국가에 귀속시켰다. 예컨대 영주가 모반에 가담하거나 혹은 후사가 끊어질 경우 투하주를 끊임없이 중앙에 몰수해, 남추밀원 관할의 주현이나 알로타의 주현에 포함시켰다. 투하주는 성종 이전에 대부분 설립되었고, 성종 시기에 설립된 것은 공주에게 사여한 媵臣으로 이루어진 투하군·주에 국한되었다. _옮긴이 주

궁위 즉 알로타는 토지를 대량으로 점유했으며, 일부 거란 귀족과 한족 관료도 장원을 소유했다. 예를 들어 성종 시기에 포로였다가 신하가 된 이지순(李知順)은 중경의 호적에 올라 정착했는데 "주택과 장원, 노복의 수, 수레와 말 등의 수를 헤아릴 수 없을 만큼 많이 소유했다"3)고 한다. 왕계충은 포로가 된 뒤 집에 노예가 없어 성종이 궁호 삼십 호를 한 차례 제공했다. 풍종순(馮從順)은 통화 17년에 요로 들어왔는데 "수레·의복·저택·정원·노복 등 모두가 국가에서 지급한 것"이라고 기록되어 있다.4) 중경에서 장원은 크게 발전했고, 이러한 장원의 소유자 전부는 한인 지주 즉 번한 귀족이었다.

3) 사묘의 토지

요는 건국하기 전부터 이미 사묘(寺廟)를 건축했다. 중기 이후에 불교가 성행해 각지에 광범위하게 사묘를 건축했으며, 모든 사묘는 많은 토지를 점유했다. 예를 들어 의주(義州) 정안사(靜安寺)를 세울 때 야율창윤(耶律昌允)과 그 아내가 땅 3,000경(頃)을 시주했다. 계주의 반사(盤山) 위쪽에 위치한 감화사(感化寺)는 "창건 이래 광대한 토지를 보유했는데 들에는 100여 경의 좋은 밭이 있고, 정원에는 1만여 주(株)의 밤나무가 심겨 있어 맑은 샘물과 무성한 수풀이 영내의 반이었다"5)고 한다. 경주(景州)의 관계사(觀雞寺)도 토지 3,000무(畝), 산림 100경(頃), 과수 7,000여 주가 있었다. 사원 지주는 국가나 일반 지주와 마찬가지로 논밭을 광범위하게 소유했고, 그곳의 수확물로 승려들에게 입을거리와 먹을거리를 제공했다.

---

3) 『全遼文』 卷6, 「李知順墓誌銘」.
4) 『全遼文』 卷6, 「馮從順墓誌銘」.
5) 『全遼文』 卷10, 「上方感化寺碑」.

4) 지주와 소농의 사유지

동경·서경·남경의 토지는 주로 개인 소유였다. 그중 넓은 토지는 지주가, 작은 토지는 소농이 소유했으며 토지가 없는 사람은 소작을 했다. 이러한 정황은 중경의 해인 지구에서 볼 수 있는 보편적인 현상이었다. 소송(蘇頌)과 소철(蘇轍)은 그들의 『사요시(使遼詩)』에 이러한 정황을 모두 기록하고 있다.[6] 고고학자들은 지금의 하북성 선화현(宣化縣: 요대 서경도의 歸化州)에서 요의 무덤 몇 기를 발굴했는데, 여기에서 출토된 묘지(墓誌) 및 수장품, 벽화는 이 일대에 살던 지주 계급의 풍요로운 생활을 반영하고 있다. 지주 장세경(張世卿)은 대안(大安) 연간에 곡식을 풀어 이재민을 구제했는데, 속(粟) 2,500곡(斛)을 한 차례 내놓아 우반전직(右班殿直)이라는 관직을 받았다.[7] 한사훈(韓師訓) 묘의 벽화 중 「음주청곡도(飮酒聽曲圖)」·「비장도(備裝圖)」가 설령 무덤 주인이 생전에 생활했던 사실적인 기록은 아니지만, 적어도 이 시기의 한족 지주와 부상(富商)의 생활상을 반영하고 있다. 특히 사람들의 주의를 끄는 것은 관리가 아니더라도 부유한 한인이 빈곤한 거란인을 노예로 부릴 수 있었다는 점이다. 벽화 중에 곤발(髡髮)한 문지기가 거란인 계통이 분명하다는 것을 의심할 여지가 없다.[8]

---

[6] 『蘇魏公集』 卷13, 「牛山道中」에는 牛山館[지금의 河北省 平泉 西] 길에서 본 것에 대해 "농경지가 매우 넓고, 소와 양이 계곡에 두루 퍼져 있는데, 모든 한인이 해인의 땅을 소작하며 그 노역이 무거워 매우 고달프다"고 기록되어 있다. 또한 소철은 『欒城集』 권16 「出山」에도 한인이 해인의 밭을 소작하는 정황을 묘사했다.
[7] 『全遼文』 卷6, 「張世卿墓誌銘」.
[8] 河北張家口市宣化區文物保管所, 「河北宣化下八里遼韓師訓墓」(『文物』, 1992年 第6期).

2. 봉건 요소의 증강에 따른 계급과 계층의 변화

1) 영주·지주·부상

거란 각 부의 장관대왕·절도사·도감(都監)·사도(司徒) 등은 부락을 관리하는 군사·행정·경제 전반의 권력을 장악하고 있었으며, 어떤 가족은 대대로 절도사 선출에 참여했다. 이러한 부락의 장관들은 실제로 구획된 땅의 영주였다. 요 황제도 알로타의 목장과 농지를 점유했으므로, 농목업 생산에 종사하는 궁호를 소유했다. 따라서 황제를 비롯해 왕·공주·부마·거란 귀족·관료 등은 모두 크고 작은 영주였다.[9]

건국 초기에 공훈을 세운 일부 한인과 발해인의 상층 계급도 서로 다른 수준의 토지와 인호를 점유했다. 그들 중 일부는 이미 장원을 경영하는 영주이자 토지에서 조세를 거두는 지주이기도 했다. 성종 시기에 대승상이던 한덕양은 제할사에 속한 각지의 장원을 관리했다. 중경 내성사(內省使)이자 지궁원사(知宮苑司)였던 이지순과 상경호부사(戶部使)였던 풍종순(馮從順) 등도 각각 중경에서 장원을 소유했다. 그러나 사회 발전에 따라 왕·공주 등의 투하주는 변화했다. 성종 시기에 이르면 이미 영주의 통제력은 약화된 반면, 국가의 투하주에 대한 간섭이 날이 갈수록 더욱 심해져, 결국 영주제의 투하는 쇠락했다.

태종 시기에 동란이 남쪽으로 이전하면서 발해인은 대거 동경의 요양 지구로 강제 이주되었다. 그들 중 부호와 귀족 대다수는 부곡(部曲)을 거느리고 있었다. 강제 이주되는 과정에서 가난한 이들은 부호에게 수용되었기 때문에 동경 지구의 발해 귀족과 부호는 대부분 속민을 지닌 영주였다. 요의 봉건화가 진척되면서 동경의 영주제 역시 지주제 경제로 전환되었다. 그리고

---

9) 투하군·주가 귀족의 私領地였다면 알로타에 예속된 주현은 황실의 두하라고 말할 수 있다. _옮긴이 주_

남경과 서경의 대토지 소유자 대부분은 소작제를 통해 부동산을 경영했다. 중경의 해인도 대다수 한인과 발해인에게 소작을 주어 토지를 경작하는 지주였다. 그리고 사묘의 승려는 그곳에 속한 부동산의 관리자였다. 토지의 내원이 달랐기 때문에 그곳의 전호(佃戶)는 이세호(二稅戶)도 있었고, 자유로운 신분의 편호(編戶)도 있었다. 사실상 승려는 소작료에 의지해 생활하는 지주였다.

한편 상업도 발전했기 때문에 요의 경내에는 부유한 상인이 출현했다. 그들은 5경과 주현에서 상업 활동을 했을 뿐만 아니라 국경을 넘어, 오대 왕조 및 송과 교역했다. 심지어 어떤 사람은 요를 대표해 협상을 처리하는 사신이 되기도 했다. 예를 들어 요 태종 때 후진 경계에서 장사하던 회도사(回圖使) 교영(喬榮)은 상업 무역의 대표이면서 요의 사신으로, 후진과의 정무를 위해 교섭했다. 그리고 서경 귀화주(歸化州)의 한사훈도 부유한 상인이었다.

2) 목축업자·농민·수공업자

유목하는 거란인은 각각의 부락과 석렬에 편입되었다. 그들은 부락 수령의 관리를 받으며 목축업에 종사하고, 부락과 국가에 대한 부역을 부담했다. 그들은 조정이나 수령의 허락 없이 맘대로 자신의 부락을 이탈할 수 없었다. 결국 그들은 유목 지역의 주요 생산자이자 부락 귀족의 속민이었다.

농업 생산에 종사하는 거주민은 주현에 편입되었는데, 여기에는 지주와 전호(佃戶)가 모두 포함된다. 그들은 경제적 지위가 어떻든 간에 모두 신분이 자유로운 국가의 편호였으며, 국가의 부역을 맡았다. 사묘의 전호는 주로 귀족과 관료가 토지와 함께 기증한 소작농으로 국가에 납세할 의무뿐만 아니라 사묘에도 소작료(地租)를 내야 하는 또 다른 형태의 이세호였다.[10] 또한

---

10) 요·금의 호적 명칭 중 하나다. 요대 투하군·주에 소속된 인호는 영주에 의부해 있었을 뿐만 아니라 국가에도 속하는 특징이 있다. 두하호는 부세를 납부할 때 관부에 賦를 납부하고, 그 주인

요 경내에는 수공업에 종사하는 이들이 있었는데, 그들 역시 농민·목축업자와 마찬가지로 부역의 담당자이자 재화의 생산자였다.

3) 궁분인·노예·저장호

궁분인의 민족 성분을 살펴보면 거란인·해인·발해인·한인·여진인 등이 있어, 그 정황이 비교적 복잡했다. 한인과 발해인은 대부분 전쟁 포로였고, 거란인은 궁위를 건립할 때 자발적으로 지원한 이와 후비가 출가할 때 따라온 잉호(媵戶), 죄를 범해 적몰된 귀족 등이 있었다. 따라서 그들은 신분과 지위가 각각 다르다. 어떤 자는 자유민 신분을 향유하면서 일정 수의 노비와 부곡을 점유했고, 때로는 고관에 임명되기도 했다.

예를 들어 궁분인 중 팔방자제(八房子弟)는 야율욕온(耶律欲穩)의 후예였다. 야율욕온은 본래 돌려불부(突呂不部) 사람인데, 그의 조부 야율대압(耶律臺押) 때부터 야율아보기의 가족과 밀접한 관계를 유지하면서 공을 세웠다. 야율아보기가 최초로 궁위를 설치하자 야율욕온은 부곡을 거느리고 들어와 스스로 궁적에 올라 궁분인이 되었다. 그의 관직은 해(奚)의 질랄부 이리근에 이르렀고, 동생 야율하리(耶律霞里)는 해육부(奚六部) 독리(禿里)가 되었다. 또한 그의 충성을 가상히 여긴 태조는 조서를 내려 야율대압을 황실의 조묘(祖廟)에 배향하도록 했다.

목종 시기에 전전도점검 야율이랍갈(耶律夷臘葛)은 비록 궁분인이었으나, 오히려 목종과 포의지교(布衣之交)를 나누며 궁호를 장악했다. 경종과 성종 시기에 한덕양은 지위가 매우 높은 신하였는데도, 통화 22년에 이르러서야 비로소 궁적에서 제외되었다. 그는 국성인 야율씨를 하사받아 계부방(季父

에게는 租를 납부해야만 했다. 따라서 이세호라고 불렸고, 당송 시대의 兩稅戶[혹은 이세호]와는 다른 의미다. 사원이 점유한 노예도 관부와 사원에 각각 조세를 납부해야만 했기 때문에 사원 이세호라고 불렸다. _옮긴이 주

房)에 속하게 되었고, 더 나아가 문충왕부(文忠王府)를 세워 알로타의 주인이 되었다. 그들은 부곡과 노예의 주인이었을 뿐만 아니라 요의 고관이었으므로, 그들의 가족도 통치 집단의 행렬에 끼었다.

대부분의 궁분인은 재산을 조금 가진 농·목업 노동자였다. 그들은 영주 점유제하에서 농업 내지는 유목에 종사하며 자기 재산과 가정을 지녔으므로 노예보다는 비교적 많은 자유를 향유했다. 그러나 주인과의 강한 인신 예속 관계를 유지했기 때문에 허락 없이 주인을 벗어날 수 없었다. 오히려 주인의 의지에 따라 때로는 다른 사람에게 보내질 수 있었다. 그들이 맡은 부역(賦役)은 주인의 사적 수입이었으며, 동시에 주인의 뜻에 따라 노역을 제공해야만 했다. 또한 그들이 맡는 군역은, 즉 주인에게 제공하는 방식으로 국가의 군사 목적에 동원되었다. 이런 궁분인의 사회적 지위는 각 부의 부민(部民)과 상이했다. 명분상으로 전자는 사인의 부곡일 뿐만 아니라 인신 종속 관계가 비교적 강했기 때문에 심지어 노비라고도 총칭해 부를 수 있는 반면, 후자는 지방 조직에 속한 국가의 편호였다. 하지만 부민도 주현에 편입된 민호에 비해 비교적 많은 통제와 구속을 받았다.[11]

그리고 각 궁위와 귀족 모두가 상당수의 노예를 소유했는데 그들은 수공업에 종사하거나 집안일을 맡았다. 예컨대 성종 시기의 초와(稍瓦)·갈술(曷術) 2부는 원래 황실과 귀족의 노예로 조성된 곳으로 그들은 전쟁 포로 및 부락제 말기에 노예로 전락한 부민들이었다. 이들은 초와·갈술에 편입된 후에 귀족의 사적인 노예에서 국가의 관노비로 신분이 바뀌었다. 당시 송도 유괴한 사람들을 요에 노예로 팔았다.[12]

한편 저장호(著帳戶)는 일종의 특수한 노예였다. 그들은 죄를 짓고 적몰된 귀족으로 가장 일찍 저장호가 된 자는 요련씨 연맹의 우월이던 포고지(蒲古只)의 삼족이다. 포고지가 석로(釋魯)를 살해했기 때문에 그 가족이 적몰된

---

11) 李錫厚, 「遼代諸宮衛各色人戶的身份」(『北京師範學院學報』, 1985年 第4期).
12) 『續資治通鑑長編』 卷93.

것이다. 요련씨 연맹 후기에 그들은 와리(瓦里)에 편입되었으나 야율아보기 사후에 황후 술률씨가 그들을 저장호에 편입시켰으나, 세종 시기에 양인(良人)으로 방면했다. 이후에 귀족과 관료 집안이 죄를 범하면 바로 몰입해 저장호에 편입시켰다. "대개 부름을 받아 소저(小底)·사장(司藏)·응방(鷹坊)·탕약(湯藥)·상음(尙飮)·관수(盥漱)·상선(尙膳)·상의(常衣)·재조(裁造) 등의 일에 종사하던 사람들 및 궁중과 왕의 시종, 영관(伶官)들이 모두 여기에 충원되었다"13)고 기록되어 있다. 그들은 궁정에서 시중들던 황실의 노예였다. 저장호의 신분은 결코 종신은 아니었다. 원래 있던 저장호는 계속 방면되었고 새롭게 죄를 지은 사람이 계속 몰입되었으므로, 요가 끝날 때까지 "풀려나거나 몰입된 자가 수시로 늘거나 줄어들어서 일정한 정원은 없었다"14)고 한다.

이 외에 각 부락에는 와리(瓦里)가 있어 부락이 소유한 노예를 관리했다. 그리고 국가의 공장에서 일하는 수공업자들도 노예 신분이었다. 일부 파면된 관원도 형벌로 공장에 들어와 복역했다. 예를 들어 성종 시기에 비서정자(秘書正字) 이만(李萬)이 상서를 올리면서 두루 원망하고 비방하는 글을 썼기 때문에 장형에 처한 뒤 함하야(陷河冶)에 가서 백은을 채련(採鍊)하게 했다. 도종 시기에 북면임아 소암수(蕭岩壽)도 야율을신(耶律乙辛)에 반대하다가 죄를 얻어 오외로(烏隗路)로 유배되었는데, 평생 작업장에 구금되었다.

4) 계급 관계의 변화

부락 연맹의 기초 위에 건립한 요는 정치 제도, 경제 성분, 풍속 법규 등 여러 방면에서 부락 연맹 시기의 잔재와 흔적을 일부 지닐 수밖에 없었다. 건국 후에 거란 통치자는 부단히 영토를 확장해 농경민족인 발해인과 한인을 통치했던 반면, 그들의 봉건 경제와 정치 제도 및 농업 문화에서 강렬한

---

13) 『遼史』, 「營衛志上」.
14) 『遼史』, 「營衛志上」.

영향과 충격을 받았다. 이것은 요의 정치 제도, 경제 관계, 문화 등에서 몇 가지 성분이 병존했지만, 계속 조정과 변화가 일어나 요 사회의 발전 과정을 결정지었다.

거란인이 활동하던 지역에는 부락 조직의 형식으로 존재하던 초기 봉건제, 즉 영주제가 주도적 지위를 차지했다. 부락 조직이 국가의 지방 행정 기구로 전환될 때 부락의 현귀와 개국 공신이 국가의 통치 계급을 형성했다. 따라서 부락은 목주(牧主), 부유한 목민, 빈곤한 목민 등으로 구성되었으며, 부락 절도사는 국가의 지방 관원이자 그곳의 영주였다.

대하씨 연맹 시기부터 이미 거란인 중에는 노예가 출현했는데, 그들은 주로 빈곤한 목민과 전쟁 포로였다. 요련씨 연맹 후기에 다시 죄를 지어 적몰된 귀족 출신의 노예도 출현했다. 그러나 목축업은 농업·수공업과 달리 많은 노예가 필요하지 않았기 때문에 거란 사회는 줄곧 가정의 노예제 단계에 머물렀다. 건국 후에도 유목 지역에는 여전히 일정한 수의 노예가 있었지만 주로 가사 노동, 궁정 근무와 수공업 생산에 종사했다. 봉건적 요소가 나날이 증대하면서 수공업 등의 전문적인 생산에 종사하는 노예의 대부분은 해방되었고, 노예제의 잔재도 점차 감소되었다. 노예는 주로 가정과 궁정 근무에 종사하면서 주인의 일상적인 일을 도왔다.

투하 및 알로타에 소속된 민호는 영주 및 귀족의 부곡이다. 그러나 일찍이 독립적인 신분의 자경 농민을 장기간 억압해 농노로 삼는 것은 용인되지 않았다. 그래서 투하는 국가가 허락한 상황에서만 건립되었고 국가의 통제와 구속에서도 완전히 벗어날 수 없었다. 투하호의 신분이 설령 부곡일지라도 영주의 완전한 사속(私屬)은 아니었다. 봉건 경제가 발전하면서 그들의 지위도 계속 변화했다. 투하주가 갈수록 줄어들면서 투하호는 주현의 편호로 전환되었고, 영주와의 종속 관계도 이완되어 갔다. 투하의 변화를 계기로 유목 지역은 점차 봉건화되었고, 요 사회의 발전도 빠르게 진행되었다.

요의 통치 집단에 진입한 한인과 발해인의 상층은 토지를 임대해 조세를 걷는 동시에 거란 귀족과 마찬가지로 장원을 건립해 많은 부곡과 인호를 차지했다. 또한 지주에서 영주로 탈바꿈하면서 지주와 영주의 이중 신분을 겸했는데, 이것도 그들이 처한 사회 환경과 지위로 결정된 것이다. 그리고 연운에 가까운 해인 지구에서는 소작제 경영 방식이 비교적 보편적이었다. 왜냐하면 그곳은 농업 지구와 가까웠고, 많은 포로와 한인이 유입되어 일찍부터 연운의 선진적 경영 방식의 영향을 받았기 때문이다. 그리고 거란의 상층이 초기에 이 지역으로 세력을 과도하게 신장하지 않은 것과도 관계가 있다.

전반적으로 말해 전쟁 기간을 제외하고, 서경·남경의 기존의 경제적 기반이 요에 편입되었어도 파괴되지 않은 채 소작제의 경영 방식이 계속 발전했다. 동경 지구는 소작제와 장원제가 병존했다. 그리고 상경·중경 지구의 변화는 비교적 컸는데 그곳의 전반적인 추세는 부락의 잔재가 갈수록 감소되어 봉건 영주제가 지주제로 넘어갔다. 초기에 요의 사회 성격을 결정지은 경제적 요소는 당연히 봉건영주제였다. 이에 적응한 요 정권은 초기에는 당연히 봉건제 정권이었으나, 성종 이후로는 지주제가 일정 정도 발전했다.

3. 부역 제도

요 경내에 있는 유목민·농경민 그리고 속국·속부는 모두 국가에 공물을 납부하고 부역과 군역의 의무를 졌다. 신분과 지위가 달랐기 때문에 각자 맡은 부역의 종류도 아주 다양했다. 그러나 관료·귀족·절도사 등은 면역의 특권이 있었다. 요의 정치 경제가 점차 발전하고 제도가 완비되면서, 부역 제도는 성종 시기에 거의 확정되었다.

1) 부락민의 부역

거란인과 해인 등의 유목민은 매년 양으로 조세를 납부했는데 세액은 소유하고 있는 목축의 수로 정했다. 절도사는 일반적인 세액 외에 매년 안장·말·진완(珍玩) 등을 진상했다. 그리고 국가가 급히 필요로 할 때나 명절·경축일·혼례·상례 등이 있을 때는 귀족·관원·종실 등이 따로 헌납했다. 예를 들어 황제나 태자가 결혼하면 종실과 귀족 등은 장막·예물·비용 등은 물론이고, 황제가 죽으면 산릉을 조성하는 비용도 지출해야만 했다. 이런 별도의 헌납은 비록 귀족과 관원 등이 바쳤지만, 그것은 모두 부민과 귀족의 속민에게 거둬들인 것이다. 그리고 봉록 이외 관원에게 내리는 하사품도 모두 백성에게서 거둬들였다. 예를 들면 해육부 대왕 소관음노(蕭觀音奴)가 "봉록 외에 사슴 수백 마리를 주었는데 모두 백성에게 취한 것이었다"[15]고 한다.

그리고 부민은 노역을 제공해 다리를 놓고, 도로를 건설하고, 하천을 정비하고, 기타 공사를 맡았다. 도종 시기에 가사훈(賈師訓)이 동지영주군주사(同知永州軍州事)를 맡고 있는 동안에 부민의 부담을 줄이고자 한 차례 상주해 영주(永州)·용화주(龍化州)·봉성주(奉聖州)에서 "매년 행재로 동원되는 민력을 30여 만 명이나 줄였다. 그리고 황제의 춘날발(春捺鉢) 시기에 "춘주(春州)·태주(泰州)에서 제방 수축과 관부의 일에 동원할 노역을 잘 계획해 수만의 노역을 면해주었다"[16]고 한다.

무엇보다도 병역은 부민의 부담 중에서 가장 무거웠다. 전시에 부민들은 스스로 무기와 말을 준비해 절도사를 따라 출정했고, 평시에는 변방을 지켰다. 그리고 노약자는 부락에 거주하면서 농사와 목축에 종사했다. 병역은 비록 교대로 복무했지만, 장기적으로 보았을 때 목축업 생산에 부정적인 영향을 끼쳐 큰 손실을 초래했다. 성종 시기에 영토를 확장해 진주 가돈성을

---

15) 『遼史』, 「蕭觀音奴傳」.
16) 『全遼文』 卷9, 「賈師訓墓誌銘」.

서북의 군사 요충지로 만들어 병사를 주둔시켰다. 동북에서 중점적으로 방어한 곳은 압록강과 황룡부였다. 그러나 서북 및 동북 변경의 속부는 복종과 반항을 반복했으므로, 그곳에 주둔하는 병사의 부담이 나날이 가중되었다. 부락의 부민(富民)도 징발되어 변경을 지키다가 대부분 파산했다. 결국 이러한 현상은 홍종 시기에 이르러 정국의 안정과 국가의 성쇠에 심각한 영향을 끼쳤다.

2) 농민의 부역

요 경내의 농경민은 거주지와 경제 발전의 수준 및 역사적 배경이 각각 달랐기 때문에 부역에 대한 부담도 서로 차이가 있었다. 『요사』「식화지」에 "태조가 부세에 관한 제도를 한연휘(韓延徽)에게 맡기면서 비로소 국가의 비용을 제정하게 되었다. 그리고 태종은 5경의 호구를 호적에 올려 부세를 정했다"라고 기록되어 있다. 한연휘는 초원 지역에 한인을 안치하는 정책을 마련했고, 후에는 수정사령(守政事令)·숭문관대학사(崇文館大學士)로서 제도와 정책의 제정에도 참여했는데 "도읍을 마련하고, 궁전을 짓고, 군주와 신하의 위계질서를 바로 세웠으며, 명분을 정하고 법도를 반듯하게 했다"[17]고 전해진다. 이때 요가 농민에 대한 부역 제도를 처음 정했는데, 그 범위를 상경·중경의 해인 지구에 거주하는 농민에 국한시켰다.

태종 시기에 발해 고지와 유계 16주를 병합하자 각 지역의 호구와 인정을 조사해 과세할 필요가 있었다. 유계 16주를 평화롭게 인수한 것을 미루어 판단하건대, 이때의 부역 제도는 당연히 발해·당·오대의 제도를 참고해 확정했을 것이다. 성종과 홍종 시기에 재차 수정해 세액을 조정했다. 요의 부역은 대개 전부(田賦)와 요역(徭役)이었는데, 전자는 무(畝)를 계산해 징수하

---

17) 『遼史』,「韓延徽傳」.

고, 후자는 호의 재산에 따라 징발했다.18) 또한 공평한 부역의 징수를 위해 항상 토지와 호구를 조사했다.

전부 ■■■ 남경과 서경 지구의 전부(田賦), 즉 토지세는 당·송과 마찬가지로 여름과 가을에 각 한 차례씩 두 번 징수했으며, 아울러 정색(正色)과 절색(折色)으로 구분했다. 『선부진지(宣府鎭志)』에 따르면 "통화 18년(1000)에 조서를 내려 북쪽 지역은 절기가 비교적 늦으니 마땅히 후당의 구제를 따라 대소맥·완두는 6월 10일에 징수하기 시작해 9월까지 납부를 마친다"라고 기록되어 있다. 이것은 하세의 납부 기한이다.19)

농지는 관전과 사전이 있었다. 사전은 무(畝)를 계산해 토지세를 납부했다. 관전은 둔전(屯田)과 한전(閑田)이 있었는데, 둔전은 관에서 곡식을 거두어 창고에 쌓아둔 것으로 제멋대로 대출할 수 없었다. 한전은 유민을 모아 경작시켰으며 처음 개간할 때는 토지세를 수년간 면제해 주었다. 후에 개간한 사람이 소작을 맡으면 국가에 조(租: 소작료)를 납부했으나, 혹시라도 사유 재산으로 인정되면 선례대로 토지세를 납부했다. 동경 지구는 대부분 강제 이주된 발해인이 거주했으며 부역 제도가 대체로 관대해 토지세를 감면해 주었고, 관시를 왕래하면서 무역할 때도 전혀 징세하지 않았다. 그래서 남경과 서경 지구에 비해 세금이 가벼웠다. 상경과 중경 지구의 농민은 대부분 포로로 잡힌 한인과 발해인이었고, 그들의 신분과 지위가 달랐기 때문에 납세 정황도 달랐다. 주현에 속한 자경농은 국가에 토지세를 납부했으나, 해인의 농지를 소작하는 한인은 토지세를 납부하는 것 외에도 일정한 비율로 지주에게 소작료를 납부해야만 했다. 소철이 "힘들여 경작해 수확물을 나누니

---

18) 민호의 자산을 계산해 300관마다 병사 한 명을 징발하도록 했다. _옮긴이 주
19) 요대 농경 지대의 부세 제도는 당과 송의 兩稅法을 답습해, 6월 하세와 11월 추세를 납부했다. 정색은 원래의 곡물로 납부하는 것을 말하고, 절색은 곡물 대신 銀·鈔·布·帛 혹은 기타 산물로 절가해 납부하는 것을 말한다. _옮긴이 주

대대로 객호를 벗어날 수 없다"라고 말한 것으로 볼 때, 요 소작농의 전조(田租)가 송에서 분성조(分成租)[20]를 납부하는 전객(佃客)의 그것과 대체로 비슷한 것 같다.

그리고 귀족의 투하호는 국가와 영주에게 각각 세금을 납부했다. 국가에 토지세를 납부하고 영주에게 '시정지부(市井之賦)'를 납부하는 데 대해 원호문(元好問)은 그들이 "관에 세(稅)를 납부하고 토지 주인에게도 과(課)를 납부했다"[21]라고 말했다. 그래서 그들을 '이세호(二稅戶)'라고 불렀다.

요의 농민이 납부하는 토지세의 액수를 고증할 수는 없지만, 소철의 기록에 근거해 판단해 보면 송의 농민에 비해 부담이 가벼웠다. 그는 "거란인은 겨울철마다 추위를 피해 연(燕) 지역으로 이동하면 황무지에서만 방목했을 뿐 감히 조세를 걷는 농경지에 침범하지 못했다. 아울러 부역이 너무 가벼워 한인 역시 쉽게 납부할 수 있었다. 다만 매번 다급하게 징발하는 원칙, 즉 은패천사를 파견해 한호(漢戶)를 수색하고 현리를 채찍이나 곤장으로 때리고 부호를 강탈했으므로, 옥백(玉帛)과 자녀를 감히 아까워할 수 없어서 연 지역의 백성은 몹시 고달팠다. 아울러 법령이 불명확했고 뇌물을 받고 옥습(獄習)을 파는 것이 일상적이니, 이는 모두 이적(夷狄)의 습속이었다. 만약 그 나라의 조정이 군현을 맡게 되면 대개 법도가 조악해질 것이다"[22]라고 말했다.

요에 사신으로 갔던 소철이 요의 국정을 세심하게 살펴 기록한 내용에는 요 도종이 만년에 요·송 간의 우호 관계를 지키기 위해 전쟁을 기피했기 때문에, 번한의 인호가 회복기를 맞아 인구가 늘고 안정된 생활을 누렸다고 한다. 또한 도종은 불교에 심취해 있었고, 야율연희는 범약(凡弱)해 자신의 지

---

20) 分成租制는 소작 농민이 수확량을 일정 비율로 租를 지주에게 납부하는 제도다. 소·농기구·종자·비료 등의 제공 여부와 토지의 비옥도에 따라 그 비율은 달라지는데 7 대 3, 6 대 4, 5 대 5 등 지역과 시기마다 다르다. 이와 반대로 定額租制는 수확량에 관계없이 일정한 액수의 조를 내야만 했다. _옮긴이 주
21) 元好問, 『中州集』, 「乙集」.
22) 『欒城集』 卷40, 「北使還論北邊事札子五道」.

위를 보존하지 못할까 두려워했다고 한다. 이러한 정황은 모두 실제와 부합했기 때문에 연 지역의 한인이 지고 있던 부담에 관한 기록도 매우 믿을 만하다.

이와 동시에 상경과 중경 일대의 부역 제도는 건국 초에 정해졌다. 당시 한인을 유치하고 안무해 요의 통치 기반을 공고히 하기 위해 세액을 비교적 가볍게 했다. 이것은 많은 한인이 남쪽으로 도망가지 않았다는 것에서도 입증할 수 있다. 이 외에 사묘의 전호 중에도 다수의 이세호가 있었다.

잡세 ▪▪▪   요는 오대의 구제에 따라 여전히 명칭이 같지 않은 잡세(雜稅)가 있었다. 예컨대 염철세(鹽鐵稅)·국전(麴錢)·농기전(農器錢)·혜세(鞋稅)·필백세(匹帛稅)·의창속(義倉粟) 등이 있고, 상업 무역에는 관징(關徵)이 있다. 토지세 이외에 염철·국전·상세는 요 수입의 주종이었다. 염·철·주(酒)의 무역은 줄곧 국가가 통제해 전매를 실시했다. 이를 위해 상경에는 염철사(鹽鐵司)·도상세원(都商稅院)을 설치했고, 중경에는 탁지사사(度支使司), 동경에는 호부사사(戶部使司)·전운사(轉運使)·국원(麴院), 남경에는 도국원(都麴院)·상세도점검(商稅都點檢)·주방사(酒坊使), 서경에는 상세점검(商稅點檢)을 두었다. 각 주현에는 상·국·염·철 등의 도감(都監) 내지는 원사(院使)를 설치했다. 성종 통화 연간에는 각 도의 주현에 의창을 설치해 백성에게 매년 곡식[粟]을 거두어 창고에 쌓아두었다. 이것은 실제로 토지세에 대한 부가세였으며, 빈민을 구제해야 하는 국가의 부담을 농민에게 전가한 것이나 마찬가지였다.

이 외에 전쟁에 필요한 것을 조달하거나 혹은 군목을 보충하기 위해 요는 불시에 부민(富民)의 거마(車馬)를 조사했다. 이런 종류의 세금은 정해진 액수도 없고 형편에 따라 수시로 정했으므로, 백성에게 몹시 피해를 끼쳤다. 이것은 바로 소철이 목격한 것과 다르지 않았다.

요역 ▪▪▪   농민이 국가에 제공하는 노동력은 역체(驛遞)·마우(馬牛)·기고(旗鼓)·향정(鄕正)·청예(廳隷)·창사(倉司) 등 다양한 종류의 명칭이 있다. 주로 운수와 관물 보관, 지방질서의 유지, 관부의 노역, 하천과 도로 공사 등에 동원되었다. 요역(徭役)의 징발은 재산을 기준으로 등급을 정했지만, 각 주현의 소재가 달랐으므로 경중이 불균형한 폐해가 있었다. 예를 들어 축주(逐州) 신성현(新城縣)은 역참으로 통하는 길에 있었으므로 요·송 사절이 빈번하게 국경을 넘었고, 이들을 맞이하는 번잡한 일을 민호가 맡았다. 또한 중경 송산현(松山縣)은 매년 택주(澤州: 지금의 河北省 平泉縣)의 관탄(官炭)을 운반했지만, 이웃 주현은 이런 부담이 없었다. 현령 마인망(馬人望)은 중경유수와 격렬하게 논쟁해 간신히 다른 읍과 같은 정도의 노역을 제공할 수 있었다. 또한 법도가 불분명하고 집행이 엄격하지 못해 시간·장소·사람에 따라 경중이 같지 않았다. 예를 들면 마인망은 남원추밀사로 재직할 때 민호의 요역이 무거운 것을 크게 걱정해 그 대안으로 민호에게 돈을 거두는 대신에 관부가 직접 모역(募役)함으로써 호의 부담을 경감시켰다. 어양(漁陽) 정궁야(定躬冶)에서는 매년 교량과 도로를 고치는 데 노역자 1,000여 명을 동원해 핍박했다. 더는 견딜 수 없었던 역호(役戶)는 종종 고가로 대역을 고용했기 때문에 재산상에 손실이 컸다. 삼하현윤(三河縣尹) 유요(劉瑤)는 부임한 뒤 직접 조치해 각종 장인만을 동원해 교량 공사를 완공했으므로, 백성은 쉴 수 있었다. 또한 이전에는 이러한 공사에 백성을 동원하면서 관리자가 다수였기 때문에 "서로 뒤섞여 양민을 노비처럼 부렸고, 개인의 재산을 마치 자기 것처럼 취했다"고 한다. 유요는 이러한 번잡함과 부정을 제거하기 위해 전문가에게 공사를 감독하게 했고, "요역을 징발할 때 집안과 경력을 보지 않고 오직 호의 재산에 따라 세 등급으로 정해 배율을 공평하게 했다"23)고 한다.

---

23) 『全遼文』 卷10, 「三河縣重修文宣王廟記」.

3) 속국과 속부의 부역

속국과 속부는 공부(貢賦)를 납부했다. 초기에 동란은 매년 포 15만 단과 말 1,000필을 제공했으나, 후에 동경도에 속하게 되었으므로 공납할 필요가 없었다. 조복(阻卜)은 말과 낙타 외에 매년 담비 가죽 1만 장과 청서피(靑鼠皮) 2만 5,000장을 공급했다. 오국부(五國部)·오야부(烏惹部) 등은 마필, 진주, 교어피(膠魚皮), 담비 가죽, 해동청 등을 공납했다. 여진은 활·화살·인삼·생금·밀랍·진주·포백·해동청 외에 사슴을 부르는 노예와 매를 기르는 노예도 공납했다. 오외오고부(烏隗烏古部)는 담비 가죽과 청서피 등을 공납했으나 그 지역의 생산량이 많지 않았기 때문에, 성종 통화 6년(988)에는 그들의 요청을 받아들여 우마로 바꿔 공납하도록 했다. 위구르의 각 부는 옥·진주·서(犀)·유향·호박·마노기(瑪瑙器)·빈철기(鑌鐵器)·사합리피(斜合里皮)·모직품 등을 공납했다.[24] 서하는 말·낙타·비단·약재·털가죽 등을 바쳤다. 고려는 포(布), 동기(銅器), 인삼, 종이, 묵, 등나무로 만든 집기, 띠로 만든 돗자리, 술, 식초 등을 진헌했다. 이 외에도 전쟁이 나면 각 부는 요의 요구에 따라 반드시 출병해 종군해야만 했다.

---

24) 『續資治通鑑長編』 卷25에 高昌 回鶻[위구르]은 "玉·珠·乳香·斜合里皮·褐里絲 등을 진헌했고, 또한 互市를 열었으므로 그 나라 왕은 北主[거란 황제]와 친했다"고 기록되어 있다.

2절
사회경제의 발전

1. 목축과 수렵

1) 목축업

거란 각 부와 속부 중에 조복·오고·적렬·회골·당항 등은 주로 유목업에 종사했다. 음산(陰山) 이북부터 여구하(臚朐河, 케룰렌 강)까지, 토하(土河, 라오허 강)·황수(潢水, 실란물룬 강)부터 달로하(撻魯河 또는 洮兒河)·액이고납하(額爾古納河, 아르군 강) 유역까지 항상 좋은 목장이 있었다. 이 지역에서 활동한 흉노·오환·유연·돌궐·회골 등의 부족도 모두 목축업에 종사했기 때문에 풍부한 경험이 누적되어 있었고, 이러한 기초 위에 거란인의 유목 경제는 비교적 크게 발전했다. 문헌에는 "거란의 옛 풍속은 말로 부를 측정하고, 병력으로 강성함을 측정했다. 말은 넓은 들판에서 방목하고, 병사는 민간에서 쉬게 했다. 전투가 벌어지는 등 유사시에, 활로 무장한 기마 부대가 묘시(卯時)에 명령을 받으면 진시(辰時)에 소집되는 신속함을 보였다. 말은 물과 풀이 있는 곳을 쫓아 이동했고, 사람들은 가축의 젖을 마시고 활로 짐승을 사냥했으므로 식량과 말먹이가 길에 있는 셈이다"[1]라고 기록되어 있다. 목축업은 거란인의 생존 수단이자 요를 강성하게 한 물적 조건이었다.

양과 말은 유목민의 주요 재산이었다. 일찍이 고팔부 시기에 거란인은 북위에 명마(名馬)와 담비 가죽을 공납했는데, 양과 말은 주요 교역품이자 중원 왕조에 보내는 선물이었다. 대하씨와 요련씨 연맹 시기에도 각 부락이 조공하거나 교환하던 주요 물품은 대부분 말과 양이었다. 오대 초기에 야율아보기와 이극용(李克用)이 주온(朱溫)에게 대항하기 위해 동맹을 맺을 때도 말 1,000필과 소·양 1만 마리를 이극용에게 선물했다. 후에 오대 각 정권 및 남당과 북송에도 계속 양과 말을 선물로 보내면서 교류하거나 필요한 물품과도 교환했다. 그래서 "번한 인호도 가축을 얼마만큼 키우느냐에 따라 고하가 정해졌다"고 한다. 야율아보기의 아내 술률씨는 "내가 서루(西樓)에 양과 말이 많으니 그 즐거움이 이루 말할 수 없다"[2]라고 자랑스럽게 말한 적이 있다. 양과 말은 각 부 및 서북·동북의 속국과 속부에서 징수하는 부세와 공납품으로서 요의 중요한 경제적 수단이었다.

2) 유목업의 경영 방식

유목민이 키우는 가축 중에 양과 말이 가장 많았고, 소와 낙타가 그 뒤를 이었다. 4월부터 8월까지 풀이 무성해 방목하는 데 가장 좋은 계절이다. 가을에는 가축을 몰아 양지바르고 바람을 등진 사막 근처로 가축을 옮긴다. 소송의 기록에 따르면 거란의 말 떼가 1,000마리 이상 이동하지만, 목동은 두세 사람에 불과했다. 말이 물과 풀을 따라 다니게 하면서 굴레를 씌우지 않고 채찍만을 이용해 몰았기 때문에 종일 달려도 피곤해하지 않았다. 번한 인호는 양과 말의 숫자로 그 빈부의 차이를 정했다. 말의 모양은 모두 중원의

---

1) 『遼史』, 「食貨志上」.
2) 『資治通鑑』 卷271, 「後梁紀六」.

것과 달라 발굽과 털을 자르거나 깎지 않았는데, 말을 그대로 내버려둬야 번식이 더욱 잘될 것이라고 여겼기 때문이다. 양도 수천·수백의 무리를 지어 자유롭게 수초를 따라 다녔으나 울타리가 없어도 번식을 매우 잘했다. 그는 거란인의 양과 말이 번식하는 상황을 시(詩)로 묘사한 적이 있다.[3]

요 치하의 각 유목 부락은 정치·군사·경제적 직능을 전체의 사회 조직으로 모았다. "전쟁이 일어나면 나아가 싸우는 데 힘쓰고, 한가할 때는 사냥과 고기잡이를 하면서 지냈다"[4]는 것이다. 그리고 부락마다 각각 유목하는 범위가 있었다. 예를 들어 오원부 대왕과 도감은 봄과 여름에는 오원부 부근에 머물렀고, 가을과 겨울에는 양문전(羊門甸)에 머물렀다. 그리고 육원부 대왕과 도감은 봄과 여름에 태덕천(泰德泉) 북쪽에 머물렀고, 가을과 겨울에는 독려금(獨廬金: 지금의 山西省 大同 부근)에 머물렀다. 을실부 사도는 원앙박(鴛鴦泊)에, 갑살월(閘撒狘)은 거축산(車軸山: 지금의 河北省 豊南縣 경계)에 머물렀다. 오외부 사도는 서모산(徐母山) 학리하(郝里河: 지금의 내몽고 哲里木盟 경내 霍林河) 부근에 머물렀다. 날랄부 절도사는 흑산(黑山) 북쪽에, 사도는 학리하(郝里河) 부근에 머물렀다. 부락민은 "양지를 따라 옮겨 다니느라 1년 내내 한곳에 거처할 수 없었고" 그 수령은 부락의 목초지 부근에 거주했다.

부락과 부락민이 사유하는 초지와 가축 외에도 국유의 초지와 가축, 즉 군목(群牧)이 있었다. 군목은 태조 야율아보기가 건국할 때 설치했다. 요련씨 연맹 후기에 야율아보기는 질랄부 이리근으로서 연맹의 병마대권을 장악한 후에 정벌에 전념했다. 그는 "상벌을 분명히 하고, 갑옷을 손질하고 백성을 쉬게 했으며, 군목의 수를 늘리고, 병력을 모으는 일에도 힘을 쏟았다"[5]고 한다. 이때 질랄부 내에는 이미 그 부락이 공유하면서 수령이 통제하는 군목이 있었던 듯하다. 태종 시기에 관청을 설치해 목장을 관리하게 함으

---

3) 『蘇魏公集』 卷13, 「後使遼詩北人牧羊」, 契丹馬.
4) 『遼史』, 「營衛志」.
5) 『遼史』, 「兵衛志」.

로써 어느 정도 일정한 규모의 군목 조직을 갖추게 되었는데, 이곳은 군용 말을 사육하는 중요한 장소였다. 군목은 상경도 대막(大漠) 근처의 초원 지대 이외에 남경도 웅주(雄州)·패주(覇州)·청주(淸州)·창주(滄州)에도 설치했다. 여기에서 사육된 수만 필의 말은 황실과 귀족의 사냥용 말로 사용되는 한편, 연주(燕州)·운주(雲州)의 방어와 송군의 도발에 대비했다. 그리고 어떤 때는 빈곤한 목민을 구제하거나 송과의 각장 무역에도 사용했다.

군목은 북추밀원이 관할했고 임아가 각 부의 호적을 관리했지만, 별도로 마군태보(馬群太保)·우군태보(牛群太保) 등을 두어 군목의 구체적인 사무를 책임지고 관리하게 했다. 조정은 정기적으로 장부를 검사해 가축의 번식 상황을 파악했고, 그 수량의 증감에 따라 군목관의 승진과 해임을 결정했다. 군목의 가축에 각각의 낙인(烙印)을 찍어 구분했다. 군목에 있는 말은 주로 정벌, 공납, 자연 번식으로 채워졌는데, 예를 들면 『요사』「식화지」에는 태조가 즉위하자 하동을 정벌해 대북(代北)의 군현을 차지했고 소·양·낙타·말 10여 만 마리를 획득했다. 그리고 추밀사 야율사진이 여진을 토벌하면서 말 20여 만 필을 획득해 물과 풀을 얻기 편리한 지역에 나누어 방목했는데, 그 수효가 매년 증가해 셀 수 없을 만큼 많아졌다고 기록되어 있다.

초기에 군목의 가축은 주로 전쟁 중 약탈해 충당했음을 알 수 있다. 그 뒤로 동란은 말 1,000필, 여진·직불고(直不古)는 각각 1만 필, 조복·오독완(吾獨婉)·척덕(惕德) 등은 각각 2만 필, 서하·실위는 각각 300필, 월리독(越里篤)·부아리(剖阿里)·오리미(奧里米)·포노리(蒲奴里)·철려(鐵驪)는 각각 300필을 공납하도록 했다. 그래서 태조부터 흥종까지 약 200년 동안 군목의 번성함은 변함없이 유지되었다. 전쟁 때마다 5경에 소속된 금군(禁軍)의 말은 대부분 군목에서 조달했다. 군목의 말을 전쟁이나 자연 재해로 잃으면 부자가 소유한 말을 조사해 충당했다. 요가 번창할 때 군목의 마필이 100만 이상에 달했다고 한다.

군목의 성쇠는 요의 무장 역량과 직접적으로 관계가 있다. 그래서 요의 통치자는 대대로 군목의 관리와 가축 수의 증감에 대해 깊은 관심이 있었으나 흥종 후기에 이르러 군목의 관리가 문란해졌다. 군목인이 몰래 마필의 표시를 바꾸어 관마(官馬)를 개인의 것으로 속여 타인에게 팔았다. 도종 시기에 정치가 부패하자 그 영향이 군목에도 직접적으로 미쳤다. "군목은 유명무실해졌고 위아래가 서로 속이고 있으니" 재차 조사해 현재의 수를 장부에 다시 정해야만 했다. 천조 시기에 요·금 간의 전쟁이 빈번해 민간의 말은 대부분 징발되었다. 말 값이 수배에 달해도 살 수가 없자 사람들은 법을 어겨가면서까지 관마를 구매해 징집에 응했다. 군목에서 사육하던 말은 대부분 밀매되었고, 남은 말은 야율대석이 북쪽으로 이주할 때 약탈해 가져갔다.

3) 어로와 수렵

요에 속한 유목 부족들은 사회 발전의 정도와 거주 지역의 자연 조건에 따라 유목에 종사하거나 혹은 어렵[어로와 수렵]을 주로 했다. 북조복(北阻卜: 후에 克烈部)은 주로 목축업에 종사했으며, 이미 계급 분화가 뚜렷하게 나타나 현귀한 집안이 출현했다. 알랑개부(斡娘改部 또는 兀良哈) 등은 발전 수준이 비교적 낮았고, 거주지가 광활한 삼림이었다. 그곳은 담비·쥐 등의 서식지였으므로 그들은 주로 수렵에 종사했다. 여진 각 부의 발전 수준도 서로 달랐으므로 원시 농업과 더불어 채집·어렵이 중요한 생산 수단이었다. 거란 각 부는 비록 목축업에 종사했으나, 여전히 어렵을 포기하지 않았다.

노합하[土河] 유역은 유구한 어획의 역사가 있었다. 일찍이 단석괴 연맹 시기에 선비인은 그곳에서 고기를 잡아 군량의 부족분을 보충했다. 요 황제는 매년 사시날발 중에 고니를 잡고 물고기를 낚거나 호랑이와 사슴을 사냥했는데, 이것은 여전히 어렵이 중요한 경제 활동이라는 점을 반영하고 있다. 바로 어렵은 유목 경제의 보조적인 수단이었다. 예를 들어 이전에 야율아보기가 형제의 난을 평정하고 회군하는 도중에 오림하(烏林河)에서 고기잡이하는 것을 구경한 적이 있었다. 또한 오고부를 정벌할 때 막북에서 야생말을 쏜 적이 있고, 조복과 회골을 정벌할 때도 우락산(寓樂山)으로 사냥을 나가 들짐승 수천 마리를 잡아 군사들의 식량으로 충당했다. 이후에 600리를 행군하면서 사냥했는데, 어느 날 신선한 고기를 얻자 군사들에게 모두 나누어 주었다. 천현 4년(929)에는 요 태종이 서쪽으로 순행하면서 경기병 수천 명을 선발해 가까운 산에서 사냥했다. 이는 원정하면서 군량이 보급되지 않는 경우에 고기잡이와 사냥으로 군량을 보충한 정황이다.

그리고 평상시에 사냥은 거란 통치자가 무예를 익히는 수단이었다. 회동 3년(940)에 후진의 고조 석경당이 요 태종에게 사냥을 절제하라고 요청하자, 태종은 "짐이 사냥하는 것은 즐거움만 좇는 것이 아니라 무예를 연습하는 것이다"라고 말했다. 개태 3년(1031)에 송 한림학사 조형(晁逈)이 요에 사신으로 왔을 때도 장박(長泊)에서 성종이 군신과 더불어 고니를 잡는 모습을 직접 목격했다. 그는 "장박에는 많은 고니가 있었고, 요주(遼主)는 사냥을 했다. 말을 타고 장박 주위를 돌면서 편고(扁鼓: 둥글고 납작하게 만든 작은 북)를 두드리자 고니와 오리가 놀라 날기 시작했고, 이때 바로 해동청을 풀어 공격하거나 직접 활을 쏘았다. 거란인은 모두 금옥추(金玉錐)를 지니고 있었는데, 이를 살아살압추(殺鵝殺鴨錐: 고니나 오리를 죽이는 송곳)라고 일컬었다. 또한 동(銅)이나 돌로 만든 추(錘)로 토끼를 때려잡는 것도 좋아했다"[6]고 말했다.

요는 송 사신에게 주연을 베풀 때마다 곰·백조·기러기·사슴·담비·꿩·토끼 등의 절인 고기와 생고기를 꼭 갖추어 대접했다. 황실 귀족에게 어렵이 오락과 무예를 익히는 수단이었다면 일반 백성에게는 생계를 해결하는 수단 중 하나였다. 소송은 사신으로 가는 도중 거란인이 겨울철에 사냥하는 모습을 우연히 보고 다음과 같이 기록했다. "풀이 무성한 추운 들판에서 낮 동안 먼지가 피어오르는 가운데 병사와 기병이 재빠르게 들판을 좁혀 포위한

---

6) 『續資治通鑑長編』卷81.

다. 활을 당겨 황제가 사람들에게 명적을 쏘아 신호를 하면 뛰어다니는 짐승을 잡기 위해 초원에 종횡으로 그물을 친다.… 산천은 이때부터 짐승을 쫓아다니는 땅이 되며, 들판에는 점차 저녁이 다가온다."[7] 유목 활동이 한가한 겨울철에 사냥은 일종의 일상이었다.

송수는 거란인이 겨울철에 얼음을 뚫고 고기를 낚는 모습을 기록했는데, 그 방법이 요 황제가 춘날발에서 고기 잡는 것과 똑같았다. 그는 "오랑캐 습속이 가리로 물고기를 잡는 것을 좋아해 언 강 위에 전려(氈廬)를 설치한 후에 그 문을 살며시 닫는다. 그리고 착빙으로 구멍을 뚫고 횃불을 들어 이곳을 비추면 고기들이 모여들고, 이때 바로 낚싯대를 드리우면 놓치는 것이 거의 없다"[8]고 말했다. 정대창(程大昌)은 『연번록(演繁錄)』에서 요 성종과 소태후의 고기 잡는 장면을 좀 더 구체적이고 생동감 있게 묘사했다. 두어(頭魚)와 두아(頭鵝) 즉 최초로 잡은 물고기와 고니는 어렵에서의 많은 수확을 예시하는 것으로, 중원 황제의 경적전(耕籍田)과 같은 중요한 의미를 지닌다.

여구하 유역과 호륜호(湖倫湖, 후룬 호) 일대에도 어류 자원이 풍부했는데, 호교(胡嶠)는 오고(烏古) 지역의 날씨가 몹시 추워 "그곳의 물에서는 큰 고기가 잡혔으며, 거란인은 이를 양식으로 삼았다"[9]라고 말했다. 어로와 사냥에 사용하는 도구는 활과 화살, 어망 이외에도 토끼를 잡고 이리를 때려잡는 연추(練鎚: 철퇴)와 물고기를 잡는 작살·낚싯바늘 등이 있었다. 겨울철에 얼음을 뚫어 고기를 잡을 때는 빙착(氷鑿)을 전용했고, 가을철에 사슴을 사냥할 때는 녹초(鹿哨: 사슴의 울음소리를 내는 도구)를 사용했다. 봄철에 거위를 잡을 때는 고니를 놀라게 하는 편고(扁鼓)와 그것을 찌르는 송곳이 있다. 이러한 사냥 도구는 최근 몇 년간 발굴된 요대 무덤에서 모두 출토되었고, 묘실 벽화에도 거란인이 고기를 잡거나 사냥하는 모습이 그려져 있다.

---

7) 『蘇魏公集』卷13,「後使遼詩」, 觀北人圍獵.
8) 宋綬,『契丹風俗』.
9) 『新五代史』, 四裔附錄.

그리고 그들은 사냥에 잘 길든 사냥개와 표범의 도움도 빌렸다. 송수(宋綬)는 요 흥종이 거느린 세 마리 표범을 본 적이 있었는데 "그것들은 아주 잘 길들어 있었고, 말 위의 호인(胡人: 흥종) 옆에 붙어 앉아 있다가 사냥이 시작되면 짐승을 잡아왔다"고 했다. 북방의 매우 추운 지역에 있는 부락민은 말 대신 스키를 타고 고산 밀림에서는 수렵을 했는데, 그 이유는 "땅에 눈이 너무 많이 쌓여 함정에 빠질까 두려워 나무를 타고 다녔다"10)고 했다. 북방 연안과 산림의 각 부족, 즉 오국부·생여진·조복 등은 어렵이 여전히 중요한 경제적 수단이었다. 요 황제의 추날발 기간에는 여진에서 동원된 '환록인(喚鹿人)'이 있었고, 때로는 아골타의 형제·자식·조카도 요 황제를 위해 호랑이와 곰을 잡은 적이 있다.

2. 농업의 발전

1) 농업의 작용과 그 지위

요가 농업이 발전하고 그 영향력이 증대된 것은 발해와 유계 16주를 병합한 데서 비롯되었다. 농업의 발달은 풍부한 양식과 기타 농산품을 제공해 목축업만으로 부족했던 것을 보충해 주었다. 유계 지구에서 걷는 조세는 요의 중요한 수입원 중 하나였다. 그것은 국력을 증강시켰을 뿐만 아니라 정치·경제·군사·사상·문화 전반에 걸쳐 광범위하고 깊은 영향을 끼쳤다. 요 통치자의 대다수가 농업을 매우 중시했기 때문에 이를 보호하는 정책을 채택했다. 그들은 농업과 목축업의 복합 경제를 조화롭게 안정시켜 상호 이익이 되도록 했다. 요컨대 중국 고대 역사상 독특하면서도 비교적 완성된 이중관리체

---

10) 『契丹國志』 卷23, 「諸蕃記」.

제를 창조했으며, 이것은 요 통치자의 지대한 공적이라고 할 수 있다.

목축업은 유목 민족에게 생활필수품을 제공했고, 군사 정벌에 필요한 대량의 마필도 공급했다. 말 타며 활 쏘는 것을 잘하고 고통과 어려움을 잘 참고 견디는 유목민은 바로 요의 통치를 지탱하는 기반이었고, 대외 정벌의 주요한 역량이었다. 이들에게 농업은 풍부한 농산품을 제공해 많은 부를 창조해 주었을 뿐만 아니라 유목 경제만의 단조로운 구조를 보완해 주었다. 농민과 목민의 생활이 풍요로워지면서 수공업과 상업도 발전했다. 따라서 요의 경제력은 더욱 발전했으므로 앞서 단명했던 유목 정권의 운명과는 달리 200여 년간에 걸쳐 정권을 유지하면서 북송·서하와의 삼각 구도 속에서 장기간 주도권을 잡을 수 있었던 것이다.

2) 농업 정책과 농업의 발달

초원 지구의 농업 ▪▪▪▪　　거란 각 부의 농업은 대략 대하씨 연맹 시기에 출현했다. 당이 대하씨 연맹의 수령에게 보낸 칙서에 농업과 목축업을 자주 동시에 언급한 것을 보면, 일부 부락이 이미 간단한 조방적 농업을 하고 있었다는 것을 알 수 있다. 질랄부의 농업 생산은 야율아보기의 조부 균덕실 시기에 시작했는데 바로 요련씨 연맹 중기였다. 문헌에는 "황조(皇祖) 균덕실이 대질렬부(大迭烈府)의 이리근이 되었다. 그는 농사짓기를 좋아하고 축목에 능했는데, 토지의 이점을 잘 살려 백성에게 경작법을 가르쳤다. 중부(仲父) 술란(述瀾)이 우월이 되자 조칙을 내려 백성에게 뽕나무와 삼을 심게 하고 베 짜는 방법을 습득하게 했다"[11]라고 기록하고 있다. 또한 "판축(版築)을 사용해 성읍을 설치했다"[12]고 한다. 야율아보기 본인도 농업을 중시해 요련씨 연맹 기간에 포로로 잡은 한인을 탄산(炭山) 동남쪽 난하(灤河: 지금의

---

11) 『遼史』, 「食貨志上」.
12) 『遼史』, 「太祖紀」.

河北省 沽源縣 경계)에 한성(漢城)을 설치해 오곡을 경작하고, 염·철의 이익을 얻었다. 그리고 한연휘의 건의를 받아들여 "유주(幽州)의 제도처럼 성곽과 마을, 시장을 정비했으므로" 거란의 옛 부락은 매우 신속하게 발전했다.

그 후에 형제들의 반란을 평정하자 병사를 쉬게 하고 부세를 경감시켜 더욱 농사에 전념하도록 했다. "일찍이 호구가 번성해지자 소원해진 지역을 규합하는 차원에서 북대농올(北大濃兀)을 2부로 분할해 오곡을 심는 방법을 알려주었는데, 각 부가 이를 본받았다"[13]고 한다. 이러한 조치는 포로로 잡은 한인을 적절히 배치했을 뿐만 아니라 초원 지대의 농업 생산을 위해 경험과 기술이 많은 노동력을 받아들인 것이다. 그들은 선진적인 도구와 우량한 작물 품종을 가져와 초원의 일부 지역에서 농지를 개척했다. 이것이 바로 상경·중경 지구에 투하제와 주현제가 생긴 배경이다.

천현 원년(926)에 다시 많은 발해인을 상경 주위로 이주시켜 초원 지대에 농업 인구를 더욱 보충했다. 게다가 상경 지구는 "토지가 비옥해 곡식을 심기에 알맞았고, 수초가 많아 목축하기에도 편했으므로" 농업 생산은 신속하게 늘어날 수 있었다. 따라서 상경은 농목 지구가 되었고, 거란인도 반농반목의 경로로 나가기 시작했다. 회동 3년(940)에 오고의 땅이 물과 풀이 풍부했으므로 구근돌려(歐菫突呂)·을사발(乙斯勃)·온납하랄(溫納何剌) 등 세 석렬을 오고의 땅으로 옮기게 한 후에 해리하(諧里河 또는 海勒水: 지금의 海拉爾河, 하이라얼 강)와 여구하 부근의 토지를 주어 농사를 짓게 했다. 이와 같이 상경·중경 지구에 많은 한인과 발해인을 이주시켰을 뿐만 아니라 거란의 유목 부락도 북쪽으로 이주시켜 자연 환경에 맞는 농경에 종사하게 했다.

거란 북부의 실위인(室韋人) 가운데 농사를 짓는 부락도 있었으나, 기후가 너무 추워 수확량이 몹시 적었다. 근년에 고고학자들이 해랍이시(海拉爾市) 부근에 있는 호특도해고성(浩特陶海古城)을 발견했는데, 그곳은 흙으로 쌓

---

13) 『遼史』, 「地理志」.

은 성벽과 해자로 이루어졌고 요대의 빗살무늬 도편이 출토되었으므로 농경민이 거주했음을 알 수 있다. 흑룡강성 태래현(泰來縣) 탑자성(塔子城)은 상경도 태주(泰州)의 유지이며, 여기에서 대안(大安) 7년(1901)의 석각이 발견되었다. 거기에 한인 마흔일곱 명의 이름이 기록되어 있는 것은 이 일대가 아무리 늦어도 도종 시기에는 한인이 이미 거주했다는 것을 알려준다.

통화 연간에는 서북 조복의 여러 부를 더욱 통제했다. 제왕(齊王)의 비(妃)와 소달름은 오고부의 병사와 영흥궁(永興宮)의 군사를 통솔해 서북 변경을 지키게 했고, 진주를 설치한 후에 발해·여진·한인 등의 귀양 가족 700여 호를 이주시켜 진주(鎭州)·유주(維州)·방주(防州) 세 곳에 나누어 살게 했다. 서쪽을 지키는 군대에 양식을 공급하기 위해 성종은 또다시 야율당고(耶律唐古)에게 여구하 근처와 진주 부근의 둔전에서 경작하게 했는데, 15년간 많은 수확물을 계속 획득해 수십만 곡(斛)의 양식을 비축할 수 있었다. 이는 군량의 공급 문제를 해결했을 뿐만 아니라 막북 지구의 농업 발전을 위한 기초를 다졌다. 원조(元朝)에 이르기까지 이곳은 여전히 양식을 생산하는 지역 중 하나였다. 한인·발해인·여진인 등의 이주와 거란인의 둔전을 통해 황수(潢水)·해륵수(海勒水)·여구하(臚朐河)·토올납하(土兀拉河: 지금의 土拉河) 유역 일대는 농업 생산이 크게 발전했다.

중경 지구는 해인의 거주지였다. 해인은 목축과 수렵 외에 농경에도 종사했다. 당대에 일부 부락은 농업을 경영하기 시작해 기장·마 등의 작물을 재배했다. 구양수는 서쪽의 해(奚) 부락들이 "농사짓는 것을 잘 알았고, 매년 변경의 황무지를 빌려 기장을 심고 가을에 수확해 산 아래에 저장했는데, 사람들은 그곳을 알지 못했다. 바닥이 평평한 와정(瓦鼎)으로 밥을 짓고 기장을 끓여 죽을 만들었다. 그리고 차가운 물로 죽을 풀어 마셨다"[14]고 전했다. 송수는 "고북구(古北口)부터 중경 북쪽까지 모두 해의 경내인데 해인은 농사를 잘

---

14) 『新五代史』, 「四夷附錄」.

짓고, 달리면서도 활을 잘 쏜다. 또한 산에 들어가 채집하고 사냥하는 동작이 마치 나는 것과 같았다"15)고 말했다. 왕증(王曾)이 목격한 바로는 "초가집에 사는 사람들도 농사를 지었다"고 하는데 그들이 바로 해인이었고, "그들은 밭이랑을 따라 씨를 뿌리고 모래를 뿌려 북을 돋았다"16)고 했다. 소송·소철도 해인이 경작하는 모습을 그들의 시에서 사실적으로 묘사한 적이 있다.

일찍이 중경 지구의 해인은 당과 오대의 변경 주민에게 토지를 빌려 농사를 지었다. 요에 편입된 후에 많은 한인이 유입되어 일부 해인은 이미 소작지의 전주(田主)가 되었다. 중경의 해인 지구에 많은 한족이 증가함으로써 그들은 농업 생산의 주요 담당자가 되었다. 소송과 소철이 본 것이 바로 이러한 정황이다.

동경도·서경도·남경도의 농업

동경도·서경도·남경도는 요의 농업 지대였다. 동경의 요양(遼陽) 지역은 물이 풍부하고 토지가 비옥했으며, 나무·철·소금·물고기 등의 이익이 있어 요의 중요한 농업 지대 중 하나였다. 천현 3년(928)에 발해인을 이곳으로 이주시켰고, 성종 시기에도 많은 숙여진인을 이주시켰다. 양호한 자연 조건과 비교적 가벼운 부역은 동경도의 농업을 발전시켰다. 동경도 북부의 생여진도 조방적 농업을 했는데 마·조·피 등의 곡물과 파·부추·마늘·박 등의 채소를 재배했다. 『송막기문(松漠紀聞)』에 따르면 "영강주는 기후가 매우 춥고 많은 초목이 있는데 복숭아나무와 자두나무 같은 종류로 과수원을 이루었다. 8월이 되면 땅을 뒤집어 수척의 흙을 북돋아 그 가지와 줄기를 덮고, 봄이 되어 그 뿌리를 흙으로 두껍게 덮어 보호하면 동사하지 않는다"고 했다. 일찍이 요대에 혼동강 유역에서는 이미 과수 재배를 했으며, 동해(凍害)를 방지하고 겨울을 넘기는 지식과 경험이 축척되어 있었음을 알 수 있다.

---

15) 『契丹風俗』.
16) 王曾, 『上契丹事』, 賈敬顔疏證.

남경도와 서경도 남부의 대동부(大同府)·울주(蔚州)·응주(應州)·삭주(朔州)·무주(武州)·귀화주(歸化州)·가한주(可汗州)·유주(儒州) 등도 비교적 농업이 발달했고 풍부한 물산이 있었으므로 주요한 농경 지대였다. 운중군(雲中郡) 백도천(白道川)의 땅은 비옥해 힘을 덜 들이고도 많은 양을 수확했다. 남경도는 "야채·과실·곡식 등 나지 않는 종류가 없었고, 상(桑)·마(麻)·보리·양·돼지·꿩·토끼는 묻지 않아도 알 만하다. 이곳은 물이 달고 땅이 기름졌으며, 사람들이 재주가 많았다"17)고 전해진다.

그러나 당 말 이후에 이 지역은 정세가 불안하고 전쟁이 빈번해져 인구가 크게 감소했으므로, 농업 생산에 직접적인 영향을 미쳤다. 따라서 요 초기에 여러 차례 남침해 잡은 포로를 하북의 동북쪽으로 이주시켜 유계 지역을 충실히 했다. 『요사』「지리지」남경도에 따르면 "행당현(行唐縣)은 본래 정주(定州)의 행당현이다. 태조가 정주를 침략해 행당을 격파시키고 그 백성을 모두 북쪽으로 내몰아 단주(檀州: 지금의 遼寧省 開原縣 서남)의 넓은 땅에 거주하게 했다. 이곳에 모두 열 개의 성채를 설치하고 이름은 그대로 행당현이라고 했다"고 전해진다. "평주(平州) 관할의 안휘현(安喜縣)·망도현(望都縣) 등도 모두 포로로써 설치한 것이며, 원적지의 명칭을 그대로 사용하게 했다"고 한다.

이 외 난주(灤州)·영주(營州)에도 그 기간에 정주(定州)에서 포로로 잡은 민호를 거주시켰다. 이러한 조치는 연주(燕州)·계주(薊州)의 인구가 북쪽 초원으로 이주하면서 그 지역의 인구가 감소했지만, 때마침 보충할 수 있어 연주·계주 지역의 농업 생산력을 회복하는 것이 의심할 여지없이 유리해졌다. 요의 통치자는 대부분 농업 생산을 중시했으므로 농업 인구를 안치하는 데 주의했다. 그래서 농민들이 편안하게 농사지을 수 있도록 보호해 연주·운주 등과 같은 농업 지구의 경제가 발전할 수 있도록 했다.

---

17) 『契丹國志』 卷22,「四京本末」[四庫全書本].

회동 초년에 요 태종이 요양으로 순행하려고 하자 신하가 농사일이 한창 바쁜 때이니 치중(輜重)을 줄여 민력이 분산되지 않도록 청했으므로, 태종은 이를 흔쾌히 받아들여 조정으로 돌아왔다. 회동 3년(940)에 남경을 순행할 때도 호종하는 자들이 백성을 괴롭히지 못하도록 조서를 내렸을 뿐만 아니라 백성에게 파종과 방적을 가르치도록 했다. 설령 전쟁 기간이라도 통치자는 농업을 보호하고 발전시키는 것을 중시했다. 회동 6년에 요가 후진을 정벌하기 위해 "산후(山後)[18]의 여러 주에서 병사를 징집할 때 농작물을 훼손시켜 조세를 감소시키는 자는 군법으로 처리하겠다고 영을 내렸다"고 하며, 또한 "해당 관원에게 칙령을 내려 촌마다 유력한 인호를 정해 촌장으로 임명하고, 촌인과 의논해 유력 인호의 남는 땅을 내어 가난한 사람을 돕게 했는데, 그 자원자는 상황에 따라 징수하라고 했다"[19]고 전해진다. 심지어 후진을 멸망시키고 회군하는 도중에 병이 들어 위중했을 때도 병사들에게 곡식을 약탈하게 하고, 백성의 사재를 빼앗았던 행동을 후회했다.

건형 4년(982) 송·요 전쟁의 부담이 가중되어 민력이 쇠퇴하고 전야가 황폐해지자 경종은 조서를 내려 그해의 조세를 면해주었고, 또다시 명령을 내려 "각 주에 농토를 버리고 도망간 호가 있으니 번한 인호가 소작을 해서 조세를 내도록 허락했다. 다만 주인이 5년 이내에 돌아오면 3분의 2를 돌려주고, 10년 이내에 돌아오면 반을 돌려주고, 15년 이내에 돌아오면 10분의 1을 돌려주도록 했다"[20]고 한다. 이는 농지가 황폐해지지 않도록 하고 땅 없는 농민에게 경작할 수 있도록 한 조치였다.

---

[18] 옛날 지명이다. 오대 시대에 劉仁恭이 盧龍에 근거하면서 현재의 하북성 태행산의 북단과 軍都山의 북쪽 지역에 山後 8軍을 두고 거란을 방어했다. 石敬瑭이 연운 16주를 요에 넘겨줄 때 이르러 비로소 산후 4주의 이름이 생겼다. 북송 말년에는 이를 산후라고 칭했는데 송이 수복하고자 했던 山後와 代北[당 이후 代州 이북] 失地를 전부 포함한다. 당시에는 산후에는 1부[雲中府]와 8주[武·應·朔·蔚·奉聖·歸化·儒·媯]의 땅에 雲中州路를 설치했다. 지금의 산서성과 하북성 내외에 만리장성으로 둘러싸인 중간 지역이다. _옮긴이 주
[19] 『遼史拾遺』 卷3에 인용된 「宜府鎭志」.
[20] 『遼史拾遺』 卷3에 인용된 「宜府鎭志」.

성종과 태후 소작(蕭綽)이 집정한 시기에 농업의 발전을 더욱 중시해 황무지를 개간하고 백성의 부담을 경감시켰다. 또한 부세를 정돈하고 빈민을 구제하는 동시에 유망하던 자들을 안치하고 상업도 보호했다. 이러한 정책은 도종 시기까지 줄곧 변함이 없었다. 소철은 이러한 정황을 목격한 대로 기록했다. 요의 통치자가 농업을 중시하고 보호했기 때문에 각급 관료들도 대부분 농상을 권하고 가르치는 것을 자신의 소임으로 삼았다. 또한 한인 및 발해인 관료였던 한덕추(韓德樞)·한덕양(韓德讓)·실방(室昉)·유신(劉伸)·양길(楊佶)·마인망(馬人望)·대공정(大公鼎) 등도 재임 시절에 분규를 정리해 폐단을 없앴고 농상을 가르쳤으며, 세금을 낮춰 백성을 쉬게 했다.

예를 들어 야율달렬(耶律撻烈)이 남원대왕으로 재임하는 동안에 "부역을 균등하게 하고 농사를 권장하고, 부민을 교화했으므로 인구가 불어났다"[21]고 한다. 그리고 야율휴가가 우월로서 남면의 군무를 총괄하면서 남경에 있을 때 "병사들이 번갈아 쉬는 법을 제정했고, 농상을 장려하고, 군사 장비를 손질해 변경을 잘 다스렸다", 또한 야율학고(耶律學古)가 창국군(彰國軍)절도사로서 응주(應州)에 주둔할 때는 "남쪽 국경이 안정되지 않아 백성이 휴식을 갈망했으므로 노략질을 금지시켜 그들을 안정시켰다"[22]고 한다. 야율말지(耶律抹只)가 개원군절도사에 임명되어 운주를 지키면서 "해마다 백성이 세금을 낼 때 곡식 한 말의 값을 5전으로 쳐서 계산했으나, 그가 6전으로 쳐주기를 청원해 허락받았으므로 부락 백성은 부담을 덜었다"[23], 그리고 소효목이 북원추밀사로 있을 때는 "천하의 호구를 등록시켜 요역을 균등하게 할 것을 청원함으로써 조세가 차츰 공평해졌다"[24]고 한다. 더욱이 요·송 간에 화친을 유지할 것을 강력히 주장하는 한편 맹약을 깨고 출병하는 것을 반대했으므로 "연주의

---

21) 『遼史』, 「耶律撻烈傳」.
22) 『遼史』, 「耶律學古傳」.
23) 『遼史』, 「耶律抹只傳」.
24) 『遼史』, 「蕭孝穆傳」.

백성은 즐겁게 본업에 종사하고 남북이 서로 왕래했다"[25]고 전한다.

또한 창민궁사(彰愍宮使) 소한가노(蕭韓家奴)가 황제의 질문에 대답할 때 치민(治民)을 밤 굽는 일에 빗대어 "신은 밤 굽는 일만 알 뿐입니다. 작은 밤이 익으면 큰 밤은 반드시 설고, 큰 밤이 익으면 작은 밤은 반드시 타게 마련입니다. 큰 것과 작은 것을 고르게 익혀야만 비로소 더할 수 없이 좋아집니다"[26]라고 말했다. 야율소(耶律昭)가 유배되어 있는 동안에 서북로의 안정을 위해 계책을 내놓았는데, 즉 "곤궁한 자들을 진휼하고 세금을 경감시키고, 소와 곡식의 종자를 나누어 주어 농사를 짓도록 해주는 일보다 나을 것이 없다"[27]고 말했다.

요 경내에서 경작하는 품종을 전부 나열하면 조·보리·벼·기장 등의 농작물 외에 채소와 과일 등도 있었다. 그들은 중원의 농업 기술을 본받아 학습했고, 그곳의 품종은 물론이고 회골(回鶻, 위구르)에서 수박과 회골두(回鶻豆) 등도 도입해 북방의 기후에 알맞게 재배했다. 요의 무덤에서 출토된 당시의 농기구를 보면 쟁기·보습·호미·낫·삽·괭이·칼 등 온갖 것이 있다.

요 통치자의 보호 속에 농경민족은 부지런히 일하면서 농업을 발전시켜 나갔다. 결과적으로 요의 창고를 충실히 채웠으며, 경조 시기에는 심지어 조 20만 곡을 송에 원조하기도 했다. 성종 시기 국경 근처 춘주(春州)에서는 쌀 한 말이 겨우 6전밖에 되지 않았다. 야율당고가 진주(鎭州)에 둔전하면서 쌓아놓은 조의 수량은 대단히 많았다. 동경도에 쌓아놓은 조도 20~30만 석(碩)이었는데, 설사 전쟁이 계속 있어도 이에 대응할 만한 수량이었다. 연변의 여러 주에는 각각 화적창(和糴倉)이 있어 새 곡식과 묵은 곡식을 바꾸고, 백성에게 저리로 빌려줄 수 있었다. 요 말에 천조가 파천하자 야율적렬(耶律敵烈)이 양왕(梁王) 야율아리(耶律雅里)를 옹립한 후에 서북으로 이주하면서 염

---

25) 『遼史』, 「蕭孝穆傳」.
26) 『遼史』, 「蕭韓家奴傳」.
27) 『遼史』, 「耶律昭傳」.

박(鹽泊: 내몽고 烏珠穆沁旗 경계)의 창고에 쌓아둔 조를 징발할 수 있었다.

3. 수공업과 상업

1) 수공업의 발전

요에는 채광과 야금·주조·식염·방직·도자·건축 등 다양한 수공업이 있었는데, 특히 수레와 마구(馬具)의 제조에 능숙했다.

채광·야금·주조 ■■■ 요의 채광과 야금업은 건국 전부터 시작되었고, 문헌에는 태조의 부친 살랄적(撒剌的)이 "처음으로 대장간을 설치해 백성에게 주조하는 방법을 가르쳤다"고 기록되어 있다. 911년에는 야율아보기가 유주(幽州)와 연주를 정벌하고 돌아와서 은광과 철광을 개발하고 대장간을 설치하도록 했다. 이때 설치한 대장간은 당연히 한성(漢城) 부근에 있었을 것이다. 『신오대사』에서 "한성은 탄산(炭山) 동남쪽 난하(灤河)에 위치하고, 소금과 철의 이익이 있었다"고 한다. 여기에서 생산된 농경과 목축·염철의 이익은 야율아보기가 실력을 쌓는 데 물질적 조건을 제공했고, 포로로 잡은 한인 및 그들의 기술은 질랄부의 생산력을 촉진시켰다. 이는 야율아보기가 건국하는 데 중요한 기반이 되었다.

요동은 철의 주요 산지였으므로 이 지구의 병합은 요대 제철업을 한층 더 발전시켰다. 초기에 횡장(橫帳)과 대족의 노예로써 갈술석렬(曷述石烈)을 설치해 제련에 종사하게 했다. 갈술은 거란어로 철이다. 성종 시기에 인구가 늘고 생산관계가 변화했으므로 부로 개편되었는데, 여전히 철로 세금을 냈다. 요는 수산(手山)·삼출고사(三黜古斯)·유습하(柳濕河)에 대장간을 각각 설치했다. 그중에 수산은 지금의 요령성 안산시(鞍山市) 수산(首山)이며, 이곳에서의 채광과 야금은 아무리 늦어도 요대에 이미 시작되었다.

이 외에 동경도의 동주(同州: 지금의 遼寧省 開原縣 남쪽)와 상경도의 요주(饒州: 지금의 내몽고 赤峰市 林西縣 櫻桃溝村 古城址) 장락현(長樂縣)에 각각 300호와 400호가 제철업에 종사했으며, 모두 철로 세금을 냈다. 중경 유하(柳河: 지금의 伊遜河) 유역의 발해인도 제철업에 종사했다. 남경도는 경주(景州) 용지야(龍池冶)와 영주(營州) 신흥야(新興冶)가 있었으며, 모두 감(監)을 두고 관리했기 때문에 관영의 갱야(坑冶)[28]였다.

동경도의 은주(銀州: 지금의 遼寧省 鐵嶺)와 남경도의 어양(漁陽) 및 중경도의 택주(澤州)·엄주(嚴州) 등에도 은광이 있었다. 택주 함하야(陷河冶)는 태조 시기에 백성을 모아 성채를 세우고 채굴과 제련에 전념했다. 승덕(承德)지구 문화국의 조사에 따르면 함하야의 유지는 지금의 하북성 평천현(平泉縣) 회주성(會州城) 서남쪽이다. 이곳에서 채굴했던 기간은 매우 길어 금·원·명에 걸쳐 청에 이르기까지 계속 채굴했고, 그 저장량은 대단히 많았다. 이 외 음산(陰山)·도봉(都峰)·대석(大石)·보흥(寶興) 등에도 여전히 은광이 있다. 전자는 음산산맥 대청산(大靑山) 일대에 있는데 성종 태평 7년(1027)에 서남로초토사가 음산에서 금을 생산할 것을 상주해 대장간을 설치했고, 나중에는 산금(山金)을 통군사의 이름으로 삼았다. 후자의 세 곳은 남경도 경내에 있었다.

1981년에 내몽고 찰우전기(察右前旗) 호흠영(豪欠營)의 거란 옛 무덤에서 여성의 시신 한 구가 출토되었다. 장례 도구인 동사(銅絲)로 만든 망과 출토된 철기를 분석해 본 결과 동과 철에 대한 제련 기술이 매우 발달했음을 알 수 있다. 당시 거란인은 황동(黃銅)과 순동(純銅)을 제련할 수 있었고, 더욱이 제련 방식도 안정되어 쇠못의 성분이 이미 근현대의 것에 근접했다.

요대에는 금·은·철기의 제조 기술도 상당히 높은 수준까지 발달했다. 요대 무덤에서 출토된 철기를 보면, 당시 철에 대한 응용이 상당히 광범위했음

---

28) 당송 이래 금속 지하자원의 채굴과 제련을 坑冶라고 불렀다. _옮긴이 주

을 알 수 있다. 중경도에 "물건을 만드는 부락관이 있었으며, 그곳에 번호(蕃戶) 100여 가구가 살았는데 병기를 만들기 위해 쇠를 불렸다"고 한다. 동경도 하주(河州)에 군기방(軍器坊)이 있었고, 현주(顯州)에는 갑방(甲坊)을 설치해 병기를 제조했다. 요대 무덤에서 출토된 병기 중에 어떤 것은 품질이 우수한 저탄소강을 사용했다. 농경에 필요한 생산 도구로는 쟁기·보습·낫 등 다양한 종류가 있었으며, 어떤 것은 근대에 사용한 공구와 매우 비슷했다. 수공업에 사용하는 공구의 종류도 매우 많았다. 엽무대(葉茂臺)의 무덤에서 출토된 끌은 넓은 칼, 좁은 칼, 둥근 칼, 삼각 칼 등으로 다양했으며, 이는 당시의 철기뿐만 아니라 목기 제조 기술도 보여준다.

생활용품은 화로·가위·다리미·부젓가락·동경(銅鏡) 및 장례용 금·동 가면 등이 있다. 생활용품 공예는 아주 정교하고 복잡했다. 엽무대의 무덤에서 출토된 은으로 화조 무늬를 새긴 철 용기[嵌銀纏枝花鳥紋鐵罐], 은으로 도금하고 금으로 꽃을 새긴 한요[銀鎏金縷花捍腰], 적봉시(赤峰市)의 부마 묘에서 출토된 금으로 도금한 용봉 무늬의 안장[鎏金龍鳳紋鞍橋], 내몽고 철리목맹나만기(哲里木盟奈曼旗)의 진국(陳國) 공주와 부마의 합장묘에서 출토된 금은으로 도금한 모자[鎏金銀冠], 금꽃 장식의 은 신발[金花銀鞋], 호박 구슬 목걸이[琥珀瓔珞], 팔곡화식금합(八曲花式金盒), 구멍을 뚫어 조각한 금염낭[鏤雕金荷包], 한 쌍의 용무늬 금팔찌[雙龍紋金鐲], 꽃무늬로 두른 금팔찌[纏枝花紋金鐲], 금꽃 장식의 은 베개[金花銀枕] 등은 모두 요대 주조 공예의 수준을 알려준다. 요대에 금은 그릇의 제작과 가공은 기술 측면에서 당의 전통을 계승했고, 조형 측면에서는 거란 민족만의 특징을 지녔다.

채염(採鹽) ■■■　　야율아보기가 건국하기 전에 한인을 탄산 동남쪽 난하(灤河) 상류 지역에 안치시켜 소금을 생산하게 했고, 8부는 이에 의지했다. 흑고자실위(黑庫子室韋)가 거주하는 학랄박(鶴剌泊 또는 廣濟湖, 大鹽泊)[지금의 내몽고 達布蘇鹽池]에는 염분이 아주 풍부해 "소금이 해안에 얼음처럼 생겼고, 아침에 모으면 저녁에 뭉쳐져 오랜 시간이 지나면서 마치 큰 바위처럼 단단해졌다"29)고 한다. 거란인은 소금으로 베개를 삼았고, 부스러진 것을 먹고 판매했다. 그리고 발해와 연운 지역을 획득하면서 해염(海鹽)을 얻을 수 있었다.

요의 제염업은 매우 발달해 국내 소비뿐만 아니라 송 국경에서까지 밀매되었다. 북쪽의 소금을 남쪽으로 밀매함으로써 요의 수입은 증가했으나, 북송의 소금 정책에는 부정적인 영향을 끼쳤다. 북송 전기에 두 차례나 하북로에서 소금을 전매하려고 했지만, 여정(余靖)과 장방평(張方平) 등은 만약 전매를 실시하면 염가가 더욱 상승해 반드시 하북 백성의 원망을 살 것이며 요의 밀매업자가 창궐할 텐데, 이를 적절히 처리하지 못한다면 반드시 송·요 간의 평화가 깨질 것이라고 강력히 주장했다. 결국 송은 어쩔 수 없이 하북로에서의 각염(榷鹽), 즉 소금 전매를 중지했다.30)

방직 ■■■ 거란인은 건국 전에 이미 간단한 직조 기술을 가지고 있었다. 방직업(紡織業)의 신속한 발전과 그 수준의 향상은 많은 한인이 이주해 들어온 후에 비롯되었다. 요의 상경·중경·조주(祖州)에는 관영 수공업의 작방인 능금원(綾錦院)이 있었는데, 그곳에서 황실을 위한 견직물을 제공했다. 중경도의 의주(宜州: 지금의 遼寧省 義縣)·천주(川州: 지금의 遼寧省 북쪽 票南)·금주(錦州)·패주(覇州: 흥중부, 지금의 遼寧省 朝陽)와 동경도 현주(顯州)는 뽕나무와 마(麻)를 재배해 능금원에 방직용 원료를 제공했다. 그 외에 방직을 부업으로 삼아 정교하고 아름다운 견직물을 생산했는데, 심지어 이러한 견직물로 세금을 내기도 했다. 이것은 거란 통치자가 군신에게 상사(賞賜)하거나 외국에 선물로 보내는 용도로 사용되었다.

세종은 정주(定州)에서 획득한 민호로 홍정현(弘政縣)을 설치했는데 "그들은 대부분 솜씨가 뛰어나"31) 중경 지구의 방직업 발전을 선도했다. 남경에

---

29) 路振, 『乘軺錄』.
30) 『續資治通鑑長編』 卷159.

서 생산된 아름다운 비단은 매우 정교했다. 호흠영(豪欠營)의 거란 무덤에서 발굴된 거란 여인의 시신에는 저고리와 치마가 여덟 개 입혀져 있었는데, 모두 라(羅)와 견(絹)으로 만들어져 당시 요대 견직업의 수준을 알 수 있다. 전문가의 판단에 따르면 죽은 여인이 입고 있던 경라박견(輕羅薄絹)은 당시 최고의 생산품에 속한다고 한다. 나문사직물(羅紋絲織物)의 생산은 역사상 송대가 최고 수준이었으나, 그것이 바로 요대에도 있었다. 즉 여인의 시신이 입고 있던 경라(輕羅)는 당연히 최고 수준의 실물 중 하나다.

요에서 생산한 번라(蕃羅)는 송·요 간의 양국 무역에서 송의 상인들에게 환영받았으며, 그중에 품질이 우수한 라(羅)는 송에서도 진귀한 물건이었다. 송 진종은 건국 초에 요에 증여한 직물과 요 성종 시기에 증여받은 직물을 비교한 적이 있었다. "전자는 거칠고 질박한 반면, 후자는 섬세하다"라고 하여, 그것이 유주(幽州)에서 생산된 것으로 판단했다. 남경은 요의 관영 방직업의 중심으로 그것의 생산 수준을 높이는 데 중요하고도 선도적인 역할을 했다. 도종 시기에 조서를 내려 남경에서 황제가 사용하는 비단을 사적으로 직조하지 못하게 금지했던 것도 남경의 기술 수준이 아주 높았다는 것을 반영한 조치였다.

제품의 종류를 나열하면 능(綾)·라(羅)·금(錦)·견(絹)·기(綺)·곡(縠)·사(紗)·단(緞)·각사(刻絲) 등으로, 거의 모든 견직물을 생산했다. 그리고 방직품의 발전과 상응해 남경과 중경에는 염원(染院)을 설치하고, 사제점원사(使提點院事)를 두어 날염 등의 업무를 관리하게 했다. 요의 날염업은 매우 발전했고, 이미 '협힐(夾纈)'과 '납힐(蠟纈)'의 방법을 터득해 각종 무늬와 도안을 날염했다.[32]

---

31) 『遼史』, 「地理志三」.
32) 날염은 흔히 나염으로 발음하며, 일반적으로 무늬를 찍는 프린트 작업을 말한다. 중국 고대부터 내려온 날염 방식으로 絞纈·夾纈·蠟纈 등이 있다. 협힐은 동일한 무늬를 새긴 두 장의 판자 사이에 絹布를 접어 포개어 단단히 끼운 뒤에 염료나 발색제를 칠해 염색하는 방법으로 당나라 柳婕妤의 동생이 발견한 염색법으로, 무늬가 대칭으로 찍힌다. 납힐은 수지와 밀랍을 섞어 녹인 것으로 천에 모양을 그려 식힌 다음에 눌러 갈라진 무늬를 물들이고 뒤에 수지와 밀랍을 떼

도자(陶瓷) ■■■ 요의 도자기는 중국 도자기 역사상 중요한 위치를 차지한다. 제조 방법은 당과 송의 기술을 계승했지만, 형태는 유목 생활의 특징을 반영하고 있다. 요삼채(遼三彩)와 백자 방식으로 만든 도자기는 계관호(鷄冠壺)·장경병(長頸瓶)·우퇴병(牛腿瓶)·봉수병(鳳首瓶) 등이 대표적이다.

요삼채는 당삼채의 풍격을 그대로 계승해 색채는 황색·녹색·백색이고, 그릇의 형태는 병·쟁반·접시 등이었다. 계관호는 요대 도자기 중에 전형적인 그릇이었는데, 형태는 물·술·우유 등을 담는 가죽 주머니를 발전시켜 만든 것이다. 초기의 계관호는 배가 비교적 크고 모양은 순박했으며 심지어 가죽 끈의 봉제 표시도 보인다. 중기는 점차 납작하고 평평해졌으며 병 주둥이는 높고 몸통은 적었다. 후기의 그릇은 몸체가 호리호리해 대부분 손가락으로도 잡을 수 있다.

정요(定窯)를 모방한 백자 그릇은 대부분 사발·접시·쟁반 등이며, 금은으로 장식한 그릇의 가장자리는 아주 화려해 어떤 것은 정요 제품에 비할 바가 아니다. 요대 도자기는 대부분 실용적으로 계관호 외에 창식관(倉式罐)의 형태도 다른 특색이 있다. 그 모양은 몽고 파오와 유사해 작은 문을 만들어놓고 사슴 무늬[子母鹿紋]를 새겨놓았다. 이런 종류의 창식관은 유골 단지로 사용된 것이다. 요 중경 송산주(松山州)에는 규모가 큰 도자기 굽는 가마가 있었다. 고고학적 발굴을 통해 이곳에서 생산한 도자기의 품종을 전부 나열하면 거친 백자가 대부분이며, 사발·쟁반·잔·접시·대야·주전자·항아리·병 등 다양한 생활 용기가 있다. 그 외에 장난감과 주사위 등도 있다. 유약은 차색·녹색·황색·흑색·갈색 및 삼채 등의 다양한 종류가 있으며 무늬는 풀·목단·연꽃·매화·물결·봉황·나비 등이 있다. 중경 부근의 요대 무덤에서 출토된 도자기는 모두 이곳에서 구워낸 것으로, 그곳의 생산량은 매우 많았다.

어내 무늬를 만든다. _옮긴이 주

피혁과 목기 ■■■　　말을 타고 활을 쏘는 것에 뛰어난 거란인은 수레와 마구의 제조를 중시했고, 피혁(皮革)과 목기(木器)의 가공도 비교적 높은 수준이었다. 거란 귀족이 사용한 안장과 굴레는 각별히 연구할 만하다. 동란왕 야율배는 거란의 인물을 잘 그렸는데 그가 그린 귀족의 말안장과 굴레는 기상천외하다. 송나라 사람은 요에서 만든 말안장에 대해 칭찬을 아끼지 않았다. 그들은 "거란의 안장, 서하의 검이 천하제일이며 다른 곳에서 이를 모방해도 그것에 미치지 못하다"33)라고 했다. 그래서 요가 송·고려 등에 보낸 선물 중에는 안장과 고삐가 있었고 그 종류도 다양했다. 예를 들면 도금은룡봉안륵(鎏金銀龍鳳鞍勒)·백저피흑은안륵(白楮皮黑銀鞍勒)·녹갈저피안륵(綠褐楮皮鞍勒)과 홍라갑금선수방천(紅羅匣金線綏方韉)·모천(氈韉)·해표피천치(海豹皮韉) 등이 있으며, 그 모든 것이 매우 정교했다. 최근에 발굴된 무덤에서 거란이 만든 안장과 고삐의 실물을 볼 수 있다.

　　요의 속부였던 흑거자실위 사람들은 수레를 잘 만들었으므로 일찍이 거란인이 그들에게서 수레 만드는 기술을 배운 적이 있었다. 수레는 유목민의 필수불가결한 교통수단이며 그 형태 및 용도가 아주 다양했다. 예를 들어 이주할 때 물건을 싣는 대형 수레, 부녀나 노약자가 타는 소형 수레, 부자나 귀족 집안이 타는 장식이 화려한 수레 등이 있었다. 송이 요에 파견한 사신 중 연로하여 말을 탈 수 없는 자는 수레를 타고 오갔다. 요 상경에 거자원(車子院)이 있으며, 그곳에 감독관을 두고 관리했다는 사실로 미루어볼 때 당시 수레를 만드는 기술과 규모를 가히 짐작할 수 있다.

　　수레를 제조하는 것 이외에 배를 만들고 탁자·의자·침대 등의 가구를 가공했다. 한소부(韓紹孚)와 유가도(劉可度) 등은 상세곡철도감(商稅鹽鐵都監)과 염철사(鹽鐵使)의 신분으로 배 만드는 것을 지시하고 감독했다. 조선 기술이 일정한 수준에 올라 어떤 것은 바다 항해에도 사용할 수 있었고, 어떤 것은

---

33) 太平老人, 『袖中錦』.

수중 항해뿐만 아니라 바퀴가 달려 육지를 다니기도 했다. 최근에 발견된 실물은 엽무대(葉茂臺) 무덤에서 발굴한 목조의 '소장(小帳)'이 있고, 옹우특기(翁牛特旗) 해방영자(解放營子)에서 출토한 두꺼운 측백나무로 만든 목조의 팔각형 목곽도 있다. 목기를 가공하는 다양한 종류의 공구를 통해 그들의 공예 수준을 알 수 있다. 이 외에 활과 화살의 제조에도 나름의 특색이 있었는데 "활은 가죽으로 시위를 만들고, 화살은 자작나무를 깎아 대를 만들었다"[34]고 한다.

건축업 ▪▪▪▪ 거마(車馬)로 집을 삼았던 거란인은 도시의 건설도 중시했는데, 이러한 점은 그들 이전의 유목 민족과 달랐다. 요의 건축은 건국 이전부터 시작되었다. 예를 들어 야율아보기의 백부 석로가 이리근이었을 때 건축했고, 야율아보기는 질랄부 이리근과 연맹 군사를 겸임한 지 2년째 되던 해(902)에 황수 남쪽에 용화주를 건설하면서 개교사(開敎寺)를 건축했다. 이후에도 계속 양성(羊城)을 건설하고, 용화주에 대광사(大廣寺)·천웅사(天雄寺) 등을 건축한 적이 있다. 신책 3년(918)에는 서루(西樓) 지역에 황도(皇都: 후에 上京)를 건설하면서 한인 강묵기를 판축사(版築使)로 삼았다.

상경의 둘레는 27리(里)이고, 남북에 두 개의 성이 있다. 북쪽에는 황성이 있으며 그 안에 대내(大內)가 있다. 대내에는 궁전이 있고, 여기로 통하는 문이 동·서·남쪽에 세 개가 있다. 대내의 남문 밖에는 황성의 남문과 직통하는 대로[大街]가 있는데, 양측에는 관청·사당·사찰과 거란 귀족의 주택 등이 늘어서 있다. 성벽 밖에는 군사 방어 시설인 마면(馬面)이 있다. 황성 남쪽은 한성이 있으며 남북을 가로지르는 대로와 동서의 횡단로가 있다. 횡단로 양쪽에는 각 누각이 대치하고 있고 그 아래에는 점포들이 질서정연하게 늘어서 있다. 성내에는 시장·작방·민가 등이 있고, 사신을 접대하는 역관도 있다.

---

34) 『契丹國志』 卷23.

전연의 맹약 이후에 요 성종은 연계(燕薊) 지역에서 뽑은 기술자에게 송의 변경(汴京)을 참조해 토하[랴오하 강] 지역에 중경을 건설하게 했다. 중경은 외성(外城)·내성(內城)·황성(皇城)으로 구성되어 있다. 외성의 사면은 내성이 둘러싸고 있어 두 개의 성이 '回' 자 형태를 이룬다. 황성은 내성 북부의 중앙에 있으며, 그 북쪽의 성벽이 즉 내성의 북쪽 벽이다. 중경성은 구도가 규칙적이고 동서로 대칭되어 질서정연했다. 외성 남문에서 내성 남문까지 폭이 64미터인 중앙대로가 있고, 남북으로 세 개의 도로와 동서로 다섯 개의 도로가 있다. 도로 양측에 배수구가 있고, 성벽 아래에는 배수로가 있다. 도로 양측에는 방시(坊市)가 있었는데 노진(路振)이 본 대로라면 "도로의 동서에는 세 개의 방(坊)이 있고 방의 문이 서로 마주보고 있었다"[35]고 한다. 상경과 마찬가지로 그곳에도 시장·작방·민가 등이 있었다.

중경의 대명탑은 현재까지 보존되고 있는 요대 건축물 중 하나로서 그 규모가 웅장하며 조형이 아름다워 요의 건축 예술 형태와 수준을 잘 보여주고 있다. 지금까지 보존되고 있는 요대 건축물로는 경주의 백탑(白塔), 상경의 남탑과 북탑, 계현(薊縣) 독락사(獨樂寺)의 관음각, 대동 하화엄사(下華嚴寺)의 박가교장전(薄伽敎藏殿), 선화사(善化寺)의 대웅보전, 의현(義縣) 봉국사(奉國寺)의 대웅보전, 산서 응현(應縣) 불궁사(佛宮寺)의 석가탑[응현목탑] 등이 있다. 그것들은 모두 기세가 웅장하고 구조가 정교하며, 형태가 독특한 것으로 유명하다. 이는 요의 종교·정치·건축과 조각 예술을 연구하는 데 없어서는 안 될 귀중한 문화재다.

2) 상업의 번영

농업·목축업·수공업이 발전하면서 점차 교환이 빈번해지자 상업 활동도

---

35) 路振,『乘軺錄』.

날이 갈수록 활발해졌다. 처음에 야율아보기가 탄산 북쪽에 양성(羊城)을 쌓고 교역을 하기 시작했다. 건국 후에 경제적 요소가 증가하면서 교역의 범위는 확대되고 상업도 더욱 발전했다. 5경을 잇따라 건설한 후에 그곳은 모두 요의 중요한 상업 도시가 되었다.

상경의 "남쪽 성을 한성이라 불렀고 남쪽으로 가로지르는 거리가 있었는데, 각각의 누각이 서로 마주하고 있고 그 아래에는 점포들이 질서정연하게 늘어서 있었다"36)고 한다. 후진이 멸망한 후에 포로로 잡혀온 호교(胡嶠)가 목격한 바로는 "상경 서루(西樓)에는 가옥과 상점이 있으며, 거래할 때 전(錢)이 없어 포(布)를 사용했다. 그곳에는 비단 기술자, 관료, 수공업자, 씨름꾼, 유학자, 승려, 도사 등이 있었으며, 중국인의 대부분은 병주(並州)·분주(汾州)·유주(幽州)·계주(薊州) 출신이었다"37)고 전한다. 상경을 건설한 이유는 정치적 필요성뿐 아니라 중원으로부터 농업·수공업 및 유·불·도의 각 인사가 유입된 결과라고 볼 수 있다. 그들이 가져온 각종 기술은 의심할 여지없이 도시의 발전과 상업의 번영을 촉진했다. 또한 한성에 회골인 거주지를 만들어 회골 상인을 유치했다.

동경의 "외성(外城)을 한성이라 불렀는데, 남시(南市)와 북시(北市)로 나뉘었으며 가운데는 간루(看樓)가 있었다. 새벽에는 남시에 모이고, 저녁에는 북시에 모였다"38)고 한다. 이는 동경이 상업 무역의 중심지였다는 것을 보여준다. 남경의 번화함과 풍요로움은 5경 중 으뜸이었다. "성 북쪽에는 시장이 있어 여러 상품이 그곳에 모였다. 승려는 불사에 거주하고, 관(冠)은 북쪽에 있었다."39)

중경을 건설한 후에 이곳은 요의 정치적 중심지이자 중요한 상업 도시가

---

36) 『遼史』, 「地理志一」.
37) 胡嶠, 『陷遼記』.
38) 『遼史』, 「地理志二」.
39) 『契丹國志』 卷22.

되었다. 서경도 상업 중심지 중 하나였다. "이렇게 번화한 상업 도시로 상인들이 집결했으며, 저택과 상점이 나란히 줄지어 있어 무역은 상당히 활기를 띠었다."[40] 요는 상경·남경·서경에 모두 상세원(商稅院)을 설치하고, 점검(點檢)·도감(都監)·판관(判官) 등을 두어 상세를 징수하거나 시장을 관리하도록 했다. 상경·동경에는 호부사(戶部司)를 설치하고, 서경과 동경에는 전운사(轉運使)를 더 설치해 각각 통상과 무역 등의 사무를 관리하도록 했다. 5경에 속한 주현은 각각의 정황에 따라 전백사(錢帛司)·염철사(鹽鐵司)·상국원(商麴院)과 징상각주(徵商榷酒) 등을 설치해 업무를 보게 했다.

5경 이외에 동경도의 건주(乾州)·요서주(遼西州), 서경도의 삭주(朔州)·울주(蔚州), 중경도의 흥중부(興中府)·금주(錦州)·의주(宜州)·택주(澤州), 남경도의 유주(幽州)·순주(順州)·영주(營州)·계주(薊州)와 노현(潞縣)·범양현(范陽縣), 그리고 상경도의 경주(慶州)·조주(祖州) 등도 모두 상업 무역의 중요한 장소였다. 예를 들어 남경 계주의 신창진(新倉鎭)은 "각고(榷酤: 술의 전매)에 관련된 모든 업무를 맡았으며 교역하는 사거리와 맞대고 있었는데, 그곳에는 사방의 행상이 모여 각 지역의 재화가 쌓였다"[41]고 전해진다. 서경 삭주의 각장(榷場)[42]에도 귀중한 재화가 산적해 교역이 활발했다.

유목 경제에 상응해 상경도의 교역은 고정된 장소 이외에 행궁이 위치하는 장소에도 시장이 개설되었다. 그래서 행궁시장순검사(行宮市長巡檢使)를 두고 상업 무역의 제반 사항을 관리했다. 요는 개방된 사회였으므로, 대외 관계가 광범위했다. 요 초기에 오대의 양(梁)·당(唐)·진(晋)·한(漢) 및 10국 중

---

40) 張正明,『契丹史略』(中華書局, 1979).
41)『全遼文』卷6.
42) 요·송·서하·금 등의 정권이 접경 지역에 설치한 互市의 시장이다. 그곳에 관부를 설치해 무역과 징세를 감독했다. 상인은 각장 무역에서 반드시 상세와 아전[牙錢 혹은 □錢]을 납부해야만 했다. 각장 무역의 거래 금지 품목이 각 정권마다 여럿 있었고, 각장을 설치하는 지점도 일정하지 않았다. 통치자의 입장에서 보면 변경의 무역을 통제할 수 있고, 경제적 이득을 얻을 수 있으며, 변경을 안정시키는 작용도 있었다. 따라서 각장의 설치는 정치적 관계가 변화하면서 자주 바뀌었다. 요는 保州·振武軍 등에 각장을 설치했었다. _옮긴이 주

오월(吳越)·남당(南唐) 등과 모두 경제적으로 왕래했으며, 이후에도 북송, 고려, 고창 회골, 여진 등과도 상업 활동을 활발히 전개했다. 주변 각 정권, 각 민족, 각 국가와의 경제적 교류는 대부분 조공과 호시의 방식으로 진행했다.

후진이 요에 매년 30만 필의 비단을 공납하는 것 외에 교역도 매우 활해 그 규모가 계속 확대되었다. 요는 조연수(趙延壽)의 부하 교영(喬榮)을 회도사(回圖使)로 삼아 후진과의 교역을 맡겼다. 그는 큰 창고를 지어 재화를 저장했고, 그곳에 머무르면서 장사를 했다. 적지 않는 거란인이 후진의 경계로 와서 장사를 했을 뿐만 아니라 심지어 후진의 길을 빌려 멀리 남당에 가서도 교역을 했다. 회동 원년(938) 2월에 요 태종과 그 동생 동란왕 안단(安端)은 각각 사신을 남당에 보내면서 사절의 선물 외에 별도로 양 3만 마리와 말 300필을 가져가게 했고, 그것을 판매한 후에 비단·약·차를 구매해 왔다.

송 초기에 변경의 상인이 요와 교역하는 것을 허락했으나, 아직은 관청을 설치해 관리하지는 않았다. 태평흥국 2년(977)에 진(鎭: 지금의 河北省 正定)·역(易: 지금의 河北省 易縣)·웅(雄: 지금의 河北省 雄縣)·패(覇: 지금의 河北省 覇縣)·창(滄: 지금의 河北省 滄州市)·정융군(靜戎軍)과 대주(代州)·안문채(雁文砦) 등에 각 장을 개설한 후에 상참관(常參官)과 내시(內侍)가 함께 그 업무를 관리하게 했다. 송은 요에 향약·무소뿔·상아·차 등을 제공했다. 그러나 양측의 정치 관계가 불안정해져서 군사적 충돌까지 일어나면 경제 교류에 심각한 영향을 주었으므로, 때로는 각장이 폐지되기도 했다. 전연의 맹약 이후에 송은 울주와 패주의 안숙군(安肅軍: 지금의 河北省 徐水 경계)과 광신군(廣信軍) 등에 각장을 설치하고, 관청을 설치해 "호시의 물가를 안정시키고 그 가치를 조금 후하게 쳐주었다"[43]고 한다. 양측의 교역은 점차 정상을 찾아갔으며, 그 규모는 부단히 확대되었다.

요는 은전(銀錢)·포(布)·양·말·낙타·모피를 가져와서 송의 차·비단·무소

---

43) 『宋史』, 「食貨志下」.

뿔·상아·향약·비단·칠기·구경(九經) 등과 교환했다. 이와 동시에 양국은 각각 일부 상품에 대한 교역을 제한했다. 예를 들어 송은 동, 철, 명반, 사차(私茶), 일부 서적의 수출을 금지했고, 요와의 소금 밀매도 엄금했다. 그러나 각장 무역 외에 민간 교역을 철저하게 금지시키는 것은 매우 어려웠다. 그래서 요 지역으로부터 들어온 사염(私鹽)은 송이 하북 지역에서 실시하던 식염(食鹽)에 대한 전매 제도에 심각한 영향을 주었다. 그리고 송의 인쇄본 서적과 문인의 시부(詩賦)는 부단히 요 지역으로 유입되었다. 각장 무역을 통해 요는 소비재와 기호품을 구매했고, 그 결과 송은 매년 40여 만 민(緡)의 수입을 얻을 수 있었다.

이 외에 요는 진무군(振武軍: 지금의 내몽고 和林格爾의 경계), 영강주(寧康州), 고창 회골, 발해 등의 변경 지구에 호시를 열어 서하·여진·회골·고려 등과 교역을 했다. "여진은 금·백(帛)·포(布)·밀랍(蜜蠟)·약재를 가져오고 철리(鐵離)와 말갈(靺鞨) 및 우궐(于厥) 등은 합주(蛤珠)·청서(青鼠)·초서(貂鼠)·교어피(膠魚皮)·우마(牛羊)·타마(駝馬)·취계(毳罽) 등의 특산물을 가져왔는데, 요와 교역을 하려는 자들이 도로에 끊이지 않았다"[44]고 한다. 그러나 요는 서하와 조복에 금·철 등을 수출하지 못하게 했다.

호시를 통한 무역 외에 사신이 왕래하면서 가져오는 선물도 상호 교류의 수단이었다. 고려는 종이·묵·쌀·동·인삼·조포(粗布) 등을, 서하와 회골은 진주·옥·무소뿔·유향·호박·빈철기(鑌鐵器)·말·낙타·모직품 등을 가져왔다. 요는 답례품으로 안장·말·활·화살·모피·견직물 등을 주었다. 요는 자기 나라에서 생산한 것을 주변의 속국과 교역했을 뿐만 아니라 호시를 통해 얻은 물건을 다른 지역에 되팔아 중간 이익을 얻기도 했다. 예를 들면 휘종 시기에 송 궁실은 북주(北珠)의 수요가 있었고, 거란은 이것을 여진에게 얻어 송에 되팔았다. 요가 송 사신에게 준 서여피(徐呂皮: 회골 야생말 가죽)·홍호피(紅虎皮) 등은

---

44) 『遼史』, 「食貨志下」.

모두 회골에서 얻은 진귀한 물건으로, 거란인이 애호했기 때문에 송나라 사람에게도 선물로 주었다. 심지어 그 진귀함 때문에 숙피를 염색해 사칭하는 이도 있었다. 송 사신이 요의 사원에서 본 공양용 그릇 중 일부는 송이 고려에 선물한 것을 고려가 요에 선물로 보낸 것이 틀림없다. 조공·회사(回謝)·호시를 통해 회골·여진·서하·송·거란·고려에서 나온 각종 물품은 순환 고리를 이루며 직간접적으로 교역되었다.

상업 무역의 번영은 화폐 경제의 발전을 촉진했다. 문헌 기록에 따르면 야율아보기의 부친 살랄적 시기에 이미 화폐를 주조하기 시작했다. 따라서 발굴된 요의 화폐를 고찰해 보면, 아무리 늦어도 야율아보기 시기에 이미 스스로 주조한 금속 화폐가 있었다. 요는 연호전(年號錢) 제도를 실행했으므로, 황제가 즉위하거나 혹은 개원할 때 바로 화폐를 주조했다. 요대에는 아홉 명의 황제가 스물두 개의 연호를 사용했으므로, 현재까지 다수의 연호전이 발굴되었다.[45] 화폐의 주조는 국가에서 일괄적으로 관리했다. 예를 들면 태종은 오야태사(五冶太師)를 설치해 철전을 관리했고, 경종 시기에는 주전원(鑄錢院)을 설치해 매년 500만 관을 주조했다. 이후에 장춘주(長春州)·평주(平州)·서요주(西遼州)·울주(蔚州) 등에 모두 전백사(錢帛司)를 설치해 도감(都監) 혹은 제점(提點)에 관청 일을 맡겨 사주(私鑄) 및 해외 유출을 엄금했다. 요가 자체적으로 주조한 화폐의 종류는 매우 많았던 반면, 수량은 비교적 적었다.

오랫동안 포백(布帛)·양마(羊馬)는 금속 화폐와 같이 상품 교환의 매개물로 사용되었다. 예를 들어 세종 시기에 상경에서 "교역하는 데 돈이 없어 포를 사용하던" 정황을 호교(胡嶠)가 목격한 적이 있다. 성종에서 도종 시기까

---

[45] 요의 동전 주조는 태조 때 비롯되었다. 바로 天贊 年間(922~926)의 天贊通寶였다. 이후 제6대 성종의 치세가 끝날 때(1031)까지, 즉 요의 전반기 120여 년은 天顯通寶·會同通寶·天祿通寶·應曆通寶·保寧通寶·統和通寶·景福通寶라는 小平錢이 주조되었다. 요의 동전 주조가 본격화된 것은 흥종·도종·천조제 시기를 합쳐 94년간(1031~1125)이었다. 重熙通寶·淸寧通寶·咸雍通寶·大康通寶·大安元寶·壽昌元寶·乾統元寶·天慶元寶 등이 알려졌는데, 거의 모든 연호를 갖추고 있다. _옮긴이 주

지 조정은 포백이 단협(短狹)해 가격의 척도로 적합하지 않으니, 상거래의 수단으로 사용을 금지해야 한다고 여러 차례 피력했다. 도종 대강 7년(1081)에 비로소 「견백척도단협지령(絹帛尺度短狹之令)」을 폐지해 포백이 화폐로서 기능하는 것을 정식으로 금지했다. 요 전기에는 양과 포를 교환 수단으로 삼았지만, 동시에 칭량 화폐를 귀족이 사용한 적도 있었다. 일례로 목종은 "은(銀) 백 냥으로 술을 산 적이 있다"고 한다.

요는 자신들이 만든 화폐 외에 한·당·오대·송의 화폐를 대량으로 사용했다. 태종 시기에 후진의 석경당은 변경에 쌓아둔 동전을 헌납한 적이 있었고, 성종 시기에는 유인공이 대안산(大安山: 지금의 북경시 房山縣 경계)에 숨겨둔 동전을 찾아 유통시켰다. 전연의 맹약 후에는 요·송 간의 각장 무역을 통해 송전이 부단히 요로 유입되었다. 근년에 발굴된 요대 화폐에서 한전·당전·송전이 요전의 수량보다 훨씬 많았다. 이는 당시 화폐 유통의 정황을 잘 보여주는 것이다.

4장
요의 쇠망

1절
흥종과 도종의 통치

태평 11년[흥종이 景福 元年으로 개원, 1031]에 성종이 죽고 장자 야율종진(耶律宗眞)이 즉위했으니, 그가 흥종이었다. 흥종은 비교적 높은 문화적 소양을 지녔으며, 시사(詩詞)와 서도(書圖)에도 뛰어났다. 그는 성종을 이어 법률 제도를 더욱 완벽하게 했고, 문치 방면에서도 발전을 이루었다. 그러나 흥종은 불교와 도교에 몰두했으며, 외적인 번영에 만족한 채 힘써 나가려는 마음이 결여되어 있었다. 더욱이 태후 소누근(蕭耨斤)에게 구속되어 특별한 공적을 이루지 못하고 오히려 사치와 쾌락에만 몰두했다. 이 시기에 요 군신들은 겉으로 드러난 번영과 평화에 도취되어 잠재적 위기를 경계하거나 완화하려는 조치를 취하지 않았다. 이미 성쇠의 분기점에 이르른 요조는, 통치 집단 내부에서의 권력 투쟁이 다시 일어나 사회의 모순은 점차 첨예해졌다.

1. 흥종 시기: 성쇠의 전환

1) 흠애정변

성종의 비 인덕황후(仁德皇后 또는 齊天皇后) 소보살가(蕭菩薩哥)는 자식을 낳지 못해 야율종진을 친자식처럼 양육했다. 야율종진을 황제로 즉위시키라는 성종의 유명(遺命)을 받들어 소보살가는 황태후가 되었다. 그러나 야율종진의 생모이자 성종의 원비(元妃) 소누근(蕭耨斤)도 황태후로 자립했는데 그녀가 흠애황후였다.

소누근은 원래 소보살가와 사이가 좋지 않았고 태후가 되어 국정을 장악하자 소보살가를 모함하기 시작했다. 경복 원년 6월에 그녀는 호위(護衛) 풍가노(馮家奴)와 궁분인 야율희손(耶律喜孫)에게 북부 재상 소착복(蕭㳟卜 또는 蕭鉏不里)과 구국 소필적(蕭匹敵)이 제천황후와 함께 권력을 뺏기 위해 모반했다고 무고하도록 해 소착복과 소필적을 죽이고 제천황후를 상경으로 이주시켰다. 그리고 이를 이용해 구신을 제거하기 시작했으며 자신의 동생들을 정치에 참여시켰다. 그녀의 동생인 소효목(蕭孝穆)·소효선(蕭孝先)·소효우(蕭孝友)를 차례로 남북 재상, 북원추밀사, 남경유수, 서북로초토사 등으로 삼았을 뿐만 아니라, 소씨의 노예 신분으로 있던 이들 중 방어사·단련사·절도사로 임명된 사람이 무려 열 명에 이르렀다. "남북면의 모든 공무를 그녀의 형제들과 함께 장악했고, 대개 상소가 올라오면 형제들이 모여 의논했다."[1] 흥종은 직접 정무를 처리하지 못하고 권력 없는 자리에 앉아 있을 따름이었다.

중희 원년(1032)에 흠애황후는 사람을 상경에 파견해 제천황후를 죽이려고 하자, 흥종은 자신을 길러준 은혜를 생각해 차마 가해할 수 없다고 했다. 그러나 흠애황후는 끝내 이를 따르지 않고 제천황후가 상경 감옥에서 죽음을 맞게 했다. 3년에 황태후 소누근은 그녀의 동생인 북원추밀사 소효선과 모의해 흥종을 폐하고, 야율중원(耶律重元)을 황제로 세우려 했다. 그러나 흥종의 동생 야율중원은 이러한 음모를 흥종에게 보고했다. 흥종은 다시 야율희손(耶律喜孫)과 계획을 세워 황태후를 폐위시킨 뒤 경주에 유폐시켜 성종의 침릉을 지키도록 했다. 이로써 흥종의 친정이 시작되었는데 이것을 이른

---

[1] 『續資治通鑑長編』 卷115.

바 '흠애정변(欽哀之變)'이라 한다.

흥종은 태후의 수중에 있던 통치권을 되찾았으나, 통치 집단 내부의 갈등은 해결할 수 없었다. 황제의 동생 야율중원은 흠애정변을 진압하는 과정에서 커다란 공이 있었을 뿐만 아니라 자신의 세력을 보유하고 있었으므로 황제권에 대한 새로운 위협이 되었다. 야율중원과의 갈등을 조율하기 위해 흠종은 그를 황태제(皇太弟)로 삼고 황제 계승권도 보장했다. 또한 남북원추밀사사(北南院樞密使事)에 임명하고 금권(金券)을 하사했는데, 이것이 요의 통치에서 더 큰 화근이 되었다.

흥종은 "천하가 평안하고 호구가 늘어났다"[2]고 판단해 선친의 위업을 재건하고 싶어 했다. 그래서 송과 서하를 그 대상으로 삼았다. 먼저 군사적 위협과 정치적 교섭을 통해 송에 관남(關南) 10현을 요구하고, 세폐(歲幣)를 증액하도록 강요했다. 한걸음 더 나아가 서하를 통제하기 위해 두 차례나 출병해 서하를 정벌했다. 그러나 서하에 대한 전쟁은 기대했던 만큼 승리를 얻지 못하고, 오히려 요가 약체라는 점만 폭로되었다. 또한 동북과 서북의 방위 업무는 대량의 인력과 물력을 소모시켜 재정 상태를 악화시켰다.

2) 변경 수비에 따른 과중한 군역

성종은 동쪽의 고려를 정벌하고 서쪽의 조복을 항복시켜 영토를 넓혔으나, 변경의 방위를 소홀히 할 수 없었다. 성종 후기에 요 군대는 압록강 동쪽에 주둔했는데, 그 수자리의 과중함은 이미 감당하기 어려웠다. 그래서 소한가노는 다음과 같이 지적했다. "부자들을 선발해 변경을 방어하게 하고 양식을 스스로 준비하게 했습니다. 그러나 길이 멀고 험해 주둔지에 도착하면 이미 비용은 반이 넘게 소비됩니다. 소 한 마리와 수레 한 대 분량을 준비해도

---

2) 『遼史』, 蕭孝穆傳.

올 수 있는 자가 많지 않습니다. 그리고 장정이 없는 집안은 값을 배로 올려 사람을 고용하려는 데도 사람들은 군역에 따르는 고초를 꺼려 중간에 도망쳐 달아나고 있습니다. 그래서 수비하는 병사들의 식량을 거의 지급하지 못합니다. 남에게 빌리려면 이자가 열 배나 되어 자식을 팔고 전답을 떼어 파는 지경에 이르러도 쉽게 보상하지 못합니다."3)

홍종 시기에 이르러 복역했던 대부분의 부호가 이미 빈곤해져서 "상등 민호가 없었으므로 중등 민호로 충당했다"고 한다. 그러나 시간이 흐를수록 민호의 빈곤함이 더욱 심해져 군역을 대신할 사람을 구할 수 없는 지경에까지 이르렀다. 동북 지역의 상황은 이와 같았고, 서북의 수자리는 다른 곳보다 훨씬 무거웠기 때문에 요가 해결하기 어려운 문제로 대두되었다. 홍종은 일찍이 조서를 내려 "요역은 예전보다 더 늘어나지 않았고, 정벌 역시 항상 있는 것도 아니다. 그리고 해마다 풍년이 들어 창고에 곡식이 가득 차 있는데도 백성이 거듭 곤경에 처한" 이유를 군신들에게 물었다. 소한가노는 "서쪽 수자리만큼 어려운 일은 없습니다. 만약 이 일만 없다면 흉년이 들더라도 이처럼 곤경에 빠져 힘들지 않을 것"이라고 대답했다. 그래서 서북과 동북의 병사를 철수하고, 방위하는 국경의 범위를 축소할 것을 건의했다. 그리고 통치 집단이 노는 것을 절제하게 해 역전(驛傳)을 줄이고, 사치를 경계하기를 바랐다. 또한 백성이 농사에 힘쓸 수 있게 요역을 가볍게 해야만 비로소 생산이 발전한다고 생각했다.4) 홍종은 그를 이 시대의 '대유(大儒)'라고 생각해 친신으로 삼았으나, 정작 그의 의견은 받아들이지 않았다.

이때 진주에서 둔전하고 있던 야율당고도 "가돈성을 축조한 이래 서쪽 오랑캐[西蕃]가 변경에서 환란을 일으킬 때마다 멀리 국경을 수비해야 하는 번거로움이 있어 세월이 갈수록 국력이 소모되고 있습니다. 다시 옛날의 국경을 회복시키는 것은 변경을 지키는 군사들을 줄이는 것만 못할 것입니

---

3) 『遼史』, 「蕭韓家奴傳」.
4) 『遼史』, 「蕭韓家奴傳」.

다"5)라고 지적했다.

이와 같이 유식지사들은 잠재적 위기를 이미 인식하고 있었으므로, 사회적 모순을 완화시키려는 조치를 제출했다. 그러나 흥종은 오히려 "남북이 무사하고" 내부(內府)에 항상 쌓여 있는 풍부한 재물에 도취되어 어떤 것에도 구애받지 않고 하고 싶은 대로 했다. 또한 불교와 도교의 상층 인물과 밀접하게 왕래했는데 심지어 그들을 높은 관직에 임명하기도 했다. 신하들은 경주에 구금된 황태후 소노근을 모셔올 것을 흥종에게 누차 간했지만 전혀 아랑곳하지 않다가, 스님이 보은경(報恩經)을 강론한 후에야 비로소 모셔왔다. 그의 영향으로 숭불 풍조가 나날이 발전했기 때문에 거란 귀족 중에는 자녀들을 승니로 출가시키기도 하고, 금전을 바치거나 사원에 공양하는 사람이 갈수록 많아졌다. 나라를 바로잡으려는 마음은 군신 사이에서 점차 줄어들기 시작했다. 통치 집단의 무기력과 사치, 권력 투쟁은 국가 발전에 나쁜 영향을 끼쳤다. 또한 계급과 민족의 모순도 점차 격화되어 결국에는 인민의 반항 투쟁으로 이어졌다.

2. 도종 시기: 사회 모순의 격화

중희 24년[道宗이 淸寧 元年으로 개원, 1055]에 흥종이 죽고 그 아들 야율흥기(耶律洪基)가 즉위했는데, 그가 바로 도종이다. 도종은 즉위한 날부터 정치적 위기에 직면했다. 흠애정변이 실패한 후에 황태후와 야율중원은 황위 계승을 희망하면서 기다리고 있었다. 흥종의 타협과 양보, 황태후의 지지로 야율중원은 날이 갈수록 제멋대로 법을 위반했지만, 조정의 신료들은 감히 그의 잘못을 지적할 수 없었다. 게다가 오랫동안 군직을 맡아 병권을 장악하고 있

---

5)『遼史』,「耶律唐古傳」.

었기 때문에 흥종과 도종 모두에게 큰 위협이 되었다.

중희 후기에 황위 계승 문제를 둘러싸고 흥종과 야율중원 사이의 모순은 이미 표면화되었다. 심지어 양측이 모두 송 측의 지지를 모색하는 가운데[6] 권력 쟁탈전은 이미 일촉즉발 지경에까지 이르렀다. 흥종 사후에 이러한 난제는 도종에게 그대로 이어졌다. 긴장 상태를 완화하기 위해 도종은 정무를 본 지 이틀 만에 야율중원을 황태숙(皇太叔)으로 책봉해 특수한 대우를 받게 했다. 2년째 되던 해에 그를 다시 천하병마대원수에 임명하고, 청녕(淸寧) 4년(1057)에는 또다시 금권을 하사했다. 그러나 이러한 조치는 결코 효과적이지 못했으며, 황위를 탈취하려는 음모는 더욱 긴박하게 진행되었다.

1) 난하의 정변

청녕 3년(1057)에 야율중원의 모친 흠애황후가 죽자, 그는 유력한 지지자 하나를 잃었다. 그러나 그의 아들 야율날로고(耶律涅魯古)가 이미 성장해 어른이 되었고 그의 야심과 음흉함 역시 부친에 결코 뒤지지 않았으므로, 중원에 또 한 명의 공모자가 생긴 셈이었다. 날로고는 누차 황위를 찬탈하라고 중원을 부추겼다. 7년에 그들은 중원의 병을 구실 삼아 도종이 그들의 장막으로 문병을 오도록 한 후에 암살하려고 했으나 실패했다. 9년 7월에 도종은 태자산(太子山)에서 사냥하기 위해 난하 유역의 행궁으로 왔다. 야율중원 부

---

[6] 중희 23년(1054)에 송 사신 王拱辰이 황태후와 흥종을 혼동강에서 예현했으므로, 다음과 같은 사실을 기록했다. "거란의 국모는 그의 작은 아들 宗元[즉, 중원]을 총애해 황위를 계승하기를 바랐으므로, 공진에게 의도적으로 '남조의 태조와 태종은 친족이더냐?'라고 물었다. 공진이 '형제입니다'라고 답하자 황후는 '참으로 아름다운 일이도다. 어찌 의롭지 않다고 할 수 있겠는가!'라고 말했다. 다음에 거란 황제가 말하기를 '태종과 진종은 어떤 친족인가?'라고 묻자 공진은 '부자입니다'라고 대답했다. 그러자 황제가 말하기를 '어찌 그것이 예라고 아니할 수 있겠는가!'라고 응수했다. 잠시 후 거란 황제가 공진에게 이르러 말하기를 '나는 완고한 동생이 있는데 그는 날마다 나라를 얻으려고 하고 있으니, 남조가 高枕[평온한 생활]을 할 수 없을까 걱정된다!'라고 했다."[『續資治通鑑長編』 卷177 참조]

자는 이때를 절호의 기회라고 판단했으므로, 그들의 행장(行帳)을 도종의 행궁 근처로 옮겼다. 마침 야율양득(耶律良得)이 그들의 시(詩)를 손에 넣어 찬탈 계획을 알아채, 즉시 황태후에게 알려주었다. 태후는 병을 핑계로 도종을 불러 야율중원과 날로고의 음모를 알려주었다. 이를 확인하기 위해 도종은 사자(使者)를 보내 날로고에게 오도록 했으나, 그는 사자를 구류한 채 황제의 명령을 따르지 않았다. 사자가 장막을 베고 도망오자 도종은 비로소 사정이 긴박하다는 것을 깨달았다.

이때 남원선휘사 야율인선(耶律仁先)은 황급히 수레로 행궁을 에워싸 진영을 갖춘 뒤 관속과 근시 30여 기를 이끌고 저항했다. 날로고가 피살되고, 야율중원이 부상을 입자 그 무리는 뿔뿔이 도주해 흩어졌다. 동당 야율살랄죽(耶律撒剌竹)은 해족 사냥꾼들을 협박해 자신들을 원조하게 하고, 중원과 병력을 합쳐 동틀 무렵까지 재차 전투를 치렀다. 남경통군사이자 북원선휘사 소한가노가 해족 사냥꾼들에게 창을 버리고 싸움을 그만두라고 권유하자 그들은 뿔뿔이 흩어졌고, 야율살랄죽은 전사했다. 야율중원은 이미 대세가 기운 것을 알아채고 북쪽의 대막으로 도주했으나, 끝내는 군색하게 자살했다.

마침내 난하에서의 정변으로 30년간이나 이어온 야율중원의 위협이 해소되었다. 반당 세력은 대부분 처벌되었지만, 권력 투쟁은 결코 끝나지 않았다. 이후에 다시 황후와 태자를 모함하는 참담한 사건이 발생했다.

2) 야율을신의 천권

난하에서의 정변 중에 지북추밀사사 야율을신과 야율인선 등이 공동으로 야율중원을 반격해 도종을 보호했다. 사건이 평정된 후에 논공행상을 통해 야율인선과 야율을신은 각각 북원과 남원의 추밀사로 임명되었고, 진왕(晉王)과 위왕(魏王)으로 책봉되어 공신명호(功臣名號)를 받았다. 야율을신은 점차 제멋대로 굴면서 야율인선을 배제했고, 권력을 독점하자 발호하기 시작했다.

대강(大康) 원년(1075)에 황태자 야율준(耶律濬)이 황제의 조서를 받들어 조정을 통솔하면서 법령 제도를 정돈하고 정사를 공정하게 처리했는데, 이는 야율을신의 권세에 위협이 되었다. 그는 황후 소관음(蕭觀音)의 노비 단등(單登)과 교방(敎坊)의 영인(伶人) 주정학(朱頂鶴)을 사주해 황후와 영인 조유일(趙惟一)이 사통했다고 무고하게 했다. 도종은 야율을신과 그 도당인 북부 재상 장효걸(張孝杰)에게 공동으로 심리하게 했으므로, 그들은 마침내 무고를 사실로 만들어 황후를 사지로 몰아넣었다. 그리고 야율을신이 자기 당을 지원하기 위해 동당인 소하말(蕭霞抹)의 질녀를 황후로 맞이하게 했다.

야율을신은 태자 야율준의 보복이 두려워 다시 태자를 모함하기 시작했다. 임아 소암수(蕭巖壽)는 도종에게 은밀히 상주했다. "황태자가 정사에 참여하면서부터 야율을신은 의구심을 품고 재상 장효걸과 뜻을 같이합니다. 아마 또 다른 꾀를 내고 있는 듯하니 요직에 앉혀서는 안 될 겁니다."[7] 이에 도종은 야율을신을 중경유수로 좌천했으나, 반년도 되지 않아 다시 불러들여 계속 북원추밀사로 삼았다.

야율을신은 추밀사로 재임명되자 태자를 모함하는 데 박차를 가하기 시작했다. 대강 3년(1077) 5월에 야율을신은 동당에게 남원대왕 야율살랄과 지북원추밀사사 소속살(蕭速撒) 등 여덟 명이 황태자를 즉위시키고자 모의한다고 무고하게 했다. 도종은 실제 증거도 찾지 못한 채 야율속살과 소속살을 각각 상경유수와 시평군절도사(始平軍節度使)로 좌천하고, 호위 살발(撒撥) 등 여섯 명은 변경으로 유배시켰다. 6월에 야율을신은 다시 그 동당 패인랑군(牌印郎君) 소와도알(蕭訛都幹)에게 "야율살랄 등이 야율을신을 죽이고, 황태자를 옹립하고자 했던 모의에 신들도 가담했습니다. 지금 스스로 말하지 않

---

[7] 『遼史』, 「耶律乙辛傳」.

왔다가 일이 누설되어 연루될까 두려웠습니다"8)라고 거짓으로 자복하게 했다. 도종은 이 사건을 다시 야율을신과 장효걸에게 심리하도록 했다. 이에 따라 황태자는 수감되었고, 야율속살과 소속살 등 수십 명은 사형에 처해졌다. 얼마 지나지 않아 황태자를 다시 서인으로 폐했다. 11월에 야율을신 동당은 황태자를 감옥에서 죽인 뒤 병사했다고 상주했다. 도종은 태자비를 불러들이려 했으나, 야율을신 도당은 그녀조차 죽여 입을 막아버렸다.

5년에 도종이 사냥을 나가자 야율을신은 황손 야율연희(耶律延禧)를 자신의 신변에 두도록 청원했다. 북원추밀사이자 동지점검(同知點檢)인 소올납(蕭兀納)의 거듭되는 경고로 도종은 비로소 야율을신을 의심했다. 도종은 일단 그를 지흥중부사(知興中府事)로 좌천시켰다가 7년에 그 죄를 물어 처형했다. 권력을 마음대로 휘두른 14년 동안 그는 자신과 결탁하지 않고 감히 자신의 죄를 폭로한 사람들을 연이어 조정에서 축출하거나 혹은 무고해 죽였다. 당시에 사람들이 "위왕(魏王, 야율을신)의 공문(空文)을 위반하기보다는 차라리 황제의 명령을 거역하는 것이 낫다"9)고 말할 정도였다. 황후와 태자가 그의 무고로 죽었으니 요 역사상 통치 집단에서 일어난 가장 원통한 사건이었으며, 도종 본인에게도 최대 비극이었다.

이러한 비극의 발생은 요 정치의 부패와 도종의 어리석음에서 비롯되었다. 도종은 충신과 간신을 구분하지 못했고, 황족과 후족 중에 어느 누구도 황후와 태자를 변론해 준 사람이 없었다. 이는 통치 집단의 심각한 갈등과 권력 투쟁의 잔혹함을 보여주고 있다. 어떤 의미에서 이러한 권력 투쟁은 흠애정변과 난하정변의 연속이라고도 말할 수 있다. 흠애황후가 집정하면서부터 후족을 끌어들였고, 이에 따라 세력이 커진 국구소부방(國舅少父房)이 조정을 좌우했다. 종실 간의 권력 투쟁은 이미 후족이 황권을 조종하는 양상으로 변질되었다. 이것은 요 후기에 드러난 권력 투쟁의 특징이었다.

---

8) 『遼史』, 「蕭訛都斡傳」.
9) 『文獻通考』 卷346, 「四裔二十三」, 契丹下.

3) 각 민족의 반항 투쟁

권력 투쟁의 격화와 부패한 정치는 요의 통치 역량을 약화시켰다. 오랫동안 요의 통치를 받던 각 민족도 이 기회에 군사를 일으켜 저항했다. 함옹(咸雍) 3년(1067)부터 수창(壽昌) 6년(1100)까지 요의 경내는 물론이고, 속부에서도 무장 투쟁이 발생했다.

함옹 3년에 남경도의 신성현에서 양종(楊從)이 농민 반란을 일으켜 관속(官屬)을 설치하기도 했다. 5년에 조복과 오국부·부아리부(剖阿里部) 등은 각각 군대를 일으켜 요에 반항했다. 9년에는 오고 부민과 적렬 부민이 절도사를 죽인 후에 군대를 일으켰고, 요의 남부와 동북·서북에서도 잇따라 반요 투쟁이 발생했다. 비록 이런 국부적이며 소규모적인 투쟁은 곧 진압되었지만, 대규모 투쟁의 전주(前奏)였다고 할 수 있다.

대안(大安) 8년(1092)에 조복의 추장 마고사(磨古斯)는 맹렬한 기세로 반요 투쟁을 전개했다. 그는 북조복에 속해 있었으며, 대안 5년(1089)에는 요에서 임명했던 북조복의 수령직을 계승했다. 8년에 요의 속부인 야도괄(耶睹刮)이 변경을 침범하자 서북로초토사 야율하로소고(耶律何魯掃古)가 마고사에게 요군을 도와 그들을 토벌하라고 명령했다. 마고사는 그 명령을 따랐으나 요 군대가 야도괄을 토벌하는 중에 오히려 마고사를 습격했다. 이에 따라 마고사는 요의 금오토고사(金吾吐古斯)를 살해한 후에 군대를 일으켜 반항했다. 9년 봄에 야율하로소고는 도감 소장구(蕭張九)와 함께 그들을 토벌하러 갔으나 오히려 패배했기 때문에 요 군대의 손실이 매우 컸다. 야율하로소고는 해직되었고, 다시 서남면초토사 야율달불야(耶律撻不也)에게 그들을 초무하도록 했다. 10월에 마고사는 항복하는 척하다가 그들의 허점을 이용해 진주(鎭州)의 서남쪽을 습격해 야율달불야를 죽임으로써 항요의 결심을 더욱 확고하게 표명했다.

마고사가 일으킨 반란의 영향으로 요 서부와 서북부에 위치한 각 유목 부족은 고무되어 봉기했다. 북으로 여구하(臚朐河) 유역에서 남으로는 도탑령(倒塌嶺)에 이르기까지, 그 지역의 다찰랄(茶扎剌)·발사모(拔思母)·달리득(達里得)·야도괄(耶睹刮)·파리팔(頗里八)·매리급부(梅里急部) 등이 모두 항요 투쟁의 대열에 가담했으므로, 서북로초토사가 더는 통제할 수 없는 상태에 빠졌다. 요 조정은 어쩔 수 없이 각지에서 징병해 대군을 조직한 후에 다시 토벌하기 시작했다. 11월에 좌이리필(左夷里畢) 야율독타(耶律禿朶)와 위장도관(圍場都管) 살팔(撒八)을 함께 서북로행군도감으로 삼아 마고사를 토벌했다. 또한 남원대왕이자 동지남경유수사(同知南京留守事) 특말파정가노(特末派鄭家奴)가 도탑령을 구원하러 와서 서북의 속부를 전면적으로 진압했다. 그러나 요 군대는 반항 세력에 심한 타격을 주지 못했다. 발사모와 달리득 등은 복종과 반항을 반복했고, 마고사의 위협도 줄곧 상존했다.

　10년(1094) 4월에 요는 다시 지북원추밀사사 야율알특랄(耶律斡特剌)을 도통으로, 야율독타(耶律禿朶)를 부도통으로, 용호위상장군(龍虎衛上將軍) 야율호려(耶律胡呂)를 도감으로 삼았다. 또한 적경궁사(積慶宮使) 소규리(蕭乣里)를 파견해 독전함으로써 마침내 마고사를 토벌했다. 그러나 이번에 유목 부족이 일으킨 무장 투쟁의 파급 효과가 커서 많은 부족이 동시에 반란을 일으켰다. 비록 서로 연합한 적은 없었으나 피차 호응할 수 있었기 때문에 요 군대를 소극적으로 만들었다. 당시 야율알특랄이 군을 집중해 마고사를 토벌할 때 적렬부가 서북로초토사를 습격했으므로, 전세가 불리해진 돈목궁(敦睦宮) 태사 야율애노(耶律愛奴) 부자가 전사했다. 이와 동시에 조복은 다시 도탑령을 습격해 서로군목(西路群牧)의 필마를 전부 약탈해 갔다. 반년이 지난 후에 요는 군사적으로 약간의 전기를 맞이했으며, 이때를 전후해 북조복의 4부와 야도괄·매리급 등을 패배시켰다. 마침내 각 부의 추장은 요의 명령에 따라 조공을 바치고 고지를 반환했다. 이 때문에 마고사 세력은 고립되었으며, 수창 6년(1100)에는 그마저 사로잡혀 책형(磔刑)에 처해졌으므로, 기세가 드높던 유목 민족들의 반요 투쟁은 진정되었다.

비록 이번 투쟁은 실패했지만, 요의 통치에 심각한 타격을 주었다. 요는 모든 군대를 동원했음에도 불구하고 서하의 도움을 빌려서야 비로소 8년에 걸친 반요 투쟁을 진압할 수 있었다. 이때부터 주변의 각 민족에 대한 요의 통제력이 약화되었으므로, 여진과 몽고의 각 부는 발전해 흥기할 수 있는 기회를 얻었다.

2절

천조제의 통치

　수창(壽昌) 7년[천조 즉위 후에 乾統으로 개원, 1101년]에 도종이 죽고 그 손자 야율연희(耶律延禧)가 즉위했는데, 그가 바로 천조황제였다. 도종 시대가 끝나갈 무렵에 이미 능력 있는 관료와 장수가 배척되어 국운이 쇠퇴했을 뿐만 아니라 정국이 호전될 기미도 보이지 않았다. 이러한 상황 속에서 즉위한 천조황제는 대내외적인 정세에 대한 확고한 인식이 없었을 뿐만 아니라 진취성도 부족해 사냥에만 몰두했다. 이때 요는 사회 모순이 더욱 첨예해져 결국 쇠망했다. 이에 대해 도종 시기에 사신으로 왔던 송의 장순민(張舜民)은 야율연희가 단지 명차·고서화·음악·미희 등에 대해 매우 흥미를 느낀다는 것을 알아챘고, "훗날 그는 반드시 장조의(張潮義)처럼 13주를 들고 귀순할 것이며 적어도 40년 안에 이를 볼 것이다"[1]라고 예언했다.

---

1) 王偁,『東都事略』.

1. 정치 부패와 사회 모순의 심화

1) 천조제의 무분별한 정치 행태

　야율을신의 전횡 때문에 요는 커다란 상처를 입었다. 선의황후(宣懿皇后)와 황태자 야율준(耶律濬)의 원안(寃案)은 요 후기에 일대 사건이었다. 그 사건은 관련 범위가 넓고 영향력도 매우 커, 이전에 일어난 황실 내부의 모순과는 사뭇 달랐다. 그래서 야율을신 도당은 물론이고, 그들이 정치에 미친 악영향을 철저히 제거해야만 했다. 우선 원안의 누명을 벗겨주고 야율을신에게 축출된 관료와 장령을 재임용하는 것이야말로, 조정과 사회의 기강을 바로잡는 관건이었다. 그러나 애석하게도 범속한 천조제는 이 문제의 중요성을 인식하지 못했을 뿐만 아니라 관심과 용기도 없었기 때문에 그 시기를 놓쳐버렸다. 비록 그가 즉위하자마자 "조서를 내려 야율을신에게 모함을 받아 쫓겨난 자들은 관직에 복귀시키고, 가산이 몰수된 자들은 재산을 돌려주고, 유배 간 자들은 고향으로 돌아오게 했으나"[2], 야율을신 잔당을 처리하라는 명령은 한마디도 없었다.

　천조제는 사냥에 탐닉해 정사를 게을리했고, 아첨하는 이들만 가까이 할 뿐 성품이 바르고 곧은 이들을 멀리했다. 북부 재상 소올납은 두 차례 원안이 휩쓸고 간 자리에 유일하게 남아 있던 훌륭한 인물로, 야율연희를 황위 계승자로 만들었다. 야율을신 세력이 창궐할 때 그는 죽음을 무릅쓰고 연희를 보호하면서 지도했던 공로가 컸다. 그러나 그는 야율연희가 즉위하기 전에 수차례 직언했으므로, 연희에게 반감을 샀다. 그래서 야율연희는 즉위하자마자 제일 먼저 소올납을 요흥군(遼興軍)절도사로 내보냈다. 이는 태부(太傅)라는 허명만 주어 존숭했을 뿐 조정으로부터 멀리 떨어지게 한 것이다. 이후에

---

[2] 『遼史』, 「天祚皇帝紀」.

천조제는 소올납에 대한 간신들의 모함을 쉽사리 믿어 태부의 관직을 박탈하고 영변주자사(寧邊州刺史)로 좌천시켰다. 그리고 조서를 내려 선조에 관한 일을 더는 거론하지 못하도록 했기 때문에 원안을 바로잡지 못했다.

야율을신을 몹시 싫어했기 때문에 진주(鎭州)로 유배 갔던 야율석류(耶律石柳)는 건통 초에 소환되었다. 그는 황제에게 을신당을 처벌해야 한다고 강력하게 주청하기를 "역적 무리를 모두 정리해 나라의 법을 바로잡고, 사방의 충성스럽고 의로운 마음을 모으기 위해서는 상벌의 용도를 명확히 밝혀야 할 것입니다. 그래야 비로소 나라가 태평성세에 이르게 될 것입니다"[3]라고 주장했다. 이어 그는 태자 야율준의 억울함과 야율을신의 전횡에 관한 일을 상주했으나, 천조제가 받아들이지 않았기 때문에 몹시 원통해하지 않을 수 없었다.

건통 2년(1102)에 천조제는 "야율을신 무리를 주살하고 그 자손을 변방으로 보내라고 했으며, 야율을신과 야율득리특의 무덤을 파헤쳐 부관참시하고 그 가속들을 야율을신에게 죽은 사람들의 집에 나누어 주라고"[4] 조서를 내렸으나, 진지하게 추진할 마음은 없었다. 조사를 맡은 북원추밀사 야율아사(耶律阿思)는 재능은 있었으나, 탐욕스러웠기 때문에 선비들은 장차 그가 재앙의 근원이 될 것이라고 지적했다. 그러나 천조제는 오히려 그를 우월로 삼아 나라의 흥망성쇠와 관련 있는 대사를 처리하도록 했다. 예상대로 야율아사는 뇌물을 받고 법을 어겼다. 예를 들어 야율준을 모함한 주범은 내버려 둔 채 오히려 죄가 가벼운 이들만 종종 죄명을 꾸며 처벌받게 했다. 동지북원추밀사사(同知北院樞密使事) 소득리저(蕭得里底)는 야율아사에게 빌붙어 적당히 책임을 회피했다. 다행히 당시에 경순사(警巡使)였던 마인망(馬人望)이 "공정한 마음으로 사건을 처결해 살아난 사람이 매우 많았다"[5]고 한다.

---

3) 『遼史』, 「耶律石柳傳」.
4) 『遼史』, 「天祚皇帝紀」.
5) 『遼史』, 「馬人望傳」.

결과적으로 야율을신 도당에 대한 조사는 대충대충 끝내버렸고, 탐오한 무리들이 계속 집권해 아첨하는 자들만 진급할 수 있었다. 영신(佞臣) 소호독(蕭胡篤)은 천조제가 "사냥할 때마다 그 즐거움을 말하면서 비위를 맞추었고, 황제도 그것이 좋아 그대로 따랐다. 국정의 문란함과 흐트러짐이 이로부터 비롯되었다고 할 것이다"6)라고 기록되어 있다. 소호독은 이로 인해 영흥궁(永興宮) 태사에서 전전부점검(殿前副點檢)·지북원추밀사사로 승진했다. 소봉선(蕭奉先)·소보선(蕭保先)·소사선(蕭嗣先)은 황후의 형제였으므로 관직을 맡았다. 그들은 군정에 관한 재능이 전혀 없었고 오직 아첨하면서 총애를 받는 데만 전념했기 때문에 나라의 존망에 대한 관심은 찾아볼 수 없었다. 또한 충성스럽고 곧은 선비를 배척하고 아첨하고 욕심 많은 모리배만 추천했기 때문에, 요의 정세는 날이 갈수록 더 나빠져 수습할 수 없게 되었다.

2) 통치 집단의 부패와 태만

요의 황제는 어로와 수렵 활동으로 무예를 익히는 동시에 오락을 즐겼다. 그러나 요 말기에 이르면 무예보다는 오락에 치중했으므로, 사냥 활동이 나라 일을 망치게 했다. 성종은 격국(擊鞠: 打馬球)을 너무 좋아했으므로 마득신(馬得臣)이 이를 절제하도록 간언한 적이 있다. 그리고 도종은 사냥을 자주 다녔기 때문에 황후가 이를 간언하다가 둘 사이만 멀어졌다. 천조제 역시 사냥 때문에 정무에 관심을 두지 않았다. 그는 강제로 징발한 여진 귀족의 자제와 함께 사냥을 다니면서 그들에게 사슴을 몰고, 호랑이를 쏘고, 곰을 때려잡게 했다. 천조제는 이 일에 신명이 나면 관리들에게 제멋대로 상을 내렸다.

황제가 춘날발 시기에 고니를 포획하려면 해동청이라는 매가 반드시 필요했다. 해동청은 해동 즉 타타르 해협 이동[庫頁島 일대]에서 날아왔는데, 주

---

6) 『遼史』, 「蕭胡篤傳」.

로 조복·오국·비골덕부 등에서 공물로 바쳤다. 그리고 응방(鷹坊)의 자제가 매년 오국과 여진 등에 들어가 이를 구했다. 도종 시기에는 응방 외에 일반 백성이 사육하는 것을 허락했기 때문에 해동청에 대한 수요가 많아졌다. 그러나 오국부가 끊임없이 요에 반항해 응로(鷹路)가 자주 막혔기 때문에 요는 여진인에게 반란을 진압하게 했다. 요 군대가 자신의 경계까지 깊숙이 들어오는 것을 원치 않았던 여진인도 직접 병사를 일으켜 오국부를 토벌했다.[7] 하지만 부담이 가중된 여진인은 불만을 품기 시작했다.

요동 지역에 강이나 호수로 연결된 작은 물길에서 생산되는 진주는 아주 유명하고 진귀해 이른바 북주(北珠)라고 불렀다. 천조제와 동시에 북송에서도 휘종이 즉위했다. 휘종은 사치스러운 생활을 즐겼으므로, 요와의 각장 무역을 통해 북주를 구매했다. 천조제는 일찍이 북주의 수출을 금지하고자 했으나, 신료들이 송 왕조가 창고를 털어 무용지물을 구매한다면 나날이 곤궁해질 것이라고 진언했으므로 그 교역을 내버려 두었다. 그러나 천조제도 뜻밖에 사치 풍조의 영향을 받아 송 휘종의 호사를 몹시 경모했고, 거란 귀족도 점차 북주를 선호하기 시작했다. 그러나 여진 각 부가 공납하는 수량만으로는 늘어나는 수요를 만족시킬 수 없었기 때문에 여진과의 각장 무역을 통해 그것을 구매했다.

이때 요는 임의로 가격을 내리도록 하면서도 항상 여진인을 능멸했다. 더욱이 요 말기에 기강이 문란해진 관리들은 끝도 없이 재물을 요구했다. 누구든 동경유수이자 황룡부윤(黃龍府尹)으로 부임하게 되면 항상 여진에게 예물을 바치도록 요구했다. 또한 조정에서 파견된 은패천사(銀牌天使)는 더욱

---

[7] 도종 수창 2년(1096)에 紇石烈部의 阿閤版과 石魯가 오국부의 鷹路를 차단하고 요의 捕鷹使者를 살해하자, 요는 생여진 절도사인 완안부의 盈哥로 하여금 이를 토벌하게 했다. 이는 실제로 여진과 요가 상호 이용한 것이다. 요는 생여진 절도사인 완안부의 영가를 이용해 응로를 원활하게 했고, 영가는 요의 위세를 빌려 여진 각 부를 통일하고자 했던 것이다. 영가가 병사한 후 형 핵리발의 동생인 烏雅束이 계승한 후에 완안부는 여진 부족에 대한 통제를 더욱 강화하는 동시에 고려와 협조함으로써 훗날 있을지 모를 요와의 전쟁을 준비했다._옮긴이 주

거만하고 난폭해져서 여진으로 일을 보러 갈 때마다 즉시 "백방으로 부락을 수색하고, 그 명을 받들지 않으면 우두머리를 불러 매를 가했는데, 심한 경우에는 죽이기까지 했다"[8]고 전해진다. 그리고 "사자들은 끊임없이 대국의 명령이라면서 유부녀이든 높은 신분이든 아랑곳하지 않고 오직 아름다운 여인만을 택해 잠자리를 요구했다"[9]고 한다. 그래서 여진 각 부의 불만을 초래했고, 반요 정서는 날이 갈수록 고조되었다.

천조제의 군신도 사냥을 일삼고, 앞다투어 향락에 빠져 자신의 부를 과시했다. 백성에 대한 착취는 물론이고, 국고와 지방 관부의 재물을 불법으로 차지했다. 매년 춘날발 시기에 거란 귀족은 모두 장춘주(長春州)에 있는 전백사(錢帛司)에서 돈을 빌렸다. 이러한 풍조는 지방의 전곡 출납을 매우 혼란시켰고, 심지어 창고를 텅 비게 했다. 관료는 오로지 재물을 거두어들이는 데만 몰두하고, 지방 관아의 서리도 거리낌 없이 불법을 저질렀다. 백성은 원한이 골수에 사무쳐 기회만 있으면 바로 저항할 태세였다.

천조제의 군신은 나태함을 답습해 관리의 부정부패와 서리의 발호를 그대로 방임한 채 시정할 생각조차 없었다. 그들은 나날이 격화되는 사회 모순을 완화시키려는 어떠한 조치도 취하지 않았다. 일부 장래가 촉망되는 관료가 상서를 올려 국가의 중대사를 처리하고, 불법 행위자를 처벌하려 했으나 당시 권력자들에게 받아들여지기는커녕 오히려 모함을 받아 관직에서 쫓겨났다.

3) 과중한 부역과 계급 모순의 격화

흥종 시기에 동북과 서북 변경의 수자리는 백성을 나날이 빈곤하게 했다. 동북과 서북의 민족이 잇따라 반란을 일으켰기 때문에 요는 국력을 쏟아

---

[8] 『契丹國志』 卷10, 「天祚皇帝上」.
[9] 『三朝北盟會編』 卷3.

토벌과 안무를 동시에 하면서 간신히 대응했다. 요 말기에 각 부가 부담하던 군역 이외에 주현의 부역(賦役)도 부단히 증가했다. 예를 들어 역체(驛遞)·우마(牛馬)·기고(旗鼓)·향정(鄕正)·청예(廳隷)·창사(倉司) 등이 끼친 피해가 너무 심해 백성이 파산하기에 이르렀다.

여진이 군사를 일으키자 동북 변경의 방어를 위해 요는 여러 차례 징병했다. 호(戶)의 재산을 계산해 출군하도록 명령했으므로, 백성은 대부분 파산했다. 또한 여진과의 전쟁에서 패배한 병사들은 반란을 일으키거나 혹은 도적이 되어 주현을 약탈했지만, 조정은 전혀 단속하지 못했다. 이때 요는 밖으로 속부의 반항이 심화되고 안으로는 백성의 반란과 패잔병의 폭동이 일어났지만, 천조제는 속수무책이었다. 그는 멸망해 가는 형세를 더는 돌이킬 능력이 없었다.

2. 여진인의 반요 투쟁

요 중기 이후에 여진의 완안부(完顔部)는 점차 강대해져 생여진의 부락 연맹을 조직하기 시작했다. 도종 시기에 아골타(阿骨打)의 조부 오고내(烏古乃)는 요를 도와 오국부를 토벌한 공적으로 여진 부족의 절도사에 임명되었다. 이후 완안부의 수령직은 부친이 죽으면 자식이 계승하거나 형을 대신해 동생이 그 뒤를 이었다. 완안부는 요에 조공과 교역을 하는 한편, 그들을 도와 반역하는 부족을 토벌하기도 했다. 완안부는 요의 위세를 빌려 생여진의 여러 부를 정벌하면서 그들의 실력을 쌓는 반면에 각 부의 반요 정서를 이용해 요와 맞섰다.

1) 소해리의 반요 투쟁과 여진의 흥기

홍종 이후에 통치 집단 내부의 권력 투쟁은 형식 면에서 큰 변화가 일어났다. 성종이 장자계승제를 확립하자 이전에 있었던 종실 간의 권력 투쟁은 통제되었다. 그러나 이를 대신해 후족의 소씨 집단이 정권을 농단하기 시작했는데, 소씨의 각 족장(族帳)은 서로 배척하고 심지어 인정사정없이 상대를 참살했다. 도종 말년에 대구국장(大國舅帳)의 낭군(郞君) 소해리(蕭海里 또는 解里)는 망명자들을 사적으로 키우면서 마음대로 법을 위반했으며, "그들의 음식 비용을 부민에게 강제로 거두었다"[10]고 전해진다.

건통(乾統) 2년(1102)에 그는 살인을 저질러 체포되기에 이르자 반란을 일으켰다. 그 무리가 천명에 이르렀고, 건주(乾州: 지금의 遼寧省 北鎭西南觀音洞)와 현주(顯州: 지금의 遼寧省 北鎭西南北鎭庙)를 함락해 무기고를 탈취했다. 요는 북면임아(北面林牙) 학가노(郝家奴)를 파견해 섬멸하려 했으나 성과가 없었으므로, 생여진 절도사 영가(盈歌 또는 楊割)에게 토벌하도록 명령했다. 한편 소해리도 완안부에 사신을 파견해 "태사와 친구이기를 원하며, 요를 함께 정벌하자고 제안했으나"[11] 영가는 거절했다. 그런 후에 병사 1,000여 명을 동원해 소해리의 수급을 벤 후에 요에 바쳤다.

반란 세력을 토벌하는 과정에서 여진인은 요 군대가 약체라는 것을 간파했기 때문에 요에 대한 경외심은 줄어든 반면, 항요의 자신감은 늘어났다. 동시에 소해리를 섬멸할 때 많은 무기를 획득했으므로 그들의 군사력은 증대했다. 이로써 그들은 더욱 "농사에 힘을 쏟고, 병마를 훈련시키는 동시에 많은 북주와 명마를 매년 요의 권문귀족에게 뇌물로 바쳤지만",[12] 점차 요에 대해 불손한 마음이 생겨 동남쪽으로의 발전에 주력하기 시작했다.

---

10) 『契丹國志』卷9, 「道宗天福皇帝」.
11) 『金史』, 世紀.
12) 『遼史拾遺』卷10에 인용된 汪藻, 「謀夏錄」.

따라서 여진의 흥기로 비롯된 재앙을 예견한 일부 장수는 부단히 천조제에게 그들을 주목해야만 한다고 피력했다. 영강주자사로 좌천된 소올납은 "소해리가 여진으로 도망치면서부터 저들이 조정을 깔보는 마음이 생겼으니, 당연히 군사를 증원해 뜻밖에 일어날지 모르는 사태를 준비해야만 한다고" 상주했으나, 천조제는 아무런 결정도 내리지 않았다. 천경(天慶) 11년(1111)에 지황룡부사가 되어 동북로통군사의 직책을 맡은 그는 다시 상소를 올려 "신의 관할 지역은 여진과 경계를 접하고 있습니다. 저들이 하는 짓을 살피건대 그 뜻이 작지 않습니다. 당연히 저들이 행동하고 있지 않을 때 먼저 군사를 일으켜야만 할 것입니다"[13]라고 말했으나, 여전히 따르지 않았다.

2년에 천조제가 춘날발로 가면서 춘주(春州)에 잠시 머무르자 생여진 각 부의 수령이 내조(來朝)했다. 때마침 두어연(頭魚宴)이 개최되어 각 부족장이 순서에 따라 춤을 추며 흥취를 돋우었지만, 오직 아골타만이 사양했다. 다음 해에 아골타는 그의 형 오아속(烏雅束)을 계승해 생여진 절도사가 되었으나, 춘날발 두어연에서 황제의 명을 따르지 않는 죄를 지었기 때문에 요에 대해 의구심을 품었다. 더욱이 오아속의 장례를 치를 때도 요 사신과 시비가 붙었다. 그런데도 천조제는 사냥 때문에 정무를 등한시한 채 절도사의 임명에 관해서도 오랫동안 결정을 내리지 않았으므로, 아골타는 마침내 의심하기 시작했다. 게다가 요가 생여진의 통일을 방해했기 때문에 아골타는 각 부의 반요 정서를 이용해 자위를 도모하는 한편, 군대를 일으켜 반항할 기회를 엿보았다.

두어연 후에 천조제는 일찍이 추밀사 소봉선에게 구실을 찾아 아골타를 암암리에 제거하라고 밀명을 내려 후환을 없애고자 했다. 그러나 소봉선은 오히려 아골타는 멀리 있는 수준 낮은 오랑캐로서 예절도 모르고 요에 일관되게 복종하고 있으니 큰 잘못도 없는데 살해하는 것은 각 부에 나쁜 영향만

---

13) 『遼史』, 「蕭兀納傳」.

줄 것이라고 판단했다. 동시에 여진은 작은 나라에 불과해 설령 반역하고자 하는 마음이 있더라도 이를 수행할 능력이 없다고 생각했다. 이후 소봉선은 생여진 각 부의 분규와 아골타의 통일 운동을 모두 하찮게 여겼기 때문에 천조제에게 보고조차 하지 않았다.

2) 영강주와 출하점 전투

여진인이 반항했던 직접적인 원인은 요의 압박과 내정 간섭이었다. 아골타가 최초로 군대를 일으킨 구실은 바로 아소(阿疎) 사건이었다. 수창 2년(1096)에 생여진의 절도사이자 완안부의 수령인 영가가 온도부(溫都部)를 토벌하고 나서 성현수(星顯水: 지금의 吉林省 布爾哈通河)에 도착하자 흘석렬부(紇石烈部)의 아소가 저지했다. 영가가 병사를 파견해 아소성(阿疎城: 지금의 吉林省 延吉市 부근)을 포위하자 아소는 요로 달려가 호소했다. 6년에 요는 사신을 파견해 영가에게 포위를 풀라고 명령했지만, 영가는 계획적으로 요 사신을 쫓아내고 아소성을 함락했기 때문에 아소는 돌아올 수 없었다. 요는 다시 사신을 파견해 성을 반환하라고 명령했으나, 영가는 응로(鷹路)가 막혔다고 속이면서 생여진 절도사가 아니면 개통할 수 없다고 큰소리쳤다. 그래서 요는 영가에게 응로를 막은 자들을 토벌하게 한 뒤 사신을 파견해 그 공으로 상을 내렸다. 더는 아소성에 관한 일을 언급하지 않았으므로, 아소는 어쩔 수 없이 요에 머물렀다. 이후에 여진은 요와의 교섭을 통해 반역자 아소를 반드시 돌려보내야 한다고 주장했다.

천경 4년(1114)에 아골타는 다시 아소의 소환을 명분으로 요에 사신을 파견해 요의 동향과 방비 태세를 관찰하게 했다. 이때 요는 천조제가 정치를 제멋대로 해 방어 체제가 문란해졌다는 사실을 확실히 알게 되었다. 그래서 아골타는 각 부의 수령을 소집해 요충지를 방비하고, 성보(城堡)를 건설하고, 무기를 수리하게 함으로써 요에 대한 무장 투쟁을 준비했다. 요는 추밀원 시어(侍御) 야율아식보(耶律阿息保)를 여진에 파견해 국경에 많은 성보를 건축한 이유를 물었으나, 여진은 여전히 아소를 귀환시키라는 말만 되풀이했다. 야율아식보가 돌아와 여진의 변경 수비에 관한 정황을 구체적으로 보고하자 비로소 동북 지역의 방어 태세를 갖추기 위해 혼하(渾河) 북쪽의 여러 군대를 옮겨 동북통군사의 병력을 증강시켰다. 가을에 아골타는 다시 두 차례에 걸쳐 사신을 파견하면서 여전히 아소의 소환을 명분으로 내세웠으나, 실제로는 병력 배치의 정황을 탐색하기 위한 것이었다. 요가 아직 군대를 배치하지 못한 틈을 이용해 출병을 서둘렀다. 9월에 아골타는 영강주를 공격하기로 결정했으므로, 내류수(淶流水: 지금의 拉林河)에 장병들을 집합시켰다.

요동북로통군사는 천조제에게 여진이 군사를 일으켜 영강주의 장수를 공격했다는 사실을 보고했으나, 천조제는 경주(慶州)에서 사냥에만 몰두할 뿐 변경에 관한 일에는 별로 개의치 않았다. 다만 해주(海州)자사 고선수(高仙壽)에게 발해군을 이끌고 가서 지원하도록 했다. 마침내 여진 군대가 요의 경계로 들어와서 제일 먼저 발해군을 공격했다. 양군은 "수차례 싸웠으나 발해군은 대패했으며 병사의 대부분은 죽거나 사로잡혔다"[14]고 하며, 요 병사는 "서로 밟혀 죽은 자가 열 명 중 일고여덟 명이었다"[15]고 전해진다. 이때에 여진군은 승세를 몰아 영강주를 공격했다. 동북로통군사 소올납은 군을 이끌고 동문으로 나가 응전했으나, 그 손자가 불행하게도 전사했다. 소올납은 성을 버려둔 채 300여 기를 이끌고 혼동강을 건너 서쪽으로 도망쳤다. 10월에 여진은 "영강주를 쳐부수면서 노소(老少)를 막론하고 다 죽여버렸다"[16]고 한다.

영강주는 요와 여진이 무역하는 각장(榷場) 중 하나였으며, 동북쪽 변경의 전초 기지였다. 이곳의 함락은 요 조정을 진동시켰다. 천조제는 군신을

---

14) 『契丹國志』 卷10, 「天祚皇帝上」.
15) 『金史』, 「太祖紀」.
16) 『契丹國志』 卷10, 「天祚皇帝上」.

소집해 대책을 토론했으나, 군신의 의견은 일치되지 않고 토론만 거듭될 뿐이었다. 여진에 대한 요의 통제력이 비로소 상실되기 시작했다.

천조제는 소사선을 도통으로, 소올납을 부도통으로 삼아 거란과 해의 군대, 중경의 금군, 각 지역에서 징발한 용맹스러운 이들을 출하점(出河店: 지금의 黑龍江省 肇源縣 茂興站南吐什吐)에 주둔시켜 여진을 방비했다. "당시 요는 태평을 누린 지 오래되었으므로, 여진이 군사를 일으켰다는 소식을 접하자 모두 종군해 상을 얻기 바랐는데, 종종 가속을 군영에 따르게 했다."[17] 이러한 변경의 방어 태세가 마치 어린애 장난같이 보였다. 여진인은 첫 전투의 승리로 사기가 충만해 있었고, 요 군대가 적을 얕잡아보는 것 또한 그들에게 진격할 기회를 제공했다.

11월에 아골타가 군대를 이끌고 몰래 혼동강을 건너와 요의 진영을 습격했다. 요 군대는 괴멸되었고, 도압관(都押官) 최공의(崔公義)와 형영(邢潁) 등도 전사해 마침내 출하점이 함락되었다. 여진 군대는 승세를 타고 100여 리나 추격했다. 알론박(斡論泊 또는 長泊: 출하점 서남쪽)에 도착한 후에 도통 소사선과 소올납을 다시 패배시켜, 요 군대의 가속과 우양(牛羊)·치중(輜重: 운송되고 있는 중형 무기와 군량·피복 등 군수 물자를 가리킨다)·무기 등을 획득했다. 다시 빈주(賓州: 지금의 吉林省 農安縣 북쪽 경계 紅石壘廣元店古城)와 함주(咸州: 지금의 遼寧省 開原縣 老城鎭)를 잇따라 함락했다. 마침내 여진은 동북 변경의 강적이 되었다.

요의 통치 집단은 지나치게 자만해 개선하려는 의지가 없었고, 각 민족의 불만과 반항에 대해서도 무심하게 처리했다. 또한 관료와 장수 사이에 적을 얕잡아보는 생각이 만연해 변경을 방어하자는 건의조차 모두 나약하고 비겁하다는 이유로 배척되었다. 이는 변경의 방어를 문란시키고 장수들을 태만하게 했는데, 이것이 요 군대가 패배한 근본적인 원인이었다. 소봉선 형

---

17) 『契丹國志』 卷10, 「天祚皇帝上」.

제는 "황제와 후비의 은총을 얻기 위해 항상 아첨에만 전념했고, 한인과 어울려 서로 도당을 만들었다"[18]고 한다. 또한 격국·사냥·가무·여색으로 황제를 기쁘게 했다. 천조제는 한쪽 말만 곧이듣거나 시비가 불명확했기 때문에 정직하고 장래성 있는 관료와 장수의 적극적인 태도에 심각한 타격을 주었다. 따라서 요의 통치 집단은 날이 갈수록 해이해졌고, 천조제 역시 신료의 신임과 지지를 잃었다.

출하점 전투에서 실패한 뒤 소봉선은 자기 동생이 패배의 책임으로 처벌받을까 봐 두려워했다. 그는 황제에게 "동쪽으로 정벌을 나갔다가 궤멸한 군대가 이르는 곳마다 약탈을 일삼았지만, 만약 그들을 용서하지 않으면 무리를 이루어 근심거리가 될지도 모른다는" 이유를 들어 사면해 줄 것을 주장했다. 천조제는 군기를 바로잡고 군대의 권위를 진작시키기는커녕 오히려 소봉선의 말에 따라 소사선을 관직에서 물러나게 했을 뿐이었다. 이런 조치는 매우 심각한 결과를 초래했기 때문에 병사들 사이에 "싸우면 죽음만 있고 공로도 없지만, 후퇴하면 살아남고 벌을 받을 일도 없다"[19]라는 말이 돌기 시작했다.

3) 천조제의 친정

요의 사람들은 "여진 병사가 만약 만 명에 이르면 대적할 수 없다고" 예단했다. 출하점 전투에서 여진의 병력은 이미 1만여 명까지 늘어나 요에 큰 위협이 되었다. 천조제는 영강주와 출하점 전투의 실패가 추밀사 소봉선이 군사 전략을 알지 못한 결과라고 생각했기 때문에 남부 재상 장림(張琳)과 오용(吳庸) 등을 불러 여진 정벌의 일을 맡겼다. 원래 군사에 관한 일을 알지 못했을 뿐만 아니라 범속하고 진취적이지 못한 장림은 이러한 중임을 맡을 만

---

18) 『契丹國志』卷19, 「蕭奉先傳」.
19) 『遼史』卷27, 「天祚皇帝一」.

한 인물이 아니었다. 장림은 옛 제도에 따르면 한인이 군국의 대사에 참여할 수 없다고 사양했지만, 황제가 윤허하지 않았다. 그들은 어쩔 수 없이 병사를 널리 모집한 후에 길을 나누어 진격해야 한다는 책략을 대충 제시했다.

그러자 천조제는 중경·상경·장춘·요서 등에서 호(戶)의 자산에 따라 군인을 출동시키도록 했다. 즉 300관(貫)마다 병사 한 명을 내어 20일 만에 지정된 장소에 도착하도록 했다. 이러한 명령은 시간이 촉박하고 엄격했을 뿐만 아니라 심지어 한 호에서 200명의 병사를 내보내야 하는 곳도 있었다. 게다가 한순간에 준비해야 했기 때문에 대부분 창과 칼, 모전과 방패만으로 숫자를 채웠을 뿐 궁노(弓弩)와 철갑(鐵甲)은 100명 중 한두 사람밖에 없었다. 이때 각 지역은 소란스럽고 불안해져 민심이 동요하기 시작했다.

12월에 북원추밀사 야율알리타(耶律斡里朶 또는 斡離朶)는 행군도통으로, 야율장노(耶律章奴 또는 張奴, 張家奴)와 소을설(蕭乙薛)을 부도통으로 임명했고, 그들은 각각 내류하(淶流河)·황룡부(黃龍府)·함주(咸州)·호장곡(好草峪)으로 나누어 사방을 방어했다. 5년 정월에 천조제는 금과 강화하려고 사자를 보내면서 종주국으로서의 권위를 세우기 위해 아골타에게 항복하도록 강요했다. 아골타는 여전히 아소를 돌려보내고 황룡부를 다른 곳으로 옮기라고 요구하면서 황룡부를 공격했다. 금군이 익주(益州: 지금의 吉林省 農安縣 境內)에 도착하자 요 군대는 황룡부로 물러나 지켰다. 아골타는 황룡부의 수비군을 견제하게 하면서, 자신은 군대 일부를 이끌고 가서 달로고성(達魯古城: 지금의 吉林省 扶餘市 伯都訥附近의 土城子)을 공격했다. 여진 군대와 맞서 싸우다가 패한 야율알리타가 군대를 내버려 둔 채 먼저 퇴각해 버리자 장병들은 스스로 도통을 추천해 금군과 다시 맞섰으나, 잇따라 패배해 병사와 무기를 거의 다 잃었다.

여진이 군대를 일으킨 이후에 요의 군대는 그들과 세 번 싸워 세 번 모두 졌으나, 천조제는 이를 대수롭지 않게 여겼다. 그는 여전히 상국(上國)으로 자처하면서 여진을 부용국으로 보았기 때문에 단지 사신만 파견하면 아골타가 곧 항복할 것이라고 여겼다. 3월부터 6월까지 사신을 세 차례 보내면서 천조제는 아골타의 이름을 들어 직접 책망했고, 이러한 협박만으로 그들이 굴복하기를 바랐다. 요 사신은 아골타가 결코 순종하지 않을 것을 너무 잘 알았지만, 천조제는 여전히 깨닫지 못하고 있었다. 이때 아골타의 태도는 날이 갈수록 점점 강경해져 회신하는 국서에 야율연희라는 이름을 그대로 적었고, 오히려 항복하라고 타일렀다. 또한 요 사신 여섯 명을 차례로 구금했다. 강화는 조금도 진척이 없었고, 전황도 나아질 기미가 없었다. 7월에 야율알리타가 백마박(白馬泊)에서 또 패배했다. 9월에 여진군은 황룡부를 공격해 점령했다.

황룡부는 요의 동북 변경의 요충지였으며, 병마도부서사(兵馬都府署司)를 설치해 동북의 오국부·여진부 등의 군정 사무를 주지하던 곳이다. 그곳의 함락으로 동북 지역이 위급해졌고, 요 조정을 충격에 빠뜨렸다. 9월에 천조제는 어쩔 수 없이 친정하겠다고 조서를 내렸다. 그는 스스로 번병(蕃兵)과 한병(漢兵) 10만 명을 이끌고 위장사(圍場使) 소아불(蕭阿不)을 도통으로, 야율장노를 도감으로 삼아 장춘로 북쪽에서 낙타구(駱駝口)로 나갔다. 도점검 소호독(蕭胡篤)과 추밀직학사 시의(柴誼)는 한족 병사 3만 명을 이끌고 남쪽에서 영강주로 나왔다. 부마 소특말(蕭特末), 임아 소사랄(蕭查剌 또는 察剌)은 기군 5만 명과 보병 40만 명을 이끌고 알린박(斡隣泊)에 주둔했다.

그렇다고 천조제가 나랏일에 뜻을 둔 것은 아니었다. 이번에 실시하는 위세 높은 친정에 대해 충분한 각오는커녕 주도면밀한 전략적 배치도 없었고, 쌍방의 형세와 전투력에 대한 분석도 전혀 하지 않았다. 또한 심리적으로 불안한 병사들이 명령을 잘 따르지 않는 치명적인 약점을 이해하지 못한 채 단순히 군대의 숫자가 훨씬 많기 때문에 수개월이면 여진 세력을 제거할 것이라고 확신했다.[20]

---

[20] 당시 요군은 기병 5만 명, 보병 40만 명, 친군 70만 명 등 무려 120만 명 정도의 병력을 갖추고 있었으므로, 2만 명의 금군에 비해 수적으로 월등히 우세했다. _옮긴이 주

반대로 아골타는 여진인의 원한을 충분히 이용해 공동의 적에 대한 적개심을 불태우도록 병사를 격려했다. 사기가 충만한 병사들은 목숨을 걸고 저항하기를 맹서했고, 앞다투어 참전할 것을 요구했다.[21] 그 결과 소호독이 이끄는 선봉군이 날리수(捺攋水: 지금의 拉林河)에 이르러 여진병과 일전을 펼쳤으나 참패했다. 이어 친정군에서도 병변이 일어났다. 야율장노 등이 배반해 군을 이끌고 돌아갔으며, 천조제를 폐위시킨 후에 새로운 황제를 옹립할 것을 모의했다. 친정군의 군사적 배치는 완전히 무너졌고, 천조제는 반란을 진압하기 위해 서둘러 회군했다.

3. 요 통치 집단의 분열

1) 야율장노의 폐립 활동

야율장노는 황족 계부방(季父房)의 후예로서 숙직관(宿直官)과 동북로통군(東北路統軍)의 장령을 역임했고, 수차례 여진에 사신으로 갔다 오면서 천조제의 무능함과 아골타의 원대한 포부, 여진인의 반요 정서에 대해 모두 이해하고 있었다. 황룡부가 함락되면서 그는 이미 천조제에 대한 믿음을 잃었다. 거란 귀족의 통치 체제를 유지하기 위해 그는 천조제를 폐출하고, 새로운 군주를 세워야만 한다고 생각했다. 유능한 군주에게 나라를 맡기고 싶었

---

21) 『三朝北盟會編』 卷3에 따르면 "아골타는 여러 추장을 모아놓고 칼로 얼굴을 긋고, 하늘을 우러러 통곡하면서 말하기를 '처음 그대들과 함께 군사를 일으킨 것은 거란의 잔학한 괴롭힘에 고통을 당했기 때문에 우리 자신의 국가를 만들고자 했을 뿐이다. 이제 나는 그대들을 위해 비굴하고 애절하게 항복을 청하려고 한다. 아마도 그렇게라도 하면 화는 면할 수 있을지 모른다. 지금 보건대 천조제가 우리를 몰살하려고 하는데 한 사람 한 사람이 모두 죽기로 나서 싸우지 않으면 도저히 당해낼 수 없다. 차라리 너희가 내 일족을 죽이고 항복한다면 전화위복이 될 것이다'라고 말해 여진 병사들의 사기를 고조시켰다"고 한다. _옮긴이 주

던 그는 천조제의 숙부 위국왕(魏國王) 야율순(耶律淳)을 선택했는데 그는 당시 남경유수였다.

천경 5년(1115) 9월에 야율장노는 비록 친정군의 도감이었지만 힘을 다해 싸우지 않았고, 소호독이 맡은 전군(前軍)이 패배하자 12월에 야율순의 아들 야율아살(耶律阿撒), 야율순의 아내 소적리(蕭敵里), 야율순의 처조카 소연류(蕭延留) 등과 함께 300명을 이끌고 도주해 돌아왔다. 그는 소적리와 소연류를 파견해 야율순에게 이 사실을 급히 통보하면서 추대할 뜻을 밝혔다.

야율순은 감히 이에 호응하지 못하고 야율장노가 파견한 사자들의 목을 베어 천조제에게 바쳤다. 야율장노는 폐립 사건이 실패하자 반란군과 연결해 상경도의 경주(慶州)·요주(饒州: 지금의 내몽고 赤峰市 林西縣 小城子)·회주(懷州: 지금의 내몽고 赤峰市 巴林右旗 幸福之路)·조주(祖州: 지금의 내몽고 巴林左旗 哈達英格) 등을 공략했다. 조주에서는 태조의 사당으로 가서 자신의 속마음을 표명했고,22) 경주에 이르러서는 다시 주현과 여러 능의 관료에게 격문을 전달했다.

야율장노가 일부 관료와 장수, 심지어 지방의 서리와 백성을 대표해 천조제에게 대항하자 따르는 이들이 나날이 늘어났다. 반요 투쟁을 전개하던 요주의 발해인과 중경의 후개(侯槪) 등도 무리를 이끌고 잇따라 호응했으므로 그 무리가 수만 명으로 불어났다. 야율장노는 다시 광평전(廣平澱: 지금의 내몽고 赤峰市 翁牛特旗 境內)으로 진군해 행궁을 습격했다. 그러나 그의 군대

---

22) 『遼史』 「耶律章奴傳」에는 그가 사당에서 "우리 요의 기틀은 태조의 수없는 전쟁을 통해 이룩했습니다. 지금 천하가 흙무더기처럼 무너져 내리고 있습니다. 살피건대 홍종 황제의 손자 위국왕 야율순의 덕이 매우 두터워 세상을 다스리고 백성을 편안히 할 수 있기에 신들이 그를 옹립해 사직을 맡기려고 했습니다.… 근래 천조제는 오직 향락만을 추구하고, 천자의 모든 일을 돌보지 않고 있습니다. 강한 적들은 마음껏 깔보고 있고, 군대는 무참히 패하고 있습니다. 게다가 도적이 벌떼처럼 일어나 나라가 累卵의 위기에 처해 있습니다. 신들은 황실의 후손으로 대대로 큰 은혜를 입어 왔기 때문에 위로는 九廟의 혼령을 편안히 하고, 아래로는 수많은 생명의 목숨을 구하고자 이번 일을 일으키게 되었습니다. 진실로 지극한 정성에서 나온 것이니 여러 선황제의 도움이 드리워지기를 기원합니다"라고 고했다고 한다. _옮긴이 주

는 지휘 체계가 통일되지 않았으므로 기강이 문란했다. 예를 들어 부장 야율여고(耶律女古) 등은 횡포를 부리면서 부녀와 재화·가축 등을 약탈했기 때문에 야율장노의 명예에 심각한 타격을 입혔다. 게다가 상경을 공격했지만, 점령하지 못해 반란군의 사기가 땅에 떨어졌다. 천조제는 여진인 아소를 파견해 그들을 섬멸하도록 했다. 아소는 반란군을 진압한 후에 사로잡은 귀족 200여 명을 모두 죽였다. 살아남은 이들은 모두 여진으로 달아났으며, 야율장노도 여진으로 도망가는 도중에 사로잡혀 천조제에게 처형되었다.

2) 야율여도의 반요항금

야율장노의 반란 이후 천조제는 폐립에 대해 더욱 민감하게 반응해 백관을 신임하지 않았다. 얼마 지나지 않아 도통 야율여도(耶律餘睹)가 다시 반란을 일으켰다. 야율여도는 황족 출신이며, 그 아내 소씨는 천조제의 문비(文妃)[23]와 야율달갈리(耶律撻葛里)의 아내와 자매 사이였다. 문비는 아들 오로알(敖魯斡)을 낳았으며, 그는 진왕(晋王)에 봉해져 비교적 인심을 얻은 편이었다. 소봉선의 여동생 원비(元妃)는 진왕(秦王) 정(定), 허왕(許王) 영(寧)을 낳았다. 소봉선은 진왕 정을 후계자로 세우기 위해 오로알을 모함할 기회를 찾았다. 하루는 문비와 그 자매가 군중에 모였는데, 마침내 소봉선은 이를 빌미 삼아 부마 소욱(蕭昱)이 야율달갈리·야율여도와 함께 진왕을 옹립하려 했다고 사람들에게 무고하게 했다. 천조제는 이를 진짜라고 믿어 소욱과 야율달갈리를 죽였고, 문비에게도 사약을 내려 자진하게 했다. 야율여도는 책임을

---

23) 문비는 성이 대씨다. 어릴 때 이름은 瑟瑟이라 했으며 발해왕의 후예다. 건통 초기에 천조제가 야율달갈 집에 행차했다가 그녀를 보고 궁중으로 들였다. 건통 3년(1103)에 문비로 책봉했는데 蜀國公主와 진왕 敖盧斡을 낳았다. 그녀는 어려서부터 문장과 글씨에 뛰어났고 시가를 잘했다. 문비는 때때로 諷諫歌나 咏史詩를 지어 완곡하게 천조제의 잘못을 고치도록 했는데 글이 자못 감격스럽고 간절해 권문귀족에게라도 거리낌이 없었다고 한다. 그녀의 언니는 야율달갈리에게, 여동생은 야율여도에게 시집갔다. _옮긴이 주

모면하기 어렵다고 판단했고, 보대(保大) 원년(1121) 5월에 병사 1,000여 명을 이끌고 함주로 가서 여진에게 투항했다.

야율여도는 동북로통군의 명망 있는 장수였으나 소봉선의 모함으로 궁지에 몰려 어쩔 수 없이 금에 투항했다고 판단한 요의 장수들은 그를 동정했다. 천조제는 군대를 파견해 추격하게 했으나 여산(閭山)에 도착한 장수들은 그만 멈춰 섰다. 그들은 "소봉선이 황제의 총애를 믿고 관병을 멸시하고 있으나, 야율여도는 종실의 뛰어난 인물로서 원래 그의 밑에 있는 것을 못마땅하게 여겼다. 만일 그를 사로잡는다면 훗날 우리도 모두 야율여도 꼴이 날 것이다"24)라고 말했다. 그래서 되돌아와, 그를 추격했으나 잡지 못했다고 거짓으로 조정에 보고했다. 이때에 이르러 천조제는 이미 인심을 잃고 고립 상황에 직면했다. 마침내 보대 2년(1122)에 다시 진진국왕(秦晉國王) 야율순(耶律淳)이 남경에서 자립하는 사건이 발생했다.

3) 북요의 건립

야율장노의 폐립 계획을 막은 야율순은 천조제의 신임을 얻어 진진국왕(秦晉國王)에 책봉되었고, 도원수로 임명되어 직접 장병을 선발할 수 있도록 허락받았다. 중경이 함락된 후 천조제는 금군의 추격을 피해 협산(夾山: 지금의 내몽고 武川縣 北吳公壩 일대)으로 들어갔기 때문에 정보가 일체 차단되었다. 연경에 있던 번한 관료 야율대석·소간·이처온(李處溫) 등이 함께 야율순을 황제로 세우자, 야율순은 천석황제(天錫皇帝)를 칭하고 건복(建福)으로 개원했다. 역사상 이를 북요(北遼)라고 일컫는다. 그리고 천조제를 상음왕(湘陰王)으로 격하시켰다. 북요가 연주·운주·평주·상경·중경·요서 등을 차지함으로써 요는 마침내 둘로 나뉘었다.

---

24) 『遼史』, 「耶律余睹傳」.

야율장노의 반란과 북요의 건국은 장수와 관료가 천조제를 폐출하고 새로운 군주를 옹립하는 방식으로 이루어졌는데, 이는 거란 귀족의 통치 체제를 유지하려는 시도였다. 야율장노가 태조의 사당에 고한 글, 야율여도가 투항할 때 금에 올린 표, 야율순이 천조를 상음왕으로 강등시킬 때 내린 조서 등의 내용은 모두 이러한 동기를 구현한 것으로, 야율장노의 공범 야율술자(耶律術者)는 물론이고 야율순을 추대한 야율대석도 같은 생각을 하고 있었다. 그러나 이러한 장수와 군신의 노력에도 불구하고 요는 어려운 국면을 전환할 수 없었으며, 오히려 금군을 저지할 역량만 분산시켜 그들의 공격을 막아낼 수 없었다.

4. 요 경내에서 일어난 각 민족의 반항

통치 집단의 부패와 태만, 천조제의 어리석음과 무능, 국력의 쇠퇴는 일찍이 각 민족의 불만을 초래했다. 여진 정벌에 따른 빈번한 징병과 징세는 인민의 부담을 가중시켰다. 전쟁의 패배로 국가의 안녕과 질서는 혼란에 빠졌고, 통치 집단의 분열은 정권의 위기를 가속화했다. 천조제가 친정에 실패한 후 피지배 민족의 반항 투쟁과 병변(兵變)도 자주 발생해, 요의 통치를 더욱 약화시켰다.

1) 고영창의 자립

동경은 발해와 여진을 통제하고, 고려의 동부를 장악하기 위한 군사상 주요 거점 지역이었다. 유수 소보선은 추밀사 소봉선의 동생이었는데, 그의 성품이 포학해 평소에 발해인은 그를 증오했다. 여진이 군대를 일으키자 요에 불만을 품었던 발해인은 고무되었다. 천경 6년(1116) 정월 초하루 밤에 발해

소년 10여 명이 칼을 들고 동경유수부의 담을 넘어 들어가 소보선을 살해했다. 호부사 대공정(大公鼎)이 유수의 업무를 대행하면서 부유수 고청명(高淸明)과 함께 병사를 이끌고 그들을 진압했지만, 많은 부상자와 무고한 백성이 분노했으므로 정세는 계속 악화되었다. 성 밖의 반란자는 방책을 태우고 진을 쳐서 동경을 포위 공격했으며, 성내에서는 봉화로 호응했다. 대공정은 적을 맞아 싸웠으나 감당하기 어려웠기 때문에 서문을 통해 행재로 도주했다.

원래 요는 여진을 방어하기 위해 발해인 병사 2,000명을 징집해 백초곡(白草谷)에 주둔시켰었다. 발해인 고영창도 여기에 속해 있었으나, 이를 기회로 자립해 스스로 대발해 황제를 칭하고 융기(隆基)라고 건원했다. 그는 병마를 나누어 요동 50여 개의 성을 점거한 뒤 여진에 사신을 보내 원조를 요청했다.[25] 한편 요의 재상 장림은 요동의 실업자와 전호(轉戶)를 모아 종군하게 했는데, 그 수가 2만여 명에 이르렀다. 그들은 5월에 현주(顯州)에서 심주(瀋州)로 진군해 발해와 전투를 벌였고, 고영창은 패배해 일단 동경으로 물러났다. 장림은 태자하(太子河)를 사이에 두고 진을 치는 한편 사람을 보내 초무했으나, 고영창은 이에 따르지 않았다. 발해군과 장림의 군대가 대치하는 가운데 여진은 고영창을 구원한다는 명목으로 심주에 이르러 장림의 군대를 격퇴시키는 동시에 발해군도 패배시켜 고영창을 사로잡았다. 마침내 동경도 금군에 함락되었다.

---

25) 고영창은 신하 撻不野을 금으로 보내 구원을 요청하면서 두 나라가 힘을 합쳐 요를 취하자고 제안했다. 금은 대발해와 연합해 요를 취하는 것은 가능한 일이지만, 고영창이 칭제를 철회한 후에 금에 귀부해 왕의 칭호를 받을 것을 요구했다. 고영창은 거절했고, 금은 斡魯에게 명해 대발해를 공격하게 했다. 다급해진 고영창은 가노 鐸剌를 여진군의 진영에 보내 금인 1개, 은패 50개를 전하면서 황제의 칭호를 버리고 번국이 되기를 청했으나, 금에 항복한 발해인 高禎이 "고영창이 진실로 항복한 것이 아니라고" 진언함으로써 강화는 결렬되었다. _옮긴이 주

2) 동재의 반요 활동

　소사선이 동북로도통으로 여진을 방어하고 장림이 황제의 뜻을 받들어 동쪽을 정벌할 때 각 로(路)의 무용군(武勇軍)을 징집한 적이 있다. 요의 군대가 계속 패하자 무용군과 번한 장병 대부분이 도주해 고향으로 돌아가거나 혹은 뿔뿔이 흩어져 도적이 되어 주현을 약탈했다.

　동재(董才)는 일명 동총아(董龐兒)로 불렸고 이주(易州)의 내수인(淶水人)이었는데, 침착하고 용감해 일찍이 무용(武勇)으로 모집되었다. 천경(天慶) 7년(1117)에 동재는 군대를 일으켜 요에 저항했다. 서경유수 소을설과 남경통군도감 사랄(查剌)이 진압하기 위해 역수(易水)에서 전투를 벌였다. 동재는 무리를 이끌고 서쪽으로 비호(飛狐)와 영구(靈丘)를 넘어 운주·응주·무주·삭주로 들어갔고, 다시 북쪽 봉성주(奉聖州)로 올라갔기 때문에 제압할 수 없었다. 이때 송의 가람군(岢嵐軍)이 사람을 파견해 동재를 초무하자 그는 송에 항복했고, 이때 조후(趙詡)라는 이름을 하사받았다. 그는 송 휘종에게 지금이야말로 요를 취할 수 있는 절호의 기회라고 진술하면서 송의 북벌을 선동했다.

　이와 동시에 상경도의 안생아(安生兒)·장고아(張高兒), 중경도의 후개(侯槪), 동경도의 곽육가(霍六哥) 등도 잇따라 군대를 일으켰다. 그들은 수십만 명의 무리를 모아 야율장노와 호응하거나 혹은 상호 응전했는데 용화주(龍化州)부터 의주(懿州: 지금의 遼寧省 阜新縣境內)·해북주(海北州: 지금의 遼寧省 義縣 境)·의주(義州: 지금의 遼寧省 義縣 境內)·천주(川州) 일대까지 활동하면서 요에 심각한 타격을 입혔다.

3) 원군의 반란

　요는 관병의 사기가 저하되었고, 인심이 해이해져 기세등등한 금군과 각 민족의 반요 투쟁을 저지할 힘이 없었다. 어쩔 수 없이 수차례에 걸쳐 지방 토호와 무용을 모집해 군을 충원했다. 무능한 장수의 서투른 지휘 방식은 연전연패를 초래했고, 패배의 국면을 반전시키기는커녕 무용의 반항만 불러일으켰다. 천조제는 군대의 기강을 바로잡지 못했을 뿐만 아니라 능력 있는 장수도 선발하지 못했다. 일단 소봉선이 군사 전략을 모른다고 판단해 장림에게 그 권한을 위임했으나 성과를 거두지 못했고, 다시 명망 있는 진진국왕 야율순을 도원수로 임명해 동쪽 정벌의 임무를 넘겨주었다. 고영창이 자립하자 고향을 떠난 유민, 즉 요동인 실업자가 많아졌다. 그래서 야율순은 그들을 모집해 종군시키면 반드시 죽을힘을 다해 싸울 것이라고 생각했다.

그래서 요동의 굶주린 백성 2만여 명을 모집해 원군(怨軍)이라 이름을 붙였다. 천경 6년(1116) 10월에 원군을 십삼개산(十三個山: 지금의 遼寧省 境內 石山)에 주둔시켰다. 11월에 관압무용군(管押武勇軍)이자 태상소경(太常少卿)인 무조언(武朝彦)이 군사를 이끌고 군장(軍帳)으로 습격해 야율순을 죽이려고 했다. 무조언은 한인 장수로서 정치의 부패와 군세의 쇠약을 목격했기 때문에 더는 요를 위해 힘을 쏟고 싶지 않았다. 마침내 군대를 일으켜 요에 반항했으나 실패했고, 병사 2,000여 명을 데리고 남쪽으로 도주하다가 요의 군사에게 피살되었다.

천경 7년에 야율순은 사로(四路)의 병마로 외적을 방어했다. 그리고 원군을 모집한 지역에 따라 전의(前宜)·후의(後宜)·전금(前錦)·후금(後錦)·건(乾)·현(顯)·건현대영(乾顯大營)·암주영(巖州營) 등 8영을 편성했다. 그러나 원군에게 장비를 계속 보급하지 못했으므로 추위를 막을 옷조차 없었다. 마침내 불만이 폭발한 건현대영과 전금영의 원군은 건주를 약탈했다. 야율순과 소간 등은 안무하는 동시에 무력으로 진압해 반란을 진정시켰다. 이후에 원군을 위주(衛州) 질려산(蒺藜山)에 주둔시켜 여진과 싸우게 했으나 패배했으므로, 현주와 그 부근의 주현이 모두 여진에 함락되었다. 보대(保大) 원년(1121)에 원군 나청한(羅靑漢)·동중손(董仲孫) 등이 다시 반란을 일으켜 금주(錦州)를 공격했으나, 소간과 야율여도에게 진압되었다.

5. 요의 멸망

천조제의 친정이 실패하면서 요가 겉으로는 강해 보이지만, 실제로는 약하기 그지없다는 사실이 철저히 폭로되었다. 금군의 위협과 각 민족의 반항이 혼재된 상황에서 통치 집단은 사분오열해, 더는 유효적절한 대응을 기대할 수 없게 되었다. 동부의 요지인 동경·심주(瀋州)·현주(顯州)·춘주(春州)·태주(泰州)는 잇따라 금이 점령했고, 건주(乾州)·의주(懿州)·호주(豪州)·휘주(徽州)·성주(成州)·천주(川州)·혜주(惠州) 등도 차례로 금에 항복했다. 그러나 천조제는 만약 여진이 쫓아오면 송과 서하로 도주한 뒤 계속 부귀영화를 누리려고 생각했다. 이때 최고 통치자는 적과 맞서 싸울 생각이 없었고, 장수들도 역시 투지가 결여되어 있었다. 천경 8년과 9년 사이에 양측은 전쟁을 잠시 중지한 채 강화 협상을 진행했다. 금은 이때만 해도 요를 멸망시키려는 확고한 의지가 없었기 때문에 비교적 많은 실리를 획득할 목적으로 강화 협상에 임했다. 이때 송은 금과 연합해 연운 지구를 회복하려고 했다. 일단 요·금 사이에 전쟁이 잠시 중단되었으므로, 요는 잠시나마 숨을 돌릴 기회를 얻었다. 그러나 천조제는 군비를 정돈할 수 있는 절호의 기회를 이용하지 않은 채 단순히 강화에만 희망을 걸었다.

천경 8년(1118) 정월에 야율노가(耶律奴家)가 금과 강화하기 위해 처음 파견된 이후부터 다음 해 11월까지 요는 금에 사신을 열두 차례 보냈으나, 금은 요에 네 차례만 보냈다. 처음에 아골타는 요 황제가 금 황제를 형으로 모시고, 해마다 공물을 바치고, 상경·중경·흥중부 등의 주현을 할양하고, 친왕·공주·부마·대신의 자손을 인질로 보내고, 구금된 여진의 사신과 요가 발급한 신부(信符)를 돌려주고, 요가 송·서하·고려와 주고받았던 국서와 조서·표첩(表牒)도 금에 보내라는 등의 강화 조건을 제시했다. 사절이 여러 차례 왕복하면서 금은 인질과 토지 할양에 관한 조건 등을 취소하고 세폐의 수도 반으로 줄이겠다고 응답했으나, 요 황제가 금 황제를 형으로 부를 것과 중국식 의례에 따라 금 황제를 책봉할 것을 줄곧 요구했다.[26] 9년 봄에 요는 아골타를 동회국(東懷國) 황제로 책봉하기 위해 사신을 보냈다. 이때 마침 송·금 사이에 진행되던 해상의 맹약이 실마리를 보이기 시작했다. 아골타는 요의 국서에 형으로 섬긴다는 말이 없고 대금(大金)이 아닌 동회국 황제로 책봉한 점, 그리고 책문 중에 다소 무시하는 듯한 표현을 사용한 점 등을 들어 국서를 받아들이지 않았다. 9월에 요 사신이 새로 고친 책서(冊書)를 가지고 다시 왔으나 아골타는 이미 기한을 넘겼다는 이유로 거절했고, 금군에 전투태세를 갖추도록 명령을 내렸다.

1) 상경의 함락

천경 10년(1120) 2월에 사신은 금에서 입안했던 내용의 책서를 가져왔다. 3월에 요는 사신을 파견해 책서에 사용할 단어를 다시 토의한 후에 가부를 결정하고자 했다. 아골타는 이미 공격 준비를 마무리했으므로 요의 요구를 단호히 거절했다. 마침내 양측의 평화 협상은 결렬되었고, 요 사신은 억류되었다. 4월에 아골타는 친히 금군을 이끌고 요 상경으로 진격하면서 요 사신 습니열(習泥烈)과 송 사신 조량사(趙良嗣)를 데려갔다. 왜냐하면 그들이 직접 전쟁을 참관한 후 돌아가 자국의 거취를 결정짓도록 하기 위해서였다.

---

[26] 『三朝北盟會編』에 따르면 발해인 楊朴의 제안에 따라 요에 책봉을 요청하는 사신을 보내면서 열 가지 사항을 요구했다. 첫째, 大聖大明이라는 휘호를 승인할 것, 둘째, 大金이라는 국호를 승인할 것, 셋째, 옥으로 장식한 수레를 보낼 것, 넷째, 곤룡포와 면류관의 사용을 승인할 것, 다섯째, 御前之寶라고 새긴 옥쇄를 만들어 보낼 것, 여섯째, 형제의 예로 통교를 승인할 것, 일곱째, 황제의 생신과 새해에 축하 사절을 보낼 것, 여덟째, 세폐로 은과 비단 50만 냥필을 보낼 것, 아홉째, 요양과 장춘 두 로를 할양할 것, 열째, 여진인 阿鶻·産·趙 등 삼대 왕을 보낼 것 등이다. 그러나 요의 천조제는 사신을 보내 아골타를 동회국 황제로 책립했으나 양박이 책문의 오류를 지적하자 아골타는 크게 노해서 사신들을 매질한 후에 돌려보냈다. 최초에 발해인들이 금의 창업에 절대적으로 공헌했고, 그중에 양박은 조정 의례 및 제도 등을 확립했으므로, 요대의 한인 韓延徽, 원대의 거란인 耶律楚材와 비견할 만하다. _옮긴이 주

5월에 금은 완안종웅(完顏宗雄)을 선봉으로 삼아 상경을 공격하는 동시에 항복한 거란인 마을지(馬乙持)를 보내 항복을 권유했으나 요 군대는 상경을 고수했다. 아골타는 친히 성 아래에서 전쟁을 독려했고, 금군이 외성을 함락하자 상경유수 달불야(撻不野 또는 撻不也)는 항복했다. 상경이 함락되자 아골타는 다시 군사를 나누어 경주(慶州)를 공격했다.

보대 원년(1121) 5월에 요의 종실이자 도통인 야율여도가 금에 항복했으므로, 금은 상대방의 정황을 더욱 잘 파악할 수 있게 되었다. 아골타는 자신감에 넘쳐 친정을 결심하면서 요를 대신할 목표를 세웠다.

2) 중경의 함락

야율여도가 여진에 항복한 이후 장수들은 요를 위해 더는 힘을 쓰려고 하지 않았다. 천조제와 소봉선은 군대를 정비해 적을 방어할 방도를 내놓지 못한 채 단지 장수들이 야율여도를 본받을 것을 걱정해 작위와 상으로 그들을 구슬렸다. 천조제는 중경에 수비군을 배치하지는 않고, 오히려 서경도와 남경도 일대에서 적을 피해 사냥을 즐겼다. 소봉선 등은 천조제가 여진의 소식을 듣고 싶어 하지 않는다는 것을 잘 알고 있었기 때문에 상경이 함락된 중요한 사실조차 시간을 끌면서 보고하지 않았다. 그러나 천조제는 이런 소식을 접했을 때 대충 사정을 물어보았을 뿐 중경의 방어에 대해 일절 간섭하지 않았다.

12월에 아골타는 야율여도를 향도(嚮導)로 삼아 요를 정벌하기 위해 조서를 내렸다. 그러나 요 중경의 수비군은 대항할 의지가 전혀 없었다. 어떤 이들은 군량과 마초를 불태워버리고 도주할 준비를 했고, 또 어떤 이들은 사태를 관망하면서 요행히 승리할 것을 기대했다. 여진 도통 완안고(完顏杲 또는 斜也)가 경병(輕兵)을 이끌고 급습해 먼저 고주(高州: 지금의 내몽고 赤峰市 동쪽)·은주(恩州: 지금의 내몽고 赤峰市 喀喇沁旗 동쪽) 등을 점령한 뒤 중경에 이르자 요의 병사는 싸우지도 않고 뿔뿔이 흩어졌다. 보대 2년(1222) 정월에 중경이 함락되었고, 금군은 수많은 소·말·양·낙타·수레 등을 획득했다. 천조제는 남경에 있으면서 중경 함락 소식을 듣자 다시 서쪽으로 황급히 도주했다. 그는 거용관(居庸關)을 나가 원앙박에 도착해서야 일단 적의 공격을 피할 수 있었다.

3) 서경의 함락

금군은 중경을 함락한 뒤 택주·북안주(北安州: 지금의 河北省 承德 서쪽)를 잇따라 함락했고, 포로로 잡은 호위 습니열을 통해 천조제가 이미 원앙박으로 도주했음을 알아냈다. 천조제는 금군이 영서(嶺西)를 지났다는 것을 듣고는 다시 서경으로 돌아와 유수 소사랄(蕭查剌)과 전운사 유기상(劉企常)에게 성을 지키게 한 뒤 말 3,000마리를 가지고 도주했다. 보대 2년 3월에 완안종간(完顔宗幹 또는 粘罕) 등이 천조제를 바싹 뒤쫓아 서경에 도착하자 소사랄이 항복해 그들을 맞아들였다. 종한(宗翰)은 소수의 병력과 소사랄을 서경에 남겨 둔 채 자신의 주력 부대를 이끌고 계속 천조제를 추격했다. 금군이 서경을 떠난 지 이레 째 되는 날에 요 군대가 반란을 일으켜 소사랄과 금 병사를 성에서 몰아내고, 남경으로 사신을 보내 원조를 요청했다. 4월에 종한 등이 잇따라 회군해 그들을 진압함으로써 서경을 다시 점령했다. 운내주(雲內州)·영변주(寧邊州)·동승주(東勝州) 등도 금에 항복했고, 아소는 금군에 붙잡혔다.

4) 남경의 함락

중경이 함락된 뒤 천조제는 남경을 떠나 서쪽으로 도주하면서 남경의 방위를 진진국왕 야율순에게 부탁했다. 그리고 서경이 다시 함락되자 천조제는 재차 도주했는데, 이후 그의 소식은 수개월 동안 끊겼다. 보대 2년 3월에 야율대석·소간·이처온 등이 야율순을 북요의 황제로 추대했고, 원군(怨軍)을 상승군(常勝軍)으로 재편했다. 심각한 정세에 직면한 북요는 각국에 사신을 보냈다. 먼저 송과는 화해 국면을 유지할 것을 요구했고, 금에는 휴전을 요청했다.

그러나 송은 야율순이 제멋대로 즉위한 것은 불법이라고 지적하면서 군대를 파견해 북상했다. 이는 북요의 통치가 불안정하다는 점을 기회로 삼아 연운을 수복하고자 의도한 것이다. 마침내 송이 동관(童貫)을 섬서하동로선무사로 임명하자 그는 군사 10만 명을 이끌고 변경을 순찰했다. 북요는 사신을 파견해 속국이 될 것을 요청했지만, 송은 허락하지 않았다. 5월에 야율대석이 송군을 백구(白溝)에서 격파했다. 6월에 야율순이 죽자 군신은 그의 아내 소씨를 태후로 옹립해 정권을 집정하도록 했다.27) 송은 다시 출병했고, 9월에는 상승군의 장령이자 축주(涿州)의 장수인 곽약사(郭藥師)가 항복했다. 금군은 비록 3경을 연속해 함락했지만 천조제가 협산에 있고 야율순이 연에 자립하고 있었을 뿐만 아니라 새로 얻은 주현의 인심이 쉽게 변하지 않았기 때문에, 금의 장수들은 아골타에게 친정을 요청했다. 이와 동시에 송·금 사이에 협상도 타결되어 송은 축주·이주에서, 금은 고북구(古北口)에서 공동으로 연경을 포위 공격하기로 했다.

10월에 아골타는 봉성주(奉聖州)에 주둔하고 있었다. 송은 유연경(劉延慶)을 도통제(都統制), 곽약사를 향도로 삼아 10만 명을 이끌고 웅주를 나가 백구를 건넜다. 양향(良鄕)에 도착하자 북요의 추밀사 소간이 군을 이끌고 적을 막았으므로, 양측은 노구하(盧溝河)에서 대치했다. 곽약사가 노구하를 몰래 건

---

27) 북요 건국 공신 중에 한족 지주 계층을 대표하는 이처온은 송과 화의하고자 했으나, 야율대석과 소간은 화의를 적극 반대했다. 화의파와 강경파 사이에 눈치를 보던 야율순이 병사하자 그의 아내 덕비 소씨가 군국대사를 주지했다. 이때 이처온은 송의 동관과 은밀히 통했을 뿐만 아니라 금과도 통해 내응하려다가 음모가 발각되어 자살했다. 이후 덕비 소씨는 금에 다섯 차례나 上表해 사직을 지킬 수 있도록 요청했으나 거절당했고, 동관에게도 脣亡齒寒의 도리로 설득하려 했으나 실패했다. 연경 사수에 실패한 소후·야율대석·소한은 도주하던 중 松亭關에 이르러 立國을 논의했으나 의견이 서로 맞지 않아 소후와 야율대석은 천조제에 귀부했고, 소한은 해왕부에 머무르면서 자립했다. 소후는 천조제에 의해 처형되었다. _옮긴이 주

너 연경을 급습했으나 소간이 재빨리 군을 돌려 연경을 구하러 왔으므로, 양측은 시가전을 벌였다. 원병이 도착하지 않았기 때문에 곽약사는 패주했다. 소간은 백구까지 추격해 송군이 버리고 간 많은 군수품을 획득했다.28)

11월에 아골타는 거용관에서, 종한은 남암구(南暗口)에서, 달라(撻懶)는 고북구에서 각각 연경으로 진격했다. 12월에 거용관이 함락된 후에 소태후와 소간 등이 적을 맞아 싸웠으나 끝내 연경을 버리고 도주했다. 유수 좌기궁(左企弓), 노중문(虞仲文), 조용의(曹勇義), 강공필(康公弼), 유언종(劉彦宗) 등은 성문을 열고 항복했다. 마침내 아골타는 군을 이끌고 입성해 남경을 함락했다.

5) 요의 멸망

여진의 흥기에 이은 금의 위협에 대해 천조제는 처음부터 개의치 않고 사냥에만 몰두했다. 친정이 실패한 후에 반란이 일어나고 측근들이 이반하자 대부분의 군국대사를 한인 관료와 의논했다. 하지만 당시 한인 집정자 대다수가 연로해 시비를 제대로 가리지 못하고, 오로지 순종만 할 뿐이었다. 당시에 "다섯 노인의 나이를 합하면 400살이어서 남면·북면 모두 조아려 졸 뿐이네. 자기 정신도 다스리지 못하는데 무슨 마음으로 여진을 죽이겠는가"29)라는 말이 유행했다. 한인 관료도 역시 요의 군사적 소극성을 바꿀 수 없었다. 그래서 천조제는 다시 소봉선을 조정으로 불러들여 추밀사에 임명했는데, 이것이 야율여도를 금으로 망명시키고, 진왕 오로알을 죽음에 이르

---

28) 요가 멸망한 후에 송은 곽약사의 상승군에 기대해 금 군대의 공세를 막으려 했으나, 그는 백하에서 完顏宗望에게 항복해 버렸다. 요와 송을 거듭 배신한 곽약사는 향도 역할을 하면서 무릇 송의 허실을 남김없이 알려주었기 때문에 완안종망의 금군은 모조리 이기고 돌아올 수 있었다. 이에 따라 곽약사 및 상승군에 대한 송 왕조의 평가는 지극히 부정적이다. 『송사』에는 간신으로 입전되어 있는 반면 『금사』에는 공신으로 입전되어 있다. "찬하여 말하기를 곽약사는 요의 재앙이고, 송의 厲階[재앙의 빌미]이며, 금의 功臣이다. 한 신하 몸으로 세 나라의 禍福이 되었다"라고 했다. 그는 鐵州 출신의 발해인이다. _옮긴이 주
29) 『契丹國志』 卷10, 「天祚皇帝上」.

게 하는 계기가 되었다.

당시 동경의 함락, 원군의 병변, 건주·습주의 함락 등 일련의 사건이 일어날 때 천조제는 중경에 있으면서 상경·중경을 방어할 생각은커녕 자신의 퇴로만 준비했다. 그는 주옥과 진완(珍玩) 등 500여 자루와 준마 2,000여 필을 준비해 도주할 계획을 세웠다. 그는 "만약 여진이 오면 나는 약간의 말로 매일 350리를 도주할 것이다. 또한 송과 형제이고 서하와는 숙질 관계이니, 모두 나를 받아들일 것이다. 따라서 나는 평생 부귀를 잃지 않을 것이다"30)라고 생각했다. 그의 정치적 무능과 형세 판단에 대한 착오, 불편부당하지 않은 용인술 등으로 말미암아 요 군대는 도처에서 패배하고 있었다.

도주하는 천조제를 금군이 끝까지 쫓아갔다. 서경이 함락되자 천조제는 의지할 곳이 더는 없었고, 그제야 비로소 소봉선이 불충했기 때문에 나라를 망쳤다는 것을 깨달았다. 그는 소봉선 부자를 내쫓고 나서 자신은 협산으로 도주했다. 보대 3년(1123) 4월에 금군이 요군과 백수박(白水泊)에서 전투를 벌인 끝에 청총(青塚: 지금의 내몽고 呼和浩特市 남쪽 왕소군 묘)을 지나던 치중(輜重)을 포위해 천조제의 아들 진왕 정, 허왕 영, 조왕 습니열, 후비, 공주, 신하 등을 포로로 잡았다. 보대 5년 천조는 협산에서 나와 당항(黨項)으로 도주를 시도했으나, 완안누실(完顔婁室)에게 붙잡혔다. 금은 천조제를 해빈왕(海濱王)으로 삼아 금의 내지로 이주시킴으로써 마침내 요는 멸망했다.

---

30) 『契丹國志』 卷10, 「天祚皇帝上」.

3절
요 정권의 재건: 서요

천조제의 행동은 실력 있는 관리들을 실망시켰다. 북요의 건립은 이러한 정서를 반영한 것이다. 그들은 야율순을 선택했으나 연로한 그는 즉위한 지 백 일도 되지 않아 죽었으므로, 북요의 통치는 위기에 빠졌다. 동시에 북요를 북쪽과 남쪽에서 각각 금군과 송군이 공격했고, 협산으로 숨어들어 간 천조제도 병사를 이끌고 그들을 토벌하겠다고 언명했다. 또한 내부에 거란족·한족·해족 관료도 각각 자신의 일신만을 보존하려 했기 때문에 서로 협력해 난국을 헤쳐 나갈 수 없었다. 따라서 북요는 요를 대신해 금군을 격퇴할 만한 역량이 없었다.

결국 적군이 성 아래까지 쳐들어 왔을 때 통치 집단은 곧 분열했다. 야율순의 아내 덕비 소씨와 임아 야율대석은 천덕군(天德軍)을 이끌고 고북구로 나가 천조제에게 의탁했으며, 해인 소간은 해 지역으로 후퇴해 스스로 칭제 건원했다. 또한 한인 좌기궁·우중문·조용의 등은 금에 항복했다. 북요의 자립은 비록 실패로 끝났지만, 금에 끝까지 저항하고 국토를 재정비하는 것이야말로 일부 거란 귀족이 끝까지 포기할 수 없는 목표였다. 그들 중 대표적인 인물이 바로 야율대석이었다.

1. 야율대석의 항금 활동

야율대석의 자는 중덕(重德)이고 태조 야율아보기의 8세손이다. 그는 거란어와 한어에 능통했고 천경 5년에 진사에 급제해 한림응봉(翰林應奉), 한림승지, 태주(泰州) 및 상주(祥州) 자사, 요흥군절도사(遼興軍節度使)를 역임했으며, 야율순을 추대한 사람들 중 한 사람이었다. 그는 문무를 겸비했으므로 식견도 높고 배짱도 두둑했던 거란의 상층 인물이었다. 북요 건립 후에 야율대석은 일찍이 서남로도통이 되어 양가세(楊可世)와 종사도(種師道)가 이끄는 송군을 난구전(蘭溝甸: 지금의 河北省 涿州 新城 경계)과 백구에서 물리쳤다. 그러나 금군이 거용관을 돌파하자 야율대석과 야율순의 아내 덕비는 고북구에서 나와 천조제에게 의탁했다.[1]

야율대석은 부하들을 이끌고 천조제에게 의탁해 숨 돌릴 시간을 얻어 힘을 비축하고, 요를 재정비하고자 했다. 그는 병사를 이끌고 용문(龍門: 지금의 河北省 赤城縣 西南)에 도착해 서진하는 금군을 맞아 싸웠으나 패배하고 생포되었다. 그러나 9월에 감시가 허술한 틈을 타 도주했다. 이때 음산실위(陰山室韋)의 모갈실(謨葛失)이 일부 병력을 요에 지원했다. 그러자 천조제는 또다시 자만해져 곧바로 연운을 수복하자고 주장했다. 야율대석은 갑작스러운 출병에 반대하면서 "지난번 전군이 전쟁에 대비하지 않았기 때문에 온 나라의 한지(漢地)가 모두 금의 소유가 되었습니다. 나라의 형세가 이 지경에 이르렀는데, 지금 다시 전쟁을 하려는 것은 좋은 계책이 아닙니다. 마땅히 국력을 키우면서 때를 기다렸다가 움직여야 하며, 절대로 가볍게 움직이면 안

---

[1] 『遼史』 卷30, 「天祚皇帝紀」에 따르면 "천조제가 노해 덕비 소씨를 죽이고, 야율대석을 책망하며 말하기를 '내가 살아 있는데 어찌하여 야율순을 옹립했느냐?' 하니 야율대석이 대답하기를 '폐하께서 적을 막지 못하고, 나라를 버리고, 멀리 달아나 백성을 도탄에 빠지게 했습니다. 열 명의 야율순을 세우더라도 모두가 태조의 자손인데 다른 사람에게 목숨을 구걸하는 것보다 낫지 않겠습니까'라고 대답했다. 황제는 아무런 대답을 못하고 술과 음식을 내려 그 죄를 용서했다"고 한다. _옮긴이 주

됩니다"2)라고 말했다. 하지만 천조제는 이에 따르지 않았다.

야율대석은 천조제와 함께 일하는 것이 더는 어렵다는 것을 깨닫고 보대 4년(1124)에 부하 200명을 이끌고 협산을 나와 북쪽으로 향했다. 도중에 여러 부의 군중을 모집했는데, 이때 백달달상온(白達達詳穩) 상고아(牀古兒)가 말 400필, 낙타 200봉과 한 무리의 양을 바쳤다. 진주(鎭州) 가돈성(可敦城)에 도착해 금을 함께 막아내자고 그곳의 18부에 호소했다. 진주(鎭州)는 요대 서북로초토사의 소재지였기 때문에 이를 기반으로 서북의 각 부에 영향력을 행사했다. 야율대석은 대황실위부(大黃室韋部)·적랄부(敵剌部)·왕기랄부(王紀剌部)·다적랄부(茶赤剌部)·야희부(也喜部)·비골덕부(鼻骨德部)·니랄부(尼剌部)·달랄괴부(達剌乖部)·달밀리부(達密里部)·밀아기부(密兒紀部)·합주부(合主部)·오고리부(烏古里部)·조복부(阻卜部)·보속완부(普速完部)·당고부(唐古部)·홀모사부(忽母思部)·해적부(奚的部)·규이필부(糺而畢部) 등 18부와 위무주(威武州)·숭덕주(崇德州) 등 7주의 지지를 얻어 정병 1만여 명과 말 1만 필을 얻었고 마침내 칭왕(稱王)함으로써 자립했다.

그는 기구를 새롭게 조직하기 위해 "관리를 두고 배갑(排甲: 장관)을 세우고 무기를 갖추었다"고 전해진다. 금군이 북쪽을 돌아볼 겨를이 없을 때 힘을 모아 요의 통치를 회복하려고 준비했다. 그는 각 부 및 주의 장관들과 회합해 말하기를 "신하로 복속되었던 금이 우리나라를 핍박해 우리 백성에게 잔악한 짓을 행하고 우리 주와 읍을 빼앗아갔다. 그래서 천조황제께서 외지로 몽진해 밤낮으로 고통스러워한다. 내가 지금 의리를 믿고 서쪽으로 와서 여러 번국에게 힘을 빌려 원수를 죽이고 우리 영토를 회복하려 한다"3)고 했다. 회의에 참석한 관원들에게 힘을 합쳐 금군에게 공동으로 저항하자고 격려했으며, 각 부를 동원해 "황제를 구원하고 도탄에 빠진 백성을 구제하자"고 했다.

---

2) 『遼史』, 「天祚皇帝紀」.
3) 『遼史』, 「天祚皇帝紀附耶律大石」.

진주 주위에는 수초가 무성한 목장이 있었고 요대에 군사를 주둔시켜 개간한 농경지가 있었으므로, 야율대석은 반농반목을 하면서 실력을 신속하게 발전시켜 나갔다. 그는 한편으로 서하와 연합하고 다른 한편으로 남송과 교류했으며, 또 다른 한편으로는 금에 저항하면서 요 부흥의 기치를 들었다. 금에 항복한 거란의 여러 부도 다른 마음을 품었는데 이것은 금에 중대한 위협이 되었다. 금 태종은 즉위 초라 감히 경솔히 출병해 징벌할 수 없었으므로, 단지 서남로·서북로 장령에게 신중히 척후하고 엄중히 방어하라고 경고해 야율대석이 서하와 연합하는 것을 방지했다. 1129년[금 天會 7년]에 야율대석은 휴식을 취하면서 내부의 정돈을 마친 후에 비로소 외부로의 발전을 개시했다. 금의 북부 2영을 공격·점령했을 뿐만 아니라 서부의 군목에 있는 수십만 필의 말을 강탈했다.

야율대석의 역량이 커지는 것을 금은 주목하지 않을 수 없었다. 1130년[금 천회 8년]에 금은 이들을 토벌하기 위해 항장 야율여도 등을 오납수(烏納水)로 파견했다. 그래서 야율대석은 가돈성, 즉 옛 회흘성을 중심으로 서북쪽 겸하(謙河: 葉尼塞河 상류 지역)로 진격했으나, 현지 키르기스인의 저항을 받았다. 그는 어쩔 수 없이 서쪽으로 방향을 틀어 아이태산[알타이 산]을 넘어 액이제사하(額爾齊斯河: 이르티시 강)로 진입했다. 엽밀립(葉密立: 지금의 新疆省 額敏縣)에서 성채를 쌓고 현지 부족을 모집했는데, 복종한 사람이 이미 4만 호 이상이 되었다. 이 중 대부분은 카라한 왕국의 변경을 수비하던 거란인이었다.

이후 야율대석은 그들과 함께 고창 회골을 경유해 카라한 왕국으로 진군하기 전에 우선 고창 회골의 왕 필륵가(畢勒哥)에게 서신을 보내 거란과 회골[위구르]은 전대에 우호적이었다는 점을 강조하면서 그들의 길을 빌려 서진할 계획을 알렸다. 회골 왕은 말 600필, 낙타 100봉, 양 3,000마리를 바쳤을 뿐만 아니라 자손을 인질로 보내 야율대석의 속국이 되겠다고 했다. 또한 회골 왕은 사흘 동안 연회를 크게 베푼 뒤 야율대석의 군대가 출경하는 것을 전송했다. 1131년[금 天會 9년]에 야율대석은 동서 양 전선에서 금 및 카라한 왕국과 동시에 교전했다. 동부 전선에서는 승리해 막북을 방어했으나, 서부 전선에서는 별다른 진척 없이 단지 엽밀립만을 공고히 통제했다.

1132년에 그는 엽밀립의 성에서 정식으로 칭제했고, 돌궐의 칸호(汗號)를 채택해 '국아한(菊兒汗: 대칸의 의미)'이라 칭했다. 또한 중국식 존호인 '천우황제(天佑皇帝)'를 사용해 요 정권을 재건했는데 이를 역사상으로 서요(西遼) 또는 '합라거란(哈喇契丹)'이라고 칭한다. 연경(延慶) 3년(1134)에 강국(康國)으로 개원하고, 호사알이타(虎思斡耳朶 또는 발라사군: 지금의 키르기스스탄의 토크목)에 도읍을 정했다.

야율대석은 북쪽으로 키르기스를 공격하고 카라한 왕국을 서정했는데, 이는 모두 국력을 증강시키기 위한 것이었다. 또한 금을 역습해 실지를 수복했다. 그는 부하에게 막북의 방어 임무를 맡긴 뒤 주력 부대를 직접 이끌고 서진했다. 군대가 지나가는 곳마다 "대적하는 자들은 무찔렀고, 항복하는 자들은 편안히 해주었다. 1만 리 행군하는 도중에 항복한 나라가 여럿이었고 노획한 낙타·말·소·양·재물도 헤아릴 수 없을 정도로 많았다. 군대의 세력은 점차 강성해지고 사기는 갈수록 높아졌다"[4]고 한다. 그런 후에 그는 다시 군대를 파견해 동쪽 정벌을 준비했다.

연경 3년[즉 강국 원년]에 야율대석은 육원대왕(六院大王) 소알리랄(蕭斡里剌)를 병마대원수로 삼아 7만 명의 기병을 이끌고 동정을 시도하기 전에 청우와 흰말로 하늘에 제사를 지내면서 기를 세워 맹세했다. 그는 소알리랄에게 "출정 중에 신상필벌을 엄중히 하고, 병사들과 동고동락하며, 물과 풀이 있는 곳을 잘 선택해 군영을 세우고, 적군의 역량을 헤아려 패배하는 일이 없도록 하라고" 명령했다. 이번 동정은 실지 수복의 마지막 분투였으나, 서요가 금과 너무 멀리 떨어져 있었기 때문에 출병의 효과를 거두지 못했다. 이후 서쪽으로 이주한 일부 거란인은 중앙아시아에 정주하면서 현지의 여

---

4) 『遼史』, 「天祚皇帝紀附耶律大石」.

러 부와 함께 이 지역을 건설했다.

2. 중앙아시아에서의 서요 정권

1) 서요의 통치 범위

서요는 계속되는 이주와 정벌 속에서 금에 저항하기 위해 건립한 정권이었다. 초기에 중심 세력이 중아시아로 이미 진출했지만, 막북(漠北)과 아이태산[알타이 산]·액이제사하[이르티시 강] 일대를 포기할 수는 없었다. 서요 강국(康國) 원년에 동쪽 정벌을 전후해 막북에 잔류하던 거란인도 금군을 공격했다. 금의 장수 종한은 군을 이끌고 깊이 들어와 "무릇 사흘 낮밤을 공격했으나 승부를 내지 못했고", 금군의 "군량과 마초가 이미 떨어져 인마가 얼어 죽었다"5)고 한다. 또한 항복했던 거란 장수도 다시 반란을 일으켰으므로, 결국 금군은 대패하고 돌아갔다. 당시 막북에 있던 요 군대가 상당한 실력을 갖추고 있었음을 알 수 있다.

그러나 야율대석은 옛 영역의 수복이라는 목표를 포기했다. 이후 막북과 아이태산 지대에 대한 통제가 점차 이완되자 점발은(粘拔恩, 나이만)의 군장 살리아(撒里雅)가 "야율대석이 내린 패인(牌印)을 반납하고 금의 패인을 받는"6) 사건이 발생했다. 서요의 강역이 기본적으로 확정된 것은 야율대석의 아들 이열(夷列)과 여동생 보속완(普速完)이 재위하던 기간으로, 대략 금의 해릉왕과 세종 시기에 해당된다. 이후에 서요의 강역은 동으로 고창 회골을 속국으로 삼아 서하와 인접했고, 북으로는 아이태산과 파이객십호(巴爾喀什湖, 발하슈 호)를 경계로 내만(乃蠻, 나이만)·강리(康里, 캉글리)와도 이웃했다. 서로

---

5) 『三朝北盟會編』 卷176에 인용된 「粘罕獄中上書」.
6) 『金史』 卷121, 「粘割韓奴傳」.

는 함해(咸海, 아랄 해)에 이르러 호라즘(花剌子模)의 종주국이 되었고, 남쪽으로는 객라곤륜산맥(喀喇崑崙山脈, 카라코룸 산맥)과 아모하(阿姆河, 아무다리야 강) 중상류를 경계로 셀주크(塞爾柱) 왕조에 속한 호아산(呼兒珊: 지금의 이란 북부의 霍剌散)과 토번에 인접했다.

2) 정치 제도와 통치 방식

서요의 제도는 요의 것을 그대로 답습했다. 막북에서 나라를 세울 당시 북·남면의 관속을 세워 7주 18부의 민중을 통치했으므로, 그 영역에는 이미 유목민 부락과 농경민의 주현이 있었음을 알 수 있다. 서쪽으로 이동한 후에 형세의 변화에 따라 정치 제도가 일부 조정되었다. 알 수 있는 것은 국가의 군정 사무를 주관하는 추밀원이 있었고, 황제의 궁장(宮帳)을 관리하는 도부서(都部署), 부민을 관리하는 육원사(六院司), 변경을 진수하는 초토사(招討使), 행군을 지휘하는 도원수(都元帥) 및 도통(都統)·도감(都監) 등이 있었다.

도읍인 호사알이타(虎思斡耳朶) 지역은 서요 황제가 직접 관할했는데 충분한 수초와 완벽히 갖춘 관개 시설, 비옥한 농경지가 있었다. 이곳은 농경과 목축에 모두 적합했기 때문에 거란인, 한인, 위구르인, 기타 돌궐어족의 부락이 거주했다. 야율대석은 조정이 직접 관할하는 지구에 대해 분봉(分封)하지 않았는데, 전해지는 말에 의하면 "그는 어떤 기사(騎士)에게도 종복을 100명 이상 주지 않았다고" 한다. 관료와 장령은 조정의 봉록과 상사(賞賜)만 향유했을 뿐 다시는 투하를 건설하지 못했다. 또한 군대는 황제가 직접 통제하면서 부족의 군대와 귀족의 사병은 모두 철폐했다. 이는 야율대석이 동서로 분열한 카라한 왕조의 역사적 교훈을 받아들였을 뿐만 아니라 요·송의 통치 경험을 기초로 중앙집권제를 확립한 것이다. 따라서 서요는 중앙아시아의 사회적 발전을 촉진했다.

서요의 세제도 요·송의 것을 답습해 거주민에게 호세(戶稅)와 지세(地稅)

를 징수했다. 호세는 재산의 다소에 따라 징수했는데 유욱(劉郁)이 말하기를 "부세는 1년에 금전 10문만을 납부했으나 빈부에 따라 차이가 있었다"[7]고 한다. 그리고 토지세는 대체로 수확량의 10분의 1을 납부했다.[8]

서요의 통치력은 황제가 직접 다스리는 지역 이외에 고창 회골, 카라한, 호라즘, 카를루크(葛邏祿) 등 속국에까지 미쳤다. 이 지역은 모두 야율대석이 서정하면서 정복한 곳이었다. 서요는 이곳에 소수의 대표자만을 파견해 상주시키거나 순시하면서 감독도 하고 공물도 거둬들였다. 또한 속국에 군대를 주둔시키지는 않았지만, 그들이 외부로 확장하는 것을 지원하기도 하고 내란을 평정하는 것을 원조하기도 했다.

3) 서요의 성쇠

야율대석은 심혈을 기울여 20년간 서요를 경영하면서 동으로 악이혼(鄂爾渾)·토올납하(土兀拉河), 서로는 아랄 해까지 넓은 영토의 제국을 창건했다. 막북의 부족들, 내만·강리·카를루크·위구르·당항·거란·한족 및 기타 돌궐어족의 부족들을 포괄해 유목민과 농경민을 통치했다. 서요는 일련의 통치 제도를 정비함으로써 중앙아시아 지역에서 기반을 단단히 다졌다.

강국 10년(1143) 야율대석이 죽은 뒤 그의 아들 이열이 나이가 어려 황태후 탑불연(塔不烟)이 국정을 맡아 감청(咸淸)으로 개원했다. 7년 후에 황태후가 아들 이열에게 제위를 물려주자 소흥(紹興)으로 개원했다. 이열은 13년간 재위에 있다가 죽었다. 그의 아들도 나이가 어려 이열의 누이동생 보속완이 국사를 관장했다. 그녀는 승천태후(承天太后)로 칭하며 숭복(崇福)으로 개원했.

---

[7] 劉郁[元], 『西使記』.
[8] 『金史』 「粘割韓奴傳」에는 "대정 중에 회골이습람(回鶻移習覽) 세 명이 서남초토사에 와서 무역하면서 스스로 말하기를 본국 회골이습람의 거성 이름을 골사와로타(骨斯訛魯朶)라고 하는데 일반 사람들은 병기가 없고 밭으로 업을 삼아 수확의 10분의 1을 관에 납부한다"라고 기록되어 있다.

보속완의 통치 기간에 서요의 통치 집단 내부에 동란이 일어났다. 보속완이 남편이자 부마인 동평왕(東平王) 소타로불(蕭朶魯不)을 살해하자 부마의 부친 알리랄(斡里剌)이 보속완을 죽였다. 1178년 이열의 차남 직로고(直魯古)가 계승했는데, 그가 서요의 말제(末帝)였다. 이때부터 서요 정권은 쇠락하기 시작했다.

직로고는 통치 기간 동안 조부와 부친의 방식과는 달리 제멋대로 전횡했으므로, 그가 요구한 징세와 재물은 속국이 감내할 수 없는 지경에 이르렀다. 그의 오만무례함도 각 지역의 통치자를 격분시켰다.[9] 직로고 통치 후기에 하중(河中) 지구에서 마침내 상고이(桑賈爾 또는 桑扎兒)가 이끄는 반란이 일어났다.

12세기 후반기부터 호라즘 세력이 발전하면서 서요의 통제를 벗어나려고 힘썼다. 그들은 3년 동안 계속 서요에 공부(貢賦)를 바치지 않았고, 이를 징수하러 온 사자조차 죽였다. 막북의 몽고 지역에서도 형세가 변했는데 칭기즈 칸(成吉思汗)이 몽고 초원을 통일했다. 이때 내만의 태양가한(太陽可汗)의 아들 굴출률(屈出律)이 서요로 도주해 직로고의 신임을 얻었다. 굴출률은 직로고의 신임을 이용해 자신의 세력을 적극적으로 확장하는 동시에 통치권을 탈취하려는 음모를 꾸몄다. 1121년 굴출률이 마침내 서요 정권을 찬탈했으나, 1218년에 몽고에 복속됨으로써 서요 정권은 끝이 났다.

서요는 다섯 명의 군주가 역임하면서 중앙아시아를 87년간 통치했다. 서요는 중앙아시아 지역의 분쟁을 종식시켜 사회질서를 안정시켰다. 서요는 거란과 한족의 문화 및 요의 제도를 중앙아시아로 가져와 이 지역에 중대한 영향을 끼쳤다.[10]

---

9) 志費尼[波斯], 何高濟 譯, 『世界征服者史』(內蒙古人民出版社, 1980年版).
10) 耶律楚材[元], 『湛然居士集』卷12, 「懷古―白韻奇張敏之」에는 "대석 林牙는 요의 宗臣인데 무리를 이끌고 도망간 지 20년도 채 안 되어 서역의 수십 개 나라를 정복해 영토 면적을 수만 리에 이르게 했다. 군주가 이어온 기간이 100여 년인데 문교를 매우 숭상해 서역은 지금까지 그를 사모한다. 그리고 묘호를 德宗이라 했다"고 기록하고 있다.

서요가 통치하는 동안 중앙아시아 지역의 경제 문화도 크게 발전했다. 거란인·한인 및 중앙아시아 각 민족이 공동 개발해 도시가 발전하고 경제가 번영했다. 동시에 거란인은 고도로 발전된 한 문화를 중앙아시아로 가져와서 키르기스스탄에 한 문화의 새로운 물결을 일으켰다.[11] 서요 경내에서 "한어(漢語)는 상업 교역에서의 공식적인 언어였다"고 한다. 요컨대 서요는 요의 정치 문화를 계승·발전시켰을 뿐만 아니라 중앙아시아의 사회 발전과 한 문화의 전파에서도 중요한 역할을 했다.

---

11) 魏良弢, 『西遼史綱』(人民出版社, 1984年版).

5장

요와 주변 국가와의 관계

야율아보기가 연맹의 수령을 맡자 거란 사회는 신속히 발전했다. 그는 정벌 사업을 통해 부단히 영토를 확장했고, 대량의 인구와 재부를 약탈해 국력을 증대시켰다. 이때 중원은 혼란 속에 빠져 있었다. 각각의 할거 세력은 상대를 이기기 위해 항상 거란의 힘을 빌렸는데 이것은 남하의 기회를 엿보던 거란인에게 좋은 구실을 제공했다. 요는 오대의 각 정권 모두와 밀접한 관계를 맺었으며, 북송이 건국한 뒤로도 북한을 통제하고 서하와 연계해 시종 주도적인 위치를 차지했다. 이뿐만 아니라 고창 회골, 카라한 왕국 등과도 차례로 주종 관계를 수립했다.

1절
요와 오대 각 할거 세력과의 관계

1. 하동 이씨와의 결맹과 전쟁

거란인이 남하하자 제일 먼저 충돌한 이들은 유주(幽州)에서 할거하던 유인공(劉仁恭)·유수광(劉守光) 부자, 하동(河東)의 이극용(李克用)·이존욱(李存勖) 부자였다. "유인공은 거란인의 정서를 습득해 그들을 속였다. 그는 항상 잘 훈련된 병사를 선발한 뒤 가을이 되면 적성령(摘星嶺)을 넘어 거란을 공격했는데 거란인은 이를 두려워했다. 상강(霜降: 24절기 중 하나)마다 유인공은 늘 사람을 파견해 변방의 초지를 불태워 버렸다. 그러면 거란의 말은 대부분 굶어 죽었기 때문에 항상 좋은 말을 유인공에게 주고 목지를 샀다"[1]고 전해진다. 유수광은 평주를 지키면서 거짓 전술로 거란을 위축시켰다. 유인공이 살아 있는 동안 거란인은 연주·계주에서 중대한 진척이 없었다.

---

1) 『資治通鑒』, 「唐紀八十」.

1) 야율아보기와 이극용의 결맹

야율아보기가 요련을 대신했을 때, 유수광은 그의 부친을 가두고 자립했다. 그러자 유수광의 동생인 평주자사 유수기(劉守奇)는 무리를 이끌고 거란에 투항했고, 형 유수문(劉守文)도 반란을 진압한다는 명분으로 출병해 유주를 공격했다. 그들은 서로 거란에게 재물을 보내 도와줄 것을 요청했다. 마침내 거란인은 유계 지역에서의 권력 투쟁과 영토 싸움에 참여했다. 911년에 거란은 유계 지역이 혼란한 틈을 이용해 유수광의 수중에 있던 평주(平州)를 탈취했다. 유수광은 이존욱에게 위협을 받자 거란에 사신을 보내 원조를 요청했다. 그러나 그의 인품을 믿을 수 없었던 야율아보기는 수수방관했고, 결국 유수광은 이존욱에게 패했다.

이전에 이극용은 거란과 연합해 유인공과 주온(朱溫)에게 대항했었다. 905년에 이극용은 유인공에게 당한 목과간(木瓜澗) 전투2)에서의 패배를 설욕하고자 사자를 파견해 야율아보기와 연합한 적이 있었다. 양측은 운주에서 동맹을 맺었는데 이때 중국옷과 말을 교환하면서 형제 관계를 맺기로 약속했다.3) 이것은 번진 할거 세력이 거란과 연합해 상대를 공격하는 선례를 남긴 것이다. 야율아보기는 유인공을 공격하면서 여러 주를 약탈했다. 907년에 운주의 동쪽 성에서 만난 이극용과 야율아보기는, 주온을 공동으로 공격해 변주(汴州)와 낙주(洛州)를 각각 접수하기로 약속했다.

---

2) 당을 위해 勤王하려던 이극용은 주전충과의 전면적인 대결을 앞두고 노룡의 병사를 맞아들이고자 했다. 그러나 노룡유후였던 유인공은 병사 징발을 거부하고, 사신을 구금했기 때문에 이극용이 建寧 4년(897)에 유인공을 공격했다. 이극용은 적을 얕잡아보다가 蔚州 木瓜澗에 매복하고 있던 군대에 역습을 당해 패배한 사건이다. _옮긴이 주
3) 905년 이극용은 소그드 혼혈인 康令德을 파견해 야율아보기에게 연맹을 제의했다. 이는 간접적으로 거란의 공격을 피하고, 주전충의 세력을 견제하기 위한 방편이었지만, 직접적으로는 木瓜澗 전투의 패배를 설욕하기 위한 전략적 제휴였다. 야율아보기로서도 유인공은 제거해야만 할 존재였고 국가 건설을 위해 燕 지역의 사람 및 물자는 필요한 자원이었다. 따라서 그들의 이해가 상호 일치해 이른바 '雲州의 동맹'이 체결된 것이다. _옮긴이 주

한편 하남의 주온은 거란과 직접 충돌한 적은 없었지만, 일찍이 서패(書幣)·의대(衣帶)·진완(珍玩) 등을 선물하면서 야율아보기와 우호 관계를 맺었다. 주온은 당 정권을 찬탈한 후에 이러한 사실을 거란에 통보했다. 이때 야율아보기는 변심해 후량에 책봉을 구했으나, 주온은 사타(沙陀)를 함께 멸망시키자는 조건을 내세웠다. 게다가 이극용이 죽자 하동 세력과 거란 사이에 맺었던 연맹 관계는 이미 끝이 났다. 다음 해(909) 이존욱은 거란에 기병을 빌려 주온에게 대항하려고 했으나, 거란이 이에 불응함으로써 관계는 더욱 악화되었다.[4]

거란은 정권을 건립한 후에 계속 하북과 하동을 공격했으며, 그들의 최종 목표는 황하 이북의 땅을 정복하는 것이었다. 그러나 연주·계주 및 하동 전역은 이미 이존욱이 통제하고 있어, 거란이 남하할 때 후당과 여러 차례 군사 충돌이 있었다.

신책 원년(916)에 거란은 일단 돌궐·당항·토혼·소번(小蕃)·사타 등을 정벌한 뒤 삭주로 진격하고, 울주(蔚州)·신주(新州)·무주(武州)·규주(嬀州)·유주(儒州)·유주(幽州)·축주(涿州)·정주(定州) 등을 점령했다. 그리고 무주를 귀화주(歸化州)로, 규주를 가한주(可汗州)로 이름을 고쳤고, 점령한 주현을 관리하면서 서남으로 세력을 발전시키려고 서남면초토사를 설치했다. 이후 요는 진왕 이존욱 및 후당과 몇 차례 큰 전쟁을 일으켰다.

---

4) 당시 야율아보기는 이극용과의 약속을 철저히 이행하지 않았고, 오히려 주전충과 동맹을 체결하는 등 이중적인 태도를 보였다. 요컨대 이극용의 제안대로 진행된다면 화북은 사타에 의해 통일될 것이며, 이는 국가를 건국하려던 거란에 큰 위협으로 작용된다고 판단했을 것이다. 따라서 하북이 분열과 항쟁 상태로 있는 것이 거란에 유리했다. 이후 주온(주전충)에 의해 후량이 건국되자 이극용은 화병으로 죽었고, 『五代史闕文』에 따르면 그는 아들 이존욱에게 세 발의 화살을 넘겨주면서 "화살 하나는 유인공을 토벌하는 데, 또 하나는 거란을 격퇴하는 데, 나머지 하나는 주온을 멸하는 데 사용하라"는 유언을 남겼다고 한다. _옮긴이 주

2) 신주·유주 전투

진왕 이존욱은 군을 이끌고 남하해 후량을 정벌했고, 그의 동생이자 위새군절도사(威塞軍節度使) 이존구(李存矩)는 신주를 지켰다. 신책 2년[후량 정명 원년, 917]에 이존욱은 이존구에게 산북 부락과, 도망쳐 온 유수광의 병사들을 불러 모아 자신의 남벌(南伐)을 지원하도록 명령했다. 이때 백성에게 강제로 말을 내놓도록 했기 때문에 불만을 초래했다. 신주의 병사들은 이존구를 죽이고, 부장 노문진(盧文進)을 추대한 뒤 거란에 투항했다. 거란은 형세에 익숙한 노문진에게 선도역을 맡겨 신주를 재차 공격하게 하고 아울러 30만 대군을 증원(增援)했으므로, 이존욱 군대는 대패했다. 거란은 신주를 함락한 후 기세를 몰아 반년 이상 끌면서 유주를 포위 공격했다.

이존욱은 이사원(李嗣源)·이존심(李存審)·염보(閻寶)를 파견했다. 세 장수는 이주(易州)에서 북쪽으로 행군하면서 유주까지 60리 정도 남았을 때 거란 군대와 마주쳤으나 물리쳤다. "거란 병사가 버린 천막·궁시(弓矢)·양마(羊馬)가 이루 헤아릴 수 없을 만큼 많았고, 추격해 목을 벤 포로도 만 명을 헤아렸다"[5]고 한다. 거란은 어쩔 수 없이 서둘러 철군했는데 야율아보기의 동생 날갈이 이때 이존욱에게 투항했다. 거란은 노문진을 노룡절도사(盧龍節度使)로 삼아 평주에 상주하도록 했다. 이후 해와 거란의 군대는 자주 남하해 이존욱이 통치하는 노룡의 여러 주를 잇따라 습격했다. 동시에 거란은 운주 등도 습격하며 기회를 엿보다가 대거 남하했다.

3) 망도 전투

신책 6년[후량 龍德 원년, 921]에 요 태조는 진주(鎭州)·정주(定州)의 혼란한

---

5) 『舊五代史』, 「唐書」, 莊宗紀二.

틈을 타 군대를 이끌고 남하했으므로 이존욱과 재차 교전했다. 12월에 야율아보기는 군대를 친히 이끌고 입관(入關)해 탁주(涿州)를 점령한 뒤 정주(定州)를 포위했다. 이존욱은 직접 친위대를 이끌고 와서 정주를 구했다. 천찬 원년[후량 용덕 2년, 922] 정월에 사하(沙河)에서 양측이 전투를 벌였으나 거란 군대가 패배한 뒤 망도(望都)로 후퇴했다. 이존욱은 뒤쫓아 가서 거란 군대를 다시 물리쳤다. 이주(易州)까지 퇴각하는 도중에 "눈이 열흘간 내려 마른 땅은 거의 찾아볼 수 없었으므로, 거란의 인마는 먹을 것이 없었고 사상자가 길을 이었다"[6]고 전해진다. 그래서 거란은 어쩔 수 없이 북으로 철수했다.

거란이 누차 하북과 하동을 공격했기 때문에 이존욱의 남침은 견제되었고, 결과적으로 후량의 멸망이 지연된 셈이다. 그러나 이존욱과의 전쟁에서 거란은 기대했던 결과를 얻지 못했다. 천찬 2년[후당 동광 원년, 923]에 마침내 이존욱이 후당을 세우고 후량을 멸망시켰다. 야율아보기도 전략을 수정해 중원에 대한 공격을 잠시 접고 방향을 바꾸어 발해로 출병했다. 이것은 중원으로 남하하기 전에 배후의 걱정거리를 없애기 위한 것이었다. 중원에 대해서는 황후 술률씨의 의견을 받아들여 소수의 병력만으로 연주(燕州)와 조주(趙州)를 습격했으나, 그 이상 깊숙이 들어가지는 않았다.[7] 그러나 거란 통치자가 남하 정책을 포기한 것은 아니었다. 천현 원년[후당 天成 원년, 925]에 후당의 명종이 거란에 요곤(姚坤)을 사신으로 파견해 부여부에서 야율아보기를 접견했으나, 그는 여전히 하북을 취득하는 조건으로 후당과의 강화를 견지했다.[8]

---

6) 『資治通鑑』, 「後梁紀六」.
7) 『資治通鑑』, 「後梁紀四」에서는 술률씨가 유주 등 漢地의 城池에 대해 "단 3,000천 기를 그 근처에 매복시켜 사방을 약탈하면 성안에는 음식이 없어질 것이며, 불과 몇 년 만에 성은 저절로 곤란해질 것이다"라고 인식했다. 야율아보기는 수차례 출사했으나 공이 없었으므로, 술률씨의 의견을 따라 재차 전략적 배치를 조정했다. 신책과 천찬 연간에 유주 지구에 대한 요의 군사 행동을 볼 때 당시 소요와 약탈을 하는 방침을 채택함으로써 기대한 효과를 얻었다. 그리고 『자치통감』에는 "당시 거란이 식량 수송을 노략질해 유주의 식량이 반년을 지탱하지 못했다"라고 기록하고 있다.

4) 곡양·당하 전투

천현 3년[후당 천성 3년, 928]에 후당은 왕도(王都)의 관직을 삭탈한 대신에 왕연구(王宴球)를 북면초토사(北面招討使)·권지정주행주사(權知定州行州事)로 임명했다. 왕도가 해(奚)의 독리철랄(禿里鐵刺)에게 원조를 구했으므로, 거란은 독리철랄에게 왕도를 원조하도록 했다. 그러나 독리철랄은 곡양(曲陽)에서 왕연구와 싸워 이기지 못하고 정주로 후퇴했다. 거란의 원군이 이르자 왕도와 독리철랄의 군대는 다시 곡양으로 진격했으나, 사상자가 반이 넘어 어쩔 수 없이 정주로 후퇴했다. 6월에 거란은 정주를 구원하기 위해 다시 척은 날리연(涅里袞)과 도통 사랄(査刺)을 파견했다. 왕연구가 당하(唐河) 북쪽에서 응전했으므로, 거란의 지원군은 다시 패해 이주(易州)로 후퇴했다. "당시 오랫동안 비가 와서 강물이 불어났기 때문에 물에 빠져 죽거나 붙잡혀 죽은 자가 셀 수 없이 많았다"[9]고 전해진다. 거란의 군대는 북으로 철수했는데, 행군하는 길이 몹시 질퍽거렸고 인마는 굶주려 지칠 대로 지쳤다. 어렵게 유주에 도착했으나 또다시 유주절도사 조덕균(趙德均)의 공격으로 날리곤 등 수십 명이 사로잡혔다.

이존욱에게 연이어 패배한 거란은 남쪽으로 영토를 확장하려던 목표를 이룰 수 없었다. 천현 5년[후당 長興 원년, 930]에 후당으로 망명한 동란왕 야율배를 검교태사(檢校太師)·안동도호(安東都護)·회화군절도사(懷化軍節度使)로 삼고, 이찬화(李贊華)라는 이름을 하사했다. 거란은 당하전투에서 잡힌 포로와 동란왕을 데려오기 위해 함부로 도발하거나 혹은 사신을 파견해 후당과 교섭했다. 후당의 명종도 거란과 원한 맺기를 원하지 않았기 때문에 포로를 일부 돌려주었다.

---

8) 『資治通鑑』, 「後唐紀四」에는 "아보기가 호곤에게 말하기를 내가 비록 너희와 여러 차례 전쟁을 치렀으나, 지금 천자는 원망하지 않으며 수교로 충분하다. 만약 나에게 大河 이북을 준다면 나는 더는 남침하지 않을 것이다"라고 기록되어 있다.
9) 『資治通鑑』, 「後唐紀五」.

2. 거란의 부용국: 후진

1) 석경당의 옹립

천현 11년[후진 天福 원년, 936] 후당의 말제 이종가(李從珂)가 하동절도사 석경당(石敬瑭)과 반목하자, 그를 천평군절도사(天平軍節度使)로 보내 운주(鄆州)를 다스리게 했다. 석경당은 이 명령을 받아들이지 않고 요에 사신을 파견해 지원을 요청했다. 9월에 요 태종은 30만 명이라고 알려져 있지만, 사실 5만의 기병을 이끌고 양무곡(揚武谷: 지금의 山西省 朔縣 남쪽)에서 남하해 진양(晋陽)에 도착했다. 거란 군대는 후당 군대를 분수(汾水)에서 격퇴하고, 태원사면초토사(太原四面招討使) 장경달(張敬達)이 있는 진안(晋安)의 성채를 포위했다. 말제 이종가가 군신에게 계책을 묻자 이부시랑 용민(龍敏)은 이찬화를 거란의 군주로 세워 유주에서 요 국경으로 돌려보내면 요 태종은 후방의 걱정 때문에 싸울 마음이 반드시 없어질 것이니, 그때 정예 부대를 뽑아 공격하면 진안의 포위를 풀 수 있다고 청했다. 군신이 현실성 없는 계책이라고 반대했기 때문에 그 의견은 결국 받아들여지지 않았다.

낙양(洛陽)·위주(魏州)·유주(幽州)·요주(耀州) 등에 파견된 장수들은 진안을 구하러 산서로 달려갔으나, 노룡절도사 조덕균 부자는 전란을 이용해 후당을 대신하려고 진군하지 않았다. 조덕균은 은밀히 요 태종에게 연락해 자신을 황제로 삼아달라고 요청했다. 진안이 수개월 동안 포위되어 있었으므로 성안에는 식량이 바닥났고, 원군이 도착하지 않자 부장 양광원(楊光遠)은 장경달을 살해하고 나서 항복했다. 진안이 함락되자 후당의 군대는 해체되었고, 더는 버틸 수 없었던 말제는 스스로 분사(焚死)했다. 11월에 요 태종은 책서를 작성해 석경당을 대진황제로 세웠다. 석경당은 거란에 칭신했을 뿐만 아니라 야율덕광을 부친으로 존숭했다. 그리고 유주·계주·운주·삭주·울주 등 16주를 거란에게 할양하고, 매년 비단 30만 필을 공납하기로 했다.

이로써 거란의 국경은 하북과 산서 북부까지 확장된 반면, 중원은 고북(古北)·거용(居庸) 등 천연의 요새를 잃었다. 마침내 후진은 거란의 속국이 되었다. 이것은 거란의 정치·경제·군사·문화적 발전 및 국력 증강에서 매우 중요한 의의가 있다. 석경당은 거란을 배경으로 중원 지역의 통치를 안정시켰다. 그래서 그는 요 태종에게 복종하며 신중하게 처신했다. 예를 들어 거란 사신이 올 때마다 예의 바르게 조직을 받았고, 길흉 경조사 및 새해에는 진귀한 물건을 선물하고, 태후·태자·제왕·대신에게도 많은 선물을 보냈다. 조금이라도 여의치 않으면 거란은 바로 사신을 파견해 책문했으나 말년에 가서는 석경당이 말을 듣지 않았으므로, 양측 사이에 약간의 혐극(嫌隙)이 생기기 시작했다. 회동 5년[후진 천복 7년, 942]에 석경당이 죽고, 조카 석중귀(石重貴)가 즉위하자 거란과의 관계가 악화되었다.

2) 후진의 멸망

석경당이 죽은 후에 거란에 표를 바쳐 상중(喪中)을 알리는 문제를 놓고 군신 사이에 의견 차이가 발생했다. 동평장사이자 시의군도지휘사 경연광(景延廣)은 국서를 보낼 때 칭손(稱孫)만 할 뿐 칭신(稱臣)하지 말자고 주장했다. 중서시랑이자 동평장사 이숭칙(李崧則)은 전쟁을 피하려면 그대로 칭신해야만 한다고 주장했다. 석중귀는 마침내 경연광의 의견을 따라 "조정은 거란에 사신을 파견해 상중이라는 것을 알릴 때, 표가 아닌 국서로 대신하면서 칭손만 하라고"10) 지시했다. 이에 따라 요 태종은 대로했고, 곧바로 사신을 파견해 그 이유를 물었다. 하지만 경연광은 여전히 호언장담했으므로 양국 간이 갈등을 더욱 악화시켰다. 후진의 평로절도사 양광원(楊光遠)은 경연광과 사이가 나빴기 때문에 거란과 은밀히 내통해 후진을 침공할 것을 부추겼

---

10) 『舊五代史』, 「景延廣傳」.

다. 조덕균의 아들 조연수(趙延壽)도 이 기회를 이용해 수년간의 몽상(夢想)을 실현하고자 했다.

회동 6년[후진 천복 8년, 943] 12월에 요 태종은 남경에 이르러 산후(山後: 태항산맥 북단의 서북 지역을 가리킨다) 및 노룡의 병사 5만 명을 모아 조연수 등에게 창주(滄州)·환주(桓州)·이주(易州)·정주(定州) 등으로 길을 나눠 진격하도록 했다. 7월 정월에 거란군은 임구(任丘)·패주(貝州)·위흔(圍忻)·대주(代州)를 함락했고, 동로군의 선봉대는 이미 황하의 서안과 북안에 도착해 후진 군대와 전(澶)·위(魏)를 사이에 두고 서로 대치했다. 3월에 후진의 군세가 여전히 강했으므로, 일단 조연수를 패주에 남겨두고 철군했다.

11월에 요 태종은 각지에서 병사를 징발해 12월에 다시 대거 남하했다. 8월 정월에 형주(邢州)·낙주(洛州)·자주(磁州) 등 세 주를 연이어 함락한 후에 업도(鄴都)로 들어갔다. 후진 군대가 이에 맞서 장수(漳水) 남쪽에서 싸웠으나 후퇴했으므로, 석중귀는 조서를 내려 친정을 선언했다. 2월에 후진의 군대가 정주에 모여 반격해 태주(泰州:지금의 河北省 保定)·만성(滿城)·수성(遂城)을 회복했다. 거란 군대가 회군한 후에 다시 반격했으므로, 후진 군대는 정주로 물러났다. 거란은 두 차례나 출병을 했어도 전혀 진척이 없자, 요 태종은 남경으로 되돌아와서 군기를 강화하고 패배자를 문책했다.

9년[후진 開運 3년, 946] 7월에 다시 각 도의 병사를 징집했고, 9월에는 각 군이 남경 조림전(棗林澱)에 모였다. 거란은 조연수를 거짓으로 항복시켜 후진 군대가 하북으로 이동하게 했다. 11월에 거란은 재차 도발해 후진의 북면행영초토사 두중위(杜重威)를 영주(瀛州)에서 패배시켰다. 거란 군대가 이주와 정주에서 환주로 나왔으므로, 양측이 호타하(滹沱河)를 끼고 대치했다. 하북의 거란 군대는 "밤에 말과 마차를 원형으로 배열해 수비했고, 낮에는 출병해 약탈했는데", 요 태종이 "야음을 틈타 병사들을 도하시킨 뒤 난성(欒城)을 공격하자 항복한 병사가 수천 명에 이르렀다"고 한다. 붙잡힌 후진의 백성 모두의 얼굴에 '봉칙불살(奉勅不殺)'이라고 자자(刺字)했으므로, 길에서 우연히 마주치면 모두 놀라 달아났다. 두중위는 외부와 연락이 끊겨 정보를 얻을 수 없었다. 봉국도지휘사(奉國都指揮使) 왕청(王淸)이 보졸 2,000명을 이끌고 포위망을 뚫었으나, 지원군이 없었기 때문에 전사했다.

12월에 두중위가 20만 대군을 이끌고 거란에 항복했으므로, 후진은 정예 부대를 거의 다 잃었다. 거란은 후진의 항장 장언택(張彦澤)과 어사대부 해리(解里), 감군 전주아(傳住兒 또는 桂兒)에게 2,000기(騎)를 이끌고 변경(汴京)에 들어가서 조서를 전달하도록 했고, 이에 석중귀는 표를 받들어 항복했다. 거란은 3년 동안 세 차례에 걸쳐 출병한 후에야 비로소 후진을 멸망시켰다. 마침내 황하 유역을 점령하려던 숙원 사업을 실현한 것이다.

947년 정월에 태종이 변경에 들어가서 석중귀를 그의 가족과 함께 북쪽으로 이주시켰고, 군신에게 "지금부터 갑옷과 병기에 신경 쓰지 않게 하고 부역을 가벼이 할 것이니, 천하는 태평할 것이다"[11]라고 말했다. 2월에 국호를 대요(大遼)로 바꾸고, 연호를 대동(大同)으로 정했다. 그러나 군의 식량을 해결하기 위해 거란인은 사방에서 타초곡을 실시했다. 그리고 태종은 군을 위로하기 위해 판삼사(判三司) 유구주(劉昫籌)에게 전백(錢帛)을 군에 나누어 주라고 명령했다. 그가 백성의 재물을 약탈해 군인에게 나누어 주자, 민심이 더욱 악화되었다. 각지의 관리와 백성은 요가 임명한 관리를 살해했고 태원에 있던 유지원도 이 기회를 틈타 자립했으므로, 요는 중원을 더는 통제할 수 없었다.

3월에 소한을 선무군절도사로 삼아 변량(汴梁)을 지키도록 한 후 철군하기로 했다. 4월에 태종은 북으로 돌아가면서 후진의 도적(圖籍)·노부(鹵簿)·법물(法物) 등을 챙겼고, 백관·장인·방술사 등도 끌고 갔다. 요의 대군이 북으로 돌아간 뒤 중원의 한인 관료와 장수 대부분은 유지원(劉知遠)을 지지했으므로, 소간과 중경유수 마답은 변량과 진주를 버리고 초원으로 돌아갈 수밖에 없었다. 요는 후진을 멸망시켜 얻은 주현을 결국 다시 잃어버린 셈이다.

---

11) 『資治通鑑』, 「後漢紀一」.

3. 북한 및 후주와의 관계

　　대동 원년(947) 2월에 후진 북평왕(北平王) 유지원이 태원에서 즉위했고, 6월에는 국호를 한(漢)으로 고쳤다. 천록 5년[9월에 목종이 應力으로 개원, 후주 관순 원년, 951] 정월에 후한 천웅군절도사(天雄軍節度使) 곽위(郭威)는 한을 멸망시키고 주(周)를 건국했는데, 이것이 오대의 마지막 정권이었다. 유지원의 종제 유숭(劉崇)은 후주를 인정하지 않고, 태원에서 북한(北漢)을 건국했다. 북한과 후주는 모두 사신을 파견해 요와 우호 관계를 맺고자 했다. 요 세종은 북한을 선택했기 때문에 서신이 무례하다는 이유로 후주의 사신 요한영(姚漢英)을 붙들어 놓았다.

　　6월에 사신을 파견해 유숭을 대한신무황제(大漢神武皇帝)로 책봉했다. 북한은 요가 중원에서 만든 또 하나의 속국으로 요에 의지해 후주와 맞설 수 있었다. 9월에 북한은 단백곡(團柏谷)에서 출병해 주를 공격했고, 요 세종은 군을 이끌고 남하해 이에 호응했다. 하지만 거란 각 부가 전쟁을 혐오했는데도 출병을 강행한 세종은, 신주(新州)에 이르러 태령왕(泰寧王) 찰가(察哥)에게 살해되었다.

　　요 목종도 계속 북한을 돕고 후주에 저항하는 정책을 고수했다. 10월에 북한이 출병해 후주와 진주(晉州: 지금의 山西省 臨汾)·강주(絳州: 지금의 山西省 新絳)에서 싸웠으므로 요의 창국군절도사(彰國軍節度使) 소우궐(蕭禹厥)이 거란과 해군 5만 명을 이끌고 지원했다. 이후 계속 파병했고, 하북의 주현을 약탈하면서 기회를 엿보다가 남하했다.

　　응력 4년[후주 현덕 원년, 954]에 곽위가 죽자 북한은 후주를 대거 공격하면서 요에 군사적 지원을 요청했고, 요는 무정군절도사(武定軍節度使)이자 정사령(政事令) 양곤(楊袞)을 파견했다. 그는 1만여 기를 이끌고 진양에 도착한 후에 북한 군대와 연합해 단백곡에서 노주(潞州)로 달려가 후주와 고평(高平)에서 격전을 벌였다. 하지만 적을 얕잡아보고 요 군대조차 참전할 필요가 없다고 호언했던 유숭은 필사적인 후주 군대의 저항으로 대패했다. 유숭이 울분을 참지 못하고 병석에 눕자, 그의 아들 유숭균(劉承鈞)이 나라를 관리했다.

5월에 유숭이 죽고 유숭균이 즉위했다. 그는 요 목종에게 표를 바쳐 칭남(稱男)함으로써 석경당 이후 또 한 명의 아황제(兒皇帝)가 되었다. 북한과 요의 연합군에 위협을 받은 후주는 어쩔 수 없이 방어선을 남쪽 호로하(胡蘆河: 지금의 河北省 深縣과 冀縣 사이의 衡彰水)로 옮겼다.

이때 후주는 북한을 멸망시키려고 했으나 거란과의 직접적인 충돌은 원하지 않았다. 진양(晋陽)에서 전투를 벌인 뒤 북쪽 경계선을 호로하까지 후퇴해 요와 북한의 연합군과 서로 대치했다. 후주는 군대의 전위를 남쪽으로 돌려 남당 및 후촉과 각각 회북(淮北)과 섬남(陝南)을 두고 싸웠다. 금릉(金陵)에 나라를 세운 남당은 요의 역량을 빌려 중원 세력을 견제하고자 줄곧 요와 연락을 취했다. 후진 시기에 어떤 사건으로 말미암아 요 사신이 암살되자, 이를 후진의 책임으로 뒤집어씌워 요·진 관계를 의도적으로 이간했다. 후주 시기에도 여전히 사신을 계속 보내 요와 형제 관계를 맺었다.

응력 6년과 7년에 남당은 계속 후주의 공격을 받자 여러 차례 요에 사신을 보내 원조를 요청했다. 요는 단지 남당과 경제적 왕래만을 중시했기 때문에 그들의 군사적 요구를 이리저리 회피했다. 당시 후주가 회남에 힘을 쏟고 있을 때 북한과 요는 다시 남하해 노주를 탈취하려고 했으나, 여전히 성과 없이 돌아갔다. 8년에 후주는 남정을 마치고 군사를 북쪽으로 돌렸다. 다음 해 4월에 후주 세종이 친히 대군을 이끌고 창주에서 수로를 따라 요 국경까지 침입하자 요의 익진간(益津關)·와교관(瓦橋關)을 지키는 장수 및 막주(莫州)·영주(瀛州)의 자사가 성을 들어 항복했으므로, 요의 관남(關南) 2주 10현이 후주로 편입되었다. 후주 세종은 와교관을 웅주(雄州)로 고치고, 익진관을 패주(霸州)로 고쳤다. 이로써 요는 16주 중 영주와 막주를 잃었다.

2절
송·요의 대치

응력 10년(960)에 후주의 전전도점검(殿前都點檢) 조광윤(趙匡胤)이 후주를 대신해 북송을 건립했다. 이로써 중국사는 요와 송이 대치하는 시기로 진입했다. 북송은 전국의 형세를 면밀히 분석한 뒤 잠시 북진 정책을 포기하고, 선남후북(先南後北) 방침을 채택해 남방의 할거 세력을 소멸하는 데 역량을 집중하는 한편, 요에 대해서는 일단 방어만 하기로 결정했다. 요 목종도 진취적인 의욕이 없었으므로, 양측은 직접적인 이해 충돌이 없었다. 그러나 북한이 송의 공격을 받을 때는 요가 출병해 원조했다. 바로 이러한 이유로 북한은 20년간 가까스로 유지할 수 있었다.

요 경종 보령 6년[송 태종 개보 7년, 974]에 요가 주도해 송과의 관계를 조정했는데, 탁주(涿州) 자사 야율종(耶律琮 또는 耶律合住)에게 송과 강화하도록 해 송의 호응을 얻었다. 양측은 우호 관계를 맺고 상호 사절을 파견했으며, 길흉절일(吉凶節日)에는 경조(慶弔)의 선물을 보냈고, 또한 변경에 호시(互市)를 열었다. 9년에 송은 진주(鎭州)·이주(易州)·웅주(雄州)·패주(霸州) 등에 각무(権務)를 설치해 호시에 관한 관리를 강화했다. 그러나 이런 우호적인 국면은 단지 5년간 유지되었다. 송이 남방의 할거 정권을 평정한 후에 북으로 회군하자 요·송 관계는 다시 악화되기 시작했으며, 전연(澶淵)의 맹약을 체결하고 나서야 비로소 평화 교류의 시기로 진입하게 되었다.

1. 고량하·연운 전투

경종 건형 원년[송 태평흥국 4년, 979]에 송이 북한을 멸망시켰다. 7월에 송 태종은 승세를 타고 북정했다. 즉 후진이 요에 할양한 연운 16주를 수복하기 위해 요와 정면충돌을 일으킨 것이다. 송 군대가 동진하자 이주와 탁주를 지키던 요의 장수가 성문을 열어 항복했다. 이어 남경성 아래에 도착한 송 군대는 병사를 나누어 한쪽은 동남을 수비하고, 다른 한쪽은 서북을 공격했다. 요의 오원상온(五院祥穩) 해저(奚底)와 통군사 소토고(蕭討古), 을실왕(乙室王) 살합(撒合)은 송 군대와 사하(沙河)에서 맞서 싸웠으나 패배했다. 계주·순주 두 주도 항복했다. 요의 남경을 지키던 군대의 수는 많지 않았으나, 유수 한덕양이 군민을 이끌고 꿋꿋이 성을 지켰고, 척은 야율휴가와 남원대왕 야율사진이 이끄는 오원·육원의 원군도 도착해 좌우로 협공하자 송 군대는 고량하(高梁河)에서 패배했다. 동시에 송 군대에서 군사 반란이 일어나 태종은 서둘러 철군할 수밖에 없었다. 이것이 이른바 고량하 전투이며 또는 위성지역(圍城之役)이라고도 한다.

건형 4년(983)에 요 경종이 죽고 성종 야율융서가 어린 나이에 계승했다. 송의 군신은 "거란 군주가 나이가 어려 국사를 그 모친이 결정하고 있으며, 대장 한덕양이 그녀의 총애를 받아 권력을 장악하고 있어 국인들이 그를 미워하고 있기" 때문에 바로 북벌할 수 있는 절호의 기회라고 생각했다. 그래서 송 태종은 재차 출병해 연운을 수복하기로 결정했다. 통화 4년[송 雍熙 3년, 986]에 송은 대거 군대를 이끌고 세 갈래 길로 나뉘어 북벌에 나섰다. 천평군절도사(天平軍節度使) 조빈(曹彬)을 유주도행 영전군마보수륙도부서(幽州道行營

前軍馬步水陸都部署)로, 시위마군도지휘사(侍衛馬軍都指揮使)·창화군절도사(彰化軍節度使) 미신(米信)을 서북도도부서(西北道都部署)로 삼아 웅주를 공격했다. 시위보군도지휘사(侍衛步軍都指揮使)·정난군절도사(靖難軍節度使) 전중진(田重進)을 정주로도부서(定州路都部署)로 삼아 비호(飛狐)로 진격했다. 검교태사·충무군절도사(忠武軍節度使) 심미(潘美)를 웅주·응주·삭주 등의 도부서로 삼아 안문(雁門)을 나섰다. 그들은 요 황제의 춘날발 시기인 3월을 택해 출병했다.

요 군대가 처음에는 이에 대비하지 않았기 때문에 동로군(東路軍)의 조빈이 기구(岐溝: 지금의 河北省 涿州市 西南)·축주·고안(固安)·신성(新城) 등을 차례로 점령했다. 당시 송 군대의 사기는 매우 높았다. 서로군의 심미는 환주·삭주·운주·응주 등으로 나갔다. 중로군(中路軍)의 전중진은 비호의 북쪽으로 출격해 요의 서남면초토사 대붕익(大鵬翼) 등을 포로로 잡은 후에 비호·영구·울주로 진격했다. 요는 선휘사 포령(蒲領 또는 耶律阿沒里)을 파견해 원조하는 한편, 친정한다는 조서를 내려 병사를 징발했다.

당시 남경유수이자 우월인 야율휴가가 밤에는 야음을 틈타 경기(輕騎)만을 데리고 적 진영으로 나가 허약한 이들을 살해함으로써 나머지 무리도 위협했다. 낮에는 정예로 허장성세를 부려 송군을 지치게 했다. 동시에 숲속에 매복해 송의 보급로를 끊었다. 조림은 군량이 도착하지 않자 웅주로 후퇴했다. 5월에 중·서 양로의 진전이 순조롭다고 듣자 다시 탁주로 회군했다. 군량이 이미 소진되고 요의 친정군이 도착하자, 동로군은 다시 후퇴했다. 요 군대가 기구관까지 추격했으므로 거마하(拒馬河)에 빠져 죽은 사람이 셀 수 없이 많았고, 버려진 창과 갑옷이 마치 구릉을 이루는 듯했다. 그리고 서로군도 후퇴하면서 대장 양계업(楊繼業)을 잃었다.

고량하 전투와 연운 전투에서 얻은 승리로 요는 하북·하동의 북부를 공고히 통치할 수 있었다. 송은 두 차례의 북정에서 패배한 뒤 연운을 무력으로 수복하려는 방침을 포기했다. 이후 송은 요에 대해 방어 태세만 취했지만, 반대로 요가 기회가 있을 때마다 남하해 송의 하북 주현을 약탈하면서 남쪽으로 영토를 확장해 나갔다. 마침내 요 성종이 자신의 지위를 공고히 한 뒤 다시 대거 남하해 송과 하북을 놓고 쟁탈했다.

2. 전연의 맹약

통화 17년[송 진종 咸平 2년, 999]에 요 군대가 남하해 영주(瀛州)에서 송의 고양관도부서(高陽關都部署) 강보예(康保裔)를 포로로 잡았다. 19년에 다시 어구(淤口)와 익진(益津)에서 각각 송 군대에 승리했다. 21년에 남경통군사 소달름은 망도(望都)를 공격해 송의 도부서·전전도우후(殿前都虞侯)·운주관찰사 왕계충을 사로잡았다. 22년 9월에 성종과 황태후 소작(蕭綽)은 친히 대군을 이끌고 남하해 수성(遂城)·망도(望都)·기주(祁州)·정주(定州)·영주(瀛州)를 공격했고, 덕청(德淸)을 함락한 뒤 전주성 아래에 도착하자 송 조정은 요동쳤다. 재상 구준(寇准)의 의견에 따라 송 진종이 친정하면서 양측은 강을 사이에 두고 대치했다.

요 장수 소달름이 병영을 나가다가 쇠뇌를 맞아 죽었으므로, 요 군대의 사기가 꺾였다. 왕계충은 이 틈을 타서 남북의 평화 협상을 중재했다. 그는 송 진종에게 국서를 보내 요 측이 정전하려는 뜻이 있다고 통보했다. 송 진종도 전쟁을 그만두고 백성을 안정시키고 싶다고 회신했다. 이후 사신이 빈번히 왕래하면서 강화 협상을 추진했다. 요는 후진이 할양했던 관남(關南) 지역을 다시 돌려주기를 원했으나, 송 측은 촌토도 양보할 수 없는 대신에 금백을 아낌없이 지불하겠다는 방침을 취했다. 담판을 반복하다가 마침내 송이 요에 은과 비단을 제공하는 것으로 합의를 보았다. 이로써 양측은 군사적 대치 상태를 종결시켰다.

전연의 맹약은 다음과 같이 규정하고 있다.

첫째, 요와 송은 형제국이다. 요 성종이 어려서 송 진종을 형으로 부르지만 후세에는 계속 나이로 논한다. 둘째, 백구하(白溝河)를 국경으로 하고 양측은 철병한다. 이후 도적이 경계를 넘어 도주하면 즉시 돌려보낸다. 국경에 성과 해자는 기존의 것을 유지하며 더 신축해서는 안 된다. 셋째, 송 측은 요에 군비를 도와주되 매년 비단 20만 필, 은 10만 냥으로 한다. 다만 남조 사신이 북조로 직접 들어와 이를 전달하지 않고 웅주(雄州)에 이르러 넘긴다. 넷째, 양측은 변경에 각장을 설치하고 호시무역을 실시한다.

형제가 된 이상 길흉경조(吉凶慶弔)·생신절일(生辰節日)에 당연히 사절을 파견했으며, 양측의 경제·문화적 연계도 강화되었다. 전연의 맹약은 요·송 모두가 통일을 완성할 힘이 없는 상황에서 평화 협정을 체결한 것으로, 양측은 대치 국면에서 평화 국면으로 전환해 각각 내정에 힘을 쏟을 수 있게 되었다. 백성도 전란의 고통에서 벗어나 생산에 종사할 수 있는 평화로운 환경이 조성되었다. 이후 120년간 송·요 사이에는 전쟁이 일어나지 않았다.

거란인은 송과의 우호 관계를 매우 중시했다. 전연의 맹약 이후에 송 사신이 먼저 요에 들어와 "주현을 지나가면 자사가 영접하고, 막직(幕職)·현령·부로가 마전에서 송별하면서 술잔을 두 손으로 받쳐 들어 술을 바치도록 명령했다. 백성은 향불을 피워 맞아들였고, 문 앞에 음료를 담은 큰 사발과 구기를 두었다. 사신을 수행하는 사람으로 하여금 도중에 반드시 이러한 것을 제공하도록 했다. 머무르는 곳의 백성은 이부자리의 대가로 돈을 받을 수 없었고, 이를 위반하는 자는 참수형에 처했다. 여물을 가지고 가는 일은 모두 명령을 받은 자가 맡았다"[1]고 한다. 이후에도 송 사신을 매우 환대했으므로 그들이 올 때마다 요의 대신은 서로 앞다투어 인사를 나누었고, 앞서 다녀간 사신들에 대해서도 일일이 안부를 물어 매우 감동시켰다. 따라서 송으로 돌아간 사신도 선례에 따라 요 사신을 열렬히 대우해야 마땅하다고 상언했다.

---

1) 『宋會要輯稿』, 「蕃夷一」.

요 성종은 맹약을 철저히 준수했다. 예컨대 "송이 보낸 선물을 일일이 황제가 직접 살피면서 그것의 아름다움에 매우 흡족해했다. 또한 약속을 확고부동하게 지켜 변경에서 조그만 분쟁도 일어난 적이 없었다"고 전해진다.

그러나 요 흥종이 즉위한 뒤 스스로 국력이 강성하다고 여겨 영토를 넓히려는 계획을 세웠다. 이에 따라 소혜(蕭惠)·유육부(劉六符) 등이 앞장서 후주에 빼앗긴 2주 10현을 다시 탈환할 것을 모의했다.

3. 관남 10현에 대한 교섭

송은 서하가 건국한 후에 삼천구(三川口: 지금의 陝西省 安塞 동쪽, 延川·宜川·洛川 삼수가 모인 곳)·호수천(好水川: 지금의 영하 隆德 동쪽)에서 연속으로 패배했고, 따라서 송의 군사력은 서북쪽으로부터 견제되었다. 요의 군신은 "송이 서쪽으로 출병한 지 오래되어 군대는 쇠약해졌고 백성은 피곤하다고" 인식했으므로, 이때가 바로 관남(關南) 10현을 취할 절호의 기회라고 생각했다. 중희 10년[송 인종 慶曆 원년, 1041] 10월에 송의 하북전운사가 요의 동향을 알아채 하북 21성을 수축해야만 한다고 요청했는데, 이것이 요에 군사를 파견할 구실을 제공했다.

다음 해 정월에 요는 남원선휘사(南院宣徽使) 소특말(蕭特末 또는 蕭英)과 한림학사(翰林學士) 유육부를 사신으로 파견해 송 왕조가 하북에서 "협로를 막고, 제방을 터뜨리고, 변경의 군인을 추가 배치한" 것을 질책하면서 관남 10현을 돌려달라고 요구했다. 또한 남경에 군사를 모아 남벌할 것을 공언했다. 송은 방어를 철저히 준비하는 한편, 사자를 파견해 영토를 할양할 수 없다는 기존 입장을 고수했다.

6월에 송 사신 부필(富弼)과 장무실(張茂實)이 요에 도착했다. 부필은 "북조가 중국과 우호 관계를 맺은 뒤 군주께서 그 이익을 독점해 신하[북송]는 얻는 바가 없었는데도 만약 군사를 일으키신다면 그 이익은 신하에게 돌아오고 군주께서 얻을 것이 없다는" 견해를 피력해 요 흥종의 마음을 움직였다. 마침내 흥종은 금백을 접수하고 군사 행동을 포기했다. 9월에 전연의 맹약을 기초로 다시 맹약을 체결했다. 요는 관남 10현을 포기하는 대신에 송은 "별도로 금백의 예물을 지불하고, 그 지역의 부세를 걷어 사용하는 대가로 기존의 세폐에다가 비단 10만 필, 은 10만 냥을 증액하도록 했다"[2]고 한다. 아울러 송이 은과 비단을 바치는 명목을 납(納)에서 공(貢)으로 바꾸도록 했다.

4. 하동 경계에서의 분쟁

전연의 맹약을 체결한 초기 요·송 양측은 모두 각 조항을 엄수했지만, 드물게나마 분쟁이 일어났다. 평화가 오래되자 변경의 주민이 서로 경계를 넘어 반목하는 상황이 발생하거나 혹은 토지를 매매해 변경의 경계가 불명확해졌다. 송은 시의적절하게 지방관을 독촉하며 백성을 단속해 말썽을 피했다. 그러나 요는 변경의 주민이 변지(邊地)를 점거하는 행위를 단속하지 않았다. 중희 연간에 요의 주민이 국경을 넘어와서 경작하고, 송의 영토를 불법으로 점유하자 송의 지방관은 조정에 상주해 가부를 결정짓기를 요청했다.

송 인종은 "북조와 화목하게 지낸 지 여러 해 지났는데, 싸우고 싶지 않기" 때문에 요와 만나 삭주 일대의 경계를 새롭게 획정했다. 앞으로는 삭주의 경계를 육번령(六蕃嶺)의 남쪽에서 황외대산(黃嵬大山)의 북쪽 기슭까지 후퇴해 정하기로 했으나, 이는 요의 주민이 남쪽의 경지를 불법으로 점유하는 행위를 조장했다. 도종 함옹 연간에도 계속 송의 경계를 침범하자 각국은 관리를 파견해 재차 경계를 명확히 했다. 이때 하북 지역은 변경 주민이 약속

---

2) 『續資治通鑑長編』 卷137.

을 어기며 경계선이 되는 하천에서 고기를 마구 잡았고, 하동 지역에서는 함옹·대강 연간에 경계선과 관련해 싸움이 발생했다.

송 신종이 즉위한 후 부국강병의 목적으로 왕안석을 기용해 신법을 실시했다. 서하를 견제하기 위해 왕소(王韶)를 파견해 희주(熙州: 지금의 甘肅省 東鄉族自治縣 서남)·하주(河州: 지금의 甘肅省 臨洮)·조주(洮州: 지금의 甘肅省 臨潭)를 경략했다. 송은 이 일대의 토번 부락을 성공적으로 초무하거나 정복해 황하 상류 지역에서의 영향력을 확대했는데, 이는 서하에 위협으로 작용했지만, 요에는 서하를 이용해 송을 견제할 수 있는 기회를 제공했다. 송·하 양측은 다시 서약을 맺어 긴장 관계를 완화했다. 하지만 요는 하서를 경략하는 송의 정력을 분산시키기 위해 하동의 주민이 요의 영내로 들어와 경작했다는 것을 구실로 국경 분쟁을 일으켰다.

함옹 10년[송 熙寧 7년, 1074]에 요는 임아 소희(蕭禧)를 사신으로 보내 송 왕조가 웅주에서 관성(關城)을 쌓았고, 요 경계의 웅주·삭주·울주 등지에서는 진지를 구축해 그 주민을 거주시켰다고 질책하면서, 서로 관원을 파견해 공동으로 조사하자고 요구했다. 송 신종은 웅주에서 만든 망루와 화살 쏘는 창구멍 등을 허물도록 명령했고, 사신을 두 차례 하동의 경계로 보내 요와 공동으로 실지 검사를 하도록 했으나, 모든 문제를 해결할 수는 없었다. 소희(蕭禧)가 법도를 위반하면서 송 경계에 머무른 채 돌아가지 않자, 송 신종은 근심스러워하면서 "거란과 오랫동안 평화를 유지했는데 전쟁터의 사소한 구실로 서로에게 상처를 입히는 것은 도리가 아니라"[3]는 이유를 들어 요의 요구를 받아들였다.

결국 중희 연간에 정한 경계 외에 다시 요가 불법으로 점유한 웅주(應州)와 무주(武州) 경계의 남쪽 땅을 승인했다. 희녕 8년[요 대강 원년, 1075]에 지제고(知制誥) 심괄(沈括)을 사신으로 파견해 사과했고, 그다음 해 새롭게 정한

---

3) 『續資治通鑑長編』卷162.

경계를 따라 각각 해자를 개척하고, 보루를 세우고, 상점을 설치했다. 결국 송은 재차 큰 영토를 요에 양보했다. 이번 교섭은 요 측이 고의로 시간을 끌어 3년이나 걸렸는데, 근본적인 목적은 땅을 얻는 것보다는 송의 군사 동향을 정탐함으로써 자신의 안전을 확보하고 그에 상응하는 조치를 채택하려고 했던 것이다.

전연의 맹약 이후에 여러 차례 발생한 영토 분쟁은 모두 담판으로 해결되었다. 요는 송이 서하의 군사적 압력 때문에 자신들과 전쟁을 피하고 있다는 것을 매우 잘 알고 있었다. 그래서 요는 누차 정치적 수단으로 송에 압력을 가하는 동시에 무력으로 허세를 부려 문제를 해결했다. 이것은 그들이 맹약을 파괴하지 않는다는 전제하에 더 많은 실익을 얻고자 했던 것이다. 이러한 사실을 송나라 사람들도 적지 않게 알고 있었다. 예컨대 이도(李燾)가 지적한 것처럼 "거란은 사실 맹약에 만족했으나, 괜히 빈말로 중국을 움직였다"라는 그의 인식은 이러한 현실과 잘 부합되었다. 요의 군신은 송 왕조의 이러한 약점을 충분히 파악했으므로 매번 그들이 원하는 것을 성취했다.

3절
요·하의 화친과 교전

서하는 당항(黨項: 탕구트) 귀족이 건립한 정권으로, 송·요 양측과 모두 밀접한 관계를 맺었다. 요는 서하와 송 사이에 생긴 갈등과 군사적 충돌을 잘 이용해 요·송·하의 삼각 구도 속에서 가만히 앉아 어부지리를 얻었다.

1. 이계천의 책봉과 당항 할거 세력의 신복

은주(銀州)와 하주(夏州)에서 할거하던 당항 귀족은 당 말 이후에 중원 왕조에서 책봉을 받았고, 송을 도와 북한을 공격하기도 했다.[1] 건형(乾亨) 4년

---

[1] 서하족의 본래 명칭인 탕구트의 한역 이름인 당항은 『隋書』에 처음으로 등장한다. 이 당항족의 족원에 대해 대체로 고대 羌族의 일파라고 여기지만, 일부 학자는 선비족에 두기도 한다. 원래 사천의 서북쪽, 즉 현재의 청해성 동남부와 서북부에 걸쳐 거주하다가 토번의 침략을 피해 감숙의 동부, 영하의 남부, 섬서의 북부로 옮겨 거주했다. 9세기 후반 拓跋思恭은 황소의 난을 진압한 공으로 당의 국성인 李氏를 받고 定難節度使라는 이름으로 夏·銀·綏·宥·靜州 등 오르도스에서 섬서 북쪽 경계까지 이르는 영토를 보유했으므로, 사실상 독립 왕국이었다. 산서에 사타 권력인 북한이 거란의 후원 아래 오르도스 침략의 의지를 보였으므로 송 태종이 북한을 토벌할 때 하국의 수령이던 李繼筠이 송을 도왔고, 980년 그의 동생 이계봉이 계승한 후에는 자신의 영지를 들어 송

[송 태평흥국 7년, 982]에 왕위 계승을 둘러싸고 대립이 격화되자 수령이던 이계봉(李繼捧)은 송에 입조해 경사(京師)에 머물기를 청했고, 자신이 관할하던 주현을 헌납했다. 송 태종은 당항 귀족을 입조시켰으나, 이계봉의 족제(族弟) 이계천(李繼遷)은 반기를 들었다. 이계천은 휘하의 병사들을 이끌고 하주 동북 지역의 근택(近澤: 지금의 내몽고 伊克昭盟巴彦淖爾)으로 도주했고, 군대를 조직해 송에 대항했다.

통화 2년[송 옹희 원년, 984]에 이계천은 송 군대에 패배했다. 이계천은 다음 해에 역습을 해 은주(銀州)를 점령하고서 스스로 정난군유후(定難軍留後)라고 칭했다. 당시 송과 대항하기 위해 이계천은 요에 의부(倚附)하기로 결정하고, 마침내 통화 4년에 요에 칭신했다. 요는 이계천의 귀순을 매우 중히 여겨 그를 정난군절도사(定難軍節度使)이자 은주(銀州)·하주(夏州)·수주(綏州)·유주(宥州) 관찰처치사(觀察處置使), 특진검교태사(特進檢校太師), 도독하주제군사(都督夏州諸軍事)로 임명했다. 그리고 왕자장절도사(王子帳節度使) 야율양(耶律襄)의 딸 야율정(耶律汀)을 의성공주(義成公主)로 책봉해 이계천에게 시집보냈고, 말 3,000필을 주었다. 그리고 8년에는 사신을 파견해 이계천을 하국왕으로 책봉했다.

이계천은 요에 의부하면서도 송과의 교류를 완전히 끊지 않았다. 왜냐하면 송으로부터 군사적 압력을 받거나 혹은 경제적 실리를 얻기 위해 수시로 송에 항복했기 때문이다. 그래서 요와 서하 사이에도 때때로 전쟁이 발생했다. 9년에 송 군대가 토벌하러 오자 이계천은 송에 항복을 표시했다. 송은 그를 은주관찰사에 임명했으나, 사실은 귀순하려는 마음이 전혀 없었다. 군사적 압력이 소멸되자 이계천은 다시 송이 내린 칙명을 요에 전달했고, 이계봉조차도 요에 붙어 책봉을 받았다. 얼마 지나지 않아 이계천이 송과 몰래 다시 교섭하자 요는 그를 문책하기 위해 사신을 보냈으나 서정(西征)을 핑계

에 헌납하고 개봉으로 이주했다. _옮긴이 주

삼아 피했으므로, 결국 요는 은주를 공격해 약탈했다.

22년에 이계천이 죽고 아들 이덕명(李德明)이 즉위했다. 그는 요에 사신을 보내 공물을 바쳤고, 그들의 원조를 빌려 자신의 통치를 공고히 했다. 요도 그를 계속 서평왕(西平王)으로 책봉했고, 28년에는 다시 하국왕으로 책봉했다. 이덕명은 책봉을 받은 후 요 경내의 당항 부락을 요가 다스릴 수 있게 했다. 개태 2년(1013)에 요에 속한 당항 부락의 일부가 요에 반항해 황하 북쪽으로 도주했고, 나머지 부락도 잇따라 도주해 서하에 의지하고자 했다. 이덕명은 요와의 신속 관계를 소중히 여겼기 때문에 그들을 수용하지 않았다. 요는 반란을 토벌할 때 이덕명에게 조서를 내려 요 군대와 연합해 동쪽을 공격하도록 했다. 그러나 이덕명은 내부의 통치를 강화해야만 했기 때문에 요·송에 대해 등거리 외교 정책을 취했다. 송으로부터 정난절도사와 서평왕의 책봉을 받는 대신에 은·비단·전을 각각 4만 개, 차 2만 근 등의 세사(歲賜)를 얻어냈다.

그러나 시간이 흐를수록 요와 이덕명 사이에 마찰이 생기기 시작했다. 그는 요 군대와 연합해 도망간 부락을 토벌하라는 성종의 명령을 거부했고, 또한 서하의 길을 빌려 요에 공물을 바치러 가던 토번(吐藩)의 사신도 저지했다. 당시 요·송 사이에 이미 동맹이 맺어졌기 때문에 요는 이덕명의 양속(兩屬) 방침에 더는 이의를 제기하지는 않았다. 홍종 경복 원년(1031)에 다시 홍평공주(興平公主)를 이덕명의 아들 이원호(李元昊)에게 시집을 보냈고, 그를 부마도위(駙馬都尉)·하국공(夏國公)에 임명했다. 그해에 이덕명이 죽고 이원호가 즉위했는데 그는 부친의 방침을 바꾸어 요의 원조에 의지하고 송과 대항하는 방침을 채택했다. 동시에 적극적으로 독립적인 정권을 수립하려고 계획했다.[2]

---

2) 이원호(1003~1048)는 서하의 개국 황제다. 그는 어릴 때부터 기골이 장대했을 뿐만 아니라 학문에도 주력해 漢語와 藩語에 능통하고 회화에도 조예가 깊은 등 다재다능했다. 1032년 재위를 계승하면서 송에 칭번했지만, 이후 독립을 표명하면서 당과 송으로부터 각각 하사받았던 李氏

2. 서하 정권의 수립과 요·하 관계의 악화

중희 원년(1032)에 요는 이원호를 하국왕으로 책봉했는데, 그는 동시에 송의 책봉도 접수했다. 그는 선조의 할거 지역을 토대로 서쪽으로는 토번과 하서(河西)·청해(靑海)를 두고 쟁탈했고, 동남으로는 송의 인주(麟州)·부주(府州)·환주(環州)·경주(慶州)를 공격했다. 중희 7년에 정식으로 건국해 칭제하고 국호를 대하(大夏)라고 했다.3)

이원호는 사신을 파견해 송에 건국을 알리고 책봉을 요청했으나 승낙을 얻지 못했다. 송 인종은 조서를 내려 이원호의 관작을 삭탈하고 호시(互市)를 중지시켰다. 또한 그를 잡아 죽일 사람을 모집했기 때문에 송·하 관계가 악화되었다. 그러나 이원호는 서하와 요가 혼인을 맺고 사신을 교환한 지 수년이 되었으며 송과 요도 평화 협상을 맺었으므로, 송이 만약 서하로 출병한다면 요가 좌시하지 않을 것이라고 판단했다. 그는 믿는 바가 있어 송을 두려워하지 않았으며, 송의 변경을 부단히 교란시켰다. 중희 9년에 서하 군대는 금명채(金明寨: 지금의 陝西省 延安 서북)와 위연주(圍延州: 지금의 陝西省 연안)를 점령했고, 삼천구(三川口)에서 송 군대를 대패시키면서 부연·환경부도부서(鄜延·環慶副都部署) 우평(劉平)과 부연부도부서(鄜延副都部署) 석원손(石元孫)을 포로로 잡았다.

송은 서하에 대한 공수(攻守)의 계책을 토론할 때도 요의 태도를 십분 고려하지 않을 수 없었다. 지연주(知延州) 범옹(范雍)이 서하의 공격을 주장할

성과 趙氏 성을 버리고 嵬名氏로 성을 고쳤다. 서하 건국에 많은 기초를 쌓았던 그는 송과 요와의 전쟁을 통해 삼국이 정립하는 계기를 마련했다. 하지만 만년에 대규모 공사와 주색에 빠져 황후 野利氏를 폐하고 태자 寧林格의 처 沒移氏를 빼앗아 새 황후로 들임으로써 화를 자초하게 된다. 부친을 증오한 태자는 술에 취한 이원호의 코를 베어 과다 출혈로 죽게 하니 향년 마흔여섯 살이었다. _옮긴이 주

3) 서하와 동시대에 존재했던 송·요·금 세 왕조의 서쪽에 있었기 때문에 정식 국명인 夏보다는 西夏라고 불렸다. 후세에도 이 국명을 대체로 사용했으나 『송사』에서는 하국이라 칭했고, 『요사』와 『금사』에서는 서하라고 했다. _옮긴이 주

때 송은 오랫동안 요를 은혜와 신의로 대우했으므로, 일개 사신을 파견하더라도 출병을 도와줄 것으로 생각했다. 송은 이원호를 패배시키면 금백 10만 냥필을 요에 증액하기로 나름대로 결정했다. 그런 연후에 송은 우선 사신을 파견해 서하를 정벌할 것이라고 알렸다.

요는 오히려 송·하 양측에서 예상한 것과 달리 그 태도가 초연해 어느 쪽에도 기울지 않았다. 중희 10년에 송 군대를 호수천(好水川)에서 패배시킨 후 서하가 요에 사신을 파견해 송의 포로를 헌납하자, 그들의 태도도 명백해졌다. 다음 해 요는 사신을 파견해 송이 군사를 일으켜 서하를 정벌한 것을 질책했는데 이는 요가 엄연히 서하의 종주이자 보호자 신분으로 송과 교섭한 것이며, 이때 관남 10현의 반환을 구실 삼아 송에 매년 20만 냥필의 세폐를 증액하도록 강요했다.[4]

요는 이미 송·하 전쟁 중에 실리를 얻었지만, 송보다는 서하의 군사력 증대가 자국에 불리할 것이라고 판단했다. 그래서 방어의 중점을 서하로 돌려 변경의 토번과 당항이 그들에게 말을 파는 것을 제한하는 한편, 사신을 파견해 서하와 송이 강화하도록 했다. 또한 서하에 대한 종주국으로서의 권리를 행사했고, 송을 위해 조정자 역할도 맡았다. 따라서 요와 송과의 갈등은 완화된 반면, 요와 서하와의 관계에는 긴장감이 감돌았다.

1) 하곡 전투

이원호가 정권을 건립하는 데 최대 장애는 송이었고, 요는 그의 자립에 대해 그다지 간섭하지 않았다. 요는 서하와 송의 전쟁을 암묵적으로 동의했을 뿐만 아니라 심지어 종용하기도 했다. 건국 초에 이원호는 요의 지지를

---

4) 宮澤知之는「北宋の財政と貨幣經濟」에서 재정의 복합단위는 개량의 단위가 아니라 단순한 助數詞[量詞]로서 어떤 상품인가를 표시하기 위해 붙인 것이라고 했다. 따라서 여기에 나타난 수치는 전체의 개수[物量]를 표시한 것이다. _옮긴이 주_

얻기 위해 꽤 공손한 태도를 보이면서 전례대로 말·낙타·포로 등을 공납했다. 또한 요의 의지에 따라 송과 강화하기도 했다. 그러나 요의 태도가 변하자 이원호는 점차 불만을 품기 시작했다. 이원호는 송과 강화했던 원인이 설령 자신에게 있었더라도 요의 번복하는 태도가 매우 불쾌했다. 중희 12년[하 天授禮法延祚 6년, 1043] 7월 여름에 서하는 사신을 보내 송을 정벌할 것을 요에 요청했으나 계속 승낙하지 않았으므로, 이원호는 매우 실망했다. 따라서 그는 요에 속한 당항 부락을 쟁취하기 시작했다.

13년에 요에 속한 협산당항(夾山黨項)의 대아족(岱兒族: 呆兒族) 사람들이 요를 배신하고 서하에 붙자 이원호는 이들을 받아들였다. 얼마 후 요의 산서부족절도사 굴렬이 다시 반역해 5부를 데리고 서하에 들어왔다. 그래서 요의 서남면초토사 나한노(羅漢奴)가 인솔 부대를 이끌고 토벌하러 왔으나 이원호 역시 출병해 굴렬을 원조했으므로, 요 군대는 패배했다. 요는 반란을 일으킨 부를 돌려보내라고 명령했으나 이원호는 보내지 않았을 뿐만 아니라 자국을 서조(西朝)라고 일컫고, 요를 북변(北邊)이라 칭하면서 대등한 자세를 과시했다.

요 흥종은 크게 노해 이원호를 토벌하겠다고 조서를 내리고 서하의 사신을 구류해 벌을 주었다. 7월에 사신을 파견해 서하를 정벌할 것을 송에 국서를 보내 알리기를 "원호가 중국에 근심을 주었으므로 처벌해야 마땅하기에 임아 야율상(耶律祥)을 파견해 죄를 물었으나, 그가 우둔하고 사나워 회개하지 못하니 몹시 유감스럽다. 지금 장병들의 임전을 논의하는데, 혹시 원호가 칭신하더라도 은혜를 베풀어 허락하지 않을 것이다"[5]라고 했지만, 사실은 요·하 간의 전쟁을 틈타 송과 이원호 사이가 다시 좋아질 것을 염려했던 것이다. 마침내 9월에 대군이 구십구천(九十九泉)에 모였고, 황태제 중원(重元)과 북원추밀사 소혜(蕭惠)를 선봉으로 삼아 서정했다.

---

5) 『續資治通鑑長編』 卷137.

서하는 요와 전쟁하기를 원치 않았으나 요 군대가 이미 출정했으므로, 이원호는 즉시 표를 올려 사죄했다. 동시에 사신을 파견해 방물을 공납하고, 수용했던 당항 부락을 돌려보낼 것을 약속했다. 이원호는 직접 나서서 당항 부족을 이끌고 요 진영으로 갔다. 북원추밀부사 소혁(蕭革)은 반란을 일으킨 부락을 받아들이면서 이원호가 동맹을 배신한 것을 책망했으나, 자신의 죄를 인정했기 때문에 돌아가서 새 출발을 하도록 허락했다.

그러나 요 군신은 "대군이 이미 집결했으니 마땅히 토벌해야 한다고" 주장했기 때문에 계속 군대를 전진시켰다. 요 군대는 세 갈래 길로 나뉘어 강을 건넜고, 홍종도 서하 경내 400리까지 들어왔으나, 적을 발견하지 못해 득승사(得勝寺)의 남쪽 구역을 점거한 후 적을 기다렸다. 북로군의 소혜는 하란(賀蘭)의 북산에서 이원호와 전투해 잇따라 승리했다. 그리고 요 군대의 많은 병사가 속속 도착했으므로, 이원호는 항복을 청할 수밖에 없었으나 소혜는 허락하지 않았다. 서하 군대는 세 차례나 연속해 퇴각했고, 후퇴할 때마다 불을 놓아 초지를 태웠기 때문에 요 군대의 말이 먹을 것이 없었다. 요 군대가 지치기를 기다렸다가 서하 군대는 반격을 시작했다. 당시 "큰 바람이 갑작스럽게 일어나서 날리는 모래로 눈을 뜰 수 없었다. 군사의 대오가 어지러워진 틈을 이용해 서하 군대가 공격해 오자 짓밟혀 죽은 자가 이루 다 헤아릴 수 없었다"[6]고 전해진다.

북로군을 이미 패배시킨 이원호는 다시 하곡(河曲)으로 군사를 돌려 남로군을 공격하고, 부마도위 소호독(蕭胡篤)을 포로로 잡으니 "홍종은 몇몇 기병만 데리고 도주했으며, 이원호는 그를 가도록 내버려 두었다"[7]고 한다. 서하가 승리를 기회로 삼아 강화를 요청했다. 또한 포로를 돌려보내면서 옛날과 같이 칭신하고 공납할 것을 약속했다. 그러나 요 홍종은 하곡의 패배를 매우 유감스럽게 생각했기 때문에 훗날 반드시 보복할 것을 다짐했다. 결국 오래

---

6) 『遼史』, 蕭惠傳.
7) 『宋史』, 夏國上.

지나지 않아 다시 전쟁이 일어났다.

2) 하란산 전투

중희 17년[하 天授禮法延祚 11년, 1048]에 이원호는 죽고 첫돌이 채 되지 않은 그의 아들 이양조(李諒祚)가 즉위하자, 요 흥종은 마침내 설욕할 기회를 잡았다. 다음 해[하 延嗣寧國 원년, 1049] 정월에 요는 서하의 하정사(賀正使)를 구류하고, 이양조의 책봉을 중지했다. 동시에 송에 사신을 파견해 서하를 정벌할 것을 통보하자, 송은 관례에 따라 선물을 보냈다. 7월에 소혜를 남도행군도통으로 야율적로고(耶律敵魯古)를 북도행군도통으로 각각 삼고, 흥종은 직접 중로를 통솔하면서 서하를 정벌하러 갔다. 소혜는 하남에서 진격하면서 서하 군대의 주력이 반드시 중로를 택해 흥종을 맞아 싸울 것이라고 생각했다. 그러나 뜻밖에 서하의 군대가 나타나자 요 군대는 너무 갑작스러운 나머지 방어도 못하고 황급히 도망쳤다. 소혜는 미처 갑옷도 챙기지 못한 채 간신히 도망했고, 병사 중에 사상자가 속출했다. 북로군은 하란산(賀蘭山)으로 진격해 이원호의 아내와 서하의 관료·가속 등을 모두 포로로 잡았으나 큰 승리는 아니었다.

19년[하 天佑垂聖 원년, 1050] 3월에 전전도점검 소질리득(蕭迭里得)은 삼각천(三角川)에서 서하 군대를 패배시켰다. 흥종은 다시 서남면초토사 소포노(蕭蒲奴) 등에게 군대를 이끌고 서하를 정벌하라고 조서를 내렸다. 그들은 적을 만나지 못하자 군대를 풀어 마음대로 약탈하게 한 뒤 돌아갔다. 서하는 계속 사신을 파견해 예전처럼 신하로 지낼 것을 간청하면서 말·낙타·소·양 등의 가축을 바쳤다. 마침내 요는 승리를 과시할 수 있게 되자 사신을 송에 파견해 전리품을 선사했다. 23년[하 福聖承道 2년, 1054]에 결국 요와 서하 사이에 강화가 이루어졌다.

비록 서하를 두 차례 정벌하면서 요는 모두 선승후패(先勝後敗) 혹은 소승대패(小勝大敗)로 끝났지만, 비교적 강한 국력이 있었으므로 서하가 상대하기는 어려웠다. 곡하에서 전쟁할 당시 송과 서하는 강화 협상을 추진하고 있었다. 송은 한편으로 서하에 국서를 보내 "마땅히 거란에 옛날과 같이 순종한 연후에 나에게 복종해야 한다"고 말했고, 다른 한편으로 요에 선물을 보내 예를 갖추며 "원호에게 조서를 내려 군영에서 사죄할 수 있도록 하여 내부를 허락하되 만약 거절하면 마땅히 정벌해야 할 것입니다"라고 말했다. 그러나 속으로는 오히려 "서둘러 책봉해 원호가 온 힘을 동쪽으로 쏟아 거란과 교전하기를 계획했고, 요와 서하가 서로 정벌해 양측이 손상되기를 희망했다"[8]고 한다. 그래서 1044년[요 중희 13년, 송 경력 4년, 서하 천수례법연조 7년]에 송은 이원호를 하국주(夏國主)로 책봉했고, 양국 간에 강화가 이루어졌다.

송·하 그리고 요·하 사이에 강화가 이루어짐으로써 서하는 양국에 신속되었다. 서하는 요·송과 대등한 지위를 얻을 만한 힘이 없어 어쩔 수 없이 이를 기정사실로 받아들였다. 서하는 요에 대해서는 감히 전쟁을 일으키지 못했으나, 송에 대해서는 여전히 변경을 계속 습격했다. 이것은 요로 하여금 송·하 양측을 앉아 제어할 수 있게 했다. 이미 요는 무력으로 서하를 제압할 수 없었을 뿐만 아니라 송과의 우호도 중시했기 때문에 송·하 간의 갈등을 이용해 어부지리를 얻었다. 그래서 서하와의 전쟁에서 두 차례나 패했지만, 오히려 삼자 중에서 가장 많은 이익을 얻었던 것이다. 객관적으로 요·하, 요·송, 송·하가 각각 서로 정한 관계를 공고히 하는 것만이 모두의 이익이었으므로, 결국 삼국의 정립이 당시의 국면을 안정시켰다.

3. 종번 관계의 안정적 발전

두 차례에 걸친 요의 군사적 타격을 견뎌낸 하국은 이미 실력이 전과 같지

---

8) 『續資治通鑑長編』 卷151.

않았다. 요의 홍종과 서하의 의종이 재차 화의를 맺은 이후부터 사대하는 것이 매우 공손해졌다. 요·하 간의 종번(宗藩) 관계는 안정적으로 발전했고, 서하의 요에 대한 의존도는 더욱 높아졌다. 요와의 관계를 더욱 강화하기 위해 서하는 정기적으로 조공 및 경조 사신을 파견하는 것 이외에도 요의 군신에 영합해 불교를 깊이 믿었는데, 여러 차례 사신을 파견해 회골 승려·금불상·불경 등을 바쳤다. 요도 계속 서하를 이용해 송을 견제하는 동시에 서남으로 세력을 확대해 토번의 동전(董氈) 부락과 화친함으로써 서하와 송을 견제했다.

서하는 요의 묵인과 종용 심지어 지지 속에 두려움 없이 송의 변경을 교란시켰기 때문에 송·하 간의 평화 국면은 20년도 유지할 수 없었다. 1067년[요 함옹 3년, 송 치평 4년, 하 공화 5년]에 송 신종이 즉위한 7월에 지청간성(知青澗城) 종악(種諤)이 서하와 충돌해 수주(綏州)를 도로 찾았으므로, 송·하 전쟁이 다시 일어났다. 송 신종은 왕소가 "서하를 취하려면 마땅히 하(河)·황(湟)을 먼저 회복해야 한다는"[9] 건의를 받아들여 서하와 강화하는 한편 하(河)·농(隴)에 주력했고, 요·하와 더불어 토번 부락의 쟁탈전에 참여했다. 송은 왕소에게 관구진봉로연변안무사(管勾秦鳳路緣邊按撫使)를 겸하게 하여 번부의 초납(招納)·시역(市易)·영전(營田) 등의 일을 책임지게 했다. 왕소는 희주(熙州)·하주(河州)·조주(洮州: 지금의 甘肅省 臨潭)·민주(岷州: 지금의 甘肅省 岷縣)·첩주(疊州: 지금의 甘肅省 迭部)·탕주(宕州: 지금의 甘肅省 宕昌) 등을 차례로 취하고, 토번의 유룡가(俞龍珂)·할약(瞎藥)·할오질(瞎吳叱)·파전각(巴氈角) 등의 부를 항복시켜 위무했다. 송은 감숙 일대에서 실력을 증강시킴으로써 서하에 대해 큰 위협을 조성했다. 경계를 둘러싼 싸움에서 요는 의심할 여지없이 송을 견제했기 때문에 송은 감히 서하를 공격할 수 없었.

1081년[요 대강 7년, 송 원풍 4년, 하 대안 7년]에 서하의 혜종(惠宗) 이병상(李秉常)이 모친 양태후에게 구금되자 송은 군사를 일으켜 정벌하려고 했다. 서하

---

[9] 『宋史』, 「王韶傳」.

는 요에 원조를 구했으나 요는 국내 정국이 불안해 파병할 수 없었고, 단지 송군이 패배해 철군한 후에야 비로소 송에 서신을 보내 홍병의 이유를 물었다. 이후 서하는 수차례 공격을 받아 은주(銀州)·하주(夏州)·유주(宥州) 등이 한때 송 군대에 함락되었다. 서하는 여러 차례 요에 원조를 청했다. 이때 요는 경내에서 조복 등의 반항 투쟁이 일어나 남을 돌볼 겨를이 없었기 때문에 부득이하게 송에 사신을 파견해 서하와 화의할 것을 계속 청하는 동시에, 서하에는 자신과 연합해 발사모(拔思母) 등의 반역 부락을 토벌할 것을 요구했다.

이때 요와 서하의 국력은 모두 이전처럼 크지 않았던 반면, 송은 오히려 변법을 실행한 후에 실력이 증강했다. 그래서 송 휘종은 왕소가 경영한 희주와 하주를 토대로 계속 서번의 부락을 초무하면서 서하에 대한 군사적 압력도 더욱 강화했으므로, 서하의 숭종(崇宗) 이건순(李乾順)은 여러 차례 요에 사신을 보내 원조를 청했다. 천조제가 즉위한 후에 요는 이미 서하에 군사 원조를 제공할 수 없었고, 단지 송에 사신을 파견해 서하와 화의할 것을 청했을 뿐이다. 아울러 건통 5년(1105)에 족녀(族女) 남선(南仙)을 의성공주(義成公主)로 책봉해 이건순과 결혼시킴으로써 요·하 관계를 공고히 했다. 송은 일관되게 요의 위협을 없애기 위해서는 반드시 서하를 먼저 정복해야만 한다고 생각했다. 당시 요와 서하가 모두 쇠약해졌던 반면, 송 왕조의 태도는 오히려 강경해졌다. 건통 6년에 요는 참지정사 우온서(牛溫舒)를 송에 파견해 서하와의 화의를 다시 요청했다. 비록 송은 화의를 허락했지만, 이미 점령한 서하의 토지를 절대로 돌려줄 수 없다고 했어도 요는 어찌할 도리가 없었다.

요의 지지와 조정으로 이건순은 그 통치를 유지할 수 있었다. 설령 요의 통치 상황이 어떻게 전개될지 몰라도 요·하 관계는 여전히 밀접했다. 천조제가 금의 강력한 군사적 압력에 직면해 의탁할 곳이 없었을 때 이건순이 파병해 원조한 적이 있었고, 또한 사신을 파견해 천조제에게 서하 경내로 피신하라고 청하기도 했다. 그러나 천조제는 금군에 쫓겨 협산에서 서하로 도주하던 중에 금군에 붙잡혔다

6장

요 왕조의 문화와 거란인의 사회생활

1절
요 왕조 문화의 발전과 그 특징

　요를 창건한 야율아보기는 웅대한 재략을 보유한 소수 민족의 정치가로서 그는 중국어에 능통했으며, 오늘날 북경 지역에 거주하던 일부 상층 인물을 국가 통치에 참여시켜 중원의 봉건 정권의 통치 경험을 적극적으로 받아들이고, 한족 지역의 봉건 문화를 흡수했다. 동시에 유목 민족의 전통 문화를 계승하고 발전시키는 것도 중시했다. 경종·성종·흥종·도종 시기에는 특히 한 문화가 거란 사회에 끼친 영향이 매우 강렬했다. 정치·경제 제도와 호한분치(胡漢分治)가 서로 적응하는 동시에 요의 문화도 유목문화와 한 문화가 상호 영향을 주고 흡수하면서 공동으로 발전했으므로, 각자의 장점을 더욱 잘 드러낼 수 있게 했다. 거란의 영역 안에 있는 거란인과 한인 및 기타 여러 민족은 유목문화와 한 문화의 특징을 지닌 요의 문화를 공동으로 창조하고 발전시켰다. 그들은 거란 민족의 발전을 촉진시켰을 뿐만 아니라 중화 민족의 문화적 보고를 풍부히 발전시켰다.

1. 언어와 문자

거란어는 오환이나 선비와 일맥상통하는 동호어 계열의 한 갈래로서 알타이어 계열에 속한다. 고대 몽고의 언어와 근원이 같고, 관계가 밀접해 어떤 어휘는 고대 몽고어와 서로 같거나 비슷하다. 거란이 건국되기 전에는 문자가 없었다. 신책 5년(920)에 야율아보기는 야율돌여불(耶律突呂不)과 야율로불고(耶律魯不古)에게 명령해 문자를 창제하게 했다. 그들은 한인들의 협조를 받아 한자의 예서(隸書)에서 획수를 감소시키거나 혹은 직접적으로 한자를 차용해 거란대자(契丹大字)를 만들었다. 즉 "한인이 이들에게 예서의 반으로 더하거나 빼도록 가르쳐 수천 개의 문자를 만들었고, 나무에 새겨 표시하는 약속을 대신하게 했다"[1]는 것이다.

거란대자는 획수가 한자보다 간단했지만, 3,000여 자에 불과해 표현하는 데 불편했다. 게다가 다음절(多音節) 어휘를 기록하는 것이 비교적 많고, 어법 중에 접미사를 붙이는 거란어로 사용하기에는 효과가 만족스럽지 못했다. 후에 황제의 동생인 야율질자(耶律迭刺)가 위구르 문자를 참고해 대자를 개조함으로써 거란 소자를 창제했다. 소자는 표음문자로, 표음의 방법은 위구르 문자와 한자의 절운(切韻)에서 영향을 받아 300여 개의 표음 부호를 만들었고, 이를 원자(原字)라고도 칭한다. 몇 개의 원자가 함께 연결되어 거란어를 기록했는데 "숫자는 적지만 연결하기에 마땅해서"[2] 사용하기가 대자보다 훨씬 편리했다. 거란소자(契丹小字)에 대한 연구는 현재 대단히 진전되어 중국 내외의 학자들이 이미 400여 개의 어휘를 해석했고, 100여 개 원자의 음가를 알아냈다.[3]

요의 경내에서 거란어와 한어가 모두 관청과 민간에서 통용되었고, 거란문자와 한자도 역시 관청과 민간에서 통용되었다. 거란문자를 창제한 뒤 관

---

1) 『新五代史』, 四夷附錄.
2) 『遼史』, 「皇子表」.
3) 淸格爾泰 外, 『契丹小字硏究』(社會科學出版社, 1985年版).

청의 문서·비석·부절·서신·도장 등에 사용하는 동시에 많은 유가 경전, 문학, 역사학, 의학 방면의 저서를 해석하는 데도 사용했다. 예를 들면 소한가노는 일찍이 『통력(通歷)』·『정관정요(貞觀政要)』·『오대사(五代史)』를 번역했고, 야율배와 야율서성(耶律庶成)은 각각 『음부경(陰符經)』과 『방맥서(方脈書)』를 번역했다. 또한 야율서잠은 거란대자를 이용해 건국 초기에 각 부족이 있던 지역의 이름을 기록서 대자편(大字篇)의 뒤에 부기했고, 사공대사(寺公大師)는 『취의가(醉義歌)』를 저술하기도 했다. 오늘날 볼 수 있는 거란의 문자는 대부분 묘지(墓誌)의 명문·비석·동경·옥판·부절·도장·동전·은폐의 명문 등이다.

많은 한문 서적을 해석해 중원의 사상과 통치 경험, 그리고 중원 사람들의 과학 기술, 문학, 역사학 방면의 업적을 유목 민족에 소개해 그 문화를 발전시켰다. 요의 황제와 거란족의 상층 인물들은 한 문화를 경모했기 때문에 매우 많은 사람들이 한 문화를 수양했다. 그리고 한인의 상층도 거란어를 많이 알았는데, 심지어 송 사신 중 일부는 거란어로 시를 지을 수가 있었다. 따라서 거란인과 한인들은 서로 사상과 감정을 소통해 양국 간의 우호 관계를 강화하는 데 중요한 역할을 했다. 요 흥종 때는 송의 사신인 여정(余靖)이 거란어로 시를 지어[4] 거란인들의 깊은 호감을 받았고, 흥종도 매우 기뻐하면서 직접 술을 권하기도 했다.

2. 문학과 예술

거란인들은 언어를 활용하는 데 그들의 독특한 기교가 있었으므로, 비유

---

[4] 시의 내용은 "夜筵沒羅[사치가 성하다] 臣拜洗[하사받는다/兩朝厥荷[우호를 통한다] 情斡勒[두텁고 무겁다]/微臣雅魯[절하고 춤춘다] 祝若統[복으로 보우한다]/聖壽鐵擺[대단히 높다] 俱可忒[끝이 없다]"(江少虞,『事實類苑』卷39). 劉攽,『山中詩話』를 참조했는데『契丹國志』에 기록된 것은 이와 조금 다르게 기록해 '沒邏'를 '設罷'이나 '設擺'로, '斡勒'은 '幹勤'이나 '感勤'으로, '雅魯'는 '稚魯'로 기록했다.

법을 이용해 사물을 평론하거나 인물을 품평하는 데 능통했다. 예를 들어 "빈 수레로 가파른 언덕을 달린다"라는 말은 사람들이 말을 너무 막 하면서 그것이 옳고 그른지 점검하지 못할 때를 표현한 것이며, "신발을 신고 광야를 가면서 너새를 쏜다"라는 말은 사람의 말을 정확히 이해하지 못할 때를 평론한 것이다. 또한 양털로 만든 털옷에다 털이 있는 도꼬마리[국화과의 한해살이 풀]를 붙인다는 말을 사용해 사람의 탐욕을 비유하기도 했다. 요의 문인들은 이미 거란의 언어와 문자를 사용해 창작했고, 또한 한문을 사용해서도 많은 글을 남겼다. 그들의 작품으로는 시(詩)·사(詞)·가(歌)·부(賦)·문(文)·장주(章奏)·서간(書簡) 등 각종 형식 및 회고·경계·비유·풍자·서사 등의 다양한 주제가 있었다. 작가는 황제를 비롯해 후비·종실·문무백관 등이 있으며, 각 부의 사람들과 저장낭군(著帳郎君)의 자제 등도 포괄한다.

성종은 열 살 때 시를 지을 줄 알았으며, 일생 동안 500여 수의 시를 지었다. 그는 자주 시재를 내걸고 재상 이하 관리들에게 시를 짓게 해 일일이 다 읽어보았다. 홍종 또한 시문을 잘 지었는데 그는 시를 짓는 사람과 서로 화답했을 뿐만 아니라 직접 출제해 시부(詩賦)로서 진사를 시험하기도 했다. 중희 19년(1050)에 송의 사신 조개(趙槩)가 요에 이르자 홍종은 연회석상에서 그에게 '신서여산하시(信誓如山河詩)'를 청했다. 시가 완성되자 그는 직접 옥잔에 술을 따라 조개에게 마시라고 했고, 근신 유육부에게는 접는 부채에 시를 쓰게 해 자신의 옷소매에 넣어 잘 간수했다.

요의 황제 가운데 도종은 문학적 소양이 가장 높은 황제로서 시부에 능해 작품이 참신하고 우아하며 예술적 경지가 심원했다. "어제는 경(卿)이「황국부(黃菊賦)」를 받았는데 마치 가느다란 가위로 황금색 꽃부리를 잘라 시구를 채운 듯하다. 소매에는 아직도 향내가 은은하게 남아 있는데 차갑게 불어오는 서풍에도 날아가지 않는구나!"[5]라는 「제리엄황국부(題李儼黃菊賦)」가 시

---

5) 陸遊, 『老學庵筆記』 卷4.

문집인 『청녕집(淸寧集)』에 수록되어 있다.

동란왕 야율배는 「낙전원시(樂田園詩)」와 「해상시(海上詩)」를 남겼다. 야율국유(耶律國留)·야율자종(耶律資宗)·야율소(耶律昭) 등 삼형제는 모두 작문과 시문에 능통했다. 야율국유는 「토부(兎賦)」와 「오매가(寤寐歌)」가 있고, 야율자종은 고려로 사신을 갔다가 억류되어 군친(君親)이 생각날 때마다 문득 저술했는데, 훗날 『서정집(西亭集)』을 편찬했다. 야율소는 어떤 사건에 연루되어 서북부로 유배를 갔다가 초토사 소달름에게 글을 써서 변방을 안정시킬 방법을 진술했는데, 그 문장의 취지가 모두 칭송할 만한 것이었다.

도종의 황후인 소관음(蕭觀音)의 「간렵소(諫獵疏)」·「회심원(回心院)」과 황제의 명령에 따라 지은 『군신동지화이동풍(君臣同志華夷同風)』, 그리고 천조제의 비빈 문비(文妃)의 간언시, 태사 야율적로(耶律適魯)의 여동생인 야율상가(耶律常哥)가 시정(時政)을 진술한 문장 등에서 그녀들의 문학적 수준뿐만 아니라 현실 정치에 대한 관심도 엿볼 수 있다. 시문에서 매번 전대 제왕의 행위를 고사로 인용함으로써 그녀들의 경학과 역사학에 대한 조예를 구체적으로 드러냈다. 이 외에 평왕 야율융선(耶律隆先)의 『낭원집(閬苑集)』과 추밀사 소효목의 『보로집(寶老集)』이 있으며, 북여진 상온 소유의 『세한집(歲寒集)』, 소한가노의 『육의집(六義集)』, 돈목궁사(敦睦宮使) 야율량(耶律良)의 『경회집(慶會集)』 등 많은 시문집이 있다. 야율서잠의 『계유시(戒喩詩)』, 야율한유의 『술회시(述懷詩)』 등이 있는데 안타깝게도 모두 전해지지 않아, 현재로서는 그들이 어떤 언어와 문자를 사용해 창작했는지 알 수가 없다.

요의 경내에 거주한 양길이나 이한 등의 한인도 각각 『등영집(登瀛集)』과 『정년집(丁年集)』과 같은 시문집을 남겼다. 지금까지 전해오는 요나라 사람의 작품으로는 왕정(王鼎)의 『분초록(焚椒錄)』 외에 사공대사의 『취의가』만이 있다. 이 작품은 거란어로 창작한 것이나 금나라 사람인 야율리(耶律履)의 번역문만 남아 있을 뿐 거란문의 원작과 그 번역문은 모두 전해지지 않는다. 현재는 야율리의 아들 야율초재(耶律楚材)의 한역본이 세상에 전해지고 있다.

요나라 사람들은 송나라 사람들의 시문을 매우 좋아했는데 삼소(三蘇)의 작품에 대해 많은 이들이 그 내용을 자세히 알고 있었다. 어떤 시문집은 송에서는 별로 알려지지 않았지만, 오히려 요나라 사람들이 수중에 넣기도 했다. 송 진종 대중상부 연간에 거란의 사신이 송에 이르러 말하기를 "본국에서는 위야(魏野)의 시를 암송하기 좋아하지만, 다만 상질(上帙)만 있어 전부 구할 수 있기를 원한다"고 했다. 진종은 그제야 비로소 그의 이름을 알았다. 그래서 그를 불렀으나 죽은 지 이미 수년이 지났고, 그의 시를 찾으니 과연 『초당집(草堂集)』 10권을 얻을 수 있었다. 진종은 이에 조서를 내려 사신에게 하사했다"[6]고 한다.

3. 역사학

요는 중원 왕조의 역사 편찬 전통을 이어받아 국사원(國史院)과 사관(史官)을 설치해『기거주(起居注)』·『일력(日曆)』·『실록(實錄)』을 편찬했다. 태조는 일찍이 야율로불고(耶律魯不古)에게 명령해 국사를 감수하게 했다. 성종 때 각종 제도와 국가 기구가 정비되자 다시 기거주와 일력관을 임명해 황제의 언행과 군신의 상소문 및 국가의 대사를 기록시킴으로써 수사(修史) 제도가 날로 완비되어 갔다.

통화 9년(991)에 감수국사(監修國史) 실방(室昉)과 형포박(邢抱朴)이 함께『통화실록(統和實錄)』을 편찬해 태조부터 경종까지 다섯 황제의 사적을 기록했다. 흥종 시기에는 다시 남원대왕 야율고욕(耶律古欲), 한림도림아(翰林都林牙) 야율서성, 한림(翰林) 소한가노 등에게 선조들의 사적(事迹)과 여러 황제의 실록을 편집하도록 명령했다. 곡욕(穀欲) 등은 요련가한부터 중희(重熙)까지 이

---

[6] 『玉壺清話』, 「宋史」, 魏野傳.

르는 사적을 모아 20권으로 기록해 『요련지중희이래사적(遙輦至重熙以來事跡)』이라고 했다. 또한 『요국상세사적급제제실록(遼國上世事跡及諸帝實錄)』과 『선조사적(先朝事跡)』을 짓기도 했다. 도종 대강 연간에는 야율맹간(耶律孟簡)이 표를 올려 국사 편찬을 청했고, 야율갈로(耶律曷魯)·야율옥질·야율휴가 등이 『삼인행사(三人行事)』를 편찬해 바치자 도종은 다시 관청을 만들어 편수하도록 했다.

건통 3년(1103)에는 다시 감수국사 야율엄(耶律儼)에게 명령해 태조 이래 여러 황제의 실록을 찬수하라고 했다. 야율엄은 70권을 찬수해 바치고 『황조실록(皇朝實錄)』이라고 했는데, 이는 훗날 금과 원에서 『요사』를 편찬할 때 중요한 자료가 되었다. 개인적인 저술로는 『예서(禮書)』·『거란관의(契丹官儀)』·『요조잡례(遼朝雜禮)』·『거란회요(契丹會要)』·『대요등과기(大遼登科記)』·『칠현전(七賢傳)』·『거란지리도(契丹地理圖)』 등이 있다. 이 외에 요 왕조는 이전 왕조의 사서를 수집하는 것을 중시해 『사기(史記)』·『한서(漢書)』·『오대사(五代史)』 등을 번역해 반포했다. 성종은 자주 당의 실록이나 제왕의 본기, 『정관정요(貞觀政要)』와 같은 책을 읽으면서 당 태종과 현종, 송 태조와 태종 등의 행적을 매우 경모했고, 그들을 "500년 이래 중국의 명군"이라고 칭송했다.

요의 개인 저술 가운데 세상에 전해지는 것은 매우 적다.[7] 도종 때 왕정(王鼎)이 지은 『분초록(焚椒錄)』은 사료적 가치가 매우 큰 개인 저술 중 하나다. 그 책에는 도종의 선의황후(宣懿皇后)가 모함을 당한 전말을 기록하고 있고, 아울러 그녀의 시문도 일부 포함하고 있다.

---

[7] 沈括의 『夢溪筆談』에 "요서는 엄격하게 금해 중국으로 가지고 들어오는 자는 모두 죽였다[遼書禁甚嚴, 傳入中國者法皆死]"라고 했다. 특히 요가 망한 뒤 작품은 대부분 없어지고 말았으며, 작자에 대해서도 전해진 바가 없었다. 명말청초에 이르러 비로소 그 잔편을 간행했을 뿐인데, 현재 전해지고 있는 것은 『龍龕手鑑』·『焚椒錄』·『星命總括』 등이 있다.

4. 유학과 종교

초기에 거란인은 원시적 다신교인 샤머니즘을 믿었다. 그들이 숭배하는 천신과 지신의 형상은 흰말을 탄 남성과 파란 소를 탄 여성의 모습이었다. 그들은 흑산(黑山)을 사람이 죽은 후에 영혼이 돌아가는 곳이고, 목엽산(木葉山: 지금의 실란물룬 강과 라오하 강이 합류하는 곳의 白音 지역)은 전설상의 거란의 시조 기수가한(奇首可汗)의 발상지라고 보았다. 이러한 것들은 모두 거란의 기원이나 발상과 밀접한 관련이 있기 때문에 거란인은 그것들을 대단히 숭배하고 경외해 매년 시제를 지냈다. 수렵은 일찍이 그들의 중요한 활동으로서 수렵 전에도 포록신(麃鹿神)에게 제사를 지내 많은 짐승을 사냥하게 해달라고 기도했다. 이러한 다신교 신앙은 거란인의 생활 속에 일정한 금기와 습속을 형성했다.

거란 정권이 건립되기 이전에 불교는 이미 유입되었다. 902년 용화주(龍化州)에 개교사(開敎寺)를 건립한 것은 불교가 이미 거란으로 유입되었음을 보여준다. 신책 3년(918)에 상경에 다시 불사를 건립하면서 거란인은 점차 불교를 믿고 숭상했다. 천현 원년(926)에 발해를 멸망시킨 뒤 발해의 승려 숭문(崇文) 등 쉰일곱 명을 포로로 잡아 상경으로 이주시켰고, 천웅사(天雄寺)를 건립했다. 이후 5경과 각 주현에서도 계속 사찰을 건립했고, 성종 이후에는 황제들이 불교를 숭상했으므로 크게 성행했다. 귀족의 가문에서는 집 안에 사찰을 짓고 자녀를 출가시켜 승려로 만들었을 뿐만 아니라 사찰에 재물과 토지·노예 등을 시주했다. 또한 사찰과 탑을 세우고 불상을 만들고 불경을 새기는 것이 더욱 보편화되어 사찰 세력은 급격히 커져갔다.

요의 승관 제도는 대부분 당 왕조를 모방했다. 5경 가운데 남경에는 좌·우승록사(僧錄司)를, 나머지 4경에는 각각 한 개의 승록사를 설치했다. 승관 직위는 승록(僧錄)·승정(僧正)·승판(僧判) 등이 있었다. 주·군에는 승정과 도관(都官)을 설치했다. 신자가 많아지면서 승려와 거사로 조성된 '천인읍사(千人

邑社)'8)가 생겼으며, 고승과 유명한 거사가 읍사의 일을 맡았다. 요에서 유행한 불교는 화엄종·밀종·정토정·율종·유식종·선종 등이 있다.

경종 이후에 많은 승려가 시중(侍中)·태위(太尉)·태보(太保)·사도(司徒)·사공(司空) 등의 관직을 수여받았다. 흥종 때 각화도(覺華島) 해운사(海雲寺)의 승려인 해산(海山 또는 思孝)은 영록대부(榮祿大夫)·수사공(守司空)·보국대사(輔國大師)에 임명되었다. 도종은 혜취사(惠聚寺)의 승려 법균(法均 또는 法鈞)을 숭록대부(崇祿大夫)·수사공(守司空)에, 봉덕사(奉福寺)의 승려인 비탁(非濁)을 숭록대부(崇祿大夫)·검교태위(檢校太尉)에 임명했다. 심지어 어떤 승려는 황제에게 시문으로 화답하기도 하고, 혹은 황제가 지은 시를 하사받기도 했다. 예를 들어 해산은 흥종과 관계가 매우 좋았으며 흥종이 바쁜 와중에도 대사와 더불어 탁자에 마주앉아 시 짓기를 거부한 대사에게 자신이 먼저 시를 써 마음을 움직이게 했다고 한다. 또한 도종도 일찍이 시를 써서 법균을 칭송하기도 했다. 통치자의 적극적인 장려로 불교는 요 경내에서 더욱 빠르게 발전했다. 도종 시기에 심지어 "1년에 어린아이가 36만 명이나 출가해 하루에 3,000명이 삭발하고 승려가 되는" 상황이 연출되기도 했다.

불교가 전파되자 황제는 명령을 내려 사찰에서 불경을 교감하거나 각인하게 하고, 개인에게도 불경을 쓰게 했다. 또한 자금을 모아 경전을 판각하거나 인쇄하는 활동도 매우 활발했다. 흥종 시기에는 각지의 불경을 수집하도록 해 중희 연간부터 도종 함옹 4년(1068)까지 불경 579질을 교감하거나 각인한 뒤 남경 청수원(淸水院)과 이주(易州) 내수현(淶水縣) 금산(金山) 연교사(演敎寺) 등지에 수장하도록 했는데 이를 이른바 『거란장(契丹藏)』 혹은 『단장(丹藏)』이라고 한다. 『거란장』은 고려로 전해진 뒤 이를 근거로 송과 고려의 대장경과 대조해 교감한 뒤 신판 『고려장(高麗藏)』을 각인했으므로, 대장경 가운데 비교적 좋은 판본이 되었다.

---

8) 요 불교도의 자발적인 사회단체로서, 대개 1,000명으로 구성되어 있어 千人邑社라고 한다. 옮긴이 주

1974년에 산서성 응현(應縣)의 불궁사(佛宮寺) 석가탑(釋迦塔: 응현 목탑)에서 보강 공사를 하던 중 목탑 4층의 주불인 석가모니불의 배 안에서 진귀한 보물을 발견했다. 그중에는 『거란장』 12권이 있어 요의 불교 전파와 대장경의 판각 및 인쇄 과정을 연구하는 데 진귀한 자료를 제공하는 동시에 요대의 종이 제조와 인쇄 기술의 실질적인 자료도 제공하고 있다. 목탑에서 발견된 『거란장』은 판각해 인쇄된 것으로서 대장경을 정리·교감·각인하는 사업이 일찍이 성종 시기에 착수해 진행된 것이라는 사실을 알 수 있다.

요의 통치자들은 공자를 존경하고 유가의 학설을 치국의 주도적인 사상으로 삼았다. 건국 초기부터 야율아보기는 역사적으로 커다란 공덕이 있는 사람을 선택해 제사를 지내고자 했는데, 태자인 야율배가 말하기를 "공자는 대성인으로 만세에 존중받을 사람이니 마땅히 먼저 해야 된다"[9]고 했다. 이에 따라 신책 3년에 공자의 사당을 상경에 건설하고 나서 다음 해에 야율아보기가 직접 가서 제사를 지냈다. 거란의 상층에서는 사람을 채용하거나 도덕적으로 수양하는 측면에서도 다수가 자진해 유가의 도덕적 표준을 준칙으로 삼아야 한다고 했다. 심지어 당시의 정치 상황을 기록하는 야율상가(耶律常哥)조차도 "사단오륜(四端五倫)은 정치와 교육의 근본이고, 육부삼사(六部三事)는 실제로 백성의 목숨을 보존하는 것과 같다"[10]라고 이해했다. 금원교체기에 거란의 정치가인 야율초재(耶律楚材)는 그의 『회고일백운(懷古一百韻)』에서 "요는 중국의 제도를 존중했고, 유교의 시조는 공자였다"라는 역사적 사실을 매우 적절하게 지적했다.

---

9) 『遼史』, 「宗室」, 義宗倍.
10) 『遼史』, 「烈女」, 耶律氏.
　사단은 사람의 본성에서 우러나는 네 가지 마음씨로서 첫째, 인에서 우러나는 측은지심, 둘째, 의에서 우러나는 수오지심, 셋째, 예에서 우러나는 사양지심, 넷째, 지에서 우러나는 시비지심이며, 오륜은 사람이 지켜야 할 다섯 가지의 떳떳한 도리로서 부자 사이의 친애, 군신 사이의 의리, 부부 사이의 분별, 장유 사이의 차서, 붕우 사이의 신의를 말한다. 육부삼사는 재화를 형성하는 여섯 가지 요소와 덕치를 이루기 위해 요구되는 세 가지 사업으로, 곧 水·火·金·木·土·穀이 육부가 되고, 正德·利用·厚生이 삼사가 된다._옮긴이 주요에서 관직을 지낸 한족 출신 관리들은 기회가 있을 때마다 거란의 통치자에게 유가 사상과 역대 제왕들의 통치 경험을 소개해 거란의 상층이 유가 사상을 받아들이도록 노력했다. 성종이 황제로 즉위한 초에 추밀사 겸 감수국사를 지낸 실방(室昉)이 『상서(尙書)』「무일(無逸)」편을 올리자 태후가 칭찬했다. 시독학사(侍讀學士)인 마득신(馬得臣)은 당의 고조·태종·현종의 행적 중 본받을 만한 것을 성종에게 올렸고, 또다시 상소문을 올려 지나치게 격국(擊鞠)을 하지 말 것을 간언하자 성종도 이 모든 것을 받아들였다.

또한 홍종 시기에 추밀사인 마보충(馬保忠)은 황제에게 "불교에 빠지면 조정의 정치 기강이 바로 서지 않는다"는 견해를 밝히면서 침착하게 진언하기를 "천하를 강하게 하는 것은 유도(儒道)이고, 천하를 약하게 하는 것은 이도(吏道)입니다. 지금 관직에 임명되는 사람들은 대체적으로 이인(吏人)이고 유학자가 아닙니다. 유도를 숭상하면 시골 마을까지 수양이 행해질 것이고, 도덕을 수양하면 제왕의 사업이 존경받을 것입니다. 지금 이후로는 고대의 영명한 제왕이나 공맹과 같은 성현의 가르침이 아닌 것은 명확하게 조서를 내려 통렬하게 금지하시기를 바랍니다"[11]라고 했다.

도종이 유가 경전에 대한 이해가 더욱 깊었으므로, 경연에서 시독관은 "이적(夷狄)에게 군주가 있더라도 중화에서 없는 것만 못하다"라는 구절을 감히 해석할 수 없었다. 그러자 도종은 도리어 "과거에 흉노족은 방탕해 예법이 없었기 때문에 '오랑캐[夷]'라고 했지만, 내가 문물을 배워서 점잖고 예의 바르게 된다면 중화와 다를 바가 없을 것인데 무얼 거리끼겠는가?"[12]라고 했다. 그는 유가의 경전을 학습해 익혔을 뿐만 아니라 독자적으로 인식해서 깊이 있게 해석했고, 더 나아가 자신감도 가득 찬 것을 볼 수 있다. 성종부터 도종에 이르기까지 모든 황제가 유교 경전 가운데 통치에 도움이 되는 내용을 학습하고 흡수하는 데 뜻을 두었다. 아울러 법령을 수정하고 예의(禮

---

11) 『契丹國志』, 馬保忠.
12) 『契丹國志』, 「道宗天福皇帝」.

儀)를 제정해 사람에게 행위의 준칙으로 삼게 했다. 거란의 상층에서 불교를 숭상하고 유교를 존중했지만, 불교와 유교에 대한 태도는 같지 않았다. 즉 불교는 그들에게 일종의 종교 신앙이었지만, 유교는 통치 이념이었다.

불교의 전파와 함께 언어와 문자학도 발전했다. 불경의 음과 뜻을 이해하기 위해 당시 연경에 있는 숭인사(崇仁寺)의 승려 희린(希麟)은 당의 승려 혜림(慧琳)이 쓴『일절경음의(一切經音義)』의 체제에 따라『개원석교록(開元釋教錄)』을 이어서 새롭게 해석한 불경에다 음을 달고 뜻을 해석하기 위해『속일절경음의(續一切經音義)』10권을 저술했다. 이 책은 요에서 고려로 전해졌다가 다시 송으로 들어갔고, 송에서는 이를 대장경에 포함해 판각했는데 후에 다시 일본으로 전해져 불교의 전파와 문자의 해석에 많은 도움을 주었다.

연경의 승려인 행균(行均)은 세속의 성이 어(於)씨였고 자는 광제(廣濟)인데, "음운학에 능하고 문자학에 뛰어나서" 문자 사전인『용감수경(龍龕手鏡)』4권을 저술했다. 여기에 수록된 글자가 약 2만 6,430자이고 글자의 용례를 주석한 것이 약 16만 3,170개로서 총 18만 9,610여 글자로 구성되었다. 424개의 부수로 나누고, 부수가 되는 글자나 부수에 포함된 글자를 모두 평성·상성·거성·입성의 사성으로 나누어 순서대로 서술했다.『설문(說文)』·『옥편(玉篇)』외에도 많은 글자를 수집했고, 당시에 사용되고 있던 이체자·속자·간체자도 광범위하게 수록하고 있다. 이 책이 완성된 이후에 송으로 전해져『용감수감(龍龕手鑒)』이라는 이름으로 발행되었다. 이 책을 편찬한 목적은 승려들이 글자를 알고 불경을 읽게 하기 위해서인데 음을 설명할 때에 간혹 반절을 사용하기도 하고 때로는 직접적인 발음을 사용하는데, 뜻을 해석하는 것이 매우 간단했으며 용례는 불경을 많이 인용했다. 이 책은 송 이전의 이체자나 간체자를 연구할 때 참고할 만한 가치가 매우 높은 서적이다.

이 외에 중원의 도교나 도교 사상도 거란인에게 어느 정도 영향을 끼쳤다. 요 초기에 다양한 방법으로 초원에 들어온 한인 중에는 도교를 신봉하는 사람들이 일부 있었다. 예를 들어 상경에는 천장관(天長觀), 중경에는 통천관

(通天觀)이 있었으며, 일부 주(州)와 성(城)에도 도사나 도관이 많이 있었다. 그래서 일부 거란인 상층이나 일반 백성도 도교를 신봉하게 되었다. 성종은 "도교와 불교라는 두 종교에 대해 모두 그 뜻을 통찰했고"[13], 그의 동생인 야율융유(耶律隆裕)은 아주 경건하고 정성스러운 도교 신도여서 "어릴 때부터 도교를 경모하고, 도사를 만나면 기뻐했다. 후에 동경유수가 되어 궁관을 높이 지었는데 설비가 대단히 화려했다. 또 별도로 도원(道院)을 설치한 후에 도사들을 계속 맞아들여 경전을 외우고 기도하게 했으며, 음식을 정성스럽게 만들어 바치자 중경도 자주 이를 따라 했다"[14]고 한다.

일부의 상층 도사들은 불교의 상층 승려와 마찬가지로 황제에게 예우를 받았다. 성종은 일찍이 도사인 풍약곡(馮若穀)에게 태자중윤(太子中允)이라는 관직을 수여했다. 도교의 전파는 도가 경전에 대해 연구하는 풍조도 만들어서 요 초기에 도사 유해선(劉海蟬)은 『환단파미가(還丹破迷歌)』와 『환금편(還金篇)』을 저술했고, 야율배는 『음부경(陰符經)』을 번역했다. 성종 시기에 우전국(于闐國)의 장문보(張文寶)는 일찍이 『내단서(內丹書)』를 올렸고, 사공대사(寺公大師)의 『취의가(醉義歌)』에도 도교의 사상이 섞여 있었다. 도교 신앙의 보편성이나 거란인의 사상이나 문화에 끼친 영향은 일부 거란인 무덤의 석관이나 화상석(畵像石)에 새겨진 사신도(四神圖), 도교적인 내용이 그려져 있는 벽화·부장품 중 도교적인 내용이 담긴 유물 등을 통해 증명할 수 있다.

5. 회화와 조각

거란 사람들은 초원의 풍경이나 말을 탄 인물을 잘 그렸다. 요에서는 탁월한 업적을 남긴 화가들이 적지 않아 우수한 회화 작품을 많이 창작했다.

---

13) 『契丹國志』, 「聖宗天輔皇帝」.
14) 『契丹國志』, 「諸王傳」, 「齊國王隆裕」.

동란왕 야율배와 유명한 화가 호괴(胡瓌)와 호건(胡虔) 부자가 그린 그림이 송의 내부(內府)로 들어가 '신품(神品)'이라고 불리기도 했다. 그들은 주로 거란인의 생활을 소재로 삼았다. 야율배는 "귀인이나 추장을 많이 그렸는데 창과 활을 차고 개와 매를 데리고 있으며, 복장은 모두 거칠고 무늬가 없는 갓끈을 사용했고, 안장과 굴레는 모두 아름답고 기이했다. 그는 중국의 의관을 그리지 않았다"[15]고 한다. 그가 그린 말의 "생김새는 경쾌하지만 좋은 말도 둔한 말도 아니면서 군색하게 걷는 모습을 보인다"[16]고 한다. 그의 작품은 매우 정교해 오대의 사람들도 좋아했다. 후량부터 후진 초기까지 변방의 군인이나 상인이 동란왕의 그림을 구해오면 경사의 사람들이 앞다투어 구매하려고 했다. 작품 가운데 오늘날까지 전해지는 것으로는 북경 고궁박물원에서 소장하고 있는 〈사기도(射騎圖)〉와 미국에 있는 〈인기도(人騎圖)〉·〈사록도(射鹿圖)〉 등이 있다.

호괴도 "활력이 넘치는 말뿐만 아니라 유목민의 부락, 천막과 깃발, 화살과 말안장 등을 그렸다. 물과 풀을 좇아 방목하거나 말을 타고 사냥하는 모습, 초원의 매서운 추위, 사막의 모래 언덕 등 새외의 풍경을 잘 표현했는데, 비교할 수 없을 정도로 정교한 기술이었다"[17]고 한다. 호괴가 거란인의 말을 그릴 때는 이리 털로 만든 붓을 사용해 말갈기와 꼬리 등을 그린 뒤 옅은 색으로 덧칠하는 방법으로 완성했으므로, 그 모습이 세밀하고 힘이 있었다. 유목민의 천막이나 일상 집기를 그릴 때도 세밀하게 표현했다"[18]고 한다. 그의 작품으로 오늘날까지 전해지는 것은 북경 고궁박물원이 소장하고 있는 〈탁헐도(卓歇圖)〉가 있으며, 해외에 있는 〈출렵도(出獵圖)〉와 〈회렵도(回獵圖)〉도 그의 작품으로 보는 사람이 있다. 그의 아들 호건은 "단청을 배우면

---

15) 『宣和畵譜』 卷8.
16) 劉道醇[宋], 『五代名畫補遺』, 「走獸門第三」, 神品.
17) 劉道醇[宋], 『五代名畫補遺』, 「走獸門第三」, 神品.
18) 湯垕[元], 『畫鑒』.

서 부친의 화풍을 이어받았고" 송의 내부(內府)에 그의 작품 마흔네 폭이 소장되어 있었는데, 호건과 호괴의 작품을 "거의 구분하기가 어려울 정도였다"[19]고 한다.

홍종도 "그림 솜씨가 좋았고, 단청에 능했다. 일찍이 그가 그린 고니와 기러기를 송으로 보냈는데 매우 정교해 진짜와 같았으므로 송의 인종은 비백서(飛白書)로 써서 이에 답했다"[20]고 전해진다. 이 외에도 거란인 가운데 야율경리(耶律瓊履 또는 耶律防), 야율제자(耶律題子), 소간(蕭幹), 진진국비 소씨(秦晉國妃 蕭氏)와 한족 출신의 진승(陳升)·상사언(常思言)·오구주(吳九州) 등도 모두 그림을 잘 그린다는 칭송을 받았다. 더욱이 외척 소간은 단청을 잘 그렸다. "당의 배관(裴寬)과 변란(邊鸞)의 작품을 매우 좋아해 무릇 송에 사신으로 가는 자가 있으면 반드시 그 그림을 구입해 오라고 했다. 좋은 작품을 보면 비싼 가격도 아끼지 않았다. 그림을 잘 포장해 본국으로 가져오면 작은 누각에 이를 보관했다. 바람과 햇볕이 부드럽고 따뜻한 날이면 향을 태우고 그림을 펼친 뒤 정성을 다해 모사했는데 모든 것이 법칙이 있었다."[21] 진진국비 소씨는 소배압(蕭排押)의 딸이었고, 그녀의 모친은 성종의 누이동생 장수(長壽)의 딸이었다. 그녀는 "고상하게 비백서를 좋아했고, 단청을 잘 그렸다"고 한다. 그녀의 집에는 자신이 그린 병풍이 많았다.[22]

한족 출신의 진승은 성종 때 한림대조(翰林待詔)를 지냈는데 일찍이 황제의 명령을 받들어 상경 오란전(五鸞殿)에 〈남정득승도(南征得勝圖)〉를 그렸다. 연경 사람 오구주(吳九州)는 "사슴을 잘 그려 북방 사슴의 모습을 대단히 잘 표현했다"[23]고 한다. 연경 백성 상사언(常思言)은 "산수화와 숲을 잘 그려 이를 구하려는 자가 매우 많았다. 상사언은 명예나 이익에 욕심이 없어 그림을

---

19) 『宣和畫譜』 卷8.
20) 『契丹國志』 卷8.
21) 王毓賢[清], 『繪事備考』.
22) 『全遼文』 卷8, 「秦晉國妃墓志銘」.
23) 『遼史拾遺』 卷21.

구하는 자의 뜻과 취미가 자신과 비슷하면 그림을 주었지만, 그렇지 않으면 경제적 보상이 있어도 그림을 주지 않았다. 더욱이 권세로도 그를 움직일 수 없었다"[24])고 전해진다.

이러한 화가 외에 요에는 이름 없는 단청의 고수들이 매우 많다. 지금까지 남아 있는 요의 사찰이나 탑·무덤에서 출토된 그림과 벽화에서도 당시 회화의 수준과 솜씨를 보여준다. 예를 들면 요령성 의현(義縣)에 있는 봉국사(奉國寺) 대웅전의 채색화, 산서성 응현(應縣)에 있는 불궁사(佛宮寺)의 석가탑에 소중히 보관되고 있는 걸개그림〈신농채약도(神農采藥圖)〉와〈나무석가모니불상(南無釋迦牟尼佛像)〉, 족자로 된〈약사유리광불설법도(藥師琉璃光佛說法圖)〉와〈치성광구요도(熾盛光九曜圖)〉등의 작품은 작가의 이름은 알 수 없지만, 요대 다른 시기의 회화 수준을 잘 보여주고 있다.

근래에 발굴된 요의 무덤에서도 일부 두루마기 형태의 그림과 대량의 벽화가 출토되어 요 회화의 내용을 대단히 풍성히 해주고 있다. 1974년에 요령성 법고현(法庫縣) 엽무대(葉茂臺)의 요대 무덤에서 직물에 그린 두 폭의 그림이 출토되었는데 하나는 산수화로서〈산혁후약도(山弈候約圖)〉이고, 다른 하나는 화조화로서〈죽작쌍토도(竹雀雙兎圖)〉다. 전자는 당과 오와 송 초기의 표현 기법을 융합해 비교적 능숙하게 그렸으나, 후자는 대칭형 구도를 취하면서 장식의 취향이 아직 세련되지 못해 거란의 화가가 그린 것으로 보인다.

오늘날 볼 수 있는 요의 회화 작품으로 그 숫자가 가장 많고 내용이 풍부한 것은 무덤에 그려진 벽화로서 어떤 것은 예술적 수준이 상당히 높다. 이미 훼손된 요 성종의 무덤 영경릉(永慶陵)의 묘 내부와 묘도의 양측에 그려진 채색화는 건축의 장식이나 인물상, 사계절의 산수화와 모란, 권초(卷草)[25]), 비상하는 봉황이나 쌍용, 채색한 나비나 상서로운 구름 등의 장식 무늬가 있다. 그

---

24) [宋]郭若虛, 『圖畫聞見志』, 「四部叢刊續編」, 子部.
25) 인동초나 연꽃·난초나 모란 등의 화포를 추상화해 'S' 자 모양의 곡선으로 배열해 연속적으로 구성한 무늬를 말하며, 당대에 성행해 당초문이라고도 한다. _옮긴이 주

중에는 일흔한 명의 인물도 있는데 크기는 진짜 사람과 비슷하고, 거란이나 한족 출신의 관료와 시위·노복 등을 포함하고 있다. 중간 방의 사면 벽에는 〈사계산수도(四季山水圖)〉가 그려져 있는데 봄·여름·가을·겨울 등 네 폭으로 나누어 북방 초원의 사계절 풍경을 묘사하고 있으며, 이는 황제가 계절에 따라 날발하는 것을 상징한다. 그 풍경은 영경릉이 있는 산림과 비슷해 사실 그대로 묘사한 작품이다. 예술적인 구조와 형태는 확실히 조잡하고 유치하지만, 내용은 생동감이 있고 활발해 초원 생활의 분위기가 물씬 풍긴다.

최근에 벽화가 있는 요대 무덤이 이미 수십 곳이나 발견되었다. 벽화의 내용은 초원의 풍경, 거란이나 한족 인물, 날짐승이나 들짐승, 상서로운 구름이나 화초, 천막이나 수레 등으로 요대의 사회 정경을 사실적으로 묘사했다. 따라서 거란인의 복식, 머리 모양, 수레나 천막의 구조, 생산 활동의 상황, 통치 계급의 사치스럽고 부패한 생활상과 요대의 사회적 습관 등을 연구하는 데 사실적인 모습을 제공한다.

울란바토르의 요대 묘에서 발굴된 벽화인 〈출행도(出行圖)〉와 〈귀래도(歸來圖)〉는 거란의 귀족들이 사치스럽고 안일하게 생활하는 모습을 묘사하고 있는 동시에, 거란인이 '태양을 따라서 이주하는' 구체적인 상황도 기록하고 있다. 내몽고자치구 적봉시(赤峰市) 극십극등기(克什克騰旗)에서 발견된 요대 무덤의 석관에 그려진 〈거란방목도(契丹放牧圖)〉·〈유목생활주지소경(遊牧生活住地小景)〉·〈비마도(備馬圖)〉, 그리고 오한기(敖漢旗) 강영자(康營子)에서 발견된 요대 무덤의 〈의위도(儀衛圖)〉·〈봉시도(奉侍圖)〉, 옹우특기(翁牛特旗) 산취자(山嘴子)에서 발견된 요대 무덤의 〈인마도(引馬圖)〉·〈주락도(奏樂圖)〉, 내만기(奈曼旗) 진국공주(陳國公主)와 부마를 합장한 무덤의 〈시종견마도(侍從牽馬圖)〉, 해방영자(解放營子)에서 발견된 요대 무덤의 〈시녀도(侍女圖)〉·〈연음도(宴飮圖)〉·〈전차출행도(氈車出行圖)〉, 하북성 선화현(宣化縣)에서 발견된 한사훈(韓師訓) 무덤의 〈출행도(出行圖)〉·〈비장도(備裝圖)〉·〈산락도(散樂圖)〉·〈음주청곡도(飮酒聽曲圖)〉, 장세경(張世卿) 무덤의 〈산락도(散樂圖)〉·〈비경도(備經

圖)〉 등은 거란인의 유목 생활을 잘 묘사하고 있으며, 그중에 어떤 것은 무덤 주인의 사치스럽고 호화로운 생활을 묘사하기도 했다. 그림의 색채는 선명하고, 인물의 형상은 생동적이고 사실적이어서 요대 회화뿐만 아니라 요대의 생활이나 풍속을 연구하는 데도 중요한 가치가 있다.

요대의 조각 예술도 나름의 특색이 있다. 작품은 불교 신앙을 널리 알리는 것이 많고, 주로 돌과 벽돌로 만든 조각이다. 지금까지 남아 있는 것은 몇 곳의 석굴사와 몇 개의 석제 조각상, 대량의 무덤 석각 등이 있다. 내몽고자치주 파림좌기(巴林左旗) 임동진(林東鎭)에서 서남쪽으로 약 20킬로미터에 위치한 진적사(眞寂寺) 석굴[後召廟 石窟], 후소묘 석굴의 동쪽 산 남쪽 비탈에 위치한 개화사(開化寺) 석굴[前召廟 石窟], 적봉시에서 서남쪽으로 30킬로미터에 위치한 영봉원(靈峰院) 천불동(千佛洞) 석굴과 산서성 대동시(大同市)의 운강석굴에 요대의 불상이 있다. 그중에 진적사 석굴의 열반상(涅槃像)과 비통하게 통곡하고 있는 불제자의 조각은 형식이 질박하고 비례가 적당해 걸작이라고 할 수 있다. 북쪽 굴 후실에 있는 부조상은 진적사 전체의 조형물 가운데 가장 뛰어난 것으로, 지역적 특색이 풍부해 요대에 흔히 볼 수 없는 조각 작품이다.

『요사』의 기록에 의하면 남경의 연방전(延芳澱)과 동경도의 건주(乾州)와 상경의 오란전에는 모두 경종 황제의 석상을 안치했었는데, 애석하게도 지금은 남아 있지 않다. 20세기 초부터 지금까지 계속 발견된 요대의 석조상으로는 상경성의 관음보살 입상, 중경의 요 태조와 경종의 입상, 홍중부에 위치한 천경사(天慶寺)의 옥석관음상(玉石觀音像)과 서경에 남아 있는 일부의 석조 조각상 등이 있다. 옥석관음상은 중원의 백옥을 사용해 조각한 것으로 체형이 높고 크며 조각이 정교했으므로 북제(北齊) 이래의 형식을 계승한 것이지만, 동시에 요대 특유의 예술적인 특징도 띠고 있다.

그리고 산서성 대동시의 서쪽 근교에 있는 불자만(佛字灣) 관음당(觀音堂)에는 요대의 석각이 보존되어 있는데, 그중에 관음보살 입상은 자태가 단정하고 장엄하며 조각이 매우 아름답다. 이것은 요대에 만들어진 거대하면서도 완전무결한 입체 석조상 중 하나다. 그 양쪽에 있는 협시와 팔대명왕의 조각은 표정이 생동적이며 자태가 모두 특이한데, 그중에 하나는 보기 드물게 거란의 차림새를 하고 있다. 대동시 거장보(拒牆堡)의 서남쪽에 있는 요대 남당사(南堂寺) 유지에는 석가모니불 좌상과 문수보살과 보현보살, 제자와 시녀, 사자와 코끼리 등의 석조 조각이 아직도 일부 남아 있다.

이 외에 요대의 무덤에도 석제 조각의 내용이 매우 풍부해 석관과 묘지명, 벽면의 석각과 묘 앞 신도비(神道碑), 석인(石人)과 석수(石獸) 등을 포함하고 있다. 묘 앞의 석제 조각으로는 야율종(耶律琮) 무덤의 신도 양측에 석제 조각이 발견되었는데, 문관과 무관, 양과 호랑이 등이 있다. "문관은 머리에 두건을 쓰고 소매가 큰 두루마기를 우임(右衽)한 채 두 손을 공손하게 모으고 서 있다. 무관은 머리에 투구를 쓰고 소매가 좁은 갑옷을 입고, 장화를 신고, 두 손에는 칼을 들고 있는데 표정이 엄숙하다. 양은 굽은 뿔이 달린 머리를 쳐들고 무릎을 구부려 누워 있으며, 호랑이는 웅크리고 앉아 있는데 앞다리는 수직으로 세우고 고개를 들어 먼 곳을 바라보고 있다. 모든 석제 조각의 스타일은 질박하고 고풍스럽다."[26]

묘 안에서 출토된 석제 조각상으로는 요령성 법고현(法庫縣)에 있는 소포로(蕭袍魯)의 무덤에서 출토된 남성의 두상과 조양시(朝陽市) 손가만(孫家灣)에 있는 요대 무덤에서 발견된 남녀 시종의 인형과 엎드려 듣는 모양의 인형 등이 있다. 남성의 두상은 머리에 관건(冠巾)을 쓰고 있고, 사각의 턱에 코가 높고 광대뼈가 돌출되었으며, 눈썹은 가늘고 눈은 크며 입은 발름하다. 표정은 자연스럽고 미소를 띠고 있는 것처럼 보여 사실적인 색채가 농후하다. 그 모습이 마치 살아 있는 것처럼 생생한데 당연히 무덤의 주인인 소포로의 두상일 것이다. 묘실 안의 석제 조각들은 대부분 주인이 수레나 말을 타고 외출

---

26) 朱子方·包恩梨, 「遼朝的石雕藝術」(『遼海文物學刊』, 1992年 第2期).

하는 모습, 수렵·연회·가무를 즐기는 모습, 민간에서 내려오는 고사, 청룡·백호·주작·현무의 사신(四神)을 소재로 했고, 부조나 반입체 외에도 평면을 깎아 조각하는 기법 등을 사용했다.

요령 지역에서 발견된 석관들 가운데 대부분은 사신의 도안이 조각되어 있다. 예를 들면 조양시에 있는 야율연령(耶律延寧) 무덤, 전창호촌(前窗戶村)의 요대 무덤, 상가구(商家溝)에 있는 조위간(趙爲幹) 무덤, 북표수천(北票水泉)의 요대 무덤, 법고현(法庫縣) 엽무대진(葉茂臺鎭)의 요대 무덤 등이 있다. 전창호촌에 있는 요대 무덤의 석관은 매우 독특하고 조각이 정교하고 섬세하다.27) 엽무대에 있는 요대 무덤의 석관은 현재까지 발견된 것 가운데 조각이 가장 뛰어난 석관이다. 조형이나 도안의 배치는 물론이고, 조각칼로 새기는 법이나 조각의 형태로 볼 때 가장 잘 정돈된 작품이라고 말할 수 있다.

초원 지역에서 발굴된 요대 무덤의 석관들은 조각의 내용이나 기교 면에서 요령 지역과는 약간 다르다. 예를 들어 아로과이심기(阿魯科爾沁旗)의 북부에서 발견된 석관은 주로 가축이나 수레와 천막을 새겼는데 각 면의 구도가 한 폭이나 두 폭이었으며, 각 폭마다 새긴 소나 양, 말이나 낙타 등의 수가 달라서 한 마리 내지는 한 쌍을 조각했다. 사실적인 기법을 사용해 유목 생활의 모습을 있는 그대로 묘사했다. 이러한 불균형과 불규칙적인 화면의 구도는 당시 그 지역 민간 조각공들의 어떠한 제약도 받지 않은 창작 태도를 보여준다. 또한 창작의 시기가 비교적 이르고 다른 지역의 영향도 많이 받지 않았다는 점을 설명해 준다. 무덤 벽의 조각들은 대부분 과거의 이야기, 음주와 연회 장면을 위주로 그렸는데, 어떤 것은 가축이나 들짐승을 조각하기도 했다. 이러한 화상석 무덤은 동경도에 속했던 요양(遼陽)·안산(鞍山)·금서(錦西) 등지에서 비교적 많이 발견된다.

요대 궁정의 조각 예술은 요령성 박물관에 소장되어 있는 열다섯 개의

---

27) 靳楓毅,「遼寧朝陽前窗戶村遼墓」(『文物』, 1980年 第12期).

황제나 후비의 애책(哀策)28)이 대표적이다. 그중에 성종의 애책이 가장 정교하고 아름다운데 "애책 표면의 네 개의 경사면에는 사신(四神)을 조각했고, 운문(雲紋)·권초문(卷草紋)·보상문(寶相紋)·목단화문(牧丹花紋) 등으로 둘러싸여 있다. 무늬는 변화하면서도 규범이 있고, 조각이 정교하고 세밀하며, 유연하면서도 강인한 기질이 있다"29)고 한다. 그리고 성종의 두 명의 황후, 홍종의 황후, 도종과 그의 황후의 애책은 전서(篆書)로 쓴 글씨 위에 모두 쌍용무늬가 있다. 또한 구도도 다양하고 형상이 생동적이며, 조각이 정교하고 세밀해 모두 최상의 작품이라고 할 수 있다.

이 외에 요대에는 돌로 만든 많은 경당(經幢: 불호나 경문을 조각한 육각형 또는 원형의 돌기둥)과 석탑이 있다. 경당은 불경의 경문이나 진언 혹은 부처나 보살 이외에도 불가에서 전해지는 고사를 조각하기도 했다. 이러한 경당은 공덕을 쌓고, 재앙을 소멸시키고, 보은이나 기복 혹은 입신양명을 목적으로 만든 것이 대부분이며, 그 형태가 독특하고 조각의 기술이 정교하다. 원래 하북성 축주(涿州)에 세워져 있던 다보천불다라니석당(多寶千佛陀羅尼石幢)은 요대에 조각된 희귀한 명품으로 현재는 일본의 경도국립박물관에 소장되어 있다.

현재까지 보존되고 있는 요대의 석탑으로는 북경의 방산(房山) 운거사(雲居寺)의 석경탑(石經塔)이 있는데, 탑신에는 "대료탁주탁록산운거사속비장석경탑기(大遼涿州涿鹿山雲居寺續秘藏石經塔記)"라고 새겨져 있어, 요대에 석경(石經)을 조각한 전모를 자세히 서술한 대단히 진귀한 유물이다. 그 불탑의 밑받침 여덟 면에 새겨진 조각은 매우 정교하고 아름다워 그 형상이 진짜처럼 생동감이 있다. 이러한 특징은 외부로부터 조각 예술의 영향을 받았다는 점을 명확하게 보여주고 있다.

---

28) '哀策'이라고도 하는 문체의 일종이다. 과거 제왕이나 후비 생전에 공덕을 칭송하는 운문으로, 주로 옥석이나 죽목에 기록한 것이 많다. 장례를 행할 때 太史令이 내용을 읽어보고 능 안에 묻는다. 고대에 제왕이 죽은 후에 장례를 치르는 날 '遣奠'의 의식을 거행하고 가장 마지막에 제문을 책에 새겨 능에 묻는데, 이를 애책이라고 한다._옮긴이 주
29) 『遼朝的石雕藝術』.

요대의 석각 예술은 거란의 고유문화와 중원의 조각예술을 계승한 데다가 다시 불교문화를 흡수했다. 따라서 "세 가지를 융합하고 소화했기 때문에 종교 예술의 속박에서 벗어나 시대적 특색이 풍부한 민족 예술의 완성품을 창조할 수 있어 사실적인 생활의 정취가 매우 충만하다"30)고 평가된다.

석제 조각 이외에 요대 벽돌 조각이나 점토 조각의 작품들도 전해지고 있다. 요령성 조양시의 북탑에는 벽돌로 역사(力士)와 시위, 사자와 호랑이 및 연꽃 등의 도안과 밀종(密宗)의 오방여래좌불(五方如來坐佛)이 각각 하나씩 조각되어 있으며, 다섯 마리의 코끼리와 두 마리의 말, 다섯 마리의 공작, 다섯 마리의 금색 날개가 있는 새 등의 생물체[迦樓羅]와 부처 양쪽의 협시보살과 비천, 보개(寶蓋)와 8대 보탑 및 탑의 이름 등이 조각되어 있는데, 조각이 생동적이고 기예가 대단히 뛰어나 요대 전탑 예술의 걸작이라 할 수 있다.31)

천진시 계현(薊縣)에 있는 독악사(獨樂寺) 관음각(觀音閣)에 우뚝 솟아 있는 요대 관세음보살은 중국에서 가장 큰 점토 조각상 중 하나다. 그의 전체 높이는 16미터이며 받침대 위에 새워져 있는데, 얼굴에는 미소를 띠고 있으며 머리 위에는 다시 열 개의 작은 두상이 조각되어 있어 '십일면관음상(十一面觀音像)'이라고도 한다. 불상의 옆에는 따로 두 개의 작은 협시보살이 있다.

산서성 대동시에 있는 화엄사(華嚴寺) 박가교장전(薄伽教藏殿)의 불단 위에는 서른한 개의 점토로 빚은 보살상이 완전하게 보존되어 있는데, 어떤 것은 결가부좌를 하고 있고 어떤 것은 서 있거나 합장하기도 하고 손을 들고 있기도 하여 자태가 제각기 특이한 모습을 하고 있다. 의복 장신구의 펄럭이는 장식이 거침없이 자연스러워 요대 소조 작품의 걸작이라 할 수 있다.32)

요령성 금주시(錦州市) 의현(義縣)에 위치한 봉국사(奉國寺)에는 요대에 세워진 대웅보전이 있으며, 그 안에는 현재까지 가엽(迦葉)·구류손(拘留孫)·시기

---

30) 『遼朝的石雕藝術』.
31) 張劍波·王晶辰·董高, 「朝陽北塔的結構勘察與修建曆史」(『文物』, 1992年 第7期).
32) 員海瑞·唐雲俊, 「華嚴寺」(『文物』, 1982年 第9期).

(屍棄)·비파시(毗婆屍)·비사부(毗舍浮)·구나함모니(拘那舍牟尼)·석가모니(釋迦牟尼) 등 칠존 불상이 현재까지 남아 있는데, 거대하고 장엄하며 그 자태가 자애롭다. 불상마다 양쪽에는 협시보살이 하나씩 소조로 새겨져 있는데, 어떤 것은 얼굴을 들고 있거나 숙이고 있고 어떤 것은 곁눈질을 하거나 정면을 직시하고 있어 그 자태가 저마다 특이하고 마치 살아 있는 것처럼 생동적이다.[33]

6. 의학과 천문학

요대의 의학은 중원의 한의약의 성과를 흡수하면서도 자신들의 특색을 간직하고 있었으므로, 거란에는 의술이 뛰어난 사람이 적지 않았다. 동란왕 야율배는 "의약과 돌 침술에 정통해" 일찍이 『음부경(陰符經)』을 번역했다. 야율질리특(耶律迭裏特)은 "다른 사람의 병을 볼 때 망사로 막아 간격을 두어도 못 보는 것이 없었다"고 하며, 야율적로(耶律敵魯)는 "사람의 모습과 안색만 보아도 병의 원인을 알 수 있었다"고 전해진다. 토곡혼(吐穀渾) 사람 직로고(直魯古)는 침술이 뛰어났고, 『맥결(脈訣)』과 『침구서(針灸書)』를 편찬했다. 흥종 때 야율서성(耶律庶成)은 진맥에 관한 책을 번역했는데, 거란인도 진맥으로 약을 처방하는 것을 알고 있었다.

그리고 북방은 한랭해 거란인은 동상을 치료하는 경험이 축적되어 있었으므로, 이를 치료하는 특효약이 있었다. 귀족들은 조제된 약을 사용했는데 도종이 송 사신의 동상을 막기 위해 이 약을 바르게 한 적이 있었다. 이 약을 환부에 바르면 그 열기가 불과 같아 치료 효과가 매우 뛰어났다. 일반 유목민들은 여우의 소변을 이용해 약을 조제했는데, 동상을 치료하는 효과가 매우 뛰어났다. 이 외에도 진통제가 있었는데 유향(乳香)·몰약(沒藥), 지렁이[地

---

[33] 杜仙洲,「義縣奉國寺大雄寶殿調査報告」(『文物』, 1961年 第2期).

龍]·자라[禾鱉子] 등의 성분을 포함하고 있으며, "곤장을 맞은 사람들의 통증을 잊게 할 수 있었기" 때문에 이른바 '귀대단(鬼代丹)'이라고도 불렸다.

요에는 사천감(司天監)이 있어 천문과 역법을 관장했다. 역사서의 기록에 의하면 "대동 원년에 태종이 후진의 변경(汴京)에서 모든 관청의 관속·의관·역법관을 모아 중경으로 이주시키니, 비로소 요에도 역법이 생겨났다"[34]라고 했다. 목종 시기에 사천감에서 올린『을미원력(乙未元曆)』은 태종이 후진을 멸망시키고 얻은 것이다. 성종 통화 12년에는『대명력(大明曆)』으로 고쳐 사용했는데, 이 역법은 가한주(可汗州) 자사 가준(賈俊)이 올린 것으로 고려도 함께 사용했다.

요대의 무덤에 그려진 천문도는 요대 천문학의 성과를 보여준다. 1974년에 고고학 발굴조사단이 하북성 선화현(宣化縣) 하팔리촌(下八裏村)에서 대경 6년에 매장된 우반전직(右班殿直) 장세경(張世卿)의 무덤을 발굴했는데, 후실의 둥근 천장 꼭대기에 한 폭의 별자리 그림이 그려져 있다. 둥근 천장의 중앙에 매달려 있는 청동 거울 주위에는 겹꽃잎의 연꽃이 그려져 있고, 연꽃 주위에는 스물여덟 개의 별자리와 황도(黃道) 12궁이 그려져 있었다.

1989년에 이 무덤 근처에서 발견된 요대 무덤에서도 장세경의 무덤과 비슷하게 묘실의 둥근 천장에 한 폭의 별자리 그림이 그려져 있다. 둥근 천장의 중앙에는 역시 청동 거울이 매달려 있으며 연꽃이 그려져 있는데, 연꽃 주위에는 황도 12궁과 스물여덟 개의 별자리가 그려져 있다. 별자리 그림의 바깥쪽에는 십이지생초(十二支生肖: 십이지를 상징하는 상으로 대개 같은 모양의 관복을 입고 머리만 각각의 동물 모양을 하고 있다)가 둘러 있는데 생초의 상은 모두 사람의 모양을 하고 있으며, 몸에는 두루마기를 걸치고 두 손에는 홀(笏)을 쥐고 머리에는 관을 쓰고 있다.

이 두 폭의 별자리 그림에는 중국 고대의 스물여덟 수(宿)와 바빌론의 황

---

[34]『遼史』,「曆象志」.

도 12궁이 있었으므로, 요대에는 중국 고대의 천문학적 성과를 계승했을 뿐만 아니라 서방의 천문학적 지식도 흡수했음을 보여준다. 이는 중국 경내에서 발견된 최초의 성도류(星圖類)의 그림으로, 중국 천문학의 역사와 요대 천문학의 발전을 연구하는 데 대단히 중요한 의미가 있다.

선화현 요대 무덤의 별자리 그림은 서방의 문화를 받아들이면서 동시에 이를 중국의 전통으로 개조했다. 예를 들면 황도 12궁의 세 번째 쌍자궁(雙子宮)에서 서방의 두 남자 아이를 각각 입상과 좌상으로 바꾸고, 여섯 번째 실녀궁(室女宮)에서 서방의 풍년의 여신을 두 여성의 입상과 좌상으로 바꾸는 동시에 여신을 하녀로 바꾸면서 나체상을 중국의 예속에 따라 옷을 입혔다. 아홉 번째 인마궁(人馬宮)에서 반인반마의 사수(射手)를 사람이 끄는 말로 바꾸고, 열 번째 마갈궁(摩羯宮)에서 생선 꼬리의 산양을 큰 물고기로 바꾸었다.

그것은 "이미 중국의 전통적인 별자리의 형태를 보여주면서 별 모양에 대한 여러 종교의 이용과 개조도 보여준다. 즉 묘실 천장의 연꽃이나 보경(寶鏡)과 같은 불교의 상징적인 수법도 있고, 황도 12궁의 인물에 복식과 같은 유가의 도덕관념도 있다. 그것은 과학과 문화적 형태의 표현이지만, 당시 정치와 문화의 혼합된 양상을 반영하기도 했으므로, 당시의 대표성과 시대적 특색을 갖추고 있다.[35]

---

35) 伊世同,「河北宣化遼金墓天文圖簡析」(『文物』, 1990年 第10期); 夏鼐,「從宣化遼墓的星圖論二十八宿和黃道十二宮」(『考古學和科技史』, 科學出版社, 1979年版).

2절
요대 거란인의 사회생활

1. 결혼과 성씨, 가족과 부락

초기에 거란인은 족외혼 제도를 거쳤는데, 이것은 곧 하나의 부락이 서로 결혼하는 두 개의 씨족이나 그 이상의 씨족으로 조성된 것이다. 이는 사회발전단계론에 따르면 포족(胞族)에 해당된다.[1] 사회의 발전과 외족의 유입 및 부락의 재건 등에 따라 엄격하게 지켜졌던 족외혼 제도는 점차 파괴되었다. 그러나 씨족 사회 단계의 잔재는 아주 오랫동안 남아 있었다. 이러한 전통의 영향을 받아 거란인은 계속 동성끼리 결혼하지 않는 원칙을 지켰다. 즉 "동성끼리 결혼할 수 없고, 이성과는 결혼할 수 있다"는 원칙은 고종이나 이종사촌 간에 결혼이 비교적 보편적이었다는 사실을 알 수 있다. 아울러 항렬의 제한을 받지 않았으며, 요대 초기까지는 '언니가 죽으면 동생이 이어서

---

1) 인류학자 L.H. Morgan은 사람의 性을 기초로 인류의 사회 조직을 몇 가지 유형으로 나누고, 이러한 사회가 단계적으로 발전했다고 믿었다. 氏族－胞族－部族－部族聯合體－國家의 순서인데, 부족 사회까지는 혈연을 기반으로 한 사회이고, 국가는 혈연 대신 地緣을 바탕으로 조직된 사회라는 것이다. 이후에 E. Service는 사회 발전 단계를 Band(군사회)-Tribe(부족사회)-Chiefdom(군장사회)-State(국가)로 나눴다. _옮긴이 주_

결혼하는 법'이 여전히 남아 있었다. 현존하는 문헌과 발견된 묘지석의 문자를 살펴보면, 거란인은 조혼이 비교적 보편적이었다. 따라서 여자가 13~14세가 되면 결혼하는 경우가 많았기 때문에 남편과 부인의 나이 차이가 많이 나기도 했다.

혼인은 일종의 정치적 행위로, 요의 통치 집단 중에서 황족과 후족은 비교적 확고한 혼인 집단을 결성했다. 야율아보기는 가정을 국가로 바꾸는 과정에서 처족인 술률씨(述律氏)의 강력한 지지를 받는 동시에, 술률씨 가족도 요의 통치 집단에서 막강한 실력을 갖추었다. 술률(述律)·발리(拔里)·을실이(乙室己) 등 세 가족은 모두 황족인 야율씨와 혼인 관계를 맺는 가족으로서 태종 천현 원년(926)에 술률과 발리의 두 장(帳)을 국구사(國舅司)로 합쳤다. 세종 시기에는 그의 모친이 속한 가족을 국구(國舅)로 존중했는데, 이것이 곧 국구별부(國舅別部)였다. 성종 개태 3년(1014)에는 다시 발리와 을실이의 2사(司)를 합쳐 1장(帳)으로 만들었으며, 대국구사(大國舅司)를 설치해 두 가족의 사물을 관리했다. 이국구족(二國舅族, 즉 구국장과 국구별부)은 대대로 황족과 결혼하면서 종실에 견줄 만한 귀족이 되었다. 성종 시기에는 권력을 세가대족에게 집중시키기 위해 횡장(橫帳) 삼부방(三父房)이 비천한 족장(族帳)과 결혼하는 것을 금지하도록 명령을 내렸다.

후족 출신의 여자는 황후가 되고, 남자는 공주와 결혼하는 특수한 지위 및 그것이 반영된 결혼 형태는 조혼 습관의 영향뿐만 아니라 통치 집단의 정치적 요구이기도 했다. 그것은 거란인의 혼인 상태를 사실 그대로 반영할 수 없었다. 그러나 보통 부락민은 여전히 동성끼리 결혼하지 않는 원칙을 따랐는데, 이러한 점은 거란인의 성씨에서 증명할 수 있다. 일찍이 "거란의 부족들은 본래 성씨가 없었으며, 오직 살고 있는 지명만으로 이들을 호칭했다. 그리고 결혼할 때 지리(地里)[2]에 얽매이지 않았다. 야율아보기가 가정을 국가

---

2) 한편 島田正郎[日]는 『遼代社會史研究』에서 지리를 성씨에 상당하는 말로 생각했으며, 따라서 당시 그들 사이에는 동성 간의 통혼이 통상 이루어지고 있는 것을 막연히 암시한다고 했으므로

로 바꾼 후에 비로소 왕족을 횡장(橫帳)이라 부르고, 살고 있는 곳을 세리(世里)라고 하여 성씨로 삼았다"3)고 한다. 세리를 한자로 바꾸면 '야율'이 되어 아보기 가족의 성씨가 되었다. 그 외에 족장(族帳)들도 각각 거주하는 지명으로 구별했다. 거란대자를 창제한 초기에 각 부족이 거주하는 향리(鄕里)의 이름을 기록해 하나의 책으로 저술했는데, 이것이 거란 각 부에 있는 귀족의 성씨보(姓氏譜)가 되었다. 야율아보기가 건국한 후에 통치를 확고히 하려는 목적으로 다시 거란인의 성씨를 인위적으로 제정했다. 야율아보기는 대하(大賀)·요련(遙輦)·세리(世里) 등 삼족은 대대로 내려온 부락의 귀족이었으므로 그들을 끌어들여 자신의 실력을 강화하고, 요의 통치를 확고히 하기 위해 대하와 요련을 황족인 세리와 함께 동성(同姓)으로 정했는데 이것이 바로 '삼야율(三耶律)'이다. 그래서 이들의 후예는 모두 야율을 자신의 성씨로 삼았다.

그리고 이후 그들과 결혼하는 가족들은 모두 소씨(蕭氏)로 삼았다. '소(蕭)' 자를 성씨로 삼은 것은 요의 태종이 후진을 멸망시킨 뒤부터 시작됐는데, 이는 한족들이 중국의 제도에 따라 제정한 것이다.4) 후족인 소씨는 곧 부락에서 벗어나 이국구장(二國舅帳)에 귀속되었다. 이로써 알 수 있는 것은 후족의 소씨이든 부락 중의 소씨이든 간에 원래는 모두 동족이거나 동성이 결코 아니었으며 중국의 성인 '소(蕭)'를 성으로 삼았을 뿐인데, 이는 야율씨

저자의 의견과 상충된다. _옮긴이 주_
3) 『契丹國志』, 族姓原始.
4) 『遼史』, 「外戚表」에서 기록하기를 "大同元年에 太宗이 汴京에서 장차 돌아오려고 할 때, 外戚인 小漢을 남겨서 汴州節度使로 삼고 성명을 하사해서 蕭翰이라 했다. 중국의 풍속을 따라서 이로부터 拔里·乙室己·逃律의 세 개 성을 모두 소씨로 姓으로 삼았다"고 했다. 『新五代史』 『四裔附錄』에서는 기록하기를 "翰은 거란의 大族인데 그들을 阿鉢이라고 불렀다. … 阿鉢은 본래 성씨가 없어서 거란에서는 翰을 國舅라고 불렀다. 이를 장차 절도사로 삼으려고 할 때 李崧이 성명을 정해서 소한이라 했는데 이것이 소씨 성의 시작이다"고 했다. 이를 통해 소씨가 성을 얻은 것은 소한에서부터 시작되었음을 알 수 있다. 그리고 蕭翰의 본래 이름은 小漢인데, 太宗이 후진을 멸망시키고 이를 남겨 변경에 주둔하는 宣武軍節度使로 삼았기 때문에 중원의 습속에 적응하기 위해 비로소 한인이 그 이름자와 발음이 비슷한 글자를 가지고 성명을 정해 성명을 蕭翰이라 한 것이다. 이후에 후족들은 곧 소씨를 성으로 삼았다.

와 마찬가지로 단지 통치 집단의 의지에 따라 생긴 결과였다.

황족 야율씨는 각각 야율아보기와의 친연 관계 정도에 따라 사장황족(四帳皇族)과 이원황족(二院皇族)으로 나뉘었다. 사장황족은 야율아보기 조부의 후예다. 야율아보기의 조부 균덕실(匀德實)은 네 명의 아들이 있었다. 장남 마로(麻魯)는 후손이 없었고, 차남 암목(巖木)의 후예들은 '맹부방(孟父房)'이라 했고, 삼남 석로(釋魯)의 후예는 '중부방(仲父房)'이라 했다. 그리고 야율아보기 동생들의 후예는 '계부방(季父房)'이라 했는데, 이것이 곧 '황족삼부방(皇族三父房)'이다. 그들은 야율아보기의 친형제나 사촌형제의 자손인 것이다. 야율아보기의 자손들은 곧 삼부방에서 독립되어 '대횡장(大橫帳)'으로 불렸는데, 이들이 야율아보기의 직계 후손이다. 그들은 삼부방과 합해 사장황족이라 불렸고, 대척은사(大惕隱司)에서 관리를 맡았다.5)

사장황족과 비교하면 이원황족은 야율아보기와의 관계가 조금 더 소원하다. 야율아보기의 고조부 누리사(耨里斯)에게는 네 명의 아들이 있었는데 장남 흡신(洽昚)의 후예는 "오원사(五院司 또는 五院部, 북원)에 있었고, 차남은 야율아보기의 증조부인데 그에게도 네 명의 아들이 있었으나 장자는 일찍 죽어서 후손이 없었다. 삼남 균덕실의 후예는 사장황족이 되고, 차남과 사남의 후손과 누리사의 삼남과 사남의 후손은 모두 '육원사(六院司 또는 六院部, 남원)'에 있었다. 그들이 바로 이원황족이다. 사장황족은 야율아보기와 조부가 같고, 이원황족은 야율아보기와 동종(同宗)이다. 그들은 모두 야율아보기 5대조의 자손으로 각각 자신의 가족에 속했다.

---

5) 황족의 구분 **_옮긴이 주**

二院皇族	五院皇族	야율아보기 伯曾祖 洽昚의 후손
	六院皇族	야율아보기 叔曾祖 葛剌·洽禮 및 伯祖 帖剌, 叔祖 褒古直의 후손
四帳皇族	孟父房	야율아보기 二伯父 巖木의 후손
	仲父房	야율아보기 三伯父 釋魯의 후손
	季父房	야율아보기 동생들의 후손
	大橫帳	야율아보기 직계 후손

일찍이 요련의 조오가한(阻午可汗)이 부락을 정돈할 때 대하(大賀)·요련(遙輦)·야율(耶律)의 3대 가족은 이미 각각 거란 8부에 편입되었고, 8부를 모두 야율씨로 삼았다. 마찬가지로 각 부 중에도 모두 그들과 통혼하는 가족이 있어, 이러한 가족들은 훗날 모두 소씨가 되었다. 이원황족이 있는 오원부와 육원부는 거란의 여러 부와 마찬가지로 태조가 편성한 초기 거란 20부에 속했다. 그들이 소속된 부락에도 그들과 결혼하는 소씨 가족이 포함되어 있었는데, 그들 모두가 부락에서 귀족 신분이었다. 그들의 속민은 그들의 주인을 따라 각자 야율씨와 소씨를 성으로 삼았다. 따라서 모두가 야율씨 혹은 소씨라고 하더라도 신분이나 지위는 결코 서로 같지 않았다.

이른바 '서야율(庶耶律)'은 보통의 유목민이나 귀족의 속민이며, 귀족도 범죄를 저지르면 서야율로 강등될 수 있었다. 부락의 평민들은 그들의 혼인 정황에 따라 각자의 성씨를 취득했다. 각 부 중 야율씨와 소씨는 서로 통혼할 수 있는 동시에 기타 부락의 비동성자와도 인척 관계를 맺을 수 있었다. 도종 함옹 2년(1066)에 도림아(都林牙) 야율서잠(耶律庶箴)이 표를 올려 거란인의 성씨를 늘릴 것을 주장한 적이 있다. 부락의 향리 이름을 각자의 성씨로 삼아 거란인의 결혼 범위를 확대시켜 "남녀 결혼에 합당한 전례(典禮)"를 만들자고 건의했으나 받아들여지지 않았다. 그래서 요가 멸망할 때까지 거란인은 야율씨와 소씨 두 개의 성만 있었다.

거란인은 각각 야율씨와 소씨로 성을 삼았지만 모두 혈연관계는 아니었고, 자신의 친연성을 분명하게 구분했다. 따라서 거란인의 야율씨와 소씨는 조상이 모두 동일하지 않으므로 그들은 더는 씨족이 아니었다.

거란인 부락은 유목 민족의 지방 행정 기구였고 그것은 혈연관계가 있는 원시 부락과는 이미 달랐기 때문에, 일반적으로 거란인은 간혹 같은 부락 내에서 혼인할 수 있었다. 사장황족은 이미 부락에서 벗어났고 그들과 통혼하는 국구족장(國舅族帳)도 부락에서 분리되어 나와 이국구장을 구성했다. 그들은 요련구장족(遙輦九帳族)과 합쳐 '요내 사부족'이라 불렸고, 요의 최고 통치 집단과 가장 밀접한 관계를 맺은 특수한 조직으로서 각각 '방(房)·족(族)·장(帳)·부(部)'라고 칭했다. 요의 지위에서도 각 부의 위에 있었다.[6]

요에서 거란인 부락이 구성되는 정황은 서로가 각각 달랐고, 실력도 큰 차이가 있었다. 이 점은 역사적인 원인뿐만 아니라 통치자의 주관적인 의지의 산물이기도 했다. 『요사』「영위지」에는 "부락은 부라고 하고, 씨족은 족이라고 한다. 거란의 옛 풍속에는 땅을 나누어 거주하고 씨족끼리 모여 살았다. 씨족으로 부락을 이루고 있는 경우는 오원(五院)이나 육원(六院) 같은 종류이며, 부락에 씨족을 이루는 경우는 해왕(奚王)과 실위(室韋) 같은 종류다. 부락은 있지만 씨족을 이루지 않는 경우는 특리특면(特里特勉)·초와(稍瓦)·갈출(曷朮)과 같은 종류이며, 씨족은 있지만 부락이 없는 경우는 요련 9장(九帳)이나 황족 3부방(三父房)과 같은 종류다"라고 기록되어 있다. 부락이든 씨족이든 모두가 이미 원시적인 성격의 부락이나 씨족과는 다른 것이었다. 그들 중 혈연관계는 일찌감치 타파되었기 때문에 부락은 지연으로 조직되었고, 씨족은 종족으로 바뀌었다. 여기에서 말하는 족은 부족의 의미뿐만 아니라 종족을 의미하는 동시에, 요의 행정 기구이자 행정 조직의 단위이기도 했다.[7]

야율아보기는 전통적인 '세선제'를 파괴하면서 요련을 대신해 부락 연맹의 수령이 되었고, 더 나아가 정권을 건립했다. 그는 요련에 대해 각별히 우대했던 반면에 경계도 게을리할 수 없었다. 그래서 요련씨 연맹의 역대 아홉 명 가한들의 후손인 족장(族帳)을 야율씨 가족 위에 두었다. 후에는 그들을

---

6) 『요사』「국어해」에서는 "알로타는 宮帳의 이름"이라고 말했고, 또한 "遙輦九帳族은 요련 9가한의 宮分"을 말함으로써 宮과 帳에 대해 구별하지 않았다. 하지만 최근에 거란소자가 해석됨으로써 宮과 帳의 경계가 아주 분명해졌다. 요컨대 궁은 알로타·院과 같은 의미로, 장은 帳族·族·房과 같은 의미로 사용되었으나 아직까지 궁과 장의 본질을 구분하기는 어렵다. _옮긴이 주

7) 요가 건국된 이후에 과거 혈연 조직을 기초한 씨족 집단을 국가 체제하의 행정 조직과 군사 조직으로 바꾸었는데, 태조 20부와 성종 34부가 이와 같이 개조한 결과이며 이런 종류의 부락은 요대 여전히 '部族'으로 통칭되었다. 요 통치자가 부족을 재편성한 궁극적인 목적은 통치하던 유목민을 일관된 부족 조직 중에 통합하고, 아울러 농경 정주민에 대한 통치 제도로서의 주현 조직과 병립시켜 중앙집권적 전제 국가의 수립에 있었다고 생각된다. _옮긴이 주

부락에서 분리시켜 단독으로 '요련구장(遙輦九帳)'을 조성했다. 그리고 이상의 사부족 이외에 오원 및 육원, 해족육부, 을실부 등의 실력이 비교적 강성했다. 그래서 야율아보기는 실력이 강성한 가족들을 서로 견제시키기 위해 매우 고심했다. 그는 "국구족을 황족의 배우자로 삼고, 을실을 높여 해왕과 대등하게 하고, 이원을 구성해 요련을 견제했다. 또한 비교적 약소한 나머지 부락들은 각각 요의 주위에 안치해 국경을 방비하게 했다. 이른바 "변경을 나누어 진수(鎭守)한 군대를 부족이라고 했는데"[8], 이것은 바로 국경을 지키는 약소한 부락을 지칭하는 말이다.

2. 생활 습속

1) 음식과 거주

유목 생활을 하는 거란인들은 "양지를 따라 옮겨 다니느라 해마다 일정한 장소에 거처할 수 없었기 때문에"[9] 생활 방식이 농경민족과 크게 달랐다. 그들이 거주하는 곳은 이동하기 편한 원형 천막으로서 현재 초원 지역에서 거주하는 몽고인의 파오(包)와 비슷하다. 내몽고자치주 적봉시(赤峰市) 극십극등기(克什克騰旗)에서 발굴된 요대 무덤의 석관 위에 그려진 거란 주거지의 풍경은 이러한 파오의 형태와 구조를 보여준다. 반원형의 천장에 가죽 끈을 사용해 동여매고, 사방은 목제 골조로 조립해 천막으로 덮었다. 문은 대부분 동향이다. 이러한 장막은 이주하기에 편리해 물과 풀을 따라 유목하는 유목민족에게 적합했다. 거란인은 여름에 높은 언덕을 선택하고, 가을과 겨울과 봄에는 배산임수(背山臨水)의 양지 바른 곳을 선택해 이주했다. 요의 황제와

---

8) 『遼史』, 北面諸帳官.
9) 『遼史』, 宮衛志上.

왕공 및 대신도 계절에 따라 이주하는 생활이 보통의 유목민과 비슷하다. 소철은 이에 대해 구체적으로 묘사한 바 있다.[10]

수시로 이주하는 거란인에게 수레와 말은 반드시 필요한 운송 도구였다. 용도에 따라 거란인의 수레는 종류가 다양하다. "물과 풀이 있는 곳을 따라 옮겨 다니기 때문에 전거(氈車)가 있었고, 짐을 싣기 위한 대거(大車)가 있었으며, 아내도 말을 탔다. 또 소거(小車)가 있는데 부귀한 자들은 화려하게 장식을 했다."[11] 요대 회화나 무덤의 벽화에는 거란의 수레가 많이 출현하는데 그 형태와 구조가 당시 사람들의 기록과 완전히 일치한다. 내몽고자치주 고륜기(庫倫旗)에 있는 요대 무덤의 벽화 속에 있는 수레는 모두 교룡 머리의 장식, 커튼식의 푸른색 장막과 덮개 부분의 술 장식 등이 있다. 심괄이 말한 것처럼 "뒤는 넓고 앞은 좁아지며 선반은 없다. 재료가 검소해 부서지기 쉽기 때문에 무거운 것을 실을 수 없지만, 언덕을 오르기에 유리하다. 또한 바퀴통은 길고 바퀴는 넓었는데, 바퀴의 테는 그 두께가 넉 촌을 초과할 수 없고 수레의 뒤턱 나무는 다섯 촌을 넘을 수 없다. 수레를 낙타가 끌게 하고 그 위에는 깃발을 꽂는다. 오직 부유한 자만이 모전으로 만든 휘장 장식을 더할 수 있다"[12]라는 기록과 완전히 부합되며, 이는 마땅히 『요사』 「영위지」에 기록되어 있는 청헌거(靑幰車)의 종류에 속하는 것으로 보인다.

거란족의 음식은 우유와 고기를 위주로 했는데, 소·양의 가축 이외에 멧돼지·노루·사슴·토끼·거위·기러기·생선 등의 포획물도 음식의 재료로 사용되었다. 육류는 삶아 수육으로 만들기도 하고, 말려 육포로 만들기도 했다. 소와 양의 젖이나 유제품은 그들의 음식이자 음료로, 이른바 "유즙과 유제품은 초원 땅에서 가장 진귀한 음식"이었다. 그리고 거란인은 곡식으로 만든

---

10) 『蘇魏公集』을 참조. 또 『欒城集』에서는 "虜帳房冬住沙陀中, 索羊織葦稱行宮, 從宮星散依塚阜. 氈廬窟室欺霜風"라고 기록했다.
11) 『遼史』, 「儀衛志一」.
12) 『沈括使遼圖抄疏証稿』.

죽이나 볶아 말린 밥을 조금 먹었는데, 이른바 '초죽(麨粥)' 또는 '미죽초비(糜粥炒糒)'라고 일컬었다. 과일류로는 복숭아·살구·자두·포도 등이 있었고, 보통 설탕에 절여 먹었다. 특히 여름에는 수박, 겨울에는 고상한 맛의 동리(凍梨)13)가 있었다. 중경의 양조업은 후세까지도 매우 큰 영향을 끼쳤다.

요 경내의 한인과 발해인의 음식에는 그들의 고유한 습관이 배어 있었지만, 어느 정도 거란 습속의 영향을 받았다. 해인의 음식은 거란인보다 곡식의 비율이 높았다. 동시에 한족과 발해인의 음식도 거란으로 들어왔다. 요의 황제는 단오절에 발해인 요리사가 만든 쑥떡을 먹었다.

거란 귀족의 복장은 그들이 담당한 관직에 따라 약간씩 달랐다. 황제와 남면관은 한족의 복장을 입었고, 황후와 북면관은 거란의 전통 복장을 입었다. 또한 제사용·조회용·공무용·평상용·수렵용 의복이 각각 구별되었다. 요나라 사람의 옷차림은 회화 작품과 요대 무덤의 벽화에서 볼 수 있는데, 긴 두루마기와 짧은 옷, 바지와 신발과 모자가 있다. 두루마기의 옷깃은 둥근형·Y자형·직선형이 있으며, 좌임하고 소매는 좁았다. 붉은색·노란색·파란색·녹색·자색 등의 색깔이 있었고, 외투의 색깔에 따라 다른 색깔의 내의를 입었다. 허리띠는 천과 가죽 등 다른 재료로 만들었고, 어떤 허리띠에는 작은 칼, 주머니, 침통, 송곳, 부싯돌과 각종 금·옥·수정·벽옥 등의 장식품을 매달기도 했다.

하층의 부락민이나 하인은 행동하기 편하도록 옷자락을 걷어 올리거나 허리띠 속으로 집어넣었다. 긴 바지는 대부분 흰색이며 덧바지를 입기도 했다. 신발은 대부분 장화인데 검은색과 노란색이 많았다. 상류 계층은 머리에 관이나 건을 썼는데, 황제는 금관(金冠)·경모(硬帽)·실리곤관(實里袞冠)이 있고, 신료와 귀족은 융단 모자, 가죽 모자, 두건(巾幘) 등이 있었으며, 귀족 부녀자는 과피모(瓜皮帽)를 쓰고, 시녀들은 검은색의 작은 모자를 썼다. 부자

---

13) 하얀 배를 얼리면 까맣게 변한다. 먹을 때는 찬물에 담가 물이 스며든 뒤에 꺼내 먹는다. _옮긴이 주

중에 두건을 쓰고자 하는 사람은 말이나 낙타를 납부해 사리(舍利)가 되어야만 귀족 자격을 얻을 수 있었다.14) 하루 종일 가죽과 털로 만든 옷을 입었는데 "귀한 자들은 담비 가죽을 입었다. 담비는 진한 자색을 귀하게 여기고, 파란색을 다음으로 여긴다. 또한 은색 쥐가 있는데 매우 하얗다. 천한 자들은 담비의 털이나 양·쥐·사막여우의 가죽으로 만든 옷을 입는다.15)

거란인은 남녀가 모두 귀걸이를 착용하며, 오환이나 선비족과 마찬가지로 곤발(髡髮)하는 습관이 있다.16) 곤발의 형태는 다양한데 어떤 경우에는 정수리 부분의 머리만 깎고 정수리 주변의 머리는 아래로 늘어뜨려 모두 뒤로 넘기기도 했고, 어떤 경우에는 정수리의 양쪽 머리카락만 남겨 두 갈래의 머리를 그대로 혹은 땋아 늘어뜨렸다. 또 어떤 경우에는 양쪽 귀밑머리를 남겨 늘어뜨리기도 하고, 혹은 머리카락을 귀걸이에 넣어 아래로 늘어뜨리기도 했다. 심괄이 "그 사람들은 머리를 깎고 양쪽 머리카락을 늘어뜨린다"17)라고 말한 것과 일치한다. 요대의 무덤 벽화를 살펴보면 후자의 모습이 대다수다. 예외적으로 내몽고자치주 오란찰포시(烏蘭察布市) 호흠영(豪欠營)에서 출토된 여성의 시신은 문헌에 기록되지 않은 곤발의 형태다.

거란의 부녀자들은 출산하기 전에 태양을 향해 절을 하고 특별히 제작한 파오에서 거주했다. 분만할 때가 되면 감초의 싹 위에 누워 있고 손수건으로 산파의 두 눈을 가렸다. 만약 아들을 낳으면 산모는 치즈를 넣은 살구씨 기름을 마시고, 남편은 봉자채(蓬子菜)로 만든 연지를 얼굴에 바른다. 딸을 낳으면 산모는 소금을 넣은 검정콩 죽을 먹고, 남편은 검은 먹을 얼굴에 바른

---

14) '舍利'를 한문으로 번역하면 '郞君'인데, 거란의 평민은 巾幘을 쓸 수가 없었고 만일 쓰려고 하면 말이나 낙타를 납부하고 '舍利'의 신분을 얻어야만 했다. _옮긴이 주
15) 『契丹風俗』.
16) 곤발은 동호계 민족의 머리 모양으로 흉노계 민족과 구별되는 중요한 특징 중 하나다. 그 특징은 정수리 부분의 머리를 일부 내지 전부 깎고, 양측 귀밑머리나 이마 부분을 조금 남겨 장식을 하는 것이다. 성별이나 민족, 역사 시기 및 개인의 성장 단계에 따라 머리 모양은 여러 가지 형식이 있다. _옮긴이 주
17) 沈括[宋], 『熙寧使契丹圖抄』.

다. 그들은 이렇게 하는 것이 영아의 발육과 생장에 도움이 된다고 생각했다. 황후가 출산하려면 또 다른 마흔여덟 개의 파오를 만들어야만 했고, 각각의 천막에는 양을 한 마리씩 놓아두었다. 출산할 때가 되면 양의 뿔을 힘껏 비틀어 양이 크게 울부짖게 함으로써 황후의 산통을 대신하게 했다. 이 양들은 늙어 죽을 때까지 도살할 수 없었다. 만약 황후가 아들을 낳으면 황제가 붉은 옷을 입고, 딸을 낳으면 검은 옷을 입었다. 또한 거란 음악과 한족 음악이 각각 연주되었다.

2) 명절

거란인의 명절이 많은 것은 종교 신앙이나 유목 생활과 관계가 깊다.

내날이아 ■■■ '내날이아(乃捏咿兒)'는 거란어로 정월 초하루다. 이날이 되면 찹쌀과 흰 양의 골수를 섞어 주먹밥을 만드는데, 장막마다 마흔아홉 개를 만든다. 해질 무렵에 천막 안에서 창문 밖으로 그것을 던져 짝수가 되면 길하다고 해, 음악을 연주하고 주연을 벌이면서 마음껏 즐긴다. 만일 홀수가 되면 불길하다고 하여 종을 치면서 화살을 잡고 천막을 도는데, 이때 주문을 외우면서 재앙을 쫓는다. 천막 안에서는 불에다 소금을 뿌리면서 족제비를 태웠는데, 이를 통해 귀신을 놀라게 한다고 했다. 그 천막 안의 사람은 일곱 날이 지나야만 나올 수 있다.

입춘 ■■■ 푸른 비단으로 깃발을 만들어 용이나 두꺼비를 그리고, '의춘(宜春)'이라는 두 글자를 쓴다. 조정에서는 입춘 의식을 거행하면서 황제는 선제의 얼굴에 절을 하고 술잔을 올리고, 군신들에게도 번승(幡勝)[18]을 하사

---

18) 금박지와 은박지를 오려 만든 장식품의 일종인데, 깃발처럼 생겼다고 해서 번승이라고 한다. _옮긴이 주

했다. 또한 흙으로 만든 소를 때리고 쌀과 콩을 뿌렸는데, 이는 농사에 힘쓰기를 권장하고 풍성한 수확을 미리 축하한 것이다.

인일 ■■■　정월 초하루부터 7일까지는 각각의 날이 상징하는 것이 있는데 1일은 닭, 2일은 개, 3일은 돼지, 4일은 양, 5일은 말, 6일은 소, 7일은 사람이다. 인일(人日), 즉 사람의 날인 7일에 날씨가 맑으면 길하고, 어두우면 재앙이 있다. 뜰에서는 전병을 먹는데 이를 '훈천(薰天)'이라고 했다. 이러한 풍속은 진대(晉代)에 이미 있었으므로, 한족이나 선비족의 습속을 계승했을 것이다.

골리파 ■■■　도둑을 놓아준다는 말이다. '골리(鶻里)'는 거란어로 도둑[偸]이고 '파(叵)'는 때[時]이다. 정월 13일부터 15일까지 사흘 동안은 사람들이 훔치는 것을 허락한다. 밤이 되면 집집마다 경계를 강화해야 하며 누가 도둑질을 하더라도 풀어줘야 한다. 만약 조금이라도 소홀히 하면 크게는 처녀나 보화, 의복이나 안장, 수레와 같은 것을 훔쳐가고, 작게는 잔이나 접시, 빗자루와 쓰레받기, 삽이나 곡괭이와 같은 것을 훔쳐 갈 수 있지만, 달리 처벌할 수 없었다. 심지어 어떤 사람은 방문한다는 핑계로 노복이나 시녀를 거느리고 당당하게 이웃집에 들어가 주인이 문을 나와 접대나 배웅하는 틈을 타 수행한 사람들에게 물건을 훔치게 했다. 만일 도난당한 물건이 있으면 수일간 탐문해서 그 소재를 알아보는데, 혹시 훔친 사람이 솔직히 말을 하면 잃어버린 사람은 술과 음식, 돈을 마련해 찾아가야 했다. 이것은 씨족 공유제의 유풍이라고 할 수 있다.

합리파 ■■■　2월 초하루는 중화절(中和節)로서 6월 18일과 함께 '합리파'라고 칭한다. '합리'는 청한다는 뜻으로, 즉 손님을 초청하는 날이다. 중화절에는 국구(國舅)인 소씨가 야율씨를 초대하고, 6월 18일에는 야율씨가 답례로 소씨를 초청한다. 이러한 활동은 확실히 혼인과 관계가 있어 마땅히 과거에 선비족들이 "음력 3월에 요락수(饒樂水)에 다들 모여 잔치를 베푼 후에 부부의 짝을 짓는"[19] 풍습의 잔재일 것이다. 어쩌면 두 성씨의 남녀가 이러한 활동을 통해 마음속에 두었던 사람을 찾거나, 혹은 두 성씨의 가장들이 이러한 기회를 통해 자녀의 배필을 찾았을 것이다.

도리화 ■■■ 3월 3일은 '도리화(陶里樺)'다. '도리'는 토끼라는 뜻이고, '화'는 쏜다는 뜻이다. 이날 거란인들은 나무에 토끼를 새겨 대오를 나누어 말을 타고 활쏘기 시합을 한다. 먼저 맞히는 사람이 승자가 되는데, 패배자가 말에서 내려 무릎을 꿇고 잔을 올리면 승자는 말 위에서 받아 마신다. 이것은 말을 타며 활을 쏘는 것과 관련된 경기이자 재미있는 오락 활동의 일종이었다.

토새이아 ■■■ 5월 5일은 '토새이아(討賽咿兒)'라고 한다. '토'는 5라는 뜻이고, '새이아'는 월(月)이라는 뜻이다. 오시(午時)가 되면 쑥 잎을 따고 솜을 틀어 옷을 만드는데 황제는 일곱 벌이고, 신료는 세 벌이다. 군신이 함께 모여 술을 마시고 쑥떡을 먹는다. 부녀자들은 오색실로 끈을 만들어 어깨를 감는데 이를 '합환결(合歡結)'이라 하고, 또 오색실로 감아 사람 모양의 비녀를 만든 뒤 머리에 꽂는데, 이를 '장명루(長命縷)'라고 한다.

새이아사 ■■■ 중원절(中元節)은 '새이아사(賽咿兒奢)'라고 한다. '사'는 좋다는 뜻으로, 7월 13일이 되면 행궁에서 서쪽으로 20리 떨어진 곳에 높은 장막을 짓고 머문다. 14일에는 거란의 음악을 연주하며 저녁때까지 주연을 베푸는데 이를 '영절(迎節)'이라 한다. 15일에는 한족의 음악을 연주하며 행

---

19) 『後漢書』, 「烏桓鮮卑傳」.

궁에서 커다란 잔치를 벌인다. 16일에는 다시 높은 장막에 머물면서 북을 치고 왁자지껄하게 떠들어대면서 '송절(送節)'한다.

필리지리 ■■■　　중양절(重陽節)을 '필리지리(必里遲離)'라고 한다. 황제는 신하와 부락의 사람들을 거느리고 호랑이를 사냥하는데, 적게 잡은 사람이 패배자가 되어 벌칙으로 중양절 연회를 준비한다. 사냥이 끝나면 높은 곳을 골라 커다란 장막을 설치하고, 함께 국화주를 마신다. 또한 토끼의 간이나 사슴의 혀를 간장에 절이고, 산수유로 술을 만든 다음 출입문에 뿌려 재앙을 막는다.

초오이파 ■■■　　12월의 진일(辰日)을 '초오이파(炒伍侑叴)'라고 한다. '초오이'는 '싸운다'는 뜻이다. 이날이 되면 황제와 신하들이 갑옷을 입고 저녁 무렵까지 조정에 앉아 술을 마시고 음악을 연주한다. 그리고 황제는 군신들에게 갑옷과 양·말을 하사한다.

3) 예의와 금기

재생의(再生儀) ■■■　　요련씨 연맹의 수령과 요의 황제, 정권을 잡은 황후나 황태자만이 재생례(再生禮)를 행할 수 있는데, 출생한 해의 띠가 돌아오기 1년 전 겨울의 마지막 달에 길일을 선택해 거행한다. 택일한 날이 되기 전에 황제의 장막 출입문의 북쪽에 재생실(再生室), 모후실(母后室), 선제의 신주를 모신 수레 등을 설치한다. 정해진 시간이 되면 동자와 산파는 재생실에 있고, 노인은 화살 통을 들고 문 밖에 서 있다. 먼저 신주를 모신 수레에서 선제의 신주를 꺼내 제사를 지낸 뒤 황제가 재생실로 들어가서 조복을 벗고 어린 동자와 함께 맨발로 나와 처음 태어났을 때의 상황을 모방한다. 그리고 선제의 어용에 절을 하고 나서 신하들과 함께 잔치를 벌인다. 이러한 예의는 요련의 조오가한(阻午可汗) 시기에 시작되었는데, 그 목적은 사람으로 하여금 처음 태어날 때의 상황을 회고함으로써 '모친의 노고'를 추모하고 "효심을 일으키게 하기 위해서다"[20]라고 한다. 이 의식은 생활의 정취가 매우 농후하다.

슬슬의(瑟瑟儀) ■■■ 이는 가뭄이 들면 비를 기원하는 의식이다. 먼저 100개의 기둥이 있는 천막을 가설한 뒤, 정해진 날이 되면 황제가 선제의 어용(御容)에 제사를 지내고 버드나무에 활을 쏜다. 다음 날 버드나무 가지를 천막의 동남쪽에 심은 뒤 무당이 술과 기장·피[稗]를 바치면서 축사를 외우고, 또다시 버드나무에 활을 쏜다. 이렇게 해서 사흘 이내에 비가 오면 예관에게 상을 내리지만, 비가 오지 않으면 서로 물을 뿌리며 다시 한 번 비를 기원한다.

세제의(歲除儀) ■■■ 섣달 그믐날 밤이 되면 칙사와 이리필이 관계된 관리들을 거느리고 어전에 이르러 소금과 양 기름을 화로에 넣고 태운다. 무당들이 차례로 불의 신에게 찬양하며 축원하고, 황제도 불에 절한다.

제산의 ■■■ 흑산과 목엽산은 거란인에게 신령스러운 양대 산으로, 해마다 계절에 따라 제사를 지낸다. 거란인들은 흑산을 사람이 죽은 후에 영혼이 돌아가는 곳으로, 사람은 귀천에 상관없이 죽은 후에는 모두 흑산으로 돌아간다고 생각했다. 특히 영혼을 산신이 관할한다고 보았기 때문에 더욱 경외해 제사를 지내지 않으면, 감히 산으로 들어가지 못했다. 매년 동지가 되면 흰말, 검정소, 흰 양, 흰 기러기를 죽이고, 종이로 만든 사람과 말을 불태우면서 흑산에 제사를 지낸다.

---

20) 『遼史』,「禮志六」.

목엽산은 그들의 시조가 거주한 곳으로 산 위에 기수가한(奇首可汗)과 가돈(可敦)21) 사당이 있으며, 그곳에는 두 시조와 그들이 낳은 여덟 아들의 신상이 있다. 매번 행군을 하거나 봄과 가을에 시제를 지낼 때는 반드시 흰말, 푸른 소, 붉은색과 하얀색의 양을 죽여 제사를 지냈는데, 이는 근본을 잊지 않겠다는 점을 표명한 것이다. 봄과 가을에 시제를 지내기 전에 5경(京)에서 각각 종이로 만든 갑옷과 칼과 창, 각종 도구 1만 쌍을 진상했고, 거란 문자로 제문과 축사를 써 종이로 만든 물건과 함께 불태우는데 이를 '대랄(戴辣)'이라고 한다. '대(戴)'는 '불태운다'는 뜻이고, '랄(辣)'은 '갑옷'이라는 뜻이다.

황제가 직접 제사를 지낼 때는 천신과 지신의 위패를 목엽산 동쪽을 향해 설치했다. 그리고 군주의 나무를 비롯해 여러 그루의 나무를 심었는데 이는 조반(朝班)과 신문(神門)을 상징하며, 제물을 군주의 나무에 매단다. 먼저 천신과 지신에게 제사를 지낸 뒤 각문사(閣門使)가 축문을 읽으면 군신들이 순서대로 군주의 나무와 여러 그루의 나무에 제사를 지낸다. 그다음 음악이 연주되면 황제가 삼부방을 거느리고 신문의 나무를 세 바퀴 돌고, 나머지 사람들은 다섯 바퀴를 돈다. 그리고 향을 피우고 절을 하면, 무당이 축사를 하고서 다시 술과 음식을 동쪽을 향해 던진다.

제산의(祭山儀)는 요련의 호랄가한(胡剌可汗) 시기에 제정된 것으로 후세에는 많은 변화를 겪었다. 태종 시기에는 유주(幽州)의 대비각(大悲閣)에서 백의관음(白衣觀音)을 옮겨와 목엽산에 사찰을 세워 가신(家神)으로 모셨기 때문에, 보살당에 찾아가 신에게 배알하는 절차가 추가되었다. 이는 하늘과 땅, 조상을 숭배하는 의식에 불교적인 색채를 가미한 것이다. 흥종 시기에는 먼저 보살당에 가서 목엽산의 요하신(遼河神)을 모신 다음에 제산의를 거행했다. 의식은 갈수록 완전해지고 예의는 점차 복잡하고 까다로워졌는데, 이는 당연히 한족의 의식을 흡수한 결과였다.

---

21) 可敦은 고대 선비족·유연·돌궐·회골·몽고 등의 최고 통치자인 可汗의 아내를 말한다. _옮긴이 주

샤머니즘을 믿는 거란인은 하늘·땅·태양·산·강 등을 모두 경외했기 때문에, 시제 외에 출정 같은 중요한 활동에도 천지신이나 태양신에 제사를 지냈다. 거란인은 태양을 숭상하고 동쪽을 높였으므로, 제사는 모두 동쪽을 향해 지냈는데 이를 '제동(祭東)'이라고도 한다.

금기 ■■■ 종교 신앙과 생활 습속에 의해 여러 가지 금기(禁忌)가 형성되었다. 하늘과 태양에 대한 숭배는 일식을 금기시했다. 만약 일식이 나타나면 태양을 보고 침을 뱉거나 혹은 절을 한 뒤 기도하고 나서 해를 등지고 앉는다. 만일 월식이 일어나면 술자리를 벌여 서로 경축한다. 그들은 또한 회오리바람과 벼락을 기피했다. 회오리바람을 만나면 입으로 "곤불각(坤不刻 또는 昆不剌, 鬼風)"이라고 외쳤는데, 이는 귀신의 바람이라는 뜻이다. 그리고 동시에 공중에 채찍을 마흔아홉 번 휘두른다. 만일 벼락 소리를 들으면 가운뎃손가락을 구부리고, 입으로는 참새 소리를 내어 액막이를 했다.

개는 거란인에게 문을 지키고 유목과 수렵을 돕는 중요한 동물이며, 또한 악귀를 내쫓고 재앙을 막는 신령스러운 존재였다. 매년 8월 8일이 되면 흰 개를 죽여 천막으로부터 일곱 걸음 떨어진 곳에 묻으면서 그 입을 노출시킨다. 8월 15일이 되면 개를 묻은 곳으로 천막을 옮겼는데 '날갈내(捏褐耐)'라고 불렀다. '날갈'은 '개', '내'는 '머리'라는 뜻으로, 개의 머리로 악귀를 내쫓고 집을 보호한다는 의미다. 요의 태종이 후진을 멸망시키고 변경에 들었을 때 후진의 궁궐로 들어가기 전에 먼저 "문에서 개를 죽이고 뜰에 양 가죽을 막대로 걸어 승리를 흡족해했다"[22]고 한다. 전연의 맹약 이후 요의 성종이 처음으로 송의 사신을 접견할 때 "말을 탄 어떤 무당이 그림이 그려진 북을 안고 있었으며, 역문(驛門) 앞에는 길이가 한 장(丈) 정도 되는 장대를 세웠는데, 그 주위를 돌로 두르고 장대 위에는 양의 머리·위장·다리를 걸어놓았다.

---

22) 『資治通鑑』, 「後漢紀一」.

또한 개 한 마리를 죽이고 그 몽둥이로 기둥을 만들었다. 그리고 무당은 축사를 외우고, 또 식초와 소의 분뇨를 시종들에게 뿌렸다"[23]고 하는데, 이는 모두 개에 대한 신뢰에 기초한 것이다.

4) 상례와 장례

당대에 거란인은 수장(樹葬)과 화장(火葬)을 했다. 시신을 산에 있는 나무 위에 두었다가 3년이 지난 후에 뼈를 거두어 태웠다. 요를 건국한 후에는 점차 토장을 했다. 무덤은 단실묘와 다실묘로 구분되며, 형태는 원형·방형·장방형·육각형·팔각형 등으로 이루어졌다. 또한 구조는 전실·석실·석관·목곽 등이 있었다.

초기에는 대부분 단실묘와 석관이었으나 중기에는 주로 돌과 나무 혹은 벽돌과 나무가 혼합된 다각형의 구조였으며, 실내에는 대부분 시신을 놓는 침대나 받침대를 쌓았다. 이때부터 점차 다실묘와 그것을 장식하는 구조가 출현하기 시작했다. 후기에는 다실묘가 보편적이었고, 구조는 더욱 복잡해졌다. 어떤 무덤에는 돌이나 벽돌에 인물이나 화초·도안을 조각하기도 했고, 혹은 색채가 선명하고 사실에 가까운 형상을 벽화에 남기기도 했다.

부장품은 연대와 무덤 주인의 지위에 따라 그 숫자나 정교함이 달랐는데 옥·금·은·구리·철·토기·사기·나무·뼈 등으로 된 각종 집기와 수레·말 등의 도구 및 비단 등이 있다. 요의 삼채기(三彩器)·계관호(鷄冠壺)·봉수병(鳳首瓶)·우퇴단(牛腿襠)과 정요 백자를 모방한 사발·쟁반·접시·마구 등은 초원 생활의 특색을 구체적으로 보여준다. 성종 이전까지만 해도 사람을 순장하는 풍속이 남아 있었고, 귀족의 무덤에는 대부분 묘지(墓誌)가 있다. 불교의 영향으로 어떤 사람들은 측백나무로 사람의 형상[眞容木 彫像]을 조각해 가운데를 비

---

23) 『宋會要輯稿』, 「蕃夷」.

워두었다가 사후에 화장한 유골을 목각 인형의 가슴에 채워 넣었다.

거란인은 시신을 처리하는 방법이 독특했다. 제때에 장례를 치르지 못하는 사람들은 시신을 거꾸로 매달아 더러운 찌꺼기를 입과 코로 흘러나오게 하고 나서, 뾰족한 갈대나 붓대로 피부를 찔러 혈액도 모두 흘러나오게 한 다음, 백반을 발라 깨끗하게 했다. 혹은 혈액이 모두 흘러나오기를 기다렸다가 배를 갈라 위장을 꺼내고, 배 안을 소금이나 명반 등을 채워 실로 봉합했다. 매장할 때 금·은이나 구리로 가면을 만들어 얼굴을 덮는 동시에 은이나 구리로 만든 망사로 전신이나 수족을 휘감는 경우도 있었다.

사자를 추모하기 위해 밥을 짓는 풍속도 있었다. 먼저, 화장하면서 "여름에는 시원한 음식을 대접하고 겨울에는 따뜻한 음식을 대접할 테니, 사냥에 나가 돼지와 사슴을 많이 잡게 해달라"[24]고 주문한다. 그리고 조상님의 가호로 사냥이 잘되기를 기원했다. 밥 짓는 일은 대개 칠석(七夕)·주기(周年)·기일(忌日)·삭망(朔望) 등 여러 날에 거행한다. 흙을 쌓아 받침대를 만들거나 혹은 땅을 파서 구덩이를 만들고 그 위에 큰 쟁반을 설치해 술과 음식을 푸짐히 차려놓는다. 그리고 죽은 사람이 다른 세계에서 누릴 수 있도록 불로 태워 바친다. 죽은 사람이 사용하던 의복이나, 활과 화살, 수레와 말, 진귀한 노리개와 같은 물건을 모두 제사에 올릴 수 있다.

5) 오락

요대에 유희와 오락은 유목 민족의 특색을 지니면서도, 한족과 발해인의 영향을 받았다. 격국(擊鞠)·사류(射柳)·타비석(打髀石)·각저(角觝)·바둑·쌍륙(雙陸)은 모두 거란인이 좋아하는 오락이었다.

격국은 기국(騎鞠)이나 격구(擊球)라고도 하는데, 말을 타고 공을 치는 경

---

[24] 『新五代史』, 「四裔附錄」.

기다. 공은 주먹 정도의 크기인데 재질이 단단하고 질긴 나무로 만들었다. 가운데는 비어 있고 외부에는 색칠을 하고 조각해 장식하기도 했다. 격국의 채는 길이가 몇 척이고 끝은 반달처럼 생겼다. 구장은 넓은 개활지에 만드는데 한쪽 혹은 양쪽에 골문을 만들고 망을 설치한다. 참가하는 사람은 양편으로 나뉘어 각각 채로 공을 쳐서 공이 망에 많이 들어가는 편이 승리한다. 거란의 많은 귀족들은 이 경기를 대단히 좋아했다.

사류 또한 말 위에서 하는 경기의 일종으로 비를 기원하는 슬슬의를 지낸 뒤 진행하는 경우가 많았다. 먼저 경기장에 버드나무 가지를 두 줄로 꽂고 그 껍질을 벗겨 하얀색이 드러나도록 한다. 그리고 활을 쏘는 사람은 존비의 순서에 따라 각자 버드나무 가지에다 손수건을 묶어 표적으로 삼는데, 땅 위로부터 몇 촌의 간격을 둔다. 그 후 말을 타고 깃털 없는 횡촉(橫鏃)의 화살을 쏜다. 나무 가지를 완전히 끊어 손에 접수한 사람이 우승을 하며, 끊었지만 접수하지 못한 사람이 그다음이고, 푸른 곳을 맞히거나 끊지 못한 사람은 패자가 된다.

비석(牌石)은 즉 '빈골(髕骨)'로, 속칭 '배식골(背式骨)'·'괴(拐)'·'알집합(嘎什哈)'이라고도 한다. 사면의 요철(凹凸)이 고르지 않으면서 형태가 약간 다르다. 선비족은 아무리 늦어도 북위 시기에 그것을 이미 완구로 사용했으며, 거란인도 비석 던지기를 유희로 삼았다. 심지어 황제도 얼음 위에서 비석 던지기를 하면서 놀았다.

거란인은 또한 각저(角觝)를 대단히 좋아했다. 거란인이 좋아하는 경기 중 하나로, 연회나 집회에서 실시하는 종목이었다. 거란인뿐만 아니라 한인들도 이에 참가했다. 두 사람이 짝을 이뤄 서로 힘을 겨루다가 땅으로 넘어지는 사람이 패배하는 경기다. 송에서 사신으로 간 장순민(張舜民)이 일찍이 거란인이 힘을 겨루는 것을 직접 보고 "두 사람이 서로 하루 종일 지속하는데, 넘어뜨리려고 해도 잘 되지 않는다. 또한 작은 현판만 한 물건으로 가슴 부분만 가렸는데 이것이 벗겨져 가슴이 드러나면 두 손으로 얼굴을 가리고 달아났으며, 이를 대단히 부끄럽게 여겼다"25)고 했다. 1931년에 요양시에서 팔각형의 항아리가 발견되었는데, 항아리의 배 부분에 어린아이가 씨름하는 여덟 폭의 그림이 그려져 있어 요대의 씨름을 연구하는 데 좋은 이미지 자료를 제공한다.26)

 한족들의 오락이 거란인 지역으로 전파되었다. 우리가 알 수 있는 것으로는 쌍륙·바둑·채선격(彩選格 또는 升官圖) 등이 있다. 문헌 기록에는 요의 홍종과 야율대석이 모두 다른 사람과 어울려 쌍륙 놀이를 했고, 도종은 만년에 채선격을 하면서 주사위를 던져 관리를 임명했다고 한다. 고고학적 발굴로 바둑판과 바둑알, 쌍륙판과 원추형의 놀이 기구가 발견되었다. 거란인이 이러한 놀이를 대단히 좋아했다는 것을 알 수 있다.

---

25) 『遼史拾遺』에 인용된 張舜民, 『畫墁錄』.
26) 烏鳥居龍藏[日], 「契丹之角觝」(『燕京學報』 第29期 單行本).

부록: 요의 중대사 기록표

344년	진 建元 2년	우문부가 모용부에 패하자 나머지 부가 고구려와 송막으로 도주
388년	북위 登國 3년	탁발규가 송막을 공격한 후에 거란과 고막해로 양분
437년	북위 太延 3년	거란이 최초로 북위에 입공
466년	북위 天安 원년	거란 고팔부 형성
628년	당 貞觀 2년	마회가 당에 입조
648년	당 貞觀 22년	굴가가 당에 입조 당이 송막도독부와 10주를 설치
730년	당 開元 28년	가돌우가 소고를 살해하고 굴렬을 옹립 대하씨 연맹 와해
745년	당 天寶 4재	조오가한이 당에 내부 안녹산의 침략으로 당을 배반하고 회골에 의부
842년	당 會昌 2년	거란 수령 굴수가 당에 의부 당이 '봉국거란지인'을 사여
907년	후량 開平 원년	야율아보기가 요련씨를 대신해 연맹의 수령이 됨
916년	거란 神冊 원년 후량 貞明 2년	야율아보기의 칭제 건원: 요의 건립
917년	거란 神冊 2년 후량 貞明 3년	유주 전투
920년	거란 神冊 5년 후량 貞明 6년	거란대자 창제
924년	거란 天贊 3년 후당 同光 2년	토혼·당항·조복 등으로 서정 및 발해로 동정
926년	거란 天顯 원년 後唐 天成 원년	발해를 멸망시키고 동란국 건립 야율아보기 사망
930년	거란 天顯 5년 후당 長興 원년	동란왕 야율배가 후당으로 망명
936년	거란 天顯 11년 후당 淸泰 3년 후진 天福 원년	석경당을 원조
940년	거란 會同 3년	태종이 조서를 내려 거란인이 한인과의 혼인을 허락

944년	거란 會同 7년 후진 天福 8년	요가 남하해 후진을 정벌
946년	거란 會同 9년 후진 開運 3년	말제 석중귀가 항복해 후진의 멸망
947년	거란 大同 원년 후한 天福 12년	태종이 국호를 대요로 변경하고 진주에 중경을 설치 태종이 사망하고 야율완이 진주에서 즉위, 횡도 싸움 유지원이 후한을 건국
951년	요 應曆 원년 후주 廣順 원년	곽위가 후주를 건국 요가 유숭을 대한신무황제로 책봉 화신전의 난
959년	요 應曆 9년 후주 顯德 6년	후주가 영주와 막주를 공격해 점령 요의 왕자인 적렬 등이 모반
960년	요 應曆 10년 송 乾隆 원년	송 태조 즉위 정사령 야율수완, 태보 초아불, 이호의 아들 희은 등이 모반
964년	요 應曆 14년 송 乾德 2년	오고가 반란을 일으켜 상온 야율승은 전사
969년	요 保寧 원년 송 開寶 2년	근시 소가 등이 목종을 살해 야율현이 즉위해 보령으로 개원
974년	요 保寧 6년 송 開寶 7년	야율종이 송에 국서를 전달해 요와 송이 화의
977년	요 保寧 9년 송 太平興國 2년	송이 진주·이주·웅주·패주 등에 각무 설치 요·송 간에 호시 개설
979년	요 乾亨 원년 송 太平興國 4년	고량하 전투
983년	거란 統和 원년 송 太平興國 8년	성종이 국호를 대거란으로 개칭 여진으로 동정
984년	거란 統和 2년 송 雍熙 원년	여진을 토벌해 여진 술불직 등 8족이 내부
986년	거란 統和 4년 송 雍熙 3년	요·송 간에 연운 전투 이계천이 거란에 칭신
990년	거란 統和 8년 송 淳化 원년	성종이 이계천을 하국왕으로 책봉

992년	거란 統和 10년 송 淳化 3년	고려를 정벌
994년	거란 統和 12년 송 淳化 5년	제왕의 부인 호련이 서북 변경을 수비 성종이 균세법을 제정
996년	거란 統和 14년 송 至道 2년	오야가 요에 내부
997년	거란 統和 15년 송 至道 3년	적렬 8부가 요에 반란
998년	거란 統和 16년 송 咸平 원년	民輸官俸을 폐지하고 내탕에서 지급
999년	거란 統和 17년 송 咸平 2년	성종이 조서를 내려 송의 정벌을 개시
1003년	거란 統和 21년 송 咸平 6년	요와 송이 만도 전투와 강촌 전투를 벌임 송의 왕계충이 포로로 잡힘
1004년	거란 統和 22년 송 景德 원년	전연의 맹약
1010년	거란 統和 28년 송 大中祥符 3년	고려 강조가 제멋대로 왕을 폐립하자 요가 고려를 침공 성종이 이덕명을 하국왕으로 책봉
1012년	거란 開泰 원년 송 大中祥符 5년	조복 각 부의 항요 투쟁
1014년	거란 開泰 3년 송 大中祥符 7년	적렬 8부가 다시 반란
1018년	거란 開泰 7년 송 天禧 2년	茶河와 陀河에서 고려와 전투를 벌여 대패
1026년	거란 太平 6년 송 天聖 4년	회골·조복 등 제 부의 반란을 토벌
1029년	거란 太平 9년 송 天聖 7년	대연림의 반란
1031년	거란 景福 원년 송 天聖 9년	성종이 사망하고 흥종이 즉위 흠애황후가 제천황후를 상경에 유폐시키고 부마 등을 살해 흥평공주를 이원호에게 출가시킴 공거법 실시

1032년	거란 重熙 원년 송 明道 원년	흠애황후가 제천황후를 살해함 이원호를 하국왕으로 책봉
1034년	거란 重熙 3년 송 景祐 원년	흠애황후가 폐립을 모의하다가 경릉에 유폐 흥종이 친정을 개시
1038년	거란 重熙 7년 송 寶元 원년 하 天授禮法延祚 원년	이원호가 칭제해 대하를 건국
1055년	거란 淸寧 원년 송 至和 2년 하 福聖承道 3년	도종이 즉위한 후에 야율중원을 황태숙으로 삼음 도종이 조를 내려 학교를 설립하고 박사와 조교를 배치
1063년	거란 淸寧 9년 송 嘉祐 8년 하 拱化 원년	난하의 정변[중원의 반란]
1064년	거란 淸寧 10년 송 治平 원년 하 拱化 2년	도종이 경서를 교감
1066년	요 咸雍 2년 송 治平 3년 하 拱化 4년	국호를 대거란에서 대요로 개칭
1069년	요 咸雍 5년 송 熙寧 2년 하 乾道 2년	조복의 반란 오국부·아리부 등의 반요 투쟁 여진 완안부의 오고내가 요군을 도와 동북의 반란을 평정 오고내를 생여진 부족 절도사로 임명
1073년	요 咸雍 9년 송 熙寧 6년 하 天賜禮盛國慶 4년	적렬의 반요 투쟁 요·송 간에 하동 국경에 관한 교섭
1074년	요 咸雍 10년 송 熙寧 7년 하 天賜禮盛國慶 5년	『사기』·『한서』를 간행 핵리발을 생여진 부족 절도사로 임명
1075년	요 大康 원년 송 熙寧 8년 하 大安 원년	요 황태자가 조정을 총괄 황후가 무고로 사사

1077년	요 大康 3년 송 熙寧 10년 하 大安 3년	야율을신이 소소살 등 여덟 명이 모반했다고 무고한 후에 황태자를 상경에 유폐
1089년	요 大安 5년 송 元祐 4년 하 天儀治平 4년	요는 새로 정한 법령이 번잡해 구법을 다시 시행 조복 마고사를 제 부의 장으로 삼음
1091년	요 大安 7년 송 元祐 6년 하 天祐民安 2년	연국왕 연희를 천하병마대원수·총북남원추밀사사로 임명
1092년	요 大安 8년 송 元祐 7년 하 天祐民安 3년	조복의 마고사가 금오토고사를 죽이고 반요 투쟁을 전개 파랄숙을 생여진 부족 절도사로 삼고, 아골타·영가·사불실·환도 등을 상온으로 삼음
1094년	요 大安 10년 송 紹聖 원년 하 天祐民安 5년	요가 영가를 생여진 부족 절도사로 임명
1097년	요 壽昌 3년 송 紹聖 4년 하 天祐民安 8년	조복·점팔갈·매리급이 항복해 고지를 회복
1101년	요 乾統 원년 송 建中靖國 원년 하 貞觀 원년	야율연희가 즉위해 건통으로 개원
1103년	요 乾統 3년 송 崇寧 원년 하 貞觀 3년	감수국사 야율엄에게 태조 등의 실록을 편찬하도록 지시 완안부 귀족이 본부의 법령으로 여진 제 부를 호령 영가가 죽고 조카 오아속이 생여진 부족 절도사를 계승
1110년	요 乾統 10년 송 大觀 4년 하 貞觀 10년	완안부가 아소성을 공격해 점령
1112년	요 天慶 2년 송 政和 2년 하 貞觀 12년	아골타가 춘날발에서 천조제를 조건 아소가 요나라로 도주
1113년	요 天慶 3년 송 政和 3년 하 貞觀 13년	오아속이 죽고 아골타가 생여진 부족 절도사를 계승

연도	연호	사건
1114년	요 天慶 4년 송 政和 4년 하 雍寧 원년	아골타가 군대를 일으켜 영강주·출하점에서 요 군대와 전투
1115년	요 天慶 5년 금 收國 원년 송 政和 5년 하 雍寧 2년	9월 여진 군대가 황룡부를 점령 요 천조제가 친정 야율장노가 야율순을 모립
1116년	요 天慶 6년 금 收國 2년 송 政和 6년 하 雍寧 3년	고영창이 자립하고 여진군이 심주와 동경을 점령 요가 야율순을 도원수로 임명하고 원군을 모집 한인 장수 무언조의 병변
1117년	요 天慶 7년 금 天輔 원년 송 政和 7년 하 雍寧 4년	여진의 건국과 이주에서의 동재의 반란 요는 원군 8영을 설치했으나 원군의 병변이 발생 여진이 현주·건주·의주·천주 등을 점령
1118년	요 天慶 8년 금 天輔 2년 송 重和 원년 하 雍寧 5년	요가 여진에 사신을 파견해서 화의를 제안 송이 여진에 사신을 파견해서 대요 동맹을 추진
1120년	요 天慶 10년 금 天輔 4년 송 宣和 2년 하 元德 2년	여진이 상경을 점령 여진과 송이 해상의 맹약 체결
1121년	요 保大 원년 금 天輔 5년 송 宣和 3년 하 元德 3년	야율여도가 여진에 투항 원군이 다시 반란
1122년	요 保大 2년 금 天輔 6년 송 宣和 4년 하 元德 4년	여진이 국호를 '대금'으로 개칭하고 요 상경을 점령 천조제는 협산으로 도주, 야율순이 자립 북요 소후가 송에 사신을 파견해 칭신 금이 서경과 남경을 점령
1123년	요 保大 3년 금 天會 원년 송 宣和 5년 하 元德 5년	금군이 천조제의 자식인 조왕·허왕·진왕을 체포 금 태조 아골타가 사망하고 동생 오걸매가 계승 요 천조제가 협산에서 나와 서하로 도주

1124년	요 保大 4년 금 天會 2년 송 宣和 6년 하 元德 6년	서하의 이건순이 금에 상표하고 의부 야율대석이 막북에서 칭왕
1125년	요 保大 5년 금 天會 3년 송 宣和 7년 하 元德 7년	천조제가 금군에 체포됨: 요의 멸망
1132년	금 天會 10년 송 紹興 2년 하 正德 6년	서요의 야율대석이 엽밀립에서 칭제
1134년	금 天會 12년 송 紹興 4년 하 正德 8년	서요의 야율대석이 동정

금의 역사

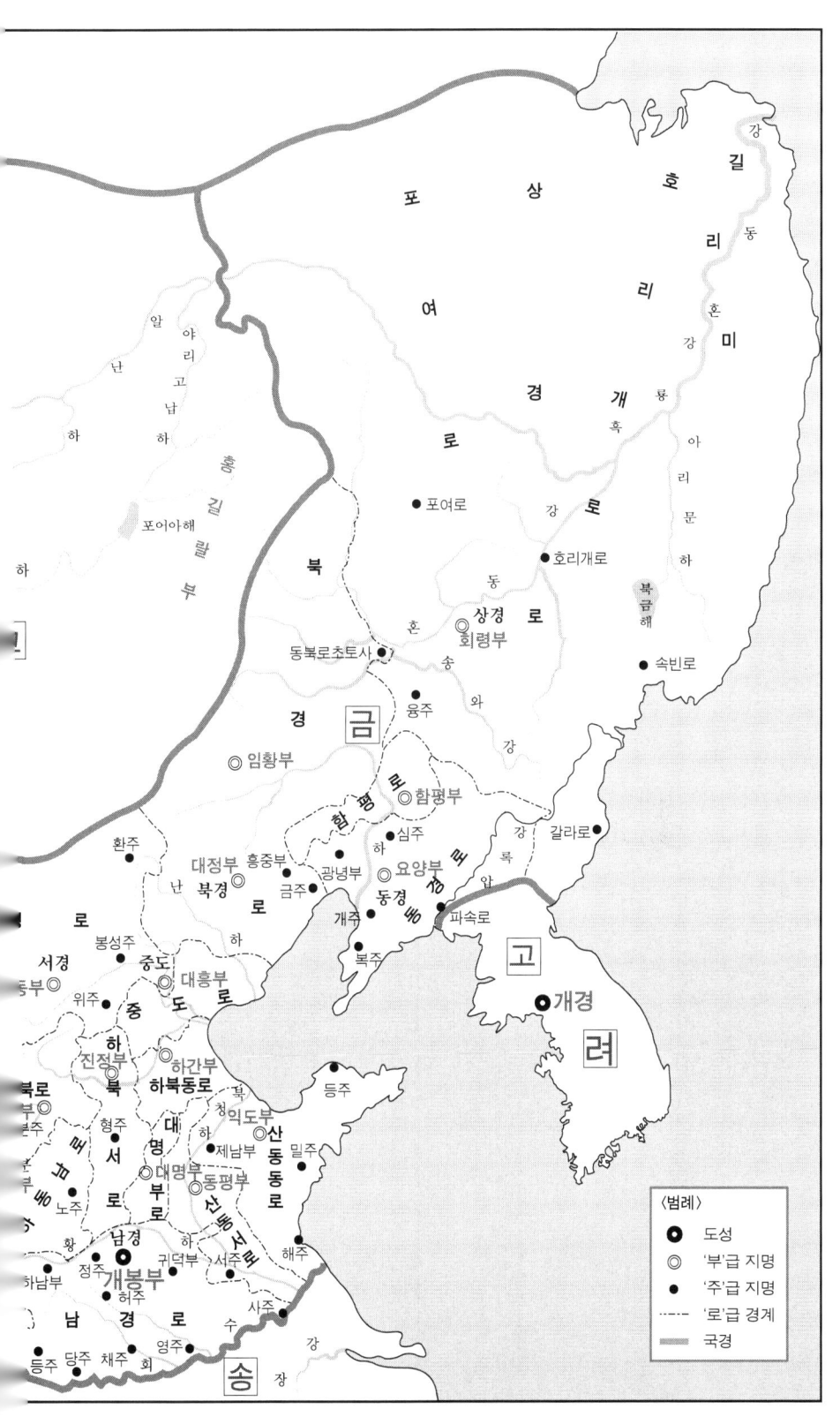

7장

여진족의 흥기와 금 정권의 건립

1절

여진족의 흥기

1. 여진족의 기원

여진이라는 민족의 이름이 처음 출현한 것은 요와 오대 시기의 일이지만, 그들의 역사는 아득히 멀고 오래되었다. 상주(商周) 시대에 중국의 북방에 거주하며 오랜 역사를 가진 숙신인(肅愼人)이 곧 여진인의 조상이다. 전설에 의하면 일찍이 요순시대에 숙신인이 활과 화살을 바친 적이 있다. 우임금이 9주를 정했을 때 주변의 여러 민족이 "각각 그 직책에 따라 조공을 왔는데"[1] 그중에는 숙신인도 있었다. 주(周)의 무왕 때 일찍이 "호시(楛矢)와 돌화살촉"[2]을 공납했다. 성왕이 동이를 토벌했을 때 다시 와서 하례하고 상을 받아 돌아갔다가, 강왕 때 다시 입조했다. 주나라 사람들이 그들의 영토를 열거할 때 "숙신과 연(燕)과 박(亳)은 우리나라 북쪽의 땅이다"[3]라고 하여 여진족은 역사가 유구하고 문화가 매우 오래된 민족이며, 아울러 아주 일찍부터

---

1) 『史記』, 「五帝本紀」.
2) 『國語』, 「魯語下」.
3) 『春秋左傳正義』 卷45[十三經注疏本].

중원의 여러 민족과 관계를 맺어왔음을 알 수 있다.

아주 긴 역사의 과정에서 숙신인은 주위의 여러 부족과 불가피하게 빈번한 교류와 관계를 맺었다. 후한 때는 '읍루(挹婁)'[4]라고 했고, 남북조 시대에는 '물길(勿吉)'이라고 칭했으며, 수당 시대에는 '말갈(靺鞨)'이라고 했다. 물길에는 속말(粟末)·백돌(伯咄)·안차골(安車骨)·불열(拂涅)·호실(號室)·흑수(黑水)·백산(白山) 등 일곱 개의 강력한 부족이 있었다. 수당 시대에 말갈 7부의 명칭은 물길 7부와 같았고, 그 부락의 이름은 그들이 거주하는 지역으로 구별했다. 당대 무측천 시기에 속말말갈의 수령 대조영(大祚榮)이 발해를 건국해 흑수말갈 및 당 왕조와의 연계를 끊었고, 그 나머지 5부는 모두 발해국에 복속되었다. 발해가 멸망하자 거주민이 남쪽으로 이주했고, 흑수부가 비로소 흑룡강 중하류에서부터 발해의 고지로 이주하고, 아울러 여진이라는 이름이 기록에 보이기 시작했다.

'여진'은 곧 고대에 '숙신'의 다른 음역이다. 민족의 칭호는 그 민족 스스로 칭한 것이고, 어떤 학자는 그 뜻을 '동방의 매', 즉 '해동청'[5]으로 보기도 한다. 중국의 문헌에서는 우진(羽眞)·여진(慮眞)·주선(朱先)·주선(周先)·제신(諸申)·주리진(珠里眞)·주아차척(主兒扯煬) 등으로 다르게 쓰여 있는데, 이는 다른 시기의 다른 민족들이 여진족 스스로 일컬은 명칭을 발음대로 음역한 것이다.

요 왕조가 발해를 멸망시키자 여진족이 남하해 요 왕조와 접촉하는 일이 더욱 많아졌다. 요 왕조의 세력이 여진 각 부에 깊이 들어오게 되었고, 여진은 마침내 요 왕조의 부용국이 되었다.

---

4) '읍루'는 만주어로 '穴'이나 '岩穴'로서 한인들이 혈거하는 숙신인을 칭했던 말이다.[楊保隆, 『肅慎挹婁合考』(中國社會科學出版社, 1989年版)을 참조]
5) 崔廣彬, 「肅慎一名之我見」, 『北方文物』, 1987년 3기; 王禹浪, 「"女眞"稱號的含義與民族精神」, 『北方文物』, 1992년 3기를 참조.

2. 요 왕조 통치하의 여진족

남하한 여진인들은 매우 빠르게 오대의 여러 정권이나 요 왕조와 관계를 수립했다. 그들은 중원의 후당 등 할거 세력에게 사자를 파견하는 동시에 요 왕조와의 접촉도 날로 빈번해졌다. 요 태조 때는 일찍이 여진에 군사를 파견했고, 태종과 그 후의 여러 황제 때는 여진인이 요 왕조에 조공했다는 기록이 계속해 나타난다. 여진 각 부의 발전 수준과 거주지의 위치가 달랐기 때문에 요 왕조와 관계를 수립한 시기도 선후의 차이가 있고, 왕래가 밀접한 정도도 모두 일치하지는 않는다. 이 시기에는 조공을 했든 아니면 변방을 어지럽혔든 모두가 분산된 여진 부락의 개별적인 행동에 그쳤고, 그들은 여전히 전체적인 통일을 이루지 못했다. 요 성종 때는 여진 각 부에 대한 통제를 강화하고, 아울러 요 왕조와의 관계나 사회 발전 상황에 근거해 여진인을 계적여진(系籍女眞)과 생여진(生女眞)의 두 부류로 나누어 다른 통치 방식을 채택했다.

1) 계적여진

계적여진은 또한 '계요여진(系遼女眞)'이나 '계안여진(系案女眞)'이라고도 칭하는데, 숙여진(熟女眞)과 회발(回跋, 回怕 또는 回霸)을 포함한다.

숙여진 ■■■ 일찍이 발해 시기에 압록강과 도문강(圖們江) 이남의 합라전(合懶甸: 오늘날 북한의 함경북도와 함경남도 일대)에 많은 여진인이 거주했는데, 전자는 압록강여진이라 하고 후자는 합라전여진과 포로모타(浦盧毛朵)여진이라 칭한다.

발해가 멸망한 후에 그들은 남으로는 고려, 서로는 요와 인접해, 이 두 나라와 모두 비교적 밀접한 관계를 맺었다. 일찍이 요 회동(會同, 태종의 연호,

938~947) 초년에 사자를 파견해 알현하고 특산품을 바쳤다. 고려의 선진적인 경제와 문화의 영향을 받아 이 지역에 거주하는 일부의 여진인들은 이미 원시사회 말기에서 계급사회로 향하는 과도기의 과정으로 들어가, 사유제가 출현하고 내부에서 계급의 분화가 발생해 그들의 북쪽에 거주하는 동족들보다 사회 발전 수준이 이미 현저하게 높았다. 재물에 대한 필요성은 그들이 외부로 나가 약탈 전쟁을 일으키게 했다. 보령 5년(973)에 "여진이 변방을 침략해 도감 달리질과 장수 알리로를 죽이고, 변방 백성의 소와 말을 약탈해 갔다"[6]는 기록이 있는데, 이러한 부분적인 여진인이 곧 압록강여진이다. 이후에 다시 귀덕주(貴德州: 지금의 遼寧省 撫順)와 귀주(歸州: 현재의 遼寧省 蓋縣과 復縣의 중간)의 다섯 성채를 습격해 약탈하고 돌아가서 요국 동쪽 변경의 근심거리가 되었다.

요 성종이 즉위한 후에는 여진과 고려를 상대로 전쟁을 일으켰다. 통화(統和) 초년에 선휘사 겸 시중인 야율아몰리(耶律阿沒里)와 임아 소항덕(蕭恒德)[7]과 추밀사 야율사진(耶律斜軫) 등에게 각각 군사를 거느리고 동쪽을 공격하게 하여 여진인 10여 만 명과 말 20여 만 필을 포획했다. 이에 압박을 받은 여진의 술불직(術不直)과 새리(賽里) 등 여덟 개 부족이 내부했다.

여진인의 세력을 분산시키고 그들과 본부와의 연계를 단절시킴으로써 요 왕조 동쪽 변방에 대한 여진인의 위협을 경감시키기 위해, 요 왕조는 이처럼 부분적으로 내부한 여진인들을 동경 요양 남쪽에 안치하고 요 왕조의 호적에 편입시켰다. 그리고 요 왕조는 이들에게 조세와 병역을 부담하게 했는데, 이들을 숙여진 또는 갈소관(曷蘇館, 또는 合蘇款, 哈斯罕, 合蘇袞)여진이라고도 한다.[8] 숙여진에는 대왕부(大王府)를 세워 수령은 깃발을 내걸고 여진

---

6) 『遼史』, 「景宗紀」.
7) 소항덕의 자는 遜寧이고, 蕭排押의 동생이다. _옮긴이 주_
8) 劉炳愉·陳福林, 「曷蘇館女眞探源」, 『北方文物』 1985년 제2기; 景愛, 「遼代女眞人與高麗的關係」, 『北方文物』 1990년, 제3기를 참조.

의 여러 부락을 호령할 수 있게 했는데, 이를 도대왕(都大王)이라 불렀다. 각각의 부락에도 대왕과 척은(惕隱)이 있어 그 부락을 관리했다. 군사는 남여진탕하사(南女眞湯河司)에서 관리했다. 이 외에 숙여진에는 일부의 동해여진(東海女眞 또는 黃頭女眞)도 포함된다.9)

회발 ■■■ 휘발하(輝發河) 유역을 중심으로 하는 여진인을 회발이라 부르는데, 남으로는 함주(咸州)에 이르고 북으로는 속말강(粟沫江)의 산악 지역에 이르는 곳에서 거주한다. 요의 태조가 발해를 멸망시킬 때 회발의 경역까지 깊숙이 들어가 그들이 항복하도록 압박했다. 회발 또한 계적여진에 속하지만 요 왕조에서 그들을 통치하는 정도는 다른 숙여진보다는 약해 그들이 생여진의 여러 부락과 왕래하는 것을 허락했고, 함주병마사에게 회발부와 관련된 각종 사무를 처리하게 했다. 『요사』에서는 회발이라는 여진인을 '북여진'이라 칭했다.

2) 생여진

송화강·목단강(牡丹江, 무단 강) 유역과 그 동쪽의 드넓은 지역에 거주하는 여진인은 "땅이 사방 천여 리에 호구는 10만 여 호가 있다. 산과 계곡 사이에 거주하며 옛 경계 바깥의 들판에 의지해 스스로 강한 이를 추장으로 추대한다. 작은 것은 천여 호이고 큰 것은 수천 호인데 이들을 곧 생여진이라 한다"10)라고 기록되어 있다. 생여진 여러 부락의 발전 수준은 고르지 않았다.

요대 초기에 크고 작은 수십 개의 부락이 있었는데 서로 예속되지 않고, 각각의 부락이 요 왕조에 예속되는 관계였다. 그러나 요 왕조의 호적에는 들어가지 않았으며 평상시에는 그 부의 수령이 다스리고, 정기적으로 마필

---

9) 『三朝北盟會編』 卷3.
10) 『三朝北盟會編』 卷3.

이나 진귀한 구슬, 해동청 등의 토산품을 요 왕조에 공납했다. 군사적인 정벌이 있으면 곧 요 왕조 통치자의 뜻에 따라 군사를 파견해 정벌에 참여해야 했다. 요대 중기에는 수십 개 부락의 여진인들이 점차 포찰(蒲察)·오고론(烏古論)·흘석렬(紇石烈)·완안(完顏) 등 몇 개의 부락 연맹을 형성해, 원시사회에서 계급사회로 향하는 과도기에 들기 시작했다.

3. 완안부의 흥기

완안부는 생여진 가운데 발전이 비교적 늦은 부락이었다. 발해가 멸망한 후에야 비로소 흑수부의 조상 때부터 거주하던 곳에서 남쪽으로 이주했지만, 여전히 법규가 전혀 없고 속박도 받지 않는 상태였다. 전설에 의하면 완안부의 시조 함보(函普)는 고려에서부터 그 부락으로 이주했는데, 완안씨와 그 이웃 부락 사이의 분쟁을 해결해 완안부에서는 그 부락의 사람으로 받아들였다고 한다.

함보의 4세손인 수가(綏可) 때에 이르면 "밭을 갈아 농사를 짓고, 비로소 집을 짓는데 마룻대와 처마의 제도가 있어서"[11] 흑수부는 여름에 물과 풀을 찾아 이주하고 겨울에 혈거하여 끊임없이 이주하는 원시적인 상태를 개선하여, 안출호수(按出虎水, 安出虎水 또는 按出滸水) 옆에 정주했다. 이로부터 완안부의 발전 속도는 더욱 빨라졌다.

수가의 아들 석로(石魯)는 "생여진에 글자가 없고, 속박이 없어서 단속하고 금지할 수 없는" 상황을 개선하는 데 착수해 "점차 법규로서 통치해 부락이 조금씩 강해졌다"[12]고 했다. 서로는 청령(青嶺: 지금의 吉林省 平嶺과 南樓山 일대)·백산(白山)·소빈(蘇濱: 大綏芬河 유역)·야라(耶懶: 지금의 우수리 강에서 오호츠

---

11) 『金史』, 世紀.
12) 『金史』, 世紀.

크 해에 이르는 지역) 등지의 여진 부락을 안무하고 정복해, 완안씨를 핵심으로 하는 생여진 완안부 부락 연맹을 형성했다. 대략 요 성종 시기에 완안부는 요 왕조에 예속되었고, 요 왕조에서는 석로를 척은[13]으로 삼아 완안부 연맹의 관리를 맡겼다.

석로의 아들 오고내(烏古乃)는 완안부 부락 연맹을 계속 확대해 백산·야회(耶悔 또는 葉赫)·통문(統門 또는 圖們)·야라·토골론(土骨論) 및 오국(五國)의 여러 부락이 연맹에 들어왔다. 동시에 요 왕조를 도와 도망한 사람을 수색하거나 반란을 일으킨 부락을 습격하는 등의 활동을 하면서 점차 공을 세워 요 왕조로부터 생여진 부족 절도사에 임명되었다. 그는 한편으로 요 왕조의 지지를 받으면서 명령을 위반한 이를 제압하고, 한편으로는 재물을 써서 후한 가격으로 이웃 부락에서 철과 갑옷을 구매했다. 또한 활과 화살을 만들고 병장기를 준비하면서 부락의 실력을 증강시켰다.

완안부 가족의 세력 증강은 부락 안팎에 있는 적대 세력의 도전을 초래했다. 요 함옹(咸雍) 10년(1074)에 오고내가 죽고 그의 차남 핵리발(劾里鉢)이 뒤를 이어 절도사가 되었다. 그러자 숙부 발흑(跋黑)과 국상을 지낸 아달(雅達)의 아들 환난(桓㮋)과 산달(散達), 아발사수(阿跋斯水: 현재의 吉林省 敦化와 安圖 이남의 목단강)에 거주하는 온도부(溫都部)의 오춘(烏春)과 와모한(窩謀罕), 활랄혼수(活刺渾水: 지금의 黑龍江省의 呼蘭河)에 거주하는 흘석렬부(紇石烈部)의 납배(臘醅)와 마산(麻產) 형제 등이 잇따라 군사를 일으켜 핵리발 형제를 습격했다. 핵리발은 탈활개원(脫豁改原: 지금의 黑龍江省 賓縣의 남쪽) 전투와 목릉수(穆棱水, 즉 拉林河의 지류) 전투, 사퇴(斜堆: 지금의 吉林省 蛟河縣의 경내) 전투 등 수차례의 전투에서 적대 세력들을 물리치고 부락 연맹을 공고히 했다. 아울러

---

13) 惕隱(tìyǐn)은 요대의 관직명으로 大惕隱司를 담당한다. 야율아보기는 연맹의 장을 담당한 다음 해에 연맹 안에 척온이라는 관직을 설립했는데 그의 직무는 迭剌部 귀족의 정권을 관리하는 것으로서, 척온으로 하여금 귀족 집단의 내부 사무를 조절하게 하여 그들이 아보기에게 복종하는 것을 확보하려 했다._**옮긴이 주**

북으로는 호란하(呼蘭河)에, 동으로는 장광재령(張廣才岭)의 동쪽과 목단강 상류 지역에 이르는 곳까지 부락 연맹의 세력 범위에 포함시켰다.

핵리발의 뒤를 이어 그의 동생 파랄숙(頗剌淑)과 영가(盈歌)가 절도사가 되었고, 완안부 세력은 동북으로 발전해 도온수(陶溫水: 지금의 黑龍江省 경내에 湯旺河)와 도롱고수(徒籠古水: 지금의 黑龍江省 蘿北縣의 都魯河) 일대까지 이르렀다. 동남쪽으로는 흘석렬부의 아소(阿疎) 및 오고론부의 유가(留可)와 적고덕(敵庫德)에게 승리를 거두어 아소성(阿疎城: 지금의 黑龍江省 연길시 부근)·미리미석한성(米里迷石罕城: 지금의 吉林省 琿春縣 경내)·유가성(留可城: 지금의 吉林省 혼춘현)을 점령하고, 통문·혼준(渾蠢: 지금의 吉林省의 琿春河)·야회·성현(星顯) 등 네 개 로(路)와 장광재령의 동쪽에 있는 여진의 여러 부락을 정복해 그들을 완안씨 부락 연맹에 포함시키고, 그들이 조성한 부락 연맹의 권력을 취소했으며, 아소를 압박해 요로 달아나게 했다. 완안부 세력은 을리골령(乙離骨嶺: 지금의 북한의 길주 경내) 일대까지 발전해 여진 각 부락을 통일하고 정권을 수립하기 위한 기초를 다졌다.

2절
금 정권의 건립

완안씨 귀족은 석로 때부터 요 왕조에서 관직을 받은 뒤 요의 통치자에 대해 계속 공손한 태도를 보였다. 오고내와 영가가 앞뒤에서 요 왕조로부터 도망한 철륵(鐵勒)과 오야(烏惹)를 수색하는 것을 도왔고, 요에 반란을 일으켜 해동청을 공납하는 길을 지나지 못하게 막은 오국부 가운데 포섭부(蒲聶部) 절도사 발을문(拔乙門), 몰연부(沒撚部)의 발근[1] 사야(謝野), 도온수(陶溫水)와 도롱고수 유역에 거주하는 흘석렬부의 아각판(阿閣版) 등을 평정했다. 부락의 수령을 포획할 때마다 요의 조정으로 보내 요 왕조 통치자의 신임을 받고 중시되었다.

완안씨 귀족은 요 왕조라는 강력한 지지자의 도움을 받아 생여진 귀족 가운데 그들의 지위를 제고하고, 생여진 여러 부락 중 그들 부락의 영향력을 확대했으며, 통일 활동을 위한 실력을 증강시켰다. 삼대의 반세기에 걸친 노력을 통해 완안 부락 연맹체는 신속히 확대되어 생여진 부락 중 그에 대항할 만한 힘을 발휘할 수 있는 사람은 없었다.

---

[1] 勃堇은 여진 부락 수령의 칭호로 직무는 그 부락의 군민을 다스리는 것이다. 발근은 후에 만주어의 '貝勒'으로 변했는데, 현대적 개념으로는 족장이나 촌장에 해당된다. _옮긴이 주_

그러나 그들의 통일 활동은 또한 수시로 요 왕조의 간섭과 견제를 받았고, 이것은 다시 그들의 불만과 반항을 야기했다. 여진의 여러 부락을 통일하고 요 왕조에 반항하는 투쟁 가운데 연맹의 실력이 신속하게 증강되었기 때문에 완안씨 귀족의 독립 의지와 반항적 정서는 날로 강렬해졌다. 정권을 세우고자 하는 소망이 점차 싹트는 동시에 정권을 수립하기 위한 조건을 만들기 위해 노력했다.

1. 부락 연맹의 확대와 완안씨 귀족 세력의 증강

초기에 완안씨 귀족의 군사적 행동은 여러 차례 요 왕조의 지지를 받을 수 있었고, 정당한 명분과 조리 있는 말로 생여진 여러 부락을 토벌할 수 있었다. 또한 요 왕조를 통해 여러 부락에 영향력을 행사함으로써 완안씨에게 유리하게 작용하도록 했다.

요 왕조라는 강력한 후원자가 있었기 때문에 믿을 만한 구석이 있던 그들은 염려하지 않고 상대와 쟁탈전을 벌일 수 있었다. 온도부의 오춘(烏春)은 강력한 적수인 데다 완안씨 가족 내외의 적대 세력과 연합해 핵리발이 절도사를 이어 맡은 이후 계속 완안씨 귀족에게 맞섰다. 핵리발은 발생할지도 모르는 좋지 않은 결과에 대해 충분히 고려했다. 탈활개원(脫豁改原)에서의 전투를 벌이기 전에 그는 한편으로는 요에 사신을 보내 원병을 요청하고 맞서 싸우기 위해 적극적으로 군사들을 배치했으며, 다른 한편으로는 패배했을 경우를 준비했다. 그는 동생 영가에게 "오늘의 일은 만일 승리하면 그만이지만, 만일 승리하지 못한다면 나는 반드시 살아남지 못할 것이다. 너는 지금 갑옷을 입고 말을 타고 멀리서 바라보며 전투에는 참여하지 마라. 만약 내가 죽으면 너는 나의 뼈를 수습하지 말고 친척의 말에도 마음에 두지 말 것이며, 급히 말을 달려 너의 형인 파랄숙에게 고하여 요에서 받은 문서와 도장을 가지고 군사를 요청해 이 원수를 갚으라"[2]라고 당부했다. 요 왕조와의 밀접한 관계는 그로 하여금 승리할 수 있도록 진취적인 방법을 모색할 수 있게 했고, 패배해도 권토중래할 기회가 있는 유리한 위치에 있었던 것이다.

완안부 세력이 강성해지면서 여진의 여러 부락이 받는 군사적인 위협도 날로 심각해졌다. 그들은 끊임없이 요 왕조에 호소했고, 요 왕조에서는 완안씨 귀족의 군사 행동을 제한하기 시작했다. 따라서 요 왕조에 대한 완안부의 불만스러운 정서가 날로 격화되었고, 결국에는 요 왕조의 통치에 대해 무장투쟁을 일으키기에 이르렀다.

1) 아소 사건

아소는 성현수(星顯水) 흘석렬부의 수령인데 그의 부친 때부터 그의 부락은 핵리발에게 항복했다. 영가가 형의 뒤를 이어 생여진 부족의 절도사가 된 지 3년째 되는 해[요 수창 2년, 1096]에 아소는 같은 부락의 발근 모도록(毛睹祿)과 함께 연맹을 배반하고, 군사를 일으켜 완안부연맹이 온도부를 토벌하는 것을 저지했다. 영가가 군사를 이끌고 가서 토벌하자 아소는 요에 하소연했다. 요에서 사자를 보내 군사를 거두라고 하자 영가는 하는 수 없이 군사를 돌리기는 했지만, 다른 장수를 남겨 군사를 거느리고 계속 아소성을 포위하도록 했다.

영가가 절도사가 된 지 칠 년째가 되었을 때[수창 6년, 1100] 여진군이 그 성을 공격해 점령하자 아소는 다시 요에 구원을 요청했다. 요의 사자가 다시 와서 성을 공격해 얻은 것을 모두 돌려주라고 영가에게 말하면서 아울러 수백 필의 말을 내라고 했다. 완안씨 귀족 집단은 요 왕조와 타협하는 것을 받아들일 수 없었다. 그들은 '만약 아소에게 돌려준다면 곧 다시는 여러 부락

---

[2] 『金史』, 「世紀」.

에 대해 호령하면서 절도사를 맡을 수 없을 것이다'3)라고 생각했다. 그러나 감히 요 왕조의 뜻을 거역할 수도 없었다.

요의 사자에 대처하기 위해 영가는 그 동북 지역에 주외(主隈: 지금의 黑龍江省 嘉蔭河)와 독답(禿答) 두 강 유역에 거주하는 여진 부락을 교사해 해동청을 공납하는 길을 막겠다고 공언하게 하고, 또 별고덕부(鰲古德部) 절도사에게 만약 해동청을 공납하는 길을 열고자 한다면 생여진 절도사가 아니면 안 된다고 요에 보고하도록 했다. 해동청에 대한 수요가 많아서 요나라 사람들은 해동청의 공급로가 원활히 소통되는 것을 대단히 중시했다. 따라서 그들은 아소 사건에 대해 추궁을 중지하고, 영가에게 해동청의 공급로를 막는 부락을 토벌하게 했다.

영가는 성공적으로 요와의 관계를 개선하고, 그들의 통일 대업에 대한 요 왕조의 간섭을 피하는 동시에, 초무와 정벌의 두 가지 방법으로 생여진 각 부락을 자기의 연맹에 포함시켰다. 그는 요가 해동청 공급로를 평정하려는 것을 기회로 이용해, 도온수(陶溫水)에서 무용을 과시하며 이 지역에 대한 완안부 연맹의 통제력을 증강시켰다. 해동청 공급로가 개통된 후에 다시 요 왕조에서 하사받은 물품을 주외와 독답 두 부락에 전부 나누어 주면서 요에 대처하는 행동에 협력하도록 장려하고, 여러 부락이 그의 명령에 복종하도록 구슬리고 격려했다.

완안씨 귀족은 요에 반항할 만한 충분한 역량이 아직 없었을 때는 다만 요 왕조가 여진 여러 부락의 내정을 잘 모른다는 약점을 이용할 수밖에 없었기 때문에, 피동적인 상황을 능동적으로 바꾸고 요 왕조를 속이는 방식으로 자신의 이익을 지키면서 요 왕조의 지지를 얻어내어 자신의 역량을 강화했다.

---

3) 『金史』, 「世紀」.

2) 반란의 평정

영가가 절도사가 된 지 9년째 되는 해[요 乾統 2년, 1102]에 요 왕조의 국구(國舅) 소해리(蕭海里)가 요 왕조에 반란을 일으켰다가, 계적여진의 아전부(阿典部)로 도망해 영가에게 사자를 보내 함께 요 왕조에 대항하자고 했다. 영가는 소해리의 의견을 두 차례 거절하고 아울러 그 사자를 잡아 요 왕조로 보냈다. 동시에 요 왕조의 명령을 받아 군사를 모집해 소해리에게 승리를 거두고는 요 왕조에 사신을 보내 승리를 알렸다.

소해리에 승리를 거둔 후 여진인은 스스로의 장비를 개선하고 소해리의 일부 군사를 수용하면서 실력이 눈에 띄게 증강되었다. 동시에 승리를 틈타 연맹의 여러 부락에 대한 통제력도 강화했다. 영가는 조카 아골타의 건의를 받아들여 통문(統門) 등 네 개 로와 장광재령 동쪽의 여러 부락에서 마음대로 도부장(都部長)을 칭하는 것을 금지했다. 그리고 여러 부락에서 자체적으로 제작한 신패를 취소하고, 완안씨 귀족이 제작한 통일된 신패와 도장으로 대신하면서 모든 것을 완안 본부의 법령으로 통치했다. "이로부터 호령이 하나로 되고 백성이 들어서 의심하지 않았다."[4] 그리하여 오고내가 연맹을 확고히 한 기초 위에 세력이 "동남쪽으로는 을리골·갈라·야라·토골론에 이르고, 동북쪽으로는 오국·주외·독답에 이르는"[5] 넓은 지역으로 확대되어 범위가 더욱 넓어지고, 통할하는 부락이 더욱 많은 생여진 부락 대연맹을 형성했다.

반란을 토벌하는 과정에서 요의 대군이 소탕할 수 없었던 반란군에 대해 수천 명의 군사로 승리를 거두어 그들의 자신감은 더욱 커졌다. 요 왕조는 온 국력을 기울였지만, 반란을 일으킨 귀족을 한 명도 평정하지 못해 여진인의 눈앞에서 자신의 무능을 또다시 폭로했다. 여진인이 요 왕조에 대해 경외하는 정서는 순식간에 감소하고 요의 위엄과 명망은 크게 떨어져, 요국 군사

---

4) 『金史』, 「世紀」.
5) 『金史』, 「世紀」.

에 승리할 수 없다는 신화는 물거품이 되었다.

2. 항요 투쟁과 금 정권의 건립

아소 사건은 요와 여진 귀족 사이에 모순이 격화되고 여진인이 요에 대항하는 구실이자 유발 요인이 되었다. 여진 귀족이 자신의 역량을 인식하기 시작하면서 요 왕조에 대한 태도에도 변화가 나타났다. 그들은 이전에 매우 신중하고 조심스럽게 명령을 따르거나 혹은 겉으로는 복종하나 속으로는 따르지 않는 방법을 쇄신해, 공공연하게 요국 통치자의 눈앞에서 자신의 불만을 드러냈다. 이후 무릇 요와 교섭할 때는 반드시 장기적으로 요국 경내에 머무르고 있는 아소를 귀환시키라고 말하곤 했다.

영가가 죽고 조카 오아속(烏雅束)이 절도사를 계승해, 갈라전(曷懶甸)과 소빈수(蘇濱水) 일대의 여진 부락을 두고 고려와 쟁탈전을[6] 벌여 연맹의 동남쪽에 있는 여러 부락에 대한 통치를 확고히 했다. 아울러 아소를 보내지 않는다는 이유로 요 왕조에 해동청 바치는 것을 거부했다.

오아속이 절도사가 된 지 11년째 되는 해[요 天慶 3년, 1113]에 그가 죽고 동생 아골타가 절도사가 되었다. 아골타는 가슴속에 큰 뜻을 품고 있었고, 의협심이 대단히 강한 인물이었다. 천경 2년 봄에 요국 황제의 나발 두어연[7]

---

6) 1107년에 완안부 여진이 세력을 확대해 고려의 기미주를 공략하고 고려의 관문인 정주까지 내둔하자 고려는 별무반을 조직해 윤관을 총사령관으로 하여 9성을 건설했다. 그러나 여진의 거듭된 반격과 외교적 요청으로 다시는 고려를 침범하지 않겠다는 맹세를 받고 여진에게 돌려주었다. 갈라전의 지역 범위는 여러 가지 설이 있으나 고려의 정주 이북 두만강 유역까지를 포괄한다는 주장이 일반적이다. _옮긴이 주
7) '捺鉢'은 거란어로 황제의 行營을 뜻한다. 요의 황제는 선인들이 유목 생활 가운데 성장하는 습관을 유지하고 있어 일정한 거처 없이 사계절을 이주하며 생활했다. 따라서 황제는 사계절 머무는 곳이 있었는데, 이를 사시나발이라고 한다. '頭魚宴'은 요국 역대 황제들이 수렵을 나가서 첫 번째로 생선을 잡은 후에 벌이는 성대한 연회를 말한다. _옮긴이 주

에서 아골타는 춤을 추어 흥을 돋우라는 요국 황제의 명령을 거절해, 요 왕조와의 모순과 충돌이 공개적으로 드러났다. 절도사를 계승한 이후 요에 대항하는 무장 투쟁을 더욱 적극적으로 계획했다.

아골타는 아소를 돌려달라는 요구를 명분으로 사자를 파견해 요의 실정과 변방의 대비 상황을 정탐하게 했다. 2년[천경 4년, 1114]에 아골타는 요 동북쪽 변방의 실정을 파악한 뒤 결연하게 요에 대한 군사 행동을 결정했다. 그는 이라로(移懶路)의 적고내(迪古乃)에게 사자를 보내 징병하도록 해 알홀(斡忽)과 급새(急賽) 두 로의 계적여진을 투항시켰다. 아울러 요의 장응관(障鷹官: 해동청을 받아내는 요의 관리)이자 달로고부(達魯古部)의 부사 사열(辭列)과 영강주(寧江州)의 발해대가노(渤海大家奴)를 사로잡았다.

9월에는 2,500명의 군사로 요국 변경의 성을 공격하기 시작했다. 여러 군사를 내류수(淶流水)에 집결시키고, 아골타는 산에 올라 군사에게 맹세할 때 요의 죄악에 대해 "대대로 요를 섬기면서 직책과 공납을 신중히 수행했다. 오춘(烏春)과 와모한(窩謀罕)의 반란을 평정하고 소해리의 무리를 격파하는 데 공을 세운 것이 적지 않지만, 침범하고 업신여기는 일은 더욱 심해지고 있다. 죄인 아소는 여러 번 청했지만 돌려보내지 않고 있다"고 폭로하면서, 여진의 군사들에게 "너희들 가운데 한마음으로 힘을 다해 공을 세우는 자는 만일 노비나 부곡민이라면 양민으로 삼고 서인이면 관직을 줄 것이며, 이미 관직이 있는 자는 승진시켜 줄 것이다. 그 크고 작은 것은 공을 보고 결정할 것이다"[8]라고 격려함으로써 모든 군사의 사기가 크게 높아졌다.

요의 변경에 이르러 요 왕조에서 배치한 발해 수비군과 전투를 벌였는데, 아골타가 몸소 군사들보다 앞장서자 모든 군사의 용기가 배로 늘어나 요군을 크게 무너뜨렸다. 마침내 여진군은 승승장구하면서 영강주로 진군했고, 9월 중에 그 성을 공격해 함락시켰다.

---

8) 『金史』, 「太祖紀」.

여진인은 요와의 첫 전투에서 승리하자 사기가 크게 진작되었다. 요에 예속되었던 철려부(鐵驪部)도 여진에게 항복했다. 아골타는 다시 발해와 계적여진에 각각 사람을 파견해 투항을 권유하면서, 요와 백성의 수를 다투는 쟁탈전을 공개적으로 시작했다. 영강주 전투에서 승리함으로써 여진인들은 극도로 자신감이 붙었고, 일부 여진 귀족은 건국해 자립하자는 주장을 제기하기도 했다.

요 왕조는 영강주에서 패전한 뒤 군사를 파견해 출하점(出河店)에 주둔시켜 여진에 대비했다. 아골타는 요군이 미처 진영을 갖추지 못한 틈을 타 군사를 거느리고 순식간에 압자하(鴨子河)를 건너 무장한 병사 1,000여 명으로 출하점에 있는 요군을 기습했다. 아골타는 다시 완승을 거두어 적을 참수하고, 헤아리기 어려울 정도의 수급과 포로, 수레와 말, 갑옷과 무기, 진귀한 보물 등을 획득했다. 여진의 여러 부락을 통일하고 요에 대항하는 투쟁 가운데 여진 귀족은 전투에 대단히 능한 일군의 장수들을 단련시키고 양성해, 목숨을 걸고 싸우는 강력한 군대를 보유하게 되었다. 영강주와 출하점에서 벌인 두 차례 대전에서 포획한 사람들과 장비로 군사력을 충실히 했고, 더욱 빠르게 실력을 발전시켰으므로, 군사는 짧은 시간에 1만 명에 이르렀다.

요군과 치른 두 차례의 대결에서 여진인들은 요 왕조의 정치적 부패와 군사적 무능, 사기 저하, 민심의 이완 등의 상황에 대해 더욱 많이 알게 되었다. 그들은 요에 대항할 조건을 이미 갖추었고, 여진의 귀족 정권을 건립할 시기가 이미 성숙했다는 자신감을 얻었다. 이에 건국하고 황제를 칭하는 문제에 대해 신중한 태도를 유지하던 아골타는 1115년(천경 5년)에 즉위해 황제를 칭함으로써 금 태조(太祖)에 올랐으며, 국호는 대금(大金), 연호는 수국(收國)이리 했다.

3절
금의 대요·대송 전쟁

여진의 군사와 백성은 완강(頑强)한 전쟁을 통해 마침내 요 왕조의 통제에서 벗어났다. 그들은 요 왕조의 승인을 얻고 독립의 지위를 획득하는 것이 간절하게 필요했다. 그러나 지피지기하지 못하고 또 지나치게 안하무인인 요의 천조제(天祚帝)는 이미 군사적으로 강력하게 토벌할 수 없었고, 또 정치적으로 교섭 수단을 충분히 사용할 수도 없었다. 천조제는 금군의 나날이 강력해지는 공세를 앞두고 계속 패배하다가 최후에는 국가가 멸망하고 가정이 파괴되어 스스로 감옥에 갇히는 서글픈 종말을 맞이할 수밖에 없었다. 요와 대대로 형제의 나라였던 북송은 요 왕조가 위험과 곤란에 빠졌을 때, 불난 틈을 타서 도적질을 하듯이 사신을 보내 금과 연합해 금 왕조의 힘을 빌려 연운 16주를 수복하려고 했다. 이렇게 해서 중국 대륙에서는 금·요·송이라는 세 나라가 각축전을 벌였다.

1. 금과 요의 전쟁

금 왕조가 건국된 이후에 대요 전쟁의 성격에 변화가 발생했다. 전기에는 거란족 통치자의 압박에 반항해 여진 민족의 해방을 쟁취하는 것이 목적이었기 때문에 건국한 초기에는 단지 요와 평등한 지위에 오르기를 희망했다. 그러나 요와 군사적·정치적으로 접촉하고 교섭하는 가운데 여진 귀족들은 요 왕조가 겉으로는 강해 보이나 실제로는 약하기 그지없다는 본질을 갈수록 깊이 인식하면서 시간이 흐를수록 태도가 강경해졌다. 요 왕조에 승리를 거두고 이를 대신하겠다는 목표가 갈수록 명확해지면서 요 왕조와의 화의에 따르는 조건도 자연스럽게 까다로워졌다. 따라서 요와 금 사이에 너 죽고 나 살자는 식의 쟁탈전은 피할 수 없었다.

1) 요와 금의 화의

요국 군사가 두 차례 패배한 뒤 천조제는 평화 회담에 희망을 걸고 수국 원년(1115년) 정월에 평화사절단을 파견해 금국 정권을 승인하고 속국으로 만들고자 했다. 그러나 이때 금군은 황룡부(黃龍府)를 포위해 도통 야율알리타(耶律斡里朶)가 거느린 내류하로(淶流河路)의 요국 군사를 물리치고 달로고성(達魯古城)을 점령하여, 그 나머지 세 길의 요국 군대를 압박해서 싸우지도 않고 후퇴하게 했다. 달로고성 전투에서 금군은 많은 양의 농기구를 노획하고, 요 왕조에 주둔하면서 수비하고자 하는 전략적인 계획을 무산시키고 담판에서의 지위를 강화시켰다. 따라서 금 태조는 계속해서 아소의 귀환을 요구했을 뿐만 아니라 더 나아가 요국 변방의 중점 도시인 황룡부를 다른 곳으로 옮기라고 요구했다.

요와 금의 쌍방은 사신을 파견해 상대방 황제의 이름을 직접 부르며 상대방의 항복을 독촉하면서 사신이 네 차례나 왕복했지만, 회담은 전혀 진전이 없었다. 9월에 금군이 황룡부를 공격해 점령하자 천조제는 친정을 하겠다는 명령을 내렸다. 금 태조는 전투에 임하기 전에 군사를 동원했을 때 "얼굴을 칼로 베고 하늘을 우러러 통곡하면서" 말하기를 "처음에 너희들과 군사를 일으켰을 때는 대개 거란이 잔인함에 고통스러워 스스로 나라를 세우고자 했던 것이다. 지금 요의 황제가 친히 정벌을 나왔으니 어찌할 것인가? 사람마다 죽도록 싸우지 않으면 능히 당할 수가 없다. 우리 일족을 죽이고 너희들은 나가서 항복하여 전화위복으로 하는 것만 못할 것이다"[1]라고 하여 여진인들의 전투 의욕을 고취했다.

그런데 이때 야율장노(耶律章奴)가 천조제를 폐립시키려는 활동이 있었기 때문에 천조제의 친정군은 금의 군사들과 싸워보지도 못하고 철수했다. 금의 군대는 경무장한 기병 2만 명으로 용감하게 추격해 요군을 대패시키니 "죽은 사람이 서로 100리를 이었고, 수레와 가마, 장막과 휘장, 무기와 기구, 군수품을 획득했고, 다른 보물과 말과 소도 헤아릴 수가 없었다"[2]고 한다.

군사를 일으켜 요에 대항하면서부터 여진의 세력은 신속하게 발전해 거란, 해, 발해, 한족과 계적여진, 실위, 달로고(達魯古), 오야(烏惹), 철려 등 여러 부락 가운데 포로가 되거나 귀부하는 자들이 날로 증가해 금 왕조의 영향력은 신속하게 확대되었다. 반면에 요 왕조는 오히려 군사적으로 연속해 패퇴하고 정치적으로 분열됨으로써 와해되었다.

수국 2년(1116년)에 발해인 고영창(高永昌)이 요의 동경에서 스스로 정권을 세우고 금에 사자를 보내 구원을 요청하자, 금 태조는 기회를 틈타 심주(沈州)와 동경을 점령하고 고영창을 사로잡았다. 이렇게 해서 동경의 주현과 남로의 계적여진들이 금 왕조의 통치 아래로 들어오고 여진 각 부락의 통일이 완성되었다. 천보(天輔) 원년(1117)에는 다시 태주(泰州)와 현주(顯州)를 공격해 점령했다.

---

1) 『遼史』, 「天祚皇帝紀二」.
2) 『金史』, 「太祖紀」.

이때에 이르러 여진 귀족은 요와 대등한 지위나 예의로 대우받을 자격을 이미 갖추고 있다고 인식했다. 이에 태조는 한족인 양박의 건의를 받아들여 한편으로는 새로 획득한 주현을 확고히 하고, 다른 한편으로는 평화 회담을 위한 사자를 파견해 요의 승인을 요구함으로써 요 왕조의 통제에서 벗어나고자 했다.

천보 2년(1118)과 3년에 금과 요 왕조가 담판을 벌였다. 화의의 조건을 둘러싸고 쌍방은 다시 빈번하게 협상하면서 사절이 왕래했다. 7월에 기본적인 협의를 이루었으나, 윤9월에 송 또한 사자를 보내 금과 연합해 요를 공격하기로 약속했다. 금에서는 요 왕조와의 화의가 동요되기 시작했고, 화의의 조건으로 지나치게 무리한 요구를 하다가 마침내 천보 4년에는 일방적으로 평화 회담을 결렬시켰다.

북송의 개입은 금의 요 왕조에 대한 태도를 변화시켜, 그들로 하여금 요 왕조의 통치에서 벗어나 나라를 세우고 자립하려던 처음의 생각에서 더 나아가 요를 취해 대신할 생각을 품게 했다.

2) 군사적 승리

천보 4년(요 천경 10년, 1120) 3월에 금 왕조는 화의를 정지하고, 5월에는 요의 상경을 함락시키는 동시에 군사를 나누어 경주(慶州)를 공격했다.

7월에는 금의 황제와 신료들이 송의 사신 조량사(趙良嗣)와 협의를 마쳤는데, 그 내용은 이듬해에 금이 평지송림(平地松林)[3]으로부터 고북구(古北口)로 나가고, 송이 웅주(雄州)로부터 백구(白溝)로 나가 함께 협공해 요 왕조를 멸망시키기로 약속한 것이다.

---

3) 지금의 내몽고자치주 克什克騰旗 일대로, 남쪽으로는 하북성 승덕시 위장초원 이북에 이르는 지역이다. 주로 해족이나 거란족이 활동했다. 平地松林은 松漠이라고도 하며, 최초의 기록은 북위 시대부터 보인다. _옮긴이 주

천보 5년(요 보대 원년, 1121)에 요의 도통인 야율여도(耶律餘睹)가 항복했다. 그러자 금에서는 요의 군사적 상황이나 국가적 상황을 깊게 이해했으므로 필승의 신념이 더욱 굳어졌다. 12월에 태조는 동생 홀로발극렬 완안고(完顔杲)를 내외제군(內外諸軍) 도통으로 삼고 욱(昱)·종한(宗翰)·종간(宗幹)·종망(宗望)·종반(宗磐) 등을 부도통으로 삼아, 대대적으로 요를 정벌해 '내외 통일'의 정치적인 목표를 실현하고자 했다.

천보 6년 정월에 완안고가 고주(高州)·은주(恩州)·회흘(回紇)의 세 개 성을 연속으로 함락시킨 다음에 중경을 취하고 택주(澤州)까지 점령했다. 종한과 희윤(希尹) 등이 북안주(北安州)를 함락시키고, 천조제를 원앙박(鴛鴦泊)과 서경까지 뒤쫓으며 공격했다. 누실(婁室) 등은 천덕(天德)·운내(雲內)·영변(寧邊)·동승(東勝) 등의 주에 항복을 권유하고, 아소를 포로로 붙잡았다.

이때 천조제는 협산(夾山)으로 들어갔고, 야율순(耶律淳)은 연경에서 스스로 황제가 되었다. 6월에 야율순이 죽자 금 태조가 직접 정벌하고, 동생 오걸매(吳乞買)를 남겨 감독하게 했다. 북요(北遼)의 소황후(蕭皇后)는 사신을 보내 표를 올려 진왕(秦王: 천조제의 아들 耶律定)을 세워달라고 청했지만, 금 태조는 허락하지 않았다. 그리고 귀화(歸化)·봉성(奉聖)·울주(蔚州) 등이 잇따라 항복했고, 태조는 군사를 거느리고 남경을 공격했다. 12월에 북요에서 연경을 수비하던 한족 출신의 추밀사 좌기궁(左企弓)이 남경에서 항복하자 태조가 군사를 거느리고 입성했다. 천보 7년(1123)에는 요의 평주절도사 시립애(時立愛)가 평주에서 항복했다.

상경을 공격해 함락시킨 뒤 태조는 금군이 성을 공격하기 전에 매번 사람을 시켜 조서를 가지고 가서 반드시 먼저 투항을 권유하게 했다. 그리고는 항복했거나 공격해 함락시켰거나 혹은 배반했다가 다시 항복했더라도 모두 민심을 수습했다. 노비인데 주인보다 먼저 항복한 자는 방면해 양민으로 삼고, 무리를 이끌고 항복한 자는 대를 이어 관직을 주었다. 아울러 항복한 백성의 부채를 탕감하고 모든 범죄를 사면해 주었다. 그런데 연경을 함락시켰을 때는 금군이 거주민이나 재물을 말끔히 거두어 북쪽으로 돌아갔다. 이때에 이르러 요의 5경이 모두 함락되고, 협산으로 달아난 천조제를 추격하는 것이 금군의 공격 목표가 되었다.

천보 7년(1123) 8월에 금 태조가 죽고 암반발극렬인 오걸매가 즉위해 금의 태종(太宗)이 되고, 연호를 천회(天會)로 바꾸었다. 그는 한편으로 이미 점령한 주현을 확고히 하면서 전쟁의 성과를 계속 확대하고, 한편으로는 서남로와 서북로 도통을 시켜 서하를 공격해 서하와 군신 관계를 수립하고자 했다. 천회 3년(1125)에 요의 천조제를 사로잡음으로써 금 왕조는 요를 대신하게 되었다.

2. 북송의 멸망

1) 해상의 맹약

금 왕조가 동경의 주현을 점령한 뒤 요 왕조와 2년에 걸쳐 평화 회담을 진행되었다. 이때 북송의 군신도 금 왕조의 군사력을 빌려 요를 멸망시키고 연운 16주의 실지를 수복하고자 했다. 이에 정화(政和) 7년[금 천보 원년, 1117]부터 시작해 여러 차례 사신을 파견했다. 중화(重和) 원년[천보 2년] 8월에는 송의 사신 마정(馬政)이 등주(登州)로부터 바다를 건너 금으로 와서 말을 구입한다는 구실로 협공을 처음으로 의논했고, 금 또한 송으로 사신을 파견했다. 선화(宣和) 2년(천보 4년)에 화의가 체결되었는데, 이를 역사에서는 '해상의 맹약'이라고 한다.

금과 송의 해상의 맹약은 처음 의논할 때부터 실시하기까지 6년의 시간이 걸렸는데 상황의 변화에 따라 내용도 계속 수정되었다. 처음 의논할 때 송은 웅주로부터 백구로 나가기로 했는데, 탁주(涿州)와 이주(易州)에서 연경으로 나가는 것으로 다시 정했다. 그러나 송 왕조의 북정군이 여러 차례 북요군에 패배해 협공의 약속을 지킬 수가 없었다. 금군이 연경으로 들어올 때까지 송에 도착한 군졸은 한 명도 없었다. 반면에 송군이 북요의 군사에 패배했다는 소식이 금 왕조에 계속 들려왔다.

금군이 독자적인 힘으로 연경을 공격해 함락시킨 이후에도 송은 협공의 맹약을 계속 지키지 않았기 때문에 연운 16주를 송에 인계할 수가 없었다. 사신이 여러 차례 왕래한 끝에 금 태조는 연경에 속한 탁주·이주·단주(檀州)·순주(順州)·경주(景州)·계주(薊州) 등 여섯 개 주의 스물네 개 현을 송 왕조에 돌려주기로 결정했다. 송은 원래 요 왕조에 주던 것과 동일한 세폐와는 별도로 연경에 대한 지대세(地代稅)로서 동전 100만 관을 실이나 비단 등의 실물로 계산해 주고, 또 녹반 2,000바구니를 주기로 했다.

6년에 걸쳐 교섭하면서 금 왕조는 송 왕조의 무능에 대해 이미 어느 정도 알아차렸지만, 아직 요의 천조제를 포획하지 못했고 요 왕조를 멸망시키기 전이라 송 왕조와 정면으로 충돌하려 들지 않았다. 또한 송 측에서 제공하는 많은 양의 물자 때문에 송 측의 영토 요구를 부분적으로 채워주었던 것이다. 송 왕조 또한 본래부터 비교적 강했던 경제적인 역량과 고유의 영향력에 의지해 연경 지방의 무장 세력을 유혹하고자 했다.

2) 화의의 결렬

장각의 배신 ■■■ 금이 연경을 점령한 후 북요의 평주(平州) 요흥군(遼興軍)절도사 시립애와 절도부사 장각(張覺)이 평주를 가지고 투항했다. 금 태조는 서쪽으로 천조제를 정벌하러 가기 전에, 평주를 남경으로 고치고 장각을 유수로 삼았다. 천보 7년(1123) 5월에 요에서 항복한 좌기궁(左企弓) 등이 연경에서 항복한 관리와 부호를 거느리고 북쪽으로 이주하는 도중에 평주를 지났다. 연경 사람들은 고향에서 멀리 떠나기를 원치 않았기에 눈물을 흘리며 장각에게 도움을 청했다.

장각은 마침내 조용의(曺勇義)·좌기궁·강공필(康公弼)·우중문(虞仲文) 등을 살해하고 다시 보대(保大)라는 요의 연호를 사용했으며, 송정관(松亭關)을 지키면서 천주(遷州)와 윤주(閏州) 등의 지역 및 해족 소간(蕭幹)과 연결해 금에 대항했다. 이 틈을 타 송의 안무사(安撫司)에서 사람을 파견해 투항을 권유하자, 6월에 장각은 송에 항복했다. 송에서는 장각을 태령군(泰寧軍)절도사로 삼고 대대로 세습하게 해주었다. 9월에 금의 장수 종망이 평주를 공격해 함락시키자 장각은 연경으로 도주했다. 금에서 공문을 보내 장각을 소환해 달라고 요구하자, 송은 어쩔 수 없이 장각을 죽여 그의 머리를 상자에 담아 바쳤다.

서경의 교섭 ■■■   송 왕조에서 사자를 보내 여러 방면으로 교섭한 끝에 금 태조는 연경에 속한 6개 주를 송 왕조에 돌려주는 데 동의했다. 동시에 천조제를 포획하고 나면 서경에 속한 주현들도 송에 돌려주겠다고 했다. 천회 원년(1123) 4월에 송의 관리가 연산(燕山)[4]으로 와서 주둔하고 아울러 계속 사신을 파견해 서경을 인계해 줄 것을 요구했다. 연경 지역을 돌려줄 때도 태조는 이미 여러 장수와 의견의 차이가 있었고, 금에 항복한 요 왕조의 관리들도 송 왕조가 군사적으로 무능하기 때문에 땅을 돌려주는 것이 옳지 않다고 진언했다.[5] 8월에 금 태조가 죽을 때까지 서경의 땅은 돌려주지 않았지만, 11월에 금 태종 오걸매는 무주(武州)와 삭주(朔州)에 계속 투항을 권유해 송에 돌려주었다.

그런데 금군이 요의 천조제를 추격할 때 송 왕조는 기회를 틈타 장각을 책동해 금을 배반하고 송에 투항하게 해 먼저 맹약을 위배했으므로, 금이 송

---

4) 송 휘종은 선화 4년 군사를 파견해 북요를 정벌할 때 남경을 연산부로 이름을 바꿨다. _
   옮긴이 주
5) 『三朝北盟會編』 卷14에 인용된 馬擴의 『茆齋自敍』.

을 공격할 구실을 제공했다. 종망이 평주를 함락하고 송이 장각에게 보낸 조서를 입수함으로써 송 왕조가 맹약을 어긴 물증을 확보했다. 종한 등은 다시는 송에 서경을 돌려주지 말라고 주청했고, 종망도 상주해 송이 연산에서 군사 훈련을 하면서 송의 땅으로 도망한 연경의 호구를 넘겨주기를 거부한다는 이유를 들어 송에 대해 군사 행동을 취할 것을 요구했다.

3) 금의 북송에 대한 공격

천회 2년[송 선화 6년, 1124] 3월에 산서(山西)의 여러 성을 송에 돌려주는 것을 중지했다. 3년에는 여진·발해·해·철려 등의 군사를 모두 모아 평주와 운중에 나누어 주둔시켰다. 10월에는 금 태종이 조서를 내려 송을 공격하라고 했다.

금군의 1차 남하 ■■■　　천회 3년 11월에 종망과 종한은 송 왕조가 마음대로 배반하거나 도망자를 받아들이고 호구를 불러 모아, 먼저 맹약을 배반했다는 이유로 각각 1군씩을 거느리고 평주와 운중에서 남하했다. 동시에 화의를 위한 사자를 파견해 송 왕조가 하북과 하동 지방을 금에 떼어 주고 쌍방이 황하를 경계로 할 것을 요구했다. 서로군은 흔주(忻州)와 대주(代州)에 이르렀다가 삭주와 무주를 함락시키고, 12월에는 태원(太原)에 이르렀다. 동로군은 단주(檀州)와 계주(薊州)를 공격해 점령하고 계속 진군해 연산부에 이르렀다.

송의 지연산부(知燕山府) 채정(蔡靖)이 상승군(常勝軍)을 거느리고 맞아 싸웠다. 또한 곽약사(郭藥師)가 군사를 거느리고 백하(白河)를 건넜으나 장령휘(張令徽)와 유순인(劉舜仁) 등이 힘써 싸우기를 거부하고 먼저 달아났다. 곽약사가 북쪽으로 30여 리를 추격했으나 고립된 군대로 너무 깊이 들어가 패배하고 돌아왔다. 장령휘와 유순인 등은 은밀하게 금군과 내통하고 곽약사를 협박해 금에 항복하게 했다. 금군이 연산부를 점령하자 채정은 하는 수 없이 금에 항복했다.

종망은 곽약사를 선봉에 세우고 계속 남하해 보주(保州)와 중산(中山)을 공격하고, 경원부(慶元府)와 신덕부(信德府)를 함락시켰다. 송 휘종은 태자인 조환(趙桓)에게 제위를 선양하고 동쪽의 박주(亳州)로 달아났다. 천회 4년 정월에 종망의 군대가 상주(相州)와 준주(浚州)를 함락시키고, 황하를 건너 활주(滑州)를 점령한 뒤 변경을 포위했다.

서로군이 태원에서 저항을 받고 있는 사이에 동로군은 고립된 군대로 깊이 들어가 변경을 공격했으나 함락시키지 못하자 마침내 송과 화의를 맺었다. 화의에서는 다음과 같이 결정했다.

① 금과 송은 백부와 조카의 나라가 된다.
② 송은 중산부·태원부·하간부를 금에 준다.
③ 원래의 세폐 이외에 동전 100만 관과 군사의 위로금으로 은 1,000만 냥을 준다.
④ 강왕(康王) 조구(趙構)와 소재(少宰) 장방창(張邦昌)을 인질로 삼았다가 금군이 송과의 경계를 벗어나고 경계를 정하면 그 뒤 귀환시킨다.

종망은 2월에 철군했다.

금군의 2차 남하와 북송의 멸망 ■■■ 금군이 첫 번째로 송과 교전할 때 종망이 1만여 명의 군사로 남하해 이 중 황하를 건넌 이들이 절반도 되지 않는데, 송의 경성을 1개월 정도 포위했다. 이때 하북 지방의 여러 도시는 아직도 송군이 장악하고 있었는데, 송군은 경성의 포위를 풀 수도 없었고 또 금군이 철수할 때도 감히 요격하지 못해 종망이 고립된 군대로 깊이 진격했다가, 군사를 위로하는 은을 가득 싣고 편안히 철수해 송군의 전투력이 매우 낮다는 것을 금군도 이미 목격한 바다. 이에 그들은 요 왕조에서 항복한 관리들이 여러 차례 전했듯이 "궁궐은 사치스럽고, 중국에는 방비가 없다"는 송의 상황을 직접 체험하게 된 것이다. 동시에 동로군은 상승군을 항복시켰고, 서로군은 요를 배반하고 송에 항복한 동재(董才)를 얻었다.

"곽약사가 항복하면서부터 송 왕조의 허실을 더 잘 알게 되었고"·"동재가 항복하면서 송의 땅과 마을을 알게 되어" 송에 대해 계속 군사력을 사용하는 데 더욱 유리한 조건을 형성했다. 종한은 앞에 성이 있으면 반드시 공격했기 때문에 행동이 조금 늦어져 때맞춰 종망과 회합하지 못했다. 그는 위승군(威勝軍: 지금의 山西省 沁縣)·융덕부(隆德府: 지금의 山西省 長治縣)·택주(澤州: 지금의 山西省 晉城)를 공격해 함락시키고 나서 종망이 화의를 체결하고 철수한 것을 알게 되었다. 그는 마침내 군사를 남겨 태원을 포위하게 하고 자신은 운중으로 돌아왔다.

종망이 군대를 철수시킨 뒤 송 왕조는 협의를 어기고 융덕부와 택주를 잇따라 수복했고, 송 흠종은 다시 조서를 내려 태원부·중산부·하간부 세 도시를 굳게 지키라고 했다. 금나라 사람들은 요와 송 사이에 관남 10현(關南十縣)의 예에 의거해 세 개 도시로 바꾸어 조세를 납부하자는 의견을 제시했지만, 역시 송 정부에 거절당했다. 동시에 송 왕조는 다시 야율여도(耶律餘睹)를 책동해 금에 반항하도록 했다. 6월에 종망과 종한 등이 산후(山後)의 초원에서 여름을 보내면서 군사 전략을 의논했다. 7월에 소중공(蕭仲恭)은[6] 송 흠종이 야율여도와 연락해 함께 금에 대항하자고 한 조서를 종망에게 바쳤다. 이에 금 태종은 여러 장수에게 다시 송에 대해 군사를 일으키라는 명령을 내렸다.

천회 4년(1126) 8월에 금군은 여전히 동서의 두 길로 남하했다. 동로의 종망은 보주에서부터 웅주와 신악(新樂)으로 내려와 천위군(天威軍)을 취하고,

---

6) 『三朝北盟會編』에 인용된 『宣和錄』·『靖康要錄』·『靖康遺錄』에서는 '蕭仲恭'를 '蕭慶'이라고 했다.

진정(眞定)을 함락시켰다. 서로의 종한은 운중에서 출발해 9월에 태원으로 내려와서 평요(平遙)·영석(靈石)·효의(孝義)·개휴(介休)를 점령했다. 10월에는 분주(汾州: 지금의 山西省의 汾陽)와 평정군(平定軍: 지금의 山西省의 平定)에서 승리를 거두고, 석주(石州: 지금의 山西省의 離石)와 요주(遼州: 지금의 山西省의 左權)에서 항복을 받았다.

두 군대는 각각 진정부와 태원부에서 북경으로 나아갔다. 11월에 여러 군대가 각각 여양(黎陽)·맹진(孟津)·이고도(李固渡)에서 황하를 건너, 한편으로는 사자를 보내 황하를 경계로 할 것을 논의하고 다른 한편으로는 군사를 통솔해 곧바로 변경 성에 이르렀다. 종망은 유가사(劉家寺)에, 종한은 청성(靑城)에 주둔하고 군사를 보내 사면에서 끊임없이 성을 공격하면서 송의 휘종과 흠종 두 황제가 성을 나와 금의 병영으로 와서 화친을 논의하자고 요구했다.

윤11월 30일에 흠종이 성을 나와 금의 병영에 이르러 청성에서 머물렀다. 흠종은 금국 장수들의 위압과 핍박을 받아 항복하는 표를 올렸다. 이에 금군은 성에 대한 공격을 멈추고 마필과 금은, 무기와 서적 및 수공업 장인, 의사와 악사 등을 요구했다.

천회 5년[송 정강 2년, 1127] 정월에 금국 황제의 존호를 의논한다는 명목으로 다시 송 흠종이 성을 나온다고 약속했는데, 흠종이 나오자 억류하고 보내주지 않았다. 2월 6일에 금 태종은 조서를 내려 "별도의 현명한 자를 선택해 변방의 울타리로 삼으라"고 명령했다. 7일에 종한 등은 다시 송의 태상황, 태상황후, 제왕과 왕비, 군왕와 국공, 공주와 종실의 딸, 황제의 비빈 등에게 성을 나오라고 청했다. 아울러 송의 백관들에게 세울 만한 이를 추천하라고 독촉했다. 11일에 백관들은 금국 장수의 뜻에 따라 장방창을 추천했다. 금군은 다시 황후와 황태자가 성을 나올 것을 요구하고, 아울러 옥첩(玉牒: 황족의 족보)에 따라 제왕·공주·부마 및 그 친속에게 모두 출성하라고 요구했다. 이렇게 되자 송 왕조의 종실에서는 군사를 모집하기 위해 외부로 나가 있던 강왕(康王) 조구(趙構)와 폐위된 철종의 황후 맹씨(孟氏)를 제외하고 모두 금국의 포로가 되었다.

3월 7일에 장방창을 황제로 세우고 국호를 초(楚)라고 하여 금릉(金陵)에 도읍함으로써 북송은 멸망했다. 4월 1일에는 금군이 변경에서 나와 송 왕조의 두 황제, 종실, 문무백관 등 1,000여 명을 압송해 북쪽으로 돌아갔다. 금군은 당시 변경성의 금과 은, 비단과 서적, 각종 보물과 황궁의 옥새, 의장용품과 감상용품 등을 전부 거두어 돌아갔다.

금은 1115년에 건국해 연이어 정복 전쟁을 벌인 지 13년 만에 요와 북송을 연달아 멸망시켰다. 천회 5년(1127) 5월에 송 휘종의 아홉 번째 아들 강왕 조구가 송 왕조 군신들의 추대를 받아 응천부(應天府)에서 송 정권을 다시 건립하니, 역사에서는 이를 남송(南宋)이라고 한다. 천회 8년(1130)에 금국에서는 유예(劉豫)를 제(齊)의 황제로 삼아 하남과 섬서 지방을 통치시키고 금국의 부용국으로 만들어 금 왕조와 협력해 남송에 대항하게 했다. 중국의 역사에서는 요와 북송이 대치한 후에 다시 금과 남송이 대치하는 시기로 진입한 것이다.

4) 하북과 하동 지방의 항금 투쟁

북송이 멸망한 후에 금 왕조는 하북 지방을 적절히 통치할 수 없었다. 하북과 하동 지방에서는 여기저기서 모인 백성이 산채로 들어가 스스로 지키며, 금국 군대에 완강히 투쟁했다. 일부 북송의 관리와 장수도 역량을 모아 반항하면서 북송 왕조의 통치를 회복하고자 했다.

남송이 건국된 초기에 우복야 이강(李綱)이 상주하기를 하북 서로에서는 진정부·회주(懷州)·위주(衛州)·준주(濬州) 등 1부와 3개 주를 제외하고 "그 나머지는 지금까지 모두 조정을 위해 굳게 지키고 있습니다. 모든 하북로의 군사와 백성 가운데 성곽에 거주하는 이들은 성곽에 의지하고, 성곽에 있지 않은 이들은 황하와 서산에 의지해 자발적으로 서로 집결해 날마다 납서로서 조정에 호소하며 군사를 보내 도와줄 것을 청하고 있고, 하동 지방도 역시 그러합니다"7)라고 했다.

당시 하동 지방에서는 해주(解州) 안읍(安邑) 사람인 소흥(邵興)이 신직산(神稷山)에서 군중을 모았고, 하북 서로의 조주(趙州)에서는 조방걸(趙邦傑)이 오마산(五馬山)에 모여 서로를 보호하면서 군중을 거느리고 금군에 대항했다.

연경 사람인 유리망(劉里忙)은 출중한 호걸로, 복종하는 이들이 많았다. 그는 이주(易州)의 산중에서 군중을 모으고, 그중 젊고 건장한 이들을 선발해 병사로 삼아 금군을 요격했다. "무리들이 날로 많아지고 소집된 이들은 더욱 많아서" 1년 사이에 모인 군중이 1만 명에 달했다.

여러 차례 금으로 사신을 갔던 마확은 강화 회담에 실패한 후 서산(西山)의 화상동(和尙洞) 산채로 달아났는데 "이때 하북과 하동 지방의 의병들이 각자의 산채에 근거해 모여 주둔하며 스스로를 보호했다"고 한다. 여러 의병의 수령들이 함께 마확을 추대해 우두머리로 삼아 금에 대항하는 활동을 이끌도록 했다. 마확은 조방걸과 더불어 금에 대항해 송을 회복하자는 구호로 군중을 격려했다. 법률을 엄격히 하고 명분을 정하고, 시행 규칙을 발표하고, 아울러 몸소 병사들보다 앞장서서 적진 깊숙이 돌격해 용감하게 싸웠다. 이때 연경 사람인 조공모(趙恭冒)가 북송의 종실인 신왕(信王) 조진(趙榛)을 칭하면서 백성에게 호소했다. 그들은 흩어진 하북과 하동 지방의 여러 항금 무장 세력과 서로 소식을 주고받으며 성원했고, 아울러 여러 차례 남송 조정에 사람을 파견해 "상소문을 올려 군대를 요청했다"고 한다.

금국에서 벼슬하는 일부 관원들도 직무를 이용해 몰래 보호하면서 산채의 의병들과 연락했다. 장공(張龔)이라는 이는 유언종(劉彥宗)에게 진정부 획록현(獲鹿縣)의 현령이 되기를 청해 1127년[금 천회 5년, 송 건염 원년]에 임지에

---

7) 『三朝北盟會編』 卷107에 인용된 『建炎元年李綱進劄子』.

도착한 뒤 즉시 오마산 산채에 있는 마확과 조방걸 및 중산부의 민병들과 연락해 먼저 진정부를 수복하고 다시 연경을 공격해 취할 것을 계획했다. 그러나 정보가 누설되어 하는 수 없이 사직하고 돌아갔다.

또 송의 순검사(巡檢使) 양호(楊浩)라는 이는 연산부의 노현(潞縣)을 떠돌다가, 1127년 9월에 옥전현(玉田縣)으로 들어가 금국에 반항하는 남북의 장사 1만여 명을 불러 모아 이주(易州)의 산중으로 들어가 유리망과 연락했다.[8]

왕언(王彦)이 이끄는 팔자군(八字軍)은 하북 지방에서 금에 대항하는 중요한 역량이었다. 왕언은 동경유수 종택(宗澤)에 의해 하북 지방으로 파견되어 금에 대항하는 여러 무장 세력과 연락했다. 종택 사후에 그는 군중을 이끌고 옮겨 다니다가 공성(共城)의 서산(西山)으로 들어가 투쟁을 견지했다. 하북과 하동 일대의 항금 무장 세력의 수령인 부선(傅選)·맹덕(孟德)·유택(劉澤)·초문통(焦文通) 등은 모두 왕언의 지휘를 받았는데, 그들은 얼굴에다 "한마음으로 국가의 은혜에 보답하고, 금의 도적을 죽이기를 맹세한다[赤心報國, 誓殺金賊]"는 여덟 글자를 새겼기 때문에 팔자군이라고 한다.

북송 말년에 휘종의 부패한 통치에 반항하던 일부의 농민 기의군도 금에 대항하는 대열에 참가했다. 종택이 동경유수를 지내는 기간에 사람을 파견해 하북과 하동의 기의군과 연락했고, 송의 통치자들에게 도적으로 칭해지던 무장한 농민 가운데 많은 사람들이 종택의 지휘를 받아들였다. 예를 들면 대명부 사람인 왕선(王善)과 상주(相州) 탕음현(湯陰縣) 사람인 장용(張用), 정진(丁進)·양진(楊進)·설광(薛廣) 등이 각각 수만 혹은 수천 명의 군사를 거느리고 종택에게 의지했다.

명주(洺州)의 왕명(王明)·이홍(李洪)·이민(李民) 등은 두 황제를 되찾자고 호소해 군중 수만 명을 집결시켜 하북전운사이자 권지대명부인 장각(張慤)의 통제를 받았다. 빈주(濱州)의 갈진(葛進)은 북송 말년에 기의한 대오를 거느

---

8) 『三朝北盟會編』 卷90과 卷99에 인용된 趙子砥의 『燕雲錄』.

리고 방향을 바꾸어 금군에 저항하고 송 왕조 유수사(留守司)의 지휘를 받았다. 그들은 얼굴에 "영원히 조왕을 배신하지 않고 금의 도적들을 용서하지 않기를 맹세한다[永不負趙王, 誓不舍金賊]"라는 열 글자를 새겼다.

산동 서로의 양산박(梁山泊) 일대에는 장영(張榮)이 이끌면서 송 왕조의 통치에 반항하는 수군들이 집결해 있었다. 금 왕조의 세력이 하북으로 들어온 후에 그들은 금에 대항하고 송을 보존하기로 방향을 바꾸었다. 천회 6년 금의 군대가 산동으로부터 남하해 송을 정벌할 때 그들은 일찍이 선박 1만여 척을 출동시켜 저지했다. 이듬해에 금군이 북쪽으로 철수하는 도중 양산박을 지날 때 다시 요격했다. 금 왕조에서 몇 차례 병력을 집중시켜 조직적으로 포위 공격하자, 장영은 세력을 보존하기 위해 수군을 초주(楚州)의 타담호(鼉潭湖)로 이주시켰다. 그리고 금 왕조의 통치에 반항하는 투쟁을 계속 견지했다.9)

그리고 금의 상경에서는 포로로 잡힌 송 왕조의 사람들이 거의 전체 상경 인구의 절반을 차지했다. 그들은 "원통함을 품고서 굴욕을 당하다 모두가 배반하고 도망할 마음이 있었다"고 한다. 1128년[금 천회 6년, 송 건염 2년]에 수천 명의 사람들이 함께 나무를 한다는 명목으로 각자 큰 도끼를 들고 금의 황제를 위협해 인질로 삼고, 산으로 들어가 험준한 곳에 근거해 사람들을 집결시켜 남송과 연락하기로 계획했다. 그러나 누군가 고발해 주동자 수십 명이 피살되었다.

종택이 동경유수를 지내는 동안 일찍이 한 차례 금에 대항하는 여러 세력을 조직해 동경을 보위하고 황하를 건너 북벌하고자 했다. 포로가 되었다가 도망해 돌아온 종실 조자지(趙子砥)도 일찍이 금에 반항하는 연경 지역의 세력과 연락할 생각을 하고 있었다. 그러나 종택의 사후에 하북과 하동 지방에 있던 금에 대항하는 병사와 백성은 통일된 지휘 체계와 강력한 후원을 잃

---

9) 『建炎以來系年要錄』; 『金史』, 「斜卯阿里傳」; 『金史』, 「赤盞暉傳」을 참조.

었고, 남송의 고종은 금에 반항하는 연경 지역의 세력과 연락할 생각이 없었다. 이후 황하 양편에 있는 금에 대항하는 무장 집단 중 일부는 남하해 송으로 들어가 남송에서 금에 대항하는 중요한 역량이 되기도 하고, 일부는 금군에 의해 하나씩 격파되었으며, 일부는 송에 투항했다가 다시 제에 항복해 유제와 금을 대신해 남송에 대항하는 무장 세력이 되기도 했다. 그리하여 금 왕조의 하북 지방에 대한 통치는 점차 안정되어 갔다.

8장
금 전기의 통치

금 정권은 여진 귀족을 핵심으로, 거란·발해·한족의 상부 계층이 공동으로 통치했던 노예제 정권이다. 태조와 태종 시기는 영토를 개척하던 시기로 당시 여진은 요 왕조와 북송을 멸망시키고 유예를 세워 울타리로 삼으면서 다수의 거란인, 발해인, 한족 관료를 받아들이고, 통치의 범위를 황하 이북까지 확대했다. 희종 때는 종망과 희윤이 주도하면서 중국식 관료 제도를 전면적으로 추진했다. 정권을 건설하는 데 부락 조직의 잔재를 제거하고 여진 귀족의 권력을 제한하는 데 힘을 기울였다. 해릉왕이 즉위한 후에는 중앙 집권을 더욱 강화하면서 금 왕조의 통치 체제를 전면적으로 확립해 봉건화 과정이 더욱 빨라졌다. 세종 시기에는 전성기에 이르렀고, 장종 이후로는 사회적 모순이 점차 심화되고 통치 세력이 점차 쇠락했다. 1234년에 몽고에 멸망당하기까지 아홉 명의 황제가 120년간 통치했다. 금 왕조는 중국 북방의 개발이나 북방 민족의 발전 및 다민족 국가의 통일적 발전과 확립에 크게 기여했다.

1절

금의 통치 제도

1. 관료 제도

1) 발극렬 제도와 중앙집권화로의 전화

금대 초기의 발극렬 제도 ■■■ 발극렬(勃極烈)은 발근(孛堇)이라고도 하며 여진어로는 관인이나 관장(官長) 또는 신하의 의미다.[1] 『금사』에서는 발근을 부락의 수령[또는 部長]이라고 하고, 몇 개의 부를 통치하는 부락연맹체의 수령을 도발근(都孛堇)이라고 했다. 완안씨를 핵심으로 하는 부락대연맹이 건립된 후에는 연맹의 수령을 도발극렬(都勃極烈)이라고 했다. 아골타는 도발극렬로서 황제에 즉위하자 다시 몇 명의 발극렬을 두고 황제를 보좌해 함께 국사를 담당하게 했다. 따라서 『금사』에는 "발극렬은 여진에서 존경받는 관원이다"[2]라고 기록되어 있다.

수국(收國) 원년(1115)에 아골타의 동생 오걸매를 암반(諳班)발극렬, 즉 대발극렬로 삼아 국가의 최고 장관으로 삼았다. 황제가 정벌을 나가면 암반발

---

1) 金啓孮, 『女眞史辭典』(文物出版社, 1984年版).
2) 『三朝北盟會編』 卷3; 『大金國志』, 附錄: 『女眞傳』(中華書局, 1986年版); 『金史』, 「撒改傳」.

극렬이 남아 국사를 돌보았고, 태종 오걸매나 희종 완안단이 모두 암반발극렬을 지내다 황제로 즉위했다. 금대 초기에 암반발극렬은 실제로는 황태자였다.

암반발극렬의 아래에는 국론(國論)발극렬이 있었는데, 처음에는 아골타의 사촌 형인 국상 살개(撒改)가 이를 담당했다가, 후에는 좌우 두 명으로 늘리면서 아들 종간과 조카 종한을 각각 임명했다. 아매(阿買: 제1의 의미)발극렬에는 아골타의 숙부뻘 되는 습부실(習不失)을 임명하고, 측(昃: 제2의 의미)발극렬에는 동생 완안고(完顔杲)를 임명해, 네 명의 발극렬을 조정 최고의 관직으로 삼았다.

후에는 다시 이뢰(移賚: 제3의 의미)·을실(乙室)·홀로(忽魯 또는 胡魯)·아사(阿舍)·질(迭) 등의 발극렬을 증설했는데, 여러 발극렬은 황제를 보좌하며 군국의 대사를 결정하거나 군사를 거느리고 출정하거나, 혹은 공사나 건축을 나누어 담당하거나, 대외 교섭이나 천문·수학 등을 결정하는 데 참여했다. 이러한 발극렬은 완안씨 귀족 중에서 황제가 선임했는데 아골타 집안의 숙부뻘 되는 아리합만(阿離合懣)·만도가(謾都訶), 사촌 형제 알로(斡魯)·완안욱(完顔昱), 조카 종반 등도 모두 일찍이 발극렬을 담당한 바 있다.

발극렬 제도는 귀족 의사회의 형식이 여전히 짙게 남아 있는 중앙의 관료 제도다. 위로는 황제의 계승에서부터 아래로는 대외 전쟁이나 국내의 통치에 이르기까지 여러 발극렬의 의견이 대단히 중대한 영향을 끼쳤고, 심지어 황제에 대해 비평하거나 어떠한 처분을 내릴 수도 있었다.

사회가 발전하고 통치의 범위가 확대되어 요나 북송 왕조의 항복한 관원들이 대거 몰려오면서, 요나 북송의 관료 제도의 영향이 날로 심화되고 중앙집권화의 추세도 나날이 명확해졌다. 이에 따라 귀족의 권력과 황제권 사이의 갈등이 날이 갈수록 부각되면서 발극렬 제도는 점차 쇠퇴해 갔다.

천보 7년(1123)[9월에 天會로 연호를 변경했다]에 연경과 평주(平州)를 취하고 한족 관리들을 안무하기 위해 "처음으로 한족 관료의 재상을 채용해 좌기궁 등에게 상을 내리고, 광녕부(廣寧府)에 중서성과 추밀원을 설치하고, 조정의 재상은 스스로 여진의 관호를 사용했다"고 한다.

천회 2년에 중서성과 추밀원을 평주로 옮겨 설치하고, 채정(蔡靖)이 압박을 받아 연산부를 가지고 금에 투항하자 다시 연산부로 옮겨 설치했다. 북송에 대해 군사적으로 공격할 때 종망과 종한은 각각 연산부와 운중에 추밀원을 설치했는데, 당시에는 이를 동조정과 서조정이라고 불렀다. 그들은 각각 한족 관료에게 추밀원의 일을 주관하도록 했는데 "무릇 한족 지역에서 사람을 뽑아 임명하고 조세를 징발하는 등의 일을 모두 명령을 받아 시행했다"3)고 한다. 요 왕조에서 항복한 유언종(劉彦宗)·시립애(時立愛)·한기선(韓企先) 등이 여진의 남정군 최고 통솔자와 협력해 한족의 땅을 통치했는데, 조정에서 간여하는 경우는 매우 드물었다.

요 왕조가 멸망한 후에 완안고(完顔杲)와 종간이 정치를 보좌하면서 태종에게 여진의 구제도를 개혁할 것을 건의했다. 천회 4년에 "처음으로 관료 제도를 정해 상서성 이하 여러 사(司)·부(府)·시(寺)를 설립했다"고 한다. 그리하여 중앙에서는 비로소 중국식 관료 제도를 갖추기 시작했는데 대체로 요 왕조의 남원(南院) 제도를 답습한 것이 많았고, 여러 발극렬은 여전히 금 왕조에서 군국의 대사를 결정했다.4)

중국식 관료 제도의 확립과 중앙집권제의 강화 ■■■■　　태조와 태종 시기에 중국식 관료 제도를 시행한 목적은 항복한 사람들을 끌어들이고 안무하는 것이었기 때문에, 한족 관원들은 간혹 사람을 위해 관직을 만들기도 하고 어떤 경우에는 이름뿐인 관직도 있었다. 희종이 즉위한 후에는 황제권을 강화하고 자신과 다른 세력을 약화시키기 위해 주도적으로 요와 북송 왕조의 관료 제도를 빌려 구제도를 개혁하기 시작했다.

---

3) 『金史』, 「韓企先傳」.
4) 『金史』, 「韓企先傳」과 『三朝北盟會編』 卷45에 인용된 張彙의 『金虜節要』 참조.

요와 북송의 제도를 모방해 3사(三師)와 3공(三公)을 두고 3성(三省)을 최고의 정책 기관으로 삼았다. 여진 귀족을 3사와 3공으로 삼아 3성의 일을 다스리게 했다. 천회 13년(1135)에 희종은 국론우발극렬이자 도원수인 종한을 태보(太保)로 삼아 3성의 일을 다스리게 하고, 상서령(尙書令)이자 송왕(宋王)인 종반을 태사(太師)로 삼았다. 다음 해에는 다시 종한과 종반 및 태부(太傅)인 종간에게 함께 3성의 일을 처리하도록 해 여러 발극렬의 국사에 대한 결정권을 3성이 대신하게 되었다.

천권(天眷) 원년(1138)에는 관료 제도를 반포하고 시행하면서 최종적으로 발극렬 제도를 폐지하고, 중국의 관료 제도에 따라 일률적으로 바꾸어 임명했다. 요 왕조의 옛 제도를 따라 부분적으로 독리(秃里)와 상온(詳穩) 등의 북면관을 서북쪽 변방에 남겨둔 것을 제외하면, 중앙에서는 통일적인 3성 6부제를 확립했다.

해릉왕이 즉위한 후에는 더욱 여진 귀족의 권력을 제한하고 황제권을 강화했다. 정원(貞元) 2년(1154)에는 3성의 일을 다스리는 것을 폐지하고 상서령(尙書令)을 설치해 승상(丞相) 위에 두었다. 정륭(正隆) 원년(1156) 5월에는 「정륭관제(正隆官制)」를 반포하고 시행했다. "중서성과 문하성을 폐지하고 상서성만 두었다. 상서성 아래에는 관청의 구별을 두었는데 원(院)·대(臺)·부(府)·사(司)·시(寺)·감(監)·국(局)·서(署)·소(所)가 있어 각각 예속된 관리들을 거느리고 그 직책을 수행하게 했다. 관직은 정해진 지위가 있고 관원은 정해진 수가 있어 기강이 명료하고 여러 업무가 열거되어, 이것을 금이 멸망할 때까지 지켜 감히 바꾸지 않았다.[5] 이에 상서성에게 전국의 정무를 주관하게 하면서 상서령, 좌우 승상, 좌우 승, 참지정사를 두었다. 원수부는 추밀원이 군사를 담당하게 하고 아울러 상서성의 통제를 받게 하여 군사를 거느린 장수들이 정사를 관리하고 간섭하는 것을 제한했다. 상서령은 전국 최고의 행정 장

---

5) 『金史』, 「百官志一」.

관으로서 직접적으로 황제에 대해 책임을 졌다. 삼사와 삼공은 다시는 정무에 직접 참여할 수 없었고, 이에 따라 여진 귀족의 권력은 약화되어 황제의 지고 무상한 지위가 확립되었다.

세종 때 정륭관제에 대해 약간의 조정을 가해 좌우 승상 밑에 평장정사를 두어 상서령, 좌우 승상과 함께 모두 재상으로 삼고, 좌우 승과 참지정사는 집정관으로 삼아 마침내 제도로 확립했다.

상서성은 좌우의 2사(司)가 6부를 나누어 담당했는데, 좌사는 이부·호부·예부의 세 개 부를 관할하고 우사는 병부·형부·공부의 세 개 부를 관할했다. 좌우 2사에는 낭중(郎中)과 원외랑(員外郎)을 각각 한 명씩 두었다.

이 외에 추밀원을 설립해 군정을 맡겼으며, 어사대는 백관의 규찰, 국사원은 국사의 편찬, 한림학사원은 각종 문장의 제작을 담당하도록 했고, 대종정부(大宗正府)는 황족 관련 업무와 교육을 맡겼으며 전전도점검사(殿前都點檢司)에는 친군과 숙위군을 담당하게 했다.

2) 지방 통치 기구

맹안모극제 ■■■ 　상경 회령부(會寧府)를 중심으로 하여 여진인이 거주하는 광대한 지역은 금 왕조가 흥기한 지역이면서, 금대 초기에는 내지(內地)라고 칭하던 곳이다. 금 왕조를 건국하기 전에는 각 부락의 발근이 나누어서 관리하다가, 행군을 하거나 전쟁을 할 때 군사 수의 많고 적음에 따라 군사를 통솔하는 발근을 맹안과 모극으로 나누어 칭했다. 맹안이란 여진어로 '천'을 뜻하므로, 천호 혹은 천부장으로 해석할 수 있다. 모극은 여진어로 향리나 읍장 혹은 족속이나 족장을 뜻하며, 백호 혹은 백부장으로 해석할 수 있다.

1114년에 일어난 영강주 전투 이후에 완안씨 귀족 세력이 빠르게 강성해지자 아골타는 맹안과 모극을 정리하고 이를 상설 기구이자 관명으로 만들어, 여러 지방에서 300호를 모극으로 하고 10모극을 맹안으로 규정함으로써 맹안모극제(猛安謀克制)가 최종적으로 확립되었다. 그리하여 맹안·모극의 편제는 원래 군사적 편제인데, 행정을 겸해 관리하는 지방 행정 기구가 되었다. 군사적인 측면에서 장수였던 맹안과 모극 또한 행정을 겸해 관리하는 지방 관원이 되었다. 완안부에서 정리해 개편되기 시작한 맹안모극제는 여러 지방으로 확대되었고, 아울러 새로 임명된 맹안과 모극은 점차 과거의 발근을 대신했다. 따라서 완안씨 귀족의 여진 각 부에 대한 통제는 더욱 강화되었다.

금 정권이 군사적으로 계속 승리하면서 많은 수의 한족과 발해인·해인·계적여진·실위·오야·철려 등이 귀부하거나 정복되어 금 왕조에서 통치하는 백성의 수가 빠르게 증가했다. 초기에 새로 귀부한 자들은 모두 맹안과 모극에 편입시켜 관리했다. 후에는 군중을 거느리고 귀부한 이들이 많아지자, 항복한 관원과 장수를 분별해 맹안과 모극으로 삼고 이들로 하여금 계속 그들의 무리를 거느리게 했으니, 과거에 요 왕조의 요련구장(遙輦九帳)도 아홉 개의 맹안으로 편성되었다. 이에 맹안모극제는 여진의 땅 이외에 새로 항복한 각 부족이나 새로 점령한 지역까지 확대되었다. 그리고 여진인이 남쪽으로 이주하면서 맹안모극제가 중원에까지 미쳤다.

여진의 맹안 내 여러 관품은 중국의 방어사와 비슷하며, 본래는 그 맹안의 민사·군무와 농업·잠상을 권하고 재해의 방지를 담당했다. 모극은 관직은 현령에 해당하지만, 품등은 약간 높다.

노부주현(路府州縣)의 제도 ■■■ 중앙의 관제와 마찬가지로 금 정권은 지방의 통치에 대해서도 요나 송의 제도를 계속 흡수해 여진의 구제도에서부터 한족의 제도로 바뀌어가는 과정에 있었다. 『금사』에 기록된 '로(路)'는 몇 개의 다른 상황이 있었다. 건국 이전에는 여진의 여러 부락이 거주하는 지역을 '로'라고 칭했는데, 예를 들면 성현(星顯)·혼준(渾蠢)·야회(耶悔)·통문(統門) 등 네 개 로가 있었다. 동경을 함락시킨 후에는 요 왕조의 제도를 받아들여 계속해서 함평(咸平)·갈라(曷懶)·갈소관(曷蘇館) 등의 로를 설치해 도통(都統)이나 군수(軍帥)를 장관으로 삼았다. 생여진 지역에도 점차 포여(蒲與)나 호리개(胡里改) 등의 로를 설치해 만호에게 통치를 맡겼으며, 로는 맹안과 모극을 관할했다.

천회 원년(1123)에 평주를 점령하고 세력이 한족의 지역으로 깊이 들어가자 맹안모극제는 저항을 받았다. 이에 종한 등이 계속 주현제를 시행하고, 장리를 두어 한인들을 통치할 것을 건의했다. 후에 북송을 멸망시키고 회수 이북의 광대한 지역을 통치하게 되었을 때 지방 기구 또한 과거 한인 지역의 옛 제도를 계속 사용했다.

중앙 관제의 개혁에 따라 노제(路制)도 정돈해 군수·도통·만호(萬戶)가 통치하는 각 로에 각각 총관과 절도사를 설치해 제경(諸京)의 유수사(留守司) 아래 두었다.

정원 원년(1153)에 해릉왕이 연경으로 천도하고 연경을 중도로 고쳐, 마침내 이곳을 수도로 정하고 대흥부(大興府)라고 했다. 지방의 통치에서 금 왕조는 요의 제도를 답습해 5경을 두고, 열네 개의 총관부를 설치했으며, 열아홉 개의 로를 두었다. 해릉왕이 천도한 후에는 한때 상경이라는 호칭을 없앴지만, 세종 대정(大定) 13년(1173)에 다시 복구해 요의 중경 대정부(大定府)를 북경으로 삼았다. 동경과 서경은 요의 구제도에 따른 것인데, 전과 마찬가지로 요양(遼陽)과 대동(大同)을 동경과 서경으로 삼았다. 5경에는 유수사를 설치하고 유수를 두었다.

이 외에 중도(中都)를 설치했으며, 하북동로·하북서로·산동동로·산동서로·하동남로·하동북로·대명로(大名路)·경조로(京兆路)·봉상로(鳳翔路)·부연로(鄜延路)·경원로(慶原路)·임조로(臨洮路) 등의 로에는 도총관부를 설치하고 도총관을 두었다. 또한 전운사(轉運司)를 설치해 화폐와 곡식 업무를 맡겼고, 부에는 총관부와 일반 부가 있어 서로 차이가 있었는데 총관부의 부윤은 그 로의 병마도총관을 겸하면서 해당하는 주의 군정과 민정을 총괄해 다스렸고, 일반 부에 임명한 부윤은 그 부의 업무만을 담당했다.

주에는 절진주·방어주·자사주 등 세 주가 있고, 그 직무는 각각 지방을 진무하거나 도적을 방어하면서 주의 업무를 겸해 처리하는 것이었다. 현에는 적현(赤縣: 대흥부에 속한 大興縣이나 宛平縣만이 여기에 해당한다), 차적현(次赤縣: 2만 5,000호 이상), 보통의 현이 있는데 장관은 모두 현령이라고 했다.

관료 제도가 꾸준히 완전해지는 동시에 또한 금의 통치자들은 관원에 대한 인사 고과도 계속 강화해, 점차 일련의 비교적 엄밀한 인사 고과와 승진 제도를 제정했다. 금대 초기에 여러 관원의 청렴과 능력의 유무는 조정의 발극렬이 심사했다. 희종 천권 연간에 처음으로 대신을 여러 지방으로 파견해 지방관의 정치적 업적과 청렴 여부를 조사해 승진과 강등을 결정했다. 해릉왕 때는 정륭관제를 시행해 관원들에 대한 인사 고과 또한 제도화되기 시작했다.[6] 세종과 장종 때는 관원을 시찰하는 제도가 날로 완전해졌다.

2. 군대

『금사』「병지」에 "금대 초기에는 여러 부락의 백성에게 다른 요역은 없었고, 건강한 이는 모두 병사가 되었다. 평상시에는 거주하면서 밭을 갈거나 물고기를 잡거나 사냥하는 것을 익히는 데 힘쓰도록 하고, 특별한 일이 있으면 곧 부락에 명령을 내리고 사자를 보내 여러 발근에게 가서 징병에 응하는데, 무릇 보병이나 기병의 장비와 양식은 모두 준비한 것을 취한다"고 기록되어 있다. 맹안모극제가 확립되자 거란·발해·해·실위 등도 맹안과 모극에 편입되었는데, 병역 부담은 여진의 부락민과 같았으며 그들은 금 군대의 주력군이었다.

---

[6] 『金史』, 「選擧志」와 王世蓮, 『論金代的考課與廉察制度』, 『北方文物』 1989年 1期를 참조.

중원으로 들어온 후에도 전쟁이 있으면 마찬가지로 문서를 발급해 한족 백성을 군사로 삼았다. 서북로와 서남로에서는 거란과 몽고 등 유목 부족으로 규군(糺軍)을 편성했다.

황제의 시위친군(侍衛親軍)은 처음에는 합찰(合紮)모극7)이었는데, 해릉왕이 천도한 후에는 태조·종간·종한에게 소속된 군대로 합찰맹안을 만들어 시위친군이라 칭하고 시위친군사를 설치했다. 그리고 후에는 점검사(點檢司)와 선휘원(宣徽院)에 나누어 예속시켰다.

군사를 통솔하는 군관은 처음에는 요의 제도를 답습해 도통을 두었다. 건국 이전에는 일찍이 살개(撒改)를 도통으로 삼아 야율유가(耶律留可)를 정벌하게 했다. 건국 후에 비로소 군수사(軍帥司)와 도통사(都統司)를 설치해 도통과 군수가 군정과 민정을 겸해 관할했다. 천회 3년(1125)에 원수부를 설치해 송을 정벌했는데, 원수와 좌우 부원수, 좌우 감군, 좌우 도감을 두었다. 그리하여 원수부는 송을 정벌하는 전쟁을 주관하고 한족 지역을 통치하는 군정 기관이 되었다. 지방 기구가 완전해지면서 군수가 백성을 관할하는 권한은 점차 지방 행정 장관에게 이관되었다.

해릉왕 때 추밀원을 개설해 군사를 주관하게 했는데, 장관은 추밀사와 추밀부사 등이고 상서성의 통제를 받았다. 이후에 평상시에는 추밀사라 하고 전쟁시에는 원수부로 바꿨는데, 후기에는 두 기구를 함께 두었다.

각각의 로에는 병마도총관부(兵馬都總管府)와 병마사(兵馬司)를 두었고, 주와 진에는 절도사와 도군사(都軍司)를 두었으며, 도지휘사(都指揮使)에게 지방의 치안을 맡겼다. 변방의 주에는 방어사를 설치했다.

남쪽 변경에는 네 개의 통군사(統軍司)를, 북쪽 변경에는 동북·서북·서남 등 세 개의 초토사(招討司)를 두어 변방을 지키면서 항복을 권유하고 내부한 이들을 처리하게 했다. 여러 부족에는 요의 제도를 답습해 절도사를 설치했

---

7) 『金史』, 「兵志」.

고, 규군에는 상온(詳穩)·마홀(麽忽)·독리(禿里)·이리근(移里蓳 또는 夷離蓳) 등을 두었다.

3. 법률

금대 초기에는 여진인의 범죄를 관습법으로 처리해 죄가 가벼우면 버드나무 가지로 등을 때리고 죄가 무거우면 막대에 소가죽으로 만든 모래주머니를 달아 등을 때렸는데, 말을 타는 데 지장이 없도록 엉덩이만은 때리지 않았다. 살인과 강도의 죄를 범하면 그 머리를 때려 죽이고, 그 가산을 몰수해 60퍼센트는 피해자에게 주고 40퍼센트는 관에서 몰수했으며, 범죄자의 가족은 노예로 삼았다. 만일 그 친족들이 사면을 받고자 한다면 말과 소 혹은 기타의 재물로 몸값을 대신할 수는 있었지만, 코나 귀를 베어 보통 사람들과는 구분 지었다.

태종 이후에는 점차 요나 송의 법을 사용했다. 희종 황통(皇統, 1141~1148) 연간에는 여진의 구제도에 수·당·요·송의 법률을 참조해 금의 법률을 편찬하고, 이를 『황통제(皇統制)』라고 했다. 해릉왕 정륭 연간에 다시 『속강제서(續降制書)』를 편찬해 『황통제』와 병용했다.

세종 초년에는 정륭의 난을 뒤이은 악행을 처리할 때 임시방편을 많이 따랐는데, 마침내 황제의 이러한 제지(制旨)를 모아 『군전권의조리(軍前權宜條理)』를 만들었다. 대정 5년(1165)에 『군전권의조리』를 다시 정리해 『속행조리(續行條理)』를 만들어 『황통제』·『속강제서』와 함께 병용했다.

대정 17년에 몇 개의 법률을 병용함으로써 "시비가 혼란스럽고 적당하게 따를 바를 모르기에, 간사한 관리들이 이로 인해 부당한 짓을 저질렀다"고 한다. 그리하여 마침내 관청을 설치해 법률을 편수하도록 했다. 대리시경(大理寺卿) 이랄조(移剌慥)에게 통일된 법률 서적의 편찬을 주관하도록 했다. "희종의 『황통제』와 해릉왕의 『속강제서』를 취해 비슷한 것을 모아 교정하는데, 막혀 통하지 않는 것은 통하게 하고 그 번잡한 것은 생략했다. 예가 있는 것이 마땅하지만, 조목이 기록되지 않은 것은 예를 사용해 보충했으며, 특별히 빠진 것은 율(律)을 사용해 첨가했다. 법률로 만드는 데 적당하지 않거나 의심되어 결정할 수 없는 것들은 황제의 뜻을 물어 정했다. 무릇 황제의 뜻으로 처분된 것이나 임시 조례에서도 일상적으로 행할 수 있는 것들은 모아 영구적인 법으로 삼았다. 그 외에 삭제하기 어려운 것들은 별도의 책으로 만들었다. 대체로 1,190조목이며 총 12권이다."[8] 이것이 바로 『대정중수제조(大定重修制條)』다.

『대정중수제조』는 황제의 명령과 법률이 섞이고, 죄의 경중이 일치하지 않는 문제점을 해결한 것이 아니었다. 따라서 장종이 즉위한 후에 다시 상정소(詳定所)를 두어 황제의 명령과 법률을 살펴 새로운 법률을 만들도록 했다. 태화(泰和) 원년(1201)에 새로운 법률을 편성했는데, 무릇 명례(名例)·위금(衛禁)·직제(職制)·호혼(戶婚) 등 12편에 30권으로 구성되었다.

새로운 법률은 많은 부분이 당대의 법률에 근거하면서 일부 내용을 더하거나 빼거나 조목을 나누어 만들었다. 동시에 "주석을 달아 그 일을 밝히고, 소의(疏義)를 통해 그 의심나는 것을 해석해"[9] 이름을 '태화율의(泰和律義)'라고 했다. 또한 편정(編定)·사령(祠令)·호령(戶令)·학령(學令)·선거령(選擧令)·봉작령(封爵令) 등을 20권으로 편성하고 『율령(律令)』이라 칭했다. 그리고 제칙(制敕)·각화(榷貨)·번부(蕃部) 등으로 『신정칙조(新定敕條)』 3권과 『육부격식(六部格式)』 30권을 만들었다. 그리하여 다음 해에 새로운 법률을 반포했고, 이에 이르러 금의 율령은 통일되고 완전해졌다.

금의 법률은 대체적으로 요나 송 왕조의 구법을 답습했다. 요 왕조의 법률에 있는 유배형을 폐지하고 곤장으로 대신했다. 원래부터 여진의 구제도

---

8) 『金史』, 「移剌慥傳」.
9) 『金史』, 「刑志」.

에 있었던 머리를 쳐서 죽이거나 노비로 삼는 등의 잔혹한 형벌은 제거했다. 여진 귀족의 특권에 대해서도 어느 정도 제한하고, 양민과 노비의 지위에 대해서도 법률적으로 명확하게 규정했다.

4. 과거와 학교

건국 초기에 여진은 문자가 없어서 이웃 나라와 주고받는 문서에는 거란 문자와 한문을 사용했다. 건국한 후에 태조는 완안희윤(完顔希尹)과 엽로(葉魯)에게 여진 문자를 창제하라고 명령했고, 천보 3년(1119)에 반포하니, 이것이 여진대자(女眞大字)다. 희종 때는 여진소자(女眞小字)를 창제해 천권 원년(1138)에 반포했다.

금대 초기에는 군사적으로 신속하게 발전해 새로 얻은 영토가 날로 확장되었기 때문에 관원들이 많이 부족했다. 인재를 망라해 새로 얻은 영토를 통치하기 위해 천회 원년(1123) 11월과 다음 해(1124) 2월과 8월에 연속으로 세 차례의 과거를 실시해 인재를 선발했다.

하북과 하남이 금에 편입되면서 다시 과거 시험을 시행했다. 그런데 요나 송 왕조의 사람들이 평소에 배운 것이 모두 같지 않았기 때문에 마침내 남장(南場)과 북장(北張)의 두 가지로 과거를 시행해 이를 남선(南選)과 북선(北選)이라고 불렀고, 시험 과목은 요와 송의 옛 제도에 따라 사부(詞賦)·경의(經義)·책시(策試)·율과(律科)·경동(經童)의 제도로 시행했다.

천권 원년에는 경의와 사부 두 과목으로 인재를 선발했다. 해릉왕은 다시 제도를 고쳐 남선과 북선을 합해 하나로 하고, 경의도 폐지해 사부만으로 인재를 선발했다. 시험은 3년마다 열고 아울러 전시(殿試)를 추가했다. 세종 때는 여진 진사과를 만들었는데, 책론(策論)만을 시험했기 때문에 책론진사로 불렀다. 장종 때는 다시 제거굉사과(制擧宏詞科)를 더해 자질이 뛰어난 선비를 대우했다. 금대 과거의 과목이나 기한은 비록 때에 따라 변화하기도 했지만, 그 중요한 뜻은 여전히 "요와 송의 법을 합해 다듬는다"10)는 데서 벗어나지 않았다.

과거 제도를 제정하는 동시에 금의 통치자들은 또한 인재의 육성도 중시했다. 학교에는 국자학(國子學), 태학(太學), 부(府)·주(州)·현학(縣學), 여직학(女直學)이 있었다. 태학은 예부에서 담당했고 주와 부에는 학관(學官)을 두어 경전과 역사를 가르쳤는데, 국자감에서 통일적으로 교재를 인쇄해 학교로 보내주었다.

대정 4년(1164)에는 여진대자와 여진소자로 경전을 번역해 반포하고, 맹안·모극호의 자제 3,000명을 선발해 입학시켰다. 대정 9년에는 성적 우수자 100명이 경사에 이르렀다. 대정 13년에는 책(策)과 시(詩)로 선비를 취해 도단일(徒單鎰) 등 스물일곱 명을 선발했다. 이에 따라 경사에 여진국자학을 개설하고, 지방에는 여진부학을 설립해 새로운 진사를 교수로 임용했다.

---

10) 李世弼, 『登科記序』.

2절
금대 전기의 사회적 갈등

1. 희종의 치세

1) 희종의 즉위

　금대 초기에는 통치 기구와 통치 제도 방면에서 부락연맹제의 잔재가 비교적 많이 남아 있어 귀족들의 권력은 강하고 직책은 매우 무거웠으며, 장자 상속제가 아직 확립되지 않았다. 태조가 죽은 뒤 여러 발극렬이 암반발극렬 오걸매를 황제로 추대해 금의 태종이 되었다. 태종은 다시 동생 완안고(完顔杲)를 암반발극렬에 임명해 후계자로 삼았다. 그런데 천회 8년(1130)에 완안고가 사망하자 후계자 자리가 비었다.

　후계자를 세워 황제의 자리를 계승하는 문제를 놓고 태종은 매우 고심했다. 태조의 적자 종준(宗峻)은 이미 사망했고, 종간(宗幹)과 종반(宗磐)이 각각 태조와 태종의 장자라는 신분으로 스스로 후계자가 되는 것이 마땅하다고 생각하고 있었다. 그리고 종한(宗翰)도 자신이 많은 공을 세웠고 연장자라고 생각해 기대를 버리지 않았다. 이런 이유로 암반발극렬의 자리는 몇 년 동안이나 비어 있었다. 그 후 태종의 사촌 동생 완안욱(完顔勖)이 처음으로 태조의 적장손이자 종준의 장자 완안단(完顔亶)을 세우자고 건의했다. 그의 건의를 종한·종간·완안희윤이 지지해 천회 10년에 완안단을 암반발극렬로 삼았다. 그리고 천회 13년에 태종이 죽자 완안단이 황제의 자리에 오르니, 이가 곧 희종(熙宗)이다.

완안단이 후계자가 되자 곧바로 요에서 항복한 관리이면서 한족인 한방(韓昉)과 송의 유생이던 사람들을 스승으로 삼아 한족의 문화를 학습하고 동시에 봉건적인 예의와 거란족과 한족들이 나라를 통치했던 경험 등을 학습했다. 그리고 즉위한 후에는 종간·종한·희윤 등의 지지를 받으면서 점차 여진의 옛 제도를 개선했다.

천회 15년(1137)에 통치 집단 내부에서는 어떻게 중원을 통치할 것인지에 대해 의견을 나누었다. 희종은 달라(撻懶)의 의견을 받아들여 유예를 폐위시켰다. 다음 해에는 하남과 섬서의 땅을 송에 주어 남송과 관계를 조정하는 단서를 열었다.

2) 발극렬 제도의 폐지

천권 원년(1138)에 희종은 전대에 건설한 회평주(會平州)를 상경 회령부(會寧府)로 바꾸는 동시에 관료 제도를 개혁해 여진의 옛 제도와 3성이 병존하는 상황을 개선했다. 발극렬 제도를 폐지하면서 전면적으로 중국식 관료 제도를 시행했다. 원래의 여진 관명과 요나 송 왕조를 따른 각각의 관직명을 일률적으로 새롭게 제정한 관료 제도에 따라 바꾸어 제수했다. 새로운 관료 제도는 재상의 권력을 강화하고 귀족의 정치에 대한 간섭을 제한했다. 어사대를 설치해 형벌을 관리하고, 관리에 대해 감찰하게 하여, 황제의 관료에 대한 통제를 강화했다. 또한 중국의 제도를 모방해 궁전을 건축하고 예의 제도를 제정해 군신의 명분과 궁궐을 수비하는 제도를 엄격히 했다.

선대의 황제들이 여러 종친과 "즐거움은 함께 누리고 재물은 함께 사용한다"는 의미에서 같이 앉아 함께 식사하는 관례를 쇄신했다. 이로써 희종은 "구중궁궐에 단정하게 거주해", 다시는 여러 종실의 귀족이 수시로 입궐해 알현할 수 없게 되었다. 희종은 이를 빌려 위엄을 세우고 개인의 지위를 높여 여러 숙부가 통제에 순종하게 하려 했다. 동시에 희종은 문장을 대충 알고 시를 조금이나마 이해할 수 있어 여진의 여러 귀족이나 공신과 점차 멀어지면서 이전에 큰 공을 세웠던 대신들을 '무지한 오랑캐'로 보았고, 많은 권문귀족들은 희종을 '완전한 한족 가정의 어린아이'로 보아 서로 간에 이미 감정의 골이 깊었다.

희종은 발극렬제도를 폐지하는 동시에 맹안모극제도 정리했다. 먼저 천권 3년에 한족과 발해인이 가지고 있던 맹안과 모극의 직무를 폐지하고 점차 군사권을 여진인의 수중으로 옮겼다. 그리고 다시 황통 5년(1145)에는 이전부터 세습이 허락되었고 한인과 발해인이 담당한 맹안과 모극의 직무까지 박탈해 "점차 군사권이 여진족에게 돌아갔다"고 한다.

3) 화북으로의 이주

새로 점령한 영토를 방어하고 금 왕조가 점령한 지역에 대한 통치를 확고히 하기 위해, 또 여진인에게 경작에 더욱 적합한 토지를 제공하기 위해, 건국 초기부터 여진의 통치자들은 새로 점령한 영토로 백성을 이주시키기 시작했다. 수국 2년(1116)에 은술가(銀術可)를 모극으로 삼아 2,000호를 거느리고 영강주에서 둔전하게 했다. 황룡부를 점령한 후인 천보 2년(1118)에는 여러 지방의 모극을 합해 완안누실(完顔婁室)을 만호로 삼아 황룡부를 지키게 했다. 요의 수도인 임황부를 점령하고 다시 천보 5년에 여러 지방의 맹안 가운데 1만여 호를 선발해 완안파로화(完顔婆盧火)를 도통으로 삼아 태주(泰州)에서 둔전을 실시하게 했다.[11] 파로화는 마침내 안출호수(按出虎水)에서부터 태주로 옮겨 거주했다.

하북과 하동 지역을 점령한 뒤 여진인은 군사들에게 그 땅을 나누어 주고 계속 주둔시키기 시작했다. 유예의 제를 폐지한 뒤 하북 지방에는 여진의 군사력을 증가시킬 필요성이 절실했다. 천회 연간 후기와 천권 및 황통 연간에 여진인은 대규모로 화북 지방으로 이주했다. 황통 5년(1145)에 이르러 이주는 일단락 짓고, 정돈 작업도 점차 완성되었다.[12] 화북 지방으로의 대규모 이민은 여진 사회에 거대한 변화를 가져왔고, 금 왕조의 통치에도 중대한 영향을 가져와 해릉왕 완안량(完顔亮) 시기의 천도와 통치의 중심이 남쪽으로 옮겨가는 기초를 다졌다.

2. 여진 귀족 사이의 모순과 투쟁

희종은 군사적 대권을 장악할 재능이나 실제 경험이 없이 초기에는 태보 종한, 태사 종반, 태부 종간이 3성의 일을 함께 처리해 국가의 중대한 문제에 대한 결정에 참여하게 했다. 그러나 통치 집단 내부에서는 계속 파벌 싸움이 발생하여 금 정권의 확립과 발전을 심각하게 저해했다.

1) 종실 간의 투쟁

종한·종간·희윤 등은 이미 금을 건국하고 안정시키는 데 공이 있고, 또 요를 멸망시키고 북송에 대한 정벌 전쟁에 공로가 있었다. 종간은 형사취수로 종준의 처를 아내로 맞았기 때문에 희종에게는 계부가 되었고, 또 희종의 깊은 신임을 받는 중신이었다. 종한은 선후로 좌우 부원수와 도원수를 지내

---

11) 『金史』, 「婆盧火傳」.
12) 三上次男, 金啓孮 譯, 『金代女眞硏究』(黑龍江人民出版社, 1984年版)을 참조.

면서 남부의 군사 업무를 주관했다. 희윤은 강인하면서도 재능이 있어 종한의 책략가가 되어 상서좌승상 겸 시중을 지냈다. 그들 모두는 금 왕조의 통치 집단 중에서도 핵심적인 인물로, 희종 전기에 국책의 중요한 결정자이면서 개혁의 지지자이자 추진자였다. 그들은 일군의 한족이나 발해인 관료를 단결시켜 금 왕조가 적극적으로 중원으로의 세력을 발전시켜야 한다고 주장했다.

종반은 황제 자리를 계승하지 못해 불만을 품고 있었고, 또 개혁이 귀족의 권력을 약화시키자 더욱 속으로 불만을 품고 있었다. 희종은 종반을 위로하고 환심을 사기 위해 그를 태사로 삼아 종간·종한과 함께 국정에 참여시켰다. 이에 여진 귀족 사이에는 점차 각각 종간과 종반을 우두머리로 하여 서로 대립하는 두 파벌의 정치 세력이 형성되었다. 완안종반은 직권을 이용해 개인적인 세력을 양성하면서 상대방에 타격을 가할 기회를 엿보았다.

천회 15년(1137)에 상서우승이자 종한의 심복으로 요에서 항복한 발해인 고경예(高慶裔)가 부정부패로 고발당해 하옥되었다가 사형되었다. 종반은 기회를 틈타 더 큰 옥사를 일으켜 종한에게 타격을 가했다. 종한은 도와줄 방법이 없어 울분을 품고 있다가 죽었다.

종한 사후에 종반은 동경유수이자 태조의 아들 종준(宗雋)과 우부원수이자 태조의 사촌 동생인 달라(撻懶)와 연맹을 맺고, 더욱 강하게 종간과 희윤을 공격했다. 쌍방의 투쟁은 대단히 격렬했다. 종반은 심지어 희종이 보는 앞에서 칼로 종간을 겨누기도 하고 아울러 재상직을 물러나겠다고 위협하기도 했는데, 희종은 이들을 처벌할 수 없었기 때문에 화해시켰다. 종반과 종휴의 주장에 따라 희종은 유예를 폐하고 달라에게 남면의 군무를 담당하게 했다. 다음 해에는 다시 희윤의 상서좌승상 직무를 박탈해 종간을 고립시켰다. 동시에 하남의 땅을 남송에 돌려주고 연경 추밀원을 행대상서성(行臺尚書省)으로 고쳤다. 종휴가 상서좌승상으로 시중과 태보를 겸해 3성의 일을 다스려 종반 일파 세력이 잠시 우세를 차지했다.

종휴가 태보가 되었을 때 희윤의 관직도 회복되었다. 희윤은 종간과 한족 출신의 관리 한방 등과 함께 희종의 마음을 얻어 종반 세력을 향해 반격을 가했다. 천권 2년 7월에 종반과 종휴가 모반죄로 사형되고,[13] 연경 행대상서성의 좌승상으로 나가게 된 달라는 커다란 원한을 품어 9월에 남송이나 몽고로 달아날 것을 도모했으나, 종필(宗弼 또는 兀術)에게 추격당해 사살되었다.

종반과 종간의 모순에는 권력과 이익을 쟁탈하려 한다는 요소가 있고, 정견이 다르다는 원인도 있다. 종반은 여진족 노예주 귀족의 이익을 대표해, 여진 귀족의 특권을 남겨두면서 상경 지역에서 노예제를 계속 발전시킬 것을 주장했다. 달라는 유예의 폐위를 힘써 주장하면서, 산동과 하북 지방에서 개인의 세력을 발전시키려는 사심을 품고 있었다. 종간 등이 종반을 이긴 것은 비록 기득권을 유지하려는 개인적인 목적을 완전히 배제할 수는 없지만, 여진 사회의 발전을 촉진시켜 여진 사회의 봉건화 과정을 더욱 빠르게 하고 금 정권이 통일을 유지하면서 금 왕조가 하북·하동 지방에서 통치력을 확고히 하도록 했으며, 또 금 왕조의 통치 범위를 더욱 확대하는 데 적극적으로 작용했다. 종반 세력이 와해된 뒤로는 개혁파 내부에서 다시 알력이 발생해, 서로 죽고 죽이는 파벌 싸움을 벌였다.

2) 종필과 희윤의 갈등

희윤은 곡신(谷神) 또는 올실(兀室)이라고도 한다. 완안부 사람으로, 부친 완안환도(完顏歡都)는 핵리발이 절도사를 지낼 때 "들어가서는 함께 모의하고, 나가서는 전쟁터에 임해" "위임해 맡기는 것이 가까운 막료 가운데 으뜸이었다"고 한다.[14] 희윤도 재능이 있어서 "여진 문자를 창제해, 예법의 동정이나 군사적인 일은 손자나 오자서와 일치하는 점이 많아 스스로 장량(張良)

---

13) 『三朝北盟會編』卷166을 참조.
14) 『金史』,「歡都傳」.

이나 진평(陳平)보다 못하지 않다고 말했다"[15]고 전해진다. 희윤은 이처럼 재주가 많아 희종이나 종필이 시기했다.

종필은 태조의 아들이자 희종의 숙부로서 천권 원년에 도원수가 되었다. 그는 달라를 주살하는 데 공을 세워 도원수에서 태보로 승진해 행대상서성을 관할하면서 한족 지역의 군사와 재정 등의 업무를 총괄했다. 천권 3년(1140) 9월에 희윤에 대한 희종의 의심과 질투심을 이용해 "연경에 거주하며 몰래 모의하고" "마음속에 군주가 없다"는 죄명으로 희윤을 비방해 희윤과 상서좌승상 소경(蕭慶)을 죽였다. 종필은 태보·도원수·행대상서성을 관할하는 관직에다가 상서좌승상 겸 시중에까지 올랐다. 이때 희종은 조서를 내려 연경로를 상서성에 예속시키고, 서경과 산후의 여러 부족을 원수부에 예속시켜 종필에게 하북과 하동 등 한족 지역의 군사와 행정적 사무까지 총괄하게 했다. 4년에 군사를 거느리고 남하해 송을 정벌하고 남송과 회수를 국경선으로 삼았다. 이때 종한이 이미 사망했기 때문에 종필은 마침내 관직이 태부까지 올라 재상 반열에 들었으며, 지방에서는 행대상서성을 다스려 가장 실권 있는 인물이 되었다.

3) 전각의 당화(黨禍)

형부원외랑 채송년(蔡松年)은 북송 말년에 지연산부(知燕山府)를 지낸 채정(蔡靖)의 아들이다. 천회 3년(1125)에 부친을 따라 금에 투항해 먼저 원수부의 영사(令史)가 되었다가 승진하면서 태자중윤(太子中允), 진정부 판관, 행대 형부 낭중을 역임했다. 종필이 도원수이면서 행대를 겸해 다스리게 되자 채송년은 종필을 따라 군중에서 6부의 일을 총괄했다. 종필이 중앙의 상서좌승상으로 들어가자, 채송년은 형부원외랑이 되었다. 이에 종필의 신변에는

---

15) 『三朝北盟會編』 卷197에 인용된 苗耀의 『神麓記』.

곧 채송년·허림(許霖)·조망지(曹望之)를 우두머리로 하는 한인 관료 집단이 형성되었다.

한족 한기선(韓企先)은 요의 개국 공신 한지고(韓知古)의 9세손으로, 천보 6년에 금에 투항했다가 추밀원 부도승지, 전운사, 서경유수 등의 관직을 역임했다. 20여 년을 재상으로 지내면서 후진을 양성하고, 이들을 장려하고 격려하면서 관직에 맞게 사람을 잘 선택하는 일을 자신의 소임으로 삼아 종한과 종간의 신임을 받았다.

한족 관리인 전각(田瑴)도 강직한 인물로 대리시 승, 이부시랑, 중경유수, 횡해군(橫海軍)절도사 등의 직책을 차례로 역임하면서 "출신을 분별하여 자질이 뛰어난 사람을 삼가고 아끼는 것을 스스로의 임무로 삼았다"[16]고 한다. 그는 한기선을 공경하고 채송년을 가볍게 여겼는데, 황통 6년(1146)에 한기선이 죽기 전에 종필에게 전각을 추천했다.

우문허중(宇文虛中)은 원래 남송의 기청사(祈請使)[17]였는데 재능과 기예가 뛰어나 금나라 사람들이 좋아해, 금에 억류되어 한림승지와 예부상서 등 여러 관직을 지냈다. 우문허중은 "재주를 믿고 경박했으며 다른 사람을 비웃기 좋아해"[18] 여진 귀족 중 고관들에게 합당한 예우를 하지 않아 많은 비난을 샀다. 황통 6년(1146)에 여진의 귀족 사이에 우문허중이 남송과 내통한다는 말이 떠돌기는 했지만, 확실한 증거는 없었다. 이에 우문허중의 문장 가운데 몇몇 글자를 골라 조정을 비방한다고 날조하고, 또 그의 집에 소장하고 있는 도서를 모반의 증거로 삼아 우문허중을 죽이고 한림직학사 고사담(高士談) 등도 여기에 연루시켜 주살했다.

한기선 사후에 종필은 채송년 같은 이들과 보조를 맞추어 심복이 아닌 한

---

16) 『遺山集』, 「忠武任君墓碣銘」.
17) 관직 이름으로 남송 초기 소흥화의 이전에 금국에 가서 화의를 청하거나, 소흥화의 이후에 금국에 가서 송 왕조의 종실을 돌려보내 달라고 요청한 송의 사신들을 모두 기청사라고 한다. _옮긴이 주
18) 『金史』, 「宇文虛中傳」.

족 관료를 배척하기 시작했다. 그들은 우문허중 사건을 빌미로 무고한 옥사를 대대적으로 확대시켜 전각을 고발하고 한기선이 발탁한 한족 관리들을 공격했다. 황통 7년에 "감히 붕당을 만들어 상하를 기만해 숨기고, 관작과 상을 내리는 권한을 마음대로 행했다"[19]는 죄목으로 전각, 상서성 좌사낭중 해의(奚毅), 한림대제 형구첨(邢具瞻) 등 여덟 명이 살해되고, 여기에 연루되어 파면되거나 감금된 사람이 30여 호에 이르러 조정이 텅 비기에 이르렀다. 이후에 조정에는 종필의 일파이면서 채송년을 우두머리로 하는 한족 관료 집단만이 남았다. 이러한 파벌 싸움은 금 왕조 통치 집단의 실력을 매우 쇠약하게 해 금 왕조의 통치에 적지 않은 타격을 입혔다.

---

19) 『遺山集』, 「忠武任君墓碣銘」.

3절

완안량의 천도와 남정

1. 완안량의 정변

희종의 통치 시기는 금 왕조에서 관직을 만들고 제도를 정하는 신구 교체기였다. 신구 세력 사이의 모순과 충돌은 여진 귀족과 한족 관료 집단 사이의 권력 투쟁과 함께 뒤섞여, 문제가 더욱 복잡해지고 첨예해졌다. 대규모의 옥사가 번갈아 일어나고 사람들은 의구심을 가지게 되었다. 희종은 두 집단 사이에서 동요하면서 어찌할 바를 몰랐다. 황통 8년(1148)에 종필이 사망하고 거란인 소중공(蕭仲恭)과 종실 종현(宗賢)·종욱(宗勖)·종량(宗亮)·종민(宗敏)·종본(宗本)이 서로 뒤를 이어 재상이 되어 군국의 일을 총괄했으나 여전히 파벌 싸움의 간섭에서 벗어날 수 없었고, 정국은 계속 안정되지 못했다.

게다가 황후 배만씨(裵滿氏)가 정치에 간여하면서 희종을 많이 견제하니, 희종은 불평하는 마음이 쌓여 술을 좋아하고 의심을 많이 하면서 가혹한 형벌과 잔혹한 짓을 범하기에 이르렀다. 그리고 자주 애매모호한 이유로 무고한 사람을 마구 죽여 신료들이 모두 편안할 수가 없었다.

황통 9년 12월 9일에 평장정사 완안량이 신료들의 두려움과 불만에 찬

정서를 이용해 부마 당괄변(唐括辯), 호위무사 포산홀토(蒲散忽土) 등과 은밀히 모의해 침전에서 희종을 살해했다. 그리고 완안량은 스스로 황제가 되고 천덕(天德)으로 연호를 바꾸었다. 세종 때 완안량은 해릉양왕(海陵煬王)으로 강봉되었다가 다시 해릉 서인(庶人)으로 폄하되었는데, 역사에서는 완안량을 해릉왕이라고 칭한다.

2. 관제 개혁과 연경으로의 천도

완안량은 경전과 역사를 대략적으로 이해해 점차 중원 봉건 문화의 영향을 받았다. 즉위 후에는 관리가 준수하도록 격려하면서 때에 맞춰 농사를 짓는 데 힘쓰고, 형벌을 신중히 하며, 지위가 낮은 인사를 등용하고, 가난한 백성을 진휼하며, 재정과 비용을 절감하고, 재주와 실력을 심사한다는 일곱 가지 조항을 적은 조서를 도성과 지방에 반포했다. 또 조서를 내려 직언을 구했는데, 관리나 사서인이 글을 올려 사실을 말하는 것을 격려했다. 동시에 관제를 더욱 개혁해 황제의 권한을 강화했다.

천덕 2년(1150)에 행대상서성을 폐지하고 전국의 정책 강령을 조정에 귀속시켰다. 추밀원이 군사를 담당하면서 상서성의 통제를 받도록 했다. 정륭(正隆) 원년(1156)에 이르러 관제 개혁을 전체적으로 완성해 정식으로 반포하니, 이를 '정륭 관제(官制)'라고 한다.

천덕 3년(1151)에 상경이 "한쪽 모퉁이에 치우쳐 있어 관부에서는 운송이 어렵고, 백성은 와서 소송하기 어려워" 연경으로 천도하기로 결정했다. 상서 우승인 발해인 장호(張浩)와 연경유수 유괄(劉筈)에게 북송의 수도 변경의 궁실 제도와 규모를 모방해 연경을 건설하도록 명령했다. 정원(貞元) 원년(1153)에는 연경을 중도(中都)로 고치고 정식으로 천도했다. 완안량은 방대한 의장대를 거느리고 기세 높게 새로운 도읍지로 들어갔다.

연경으로 천도한 것은 금의 정치와 경제의 중심이 남쪽으로 이동해 금 왕조의 통치 집단이 여진의 노예주인 수구 세력의 영향과 견제에서 벗어나는 데 도움이 되고, 중앙집권적 통치 제도가 확립되고 봉건적 경제와 문화가 발전하는 데 어느 정도 긍정적으로 작용해 여진 사회와 금 정권의 봉건화 과정을 촉진했다.

완안량은 여진 귀족 중 자신과 다른 세력을 잔혹하게 공격하고, 거란과 발해인·해인·한족 관리 및 그가 궁정의 정변을 일으키는 데 지지했던 여진 관료를 임용해 직접적으로 그의 통제를 받는 금 왕조의 상층 통치 집단을 새롭게 구성했다. 동시에 과거 제도를 더욱 정돈해 관리 선발 제도도 통일되었다.

여진의 귀족 세력을 더욱 약화시키고 통제력을 강화하기 위해 그들에 대한 경계를 강화했다. 완안량은 천도 후에 다시 한 번 상경의 일부 여진인 맹안·모극을 화북 지방으로 이주시켰다. 동시에 상경의 궁전과 여러 대족의 저택을 헐어버렸다.

3. 정륭남벌

전국의 정치 제도를 통일하고, 중앙집권적 통치를 강화한 뒤 남하한 완안량은 송을 공격해 빠르게 강남을 취해 전국을 통일할 것을 계획하기 시작했다. 정륭 4년(1159)에 좌승상 장호와 참지정사 경사휘(敬嗣暉)에게 명령하여 민부와 장인 20만 명을 징발해 변경의 궁궐을 짓게 했다. 참지정사 이통(李通)에게는 중도에서 병기를 제조하게 했고, 공부상서 소보형(蘇保衡) 등에게는 통주(通州)에서 전선을 건조하게 하여 남하해 송을 정벌하고 전국을 통일할 준비를 했다.

그 후 여러 지방으로 사자를 보내 군사를 징병하고 말을 색출하게 했다. "여러 지방의 맹안·모극군 가운데 나이가 20세 이상 50세 이하인 자는 모두 장부에 기록하고 비록 부모가 연로하거나 한 집에 장정이 많다고 하더라도 남기는 것을 허락하지 않았다."[1] 징병을 대단히 급하게 독촉해 전국적으로 소란스러웠다. 한림승지 적영고(翟永固)와 직학사 한여가(韓汝嘉) 등이 중지할 것을 간언했으나 듣지 않았다. 태후 도단씨(徒單氏)와 태의 기재(祁宰) 또한 간언하다가 살해되었다. 완안량이 한결같이 독단적으로 행해 전국적으로 신분의 고하를 불문하고 일반적으로 불만을 품었으며, 인심은 크게 동요했다.

정륭 6년 9월에 완안량은 친히 백만 대군을 거느리고 길을 나누어 남하하면서 북송을 대거 정벌했다. 아울러 신속하게 회남(淮南) 지방을 공격해 함락시키고, 곧바로 양자강으로 나아갔다. 그러나 그의 후방은 매우 불안정했고, 산동·하북·서경·북경·임황부로 등의 지역에서는 여러 민족의 백성이 반항 투쟁을 계속 일으켰다. 남정에 참가한 사졸들은 모두 싸울 뜻이 없고, 믿는 바는 단지 '경군(硬軍)'이라고 부르는 5,000명의 정예병뿐이었다.

10월에 남정에 참가한 만호 완안복수(完顏福壽) 등이 군사 2만 명을 거느리고 산동에서 요양으로 가서 동경유수사의 군사들과 함께 동경유수 완안옹(完顏雍)을 옹립했다. 11월에 남정군은 양자강에서 저항을 받았는데 완안량은 진퇴양난에 빠져 결국 강을 건너 송과 화약을 맺고 군사를 철수하기로 결정했다. 완안량은 여러 군사에게 강을 건널 것을 독촉하다가 병부상서이자 신무군(神武軍)도총관 완안원의(完顏元宜: 본명은 耶律阿列)와 무승군(武勝軍)도총관 도단수소(徒單守素) 등에게 침실로 사용되는 장막에서 살해되었다.

4. 여러 민족 백성의 반항 투쟁

천덕 3년부터 정륭 5년 사이(1151~1160)에 완안량은 연경과 변경 두 곳에

---

1) 『金史』, 「海陵紀」.

궁궐을 건설하고, 군기를 제조하고, 전선을 건조하기 위해 백성과 장인 수백만 명을 사역시키고 대단히 많은 물자를 소모했다. 백성들은 오랫동안 물자의 운송에 힘을 들여 피로감을 이길 수 없었다. 국고가 탕진되자 다시 백성에게 세금을 거두었다. 여러 지방에서는 군사를 징발하고 말을 색출하느라 천하가 더욱 소란스럽고 백성은 도탄에 빠졌다. 그리하여 정륭 3년부터 여러 민족 백성의 반항 투쟁이 바람처럼 일어나 전국적으로 널리 퍼졌으니 "큰 무리들은 성읍을 잇고 작은 무리들은 산이나 호수에 의지하면서"[2] 금 왕조의 통치를 강렬히 뒤흔들었다.

1) 하북과 산동 백성의 반항 투쟁

정륭 3년(1158)에 산동의 기주(沂州) 사람 조개산(趙開山)이 먼저 기의의 깃발을 들고 밀주(密州)와 일조(日照) 등 현을 공격해 함락시켰다. 정륭 5년 3월에는 해주(海州) 동해현(東海縣)의 백성 장왕(張旺)과 서원(徐元)이 다시 기의해, 현령을 죽이고 수개월 동안 관군과 서로 대치했다. 정륭 6년 8월과 9월 사이에 남경로 단주(單州)의 두규(杜奎)와 대명부의 왕우직(王友直, 王九郎), 제남부(濟南府)의 경경(耿京)·이철창(李鐵槍)·가서(賈瑞) 등이 연달아 기의했다.

태행산(太行山) 일대에서 금에 대항하던 세력들은 금 왕조가 중원으로 들어온 이후에도 계속 투쟁을 견지하고 있었는데, 이때 다시 진준(陳俊)이 지휘하는 대규모 농민 기의가 발생했다. 경경과 이철창은 가서 등이 지휘하는 소규모의 반항 세력과 연합했고, 하북 지방의 왕우직도 그의 통제를 받아 군중이 수만 명에 이르러 하북 지방을 크게 뒤흔들었다. 그들은 완안량이 이끄는 남정군 배후에서 심각한 위협을 가하면서 금 왕조의 통치에 심각한 타격을 가했지만, 역시 금 정권에 의해 잔혹하게 진압되었다.

---

2) 『金史』, 海陵紀.

경경과 왕우직의 부하 가서와 신기질(辛棄疾)은 남송과 연락했고, 송 왕조에서도 그들에게 각각 방어사·단련사·유림랑(儒林郎)과 같은 관직을 제수했다. 왕우직과 신기질 등은 후에 모두 남송에 머물렀다. 신기질은 중원 수복을 한시도 잊지 않고, 사람들에게 깊은 감동을 주는 시를 많이 남겼다.

2) 거란인의 반금 투쟁

야율살팔(耶律撒八)은 금 왕조에서 서북로초토사의 번역관이었다. 정륭 5년(1160)에 금 왕조는 사자를 파견하여 거란의 장정을 모두 징병해 남정했다. 거란인들은 "서북로는 이웃 나라와 가까운데, 대를 이어 정벌해 서로 원수처럼 되었다. 만일 장정들이 모두 정벌을 나가면 그들이 군사를 이끌고 와서 곧 노약자들이 모두 포로로 잡힐 것이다"3)라고 생각했지만, 사자 조합(燥合)은 해릉왕의 준엄한 명령이 두려워 감히 그러한 하소연을 들어주지 못하고 계속 재촉만 해댔다.

이에 야율살팔과 패특보(孛特補)가 부락의 군중을 이끌고 서북로초토사 완안옥측(完顔沃側)과 사자를 죽이고 초토사에 보관된 갑옷 3,000벌을 가지고 군사를 일으켜 반항했다. 또한 요 황제의 자손을 세울 것을 의논하고 스스로를 초토사로 추천했다. 산전과 산후4)의 여러 수령, 오원부(五院部)의 백성과 여진의 천호 십가(十哥), 이전에 초토사였던 완안마발(完顔痲潑), 함평부(咸平府)의 모극 괄리(括里) 등이 모두 군사를 일으켜 호응하면서 한주(韓州)·

---

3) 『金史』, 「移刺窩斡傳」.
4) 山前은 송대에 太行山 이동의 燕山府와 軍都山 이남 지역을 말하고 山後는 오대 시대에 劉仁恭이 盧龍에 근거하면서 현재의 하북성 태행산의 북단과 軍都山의 북쪽 지역에 山後 8군을 두어 거란을 방어했다. 石敬瑭이 연운 16주를 요에 넘겨줄 때 이르러 비로소 산후 4주라고 칭해졌다. 북송 말년에는 산후라고 칭했는데 송이 수복하고자 했던 山後와 代北 실지의 전부를 포함한다. 당시 산후에는 雲中府와 8주(武·應·朔·蔚·奉聖·歸化·儒·媯)의 땅에 雲中府路를 설치했다. 오늘날의 산서성과 하북성에서 만리장성 이북 지역이다. _옮긴이 주

함평(咸平)·제주(濟州)를 차례로 점령해 크게 세력을 떨쳤다.

해릉왕은 추밀사 복산홀토(僕散忽土)와 서경유수 소회충(蕭懷忠)을 파견해 군사를 거느리고 진압하게 했으나 실패했다. 야율살팔은 야율대석(耶律大石)에게 의탁하고자 군중을 거느리고 용구하(龍駒河: 지금의 克魯倫河)를 따라 서쪽으로 향해 가고 있었는데, 복산홀토와 소회충 등이 이들을 추격했지만 미치지 못하자 해릉왕은 체류하는 곳에서 그들을 살해했다. 그리고 다시 백언공(白彦恭)과 흘석렬지령(紇石烈志寧) 등에게 가서 토벌하게 했지만, 모두 공을 세우지 못했다.

다만 이전에 산전에서 거주하던 각 부락의 군중은 자신들의 고향을 멀리 떠나기를 원하지 않아 육원(六院)절도사 이랄와알(移剌窩斡)의 지휘하에 야율살팔을 죽이고 금에 대항하는 활동을 계속 견지했다. 이랄와알은 도원수를 칭하면서 군중을 이끌고 동쪽으로 가서 임황(臨潢)에 이르렀다.

세종이 즉위한 후에 이랄찰팔(移剌紥八)을 파견해 초무하게 했는데, 이랄찰팔은 이랄와알의 세력이 강한 것을 보고 역시 기의군에 참가했다. 이랄와알은 군사를 거느리고 가서 임황을 포위하고 태주(泰州)를 공격했다. 아울러 대정 원년(1161) 11월에 황제를 칭하면서 끝까지 반항할 결심을 보이는 동시에 관군에게 계속 승리를 거두었다.

대정 2년에 세종은 한편으로는 사람을 보내 초무하고, 한편으로는 군사를 파견해 진압했다. 선후로 몽송하와 화도(花道) 등지에서 싸웠지만, 서로 이기기도 하고 패배하기도 했다. 이랄와알은 군중을 거느리고 해인 부락으로 들어가 수시로 출병해 고북구를 습격해 교란시켰다. 금 왕조의 군대가 전력을 다해 포위하여 토벌하자 기의군의 상황이 어려워지면서 관군에 투항하는 이들이 끊임없이 발생해 이랄와알은 다시 서하에 투항할 것을 도모했다. 금군은 다시 기의군 세력이 약화된 틈을 타서 사람을 보내 항복을 권했다. 9월에 이랄와알이 체포되자 기세 높게 금에 반항하던 기의군도 마침내 진압되었다.

4절

금의 전성기

완안량은 간섭을 배제하고 전력을 다해 금 정권의 봉건화를 추진해 현저한 진전을 이룸으로써, 금 왕조가 중국 북부에 대한 통치를 확고히 하는 데 기초를 다지고 길을 열었다. 그러나 그는 지나치게 급히 공을 세우고자 하고 이익을 가까이함으로써 주관적·객관적 조건이 아직 성숙되지 않은 상황에 이미 얻은 정치적 성과를 확고히 하지도, 국력을 충실히 하지도, 또 생산력을 발전시키지도 못한 상태에서 연달아 대규모 토목 공사를 일으킨 뒤 전국적으로 인력과 물력을 동원해 대대적으로 남정했다. 결과적으로 전방에서는 양자강에서 강력한 저항을 받고, 후방에서는 농경민과 유목민의 반항에 직면한 데다 동경에서는 다시 종실의 정변이 발생해 진퇴양난의 상황에서 피살되었다.

세종 완안옹(完顏雍)은 태조의 손자로, 완안량의 사촌 동생이다. 일찍이 병부상서와 회령부목(會寧府牧)·중경[대정부]유수·제남윤(濟南尹)·서경유수 등을 역임했다. 정원 3년에 동경유수로 임명되었다가 1161년 10월에 동경에서 즉위하고 연호를 대정(大定)으로 바꾸었다. 그는 완안량이 실패한 경험을 교훈으로 삼아 사회적 갈등을 완화시키고 질서를 안정시키며 생산력을 발전시켜 통치를 확고히 하는 데 주의를 기울였다. 그가 재위한 27년과 그의 손자 완안경(完顏璟, 즉 장종)의 전반기는 금 왕조가 강성했던 시기다.

1. 세종의 통치

세종은 중원을 통치의 중심으로 삼는 완안량의 정책을 계속 집행하면서 완안량이 실행했던 개혁의 성과를 발전시켰다. 그는 즉위한 초기에 당시의 형세를 분석하고 참지정사 이석(李石)의 의견을 받아들여 계속 한족 지역을 통치의 중심으로 삼으면서 봉건제를 발전시켰다. 천하의 중심부를 점거하면서 사방을 장악하고 통제해 만세의 대업을 이루었다. 부분적인 수구 세력이 전면적으로 해릉왕의 정책을 부정하는 상황을 전환시켜 계속 의연하게 중도를 수도로 하도록 결정하고, 아울러 즉시 동경을 떠나 중도로 이주해 진취적인 면을 추구하는 결심을 강하게 표현했다.

1) 질서의 안정

세종은 정책의 방침을 정하자마자 곧바로 통치를 확고히 하고 질서를 안정시키는 작업에 착수해 혼란한 상황을 끝냈다. 먼저 그는 조서를 내려 완안량의 죄악을 폭로하면서 대사면을 시행했다. 그리고 완안량 시기의 여러 관리들을 불러 유시하고 완안량에게 파면된 이들을 기용해 그들이 새로운 황제에게 충성을 다하도록 격려했다.

또한 민간에서 징발했던 말을 돌려주고, 죽은 자는 배상해 주었다. 동시에 군사적인 역량을 다시 배치해 항복을 권유하는 사자들을 파견하고 토벌과 초무의 두 가지 방법으로 전력을 다해 이랄와알의 기의군에 대응함으로써 마침내 대정 2년(1162) 9월에 기의군을 진압하고 내부를 안정시켰다. 세종은 남송과의 관계를 조정해 남송과의 전쟁을 끝내고 금과 남송이 대치하는 정치적 구조를 확정했다.

2) 관제의 조정과 이치의 정돈

세종은 정륭 관제를 약간 조정해 평장정사를 두 명으로 늘리고, 상서령과 좌우 승상을 모두 재상으로 삼았다. 동시에 거란·발해인·한인·여진 등 여러 부락 사람을 광범위하게 받아들여 통치에 참여시켰고, 심지어 그를 반대했던 일부 사람들까지 임용했다. 그는 금대 초기 이래로 종실과 완안부 사람만이 중요한 정무에 참여하는 상황을 개선했다. 또한 완안량이 종실이나 자신과 다른 세력을 배척했던 상황을 전환시켰다. 이에 따라 통치의 기초가 확대되고 광범위한 지지를 받아 그를 핵심으로 하면서, 여러 민족의 상층부를 포괄하는 하나의 통치 집단을 형성했다.

그는 "오랫동안 지방을 다스렸기에 혼란의 원인을 잘 알고 있었고, 관리들의 통치에 득과 실을 알고 있다"고 했듯이, 여진과 한인 사회에 대해 모두 어느 정도 이해하고 있어서 "몸소 근검을 행하고, 효체를 숭상하고, 상벌을 신뢰할 수 있게 하고, 농업과 잠업을 중시하고, 수령의 선발을 신중히 하고, 청렴과 감찰의 책임을 엄중하게"[1] 할 수 있었다.

그는 완안량의 기본적인 국책을 바꾸지 않는다는 전제하에서 완안량이 실패했던 교훈을 받아들였다. 그는 항상 완안량의 정치가 가혹하고 급격했으며, 간언을 받아들이지 않고 마음이 내키는 대로 전횡을 행하고, 신료에게는 예의로서 대우하지 않았던 것을 경계했다. 또한 재상과 집정관에게 원대하게 도모하는 데 힘쓰고, 경제를 학습하고, 현명하고 능력 있는 이들을 추천하며, 탐관오리를 탄핵하라고 요구했다. 아울러 몸소 힘써 실천해 순행 중에 직접 지방 관원의 정적과 행위를 세밀하게 시찰하면서 "지방의 수령은 천리의 기쁨이나 슬픔과 관계가 있고" "현령의 직책은 가장 백성과 가깝다"고 생각해[2] 지방관의 선발과 임명을 대단히 중시했다. 그는 청렴하고 공평하

---

[1] 『金史』, 「世宗紀」.
[2] 『金史』, 「世宗紀」.

도록 백관을 경계시키고, 탐관오리들을 엄하게 징벌해 재위 기간에 "모든 신료가 직책을 수행하면서 상하가 모두 평안했다"[3]고 한다.

3) 교육 중시

세종은 바쁜 와중에도 시간이 있으면 여러 가지 역사책을 보면서 역대 통지자의 경험과 교훈을 얻으려고 주의를 기울였다. 그는 한 고조부터 요 도종까지 황제의 행동에 대해 모두 살펴보고 평가를 내렸다. 그는 한 명제(明帝)는 비방하고 아첨하는 이들을 등용해 그들에게 기만당했고, 양(梁)의 무제(武帝)는 "오로지 관대하고 자비를 베푸는 데만 힘써 기강이 크게 무너지기에 이르렀고", 당 태종은 태자 이승건(李承乾)을 속박하지 않아 폐위하기에 이르렀다고 인식했는데, 이러한 일은 모두가 뼈저린 역사의 교훈이다. 그는 당 태종이 권모술수로 신하를 대했던 점이나 양 무제가 사찰을 위해 자신을 희생했던 것과 요 도종이 백성에게 사원을 하사한 것을 비평했다. 그는 반면에 한 고조의 아량, 문제의 순박함과 검소함, 광무제의 도량을 칭찬했다.

그는 재상에게 위징(魏徵)을 본받아 국사에 마음을 쓰고 수시로 간언을 올리라고 요구했고, 누사덕(婁師德)이 적인걸(狄仁傑)을 추천함으로써 국가를 위해 현명한 이를 선발하고 능력 있는 사람을 임명했던 일을 본받으라고 했다. 그는 제의 환공이 중용(中庸)의 재주가 있어 관중(管仲)이라는 인물을 얻어 패업을 이룬 것을 부러워했고, 따라서 "밤낮으로 이를 생각하고 오직 사람을 잃는 것을 두려워했다"고 한다. 더욱이 사마광을 추앙했고, 그의 『자치통감(資治通鑑)』은 "여러 왕조가 흥하고 망한 일을 편집해 거울로 삼을 만한 것이 매우 많다"고 생각했다.

그는 중국의 전통 문화를 중시해 "경적이 흥한 것은 그 유래가 오래되었

---

[3] 『金史』, 「世宗紀」.

고, 후세에 가르침을 주는 데 좋지 않은 것이 없다"고 지적했다. 이에 역경소(譯經所)를 설립해 여진 문자로 『시경』·『주역』·『서경』·『논어』·『맹자』·『신당서』 등을 번역했다. 그리고 인의와 충효 사상으로 문무백관, 호위병, 종실의 자제를 교육했다. 그는 과거를 중시했는데 진사를 임용할 때 여진진사과를 창설해 여진인이 문화를 배우는 것을 장려했다. 또한 효도할 것을 제창해 유가의 충효 사상과 여진인의 질박하고 고풍스러우며 순수한 면을 결합해 봉건 통치를 유지하는 데 이용했다. 그는 생산력을 발전시키는 데도 주의를 기울여 유랑하는 백성을 불러들여 요역과 조세를 가볍게 해주었다. 그가 즉위한 후에 금 왕조는 비로소 군사적으로 정벌하는 방식이 아니라 생산력을 발전시키고 정치적으로 통치하는 정상적인 길을 걷게 되었다.

2. 장종의 문치

대정 29년(1189)에 세종이 죽고 손자 완안경이 즉위하니, 이가 곧 장종이다. 장종은 금 왕조의 여러 황제 가운데 문화적 소양이 가장 높은 황제였다. 그는 어려서부터 유가의 경전을 학습해 한문과 여진문에 모두 밝았다. 그는 그의 조부의 유지를 계승해 문치를 계속 실행하면서, 사회적 갈등을 완화시키고 생산력을 발전시키는 데 힘을 기울였다.

1) 제도의 완비와 통치력의 강화

제형사의 설립으로 관원에 대한 감찰을 강화 ■■■ 장종은 즉위한 초기에 즉시 학사원에 명령해 한·당 왕조에서 백성을 편하게 했던 사례와 당장의 급선무를 올리게 하고, 등문고원(登聞鼓院)을 다시 열어 억울한 일을 올리게 했다. 관리의 품행을 정숙하게 하기 위해 제형사(提刑司)를 설립하고 그 조목들을 정해 제형사로 하여금 "9로를 나누어 살피고 아울러 권농채방사(勸農采訪事)를 겸하게 하여 둔전과 진방군(鎭防軍)을 모두 속하게 했다"고 한다.[4] 제형관은 정기적으로 지방을 순찰하면서 재난이나 질병이 있으면 먼저 구휼을 시행할 수 있었고, 지방에서 일어나는 억울한 옥사의 처리도 위임받았다. 장종은 매년 10월에 제형사와 제형부사를 접견해 감찰 상황을 자세히 알아보았다. 정상적인 고과에 따른 인사이동 이외에 "각 로의 제형사에서 탐문해 얻은 청렴하고 능력 있는 관원들은 곧 그가 감당할 직무를 정해 편의에 따라 임명하게 했다"고 한다. 그리고 정기적으로 청렴하고 근면한 관리를 장려하고 탐오하고 게으른 관리를 징벌했다. 승안(承安) 4년(1199)에 제형사는 안찰사사(按察使司)로 바뀌었다.

노예 해방, 부역 경감, 생산력 발전 ■■■ 여진인이 중원으로 들어온 지 이미 오래되어 한족들과의 왕래가 날로 밀접해졌는데 장종은 이러한 추세에 순응해 여진인과 한족의 결혼을 허락했다. 이는 민족 사이의 갈등을 완화하고 사회 질서를 안정시키며 민족 융합을 촉진시키는 데 어느 정도 긍정적으로 작용했다.

동시에 그는 생산력의 발전과 백성의 부담을 덜어주는 것을 중시해 전후에 토지세의 10분의 1 내지 2를, 우두세(牛頭稅)는 3분의 1을 경감시켰다. 그리고 여러 차례 담당 관청에 유시해 급하지 않은 부역을 폐지하게 했다. 행궁(行宮)과 위장(圍場: 지금의 河北省 承德市 滿族蒙古族自治縣에 있는 초원) 지역의 출입 금지를 완화해 백성이 농사를 짓거나 사냥을 하고 땔감의 채집하는 것을 허용했다. 둔전호가 스스로 경작하거나 소작하는 법을 제정했고, 또 옛 제도를 거듭 천명해 맹안·모극호의 토지에다 비율에 따라 뽕나무와 과일을 재배하도록 요구하고, 나무을 베거나 토지를 판매하는 것을 징벌했다.

---

[4] 『金史』, 「章宗紀」.

여진 사회의 발전에 따라 노예를 해방하라는 요구가 날로 강렬해지자, 장종은 세종 때 시작한 노예 해방 작업을 계속 진행해 많은 수의 노예를 해방시킴으로써 여진 사회의 봉건화 과정을 추진했다.

전장 제도의 완성 ■■■   금 왕조는 북송을 멸망시키고 그들의 도서와 의례용 기물을 싣고 돌아와, 희종 때부터는 점차 한족의 예를 행했다. 세종은 상정소(詳定所)를 설립해 예의를 의논하고, 상교소(詳校所)에서는 음악을 심사해 예악의 제도를 제정하는 데 착수했다. 장종 명창(明昌) 초년에 『금찬수잡록(金纂修雜錄)』 400권을 편찬했는데, "무릇 사물의 이름과 수를 갈래를 나누고 끌어들여 구슬을 바둑처럼 꿰어 정연하게 질서가 있고, 붉은 단사처럼 명확하다"[5]고 했다. 이러한 기초 위에 다시 예관 장위(張暐) 등에게 『대금의례(大金儀禮)』와 『대금집례(大金集禮)』를 편찬하라고 명령해 금 왕조의 예의 제도를 통일되고 완전하게 했다.

희종 황통 원년(1141)에 처음으로 송 왕조의 음악을 사용했다. 세종 때는 송의 악기에 새겨진 '성(晟)' 자가 금의 피휘를 범했기 때문에 그 이름을 '태화(太和)'로 바꾸고, 악곡은 '영(寧)'이라 했다. 명창 5년(1194)에 "당과 송의 고사를 사용해 공간을 만들어 예악을 강의했다"[6]고 한다. 송의 악기를 계속 사용할 것을 결정해 별도로 진종(辰鍾)을 주조하고 진경(辰磬)을 다듬어 이전의 결점을 보충했다.

예악을 의논해 정하는 동시에 선대의 『조리(條理)』와 『제서(制書)』의 기초 위에 다시 새롭게 율령을 편집해 정륭과 대정 연간 이래로 『조리』와 『제서』가 함께 사용되고, 때로는 서로 저촉되는 상황을 고쳐 율령격식이 완전하고 통일을 이루게 했다.

---

5) 『金史』, 「禮志」.
6) 『金史』, 「樂志」.

2) 문화 사업의 발전

사람을 기용하는 행정 방면에서 장종은 한결같이 세종의 제도를 따랐으나, 문화 사업을 발전시키는 방면에서 그는 또 세종보다 훨씬 많은 업적을 남겼다. 그는 예악을 바로잡고, 법률을 정리하고, 관료 제도를 완전하게 함으로써 제도와 문물이 날로 완비되어 금대 전체의 통치에 규범이 되었다.

유가 사상과 공자의 제창 ■■■ 장종은 세종에 비해 더 유가 사상을 존숭하고, 과거로 선비를 선발하는 것을 더욱 중시했다. 학자들이 더욱 쉽게 과거에 응시하도록 하기 위해 특별히 부시(府試) 세 곳을 증설했고, 인재를 잃지 않기 위해 회시(會試)의 합격자 수를 증가시켰으며, 시험 제목과 요구하는 답안에 대해서도 그에 상응하는 조정을 가했다. 재주와 지식이 뛰어난 이를 학관으로 삼아 교육 및 과거에서 선발하는 선비의 수준을 제고시켰다.

동시에 각기 다른 대상을 위해 각기 다른 독서의 표준을 제정해 서른다섯 살 이하의 친군(親軍)에게는 『논어』와 『효경』을 학습하도록 했다. 제과(諸科)의 응시자에게도 여러 경전을 함께 공부하도록 요구했다. 즉위한 초기에 "율과(律科)의 응시자들이 단지 법률을 읽을 줄만 알고, 교화의 원칙을 몰라서" 여러 신하들의 건의를 받아들여 그들로 하여금 "『논어』와 『맹자』를 함께 공부해 도량을 함양시키고, 부시나 회시를 치를 때는 경의(經義) 시험관들에게 별시를 출제시켜 본 시험과 점수를 합해 합격 여부를 정하게 했다"[7]고 한다. 동시에 홍문원(弘文院)을 두어 경서를 계속 번역하게 했다.

희종이 처음으로 공자의 49대 손자인 공번(孔璠)으로 하여금 연성공(衍聖公)의 작위를 세습시켰고, 이어서 완안량은 처음으로 작위를 세습한 연성공의 봉록을 정했으며, 세종은 다시 공총(孔總)에게 작위를 세습시켰다. 장종이

---

[7] 『金史』, 「章宗紀」.

즉위한 후에는 특별히 공총을 곡부(曲阜) 현령에 임명했다. 명창 2년(1191)에는 다시 공원조(孔元措)에게 작위를 세습시키는 동시에 여러 군읍에 문선왕묘(文宣王廟)를 수리해 복구하도록 했다. 또 당회영(黨懷英)에게 선성묘(宣聖廟)의 비문을 짓게 하고, 장종이 직접 공자에 대한 제사를 거행했다. 동시에 주현에 있는 공자묘의 수리와 보호도 매우 중시했다.

전적의 정리와 역사서의 편찬 ▪▪▪ 장종은 경서 이외에 역대의 여러 가지 기타 서적을 수집하고 보존하는 것을 매우 중시했다. 명창 5년(1194)에 조서를 내려 『숭문총목(崇文總目)』에서 빠진 서적을 물색해 비싼 가격으로 민간에서 구매했다. 만일 장서가가 팔려고 하지 않으면 책값의 반을 주고 빌려 인력을 동원해 베껴 쓴 후에 원래의 책을 반환해 주었다.

장종은 역사서의 편찬과 당대의 역사적 사건을 수집·정리하는 일을 중시했다. 이전에 희종과 세종 때도 모두 선대 황제의 실록을 편찬한 바 있었는데, 장종은 계속 사람을 시켜 노인을 방문해 태조·태종·희종·세종 등 4대 황제의 언행을 수집하고 이를 분류해 『성훈(聖訓)』을 편집했다. 이어서 『세종실록』과 『현종(顯宗)실록』을 편찬하고, 또 완안강(完顔綱)·교우(喬宇)·송원길(宋元吉) 등에게 명을 내려 여러 신하가 진언한 문자를 분류해 20권으로 편집했다.[8] 동시에 기거주(起居注)와 일력(日曆)을 편집하는 제도를 온전히 하여 이후에 국사를 편수할 때 대비하게 했다.

즉위한 초기에 참지정사 이랄리(移剌履)에게 명령해 소영기(蕭永琪)가 편찬한 『요사』의 기초 위에 계속 『요사』를 편수하게 했는데, 진대임(陳大任)이 이랄리의 뒤를 이어 이 일을 담당해 태화 7년(1207)에 완성되었다.

---

[8] 『金史』「章宗紀」에서는 "詔完顔綱·喬宇·宋元吉等編類陳言文字, 其言涉宮庭, 若大臣·省台·六部, 各以類從, 凡二千卷"이라고 기록하고 있으나 『金史』「完顔綱傳」에는 "四年, 詔綱與喬宇·宋元吉編類陳言文字, 綱等奏, '凡關涉宮庭及大臣者摘進, 其餘以省台六部各爲一類', 凡二十卷"이라고 기록했는데, 이 책에서는 『金史』「完顔綱傳」의 기록을 따랐다.

희윤과 엽로가 여진 문자를 창제한 공을 표창하기 위해 장종은 그들의 작위를 추증하고 창힐(倉頡: 중국 고대 문자의 성인)의 사당을 주지(周至: 창힐의 고향을 알려져 있으며, 지금은 서안의 속현이다)에 건설한 예에 따라 상경에 그들을 위해 사당을 세우고 계절마다 제사를 지내게 했다. 이 외에 또한 전각 같은 이들의 억울한 옥사의 누명을 풀어주기 위해 전각 등의 관작을 회복시키고 당금(黨禁)도 해제시켜 주었다.

대정과 명창 연간에는 전쟁이 감소하고 생산력도 어느 정도 발전했으며, 계급 간의 갈등이나 민족 간의 갈등도 어느 정도 완화되어 사회 질서가 상대적으로 안정되었다. 여진 사회의 발전 과정은 더욱 빨라졌고, 더욱이 한족 지역에 들어간 여진인들은 신속하게 봉건제로의 전환을 완성했다.

문치를 제창하면서 여진인들은 중원의 봉건 문화와 유가 사상에 점차 감화되었다. 사회가 안정되고 물질적인 재화가 증가해 여진족 통치 집단과 사회 상층부 인사들의 생활은 날로 사치스러워져, 무예를 숭상하는 풍조는 크게 쇠퇴하고 여진인들은 점차로 문약해졌다. 대정 7년(1167)에 남송의 사신이 사궁연(射弓宴)9)에서 활을 쏘는데, 남송의 사신은 쉰 발을 명중시켰지만 호위하는 사람 중 활을 잘 쏘는 이가 겨우 일곱 발만을 명중시켜 세종의 우려를 자아내기도 했다.

이때 금의 남쪽에는 중흥하는 남송이 있었고 북쪽으로는 세력을 크게 키우고 있는 몽고의 여러 부락이 있었으므로, 무예를 숭상하는 정신을 잃어버려 금 왕조의 방어력에 영향을 미치는 것을 세종은 크게 두려워했다. 따라서 여진인들에게 옛 풍속을 잊지 말고, 여진의 언어와 문자를 학습하고, 무예와 말 타기와 활쏘기를 견지할 것을 대대적으로 제창했다. 세종은 "훗날 이러한 풍조가 일단 변하고 나면 장구의 계책이 아닐 것이다"라고 말하고, 그는 금 왕조의 군사력을 강화하기 위해 중국식을 추진하던 처음의 태도를 바꾸어

---

9) 금대 초기부터 금과 송의 사신이 서로 왕래할 때 쌍방이 연회에서 활을 쏘아 승부를 겨루는 것이다. _옮긴이 주

여진의 옛 풍속을 유지하도록 요구하는 방향으로 전환했다.

대정 24년에 예순두 살의 고령임에도 불구하고 세종은 여러 왕과 일부 신료를 거느리고 장도에 올라 상경에 이르렀다. 그는 그곳에서 여진어로 노래를 부르면서 "왕업을 이루기 어렵고, 계승해 바꾸지 않겠다"고 상세히 말했다. 상경의 군인과 백성에게는 "마땅히 검약에 힘쓰고 조상들의 고난을 잊지 마라"라고 훈계했다. 아울러 속빈(速頻)과 호리(胡里)를 옮겨 세 개의 맹안과 24개의 모극으로 고쳐 상경(上京)을 충실히 함으로써 상경의 방어력을 강화시켰다.

장종도 비록 문치를 힘써 주장하기는 했지만, 날로 심각해지는 몽고 각 부락의 위협에 직면해 여진인들에게 말 타기와 활쏘기를 익히지 않으면 안 된다고 훈계했다. 그가 그물을 이용하거나 무리를 지어 들짐승과 날짐승을 포획하는 것을 금지했던 것도, 오로지 말 타고 활 쏘는 것을 여진인이 익히지 않는 것을 두려워했기 때문이다. 여진인 진사 가운데 말 타기와 활쏘기로 선발된 이들은 승진시키고, 공신의 자손 가운데 활을 잘 쏘는 이는 비록 외모가 합격하기에 미흡해도 시험을 거쳐 호위로 삼도록 했다. 또 조서를 내려 여진인들은 한족의 성으로 바꿀 수 없고 한자로 여진의 이름을 번역할 수 없도록 했으며, 남송인들의 복장을 배울 수 없게 하는 등 모든 방법과 수단을 사용해 여진인의 상무적인 전통을 유지하고자 했다.

그러나 중원으로 들어온 여진인들에게 순박하고 검소한 풍조는 이미 거의 사라져버렸다. 금의 사회에서 사치와 낭비 풍조는 이미 하루가 다르게 심해져 관리든 백성이든 다투어 주택이나 의복 제도 혹은 상례나 장례 의식에서 이유 없이 돈을 소비하는 것을 숭상하고, 이러한 사치와 부패한 풍조는 이미 심각해져 고치기 어려웠다. 세종도 만년에는 자못 불교에 현혹되어 승려나 도사, 불교 및 도교의 사원이 날로 증가했다. 이로부터 금의 통치는 점차 전성기에서 쇠약기로 접어들었다.

9장

금의 사회경제

금은 계급사회로 새롭게 진입한 여진족 귀족이 건립한 정권으로 20년이 되지 않는 시간 동안 통치의 범위는 신속하게 황하 이북으로 확대되고, 발전 수준이 다른 여진족 각 부락과 봉건 경제가 고도로 발달한 발해인·한인, 유목 생활을 하는 거란족이 금 정권의 통치 아래로 들어왔다. 이는 곧 금의 경내의 정치적인 통치 방식이 원시사회 말기의 귀족 정치에서 중앙집권제의 관료 정치로 전환되는 과정이었을 뿐만 아니라, 경제 면에서도 필연적으로 노예제에서 봉건제로 전환되는 과정이었던 것이다.

금의 경내에는 이제 막 계급사회로 진입한 여진인과 목축업에 종사하는 거란인, 요와 북송에서 금 왕조로 들어온 숙여진·발해인·한인이 있었다. 그들은 사회 발전의 수준이 다르고 경제의 구성이나 생산 방식에도 차이가 있었다. 따라서 금 왕조의 경내에서는 민족이 다르고 지역이 달랐기 때문에 경제 구조와 경제 정책 또한 자연적으로 일정할 수가 없었.

요나 북송과 전쟁을 하는 기간에 여진 통치자들은 일찍이 부분적인 한인들을 금 왕조의 내지인 상경 지역으로 이주시키고, 여진인의 맹안·모극을 중원으로 이주시켰다. 이러한 강제적 성격을 띠는 이주는 일찍이 생산력의 파괴와 사회적인 혼란을 조성했지만, 객관적으로는 중원과 북방의 경제와 문화의 교류를 촉진시켜 중국 동북 지역의 개발과 여진인의 사회 발전 단계의 가속화를 촉진하는 데 어느 정도 작용을 했다.

1절
여진인의 경제생활과 민족의 이주

1. 건국 초기 여진인의 경제생활

건국하기 이전에 여진 각 부락의 발전 수준은 불균등했다. 완안부는 수가(綏可: 아골타의 5세조)가 안출호수(按出虎水)에 정착해 거주한 이후, 비로소 원시적인 농업을 시작했다. 가고부(加古部), 흘석렬부(紇石烈部), 아발사수(阿跋思水) 온돈부(溫敦部) 등의 발전 수준이 비교적 높아 이미 전문적인 대장장이가 있어 갑옷을 만들어 판매했다. 농작물은 단지 메기장·쌀·콩·마 등 몇 종류만이 있었고, 돌피는 빈곤한 농민의 중요한 양식이었다. 따라서 어로·수렵·채집이 여전히 여진인의 중요한 경제 활동이었다.

여진인이 거주하는 지역은 산림으로 둘러싸이고 큰 강이 많아 비교적 양호한 어로와 수렵의 조건을 갖추고 있었다. 포획한 물고기와 새우·게, 사냥해 얻은 들짐승 또한 그들의 중요한 의복과 식량의 재료였다. 그들은 풍부한 어로와 수렵의 경험이 있어서 들짐승의 흔적을 따라 사냥감을 추적해 잡을 수 있었고, 들짐승의 소리를 모방해 짐승을 불러들여 잡을 수도 있었다. 그들은 요대에 사슴 소리를 내는 사람을 황실에 자주 공납하기도 했다.

수렵을 통해 포획한 짐승의 고기는 그들의 음식물이 되고 짐승의 가죽은 의복이나 이불을 만들 수 있었던 동시에 대외적인 교역에 사용되기도 했다. 중요한 사냥감으로는 노루·사슴·순록·이리·여우·청설모·담비·거위·기러기 등이 있었다.

건국 후에도 수렵은 여전히 중요한 경제활동이자 무예를 익히는 수단이었다. 금으로 사신을 갔던 송의 사신 마확(馬擴)은 일찍이 금 태조가 포위해 사냥하는 활동에 참가한 적이 있었다. 사냥 전에 각각의 수령은 가지고 있는 화살을 던져 대오의 전후좌우 순서를 정하고 나서, 말을 풀어 혼자 달리게 한다. 말 사이의 거리는 5보 내지 7보이고, 가장 앞과 뒤의 말 두 마리는 서로 보이는데 거리는 일반적으로 10리 내지 20리다. 대오는 키와 같은 모양을 이루며 그 한쪽은 비워둔 상태에서 양쪽으로 벌어져 있다. 깃발을 이용해 지휘하면서 천천히 전진해 점차 포위망을 좁힌다. 들짐승이 포위망 안에서 밖으로 향하는 것은 사방에서 가까이 있는 이가 활을 쏠 수 있지만, 포위망 밖에서 안으로 들어오는 것은 오직 황제만이 먼저 활을 쏠 수 있다. 대략 30리 내지 40리를 사냥하고 숙영이 가능한 곳이 있으면 포위망을 합한다. 순식간에 수십 겹으로 포위할 수 있고, 포위된 들짐승은 거의 대부분 사살된다. 매일 사냥해서 얻은 것으로 사신을 후하게 대접했다.

여진인이 거주하는 산림에서는 특별히 인삼, 밀랍, 가공하지 않은 금, 민물진주, 백부자, 잣 등이 산출되는데, 자급하는 것을 제외하고 대외 무역의 중요한 물품이었다.

여진인의 목축업 또한 매우 발달했는데, 사육하는 가축으로는 말·소·양·돼지 등이 있었다. 돼지를 키우는 것은 여진인의 전통이었고, 말은 전쟁과 수렵의 중요한 도구이자 혼인 관계를 맺기 위한 혼수이기도 했으며, 속죄받을 때 대가로 지불하기도 하는 등 여진인의 중요한 재부였다. 완안부와 흘석렬부는 일찍이 말을 몰아가거나 훔친 일 때문에 전쟁이 발생하기도 했다.

수공업도 농업에서 분리되기 시작했다. 생여진에는 야철, 방직, 양주, 조선, 목기 제조 등의 업종이 있었다. 온도부의 오춘과 가고부의 오불둔은 모두 전문적인 대장장이다. 삼베도 여진인 특산품의 하나이고, 마포는 거칠고 고운 차이가 있는데, 여진인의 고운 마포는 대외 무역의 중요한 수공업 생산품이다. 여진인은 술을 양조할 줄 알았는데, 기장과 쌀을 원료로 사용했다. 동시에 콩을 사용해 장을 만들었다. 그들은 나무를 갈라서 배를 만들었고 사용하는 가구와 기물 중 대부분을 나무로 만들었는데, 의자·대야·사발·접시·술잔과 수저 등이 있다.

처음으로 분업을 하기 시작했고, 또 최초로 교환을 하기도 했다. 그러나 건국한 초기까지 여전히 성곽이나 시장이 없었고, 교역에 필요한 화폐가 없어 물물 교환의 단계에 머물러 있었다.

2. 민족 이주가 여진 사회에 끼친 영향

1) 북쪽으로 향한 한족의 이주

금 왕조 건국 초기에 무릇 요와의 전쟁에서 포로로 잡거나 귀화한 자들 가운데 많은 이들을 여진의 내지인 상경 지역에 안치시켰다. 초기에 백성을 이주시킨 것은 여진의 내지를 충실하게 하는 목적 이외에 적대 세력의 연합을 방지하려는 목적도 있었다.

천보 6년에 이미 산서의 여러 주를 평정했는데, 상경을 내지로 하여 산서의 백성을 이주시켜서 이곳을 채웠다.… 편한 대로 거주하게 했다. 7년에 산서의 여러 부족이 서쪽과 북쪽의 두 변방에 가깝고 또 요의 천조제가 아직 잡히지 않았으니, 몰래 서로 결탁하고 유혹할 것이 두려워 황제의 동생 완안앙(完顏昂)과 발근 초갈(稍喝) 등에게 명령해 군사 4,000명으

로 호송해 장광재령의 동쪽에 거주하게 했다.[1]

이때 백성의 이주는 규모가 매우 컸는데 "그러나 완안앙이 사납게 대해, 소동을 피워 방해하고 많은 사람이 원망하거나 반역하기에 이르렀다"[2]고 한다. 그리하여 장혼궁(章溷宮)과 소황실위(小黃室韋)의 두 부락만 내지에 이르렀다. "7년에는 연경로를 취하고, 2월에 6주의 씨족 가운데 부유하거나 수공업 기술이 있는 백성을 모두 내지로 이주시켰다."[3] 그리고 북송이 멸망한 후에는 송 종실과 백관 수천 명을 다시 이주시켰다.

상경으로 백성을 이주시키는 동시에 항복한 백성을 동경과 심주(沈州) 등지로 점차 안치시켰다. 천보 7년에 일찍이 항복해 온 내주(來州)·습주(隰州)·천주(遷州)와 윤주(潤州)의 백성을 심주로 이주시키고, 맹안과 상온이 거느리고 있던 귀부한 백성을 동경으로 이주시켰다.

하북 지방이 금 왕조에 들어오자 다시 포로로 붙잡힌 하남의 백성을 하북 지방으로 이주시켰다. 북송이 멸망한 후에는 다시 한 번 낙양·양양(襄陽)·영창(穎昌)·여주(汝州)·정주(鄭州)·균주(均州)·방주(房州)·당주·등주·진주·채주의 백성을 하북 지역으로 이주시켰다.

금 초기에 내지로 이주한 백성으로는 거란인이 있고, 해인이나 발해인 및 한족도 있었다. 그들은 여진 사회를 위해 선진적인 문화 이외에 농업·수공업·목축업 기술을 가져와서 노동력을 증가시키고 내지를 충실히 하여 상경 지역의 발전을 촉진했고, 여진 사회의 경제와 문화의 발전에 대해 필연적으로 긍정적인 영향을 미쳤다.

금 왕조의 통치 중심이 남쪽으로 옮겨오면서 북방으로의 대규모 이주로 비어 있던 시역은 여진인의 계속된 남쪽으로의 이주로 채워졌다.

---

1) 『遼史』, 「太祖紀」.
2) 『金史』, 「食貨志一」, 戶口.
3) 『金史』, 「完顏昂傳」.

2) 중원으로 향한 여진인의 이주

여진인의 이주는 건국한 초기부터 이미 시작되었다. 요에 대항하는 전쟁 초기에 무릇 요의 땅을 획득할 때마다 즉시 여진인들 보내 그곳에 거주하고 주둔하면서 경작하게 했다. "수국 2년에 압달(鴨撻)과 아라(阿懶)가 이주시킨 모극호 2,000호를 나누어 은술가(銀術可)를 모극으로 삼아 영강주에 주둔하게 했다"는 기록이, 여진인이 새로 점령한 영토를 방어하면서 경작한 시초다.

천보 2년에 다시 완안누실을 만호로 삼아 황룡부를 지키게 했다. 5년에는 태주를 점령한 후에 종웅에게 명령해 그곳으로 가서 토질의 상황을 조사해 경작에 적합한 것을 알아내도록 하여 마침내 파로화(婆盧火)를 만호로 삼고 소 50마리를 하사한 뒤 여러 맹안에서 1만여 호를 뽑아 태주를 지키게 했다. 맹안·모극호를 새로 점령한 영토로 이주시키는 것은 새로 획득한 영토를 확고히 하는 이외에 여진인에게 더욱 농경에 적합한 토지를 제공하기 위한 것이었다.

북송이 멸망하고 금 세력이 하북 지방으로 깊이 들어오자, 여진인은 다시 이 지역으로 이주를 시작했다. 중원으로 이주해 들어온 맹안·모극호는 둔전군(屯田軍)이나 군호(軍戶)라고 했고, 원래 거주하던 한인들은 민호(民戶)라고 했다. 중원으로 향한 여진인의 이주는 금 왕조의 통치에 많은 문제를 발생시켰고, 또한 여진 사회와 각 민족의 왕래나 융합에 대해 커다란 영향을 끼쳤다.

여진인의 중원 이주 ■■■   여진인의 중원으로 향한 이주는 요의 영토로 향한 이주와 마찬가지로, 중원의 부분적인 토지를 점령한 후부터 이미 계속 진행되었다. 대규모의 이주는 희종과 해릉왕의 통치 시기에 있었다. 천회 4년(1126)에 "종망이 상승군을 해체하면서 연경 지역 사람들은 돌려보내 농사를 짓게 하고, 군사들은 안숙군(安肅軍)·웅주·패주·광신군(廣信軍)의 경역에서 토지를 나누어 둔전을 경영하게 했다"[4]고 한다. 이것은 여진인이 중원으로 이주해 간 최초의 기록이다. 이후 살리갈(撒離喝)이 일찍이 여진군을 배치해 섬서 지방에서 둔전을 시행했다. 이는 모두 약간의 군사적 목적을 위해 둔전을 경영하며 방어하게 한 것이다.

천회 연간부터 황통 연간까지 맹안·모극의 백성을 계속 하북·산동·섬서 등의 지방으로 이주시켰다. 이주한 군호는 대부분 여진의 여러 부락민이었고, 목적은 역시 중원 백성의 반항을 진압해 하북 지방의 점령을 확고히 하고, 송 왕조와의 전쟁에서 군사적 역량을 강화하기 위한 것이었다.

해릉왕이 즉위한 후에도 한 차례 중원으로의 이주를 실시했는데 이때 이민의 대상은 종실과 여진 귀족이어서, 그 성질이 첫 번째 이주의 목적과는 달랐다. 이때의 목적은 여진의 노예주 귀족 세력에 타격을 가해 쇠약하게 만들어 해릉왕의 황권에 대한 그들의 위협을 제거함으로써, 여진 사회가 노예제 사회에서 봉건제 사회로 전환하는 것을 촉진하기 위한 것이었다. 남쪽으로 이주한 여진의 군호는 군사 활동의 필요에 따라 주둔지도 조정되었다. 송과의 국경을 회수로 정한 후부터 하북 지방의 군호 가운데 어떤 이들은 이에 따라서 다시 남쪽으로 이주해 회수의 이북 지역에 이르기도 했다.

둔전군의 토지 문제 ▮▮▮ 여진인들이 고향을 멀리 떠나 새로운 땅으로 이주하면서 그들의 생계 문제를 해결하기 위해 금 정부는 중원에서 땅을 수용해 여진 군호에게 나누어 주었다. 수용한 토지의 명분은 한전(閑田: 휴한지)·관전(官田: 국유지)·도절호전(逃絶戶田: 도망하거나 후손이 없는 토지) 및 다른 지방에 있는 관원이 본업 이외에 가지고 있는 토지 등이라고 했지만, 실제로는 백성이 이미 여러 해 동안 경작하던 토지를 떼어 주거나 심지어 땅주인이 계약서를 가지고 가서 밭이랑을 가리키면서 주장해도 거들떠보지 않는 경

---

4) 『金史』, 「宗望傳」.

우가 빈번했다. 어떤 경우에는 이미 토지를 강제로 빼앗겼는데도 세금은 오히려 삭감되지 않아 둔전군과 백성 사이에 갈등과 분쟁을 조성했다.

이주한 백성들의 토지 분배도 대단히 공평하지 않아서 귀족과 관원은 권세에 의지해 대량의 비옥한 토지를 점유[심지어는 여러 곳에서 점유]했지만, 일반 군호들이 얻은 것은 척박해 경작할 수 없는 곳이 많았다. 가난한 사람의 땅은 척박해 아무리 힘을 들여도 부족하자 혹자는 부호들이 하는 바를 따라 직접 경작하지도 않아서 군호의 빈곤화 현상은 날로 심해졌다.

군호에게 토지를 수여하고 여진 귀족들이 대량의 토지를 보유한 현상은 백성의 이익을 직접적으로 침탈해 토지 쟁탈이 가져온 군호와 민호의 갈등, 여진인 가운데 일반적인 둔전호와 세력이 있는 대족 사이의 갈등은 금이 통치하는 전 기간 동안 일관되게 존재했다.

3) 여진 사회의 노예 제도

건국 초기에 여진 사회에서는 노예 제도가 성행했다. 노예는 농업과 목축업 생산 및 가내 노동에 광범위하게 사용되어 노예들은 초기 여진 사회에 여러 가지 노동을 담당한 중요한 계층이었다.

금 왕조의 호적에는 과역호(課役戶)·불과역호(不課役戶)·본호(本戶)·잡호(雜戶)·정호(正戶)·감호(監戶)·관호(官戶)·노비호(奴婢戶)·이세호(二稅戶) 등 여러 가지 명목이 있었다. 그들은 각각 국가에 요역을 부담하는지 여부나 민족의 성분이나 계급적인 지위가 다르다는 등의 여러 가지 차이가 존재했다. 그중에서 정호는 귀족·관원·평민을 포함하고, 감호·관호·노비호·이세호는 여러 가지 종류의 노예였다.

여진 사회의 노예는 처음에는 주로 채무 때문에 노예가 된 사람이 많고, 범죄로 인해 신분이 내려가 노예가 된 사람도 있었다. 그런데 전쟁이 날로 빈번해지면서 전쟁 포로가 노예가 되는 중요한 공급원이 되었다. 노예의 숫자가 증가하면서 매매도 노예를 획득하는 중요한 수단 중 하나가 되었다. 노예들은 금은이나 우마와 같이 주인의 재산으로 여겨졌으며, 매매나 전송 혹은 상으로 줄 수도 있었다.

노예주가 보유한 노예의 수는 적게는 한두 명이고, 많게는 만 명을 넘기도 했다. 세종이 동경에 있을 때 "노예를 만으로 헤아렸다"고 했고, 금 왕조 후기까지 여러 왕이나 귀족이 여전히 많은 수의 노예를 보유했다. 건국 초기와 멸망에 가까운 시기에는 최대한도로 많은 인원을 동원해 전쟁에 참가시키기 위해 일찍이 노예 가운데 전공이 있는 사람을 사면해 양민으로 삼는다고 명확하게 공포하기도 했다.

금 왕조가 중원으로 진입한 초기에는 사람을 약탈해 노예로 삼는 현상이 대단히 심각해 개인의 노예로 남긴 사람을 제외하고는 가격을 정해 시장에서 판매했다. 어떤 경우에는 심지어 서하나 달탄이나 고려·실위 등지로 가서 판매하거나 말로 교환하기도 했다.

정강의 변 후에 북송 제왕의 자손이나 관원과 그 가족 가운데 포로가 되어 북쪽으로 잡혀간 사람들은 모두 "신분이 내려가 노예가 되어 밥을 하거나 말을 키우는데, 어느 것도 잘하는 것이 없어서 하루도 채찍질을 당하지 않는 날이 없었고, 5년도 되지 않아 열 명 가운데 한 명도 남지 않았다"[5]고 한다. 홍호(洪皓)도 직접 목격한 북송의 종실과 백관 중에 포로가 된 사람과 그 자제들이 "모두가 노예의 신분으로 떨어져 여러 가지 일을 시킨다. 사람마다 매달 돌피 다섯 말을 주어 스스로 방아를 찧어 양식으로 하는데, 한 말 여덟 되의 양식을 얻어 건량으로 사용한다. 매년 마 다섯 묶음을 주어 스스로 바느질을 해 갖옷을 만들게 하고, 이 외에는 약간의 돈이나 옷감의 수입도 없다"[6]고 했다. 이처럼 잔혹한 노역과 학대는 일찍이 중원 지역 백성의 완강한 저항을 불러일으켰다.

---

[5] 『呻吟語』.
[6] 洪邁, 『容齋三筆』.

초기에는 노예의 사용이 상당히 보편적이었던 듯하다. 천회 9년(1131)에 태종이 일찍이 조서를 내리기를 "새로 이주해 변방을 지키는 가정에 의식이 부족해 그 친속으로 저당 잡혀 노예가 된 자가 있으면 관청에서 이들을 풀어준다. 가정마다 식구를 계산해 두세 명이 있으면 관에서 노예를 보태주었는데, 이제는 가족이 네 명이 있어야 노예를 준다"[7]고 했다. 이는 확실히 여진인 가정을 돕기 위한 것으로, 이들이 전쟁에 참여할 능력이 있으면 노예로 하여금 농사에 종사하게 한 것이다.

희종과 해릉왕의 통치 시기에 이르러 금 왕조의 중앙집권화가 강화되면서 정치적으로 통치하는 데 한족 지주 계급의 통치 방식을 점차 받아들였다. 그리고 많은 수의 둔전군이 남쪽으로 이주하면서 여진인들은 위로부터 아래까지 전면적으로 한족 지역의 경제와 문화를 접촉하게 되었고, 그들은 중원 지역의 봉건적 생산관계를 강제로 고치려고 하지 않았다. 나아가 전쟁이 감소하면서 대규모로 백성을 약탈해 노예로 삼는 현상은 나타나지 않았다. 그러나 빈곤이나 재해나 담보로 잡히는 등의 원인 때문에 노예가 되는 상황은 여전히 적지 않게 나타났다.

대정 23년(1183)에 물력을 추배할 때 검사 결과는 여진인이 61만 5,000호에 인구는 615만 8,000명인데, 그중 양민이 481만여 명이고 노비가 134만 5,000여 명으로 여진인 가정마다 평균 2.18명의 노비가 있었다. 도종실장군사(都宗室將軍司)에서 170호를 관할하는데 인구는 양민이 982명이고 노비는 2만 7,808명으로 평균 호마다 164명의 노비를 소유하고 있었으므로 많은 수의 노비를 소유한 이들이 여진 귀족과 관원이었음을 알 수 있다.

그러나 이때 통검(通檢)한 숫자는 반드시 믿을 만한 것이 못되는데, 그것은 관료나 귀족이 자주 이름을 빌려 인구를 늘리는 방식으로 관전(官田)을 많이 청구했기 때문이다. 일반적으로 여진인 가정에서는 재력을 숨기기 때문

---

7) 『金史』, 「太宗紀」.

에 많은 사람들이 노비를 다른 사람에게 저당을 잡혔다. 이러한 노비는 상경과 북경의 여진인과 거란인이 거주하는 지역에서 주로 농업과 목축업 생산에 계속 종사했다.

2절

금의 계급 관계와 부역 제도

금의 통치하에서 통치 계급인 여진족은, 이제 막 부락연맹제에서 노예제 사회로 진입하는 역사 단계에 있었다. 그들이 통치하는 대부분의 지역은 봉건화의 정도가 매우 높은 한족 거주 지역과 목축업을 위주로 하는 유목 지역이었다. 따라서 금 왕조의 경내에서 토지의 점유나 생산관계 및 계급 관계는 많은 차이가 있다.

1. 토지의 점유와 계급 관계

1) 토지 점유의 방식

금 왕조의 경내에는 지역마다 다르고 민족마다 다르며 시기마다 다른 토지 점유 방식이 있어 완전히 같을 수 없다. 사회의 발전에 따라 원래의 생산관계 특히 노예를 소유하는 제도는 계속 변화하고 발전하는 중이었다.

여진인의 토지 점유 제도 ■■■ 사서에 기록되기를 "생여진의 풍속에 아들을 낳아서 장성하면 곧 별거한다"고 했다. 그러나 "형제가 비록 별거하지만, 여전히 서로 모여 생활한다"[1]고 했다. 이때의 토지 점유 방식에 대해서는 사서에 명확한 기록이 없지만, 어쩌면 부락에서 각 가정의 인원수에 따라 소가정에서 사용할 것을 분배해 주었을 것이다. 태종 때 이르러 비로소 우두지세(牛頭地稅)에 관한 기록이 있고, 세종 때는 더욱이 우두지의 분배 방식과 분배한 수량에 대해 더욱 믿을 만한 기록이 있다.

이른바 우두지란 토지를 분배하는 데 소와 인구를 근거로 삼는 것으로, 이는 마땅히 토지 국유제의 전제 아래 실행했던 토지 분배 제도다. 천회 3년(1125)에 농사가 풍년이 들어서 비로소 우구(牛具)의 수로서 토지세를 징수하는 근거로 삼았다. 세종 때는 우두지의 분배 방식을 구체적으로 제정했다. 이러한 분배 방식은 여진 사회의 노예제와 맹안·모극의 사회 조직 및 여진 사회에서 대가족이 함께 경작하는 생산 방식에 적응한 것이다.

많은 여진인이 중원으로 이주한 초기에 금 왕조는 여전히 이런 종류의 방식으로 둔전 군호에 토지를 주었다. 초기에 이렇게 실행할 수 있었던 이유는 금 왕조가 국가에서 지배하는 많은 수의 주인 없는 토지를 소유하고 있었기 때문이다. 그런데 생산력이 회복되고 발전하면서 농민들이 본업에 복귀했고, 황무지나 경작하지 않는 관전이 감소해 토지 문제가 점차 두드러지기 시작했다. 나아가 한족 지역으로 들어간 여진인 귀족들은 권세에 의지해 많은 수의 민전을 침탈해 토지를 임대하는 지주가 되었다. 일반적인 여진인 가정에서 획득한 토지는 일부 척박한 것도 있어 군호와 민호 혹은 가난한 가정과 부유한 가정 사이에 갈등이 날로 격화되었다.

이에 세종은 토지 분배와 관련해 새로운 규정을 계속 만들어냈다. 대정 21년(1181)에 납합참모합(納合參謀合)과 누완온돈장수(耨盌溫敦長壽) 등과 산서

---

1) 『金史』, 「世紀」.

지방의 권문귀족들이 대량의 토지를 겸병하는 현상에 대해 "우두지를 제외하고 각각에게 10경(頃)씩을 남겨주고 나머지는 모두 관에 귀속시키라"고 규정했다. 그러나 그것은 군호의 빈곤 문제를 해결하지 못했고, 도리어 관전을 마음대로 점령하고 민전을 침탈하는 행위를 합법화하게 했다.

대정 22년에 토지를 분배할 때 우구의 수를 제한하면서 규정하기를 "쟁기 한 개와 소 세 마리를 한 구(具)로 하고 백성은 스물다섯 명으로 제한하여, 4경 4무 정도의 토지를 주고 해마다 납부하는 벼는 대략 한 석을 초과하지 않는다. 관원이나 백성이나 점유하는 토지가 마흔 구를 초과할 수 없다"[2]고 했다. 『금사』 「식화지」에 기록된 우두지의 숫자와 관련된 규정은 대정 22년에 비로소 확정된 것이다.

우두지의 최고 한도액에 관한 규정은 당시의 객관적인 상황과 통치자의 주관적 희망의 산물인데, 객관적인 상황은 "관원이나 부호의 가정에서 관전을 많이 점유하기를 청하고, 다른 사람에게 소작을 주어 경작함으로써 소작료를 받기를 도모하여" 민전이 침탈되기에 이르고 군호가 분배받은 토지는 또한 척박한 곳이 많았다. 그리하여 세종이 인구 스물다섯 명을 한 구로 한 것은 여진 귀족들이 소작을 주는 방식으로 토지를 경영하고 노예에게 경작하지 못하게 한 것을 고려한 것이다.

물력 검사를 피하고자 하고 또 노예를 판매하는 사람이 많다는 객관적인 상황에서 노예제 생산 방식을 유지하기 위해 노예에게 토지를 주는 정책으로, 노예주의 토지에 대한 수요를 만족시키고 노예를 판매하는 사회 현상을 억제하고자 했다. 그러나 여진인이 봉건화되는 역사의 과정은 바뀔 수 없는 것이었고, 이러한 규정은 여진 사회의 발전을 가로막는 보수적인 경제 정책이라고 말할 수밖에 없다.

우두지의 분배 방식은 결코 모든 여진 군호에게 적합한 것은 아니었고,

---

[2] 『金史』, 「食貨志二」.

일반적인 군호의 토지 보유 수량이 부족하고, 분배에 필요한 만큼의 관전이 없는 상황에서 관원과 호족에 대한 우두세를 정리하는 동시에 빈곤한 군호에 대해서도 인구수에 따라 토지를 분배하는 방식을 채택했다. 대정 21년에 세종은 재상과 집정관에게 "관에 맡겨 실제 호구 수를 조사하고 인구를 계산해 토지를 주되 반드시 스스로 경작하게 하고 힘이 부족한 자에게만 비로소 다른 사람에게 소작을 주는 것을 허락하라"고 명했다. 대정 27년에 관전을 통합적으로 검사해 빈곤하면서 땅이 없는 1정(丁)의 남성에게 50무씩 토지를 나누어 주라고 했다.

장종이 즉위한 후에 평양로(平陽路)에는 토지가 부족하고 인구가 조밀해 여전히 장정을 계산해 토지를 제한하는 법을 실행하고 있었는데, 1정마다 50무로 제한했다. 『금사』「식화지」전제(田制)에 다시 기록하기를 "무릇 관전을 맹안·모극 및 빈민 가운데 경작을 신청한 자에게 관향(寬鄕: 토지가 넉넉한 지역)이면 1정마다 100무를 주고, 협향(狹鄕: 토지가 부족한 지역)이면 10무를 주고 중남(中男: 미성년의 남자)에게는 절반을 지급하라"고 했다. 이를 통해 관향이나 협향을 막론하고 맹안·모극이 점유한 토지는 원칙적으로 모두 관전인 것을 알 수 있다.

한족 지역 민호들의 토지 ■■■

『금사』「식화지」에서는 기록하기를 "백성들의 토지는 각각 그 편한 바를 따라 다른 사람에게 매매나 전매하도록 하여 이를 금지하지 않고, 다만 토지에 따라 조세만 납부하도록 할 뿐이다"고 하여 요나 송 이래로 중원 지역의 토지 사유제를 받아들였다.

토지를 보유하는 측면에서 금 왕조가 요나 송 왕조와 다른 점은 단지 중원 지역에 많은 수의 여진족 둔전군호를 배치했고, 군호에 분배한 토지는 매매를 금지한다는 것이다. 여진인이 노예를 소유하는 제도는 한때 중원의 생산력에 어느 정도의 영향을 끼치기는 했지만, 중원 지역의 민호들은 여진인이 이주해 온 것 때문에 결코 원래 그들의 생산관계나 토지 소유제를 변화시키지는 않았다. 반대로 이주해 온 여진인들이 중원의 선진적인 경제 제도의 영향을 받아 오히려 그들의 봉건화 과정이 촉진되었다.

2) 여진 사회의 봉건화

건국했을 때 여진 귀족은 비록 많은 수의 노예를 사용했지만, 그 특징을 살펴보면 여전히 가부장적 노예제 단계에 있었다는 것이다. 이것은 금 왕조가 요와 송 왕조를 멸망시킨 후에 매우 빠르게 봉건 경제가 고도로 발달한 한족 지역으로 들어갔기 때문에 봉건제가 충분히 발전할 만한 환경이 되지 못했던 것이다. 중원 지역 봉건 경제의 영향으로 노예의 반항과 도망은 피할 수 없는 것이었고, 관리 또한 더욱 어려웠다. 금 왕조가 물력을 추배할 때 노예는 재산의 중요한 한 항목이었는데, 부역의 부담을 경감시키기 위해 보통의 노예주들이 노예를 판매하는 현상이 상당히 보편화되었기 때문에 금 왕조는 계속해서 노예의 판매를 금지하는 결정을 내리기에 이르렀다. 그러나 사회의 발전은 어떠한 통치자 개인의 의지로 바뀌는 것이 아니기에 여진인의 노예 제도는 중원의 봉건 제도에 의해 강력한 충격을 받았다.

남쪽으로 이주한 여진인들은 지주 경제의 영향을 받아 노예제의 착취 방식을 부분적으로 폐기하고 소작제 방식으로 바꾸어 분배받은 토지를 경영했다. 귀족과 관원은 토지를 소작 주는 지주 겸 노예주가 되었고, 보통의 여진인 둔전군호 가운데 어떤 사람은 그의 자작농 신분을 유지하기도 하고, 어떤 사람은 소규모의 토지를 소작 주기도 했다.

여진에서 노예의 해방은 건국한 초기부터 시작되었다. 전체 여진인을 동원하고 단결시켜 요 왕조에 반항하는 투쟁에 참가시키기 위해 영강주에서의 전투 직전에 아골타가 득승타(得勝陀)에서 군사들에게 전쟁의 의의를 말할 때 "공이 있으면 노예와 부곡을 양민으로 바꿔준다"[3]고 분명하게 허락했다. 이후에 전쟁이 빈번해지면서 반드시 많은 노예가 전쟁에 참가해 자유인

신분을 획득했을 것이다.

항복한 백성을 안정시키기 위해 태종 때도 일찍이 노예들을 부분적으로 해방시켰다. 천회 원년(1123)에 "여진인에게 조서를 내려 이전에 요 왕조에 항복했다가 지금 다시 포로로 잡힌 자는 모두 그들이 거주하기를 원하는 바에 따라 돌려보내고, 그 노예와 부곡은 과거에 비록 도망하거나 배반했더라도 지금 다시 돌아오고자 하는 자가 있으면 모두 양민이 되는 것을 허락한다"4)고 했다.

이후에 맹안·모극 가운데 여진인 노예들 또한 계속 해방되었다. 『금사』 「식화지」 호구(戶口)에 기록하기를 "맹안 모극의 노예가 방면되어 양민이 된 자는 단지 본래 부락의 정호(正戶)에만 속한다"고 했는데, 이렇게 노예에서 양민인 정호가 된 사람들이 맹안·모극의 적지 않은 수를 차지했다.

세종과 장종 시기에 노예의 해방은 국가의 정치 생활 가운데 중요한 문제가 되어 의사일정에 올랐다. 비록 이때 해방된 사람들은 대부분 이세호(二稅戶)이지만, 오히려 이때부터 그들이 진정으로 농업 노동에 종사하는 노예였기 때문에 그들의 해방은 마땅히 노예가 대량으로 농업 생산에 사용되는 상황에 근본적인 변화가 발생한 것으로 보아야 한다.

『금사』에 비교적 많이 기록된 것이 이세호의 해방이다. 금 왕조의 이세호는 요 왕조에서부터 계승했는데, 많은 이세호가 사원의 소유에 속하고 지위는 요대보다 더욱 낮았다. 여진 사회에서 노예 제도가 성행하면서 사찰의 승려들은 여진인의 노예 소유 제도에 따라 이세호를 노예로 삼았다. 예를 들어 금주(錦州)의 용궁사(龍宮寺)에는 요 왕조의 황제가 일찍이 농호를 떼어 주며 그들에게 사찰에 세금을 내게 했다. 금대에 이르러 사찰의 승려들은 여전히 그들을 노예로 삼았다. 이러한 이세호는 관부에 양민이 되게 해달라고 계속 소송을 걸었다. 대정 2년(1162)에 세종은 증거를 가지고 있는 이들은 양민

---

3) 『金史』, 「太祖紀」.
4) 『金史』, 「太宗紀」.

으로 방면했다. 용궁사의 이세호는 어사중승 이연(李宴)이 대신 소송을 하여 방면되었다. 그러나 이때의 노예 해방은 전면적인 노예 해방이 아니었고, 따라서 아주 철저하지도 않았다.

장종 초년에 이세호를 방면하는 문제가 다시 제기되었다. 장종은 재상과 집정관을 불러 토론하는데 참지정사 이랄리(移剌履)가 주장하기를 "무릇 거란의 노예로서 이후에 출생하는 아이들은 모두 양민으로 하고, 현재의 노예들은 전매하지 못하게 하여, 이와 같이 30년이 지나면 노예가 모두 양민이 되고 백성에게도 병폐가 되지 않을 것이다"[5]라고 했다. 이는 비교적 철저하고 또 간편해 실행하기 쉬운 방안이었지만, 장종은 받아들이지 않았다. 그리고 여전히 세종 때와 같은 방법으로 증거가 있는 사람만을 방면해 평민의 신분을 취득할 수 있었다. 그 주인이 스스로 말하거나 혹은 통검을 통해 알게 된 사람은 그 세금의 반은 국가에 납부하고, 절반은 주인에게 납부해 요대의 지위를 회복했다. 이때의 통검으로 방면된 이세호는 총 1,700여 호에 1만 2,900명이었다.

동시에 사회의 발전에 따라 노예의 지위도 약간은 개선되었다. 예를 들면 대정 18년(1178)에 "혈육과 별거하는 노비나 동거하는 연소자를 죽이거나, 노비를 갑자기 죽이거나, 아내가 죄가 없는데 갑자기 때려죽이는 자는 처벌한다"[6]고 하여, 노비들이 아무에게나 유린당하는 비참한 상황이 어느 정도 개선되었다.

『금사』에서는 "가족에게 농사일을 시키지 않는다"거나 "노비가 비단 옷을 입는 것을 금지하기를 청하거나"·"노비가 명금(明金)을 입는 것을 금한다"라고 하거나, 귀족의 노비가 운반선을 점령하거나, 상인이나 여행객을 강탈한다거나, 부채를 함부로 징수한다거나, 가난한 백성을 침탈한다는 등의 기록이 자주 보인다. 심지어 어떤 경우에는 노예주가 노비에게 도망하라고 교

---

5) 『金史』, 「食貨志一」.
6) 『金史』, 「世宗紀」.

사하고는 다시 직접 체포해 도망한 노비를 잡은 상금을 받기도 했다. 앞에서 말하는 가족이란 노비의 가족을 가리키며, 주인이 노비에게 농사일을 시키지 못하게 하여 노비들은 곧 농업 노동에서 가내 노동으로 하는 일이 바뀌었다. 어떤 경우에는 심지어 주인의 권세에 의지해 온갖 나쁜 짓을 저지르기도 했다.

건국 후에는 전쟁에서 포로로 잡힌 많은 사람이 억압에 의해 노비가 되었지만, 송 왕조의 종실과 백관 및 그 자손들이 여전히 여진의 내지에 거류하는 이외에 많은 수의 포획된 노비는 훗날 여러 가지 방식으로 노예제의 질곡에서 벗어나 자유인의 신분을 회복했고, 어떤 사람은 귀족과 관료의 일상생활을 위해 혹사당하는 가노로 전환되었다. 일반적인 군호가 물력전(物力錢)의 부담을 피하기 위해 스스로 노비를 판매하는 현상은 이러한 상황에 따라 발생한 것이다. 이에 중원으로 들어간 여진인들은 봉건제의 발전된 단계로 올라갔다.

여진 사회의 이러한 발전적 변화에 적응하기 위해 정책과 법령에도 조정을 가했다. 태화 4년(1204)에 "둔전호의 자작과 소작에 관한 법을 제정하여"[7] 맹안·모극에서 출현한 토지 소작의 합법성을 승인했다.

그러나 많은 수의 노비를 보유하면서 노예 해방을 방해하는 세력은 바로 황제를 대표로 하는 여진 귀족인데, 그들은 완강하게 노예 해방의 조류를 저지했다. 우두지가 쟁기와 인구를 분배의 근거로 삼았기 때문에 여진 귀족들은 많은 수의 노비를 축적해 국가에서 분배하는 우두지를 획득하려고 했다. 대량으로 축적한 노비 때문에 비난받지 않고 물력의 부담을 감당하지 않기 위해 그들은 또한 노예의 수가 통검의 대상이 되는 것에 반대했다. 세종 본인도 직접적으로 노비를 방면한 지방관을 비난하기를 "마음속으로 이 일로 복을 받고자 한다"[8]고 했다. 따라서 금대의 노예 해방은 결코 철저하지 못했

---

7) 『金史』, 「章宗紀」.
8) 『金史』, 「食貨志一」; 『金史』, 「劉璣傳」을 참조.

고, 특히 당시의 여진 관료나 귀족이 대량으로 노비를 축적하는 현상에는 결코 근본적인 변화가 없었다는 점에서 이는 더욱 뚜렷하게 나타난다.

같은 시기에 여진 내지의 상경이나 그 동쪽 지역에서는 봉건 경제의 충격이 비교적 적어서 여전히 노예제의 발전 단계에 있었다. 심지어 어떤 지역에서는 발전 수준이 더욱 낮아서 금 왕조 후기에 이를 때까지 흑룡강 중하류 유역은 여전히 어로와 수렵으로 생활하는 단계에 머물러 있었다.

3) 계급 관계

사회의 발전 수준이 불균형했기 때문에 금 왕조 경내에서는 다른 지역과 다른 민족 사이의 계급 관계에 차이가 나타났다.

부분적인 한족들은 전쟁 중에 포로로 잡혀 노비나 부곡민이 되었고, 원래 독립적 신분이던 국가 호적 편제상의 평민들은 여진 귀족에게 사적으로 예속되는 신분으로 내려갔다. 그러나 도망이나 돈을 주고 방면되거나 양민으로의 해방 등을 통해 다수의 사람들이 새롭게 자유의 신분을 획득했다. 이 때문에 한족 대부분은 여전히 지주·자작농·소작농 등의 착취 계급과 피착취 계급으로 있었다.

여진인 사이의 계급적 성분은 비교적 복잡하다. 중원으로 들어간 여진인 관료와 귀족은, 한편으로는 대량의 노비를 보유한 노예주인 동시에 토지를 소작 주는 방식으로 착취하는 지주이기도 했다. 중원으로 들어간 일반 군호의 토지는 늦어도 장종 때가 되면 이미 자신의 토지와 관부의 토지로 구분되었다. 예를 들면 평양로의 군호는 자신의 것으로 보유한 토지로 장정 한 사람당 10무씩을 얻을 수 있었고, 그 나머지 부분은 곧 관전이었다. 정부에서는 개간을 장려하기 위해 또한 개간한 황무지를 사유 토지로 삼는 것을 허락했고, 아울러 "제7 등급 등은 정해진 세금의 반을 납부하고 7년이 지나서야 세금을 징수한다"[9]고 규정했다. 이렇게 분배와 개간을 통해 적지 않은 수의 여진 군호가 자작농이 되었다.

내지에 거주하는 여진인들은 발전 과정이 남쪽으로 이주한 사람들보다 늦어서 여전히 가부장적 노예제의 발전 단계에 머물렀고, 노예는 여전히 주로 농업 생산을 담당했다. 그러나 중원의 봉건제는 그들에 대해서도 역시 일정한 영향을 끼쳤다. 대정 연간에 상경로의 여진 노예주들은 물역의 부담을 피하기 위해 많은 사람이 스스로 노예를 팔아 "밭을 가는 자가 적어 마침내 빈곤해지기에 이르렀다"10)고 하여, 상경 지역의 노예제는 여전히 그들이 존재할 만한 사회적 기초가 있었음을 알 수 있다. 이 지역의 노예제를 유지하기 위해 금 정부에서 채택한 방법은 우두세의 세액을 낮추는 것이었다.

금대에 거란인 사회에는 매우 큰 변화가 발생했고, 거란인의 계급 관계도 더욱 복잡해졌다. 일부 거란 귀족은 여진족 통치자에게 중용되어 여진 귀족과 마찬가지로 지주이자 노예주가 되기도 했다. 일반적인 거란인들은 맹안·모극에 편성되어 함께 남쪽으로 이주해 여진의 군호처럼 되었다. 원래 지역에 있던 대부분의 거란인도 맹안·모극에 편성되어 거란의 상부 계층이 다스리면서 유목에 종사하고, 서북초토사와 서남초토사에 예속되어 있었다.

야율살팔이 기의한 후에는 거란인의 상황에 변화가 발생해 한차례 맹안·모극이 폐지되고, 거란인의 호적을 여진족 맹안·모극의 치하로 분산해 배치되었다. 후에 비록 거란인의 맹안·모극이 회복되기는 했지만 세종은 그들에 대해 신뢰하지 않았고, 또 일부의 거란인들을 상경과 오고리석루부(烏古里石壘部)로 이주시켜 그들로 하여금 그 지역 여진인들과 함께 살면서 서로 결혼도 해 점차 동화되도록 했다. 이러한 정책은 비록 기대했던 효과가 나타나지는 않았지만, 어떤 일부의 거란인은 목축업을 버리고 농업에 종사하면서 노예제의 관리하에 들어갔다.

같은 시기에 상당히 많은 수의 거란인은 원래의 지역에 거주하면서 목축

---

9) 『金史』, 食貨志二.
10) 『金史』, 食貨志一.

업에 종사했다. 이에 거란인 가운데는 목축업에 종사하는 유목주와 유목민이 있었을 뿐만 아니라 소작의 방식으로 농업을 경영하는 지주와 농민이 있었으며, 또한 노예제의 경제 제도 아래 농업 생산에 종사하는 노예주·농민·노예도 있었다.

억압에 의해 노예가 된 한족과 거란족 및 기타 여러 부족의 사람들이나 노예제의 발전 단계에 처해 있던 여진인이나 모두가 서북로와 상경로를 제외하고는 중원 봉건 제도에 영향을 받아 어떤 곳은 빠르고 어떤 곳은 늦었지만, 모두가 노예 해방과 봉건제로의 전환 과정을 겪었다. 금 왕조 경내의 대부분의 계급은 여전히 지주와 농민이었다.

이 외에 금 왕조가 통치한 초기에는 국부적으로 봉건적 경제가 노예제 경제로 퇴보하는 경우도 있었다. 요 왕조의 사원 지주들이 허물을 벗고 노예주가 되는 현상이 곧 전형적인 사례라고 할 수 있다.

2. 부역 제도

사회의 발전 단계와 토지의 보유 방식이 달랐기 때문에 금 왕조에서는 여진의 옛 거주 지역과 중원 지역에서 각기 다른 부역 제도를 시행했다.

1) 토지세

금 왕조의 토지세는 우두세와 양세로 나뉜다.

우두세는 우두세지에 상응하는 세금으로서 우구세(牛具稅)라고도 하는데, 이는 맹안·모극호에서 징수하는 세금이다. 우두세의 징수는 태종 시기에 시작되었다. 천회 3년(1125)에 여진 내지에 풍년이 들자 태종이 명령을 내리기를 "지금 대풍년이 들었는데 비축을 해놓지 않으면 어떻게 기근을 준비하겠는가? 우 1구[쟁기 한 개와 소 세 마리]마다 벼 한 석씩을 징수하고 모극마다 창고를 하나씩 지어 이를 비축하도록 하라"고 했다. 5년 9월에 다시 조서를 내려 "내지의 모든 로에 소 한 구마다 벼 다섯 말씩을 거두어 흉년에 대비하라"11)고 했다.

여진인의 세금은 처음에는 정해진 제도가 없이 필요에 따라 임시로 징수했으니, 송나라 사람이 "그들은 일상적인 세금이 없고 지출이 많고 적음에 따라서 세금을 징수한다"고 말한 것과 같다. 천회 연간에도 여전히 이러한 상황에서 커다란 변화는 없었다. 최회부(崔淮夫)가 『상량부차자(上兩府劄子)』에서 "그 금인의 북군은 한 가정에서 경작하는 토지가 몇 경[1경은 대략 6만㎡] 이상인데 세금 없이 봄에는 농기구에 의지해 밭을 갈고, 여름에는 사람에 의지해 김매기를 하고, 가을에는 사람에 의지해 수확한다"12)고 했다.

세종 때 이르러 여러 가지 제도가 갖추어지면서 우두세도 점차 제도로 정해졌다. 금이 멸망할 때까지 우두수의 액수는 가장 높아도 한 석을 초과하지 않았고, 가장 낮을 때는 단지 세 말에 불과했다. 우두세의 액수가 매우 적은 것은 관원이나 부유한 사람들이 다른 사람에게 소작을 주어 이익을 취할 수 있는 기회를 주었기 때문에 여진 귀족들은 기회가 있을 때마다 거리낌 없이 많은 토지를 점유했다.

세종은 또한 우두세의 세액을 경감시키는 방법으로 여진인들이 스스로 노비를 판매하고 노동력이 감소되며, 군호가 빈곤한 문제를 해결했기 때문에 권력 있는 가문에서 대량의 토지를 점유하는 경향을 더욱 조장했다. 그러나 관료나 부호의 가정은 한편으로는 대량의 민전을 불법으로 점유하고, 한편으로는 토지를 은닉해 조세를 회피했다. 그리하여 관전이 감소하고 군민 간의 갈등은 격화되었으며, 보통의 군호가 받는 토지는 부족해졌고, 국가의 수입은 감소했다. 군호·민호의 토지와 재산의 실제 상황을 검사해 조세와

---

11) 『金史』, 「太宗紀」; 『金史』, 「食貨志」. 「食貨志」에서는 5년을 4년이라고 했다.
12) 『三朝北盟會編』 卷130.

부역의 부담을 고르게 하기 위해 대정 연간에는 다시 여러 차례에 걸쳐 경제력을 점검하는 통검추배(通檢推排)를[13] 실시했다.

『금사』「식화지」에 기록하기를 "금의 제도에 관전에는 지조(地租)를 납부하고 개인의 토지에는 지세(地稅)를 납부하는데, 지조 제도는 전해지지 않고 대체로 토지의 등급을 아홉 개로 나누어 등급에 따라 차이가 있다. 하세(夏稅)는 한 무(畝: 대략 600㎡)에 세 홉(合: 한 홉은 0.1되)을 받고, 추세(秋稅)는 한 무에 다섯 되와 볏짚 한 속을 받는데, 한 속은 열다섯 근이다. 하세는 6월부터 8월까지 추세는 10월부터 12월까지 납부하는데, 초기·중기·말기의 세 가지 기한이 있으며, 주에서 300리가 떨어지면 그 기한을 1개월 연장해 준다. 둔전호 가운데 관전을 소작하는 자는 담당 관청이 맹안·모극으로 이관해 감독한다"·"여름과 가을의 조세는 보리·벼·풀의 세 가지로 납부하는데, 각 지역마다 필요한 물건에 따라 다르다. 호부에서 다시 명령해 여러 지역에서 사용하는 물건으로 바꾸어 납부하게 한다"고 했다. 예를 들어 황실에서 사용하는 물품이나 치수 사업에 필요한 땔나무·목재·석재 등과 같은 것이다.

홍수와 가뭄 같은 재해를 당하면 상황에 따라 감면해 주고, 황무지를 개간하면 조세 징수를 연기해 준다.[14]

2) 물력전과 통검추배

물력전은 관민의 재산세로서 토지·노예·정원·가축·주택·마차·현금 등을 포함한다. 금 왕조에서는 또한 경제력에 근거해 호등을 정하고, 부역을 부담시키는 근거로 삼았다. 『금사』「식화지」에서 기록하기를 "관부의 토지는 조

---

[13] 금대에 호구마다 인구와 노비와 토지 및 마차와 기타 재산 등을 조사하여 그 재산의 총액을 살펴보고, 이를 근거로 물력전이라는 일종의 재산세를 부과하고 또 이를 근거로 호등을 정해 부역을 징발했던 제도다. **옮긴이 주**
[14] 『金史』,「食貨志二」, 田制.

라 하고, 개인의 토지는 세라고 한다. 조세 이외에 그 전원과 주택, 마차, 가축, 수목의 숫자와 그들이 소유한 현금의 많고 적음에 따라 현금을 징수하는데, 이를 물력전이라고 한다. 물력전을 징수하는 것은 위로는 공경대부부터 아래로는 서민에 이르기까지 면제받는 자가 없다. 만일 근신(近臣)이 외국으로 사신을 갔다가 돌아오면 반드시 물력전이 증가하게 되는데, 그 이유는 그들이 외국에서 선물을 받기 때문이다"라고 했다.

통검추배는 곧 관민의 재산과 경제력에 대한 전면적인 검사와 평가 활동이고, 이를 호등을 평가하는 근거로 하여 호등의 고하에 따라 물력전을 징수한다. 대정 4년(1164)에 세종은 전국의 경제력을 통합해 검사하기로 결정하고, 조서를 내려 "국초부터 자주 담당 관청에서 대비(大比: 周의 제도로서 3년에 한 번씩 인구와 재물을 조사하던 것)를 행해 지금까지 40년이 되었다. 정륭 연간에 전쟁과 부역이 일시에 많아지고 지나치게 징발해 부자들도 지금은 가난해져서 스스로 생계를 유지하기 어렵고 문서에는 아무것도 없는 자가 지금은 부자가 되었지만, 오히려 세금을 면제받고 있다"15)고 했다. 이에 태령군(泰寧軍)절도사 장홍신(張弘信) 등 열세 명을 각 지방으로 파견해 전국 군민들의 경제력을 조사하게 했다. 동시에 각 지방 토지도 비옥한 정도에 따라 등급을 정해 세법을 제정하게 했다.

대정 15년에 첫 번째 통검추배를 시행한 지 이미 10여 년이 지나서 경제력에 변화가 있고 세금의 납부액이 재산의 상황과 일치하지 않자, 다시 제남윤(濟南尹) 양숙(梁肅) 등 스물다섯 명을 각 지방으로 파견해 추배하게 했다. 대정 20년에 재상과 집정관이 조사한 내용에 대해 계속 토론했는데, 세종은 노예·토지·우구와 동산을 조사해 상·중·하의 세 등급으로 나누고 빈부의 실태를 조사해 장부를 만들었으며, 이를 조세를 징발하는 근거로 삼기로 결정했다.

---

15) 『金史』, 食貨志一.

대정 22년에 동지대흥부(同知大興府) 완안오리야(完顏烏里也)에게 먼저 중도로를 조사하게 하고, 이어서 호부주사 안대(按帶) 등 열네 명을 파견해 지방관과 함께 각 지방을 조사하게 했다. 이후 대정 26년과 29년, 그리고 장종 명창·승안·태화 연간에도 여러 차례 통검추배를 실시했다.

장종이 즉위한 초기에 통검추배의 범위에 대해 조정하면서 규정하기를 국신사와 부사는 물력전을 증가시키는 것을 면제하고, 농민이 축적한 곡식에 대해서는 물력전의 징수를 면제했다. 돈이 부족한 지방에서는 납부해야 할 돈을 벼나 옷감으로 바꾸어 납부할 수 있게 했다. 토지는 이미 세금을 납부하는데 여기에 물력전을 징수하는 것은 이중의 부담이 되니, 백성의 토지에 부과하는 물력전은 10분의 2를 감면한다고 했다.

통검추배의 목적은 부담을 고르게 하는 데 있었지만, 집행하는 사람의 품덕(品德)이나 능력에 차이가 있어 각 지역에서 거둔 효과도 일치하지 않았다. 대정 4년(1164)에 각 지방에서 통검하는 관원들이 가끔 가혹할 정도로 물력전을 많이 거두어 공을 세우려 하고, 심지어는 마음대로 백성의 경제력을 몇 배로 부풀렸다. 장홍신이 산동 지방을 통검할 때는 더욱 가혹해 체주(棣州)방어사 완안영원(完顏永元)의 질책을 받았고, 이 때문에 산동에서는 체주만 완안영원이 주관하면서 조금은 실제적인 조사 결과를 얻었다. 반면에 하북동로 전운사 양숙이 동평로(東平路)와 대명로(大名路)를 통검할 때는 대단히 공평하고 타당했다.

3) 상세와 관세

금은 요와 송 왕조의 제도를 답습해 상인들에게 상세를 징수하는 이외에 일부 화물의 교역에도 통제를 가하고, 국가에서 전매 정책을 제정했다.

전매 ■■■ 금 왕조는 백성의 생활과 밀접한 관련이 있는 소금·차·술·누록·식초·향·백반·진사·주석·철 등에 대해 전매를 실시하고, 사인들의 제조와 민간의 교역을 금지했다. 화물의 전매는 정부 재정 수입의 중요한 원천에 하나다. 관부에서는 각화무(榷貨務)와 초인고(鈔引庫)16)를 설치하고, 인쇄·제조와 실태 조사 및 여러 지방의 향·차, 염초(鹽鈔)·전인(錢引)의 발매를 책임지게 했다. 금 말에는 재정 곤란을 해결하기 위해 심지어 기름의 전매를 의논하기까지 했다.

금 왕조는 소금이 풍부하게 생산되어 국가에서는 소금이 생산되는 지역 일곱 곳에 염사(鹽司)를 설치해 각지의 염전을 관리했으며, 모든 염호에 세금으로 내고 남는 소금은 일률적으로 염사에 판매하도록 했는데 모든 염사에는 각각 염세의 액수가 정해져 있었다.

금 왕조의 소금 전매 제도는 초인제(鈔引制)·건판제(乾辦制)·관매제(官賣制)의 세 가지 방법이 있다.

초인제는 관부에서 통일적으로 판매하고 상인이 지정된 위치에서 판매하는 식염 전매 제도로, 해릉왕 때인 정원 초년에 호부상서 채송년이 송의 제도를 참고해 제정했다. 정부에서는 초인고를 설치하고 염초와 전인을 인쇄하면 상인이 정부에 전초(錢鈔)를 납부하고 염인(鹽引)으로 바꾸고, 염인을 가지고 염전으로 가서 소금을 영수하고 소금을 판매할 수 있는 증빙서를 받아 지정된 범위에서 판매하는데, 염초·초인·증빙서 가운데 하나라도 없으면 곧 불법 판매가 된다. 이 외에 정부에서는 사적인 제조와 사적인 판매를 엄금했다.

건판제는 요 왕조가 연경 지역에서 시행했던 소금 판매 제도다. 초인제를 제정하기 전에 한때 금 왕조에서 일찍이 답습한 적이 있다. 초인제를 실

---

16) 금대의 榷貨務는 상서성 호부에 예속되어 각 로에 향화와 염초인을 발급했다. 각화무사와 부사가 있었다. 금대에는 또 提擧南京榷貨司를 설치해 提擧나 同提擧 등의 관원을 두었다. 그리고 印造鈔引庫는 금대에 교초와 염인을 관리하는 기구로 正使 한 명, 부사 한 명, 관관 한 명을 두어 제 로의 교초와 염인의 발행과 점검을 담당하게 했다. _옮긴이 주

시한 후에 일부의 소금 생산 지역에서 사적으로 소금을 쉽게 얻을 수 있지만 순찰이 곤란해지자 다시 건판제를 시행했다. 이른바 건판이란 호구에 따라 염전(鹽錢)을 납부한 후 염호가 스스로 소금을 생산하고 상인들도 법에 따라 세금을 낸 뒤 스스로 판매하는 것이다. 이는 오대의 식염전과 요 왕조의 염철전에서 비롯된 제도로서 비교적 완화된 전매 제도의 일종이며, 일찍이 평주(平州)·난주(灤州)·태원 등지에서 시행된 바 있다. 건판은 비록 좋은 법은 아니지만 할당을 강제하는 관매제보다는 확실히 통제력이 비교적 약한 동시에, 사적으로 판매하거나 백성이 사적인 소금을 사용함으로써 죄를 짓는 것은 피할 수 있었다.

금 왕조에서 소금을 관매한 현상은 많이 보이지 않는다. 흥정(興定) 3년(1219)에 재정 곤란을 해결하기 위해 일찍이 섬서 지방에서 "관청을 설치하고 소금을 팔아 관청의 비용으로 충당했다"는 것이 겨우 보이는 한 가지 예다.

염세는 금 왕조의 재정 수입의 큰 부분으로서 대정 연간에는 1년의 소금세가 662.6만여 관이었고, 명창 연간에는 1,077만여 관으로 증가했다.

각고(榷酤)는 술과 누룩의 전매 제도다. 금은 요와 송의 옛 제도에 따라 관에서 전문적인 기구를 설치해 관리했다. 도성에는 도국사사(都麴使司)가 있고, 5경과 주군 가운데 주세가 10만 관 이상인 곳에는 주사사(酒使司)를 설치했다. 대정 연간에 중도의 도국사사는 1년에 36만여 관을 거두었고, 서경의 주사사에서는 5.3만여 관을 거두었다. 승안 원년에는 각각 40.5만 관과 10.7만 관을 거두었다. 명창과 승안 연간에는 주세가 날로 증가해 마침내 몇 년 동안의 주세액으로 균등하게 액수를 정했다.

식초는 전매제를 행하기도 하고 폐지하기도 하는 등 일정하지 않았다. 대정 초년에 국가의 재정이 부족하자 일찍이 관청을 설치해 식초의 전매를 시행하고 경제 상황이 호전되자 폐지했다. 명창 연간에 의논해서 다시 폐지했다가 승안 3년(1198)에 군사비 지출이 크게 증가하면서 전매 제도를 재실시하여, 1년의 수입이 500관 이상인 곳에는 도감(都監)을 두고 1,000관 이상인 곳에는 동감(同監) 한 명을 중원했다.

　　금나라 사람들 사이에는 차 마시는 풍속도 크게 성행했다. 초기에는 필요한 양을 남송에서 공납으로 받은 것을 제외하고 금과 송의 각장17)에서 획득했다. 동시에 사적으로 판매하는 사람들도 많았다. 승안 연간에 송의 차를 구입하는 것이 "국가의 비용을 낭비해 적국의 비용이 된다"는 이유로 관청을 설치해 스스로 제조하도록 결정했다. 이에 치주(淄州)·밀주(密州)·영해(寧海)·채주에 한 곳씩 작업장을 만들어 차를 제조했고, 산동과 하북 등 4로의 전운사에게 각자 맡은 현에서 판매하게 했으며, 상인들은 돈을 납부하고 초인을 구입해 차를 판매하게 했다. 그러나 금 왕조에서 제작한 차는 질이 좋지 않아 관청에서 강제로 할당했는데, 비록 가격을 낮추어도 모두 팔리지 않아 하는 수 없이 차를 제조하는 작업장을 폐지했다.

　　그러나 관민의 차에 대한 수요는 감소하지 않아 상서성에서 상주하기를 "차는 음식 가운데 부수적인 것이지 반드시 필요한 물건은 아닙니다. 근래에 상하가 다투어 마시는데 농민들이 더욱 심해, 시정에서는 차를 판매하는 상점이 줄을 잇고 있습니다. 많은 상인이 생사와 견으로 차를 교환하는데 1년의 비용이 100만 관 이상입니다"18)라고 했다. 이에 금 왕조에서는 차를 마시는 제도를 제정했는데, 7품 이하의 관원과 백성이 차 마시는 것을 금지하고, 매매나 사적 소유나 상호 간의 선물도 금지했다. 그리고 경내의 수요를 충족시키기 위해 생산량이 풍부한 소금과 기타의 물품으로써 송과 차를 교역했지만, 여전히 사적 판매는 금지했다.

상세 ■■■　　해릉왕이 천도한 후에 금 왕조에서는 비로소 상세와 관세를

---

17) 榷場은 요·송·서하·금 정권이 각지의 접경 지역에 설치한 호시의 시장이다. 각장 무역은 각각 지역에서 경제 교류의 필요성에 따라 발생한 것이다. 각 정권 통치자의 입장에서 보면 변경의 무역을 통제할 수 있고 경제적 이익을 얻을 수도 있으며, 변방을 안정시키는 작용도 있었다. 따라서 각장의 설치는 정치적 관계의 변화에 따라 자주 바뀌었다. _옮긴이 주
18) 『金史』, 「食貨志四」.

징수하기 시작했다. 대정 초년에 혹은 수륙의 요충지에 관청을 설치해 상인들에게 통과세를 받기도 하고, 혹은 백성을 모아 매매하게 하는 동시에 성곽 안에서 주택의 임대세를 제정하기도 했다. 대정 20년(1180)에 "상세법을 제정했는데, 금과 은은 100분에 1을 취하고 나머지 물건은 100분에 3을 거둔다"고 했다. 중도에 있는 도상세무사(都商稅務司)는 전국 최고의 세무 기관이고, 지방에는 장(場)과 무(務) 등의 세무 기관이 있었다. 명창 원년(1190)에 각 로에는 사(使)·사(司)·원(院)이 총 1,616곳이 있었는데, 1년의 수입은 일정하지 않았다. 대정 연간에 중도에 있는 도상세무사의 연간 상세 수입은 16.4만여 관이었고, 승안 원년의 수입은 21.4만여 관이었다.

금은 등의 광산품은 민간에서 채굴하는 것을 허락하고, 20분의 1의 세금을 받았다.

4) 잡세

금대 초기에 여진인들은 고정된 부역이나 세금이 없었는데, 세종이 정치적인 수단으로 국가를 통치하면서 여러 가지 제도가 점차로 완비되었다. 토지세·물력전·전매·상세(商稅) 등이 정해지고 부역 제도도 점차 확립되었다. 장종 초년에는 국가가 태평하고 부유해져서 여러 항목의 세액이 모두 한차례 경감되기도 했다. 승안 연간 이후에는 국세가 점차 기울고 국가의 지출이 점차 많아지면서 정해진 세금 이외에 다시 여러 가지 명목의 세금이 증가했다.

황하부전 ■■■ 하부전(河夫錢)이라고도 하는데, 금대에는 황하에 홍수가 자주 발생해 황하의 치수에 필요한 여러 물자를 백성에게서 징수했다. 처음에는 황하의 연변에서 필요한 땔감과 풀, 나무와 돌 등을 양세의 금액에 맞춰 물건으로 바꾸어 납부했으나, 후기에는 양세의 금액 이외에 별도로 황하부전(黃河夫錢)을 징수해 군수품, 역참의 말 등과 마찬가지로 금대 후기 잡세 명목 중 하나가 되었다.

군수전 ■■■ 여진인은 우두세를 제외하면 다른 세금은 부담은 없었는데, 어쩌다가 징발하면 별도의 돈과 곡식을 지급했다. 천권 3년(1140)에는 요동의 수비군에게 매년 비단과 명주를 지급하기로 결정했고, 정륭 4년(1159)에는 하남과 섬서 통군사에서도 관병들에게 돈과 양식을 발급했다. 남벌할 때도 의복과 기타의 물건을 지급했다. 대정 3년(1163)에 남벌할 때 군사에게 필요한 액수가 1,000만 관이었는데, 관부에서 200만 관을 지급하고 나머지는 군민의 여러 호에서 징발했는데 이것이 곧 군수전(軍需錢)의 기원이다.

대정 10년에 물력전의 다과에 따라 군수전의 액수를 정했는데 대체로 물력전 50만 관인 사람이 군사 한 명의 비용을 제공하도록 했다. 승안 연간에 북방에서 많은 일이 일어나 군사적인 충돌도 자주 발생하자 지출이 증가하고 경제력도 곤궁해졌다. 이에 여러 지방 군민의 경제력을 점검해 돈을 징발하여 군사비에 충당하게 했다. 황하부전을 기준으로 하여 황하부전 한 관을 납부하는 자에게 군수전 네 관을 납부하게 했다. 그러나 여러 지방의 액수가 일치하지 않아 서경·북경·요동에서는 한 관마다 세 관을 징발했고, 임황부와 전주(全州) 등 두 곳에서는 징발하지 않았다. 처음에는 1년을 기한으로 하고 세 번에 나누어 납부하도록 규정했다가, 나중에는 반년을 기한으로 하고, 세 번에 나누어 납부했다.

포마전 ■■■ 금 왕조에서는 역참과 급체포(急遞鋪)를 설치하여 수로는 배를, 육로는 소와 말을 두었다. 무릇 관물 등을 운송할 일이 있으면 가까운 지역의 민부들이 소와 말로써 부역하고 이렇듯 부역에 응하지 않을 때는 돈을 내 배상해야 했는데, 이것이 포마전(鋪馬錢)의 기원이다.

대정 23년(1193)에 30리 안에 거주하는 사람들에게 운송의 부역을 담당하게 하고 조세와 포마전을 면제해 주었으며, 그 나머지 지방에는 매년 총 6만

4,000여 관의 포마전을 납부하게 했다. 이 돈은 역부들의 비용으로 충당하거나 민부를 고용하는 데 사용했다. 장종 후기에는 재정이 궁핍해지자 별도의 명목을 세워 백성에게 세금을 부과했다. 태화 원년(1201)에는 포마전이나 황하부전이나 군수전 등의 여러 가지 세금을 납부할 때 절반을 은으로 납부하고, 지폐로 납부하기를 원하는 이에게도 그렇게 하라고 허락해 주었지만, 여전히 물력의 고하에 따라 차등을 두었다.

상피고지전 ▪▪▪   선종이 남쪽으로 천도한 이후에 교초의 가치가 떨어지고 지폐의 법이 자주 변해, 때로는 나타났다가 마음대로 사라졌다. 이전에는 지폐를 제작하는데 필요한 상피고지를 모두 민간에서 거두었는데, 이때에 이르면 이미 구하기가 어려웠다. 홍정 원년(1217)에는 필요한 가격을 계산해 지폐로 징수하는 방식으로 고치고 이를 '상피고지전(桑皮故紙錢)'이라고 했다.

금 왕조의 잡세는 상술한 여러 가지 항목 이외에도 수용(輸庸)이나 사리(司吏) 등과 같이 자질구레한 명목이 있었는데, 사실상 모두가 물력전의 세액 이외에 부과해 징수한 것들이다.

5) 역법

금 왕조는 송의 제도를 답습해 민호에게 직역을 부담시켰다. 성곽에서는 방정(坊正)을 두고 향에는 이정(里正)을 두어, 관부와 협력해 부역을 재촉하기도 하고 농업과 잠업을 장려하거나 독촉하기도 했다. 또한 마을에는 주수(主首)를 두고, 맹안·모극에서는 채사(寨使)를 두어 이정과 협력해 지방의 치안을 유지하기도 했다.

여진이나 거란이나 한인이나 모두가 병역의 부담이 있어 일단 전쟁이 발생하면 즉시 명령을 내려 군인을 징발한다. 재산의 보유 정도에 따라 징발하는 가호군(家戶軍)과 장정의 수에 따라 징발하는 인정군(人丁軍)의 두 가지가 있는데, 백성에게는 상당히 무거운 부담이었다.

이 외에 길을 닦거나 성을 쌓거나 치수 사업, 운수 및 군선의 제조 등의 모든 일에 백성이 부역을 제공해야만 했다. 해릉왕은 걸핏하면 민부를 몇십만 명씩 동원했다.

금 왕조는 통검추배를 통해 민호들이 보유한 경제력의 강약을 확정하고, 이로써 물력전을 징수하기도 하고 부역을 징발하는 근거로 삼기도 했다. 그러나 "무릇 관리나 품관의 가정은 잡역을 모두 면제하고, 물력을 검사해 마땅히 납부해야 할 것이라고는 단지 고용하는 돈을 낼 뿐이다"[19]라고 기록되어 있다. 기타의 직무가 없는 관리나 서리·통역관이나 거인과 학생 등은 본인의 부역을 면제받았다.

대정 13년(1173)에 이르러 "민간의 세금에서 면제받는 액수를 계산하면 이미 절반을 넘어서" 부역의 부담은 사실상 전적으로 보통 민호에만 부과되었다. 농업 생산이 정상적으로 진행되도록 하기 위해 세종 때는 많은 부역을 고쳐 고용하는 것으로 바꾸고, 부역을 부담해야 하는 이들의 상황을 참작해 조세나 기타 잡세를 감면해 주었다.

---

19) 『金史』, 「食貨志二」.

3절
생산력의 회복과 발전

1. 금대 초기 중원 지역의 파괴

　　금 왕조가 황하 이북 지역을 무력으로 정복하는 과정에서 죽이고 노략질하는 현상이 대단히 심각해, 중원 지역은 크게 파괴되어 "경사에서부터 황하에 이르기까지 수백 리 사이에 마을마다 적막하여 밥을 하는 연기가 더는 보이지 않고 시체와 해골이 헤아릴 수 없기에"[1] 이르렀다.

　　변경이 포위된 기간에는 금의 장수가 "군사를 풀어 사방을 노략질하는데, 동으로는 기주(沂州)에 이르고 서로는 복주(濮州)와 연주(兗州)에 이르며 남으로는 진주(陳州)와 채주(蔡州)에 이르기까지 많은 곳이 그들에 의해 피해를 입었다. 진주와 채주는 비록 피해를 입지 않았지만, 속현은 거의 모두가 불태워졌다. 그리하여 회수(淮水)와 사수(泗水) 사이의 거의 모든 곳이 없어졌다. 경사의 바깥쪽은 무덤들을 모두 파헤쳐 시체를 꺼내고서 관을 가져다가 말의 여물통으로 사용하고, 마치 풀을 베듯이 사람을 죽였다. 악취가 수

---

[1] 『三朝北盟會編』 卷98, 『燕雲錄』.

백 리에 이르고 경사에서는 이 때문에 자주 전염병이 크게 퍼져 죽은 자가 반을 넘었다"[2]고 전해진다.

게다가 송 왕조의 패잔병들도 "가는 곳마다 불태우고 노략질하고, 모이면 도적이 되어" 황하의 남북으로 주택이 파괴되고 무너져 "가시덤불이 천 리가 되기에"[3] 이르렀다. 금의 군사들도 사람을 노략질해 노예로 삼거나 강제로 동화시키는 방법으로 하북·하남·산동 지방의 백성에게 심각한 재난을 가져왔다.

종한은 하동에서 준엄한 법률로 백성을 다스려 백성이 길에서 1전을 줍거나 다른 사람의 채소밭에서 파 한 뿌리를 뽑더라도 사형에 처했다. 송 왕조의 세작들이 경역으로 들어오는 것을 막기 위해 백성이 마음대로 본적지를 벗어나는 일을 금지했다. 일찍이 동일한 날에 각지에 명령을 내리기를 "남인들을 대대적으로 색출해 길에서 구금하는데" 무릇 증명하는 이가 없으면 모두 관에서 구금하여, 혹은 얼굴에 글자를 새기고 가격을 붙여 판매하고 혹은 민간에 흩어져 살게 했다. 이때 수주(壽州)에서 예순여덟 명을 구금했는데 680명이라고 잘못 기록했다. 종한은 하소연하는 것을 받아들이지 않고, 책임지고 기록된 숫자와 같이 교부하도록 명령하자 수주의 관리는 하는 수 없이 가난한 백성이나 혼자 지나는 여행객을 잡아 숫자를 채웠다. 또 "백성들이 중국옷을 입는 것을 금지하고 규칙대로 머리를 자르지 않는 자는 사형에 처했다.… 무고하게 피해를 입은 백성을 헤아릴 수가 없었다. 이때 직물의 가격이 다시 크게 올라 가난한 백성들이 이것을 바꿀 능력이 없어 집에서 꼼짝하지 못하고 감히 나갈 수가 없었다"[4]고 한다.

달라는 산동에서 포로로 잡힌 노예를 추적해 체포하라고 명령해 군읍이 떠들썩하고 불안했나. "백성들이 이유 없이 즉시 벌치럼 흩어져 피해를 입은

---

[2] 『三朝北盟會編』卷96에 인용된 沈良의 『靖康遺錄』.
[3] 莊季裕, 『雞肋編』.
[4] 『三朝北盟會編』卷132에 인용된 『金虜節要』.

것이 전쟁보다 심했다. 혹은 각자가 몽둥이를 들고 모여서 서로를 보호하고 만약에 금군이 이르면 간혹 나아가 싸우기도 했다. 이로 말미암아 지나는 곳마다 체포하거나 죽이니 시체가 낭자하게 쌓이고, 이로 인해 주현의 감옥이 가득 차게 되었다"5)고 한다.

사로잡혀 노예가 된 많은 사람들은 도망이라는 수단으로 반항했다. 천회 9년(1131)에 원수부에서 명령을 내려 포로로 잡혔다가 도망한 노예를 수색해 체포하고 무릇 도망한 노예를 거두어 머물게 한 사람의 가장은 사형에 처하고 재산의 절반은 관에서 몰수해 절반은 상금으로 충당하는 동시에 사방의 이웃에게도 상금으로 사용할 300관을 거두도록 했다. 많은 촌민이 군인들에게 학대를 받으며 약탈당했다. 백성은 더는 참을 수가 없어서 "가끔은 서로 소를 죽이고 스스로 집에 불을 지르고, 서로 이끌고 산속으로 몰려가서 무리가 3만여 명에 이르기도 했다"6)고 한다.

빈번한 전쟁과 미친 듯한 약탈로 인해 황하 이북의 생산력은 심각하게 파괴되고 농민들은 파산해 도망하니, 인구는 격감하고 토지는 황폐해지고 도시와 농촌은 파괴되었다. 잔혹하게 진압하고, 사람을 약탈해 노예로 삼고, 강제로 동화시키는 등의 정책은 중원 백성의 완강한 반항을 불러일으켰다. 금 왕조가 새로 점령한 영토의 통치력을 확고히 하고 아울러 역량을 집중해 남송을 멸망시키기 위해 금 왕조의 통치 집단은 금으로 들어온 거란·발해·한족 관리들의 강력한 요구에 따라 점차 한족 지역에 대한 통치 방식을 수정했다.

---

5) 『三朝北盟會編』卷197에 인용된 『金虜節要』.
6) 『三朝北盟會編』卷132에 인용된 『金虜節要』.

2. 질서의 회복과 생산력의 발전

황통화의(皇統和議) 이후에 전쟁이 감소하고, 희종이 조정의 개혁을 지지해 요 왕조와 북송에서 항복한 관리들의 일부를 점차 임용하면서, 중원의 통치 질서가 회복되기 시작했다. 조정에서는 지방관에 대한 감독과 시찰을 강화하기 시작했고, 군대의 장수들이 마음대로 하는 상황은 점차 개선되었으며, 일부의 탐욕스럽고 난폭한 이들은 처벌을 받기도 했다.

세종이 즉위한 후에는 질서를 안정시키고 생산력을 발전시키는 데 힘을 써서 해릉왕이 남송을 정벌하면서 발생한 혼란한 국면을 수습했다. 그는 사자들을 파견해 지방을 위무하고, 창고의 곡식을 나누어 주고, 돈과 옷감을 하사하여 빈곤한 사람들을 구휼하게 하고, 관리들의 청렴 여부를 시찰해 탐관오리들을 처벌하게 했다. 급하지 않은 부역은 경감시키고 남송과 화의를 의논하면서 백성의 고통에 관심을 가지고 세금과 관련된 법을 정해 재산의 다과에 따라 호등을 분별하고, 이를 통해 부역을 공평히 했다.

일부 지방관도 시장의 교역이 통하고 수리 시설을 정리하는 것을 중시하면서 생산력 회복과 발전에 힘을 쏟았다. 이러한 일련의 조치는 생산력의 회복과 발전에 어느 정도 긍정적으로 작용했고, 안정된 환경은 많은 농민이 생산에 종사하기 위해 필요한 조건을 제공했다.

금 왕조는 황통과 대정 연간에 두 차례 남송과 화의를 체결하면서 전쟁 상황을 종결시키고, 평화적으로 발전하는 시기로 진입했다. 여진과 한족의 백성이 공동으로 노력하여 파괴된 북방의 경제는 회복되고 발전하기 시작했다.

1) 생산력의 회복과 발전을 위한 조치

금의 통치자들은 대대로 농업 생산을 중시해 일찍이 태조와 태종 시기에 어떤 땅을 점령할 때마다 모두 여진인을 배치해 둔전하면서 방어하도록 했다. 그러나 생산력의 회복은 많은 우여곡절과 기나긴 과정을 거쳐 세종이 즉위한 후에야 비로소 국가가 정상적인 발전 궤도로 진입했다. 통치자들이 채택한 조치들은 농업 생산을 회복하고 발전시켜 농업 생산이 원래의 기초 위에서 더욱 발전하고 제고되었으며, 수공업·목축업·상업의 발전을 가져왔다.

유민의 소집과 개간의 장려 ■■■ 금 왕조는 농업으로 건국하고 농업을 본업으로 삼았다. 일찍이 태조와 태종 때 설사 군무가 다급하고 전쟁이 빈번하더라도 농사를 폐하지는 않았다. 예를 들어 영강주·황룡부·태주를 점령한 뒤 모두 사람을 보내 주둔하면서 경작하게 했다. 항복한 많은 수의 요나라 사람들을 비옥한 땅에 안치시켜 농업을 폐하지 않게 했다. 의주(宜州)·금주(錦州)·건주(乾州)·현주(顯州) 등의 여러 주가 항복한 후에 태조는 특별히 조서를 내려 "여러 주의 부락이 항복한 지 얼마 되지 않아 민심이 편안하지 않다. 지금은 농사를 시작해야 할 때이니 사자를 나누어 파견해 군사를 담당하는 관원에게 알리고 군사를 풀어 백성을 동요시켜 농사를 폐하는 일이 없도록 하라"[7)]고 했다.

천회 2년(1124)에 도통 종한에게 종자 1,000석과 쌀 7,000석과 말 1,000필을 주어 새로 귀부한 백성을 진휼하게 했다. 그리고 다시 조서를 내려 "새로 항복한 백성 가운데 소송을 하는 자가 많은데 바야흐로 지금은 농사를 시작할 때라서 간혹 농사의 때를 잃을 수 있으니, 농한기를 기다렸다가 처결하도록 하라"고 했다. 북송이 항복을 청할 때도 먼저 조서를 내려 농사를 장려했다.

심지어 여진인을 대규모로 이주시킬 때도 농사에 지장을 주지 않게 했다. 천회 9년(1131)에 조서를 내려 새로 이주해 변경을 지키는 가구에 소를 주면서 "그 계속해서 변경으로 이주하는 가구가 길을 가는 중에 잠시 가는

---

7) 『金史』, 「太祖紀」.

것을 멈춰 그들로 하여금 농사를 짓게 하고, 수확을 마치기를 기다렸다가 길을 나서 다음 해 봄이 되어 농사를 지을 때까지 변경에 도착하게 하라"8)고 했다.

희종 때는 일찍이 요역과 세금을 경감시키고 잘못된 정책을 제거하고 매매된 노예를 해방시키는 등 사회적 모순을 완화하고, 생산력을 회복시키는 조치들을 채택해 중원 지역이 잠시 안정된 모습을 보였다.

해릉왕이 대규모 토목 사업을 일으키고 군사를 징발해 남벌하자 중원의 생산력과 사회적 질서는 다시 한 번 파괴되었다. 세종이 전쟁을 끝내고 정치를 정비하는 동시에 일련의 생산력을 회복하고 발전시키는 정책을 채택했다. 이때는 대규모로 백성을 이주시키는 활동을 중지하고, 황무지를 개간해 농사를 짓는 규정과 제도를 점차 확정했다.

세종은 명령을 내려 양산박(梁山泊)의 유민을 소집해 다시 농사를 짓도록 관전을 주었다. 동시에 "무릇 뽕나무와 대추나무는 민호들이 많이 심는 것을 근면한 것으로 보아 적게 심은 자라도 반드시 그 땅의 10분의 3을 심고, 맹안·모극호는 적어도 반드시 그 땅의 10분의 1을 심고, 말라 죽은 나무는 제거하고 새로운 나무로 보충해 부족하지 않도록 하라. 무릇 맹안·모극호나 빈민 가운데 관전을 경작하기 원하는 자가 있으면, 토지가 넉넉한 지역은 장정 한 명에게 100무의 토지를 주고 토지가 부족한 지역에서는 10무를 주고 미성년의 남자에게는 절반을 주도록 하라. 황무지를 경작하고자 하는 자는 5등급을 최하로 하여 정해진 조세의 절반을 감면해 8년째부터 조세를 징수하라. 이미 이전의 땅에 농사를 짓는 자는 7등급에게 세금의 절반을 감면해 7년째부터 징수하라. 인접한 토지를 마음대로 경작했다고 자수하는 자에게는 관부에서 정한 세금의 3분의 2를 납부하고, 황하의 퇴적된 지역을 경작하는 자는 다음 해부터 조세를 납부하라"9)고 규정했다. 동시에 관원을 파견해

---

8) 『金史』, 「太宗紀」.
9) 『金史』, 「食貨志二」.

여러 지방을 시찰하게 하고, 맹안·모극과 지방관에게 권장하고 감독하는 것을 책임지게 하여 그 성적의 우열을 기준으로 상이나 벌을 주었다.

장종은 하남 지방이 땅은 넓으나 인구는 적어 다른 지방의 유민을 소집해 관전이나 휴한지 혹은 황무지를 나누어 주었다. 또 백성을 모집해 당주·등주·영주·채주·숙주·사주 등지의 토지를 소작하게 하면서 관부에서는 소를 제공해 주었다. 자신의 토지로 삼기를 원하는 자는 3년 동안 세금을 면제해 주고, 관전이나 휴한지를 소작하기를 원하는 자는 5년에서 8년 동안 세금을 면제해 주었다. 동시에 한족이나 맹안·모극호에 토지의 10분의 1에서 10분의 3까지 뽕나무를 심도록 요구했다.

명창 5년(1194)에는 더욱 명확하게 규정하기를 "농사를 짓도록 잘 권장하는 자에게는 매년 모극이 상으로 은 10냥과 명주 10필을 상으로 주고 맹안은 두 배로 준다. 현관은 본래의 등급에서 다섯 단계를 올려준다. 3년을 게을리 하지 않는 자가 있으면 맹안·모극은 관직을 한 단계 승진시키고, 현관은 한 등급을 승진시킨다. 황무지가 10분의 1에 이르면 곤장 30대를 때리고 황무지의 정도에 따라 최고 1년 동안 유배시킨다. 3년 동안 계속 황폐한 땅이 있으면 맹안·모극은 관직을 한 단계를 강등하고, 현관은 승진 규정에 따라 강등시킨다"[10]고 했다.

백성들의 부담 경감 ■■■ 세종은 즉위한 후 해릉왕이 징발한 하북과 산동과 섬서 지방의 남정군을 즉시 돌려보냈다. 동시에 조서를 내려 난리를 피하거나 부역을 피해 도망한 농민들에게 본업에 복귀하도록 회유했다. 국가의 급하지 않은 부역은 폐지하고, 운수나 건설 공사 같은 부역은 민부를 사역하는 대신 인부를 고용하는 방법으로 고쳤다. 때로는 상황을 참작해 조세와 잡세를 감면해 주고, 혹은 궁적감호(宮籍監戶)나 동궁과 제왕의 시종·군부

---

10) 『金史』, 「食貨志二」.

(軍夫)를 부역에 동원시켰다.

이러한 조치의 실행으로 중원 지역에서 파괴되었던 농업 생산은 신속하게 북송 시기의 수준을 회복했다. 예를 들면 하남 지역에서 한 무당 평균 생산량은 한 석에 달했으며, 논에서는 넉 석에서 다섯 석에 이르기도 했다.『금사』「세종기」의 찬(贊)에 기록하기를 세종 때 "몸소 검소하게 절약하고, 효도와 우애를 숭상하며, 상과 벌을 믿을 수 있게 하고, 농업과 잠업을 중시하여" "상하가 서로 편안하고, 집집마다 넉넉하고 사람마다 풍요로우며, 창고마다 남는 바가 있었다"라고 했다. 비록 지나치게 과장한 측면도 있지만, 그래도 농업 생산이 회복되고 발전해 사회적 재부가 축적되고 증가하는 모습을 객관적으로 보여주는 기록이다.

수리 사업 ■■■ 금 왕조의 일부 지방관은 수리 사업에 온 힘을 기울여 홍수의 걱정을 경감시켜 그 지방에 행복을 가져다주었다. 예를 들면 웅주(雄州) 귀신현(歸信縣)에서 "경내에 팔척구(八尺口)라는 하천이 있는데 매년 가을이면 세차게 범람해 백성들의 농토에 해를 입혔다"고 한다. 현령 마풍(馬諷)이 "땅의 고하를 살펴보고 물길을 터서 이를 해결하니 그 홍수의 걱정이 마침내 사라졌다"는 것이다. 임조윤(臨洮尹) 겸 희진로(熙秦路)병마도총관인 방적(龐迪)도 "하천을 터서 밭에 물을 대니 유민들은 그 먹을 것을 얻고 거주민들은 그 힘에 의지해 각자가 그들의 할 바를 하게 되니, 군민들이 비석을 세워 그의 업적을 기록했다"[11]고 한다.

황통 원년(1141)에 섬서 지방에 큰 가뭄이 들자 동지경조윤(同知京兆尹)이자 권섬서제로(權陝西諸路)전운사인 부신미(傅愼微)는 "다시 삼백(三白)과 용수(龍首) 등의 하천을 정비해 밭에 물을 대어 백성을 모집해 둔전을 하도록 하고 소와 종자를 빌려주어 이들을 구제하니, 백성들이 그 이익을 얻게 되었

---

11)『金史』,「馬諷傳」.

다"12)고 전해진다.

　육로 운송의 부담을 경감시키기 위해 대정 3년(1163)에 세종은 직접 운하의 준설을 계획하면서 궁적감호·동궁·제왕의 시종 및 500리 이내의 군부를 부역시키고 민부를 사역하지 않았다.

　금 세종 때부터 시작해 더욱 자주 군부와 민부를 사역해 하천을 정비하고 홍수 걱정을 방비했다. 금대에 홍수 걱정이 가장 심각했던 곳은 황하다. 유예의 정권을 폐지하면서 황하는 모두 금의 경내로 들어왔는데 "수십 년 동안 혹은 터지고 혹은 막히면서 물길이 옮겨 다녀 정해진 곳이 없었다"13)고 한다. 금 왕조는 도수감(都水監)·도순하관(都巡河官)·제소순하관(諸埽巡河官)을 설치해 "황하의 물길을 순시하고, 둑과 제방을 완전하게 정비하고, 느릅나무와 버드나무를 심는 등 무릇 하천 방재의 일"14)을 담당하게 했다. 대정 원년부터 대정 29년에 이르기까지 기록된 황하의 범람은 여섯 차례에 이르고 황하의 치수 사업에 전후로 민부와 군부 수백만 명을 사역했지만, 근본적으로 황하의 홍수에 대한 걱정은 제거되지 못했다.

　산동과 하북의 쌀을 경사로 운송하는 데 편리하게 하기 위해 황하와 장수(漳水)·호타수(滹沱水)와 거마하(拒馬河)·사하(沙河)와 북청하(北淸河)의 물을 끌어들이는 것 외에도 대정 12년에는 노구(盧溝: 지금의 북경의 永定河)의 금구(金口)를 개착해 그 물을 노하(潞河)로 끌어들이는 공사를 시작했는데, "통주(通州)에서부터 위로는 지세가 험준하고 물은 고이지 않는데, 그 형세가 평평하고 낮아서 선박들이 통행할 수 없는"15) 곤란한 문제를 해결하기 위해 경사에서 천 리 이내의 민부를 사역시키고 아울러 백관의 시종도 사역을 돕게 했다. 그런데 "하천 공사가 완성되었지만, 지세는 높고 험준하며 물은 혼탁

---

12) 『金史』, 「傅慎微傳」.
13) 『金史』, 「河渠志」.
14) 『金史』, 「河渠志」.
15) 『金史』, 「河渠志」.

했다. 가파른 곳에서는 소용돌이치며 빨리 흐르고 강안이 깎여 쉽게 무너졌으며, 탁한 곳에서는 수렁이 되어 물길을 막고 침전물이 쌓여 수심이 낮아지니 배가 갈 수 없었다.16) 후에 비록 물길을 잘 아는 사람을 수소문해 타당한 방법을 찾아 조치를 취할 것을 의논했지만, 끝내 실행하지 못했다. 대정 27년에 이르러 하는 수 없이 다시 금구를 막아버리고 물길을 끌어들여 논에다 물을 대, 다시 쌀과 보리를 경작하게 했다.

금 왕조는 수리 사업을 위해 적지 않은 공사를 했지만, 거둔 효과는 매우 적었다. 금대 말기에 이르기까지 홍수 걱정은 정치적 부패, 군사적인 무능, 경제력의 붕괴와 마찬가지로 심각한 사회적 문제가 되었다.

2) 농업 생산의 발전

금대의 농업 생산에서 특별한 성과라고 한다면 여진 내지 농업의 발전이 비교적 빠르다는 것이다. 요대에 영강주·달로고성(達魯古城)·태주 등지에는 비교적 양호한 농업 생산의 기초가 마련되어 있어 여진인의 농업 생산에 발전을 가져왔고, 많은 한족이 북쪽으로 이주하면서 선진적인 농기구, 기술, 숙련된 노동력을 가지고 왔다. 따라서 금대 초기 20년 사이에 여진 내지의 농업 경제 상황은 신속하게 변모했다.

생산 도구의 응용과 개선 ■■■ 여진인이 처음 계급사회로 진입할 때는 발전이 상대적으로 완만했지만, 요와 송의 선진적 경제가 영향을 주고 선도하면서 생산력이 신속하게 발전했다. 출토된 유물과 문헌 기록을 보면 금 왕조의 생산 도구로는 보습과 쟁기, 낫과 호미, 가래와 곡괭이, 삽과 물고기 모양의 작두, 두 갈래의 쇠스랑과 써레 등이 있어 종류가 매우 많을 뿐만 아니

---

16) 『金史』, 「百官志二」.

라 요와 북송의 기초 위에 구조도 개선해, 각기 다른 지역의 각기 다른 필요에 적응할 수 있게 했다.

예를 들면 흑룡강성 손극현(遜克縣)에서 출토된 금대의 보습은 구조와 형태가 중원 지역 보습의 전통을 계승했지만, 더욱 큰 특징은 어떤 보습은 쟁기의 끝부분을 보습의 날에 붙여 주조해 두 가지가 함께 결합되어 황무지를 개간하는 데 적응할 수 있게 했다.17) "북경로 종주(宗州) 일대에는 북송 낙양의 보습과 비슷한 철제 보습이 있는데, 대형과 소형의 두 가지로 분류된다. 쟁기 위에는 흙을 나누는 부분에 '철과두(鐵䯝頭)'가 붙어 있는데 양쪽의 토양을 푸석푸석하게 하고 양쪽의 잡초를 제거할 수 있는 동시에 농작물의 뿌리에 흙을 덮어주도록 할 수도 있다. 이러한 과두도 대형과 소형의 두 가지가 있다.

쟁기의 벽면은 하남성 우현(禹縣)의 백사진(白沙鎭)에서 출토된 북송의 쟁기 벽보다 낙후되었지만, 쟁기를 끌어서 돌리기에는 빠르고 편하게 만들어져 원대 초기에 왕정(王禎)의 『농서(農書)』에서 모양을 그려놓은 것과 비슷하다. 낫은 칼날이 직선이고 자루가 가는 모양, 칼날이 곡선이고 바지 모양, 칼날이 곡선이고 방울 모양의 세 가지가 있다.18) 각지에서는 또한 곡식의 이삭을 베는 데만 사용하는 손낫이 출토되었다. 낫의 크기와 모양이 다른데, 이는 포기가 큰 작물과 포기가 작은 작물을 수확할 때 편하게 사용하기 위해 그렇게 만든 것이다.

이러한 모든 것은 금대 중기 이후에 농업 생산 도구와 이에 적응하는 농경 기술에 이미 매우 큰 발전과 변모가 있었음을 설명한다.19) 또한 중원의 선진적인 생산 도구와 생산 기술이 이미 광범위하게 동북 지역에 보급되었다는 것을 보여준다.

---

17) 張博泉, 『金代經濟史略』(遼寧人民出版社, 1981).
18) 蔡美彪 等, 『中國通史』 第6冊(人民出版社, 1979).
19) 『金代經濟史略』.

경지 면적의 확대와 호구의 증가 ■■■　　사회 질서가 회복된 후에 도망한 농민들이 본업으로 돌아오고 화폐화된 농토는 새롭게 개간되었다. 세종과 장종은 황무지의 개간을 장려해 중원 지역의 토지는 대량으로 개간되어 경작되는 동시에 임황부 일대에도 많은 수의 군호와 민호가 둔전과 경작에 종사했다. 동경의 파속부로(婆速府路), 서경의 풍주(豐州), 하남 낙서(洛西)의 산중, 북경로의 홍주(興州) 등지에도 대량의 산전이 개간되었다.

대정 연간에 군인과 백성 사이의 토지 분쟁은 곧 어떤 측면에서 보면 중원의 토지가 대량으로 개간되어 경작되었기 때문에 개간할 수 있는 황무지의 숫자가 감소했다는 객관적인 사실을 보여준다. 당시 사람들의 기록에서도 대정 연간에 "중도·하북·하동·산동 지방이 오랫동안 평안한 상태였기 때문에 인구는 조밀하고 토지는 비좁아져서 아주 적은 토지까지도 모두 개간되었다"[20]고 했다.

『금사』「식화지」의 기록을 보면 여진의 맹안·모극, 경사의 종실장군사, 질랄부(迭剌部)·당고부(唐古部)의 5규군(乣軍)에 예속된 경지가 170여 만 경인데, 민전이 이와 더불어 각각 절반이었다고 계산하면 전국에 개간된 토지의 수는 350만 경에 이를 수 있는데, 이는 북송 태종 후기에 전국적으로 개간된 토지의 숫자와 비슷한 수치다.

토지를 대량으로 개간해 경작하는 것과 서로 관련된 것이 금대 호구의 증가다. 금대 초기에 북방의 인구가 급격하게 감소했다가 생산력이 회복되고 발전하면서 인구수도 대폭 반등했다. 대정 초기에는 전국에 300만여 호가 있었는데, 대정 말기에는 678.9만여 호에 인구는 4,470만 명으로 증가했다. 명창 6년(1195)에는 722만여 호에 4,849만여 명이고, 태화 연간은 금대 호구의 전성기로서 대정 27년(1187)보다 162만여 호에 882만여 명이 증가했다.[21]

---

20) 趙秉文, 『滏水集』.
21) 『金史』, 「食貨志一」에서 기록하기를 태화 7년에 호수는 768만여 호이고, 인구는 4,581만여 명이다.

세종 시기에 호구가 대량으로 증가한 것은 도망한 농민이 본업으로 복귀했기 때문이고, 장종 시기에 호구가 증가한 것은 주로 사회경제가 더욱 발전한 결과다. 호구 수가 대량으로 증가한 것은 어쩌면 부분적인 노예가 양민으로 해방되어 스스로 가정을 꾸린 것, 여진인의 대가정이 점차 해체되고 소가정으로 대체된 것과 관계가 있을 수 있다.

3) 수공업의 발전

농업 생산이 회복되고 발전되는 동시에 수공업과 상업도 이에 상응하는 발전이 있었다. 수공업의 중요한 생산 부문으로는 광업과 야금업, 염업, 방직업, 제지업과 인쇄업, 요업 등이 있다. 이러한 부문은 요와 북송의 기술을 계승해 어느 부문은 새로운 발전을 이루어 어떤 측면에서는 요와 북송의 수준을 초월하기도 했다.

광업과 주조업 ■■■　　부락 연맹이 처음 건설될 때 일부의 생여진 부락에서는 이미 야철과 주조 기술을 알고 있었고, 전문적인 철공도 있었다. 예를 들면 가고부의 오불둔은 철공이 되었는데 완안부에서는 일찍이 그에게서 철갑을 구매했다. 온도부의 오춘도 철을 단련하는 것을 본업으로 삼았다. 당시에 완안부에서는 아직 철을 제련하거나 철기를 제조할 줄 몰랐다.

금의 통치 범위가 확대되면서 철광 산지도 증가했다. 희종 이후에 채광과 제련업이 점차 회복되었다. 해릉왕 정륭 2년에는 처음으로 바람을 일으켜 불을 피워 금속을 제련하는 고주(鼓鑄)를 의논했다. 정륭 3년에는 "사자를 파견해 각 로의 금·은·동과 철의 제련을 검사하고 시찰하게 했다"[22]고 한다. 세종 대정 16년(1176)에는 "길을 나누어 사자를 파견해 동광의 광맥을 찾도록

---

22) 『金史』, 「海陵紀」.

했다"23)고 전해진다. 서경로의 대동부(大同府)와 삭주(朔州), 하북로의 진정부(眞定府), 하남로 여주(汝州)의 보풍(寶豊)·노산(魯山), 등주(鄧州)의 남양(南陽) 등지에서는 철이 산출되고, 서경의 운내주(雲內州)에서는 더욱 특이하게 청색 단철이 생산되었다.

문헌 기록을 제외하고 고고학적 발굴로도 알 수 있듯이 여진의 내지에도 일부 철광산이 있어 채굴할 수 있었다. 흑룡강성 아성현(阿城縣: 현재는 하얼빈시의 직할구 중 하나)에서 동남쪽으로 오상(五常)시와 인접한 반산구(半山區) 소령진(小嶺鎭)과 오도령(五道嶺) 일대에서 금대 초기의 야철 유적지가 발견되었다. 유적지 분포 구역의 서쪽 선은 아십하(阿什河)의 강가인데 이미 십여 개의 광정(鑛井)이 발견되었다. 가장 깊은 곳은 40미터이며, 채광과 선광의 두 개 구역으로 나뉘어 있다. 철광산의 동쪽·서쪽·남쪽 세 방향의 산비탈에는 50여 곳의 야철 유적지가 흩어져 있으며, 많은 수의 단련로와 정련된 부스러기, 철 덩어리와 철광석이 남아 있다.24)

야철업의 발전에 따라 철기의 주조와 사용도 매우 보편화되었다. 금대에 철기의 종류는 매우 많은데, 생산 도구도 있고 생활용품도 있다. 요령성 수중현(綏中縣) 성후촌(城後村)의 금대 농촌 유적지에서는 일찍이 많은 수의 철제 농구가 출토되었다. 길림성 길림시의 교외에서 발견된 금대의 저장용 토굴에서도 철기 수십 점이 출토되었는데, 보습·쟁기나 삽·칼이 있을 뿐만 아니라 수공업 생산 도구인 도끼·끌·저울추·톱도 있고, 생활용품인 가마솥과 다리미, 수레·마구·어구, 닻·갈고리, 무기인 작살·창 등이 있다. 야금 기술의 측면에서 보면 당시에 주조와 단련 기술을 숙지하고 있었을 뿐만 아니라 제강 기술도 숙달했음을 알 수 있다.25)

이 외에 진정부에서는 동이 산출되고 보산현(寶山縣)·분산(墳山)·서은산

---

23) 『金史』, 「食貨志三」.
24) 『中國通史』 第6冊과 『金代經濟史略』을 참조.
25) 吉林市博物館, 「吉林市郊發現的金代窖藏文物」, 『文物』, 1982年 第1期.

(西銀山) 등지에서는 은이 산출되는데, 그중 분산과 서은산에는 은갱도 130여 곳이 있다. 세종 시기에 "금·은의 채굴과 제련은 백성이 마음대로 채굴하게 하고 세금도 거두지 마라"26)고 규정했다. 그러나 구리에 대한 통제는 비교적 엄격해 해릉왕 때 구리를 가지고 국경을 나가는 것을 금지했다. 동전 주조의 필요를 만족시키기 위해 민간의 동기(銅器)를 압수했다. 세종 때도 여전히 "청동 거울을 사적으로 주조하는 것을 금지하고, 이전부터 있던 청동 기물은 모두 관부로 보내면 그 가치의 반을 주었다. 오직 불상·종, 바라·방울, 다리미·허리띠·어대(魚帶: 관원들이 신분을 증명하기 위해 차고 다니던 물건)와 같은 것들은 그대로 두었다"27)고 전해진다.

이 시기에 석탄의 채굴과 사용은 이전에 비해 더욱 보편화되어 도자기를 굽거나 철을 단련하는 연료로 사용했을 뿐만 아니라, 민간에서 난방을 하거나 일상생활에서 필요한 곳에 광범위하게 사용되었다. 여진인들이 "그 위에서 생활하는" 온돌도 중도와 서경 일대로 전파되면서 석탄을 난방의 연료로 사용했다.28)

방직업 ■■■   여진인들은 건국하기 전부터 가내 방직 기술이 있어서 삼 베는 일찍이 그들이 요와의 호시에서 교역하는 중요한 상품 중 하나였다. 부자는 가는 세포를 사용하고 가난한 사람은 거친 삼베를 사용했다. 요와 북송을 멸망시킨 후에는 더욱이 요와 북송의 방직 기술과 방법을 계승해 방직업이 비교적 크게 발전했다.

진정부·평양(平陽)·태원부·하간부·회주(懷州) 등지는 비교적 규모가 큰 관영 수공업 작방[작업소]이 있었는데, 금 왕조에서는 이곳에 능면원(綾綿院)을 설치하고 관원을 두어 "직조와 일상적으로 직물을 납부하는 일을 담당하게

---

26) 『金史』,「食貨志五」.
27) 『金史』,「食貨志三」.
28) 朱弁, 『炕寢三十韻』; 趙秉文, 『夜臥暖炕』.

했다"고 한다. 동시에 금 왕조의 경내에는 많은 수의 사영 방직업 작방도 있었다.

산동서로의 동평부(東平府)는 생사와 면(綿: 염색된 색실로 문양을 넣어 짠 비단)·능(綾: 여러 종류의 문양을 다양하게 섞어 짠 직물)·명주 등이 생산되었고, 하북동로의 대명부에서는 추(縐: 주름지게 짠 직물)·곡(縠: 잔주름이 잡혀 있는 비단)과 명주가 생산되었다. 하북서로의 하간부에서는 '무봉포(無縫布)'가 생산되었고, 하동북로의 습주(隰州)에는 특산품으로 권자포(卷子布)가 있으며, 동경로의 요양부에서는 '사고포(師姑布)'가 생산되었다. 그리고 중도로 평주(平州)의 능과 상주(相州)의 '상힐(相纈)' 등이 요와 북송의 기초 위에 새롭게 발전했다.

1988년에 흑룡강성 아성시 거원향(巨源鄕)에서 금대 제국(齊國) 왕의 무덤이 발견되었는데, 무덤에서 남녀 의복 30여 점이 출토되었다. 사용된 원료는 명주와 주(綢)·나(羅)·금(錦)·능(綾)·사(紗) 등이 있었다. 이러한 방직품은 "잠사의 질이 좋고 실의 두께가 일정하고 광택이 있으며, 방직품의 씨실과 날실의 배열이 세밀하고 탄성과 인성이 매우 좋다. 직공의 기술도 뛰어나 채색된 문양을 넣는 기술을 많이 사용했는데, 특히 금색을 직조한 것이 상당한 수를 차지해 직금주(織金綢)·직금견(織金絹)·직금금(織金錦) 등이 있다"[29]고 한다.

이러한 복식들은 문양을 수놓는 방법이 빠르고 변화가 많고, 색깔은 풍부하고 다채로우며, 무늬의 도안은 정교하고 빽빽해 복식의 제작을 연구하는데 금대 방직품의 실물을 제공할 뿐만 아니라 금대 의복의 염색·자수·재봉의 수준도 보여준다.

요업 ■■■ 건국하기 전에 여진에는 도자기가 없고, 사용하는 그릇은 대부분 목제였다. 요와 송 지역으로 들어온 후에 금 왕조의 도자기 제조업은 빠르게 발전해, 원래부터 있었던 요업은 매우 빠르게 생산을 회복하고 여진

---

29) 黑龍江省文物考古硏究所, 「黑龍江阿城巨源金代齊國王墓發掘簡報」, 『文物』, 1989년 제10기.

의 경내에서도 도기와 자기를 구워내기 시작했다.

원래 북송 경역 안에 있던 정요(定窯)·균요(鈞窯)·자주요(磁州窯)·요주요(耀州窯)는 금대에도 여전히 중요한 도자기의 생산지였다. 서주(徐州) 소현(蕭縣)의 백토진(白土鎭)에는 송대에 서른여 개의 가마가 있어 백자를 구워내는데, 요공(窯工)도 수백 명이 있었다. 백토진에서 발견한 어떤 도자기 병에는 "백토진의 도공 조순(趙順)이 삼가 화병 한 쌍을 시주하여, 본 진의 남쪽 사찰에 미륵보살에게 공양한다"라는 기록과 "때는 황통 원년 3월 22일"이라는 제기(題記)가 새겨져 있다. 아무리 늦어도 금 희종 때는 이곳에서 이미 도자기 제조업의 생산이 회복되었다는 것을 설명한다.

하북 지방의 정요는 백자의 제작을 위주로 해 요 왕조의 도자기 제조업에 매우 큰 영향을 끼쳤다. 금대에 이르러서도 정요는 여전히 백자의 중요한 생산지였다. 1985년에 길림성 농안현(農安縣)에서 금대의 가마터 한 곳이 발견되어 백색 유약을 칠한 자기 서른일곱 점이 출토되었다. "본바탕은 백색이며, 유약은 윤택이 있고, 많은 것이 유백색을 띠며, 어떤 것은 사이에 눈물 자국 같은 것이 있다. 제작이 일정하고 정교하며 두 번 굽는 방법을 사용했다. 유약이 칠해지지 않은 망구(芒口)가 있는데 이 부분은 도자기의 본바탕이 한 줄로 노출되어 있어, 이것들이 금대 정요에서 생산한 것이라고 판단할 수 있다."

그 굽는 기술은 북송대 정요의 전통적인 방법을 사용했는데, 그 장식의 무늬와 기술에서는 북송 시기와 약간 차이가 있다. 무늬를 장식하는 데는 다양화를 추구해 물고기와 용, 연꽃과 모란, 원추리와 가지가 꽃을 두르는 모양 등이 많다. 물고기와 용무늬의 형태는 약간 다른데, 생동적이고 자연스러우며 함께 출토된 금대 동경이나 패용하는 장식품에 있는 물고기·용의 도안과 비슷하다.

북경시 해정구(海淀區) 남신장(南辛莊)의 금대 무덤에서는 백자 그릇과 쟁반, 주전자와 상자, 대야와 항아리가 출토되었는데 "대부분 품질이 비교적 우수하고, 태질[유약을 바르지 않은 상태]이 하얗고 부드러우며 매끈하다. 유약의 색깔은 순수하고 투명하다. 쟁반과 접시 같은 그릇들은 제작할 때 두 번 굽는 방법을 채택했다"[30]고 한다. 그중 일부 그릇은 제작이 대단히 정교해 하북성 곡양현(曲陽縣)의 정요 유적지에서 출토된 북송대에 제작된 백자와 우열을 가리기 어려운 수준이다. 그리고 태질 벽의 두께나 유약 색깔의 투명도 등의 측면에서는 심지어 더욱 우수하기도 하다.

북경시 문두구구(門頭溝區)에서 요대 용천무요(龍泉務窯)의 유적지가 발견되었는데, 북경 지역 여러 곳에 있는 금대 무덤에서 출토된 많은 수의 백자를 보면 어쩌면 용천무요가 금대에도 여전히 응용되고 있었고, 아울러 생산량도 대단히 많았던 것으로 보인다.

하남 등지에서는 근래에 금대 자주요(磁州窯)에서 생산한 인물형 자기 베개, 여성이 누운 모양의 자기 베개, 백색 유약에 검은 꽃을 그린 매병이 계속 발견되었다. 북경과 흑룡강성 등지에서도 정주요·휘주요·자주요·균요에서 생산된 일련의 도자기가 발견되고 있는데, 그것들은 모두 금대 도자기 제조업의 발전을 연구하는 데 실질적인 자료를 제공하고 있다.

북송대 도자기 생산지의 가마가 계속 사용되는 것을 제외하고, 동북 지역의 도자기 제조업도 발전을 이루었다. 요령성 무순(撫順)시 대관둔(大官屯) 가마 유적지는 동북 지역에서 규모가 가장 큰 가마터로서 이곳의 도자기 제조업은 금대 초기부터 금대 말기에 이르기까지 계속되었고, 생산품들은 흑색 유약을 위주로 했으며 아울러 석탄을 연료로 사용했다. 이 외에 흑룡강성 아성시에서도 금대의 가마터가 발견되었다.

제지업과 인쇄업 ■■■　　금 왕조는 북송과 전쟁을 시작하기 전부터 이미 요 왕조의 한인·발해인 관료를 받아들였고, 이러한 사람들은 요대 이래로 송

---

30) 北京市海澱區文物局,「北京市海澱區南辛莊金墓淸理簡報」,『文物』, 1988년 제7기.

에서 간행한 서적을 수집하는 것을 대단히 중시했다. 변경을 포위하는 전쟁에서 금나라 사람들은 매번 서적을 요구했다. 송의 국자감·삼관(三館: 소문관·집현원·사관)·비각(秘閣)의 서적과 홍려사(鴻臚司)의 경판 등이 모두 금의 경역으로 운송되었다. 통치의 중심이 중원으로 옮겨진 후에는 요와 송의 기초 위에 금 왕조의 제지업과 인쇄업도 매우 큰 발전을 이루었다.

인쇄업은 중도와 하북·하동·남경·경조 등의 로에 분포했으니, 예를 들면 하북서로의 진정부, 형태(邢台)·영진(寧晉)·준주(浚州)와 대명부로의 대명, 남경로의 박사(亳社), 하남부의 소림사, 경조부로 동주(同州)의 조읍(朝邑), 하동남로의 습주(隰州)·포주(蒲州)·택주(澤州)·산양(山陽)·하내(河內), 하동북로의 태원부와 오대산, 산동동로의 제남·영해(寧海)·내주(萊州), 산동서로의 곡부(曲阜) 등에 모두 인쇄업이 있었는데, 특히 중도·남경·평양·영진 등지에서 인쇄업이 더욱 성행했다.

금대의 서적은 관본(官本: 관부에서 인쇄하거나 수장한 서적)과 방본(坊本: 민간의 서방에서 인쇄한 서적)의 구별이 있다. 관본 서적은 국자감본과 사관본(史館本) 등이 있지만, 국자감본을 위주로 한다. 동시에 금 왕조에서는 또한 평양 등과 같은 출판업의 중심 지역에 관서국(官書局)을 설치했다. 여러 학교에서 사용하는 경학과 사학 관련 서적은 국자감에서 간행했는데, 그중에는 간혹 북송에서 간행한 것도 있지만 어느 정도는 금에서 간행한 것이다. 그러한 서적은 경학과 역사서를 인쇄한 것 이외에 당시 사람들의 작품을 인쇄한 것도 있다.

평양에는 관서국을 제외하고도 많은 인쇄업자가 집결하는 곳이었다. 그 지역의 서방(書坊: 서적 간행 작업장)으로 많이 알려진 사람은 이씨(李氏 즉 李子文), 중화헌(中和軒)의 왕택(王宅), 회명헌(晦明軒)의 장택(張宅 즉 張存惠)과 장서가인 유씨(劉氏 즉 劉祖謙의 아들인 劉敏仲) 등이 있다. 이 외에 영진현(寧晉縣) 당성형리(唐城荊里)의 장형호(莊荊祜)와 태원의 유생(劉生) 등이 모두 일찍이 서방을 열고 책을 간행했다.

금대에 관청과 개인이 간행한 서적으로는 국자감본 경학서, 역사서 스물 아홉 종, 『정관정요(貞觀政要)』·『구오대사』 등을 제외하고도 당시 사람들의 시사·문집·유서·문자학 및 불교·도교 관련 서적과 의학서 등이 있다. 잘 알려진 것으로는 완안주(完顏鑄)의 『여암소고(如庵小稿)』, 조병문의 『부수문집(滏水文集)』과 『법언미지(法言微旨)』, 왕붕수(王朋壽)의 『증광유림(增廣類林)』, 문동(文同)의 『단양집(丹陽集)』, 성무기(成無己)의 『주해상한론(注解傷寒論)』·『상한명리론(傷寒明理論)』, 그리고 『통감절요(通鑒節要)』와 『중수정화증류본초(重修政和證類本草)』 등이 있다.

대정 연간에는 도장(道藏)에 전해지는 경서를 수집하고, 뛰어난 기술자를 불러 모아 『대금현도보장(大金玄都寶藏)』 6,455권, 602질을 간행했다. 지금까지 전해지는 금판 서적으로는 영진의 형씨(荊氏)가 간행한 『숭경신조오음집운(崇慶新雕五音集韻)』과 『조성장(趙城藏)』 4,000여 권이 있다.[31]

평수본(平水本)[32] 서적은 조각과 인쇄가 대단히 정교한데, 예를 들면 유민 중이 교열해 새긴 서적들은 "깨알같이 쓴 해서체 글자도 조각이 대단히 정교해 비록 남송의 정교한 판본도 이것에 미치지는 못한다"[33]고 했다.

인쇄업의 발전은 제지업과 제묵업의 발전이 전제되어야 하는 것이다. 하동남로에서는 대추나무와 배나무가 많이 나와 각판으로 사용할 수 있다. 직산(稷山)의 죽지(竹紙)와 평양의 백마지(白麻紙)는 모두 당시에 유명한 산품이고, 태원부는 먹을 만드는 공장이 있었는데 이런 것이 평양의 인쇄업을 강력히 뒷받침해 금대에 관본이건 방본이건 간에 출판업의 중심이 되게 했던 것이다.

중도로·남경로·하동남로는 문화가 발달해, 선비들의 서적에 대한 수요가 인쇄업과 제지업의 발전을 촉진시켰다. 하동남로에서 벼슬하는 가문에

---

31) 張秀民, 『遼·金·西夏刻書簡史』, 『文物』, 1959년 제3기를 참조.
32) 금대와 원대에 山西省 臨汾市 그 주변에서 인쇄한 서적의 통칭으로, 역대 장서가나 학자가 매우 중시한 판본이다. 평수본을 후대에는 금대에 출판된 서적을 일컬었으므로 금대 문화를 평수문화라고도 한다. _옮긴이 주
33) 瞿鏞, 『鐵琴銅劍樓藏書目錄』 卷2.

는 "집집마다 서재를 만들고 사람마다 책을 쌓아두었다"[34]는 기록도 금대에 대단히 번창했던 출판 사업의 모습을 보여준다.

제염업 ■■■   금대에는 소금의 생산이 대단히 많아 산동·하북·속빈(速頻)·동경 등 여러 로에 해염(海鹽)이 있었고, 상경로·중경로·서경로에는 지염(池鹽)이 있었다. 산동동로의 익도(益都)·빈주(濱州)·영해(寧海)·거주(莒州)와 하북동로의 창주(滄州)·보지(寶坁) 등지에서 해염이 생산되었다. 하동남로의 해주(解州), 서경로의 구박(狗泊), 북경로의 대염박(大鹽泊) 및 오고리석루부 등지에서는 지염이 생산되었다. 소금이 풍부하게 생산된 것은 금 왕조로서는 귀중한 자산으로, 국경 지역에서 열리는 각장 무역의 교역품 중 하나였고, 그 이익으로 변방의 지출에 충당하거나 쌀로 바꾸어 백성을 구제할 양식으로 사용할 수 있었다.

화약 무기의 제조 ■■■   화약을 전쟁에 사용한 것은 북송에서 시작되어 북송대 사람들은 화전(火箭)·화구(火球)·화질려(火蒺藜)·선풍포(旋風炮) 등의 화기를 발명했다. 금대의 사람들도 북송의 화약 제조 기술을 계승해 제작한 화약 무기는 매우 강한 살상력이 있어 몽고와의 전쟁에서 중요한 작용을 발휘해 몽고인이 유일하게 두려워하는 무기였다. 금대의 사람들이 제조한 화기로는 철화포(鐵火炮)·진천뢰(震天雷)·비화창(飛火槍) 등이 있다.

흥정 5년(1221)에 송과의 전쟁에서 일찍이 철화포를 사용했는데, 남송의 조여곤(趙與裒)이 『신사읍기록(辛巳泣蘄錄)』에서 이 화포를 기록했다. 그 모양은 호리병과 같이 생겨 입구가 조금 작고 생철을 주조해 만든다. 두께는 두 촌이고 그 소리는 마치 벼락 치는 듯 크다.

개흥 원년[4월에 天興으로 개원했다, 1232] 3월에 변경이 포위당했을 때 수비

---

34) 張博泉, 『金代經濟史略』.

군들이 일찍이 화포인 진천뢰·비화창 등의 화약 무기를 사용해 성을 방어했다. "진천뢰라는 것은 철로 만든 관에다 화약을 채워 불을 붙여 포를 쏘아 불을 발사한다. 그 소리가 천둥과 같아 100리 밖에서도 들리고, 그 열은 반 묘(畝: 약 300㎡) 이상을 둘러싸고 불이 붙으면 철갑을 입어도 모두 뚫는다."35) 『금사』「포찰관노(蒲察官奴)」전에서는 또 비화창을 만드는 방법을 기록하고 있다. "총을 만드는 것은 노란 종이를 16겹으로 정리해 통을 만드는데 길이는 2척 정도이고 버드나무 숯, 철가루, 돌가루, 유황, 비상과 같은 것을 채워 끈을 총의 끝에 매단다"고 했다.

애종이 귀덕(歸德)으로 달아났을 때도 일찍이 비화창을 이용해 성을 방어했다. 그 사용 방법은 "군사들이 작은 철관에다 화약을 매달았다가 전장에서 이를 태우면 화염이 비화창 앞으로 총 1장(丈) 정도 나가는데, 화약이 다해도 통은 부서지지 않는다"36)고 하여 『금사』「적잔합희(赤盞合喜)」전에서 말한 "화약을 채웠다가 불을 발사하면 갑자기 10여 보 앞을 태워 사람들이 또한 감히 가까이 올 수 없다. 대병[몽고군]도 오직 이 두 물건만은 두려워한다"37)고 한 것과 일치한다.

화약은 군사적으로 사용하는 것 이외에 수렵에도 사용했는데, 그것은 금대에 화약 제조 기술이 발전하고 응용 범위가 확대되었다는 점을 설명해 준다.

조선 ■■■　여진인은 백두산과 흑룡강 사이에서 성장했고, 그들보다 앞서 살았던 읍루인이 이미 조선 기술을 숙지하고 있었으므로 여진인은 그들의 조선업을 계승했다. 그러나 읍루인들이 제조했던 작은 배는 단지 내하의 운항에만 적합했고, 금 왕조에서 제조한 해선과 거함은 북송의 기술을 계승한 것이다.

---

35) 『金史』, 「赤盞合喜傳」.
36) 『金史』, 「蒲察官奴傳」.
37) 『金史』, 「赤盞合喜傳」.

해릉왕이 남벌하기 전에 통주에서 배를 만들었는데 그 기술과 형식은 모두 북송에서 취했다. 당시에 조선을 지도한 서문(徐文)과 선박의 양식을 제정한 장중언(張中彦) 등은 모두 북송에서 항복한 관리로, 그 기술 가운데 어떤 것은 복건에서 기원했다. 장중언은 "손으로 작은 배를 만드는데 겨우 몇 촌 정도다. 아교와 풀을 이용하지 않고 선수와 선미를 서로 갈고리로 걸어서 붙이는데, 이 모형을 '고자묘(鼓子卯)'라고 한다. 여러 장인이 놀라고 감복하지 않는 자가 없다"고 말했다. 배를 물에 띄울 때는 곧 "역부 수십 명을 불러 지세가 평탄한 곳을 따라 강가로 끌고 가 새로운 수숫대를 가져다가 땅에 빽빽이 깔고, 다시 큰 나무로 그 옆을 고정시킨다. 새벽이 되면 무리를 감독해 서리가 내려 미끄러울 때 이를 끌면, 거의 힘을 들이지 않고 물에 이른다"[38]고 했다.

채규(蔡珪)의 기록에 의하면 금 왕조에서는 또한 동절기에 강이 얼었을 때 운항하는 배를 제조할 수 있었다. 『중주집(中州集)』에 수록된 그의 시는 다음과 같다.

船頭傅鐵橫長錐	뱃머리에 철을 붙이고 긴 송곳이 가로놓이고
十十五五張黃旗	많은 수의 노란 깃발이 휘날린다
百夫袖手略無用	모든 선부가 팔짱을 끼고 아무것도 하지 않는 듯한데
舟過理棹徐徐歸	배가 노를 저어 천천히 돌아간다

이처럼 얼음을 깨고 나갈 수 있는 배는 선부의 노동 조건을 개선하고 노동 강도를 경감시킬 수 있었고, 후에 쇄빙선의 모델이 되었다고 할 수 있다.

세종과 장종 때 황하에 연한 여러 주의 세량을 조운을 통해 도성으로 운

---

38) 『金史』, 「張中彦傳」.

반해 오고, 요동과 중경의 미곡은 곧 바다를 항해해 산동에 이르렀는데, 관영이나 사영 조선업의 발전은 역시 이러한 상황에 상응하는 것이다. 금대에 도수감의 한 서리가 『하방통의(河防通議)』라는 책을 편찬했는데, 조선에 사용되는 목재, 규격, 수량과 각종 선박의 적재량 등에 대해 모두 상세하게 기록하고 있어 금대 조선업 발전의 일반적인 상황을 볼 수 있다.

4) 목축업

여진인은 건국하기 전부터 어느 정도 목축업을 하고 있었고, 마필은 곧 그들의 중요한 재산이었다. 건국 후에는 유목하는 거란인을 정벌해 초원과 가축이 대량으로 증가했고, 목축업은 금대에 중요한 생산 부문 중 하나가 되었다.

금 왕조는 유목하는 거란과 같은 여러 부족을 지방관에 편입시켰지만, 여전히 요의 제도에 따라 관원을 두고 관리했다. 『금사』「병지」에서 기록하기를 "금대 초기에 요의 여러 '말(抹)' 때문에 지방관들을 설치했다. '말'이라는 것은 모기와 파리가 없고 물과 풀이 좋은 땅을 말한다. 천덕 연간(1149~1153)에 적하알타(迪河幹朵)·알리보(幹里保)·포속알(蒲速幹)·연은(燕恩)·올자(兀者)에 다섯 개의 군목소(群牧所)[39]를 설치했는데, 모두가 요대의 옛 이름으로서 각각 관원을 두어 이를 다스렸다. 또한 여러 부류의 사람 중 집안이 부유하고 장정이 많거나, 품관 가정의 자식, 맹안·모극의 포련군(蒲輦軍), 서리 가정의 장정이나 노예를 뽑아 이들로 하여금 기르게 하고, 이들이 맡은 가축을 군자(群子)라고 했다. 말과 낙타, 소와 양을 나누어 기르게 하여 번식을 하거나 쇠약해지는 가늠해 상과 벌을 주었다. 후에는 조금씩 그 수가 증가해 아홉 곳이 되었다. 거란이 망하면서 그 다섯 곳이 없어지고 네 곳에 남은 것이

---

39) 여진어로는 '烏魯古'라고 하며 번식이라는 의미로, 거란족 통치 지역에서 목축업이 비교적 발달한 지역에 설치했다. _옮긴이 주_

말 1,000여 필, 소 280마리, 양 860마리, 낙타 90마리뿐이다"라고 기록했다.

이것은 야율대석이 서북 지방에 할거하면서 요 말기의 군목소에 있던 마필을 빼앗아 달아나고, 정륭남벌에서 많은 수의 말을 차출하고, 야율살팔과 이랄와알의 기의 등 사회적 동란을 거친 뒤 남은 숫자다. 이후 세종 시기에 서북과 서남의 태주와 임황부, 무주(撫州: 지금의 하북성 장가구시 張北縣) 등지에 군목소 일곱 곳을 설치했다. 그리고 군목의 관리와 군목관, 상온탈타(详稳脱朵)와 지파(知把), 군자들의 번식과 손실에 따른 상벌에 관한 제도를 제정했다.

군목소의 마필은 3년이 지나면 여진인에게 주어 사육하게 하고, 소는 민호에게 빌려주어 경작에 사용할 수 있게 했다. 대정 28년(1188)에 이르러 말은 47만 필, 소는 13만 마리, 양은 87만 마리, 낙타는 4,000마리에 달했다.

5) 상업

농업·수공업·목축업이 회복되고 발전하는 상황에서 금 왕조의 상업도 회복과 발전을 이루었다. 그러나 각지에 상업 발달의 수준은 매우 큰 차이가 있었다. 여진 내지는 건국 초기에는 발전 수준이 매우 낮아서, 여전히 "그들의 저자에는 화폐가 없고, 물건으로 교역을 하는"[40] 상태에 머물러 있었다. 중원 지역의 사회 질서가 안정된 후에는 상업 활동이 매우 빠른 속도로 활발해졌다.

상업의 발전 ■■■   중도인 대흥부는 금 왕조에서 정치의 중심일 뿐만 아니라 중요한 상업 도시였다. 일찍이 금대 초기에도 요 왕조의 남경이던 기초 위에 상업 활동이 여전히 번성했었다. 태종 때 금 왕조로 사신을 갔던 송의 사신 허항종도 여기에는 "집집마다 편안히 지내고 인물이 아주 많으며"[41]

---

40) 『大金國志』 卷39, 「初興風土」.
41) 『三朝北盟會編』 卷20에 인용된 許亢宗의 『宣和乙巳奉使行程錄』.

육지와 바다의 많은 물건이 성의 북쪽 시장으로 모인다고 했다. 정원 연간에 국도가 되면서 도시의 규모가 확대되고, 인구가 맹렬히 증가해 성의 주변이 30여 리, 황성이 9리 정도이며, 거주민이 20만 호에 인구는 100만 명에 달했다. 관할하는 주현에서는 금과 은, 구리와 철, 소금과 약재, 사직품(絲織品)이 생산되었다.

지리적 위치도 우월해 수륙의 교통이 편리했다. 동쪽으로는 조운과 해운을 통해 통주에 이를 수 있고, 경평(經平)·난(灤)·고북(古北) 등 여러 항구를 통해 상경과 북경에 이를 수 있으며, 남쪽으로는 탁주·이주·웅주·패주를 거쳐 하북과 하남 등 여러 지방에 이를 수가 있었다.

남경 개봉부는 일찍이 북송대의 도성으로 상인들이 운집하고 온갖 화물들이 모이며, 음식점과 상점으로 비교할 수 없을 정도로 번화했다. 비록 전란으로 파괴되기는 했지만, 해릉왕 때 다시 건설하면서 점차 회복되었다. 대정 9년[남송 효종 건도 5년, 1169]에 송의 사신 누약(樓鑰)은 "성벽과 누각이 웅장하고, 망루와 참호가 장엄하고도 정돈되었으며, 해자를 끼고 버드나무를 심어 놓은 것이 마치 노끈과 같다"고 기록했다. 상국사(相國寺)는 여전히 매월 4일과 8일에 사찰 문을 열면 장사하는 사람이 매우 많았다. 시장에는 예전과 마찬가지로 온갖 화물이 상점에 있고 물품은 각각 정해진 가격이 있으며, "접반사(接伴使: 사신을 접대하는 관원)가 사적으로 선물한 물건은 모두 이곳의 물건이다"라고 했다.

비록 해릉왕의 남벌 때문에 전국적으로 소동이 있기는 했지만, 상업 활동은 오히려 빠르게 회복되었다. 장종 때는 호구가 74만 호까지 증가했다. 선종(宣宗)이 이곳으로 천도한 후에는 백관과 부호가 이주해 오면서 상인들이 다투어 이익을 좇아 더욱더 번성했다.

숙주(宿州)에 새로 쌓은 주성은 성벽이 매우 정연하고, 성안에 사람들이 많았다. 음식점들의 건축은 매우 장대하며, 시장에서의 매매는 크게 발전해 음식, 약재, 쌀과 국수, 서적 등 여러 물건이 있을 것은 모두 있었다. 귀덕(歸

德: 지금의 하남성 商丘縣)과 기현(杞縣)의 상업 활동도 매우 활발해 모두 전문적으로 상세를 관리하는 관원이 있었다.

하북 지방 각 도시의 회복은 더욱 빨라 보지(寶坻: 지금의 천진에 속한 지역)는 요대에 상인이 운집했었는데, 금 왕조에 속한 후에도 예전과 같이 번화했다. 악비의 고향 탕음현(湯陰縣)은 "시장이 번성해 하남 지방을 크게 능가했다"고 한다. 상주(相州)와 자주(磁州)도 모두 음식점과 술집이 있었다. 상주는 인가가 더욱 많았는데 "진루가(秦樓街)가 더욱 번화해" 북쪽에서부터 남쪽까지 7·8리인데, 사족이나 부녀자의 의복이 모두 단정하고 아름다웠다.42)

금대 상업 발전의 가장 현저한 특징은 여진 내지에서의 상업 도시와 상업 활동의 발전이다. 많은 수의 한인이 북쪽으로 이주하고 송 왕조의 사신이 왕래하면서 상경 회령부와 외부 지역과의 연락이 더욱 잦아지고, 경제와 문화적 측면에서 요와 송 왕조의 영향이 날로 심화되면서 수공업과 상업이 신속하게 발전했다. 함평부(咸平府)와 동경 요양부는 모두 북방에서 상업 활동의 중요한 장소가 되었다.

상업 활동을 관리하기 위해 금 왕조는 상업이 번성한 도시에, 이에 상응하는 기구를 설치했다. 예를 들면 중도에는 시령사(市令司)가 있어 "물가를 고르게 하고 도량형을 위반하는지 살피고 온갖 화물의 가치 평가를 담당했다. 도상세무사에는 도상세무령·도상세무사·도상세무부사 및 도감을 두어 상세를 관리하고, 세금을 은닉하는 자를 살폈다.

도국사사에는 도국사와 도국부사를 설치해 술의 제조와 주세의 관리·감독을 담당했다. 산동·보지·창주·해주·요동·서경·북경 등지에는 염사사(鹽使司)를 두어 식염의 이익을 담당하게 했다. 기타의 5경과 주에는 도국주사사(都麴酒使司) 혹은 주사사(酒使司)나 초사사(醋使司) 등을 설치해 10만 관 이상을 과세하는 곳에는 사·부사·도감을 두고, 5만 관 이상을 과세하는 곳에는

---

42) 樓鑰, 『攻媿集』 卷112, 『北行日記下』.

사·부사를 두었으며, 그 나머지는 세입의 다소에 따라 각각 도감·동도감 등을 두었다.43)

상업 발전에 발맞추어 화폐와 전당포·부동산 등의 업종도 상응해 발전했다. 남경에는 교초고가 있어 지폐의 출납과 교환 업무를 담당했다. 중도·남경·동평(東平)·진정부에는 유천무(流泉務)가 있었는데 관영 전당포다. 이 외에 중도와 남경에는 점택무(店宅務)가 있고, 중도에는 또한 별저원(別貯院)과 목장(木場) 등이 있어 각각 화물의 보관·방출·회수를 담당했다.

금 왕조는 남송과 서하 및 북방 각 부족과의 무역이 대단히 활발했는데, 이런 종류의 대외 상업 활동은 대부분 각장을 통해 진행되었다.

금 왕조는 남송의 수공업품을 간절히 원해 일찍이 태조가 북송과 왕래할 때 각장을 설치하는 것을 협의 내용 중 하나로 했다. 황통 2년(1142)에 남송과 소흥화의를 맺을 때 쌍방은 각각 각장을 설치했다. 금에서 설치한 곳은 봉상부·개봉부·수주(壽州)·사주(泗州)·당주·등주·영주·채주·공주(鞏州)·조주(洮州)·진주(秦州)·밀주(密州)·교서현(膠西縣) 등이 있다. 해릉왕이 남송을 정벌할 때 각장이 중지되었다가, 세종 때 다시 설치되었다.

금과 서하 사이에 각장은 난주(蘭州)·보안(保安)·수덕(綏德)·환주(環州) 등 몇 곳이 있었고, 몽고와의 교역은 연자성(燕子城)·북양성(北羊城)·동승(東勝)·정주(淨州, 천산)·경주(慶州)·할리니요(轄里尼要) 등이 있었으며, 고려와는 내원군(來遠軍) 등이 있었다.

여러 각장에는 사·부사·판관·관구(管勾) 등의 관원을 두어 호시 무역을 관리했다. 금은 각장에서 양·말·차·여지·밀감·올리브·사탕·생강·무소뿔·상아·단사 등을 구매했고, 소금·생사·솜·명주·비단 등을 외부로 판매했다. 동시에 현금·구리·무기를 만들 수 있는 물품이 외부로 유출되는 것을 엄금했다.

각장 무역은 금이 남송·서하·몽고 사이에 경제 관계를 강화시키는 동시

---

43) 『金史』, 「百官志三」.

에 금 왕조의 상세 수입도 증가시켰다. 대정 연간에 사주(泗州)와 진주(秦州) 두 곳의 상세 수입만 해도 8만 7,000여 관에 이르렀고, 승안 연간에는 23만 관으로 증가했다.

화폐의 사용 ■■■   여진인이 초기에 교역할 때는 화폐가 없었고, 건국한 후에는 이전에 요와 북송의 동전 및 유예가 제조한 부창원보(阜昌元寶)·부창중보(阜昌重寶) 등을 사용했다. 해릉왕이 천도한 후에 동전을 주조하고 교초를 발행하기 시작했고, 장종 때는 다시 은폐를 주조하기 시작했다. 지폐와 은폐가 유통 영역으로 들어오면서 중국 화폐사에는 새로운 단계가 열렸다.

정륭 2년(1157)에 금 왕조에서는 화폐를 주조하기로 결정했지만 구리가 부족했고, 이에 구리를 국경 밖으로 유출시키는 것을 엄금하고 민간에서 구리로 만든 기물을 색출해 각각 중도와 남경으로 운송했다. 다음 해에는 중도에 보원감(寶源監)과 보풍감(寶豐監)이라는 두 개의 전감(錢監)을 설치하고, 경조부에는 이용감(利用監)을 설치해 공동으로 '정륭통보'를 주조했다. 무게는 "송 왕조의 소평전과 같고, 동전의 주위와 가운데 구멍과 글자의 문양이 높고 단정한 것은 송의 동전을 능가한다"고 했다.

금 왕조의 경내에는 구리가 부족하고 관원이나 호족의 집에는 또 동전을 쌓아놓았기 때문에 동전 부족 현상이 나타나, 민간에서는 물건의 가치가 낮고 동전의 가치는 높아 교역에 사용하기 매우 어려웠다. 금 조정에서는 여러 차례 동전을 녹여 기물을 만드는 것을 엄금하는 금령을 내리고, 아울러 사자를 여러 지방으로 보내 각 지방의 구리 광맥을 찾게 하고, 관진을 사용해 금이나 비단 같은 여러 물품을 사들여 화폐가 유통되게 했다.

대정 연간에는 대주(代州)에 부통감(阜通監)을 설치하고 '대정통보(大定通寶)'를 주조했는데 글자의 문양이나 동전의 주변과 내부의 구멍이 '정륭통보' 보다 더욱 훌륭했으며, 대정 19년(1179)까지 1만 6,000여 관을 주조했다.

대정 27년에 다시 곡양현(曲陽縣)에 이통감(利通監)을 설치했다. 장종 때 이르기까지 부통감과 이통감 두 곳에서 매년 14만 관을 주조했는데, 비용이 80여 만 관에 이를 정도로 많아지자 두 곳의 주전감을 폐지했다. 태화 연간에는 다시 당십대전(當十大錢)을 주조했는데 전서체로 '태화중보(泰和重寶)'라고 쓰여 있다.

금 왕조가 멸망할 때까지 주전한 액수에는 한계가 있어 전대에 주전되었던 각종 동전이 경내에서 유통되었다. 금대의 무덤과 저장용 토굴에서는 위로는 전한의 '사수반량(四銖半兩)'에서부터 아래로는 남송 효종 때의 '순희원보(淳熙元寶)' 등 각종 동전이 발견되고 있다. 그중에는 왕망의 신, 후한, 수, 당, 후주, 후한, 전촉, 남당, 요 등 역대 왕조가 주조한 동전을 포함하고 있는데, 송의 동전이 가장 많다. 동시에 '정륭통보'와 '대정통보' 일부도 출토되고 있다.

금 왕조는 중국 역사상 첫 지폐인 교초(交鈔)를 정식으로 사용했다. 정원 2년(1154)에 호부상서 채송년이 송에서 제작한 교자의 법에 따라 교초를 인쇄·제조해 동전과 함께 통용했다. 인조교초고(印造交鈔庫)와 초인고(鈔引庫)를 설치하고, 관원으로 사·부사·판관 각각 한 명과 도감 두 명을 두어 교초의 인쇄와 관련된 사무를 주관하게 했다. 교초는 대초(大鈔)와 소초(小鈔)로 나누는데, 대초는 1관·2관·3관·5관·10관의 다섯 등급이 있고, 소초는 100문·200문·300문·500문·750문의 다섯 등급이 있었다. 처음에는 유통 기한을 7년으로 정했는데, 후에는 기간의 한도를 없애고 만약 글자가 너무 오래되어 희미하면 이전의 교초를 새로운 교초로 교환해 주어 제작비를 절감했다.

동전과 교초 이외에 백은도 유통의 영역에서 중요한 지위를 차지해 동전 및 교초와 함께 계속 사용했다. 금대 초기에는 "은 1정(錠)을 50냥으로 하고 그 가치를 100관으로 했는데, 민간에서 간혹 잘라내는 자가 있어 그 가치도 이에 따라 기복이 있었다"[44]고 한다. 이러한 폐단을 제거하기 위해 승안 2년

---

44) 『金史』, 「食貨志三」.

(1097)에는 은폐인 '승안보화(承安寶貨)'를 주조해 동전 및 교초와 함께 사용했다. 『금사』「식화지」에서 기록하기를 승안보화는 한 냥에서부터 열 냥까지 다섯 등급이 있고, 한 냥은 두 관의 동전으로 교환되었다. 근래에 흑룡강성에서 한 냥 반짜리 승안보화 다섯 매가 연달아 발견되었다. 고대 화폐 연구자들의 고증에 의하면 승안보화는 한 냥, 한 냥 반, 석 냥, 다섯 냥, 열 냥의 다섯 등급이 있었다고 한다. 승안보화의 주조와 사용으로 백은이 칭량 화폐로 이용되던 옛 제도가 파괴되었는데, 이 또한 중국 화폐사에서 전례 없는 새로운 창조였다.

10장

금의 쇠망

1절
통치력의 약화와 몽고의 흥기

　금 장종 승안 연간(1196~1200)에 태평과 번영의 허상이 가리고 있던 심각한 사회 모순이 표면화되기 시작하면서, 금 왕조의 통치는 전성기에서 점차 쇠퇴기로 들어갔다.

1. 종실 내부의 갈등과 투쟁

1) 정왕 윤도의 죽음

　금 장종은 세종의 적손으로 황제위를 계승해 여러 숙부가 오만한 마음을 가질까 봐 매우 두려워했으므로, 종실 사이에 점차 시기심이 생겨났다. 명창 2년(1191)에 장종의 모친이 죽었는데 백부 영중(永中)과 숙부 영성(永成)의 조문이 조금 늦었다는 이유로 감봉 1개월과 왕부(王府)의 장사(長史)가 곤장 쉰 대를 맞는 처벌을 받았다. 명창 3년에는 왕부(王傅)와 왕부위관(王府尉官)이라는 관직을 두어 여러 왕을 견제하자 여러 왕이 불만을 품게 되었다. 장종의 숙부인 정왕(鄭王) 윤도(允蹈)가 최온(崔溫)·마태초(馬太初) 등과 함께 사적인 자리에서 천문 현상을 예언했다가 모반으로 고발되었다. 다음 해에 윤도와 왕비 변옥(卞玉), 누이동생 택국(澤國)공주 장락(長樂), 아들 안춘(按春)과 아신(阿辛)이 자살형을 받았고, 이와 관련되어 처벌된 자들이 매우 많았다.

2) 호왕 영중의 금고

윤도의 사건이 발생한 후에 장종의 여러 왕에 대한 경계심은 더욱 심해져 왕부사마(王府司馬)를 두어 대문의 출입을 검사해, 여러 왕의 교류와 사냥 및 오락 등을 모두 제한하고 가족의 출입도 금지하거나 제한했다.

호왕(鎬王) 영중(永中)은 세종의 장자이자 장종의 백부인데 연로한 데도 불구하고 더욱 제한을 받게 되자 마음이 몹시 우울했다. 그의 외숙모인 고씨가 영중의 어머니이자 세종의 원비인 장씨의 그림을 오랫동안 보관하고 영중을 위해 복을 기원하면서 '희기비망(希冀非望: 바라서는 안 될 것을 바란다는 의미)'이라고 했다. 그러던 중에 영중의 사남인 아리합만(阿里合滿)은 방비와 금지가 너무 엄격하다고 불만을 품고 있다가 이를 원망하는 말을 했다. 차남인 신토문(神土門)이 편찬한 사곡(詞曲)에서도 비난하는 내용이 있었다.

장종은 마음속으로 이 모든 것이 영중에서부터 나왔다고 의심해 관리를 보내 심문하여 영중을 자살하도록 하고, 신토문과 아리합만은 사형시켰으며, 나머지 영중의 모든 가족을 금고에 처했다. 그들의 모든 교류를 단절시키고 군사에게 지키게 했으며 관리를 두어 통제하도록 하면서, 감옥보다 더 엄격하게 순찰해 그 자손들이 거의 40년 동안 결혼을 할 수 없을 정도였다. 금 애종 천흥(天興) 초년에 이르러서야 군신들이 간절히 간언해 비로소 금고가 해제되었다.

2. 계급 모순과 민족 모순의 심화

1) 토지의 겸병과 부역의 불공평

많은 여진인이 중원으로 이주해 들어가자 조정에서는 모든 농토를 거두어 이들에게 나누어 주었다. 관료와 부호는 권세에 의지해 민호들의 토지를 대량으로 빼앗아 점유함으로써 한족 백성과 둔전군호 사이에 갈등을 조성했고, 수시로 농민의 반항을 불러일으켰다. 그러나 둔전군호 가운데 분배받은 토지의 비옥도에서 역시 커다란 차이가 있었다. 종실과 귀족들은 비옥한 토지를 대량으로 점유했고, 보통 여진인 가정에서 얻은 토지는 때로는 경작할 수 없는 것도 있었다. 이른바 "도성에 가까운 맹안·모극이 얻은 관전은 모두가 척박하다"는 말이 곧 이런 상황을 가리킨다. 어떤 경우에는 심지어 "스스로 이주하기 시작해 여기에 이르렀는데 농사를 지을 수가 없고, 갈대를 베어 멍석을 만들거나 혹은 꿀을 베어 스스로 생활한다"[1]고 했는데 이러한 상황은 산동에서도 발생했으며, 그 영향은 금대 말기까지 계속되었다.

중원으로 이주해 간 세월이 이미 오래되자 "가는 곳마다 관원과 호족의 가정에서 많은 양의 관전을 점유하도록 청구해 다른 사람에게 소작을 주어 이익을 얻을 것을 도모했다"고 한다. 어떤 집은 한 명에 서른 경에 이르는 자도 있어 가난한 백성들은 경작할 만한 토지가 없어지고, 산의 북쪽에 나쁜 땅으로 옮겨 거주했다.

종실의 여러 왕과 여진족 관료가 관부의 토지를 마음 내키는 대로 점령하는 현상은 더욱 심각했는데, 세종 때 참지정사 납합춘년(納合椿年)의 아들 납합참모합(納合參謀合)과 이전에 태사를 지냈던 누완온돈사충(耨盌溫敦思忠)의 손자인 장수(長壽) 등 친속 70여 가구가 3,000경의 토지를 점유하기도 했

---

1) 『金史』, 「食貨志二」.

다.2) 일부의 종실 가정은 다시 새로운 땅으로 이주해 가면서 이전의 땅은 반납하지 않고 새로운 땅을 받기도 했다.

관전이나 강가의 땅은 호족이 대부분 점령하고, 빈곤한 백성의 토지는 척박하지만 세금은 무거웠다. 이에 더해 "많은 둔전군호들이 이름을 사칭해 식구를 늘려 관전을 청구하거나 민전을 취해 백성은 헛되이 조세와 부역을 납부하고, 없어야 할 물력전을 납부하는 자가 있어서"3) 조세 부담의 심각한 불균형을 조성했고, 계급 간의 갈등이 격화되었다.

중원으로 들어간 여진 귀족들은 중원 한족 지역에서 지주 계급이 착취하던 방식을 재빠르게 배워 소작을 주는 방식으로 토지를 경영하는 지주가 되었고, 일반 여진족 가정도 그들을 모방했다. 세종 때 "맹안·모극 사람은 오직 술 마시는 일에만 힘쓰면서 이따금 토지를 다른 사람에게 소작을 주고 2·3년 간 납부할 소작료를 미리 받는다. 혹은 씨를 뿌려도 김을 매지 않고, 그 땅이 황무지가 되도록 버려두었다"고 기록되어 있다.

예를 들면 "산동과 대명 등 로에 맹안·모극호 백성들은 왕왕 교만하고 방자해 직접 농사를 짓지 않고 가족에게도 농사를 짓게 하지 않으며, 오직 한인들을 시켜 소작으로 농사를 짓게 하고, 소작료를 취할 뿐이다. 부자들은 모두 흰 비단 옷을 입고 술과 음식을 차려놓고 놀면서 잔치하니, 가난한 사람들도 다투어 이를 부러워하며 따랐다"·"도성 부근의 맹안·모극호는 스스로 경작하지 않고 모두 백성에게 소작을 준다. 한 집에 100명의 가족에 있지만 밭은 1무도 없다"·"경기의 두 맹안에 가정에서는 스스로 개간해 경작하지 않고 뽕나무와 대추나무를 베어 땔감을 만들어 판매한다"4)고 전해진다.

무릇 이러한 사례는 하나뿐이 아니었다. 이러한 현상은 여진인 내부에서 가난한 사람은 더욱 가난해지고 부자는 더욱 부유해지는 심각한 계급 분화

---

2) 『金史』, 「納合椿年傳」에서는 30여 가구라고 기록했다.
3) 『金史』, 「食貨志二」.
4) 『金史』, 「食貨志二」.

와 대립을 조성했고, 또한 한족 지역 농민과 여진 귀족의 계급 간 갈등, 여진 둔전군호와 토지를 쟁탈하기 위해 형성된 민족 간 갈등을 격화시켰다. 이러한 모든 것은 금 왕조의 통치를 동요시키는 결과를 피할 수 없었다.

2) 부패한 정치와 사치스러운 풍속

장종은 예악을 바로잡고 법률을 수정하고 문치주의를 시행해, 확실히 여진 사회가 봉건화되는 과정에 속도를 더하는 데 긍정적으로 작용했다. 그러나 동시에 부정적인 영향도 발생했다. 생산력의 발전, 통치 집단의 경제력에 증가, 전쟁의 감소 및 중원 지역의 우월한 물질적 조건의 자극 등은 여진의 상부 계층이 부패한 길로 달려가도록 했다. 그들은 점차 이전에 용감하고 열심히 일하던 전통과 백성의 순박한 풍속을 잃어버리고, 농업 생산을 위해 힘들게 노동하는 것을 원하지 않았다. 반대로 서로 다투어 비용을 들여 허례허식을 추구하면서, 주택이나 의복의 아름다움이나 성대한 결혼과 장례 의식만을 도모했다. 게으름과 사치는 여진인이 빈곤해지고 둔전군의 전투력이 약화되게 했고, 동시에 민족 간의 갈등과 계급 간의 대립을 격화시켰다.

장종은 즉위한 초기에 이미 이러한 문제에 대해 주의했고, 그는 이러한 상황을 힘써 개선하기 위해 백관을 소집해 어떻게 '백성으로 하여금 상업을 버리고 농업에 힘써 저축을 확대할 것인지'에 대해 토론했다. 관원들은 제도를 제정하고 상하를 분별하며, 비용을 절제하며 사용하자고 건의했다. 그러나 이미 형성된 풍조는 개선하기 어려워 사치와 부패한 풍조를 전환시킬 수 없을 뿐만 아니라 문을 숭상하고 무를 경시하는 현상도 날이 갈수록 심해져서 심지어 맹안·모극의 직위를 세습할 수 있는 특권을 가진 사람들까지도 어떤 사람은 차라리 계승하기를 포기해 버리고, 과거제를 통해 관리가 되는 길을 선택하는 자도 있었다.

장종은 일찍이 일련의 조치를 채택해 몇 개의 규정을 만들어 여진의 둔전군호가 농사에 힘쓰도록 촉진했다. 예를 들면 명창 연간에 맹안·모극호로 하여금 토지 10무마다 1무는 뽕나무를 심게 하고, "권농을 지방관의 인사 고과에 기준으로 한다"거나 태화 연간에 토지 40무마다 1무는 뽕나무를 심도록 요구하고, "수목을 베는 자에게는 금령이 있고, 토지를 판매하는 자에게는 형벌이 있다"·"상서성에 칙서를 내려 사치스러운 풍속에 대한 금령을 시행하도록 했다"고 한다. 아울러 우두세의 3분의 1을 감면해 여진인이 경제적으로 빈곤한 상황을 최대한 빨리 개선하고자 했다.

사치스럽고 부패한 풍조는 최고 통치 집단에서부터 시작되었기 때문에 위에서 행하고 아래서 본받아 오랫동안 축적되어 되돌리기 어려워졌고, 장종이 제정한 앞에 상세히 언급한 조치들도 거둔 효과는 대단히 미약했다. 장종 말년에는 부패 현상이 더욱 심해졌다. 원비(元妃) 이씨는 장종이 총해하는 여인으로 황후로 세우고자 했으나 대신과 어사대 및 간관 들이 그녀의 출신이 낮기 때문에 굳게 반대하면서 따르지 않았다. 그러나 영궁적감(領宮籍監)인 서지국(胥持國)이 장종의 뜻에 영합해 이씨에 달라붙어 마침내 벼슬이 올라 재상이 되었다. 그들은 서로가 한통속이 되어 조정의 정치를 마음대로 행하면서, 종실을 이간질하여 억울한 사건을 만들어내고, 자기와 뜻이 다른 사람은 배척하고 친한 사람들만 등용하거나 승진시켰다. 이씨 형제들은 모두가 대단히 높은 자리에까지 올라 "권세가 조정을 기울이고, 풍채는 사방을 움직인다. 이익을 다투고 관직을 다투는 무리들이 그 집 대문으로 몰려들었다"고 했으며, 당시의 사람들이 말하기를 "경동(經童)5) 출신이 재상이 되고, 감비(監婢)가 황비가 된다"6)고 했다.

관료, 장수, 맹안·모극의 부패와 나태함은 조금도 개선되지 않았다. 술자

---

5) 『金史』「選擧志一」에 의하면 경동과는 사서인의 자식으로 나이가 열세 살 이하로서 2大經과 3小經을 암송하고 또 『논어』와 제자백가서를 5,000자 이상 암송하는 아이가 府試의 열다섯 문제에서 열세 문제를 맞히거나 회시 1회에 열다섯 문제씩 세 차례에 걸쳐 마흔한 문제 이상을 맞히면 합격시키는 동자과의 일종이다. _옮긴이 주
6) 『金史』,「胥持國傳」.

리나 왕래하고, 다른 사람의 선물이나 받으면서 늙고 병들어도 사퇴할 줄 모르고, 시체가 될 때까지 자리에 연연했다. 서리들은 간사하고 군사와 백성은 화목하지 않고, 부패한 자는 많아도 청렴한 자는 적었다. 제형사(提刑司: 지방에서 사법과 재판을 담당하는 관청)에서는 단지 그 세세한 일만을 살피면서 형식적으로만 존재하고 유명무실하여 "기강이 서지 않고, 관리들은 태만해 시간을 끌면서 대충 처리하는 데 익숙해져서 폐단이 되었다. 관직에 있는 많은 사람들은 선량하다는 평판을 얻는 것으로써 스스로 편안할 계책으로 여긴다. 사사로운 감정으로 법을 왜곡해 부정부패를 행하는데 상서성과 6부의 영사(令史)[7]가 더욱 심하다"[8]고 전해진다.

장종 후기에 관원 총수의 3분의 2가 음보를 통해 관원이 되었는데 "음보가 잡다하게 많아 입사 출신이 뒤섞여 본말이 서로 어긋난다. 돈을 주고 관직을 산 사람들까지도 이미 힘들여 일하지 않고, 또 과거 급제가 아닌데도 음보가 자손에게까지 미쳐도 분별할 방법이 없다"[9]고 한다. 관료층의 소질이 하락하고 다시 탐욕스럽고 부패한 풍조는 더욱 심해졌다. 후에 제형사를 고쳐서 안찰사사(按察使司)로 했지만, 상황은 역시 호전되지 않았다.

정치의 부패는 필연적으로 변방에 영향을 끼쳤다. 군대는 훈련이 부족하고 기율이 무너졌으며, 장수들은 나약하고 전투력은 떨어졌다. 북쪽 변방의 장수들은 강제로 예속된 부락에 공납을 요구하고, 남쪽 변방의 장수들은 뇌물을 탐내 송의 간첩을 마음대로 놓아주면서 오히려 유세객이라고 했다. 그리고 몽고 각 부락과의 전투도 빈번하게 발생하면서 군비의 지출이 크게 증가해 세금을 늘릴 수밖에 없었고, 백성의 부담도 갈수록 무거워져서 금 왕조는 심각한 정치적·경제적·군사적 위기에 직면하게 되었다.

---

7) 한대에는 승상부에 속한 속리이고, 이후 상서성이나 어사대에 예속된 하습 관원이다. 그런데 금대에는 令史의 인선을 매우 중시했고, 영사로서 재상과 집정관에 이른 이도 있을 정도였다. _옮긴이 주_

8) 『金史』, 「章宗紀」.
9) 『金史』, 「章宗紀」.

3. 몽고의 흥기

1) 몽고의 기원

몽고의 조상은 동호(東胡) 계통에 속하며 실위(室韋)의 한 갈래다. 실위는 "동으로는 흑수말갈에 이르고, 서로는 돌궐에 이르고, 남으로는 거란과 인접하며, 북으로는 바다에 이른다"[10]고 하는데, 조아하(洮兒河)의 북쪽에서부터 액이고납하(額爾古納河) 유역과 대흥안령(大興安嶺) 양측의 넓은 지역에서 생활했다. 실위는 북위 때 이미 기록에 보이는데『위서(魏書)』에서는 '실위(失韋)'라고 기록하고, 그들을 가리켜 "언어는 고막해(庫莫奚)·거란·두막루국(豆莫婁國)과 같다"고 했다. 무정(武定: 동위 효정제의 연호) 2년(544)부터 실위는 계속 사신을 파견해 방물을 공납했다.

돌궐이 흥기한 후로는 돌궐에 의부했다. 당대에 실위인은 다섯 개의 대부락으로 나뉘었는데, 하나의 대부락은 다시 몇 개의 소부락을 포함하고 있었다. 각각의 부락에는 부락의 수령이 있으며, 어떤 부락에서는 세습하는 부락의 수령이 출현하기도 했다.『구당서』「북적」 실위의 기록에 의하면 대흥안령 이북의 망건하(望建河: 일명 室建河이며 현재의 액이고납하)의 남쪽에 몽올(蒙兀) 실위가 있는데 이것이 곧 기록에 최초로 보이는 몽고인의 선민들이었다.

당대에 실위의 각 부락은 당 왕조에 귀부했고, 어떤 부락의 수령은 당에 의해 도독이나 대도독 등의 직책에 임명되기도 했다. 7세기 전반기에 돌궐 칸국의 세력이 쇠약해질 때 실위인들이 소규모로 분산되어 서쪽으로 이주하기 시작했고, 아울러 돌궐인들에게는 '달단(韃靼 또는 達怛, 타타르)'으로 불렸다. 그들은 일찍이 오호(烏護, 절묵)인들과 연합해 돌궐에 반항하기도 했다.

회골(回鶻) 칸국이 건립된 후에는 부분적인 실위, 즉 달단인들이 회골에

---

10)『舊唐書』,「室韋傳」.

귀부했다. 840년에 회골 칸국이 멸망하고, 회골인들이 대량으로 남하하거나 서쪽으로 이주해 고비사막 남북에 있던 유목 부락들의 세력이 모두 쇠약해져 실위인들이 발전하기에 더욱 유리한 조건이 형성되었다. 이에 실위 즉 달단인들이 다시 한 번 대거 서쪽으로 이주하고 남하해 요 왕조가 건국될 때는 고비 사막의 남쪽과 북쪽에 기본적으로 몽고어족인 실위의 여러 부락에 유목 범위가 이미 형성되었는데, 거란인들은 그들을 조복(阻卜)이라 칭했다.

2) 요금 시기의 몽고

요 왕조 통치 시기의 조복 ■■■ 거란인이 흥기한 후에 차례로 북쪽의 실위와 오고(烏古)를 정복하고 혹은 그들을 포로로 잡아 요 왕조의 경내로 데리고 와 거란의 여러 부락에 편입시키기도 하고, 혹은 그들을 속부(屬部)로 삼기도 했다. 그리고 다시 거란과 국경을 접하고 있는 흑차자(黑車子)실위를 정복했다. 이때의 조복 각 부락은 여전히 분산적 유목의 형태에 처해 있어 거란인의 진공에 대해 조직적이고 유효적절하게 저항할 수 없었다.

요 경종(景宗) 때는 서북로초토사를 설치하고 도상온(都詳穩)을 두어 서북 지역의 조복 각 부락을 진무하게 했다. 요 성종(聖宗) 때는 조복의 여러 부락에 대한 통제를 강화해 진주(鎭州)·방주(防州)·유주(維州) 등 변방에 세 개의 성을 건립하고 진주를 서북로초토사의 주둔지로 삼았다. 또한 대왕과 절도사를 임명해 조복의 각 부락을 직접적으로 관리했다. 그러나 요 왕조에서 임명한 절도사들은 위무하는 데 능숙하지 않아 조복 각 부락의 불만과 반항을 불러일으켰기 때문에, 후에는 여러 부락의 수령이 내부의 사무를 관리하는 것으로 바꾸었다. 극로륜하(克魯倫河)의 하류와 호륜(呼倫)·패이(貝爾) 호수 일대의 오고(烏古)과 적렬(敵烈) 등 부락에 대해서는 절도사·상온·오고적렬통군사를 두어 관리했다.

조복의 여러 부락은 요 왕조에 마필과 족제비의 가죽을 바치고, 출병해 전쟁을 돕는 등의 의무가 있었다. 동시에 요 왕조에서도 변경에 각장을 설치해 그들과 무역을 진행했다. 요 왕조의 통치 기간에 조복의 여러 부락과 요 왕조의 관계가 밀접해 그들은 한편으로는 거란인의 선진적인 경제와 문화의 영향을 받아들여 자신들의 사회 발전의 과정을 가속화하고, 다른 한편으로는 끊임없이 군사를 일으켜 요 왕조의 통제에 반항했다.

이 기간에 또한 일부의 비교적 실력이 있는 집단이 점차 형성되었다. 예를 들면 요 도종 시기에 조복의 제 부의 장인 마고사(磨古斯)는 곧 강력하고 유력한 부락연맹체의 수령이었다. 그가 이끄는 요에 반항하는 기의는 요 왕조의 속부 중 규모가 최대이고 지속한 시간도 가장 길며, 요 왕조에 대해 가장 강력한 타격을 입힌 반항 활동이었다. 마고사는 어쩌면 후에 몽고 극렬부(克烈部)의 수령 왕한(王罕)의 조부인 마아홀사(馬兒忽思)일 가능성이 있다.

이때 악이혼하(鄂爾渾河)와 진주를 중심으로 하여 이미 왕한의 조상들이 영도하는 강대한 부락 집단이 형성되었음을 볼 수 있고, 그것은 어쩌면 『요사』에서 말하는 북조복(北阻卜)일 것이다. 동시에 『요사』의 기록에서 볼 수 있는 것으로는 매리급(梅里急 또는 密兒紀, 蔑爾乞)·왕기랄(王紀剌 또는 翁吉剌, 弘吉剌, 廣吉剌, 光吉剌)·차랄(札剌 또는 茶赤剌, 札答蘭)·점팔갈(粘八葛 또는 乃蠻) 등의 부락이 있고, 몽고부를 『요사』에서는 곧 '원이(遠夷)'라고 했다.

금 왕조 통치 시기의 조복 ■■■　요대 말기이자 금대 초기에 조복 각 부락의 실력이 크게 증강되어 끊임없이 금 왕조의 북쪽 변경을 습격하고 어지럽혀 금 왕조의 북쪽 변경에 대한 위협이 되었다. 야율대석은 진주 가돈성(可敦城)을 근거지로 삼아 정권을 다시 세우고 조직적으로 금에 대항하는 활동을 벌이자, 고비 사막의 북쪽에 있던 조복 각 부락이 야율대석의 항금 해렬에 참가했다.

『금사』에서는 몽고에 대해 말하기를 꺼려, 몽고 각 부락에 대해 어떤 때는 직접적으로 광길랄(廣吉剌)·산지곤(山只昆)·합저흔(合底忻) 등과 같이 어떤 조그만 부락의 명칭을 부르기도 하고, 어떤 때는 총괄해 조복이나 북조복이라고 칭해 금과의 경계 밖에 있던 극렬(克烈)부나 내부한 탑탑이(塔塔爾 또는 타타르) 등의 부락과 구별했다.

철목진(鐵木眞, 테무친: 칭기즈 칸의 본명)이 소속된 몽고부에 대해서는 곧 북부(北部)·북비(北鄙)·변부(邊部)·인국(鄰國)·인부(鄰部)·적국 등으로 칭했다. 몽고와의 전쟁에 대해서도 많은 경우에 북순(北巡)·북정(北征)·순변(巡邊)·정벌(征伐), 북변을 경략(經略)한다 등으로 기록해 가볍게 언급하고 넘어가지만, 그 결과에 대해서는 명확한 기록이 없는 경우가 많다. 그러나 몽고 여러 부락이 금 왕조와의 대항했던 일은 오히려 금 정권과 더불어 시종 한결같았다.

금 태조 때 파로화(婆盧火)에게 태주에서 둔전하게 했는데 새로 점령한 영토를 확고히 하려는 목적이 있고, 서북의 여러 유목 부족을 방어하려는 생각도 있었다.

태종 초년에는 금 왕조가 요의 천조제를 추격하고, 중원을 경영하는 것을 중요한 군사적 목표로 삼았기 때문에 야율대석이 조복의 여러 부락과 연합해 반항하는 활동에 대해 방어하는 것을 위주로 했다. 천회 8년(1130)에 처음으로 야율여도(耶律餘睹)·포찰석가노(蒲察石家奴)·완안발리속(完顏拔離速) 등을 파견해 야율대석을 추격하여 섬멸하게 했다. 야율대석이 서쪽으로 옮겨간 후에도 조복의 여러 부락은 여전히 서요의 통치를 받아들이면서 항금 활동을 견지했다. 천회 13년에는 맹고사(萌古斯)가 변방을 어지럽히자 희윤과 종반이 태종의 명령을 받아 북쪽으로 정벌을 나가 그들의 가축을 대대적으로 노략질하고 돌아왔다.

희종 황통 6년(1146)에는 다시 종필을 통수로 삼아 8만 명의 군사를 거느리고 대대적으로 북변을 정벌해 몽고와 서평하(西平河: 臚朐河라고도 하며 지금의 克魯倫河)를 경계로 삼았다.

해릉왕 정원 원년(1153)에는 서경로 통군인 달라(撻懶) 등에게 북변의 공격을 명령했다. 이 군사 행동은 네 개 로의 인마를 동원한 전에 없는 대규모의 전쟁으로서 그 격렬함이나 잔혹함은 상상할 수 있다. 그러나 이후 역사 발전의 상황을 보면 이 군사 행동에는 일거에 소탕해 평정을 이루려는 목적은 없었다. 즉 해릉왕이 남송을 정벌하기 전에 하는 수 없이 북부에 대한 방어를 위해 필요한 조치를 취했던 것이다.

세종 시기에 남송과의 관계를 조정했는데 어쩌면 바로 이 시기에 초원의 여러 유목 부족과의 관계도 조정했을 것이다. 대략 이때를 전후해 조복[몽고]의 여러 부족이 서로 이어서 금 왕조의 속부가 되었다. 여러 부락의 수령들은 금 왕조의 봉호를 받고 정기적으로 공납하거나 징발에 응해 출정을 하거나 변방을 수비했다. 금은 여전히 동북·서북·서남 등 세 로의 초토사로서 북방의 속부와 변경의 방어를 담당하게 했다.

그러나 몽고의 각 부락이 금 왕조에 귀부한 시기는 일치하지 않았다. 그 중 홍길랄과 탑탑이 부는 변경에서 가장 가까워 귀부한 시간도 가장 빠르고, 금과의 관계도 더욱 밀접했다. 아이태산(阿爾泰山, 알타이 산) 남북에 살고 있는 내만(乃蠻)은 대정 15년에 이르러서야 비로소 서요에서 내려준 패인을 제출하면서 금 왕조에 귀부했다. 세종 이후 한편으로는 몽고 각 부락에 대해 "나누어서 이들을 다스리는" 정책을 시행해 그들로 하여금 서로 간에 공격하게 하고, 한편으로는 변방에 참호를 수축해 방어하고자 했다.

3) 몽고 각 부의 통일

몽고의 여러 부족이 고비 사막의 남북으로 진입한 후부터 사회 생산력이 크게 발전했다. 요와 그 뒤를 이은 금 왕조와 신속 관계를 확립하면서 부락의 귀족은 요나 금 왕소의 영향력을 이용해 자신의 부락에서 그들이 실력을 강화할 수 있었다. 그리고 금 왕조의 "나누어서 이들을 다스리는" 정책은 또 일부의 부락 귀족을 양성했다. 금 세종과 장종이 통치하는 시기에 이르면 초원의 각 부락은 인구와 재부를 쟁탈하기 위해 끊임없는 전쟁을 시작했다. 여리 부락의 귀족들은 각자의 이익을 위해 끊임없이 서로 공격하거나 동맹을 결성하면서 사회는 혼란에 빠졌다.

각 부락의 수령들은 상호 간에 예속민과 목장을 쟁탈하면서 인접한 부락을 겸병하고 세력을 확충하기 위해 노력함으로써 초원 여러 부락을 아우르는 주인이 되고자 했다. 금 세종이 즉위한 다음 해(1162)에 각 부락이 쟁탈전을 벌이는 가운데 몽고부의 걸출한 수령 철목진이 탄생했다. 금 장종이 즉위한 해(1189)에 철목진은 본 부락 귀족들에 의해 그 부락의 가한(可汗)으로 추대되었다. 그의 통솔 아래 몽고부의 실력은 빠르게 증강되고, 후에는 우위에 서면서 초원의 강자인 탑탑이·극렬·내만 등의 부락과 각축전을 벌이게 되었다.

장종이 즉위한 이래 몽고의 여러 부락이 상호 간에 패권을 다투면서 금 왕조에 대한 반항 활동도 날이 갈수록 빈번해지고, 금 왕조에서 북쪽 변방의 문제는 당장의 급선무가 되었다. 장종은 일찍이 군신을 소집해 방어할 대책을 토론해 군대를 보내 토벌하는 것과 다시 계호(界壕)를 쌓는 것으로 결정해 한 번의 노고를 통해 오랫동안 편안하고자 했다.

명창 6년(1195)에 좌승상인 협곡청신(夾谷淸臣)을 임황부의 행상서성사로 임명하고 탑탑이와 회동해 변방을 어지럽히는 홍길랄·산지곤·합저혼 등을 토벌하게 했다. 협곡청신은 처음에 소규모의 승리를 얻었지만 '잘못된 대책' 때문에 탑탑이부의 변절을 야기했다. 이에 우승상인 완안양(完顔襄)으로 하여금 북경에서 협곡청신의 행상서성을 대신하게 했다. 완안양은 극렬부의 수령인 탈알린륵(脫斡鄰勒, 즉 王罕)과 몽고부 철목진과 협력해 탑탑이부를 격퇴시켰다. 그리고 황제의 뜻에 따라 탈알린륵을 왕으로 책봉하고, 철목진을 찰올척홀리(札兀惕忽里: 규군의 장수)로 삼았다.

이로부터 철목진은 몽고의 부락 가운데 위신과 명망이 크게 높아지고, 아울러 금 왕조의 임명을 받은 관리의 신분으로 부락의 백성과 각 부락의 귀족에게 호령할 수 있었다. 태화 6년(1206)에 그는 몽고 각 부락을 통일시키는 사업을 완성하고 초원의 각 부락 수령에 의해 대한(大汗)으로 추대되어 대몽고국을 건립하고, 아울러 금 왕조의 통치에 반항하면서 금 왕조와 천하를 쟁탈하는 전쟁을 시작했다.

칭기즈 칸이 즉위한 동일한 해에 송 왕조도 대규모의 북벌전쟁을 일으켜 금 왕조와 회수 이북 지방을 다투었다. 금 왕조는 남과 북의 양면으로 군사적인 압력을 받게 되었다. 금 장종은 송 군사의 진공을 격퇴한 후에 송 왕조와 더불어 화의를 맺음으로써 남쪽으로부터의 위협을 제거했지만, 몽고와의 전쟁은 장기간 지속되었고 아울러 최후에는 금 왕조가 멸망에 이르게 되었다.

2절

금 왕조의 남천과 멸망

1. 몽고의 군사적 진공과 선종의 남천

1) 위소왕의 즉위

　　금 장종은 아들이 있었지만, 모두 어려서 죽어 후계자를 세우지 못했다. 또 종실을 의심하고 시기해 여러 숙부들과의 관계가 원활하지 못했다. 만년에는 정치적으로 부패하고 군사적으로 무능한 상황에서 다시 황제 계승의 위기가 출현했다. 태화 8년(1208)에 장종이 죽고 원비 이씨 등이 장종의 뜻에 따라 그의 숙부인 영제(永濟)를 황제로 세우니, 이가 곧 위소왕(衛紹王)이다. 영제는 "유약하고 지혜와 능력이 부족하여"[1] 여러 가지 폐단을 완화시킬 수 없었을 뿐만 아니라 몽고의 진공을 야기하기까지 했다.

　　몽고부와 금 왕조의 관계는 금 태종 시기에 시작되었다. 금에서는 몽고부의 수령 합불륵한(合不勒汗: 칭기즈 칸의 증조부)의 입조를 요구하고, 그에게

---

[1] 『金史』, 「衛紹王」.

해를 몰래 가할 것을 모의했다. 그러나 합불륵은 금 왕조의 사자를 살해했고 쌍방 간의 관계는 악화되어 오랫동안 적대적인 상태에 처해 있었다.[2] 이후에 금 왕조는 여러 차례 출병하거나 혹은 탑탑이부 사람을 이용해 몽고로 진공해 차례로 몽고부의 수령 엄파해(俺巴孩)·알근파아합흑(斡勤巴兒合黑: 칭기즈 칸의 조부)과 합답안파아독(合答安把阿禿)을 살해했다.

금 세종 시기에는 몽고부의 세력이 점차 강대해지면서 금 왕조 북쪽 변방에 심각한 위협이 되었다. 당시에 연경과 거란 지역에서 유행하는 어떤 가요에는 "달단이 오고, 달단이 가는데 쫓기는 나리는 갈 곳이 없구나"[3]라고 했다. 몽고의 위협을 제거하기 위해 금 세종은 한편으로는 군사를 파견해 계속 토벌하고, 심지어 포로로 잡은 몽고의 아이들을 팔아 노비로 삼았다. 한편으로는 상경 등지의 방비를 강화시키고 여진인이 말 타고 활을 쏘던 상무의 옛 풍속을 회복하라고 힘써 제창했다. 동시에 몽고인의 입경을 허락하지 않고, 매년 입공할 때마다 국경 밖에서만 받아 몽고인들이 대단히 불만스러워했다.

칭기즈 칸이 몽고 각 부락을 통일한 후에는 즉시 군사적 진공의 목표를 금 왕조를 향했지만, 금 왕조라는 중원 대국과 같은 나라로 진공하기 위해 그는 세밀하게 배치하지 않을 수 없었다. 따라서 그는 먼저 서하를 취해 측면으로부터의 위협을 제거하고자 했으므로, 즉시 금에 대해 군사적인 행동을 취하지는 않았다.

위소왕이 즉위한 후에 사자를 파견해 몽고를 초유했지만, 어떠한 응답도 얻지 못했을 뿐만 아니라 몽고의 멸시를 받기도 했다. 칭기즈 칸은 금 왕조의 국정에 대해 어느 정도 이해하고 있었고, 영제의 무능은 곧 그가 직접 목격한 적이 있었다. 영제가 황제가 되었다는 것을 알고 칭기즈 칸은 더욱 금 왕조를 경시했다. 그는 말하기를 "나는 중원의 황제를 천상의 사람이 하는

---

2) 拉施特, 餘大鈞·周建奇 驛, 『史集』第1卷 第2分冊(商務印書館, 1983년판).
3) 孟[趙]珙 著, 王國維 箋證, 『蒙韃備錄箋證』.

것으로 말했는데, 이처럼 용렬하고 나약한 사람 또한 이것을 하는구나!"[4]라고 말한 적이 있으며, 이에 더욱 적극적으로 남하를 준비했다.

2) 금 선종의 남천

몽고군의 남하와 금군의 패배 ■■■ 대안(大安) 3년(1211) 가을에 칭기즈 칸은 친히 대군을 거느리고 남하해 금을 공격하여 몽고가 금을 멸망시키는 전쟁에 서막을 열었다.

몽고군은 달리박(達里泊: 오늘날 내몽고자치주 克什克騰旗의 達里諾爾)에서 출발해 금의 국경으로 진입했다. 금 왕조의 변방 수비군 장수 독길사충(獨吉思忠)은 방어할 준비를 하지 못하고 있다가 변방의 진지인 오사보(烏沙堡)와 오월영(烏月營)을 잃었다. 위소왕은 참지정사 완안승유(完顔承裕, 즉 胡沙)에게 독길사충을 대신해 방어하게 했다. 완안승유는 감히 맞아 싸우지 못하고 무주(撫州)에서 선평(宣平: 지금의 하북성 장가구시 서남쪽)으로 후퇴해 주둔했다. 그 지역의 토호가 해당 지역의 군사를 선봉에 세우고 행성(行省)의 병사로 성원하게 하여 공동으로 막아내자고 청했으나, 완안승유는 두려워 그 계책을 감히 쓸 수가 없었다.

이에 몽고군이 먼 거리를 단숨에 공격해 들어와 창주(昌州: 지금의 내몽고 太僕寺旗 九連城)·환주(桓州: 지금의 내몽고 正藍旗 북쪽의 四郞城)·무주를 점령했다. 또 야호령(野狐嶺: 지금의 하북성 장가구시 萬全縣 膳房堡의 북쪽)과 회하천(澮河川: 지금의 하북성 장가구시 懷安縣 동쪽)에서 금의 군대를 계속 대패시켜 금군의 죽은 자가 들판을 덮고 하천을 막으면서 시체가 100리에 걸쳐 있을 정도로 정예 부대를 거의 잃었다. 몽고의 선봉군은 거용관(居庸關)을 넘어 중도의 성 아래에 이르렀다.

---

4) 『元史』, 「太祖紀」.

칭기즈 칸의 여러 아들은 서남로에서부터 금 왕조가 쌓아 놓은 계호(界壕)로 들어와 정주(淨州: 내몽고 四子王旗 서북쪽의 卜古城子)·풍주(豊州: 내몽고 呼和浩特市 동쪽의 白塔鎭)·운내(雲內: 내몽고 托克托縣 동북의 古城)·동승(東勝: 내몽고 托克托縣)·무주(武州: 山西省 忻州市 五寨縣의 북쪽)·삭주(朔州) 등을 계속 함락시켰다. 금의 서경유수 흘석렬집중(紇石烈執中, 즉 胡沙虎)은 서경을 버리고 중도로 달아났다.

숭경(崇慶) 원년(1212)에 몽고군이 다시 선덕주(宣德州: 하북성 宣化)와 덕흥부(德興府: 하북성 涿鹿)를 공격해 함락시키고 계속 진군해 서경을 포위했다. 원수좌도감인 오둔양(奧屯襄)이 군사를 거느리고 서경을 구원하러 왔다가 다시 몽고군에 패했는데 "전체 군사가 거의 모조리 죽었다"5)고 한다. 같은 해에 동경도 몽고군에 의해 노략질을 당했다.

지령(至寧) 원년(1213)에 몽고군이 다시 야호령을 들어와 진산(縉山: 하북성 懷來의 동쪽)에서 행성 완안강(完顔綱)과 권원수우도감 술호고기(術虎高琪)가 통솔하는 규군 및 한인 군사들과 치열한 격전을 벌였지만, 금군이 다시 패배해 죽은 시체가 "썩은 나무를 쌓아놓은 것과 같았다"6)고 한다. 몽고군은 곧장 거용관의 북쪽 입구로 갔다. 칭기즈 칸은 군사를 남겨 북쪽 입구를 공격하게 하고, 자신은 직접 일부 군대를 거느리고 자형관(紫荊關)으로 들어가 거용관의 남쪽 입구를 공격해, 북쪽 입구의 몽고군과 협력해 거용관이라는 천험의 요새를 함락시켰다. 남쪽 입구를 지키던 금의 수비군들은 의외의 적병들이 갑자기 돌격해 들어오자 "능히 자기 스스로를 지탱할 수가 없었고, 무기가 미치는 곳마다 흐르는 피가 들판을 덮었다"7)고 한다. 몽고군은 중도를 포위하는 동시에 군사를 세 길로 나누어 황하 이북 지역을 약탈했다.

---

5) 『金史』, 「奧屯襄傳」.
6) 『元朝秘史』, 「續集」 卷1, 四部叢刊三編本.
7) 『元史』, 「札八兒火者傳」.

궁정의 정변과 선종의 즉위

서경의 패장 흘석렬집중은 달아나는 도중에도 마음대로 관부의 창고에서 은·옷감·화폐 등 여러 물건을 취했고 관민의 말을 빼앗았으며 내수(淶水)현령을 때려죽이기까지 했으나, 조정에서는 모두 이를 불문에 붙이고 오히려 우부원수 겸 권상서좌승에 임명했다. 흘석렬집중은 거리끼는 바 없이 스스로 군사 2만 명을 거느리고 선덕주에 주둔하기를 청했는데, 조정에서는 3,000명을 주어 규주(嬀州)에 주둔하라고 명령했다. 이에 흘석렬집중이 불만을 가지자 파면시켰다.

그러나 지령 원년(1213)에 다시 불러서 무위군(武衛軍) 수천 명을 거느리고 중도의 북쪽에 주둔하라고 명령했다. 흘석렬집중은 그의 무리들과 더불어 "오직 말을 달려 사냥하는 것만 힘쓰고 군사는 돌보지 않아서" 조정에서 사자를 보내 책망하자 흘석렬집중은 이에 복종하지 않았을 뿐만 아니라 반란군을 토벌한다는 명목으로 마음대로 수비군의 장수를 가두었다.

8월에 흘석렬집중은 거짓으로 몽고군이 이르렀다고 하면서 군사를 세 길로 나누어 성으로 들어가 지대흥부 도단남평(徒單南平)과 좌승 완안강(完顏綱)을 죽이고 스스로 감국원수(監國元帥)라고 칭하면서 위소왕을 폐출하고 그를 핍박해 궁에서 쫓아내고 마음대로 관직을 제수하는 등 그 뜻을 예측할 수 없었다. 승상 도단일(徒單鎰)이 세종의 장손인 완안순(完顏珣)을 세울 것을 권하니, 흘석렬집중 등은 마침내 창덕(彰德)에서 완안순을 맞이하고, 아울러 사람을 보내 위소왕을 살해했다.

9월에 완안순이 즉위하니, 이가 곧 금 선종으로서 연호는 정우(貞祐)로 고쳤다. 선종은 궁정에서 정변을 일으킨 흘석렬집중을 처벌하지 않고, 반대로 그를 태사 겸 상서령과 도원수에 임명하고 경사에 저택을 하사했다. 그리고 선종은 영제를 동해군후(東海郡侯)로 강봉하고, 사자를 보내 몽고군과 화친을 의논했다.

금몽화의와 선종의 남천

흘석렬집중이 마음대로 위소왕을 폐립하

고도 처벌은 받지 않고 오히려 고관이 되자 군신들 사이에 상당한 불평이 있었고, 더욱이 군사를 거느린 장수들을 통제할 수 없었다. 지령 원년 10월에 술호고기가 몽고군과 싸워 패배하고 책임을 추궁받자 역시 홀석렬집중이 한 것을 본받아 군신들의 불만을 이용해 군사들로 하여금 홀석렬집중의 집을 포위하게 하여 홀석렬집중을 살해했다. 선종은 다시 그가 함부로 사람을 죽인 죄를 사면하고 좌부원수의 직책을 내렸다. 그리하여 금 왕조에는 홀석렬집중이 제거되자마자 다시 술호고기가 등장했다.

몽고가 이때 금 왕조에 대해 전투를 벌인 것은 재물을 약탈하는 것과 허실을 탐색하는 것이 중요한 목적이었다. 그런데 중도를 포위 공격하면서 함락시키지 못하자, 즉시 사자를 보내 화친을 의논했다. 금 선종은 몽고를 막아내려는 결심이나 특별한 방법이 없었기 때문에 마침내 칭기즈 칸이 제시한 조건에 따라 "위소왕의 딸 기국(岐國)공주와 금과 비단, 남녀 어린아이 500명, 말 3,000필을 바친다"[8]고 하면서 몽고군과 협의를 달성했다. 정우(貞祐) 2년(1214)에 몽고군은 약탈한 금과 비단 등의 재물과 말과 사람을 거느리고 철군해 북쪽으로 돌아갔다. 여름에 칭기즈 칸은 어아박(魚兒泊)[9]에서 더위를 피했다.

금 선종은 몽고군이 철군한 틈을 타 변방의 준비를 강화하고 중도를 보위하기 위해 군사를 배치하지 않고, 오히려 남쪽의 변경(汴京)으로 천도하기로 결정해 적군을 피하려고만 했다. 5월에 태자 수충(守忠)과 우승상 겸 도원수인 완안승휘(完顔承暉, 즉 福興)와 좌승 겸 좌부원수인 말연진충(抹撚盡忠)에게 중도를 지키게 하고, 자신은 종실과 백관을 이끌고 남쪽으로 천도했다.

---

8) 『元史』, 「太祖紀」.
9) 어아박은 현재 내몽고 적봉시 克付克騰旗에 위치한 達里諾爾湖(다리눠얼 호)다. 達里湖라고도 하며 전체 면적 238km²로 내몽고자치주에서 두 번째로 큰 내륙 호수다. _옮긴이 주

3) 규군의 반란과 중도의 함락

규군 문제의 유래 ■■■■　　거란과 요 왕조 통치하의 유목 민족들은 말 타기와 활쏘기를 잘하고 출정에 능해 금대 초기에 송과의 전쟁에서 군사적 역량 중 하나가 되었다. 금대 초기에 전쟁이 끝나고 나서 동북과 서북과 서남로의 거란과 당고(唐古) 등의 각 부족을 규군으로 편입시켜 이들에게 금 왕조의 변방을 지키게 했다. 거란인의 상층부가 금대 초기의 정치나 군사 활동 가운데 중요한 역할을 했기 때문에 여진 통치자들은 이들을 중시했다. 그러나 야율살팔과 이랄와알의 기의 후에 금 세종의 거란인에 대한 선입견이 자못 깊고 경계하는 마음도 매우 심했다.

　　그리하여 대정 3년(1163)에 거란의 맹안·모극을 파하고, 그 호구들을 여진의 맹안·모극으로 나누어 예속시켰다. 대정 14년에 다시 이랄와알의 기의에 참여한 거란인들을 오고리석루부로 옮겼다. 대정 17년에는 다시 서북로의 거란인을 상경·제주(濟州)·이주(利州) 일대로 이주시키고, "그들로 하여금 여진인과 섞여 거주하고 남녀가 서로 결혼해 점차 교화되어 풍속이 되게 하여"10) 이후에 거란인이 반란을 일으키는 것을 방지하고자 했다. 그러나 이러한 조치들은 효과를 거두지 못하고 오히려 거란인의 반감만을 불러일으켜 거란인과 여진인 사이에 더욱 큰 거리감을 조성했고, 거란인의 반항이 더욱 빈번해졌다.

　　몽고의 여러 부락이 변방을 어지럽혀 금 왕조가 침식이 불편할 정도로 혼란스러울 때인 승안 원년(1196) 11월에 특만(特滿)군목소의 거란인 덕수(德壽)와 타쇄(陀鎖)가 신주(信州: 지금의 길림성 懷德縣 秦家屯의 고성)에서 군사를 일으키고, 연호를 '신성(身聖)'이라 했는데, 무리가 수십 만 명이었다. 이때를 틈타 여러 규군도 군사를 일으켜 금 왕조의 후방에 대단히 큰 위협과 불안을

---

10) 『金史』, 「唐括安禮傳」.

가져왔다. 이때 반란을 일으킨 거란인들이 바로 대정 연간에 앞서 언급한 지역으로 이주해 간 사람들로서 이러한 사실은 그들의 불만스러운 정서가 결코 여진인들과 함께 거주하여 해결될 수 없다는 점을 증명한다.

우승상 완안양은 여러 규군과 덕수의 군대와 연합해 더욱 통제하기 어려운 상황이 되는 것을 두려워하여 마침내 여러 규군을 중도 부근 지역으로 이주시키고 안무했다. 태화 연간에 송과 전쟁을 할 때 일찍이 규군을 선봉으로 삼았다. 그리고 몽고군이 남하할 때도 규군은 다시 술호고기의 통솔을 받아 중도의 통현문(通玄門) 밖과 중도의 서북쪽에 있는 진산현(縉山縣)과 중도의 남쪽을 지키게 하여, 금 왕조에서 도성의 방어에 의지하는 중요한 군사적 역량이 되었다.

규군의 반금 활동 ■■■ 정우 2년(1214)에 선종이 남쪽으로 천도할 때 여러 신하와 규군을 어떻게 배치할 것인지 의논했는데, 의논에 참가한 사람들이 그들을 평주로 옮기자고 했지만 술호고기가 반대하여 마침내 금 황실과 함께 남쪽으로 이주했다. 그러나 많은 신하들은 규군이 문제를 일으킬까 봐 두려워했고, 선종도 그들에 대해 신임하지 않았으며, 규군들 역시 남쪽으로 이주하기를 원하지 않았다. 그런데 행렬이 탁주(涿州)와 양향(良鄕) 사이에 이르렀을 때, 규군에 발급했던 마필과 갑옷을 회수하기로 다시 결정함으로써 군변이 일어나게 되었다.

규군은 자신들을 지휘하는 상온을 죽이고 별도로 작답(斫答)·비섭아(比涉兒)·찰랄아(札剌兒)를 장수로 추대한 뒤 군대를 돌려 중도로 돌아왔다. 중도 유수 완안승휘는 규군이 반란을 일으켰다는 소식을 듣고서 군대를 파견해 노구교(盧溝橋)에서 저지했다. 작답은 일부의 군사를 보내 몰래 노구하를 건너게 하여 다리를 지키는 금의 군대를 양면에서 협공해 그들을 대파한 뒤 갑옷, 무기, 중도 부근의 말을 빼앗고 나서 몽고군과 요동에 있는 거란의 장수 야율유가에게 연락했다.11)

이때 금 왕조는 말연진충 등에게 조서를 내려 좋게 안무하라고 하면서 한편으로는 술호고기를 시켜 사람을 파견해 투항을 권유하도록 했지만, 때는 이미 늦었다. 칭기즈 칸은 규군이 항복해 왔다는 소식을 듣고서 즉시 몽고의 장수와 전에 이미 투항한 거란의 장수 석말명안(石抹明安) 형제를 보내 규군을 받아들이게 하고, 그들과 새로 투항한 규군에 중도를 포위하라고 명령했다.

중도의 함락 ■■■ 금 선종의 남천은 하북 지방 군민의 영토를 수호하겠다는 결심을 크게 동요시켰다. 사실상 남쪽으로 천도한 날부터 시작해 금 왕조의 정책 결정 집단은 이미 중도를 포기했다. 선종이 말하기를 "중도는 중요한 지역으로 종묘사직이 있는 곳인데 짐이 어찌 하루도 잊을 수 있겠는가?"·"짐이 백성들의 부담을 줄여주고자 마침내 배도로 행차했다"라는 등의 말을 했지만, 전례에 따라 대강하는 말일 뿐이었다.12)

규군이 금을 배신하고 몽고에 투항하자 중도의 방어 역량은 쇠약해진 반면 적군의 중도에 대한 위협은 더욱 증강되었다. 7월에 태자인 수충이 중도를 떠나 남경으로 도망하자 수비하던 관병들의 정서는 다시 한 번 타격을 받았다. 칭기즈 칸은 거란과 한족의 항복한 장수들을 길잡이로 삼아 계속 중도를 포위해 공격했다. 아울러 항복한 관리와 장수들의 건의를 받아들여 중도 주변의 금의 군대에 사람을 파견해 항복을 권유했다. 즉 항복한 관리나 장수들은 일률적으로 원래의 관직에 제수하고 이들을 몽고를 위해 사용하겠다고 했다. 정우 3년(1215) 정월에 우부원수 포찰칠근(蒲察七斤)이 통주(通州)를 가지고 항복하자 중도의 형세는 더욱 위급해졌다.

3월에 금 왕조의 원수좌감군 영석(永錫), 좌도감 오고론경수(烏古論慶壽), 어사중승 이영(李英)이 군사를 거느리고 청주(淸州)에서부터 양식의 운송을

---

11) 賈敬顏, 『聖武親征錄校本』, 1979년판을 참조.
12) 『金史』, 「完顏弼傳」.

감독하면서 중도를 구원했다. 패주 북쪽에 이르렀을 때 이영이 술 때문에 일을 그르치고, 통솔하는 무리들도 모두 오합지졸로서 몽고군과 조우하자 대패했다. 이영이 죽고 운송하던 양식은 모두 잃었다. 오고론경수는 이영의 군대가 패배했다는 소식을 듣고 군진이 무너져 돌아갔고, 중도의 원병은 끊어졌다.

완안승휘는 말연진충이 오랫동안 군대에 있었기 때문에 그에게 군사를 통솔하게 하면서 서로 죽음으로써 굳게 지키자고 약속했다. 원군이 패배했다는 소식을 듣자 말연진충은 오히려 심복들과 더불어 은밀하게 모의하여 성을 버리고 남쪽으로 달아났고, 완안승휘는 아무런 방법이 없어 독을 먹고 자살했다. 말연진충이 남경에 이르자 선종은 다시 말연진충을 평장사로 삼았고, 5월에 중도가 함락되었다.

2. 남천 후 금 왕조의 형세

몽고와 금이 전쟁을 시작한 후에 남송은 금에 대해 더는 세폐를 보내지 않았고, 서하도 수시로 변경을 어지럽혔다. 하북과 산동 지방에서는 금에 반항하는 백성의 기의가 계속해서 일어났다. 요동에서는 야율유가와 포선만노(蒲鮮萬奴)가 앞뒤로 스스로 나라를 세웠다. 통치 집단의 사치와 부패는 이전과 마찬가지였고, 궁중에 바치는 물건도 평상시와 다름이 없었다. 정치적·군사적 상황은 전혀 개선되지 않았고, 재정의 궁핍은 오히려 나날이 심각해져 갔다.

이때 새로 진사가 된 유병(劉炳)이 글을 올려 말한 바와 같이 "태평스러운 날이 오래되어 백성은 전쟁을 모르고 장수는 재주가 없다. 이미 국난을 안정시킬 계책이 없고 또 죽음을 무릎 쓴 절개도 없다. 밖으로는 진중하다는 명분에만 의지하고 안으로는 스스로 편안할 계책만을 도모한다. 용맹한 군사를 뽑아 자신을 따르게 하고 유약하고 무능한 군사에게만 맡겨 전투에 임하게 한다"·"법도는 날로 문란해지고 창고는 날로 비어가며, 백성은 나날이 고통스럽고 영토는 나날이 줄어드는"13) 상황과 같았다.

그러나 금 왕조는 오히려 20년 동안을 유지할 수 있었는데, 그것은 남송이 태화 연간의 패배를 거울삼아 다시는 가볍게 금 왕조를 향해 전쟁을 일으키지 않았고, 칭기즈 칸이 몽고군의 주력군을 서쪽 정벌에 투입하고, 금국에 대한 군사적인 임무를 좌익만호인 목화려(木華黎)에게 맡겼는데 목화려는 소수의 병력으로 황하 이북과 섬서 지방을 경영할 수밖에 없고, 하남 지방으로 진군할 힘이 없었기 때문이다. 그리하여 몽고와 금의 전쟁은 제2 단계로 들어갔다.

1) 북방의 형세

요동의 방치 ■■■　　숭경 원년(1212)에 거란인 야율유가가 군사를 일으켜 금에 반항하면서 스스로 국가를 세웠다. 야율유가는 금의 북쪽 변방의 천호였다고 하고, 혹자는 규군의 장수라고도 한다. 금 왕조에서는 야율유가 치하의 거란인을 여진인과 함께 살게 했는데 "거란인 1호를 사이에 두고 여진인 2호 안에 끼어서 살게 하는 방법으로 이들을 방비하여"14), 거란인들의 불만이 매우 컸다. 몽고군이 남하해 금을 공격할 때 야율유가는 기회를 틈타 융안(隆安: 길림성 農安縣)·한주(韓州: 길림성 梨樹縣의 偏臉城) 일대에서 군사를 일으켜 금에 반항했는데, 모집된 군사가 10여 만 명에 이르렀다. 야율유가가 원수가 되고 다른 거란인 야적(耶的)을 부원수로 삼았다. "병영의 장막이 100리가 되어 요동을 진동했다." 야율유가는 몽고의 요동정벌군 장수 안진(按陳)과 금산(金山: 대흥안령에 위치)에서 회맹하고 몽고에 항복했다. 위소왕은 승유

---

13) 『金史』, 「劉炳傳」.
14) 『元史』, 「耶律留哥傳」.

(承裕)를 파견해 군사 60만 명을 거느리고 가서 토벌하게 했다. 야율유가는 몽고군과 협력해 적길뇌아(迪吉腦兒: 지금의 요령성 昌圖 부근)에서 호사(胡沙)를 대패시켰다.

지령 원년(1213) 3월에 야율유가가 스스로 왕이 되고, 국호를 '요'라고 하면서 승상·원수·상서 등을 백관으로 두었다. 금 선종은 사람을 파견해 항복을 권유했으나 받아들이지 않았다. 다시 선무사 포선만노를 파견해 군사 40만 명을 거느리고 가서 토벌하게 했지만, 역시 야율유가에게 패하고 동경으로 달아났다. 이에 야율유가는 함평부(咸平府)를 도성으로 하고 중경이라고 불렀다. 정우 3년에는 다시 동경을 공격해 점령했다. 그러나 이때 자립할 것인가, 몽고에 항복할 것인가 하는 문제를 놓고 여러 장수의 의견이 일치하지 않아 내란이 발생했다. 야율유가는 몽고에 항복하고 임황부로 옮겨 주둔하면서 의주(懿州: 요령성 阜新縣 搭營子)와 광녕(廣寧: 요령성의 北鎮) 일대를 위무했다.

야율유가의 세력이 요동에서 물러난 뒤 여진인 포선만노가 다시 요동 지역의 할거 세력이 되었다. 포선만노는 처음에 상구국사(尚廄局使)였으며, 일찍이 우로부도통관으로서 군사를 거느리고 송을 정벌한 바가 있고, 함평로 초토사와 선무사 등을 역임했다. 정우 2년(1214)에 요동선무사에 임명되어 군사 40만 명을 거느리고 야율유가를 토벌했다가, 귀인(歸仁: 지금의 요령성 昌圖縣 四面城古城)에서 야율유가에게 패배했다.

다음 해에 야율유가가 칭기즈 칸을 만나러 가고 요군에서 내란이 발생한 틈을 이용해 함주(咸州)·심주(沈州)·징주(澄州) 등을 점령하고 요동의 11맹안을 소집했다. 포선만노는 상경유수 태평(太平)과 은밀히 모의해 상경의 종묘를 불태워버리고 원수 승충(承充)을 체포하고 금에 반항하며 스스로 국가를 세웠다. 10월에 동경에서 나라를 세우고 국호를 대진(大眞), 연호를 천태(天泰)라고 했다.

이때 요동은 금·몽고·야율유가·포선만노의 네 개 세력이 쟁탈 중에 있었다. 몽고의 군사적인 위협 아래 정우 4년에 포선만노는 몽고에 항복했지만 오래 지나지 않아 다시 반란을 일으켰고, 금 왕조는 요동에서 단지 파속로(婆速路) 한 곳만을 통제할 수 있을 뿐이었다.

홍정 원년(1217)에 몽고가 서정을 떠나자 포선만노는 기회를 틈타 다시 일어나 개원(開元)을 도성으로 하고 국호를 동하(東夏)로 바꾸었다. 다음 해에 몽고와 고려의 연합군과 더불어 고려의 경내로 들어간 야율유가의 잔여 일당을 토벌하고 고려에게 동하와 몽고에 각각 공납을 바치게 했다.

금 왕조는 홍정 2년에 일찍이 사람을 파견해 요동으로 가서 포선만노의 상황을 살펴보게 했다. 애종 정대(正大) 3년(1126)에 다시 고려와 요동행성에 조서를 내려 반적 포선만노를 토벌하라고 유시했다.[15] 그러나 이때의 요동행성은 이미 병력을 동원해 토벌할 능력이 없었고, 고려도 더는 조서를 받들지 않아 금 왕조는 요동에 대해 통제할 능력을 잃었다.

동하(東夏)가 가장 강성할 때 강역은 동으로는 동해에 이르고 남으로는 고려와 인접하며, 북으로는 흑룡강 하류를 통제했으며, 서로는 길림성 중부와 흑룡강성 남부 지역에 이르렀다. 금 애종 천흥(天興) 2년[몽고 오고타이 5년, 1233]에 몽고군이 고려와의 국경에서부터 북상해 동하를 공격하자 포선만노는 포로로 잡히고 동하는 몽고의 속국이 되었다. 포선만노가 세운 이 할거 정권은 몽고의 통제를 받으면서 대략 13세기 후반기까지 존속했다.[16]

포선만노가 금을 배신하고 자립한 것은 금대 말기에 일부의 여진인들이 여진 정권을 연장하기 위한 것이기도 하지만, 완안씨 귀족에 대한 신뢰감을 잃었다는 것을 보여준다. 당시 조정에서 상당한 명성이 있으면서도 여러 번 불러도 나가지 않던 요동의 명사 왕회(王繪)는 이전에 포선만노의 참모관이었으나, 계속해서 동하의 재상이 되었다. 그의 거취는 요동의 지식 있는 일부 인사들의 태도를 대표하는 것이다. 포선만노가 행한 모든 행위는 왕회의

---

15) 『金史』, 「移剌衆家奴傳」. 이때 조정에서 조서를 내려 포선만노를 토벌하라고 한 것은 어쩌면 금 애종이 바다를 통해 요동으로 도망하기 위해 그런 것일 수도 있다.
16) 王愼榮·趙鳴歧 著, 『東夏史』(天津古籍出版社, 1990).

영향을 받아 요대 말기에 야율대석이 북상했다가 서쪽으로 이주해 요 정권을 다시 세운 것을 본보기로 삼은 것으로, 다만 시대적 상황이 다르고 공훈과 업적이 다소 미치지 못할 뿐이다.

산동과 하북의 반금 기의 ■■■   금 왕조의 정치가 부패하고 군사력이 약해지고 변경의 위기가 날로 격화되는 상황에서 계급 갈등과 민족 갈등도 날로 첨예해졌다. 그리하여 아주 오래전부터 백성들의 불만스러운 정서 또한 무장 투쟁의 방식으로 표현되었다. 금대 말기 백성들의 반항 투쟁은 태화 연간에 산동의 익도(益都)에서 발생한 양안아(楊安兒) 기의가 최초다. 몽고군이 중원으로 진군하고 중도가 포위되어 있는 동안에 하북과 산동 지방에서 백성의 반항 투쟁은 고조기로 접어들었다. 기의군은 붉은 저고리를 입어 표시로 삼았기 때문에 홍오군(紅襖軍)이라 불린다. 그들은 적으면 수만 명, 많으면 수십만 명으로, 혹은 단독으로 작전을 수행하기도 하고 혹은 연합해 행동하는데 어떤 경우에는 심지어 남송이나 몽고군과 연락을 취하기도 해 흔들흔들 쓰러져 가는 금 정권에 극심한 진동과 충격을 주었다.

익도 사람 양안아는 말안장의 재료를 팔아 생계를 유지했기 때문에 스스로 '안아(安兒)'라고 불렀고, 시장 사람들은 '양안아(楊鞍兒)'라고 불렀다. 태화 6년(1206)에 금과 송이 전쟁할 때 양안아는 산동 백성의 항금 투쟁에 참가했다가 주현이 초유를 받아들여 항복하자, 금군에 편입되어 관직이 방어사에 이르렀다. 대안 3년(1211)에 몽고군이 남하하자 금 왕조는 군사 1,000여 명을 징발하고 양안아를 부통으로 삼아 변방으로 가서 지키게 했다. 행군하는 도중에 군사를 주둔시키고 전진하지 않다가 마침내 달아나 산동으로 돌아와 장여읍(張汝楫)과 더불어 무리를 모아 기의하고, 주현을 공격해 관리들을 죽이면서 산동 지방을 크게 흔들었다.

금과 몽고가 화의를 맺은 뒤 중도에 대한 포위가 풀리자 금 선종은 즉시 병력을 동원해 복산안정(僕散安貞)을 산동로 통군안무사로 삼아 기의군을 진압했다. 복산안정은 익도에 이르러 성의 동쪽에서 양안아에게 승리를 거두자 양안아가 내양(萊陽)으로 달아났다. 내주(萊州: 산동성 掖縣)의 서여현(徐汝賢)이 성을 가지고 양안아에게 항복하고, 등주(登州)자사 경격(耿格)도 문을 열어 맞이하면서 항복했다. 교외에서 양안아를 환영하면서 창고를 열어 군사들에게 나누어 주니 군세가 더욱 강해졌다. 양안아는 드디어 관속을 두고 연호를 제정해 천순(天順)이라고 하고, 경격에게 각종 도장과 조서와 상소문의 의식을 제정하게 했다. 그리고 영해(寧海: 산동성 牟平縣)를 함락시키고, 유주(濰州: 산동성 濰坊)를 공격했다.

이때 밀주(密州)에서는 방곽삼(方郭三)이 원수를 칭하면서 기(沂)과 해(海: 지금의 강소성 連雲港의 서쪽)를 공략했다.

이전(李全)이 유주에서 기의해 임구(臨朐)를 공략하고, 익도를 공격해 점령할 준비를 했다.

복산안정은 군사를 보내 각자 분담해 여러 곳의 기의군을 토벌하기로 하고 스스로 일부의 군사를 이끌고 진군해 창읍(昌邑)의 동쪽에 이르렀다. 기의군은 완강하게 저항했으나, 대량의 병력·무기·갑옷을 잃고 내주로 후퇴해 방어했다.

기의군은 내주를 굳게 지키면서 복산안정의 군대와 격전을 치렀으나 다시 패배한 후 군사를 후퇴시켜 성안으로 들어갔다. 관군은 사람을 보내 거짓으로 항복하는 척하다가 내주를 공격해 함락시켰다. 서여현은 피살되고 양안아는 달아났으며, 경격 등은 항복했다. 기의군은 심각한 타격을 입었지만, 반항 활동을 결코 중지하지 않았다.

태안(泰安) 사람 유이조(劉二祖)는 숭경 원년(1212)에 치(淄: 산동성 임치시의 남쪽)와 기(沂: 산동성 臨沂縣)에서 기의했다. 금의 군대가 내주를 함락시킨 뒤 기의군을 분열시키기 위해 양안아와 경격 및 여러 명의 옛 관리로서 기의에 참가한 사람들을 노예로 삼은 것을 제외하고, 기타의 가담자들에 대해서는 일률적으로 그 죄를 사면해 주었다. 그리고 3품의 관직과 10관의 현상금을 걸고 양안아를 체포하려 했다. 정우 2년 11월에 양안아는 바다로 나가 적을 피하고자 했으나, 뱃사공의 공격을 받아 물에 빠져 죽었다. 양안아의 잔여 부대와 기타의 여러 기의군은 계속해 투쟁을 견지했다. 이때 유이조는 대말고(大沫堌: 산동성 費縣의 서남쪽)에 주둔하며 지키고 있었는데, 사면령이 도달했을 때 출병해 지동평부사 오림답여(烏林答與)를 패배시켜 항복 권유를 받아들이지 않고 끝까지 반항할 결심을 보여주었다.

숭경 3년 2월에 복산안정은 제공(提控) 흘석렬아오탑(紇石烈牙吾塔 또는 牙忽帶)을 보내 유이조를 토벌하게 하여, 그 군중 4,000여 명을 죽이고 8,000명이 투항하게 했다. 또 숙주(宿州) 제공 협고석리가(夾古石里哥)와 함께 기의군의 근거지 대말고로 진격해 공격하자, 유이조가 부상을 입고 포로로 잡혔다가 금군에 살해되었다. 지동평부사 겸 산동서로 선무부사 완안필(完顏弼)은 유이조의 부장 장방좌(張邦佐)와 장여즙(張汝楫)에게 항복을 권유했다. 그러나 장여즙은 결코 초무를 받아들이지 않고, 오래지 않아 부하들과 다시 기의할 것을 모의하다가 장방좌가 밀고해 피살되었다.

유이조의 잔여 무리는 다시 곽의(霍儀)를 추대해 장수로 삼아 계속 저항을 견지하자, 팽의빈(彭義斌)·석규(石珪)·하전(夏全)·시청(時靑)·배연(裴淵) 등이 모두 귀부했다. 곽의가 희생된 뒤 팽의빈이 계속 군중을 이끌고 투쟁을 지탱했으나 실패한 뒤 남송에 투항했다.

정우 4년에 연주(兗州) 사수(泗水) 사람 학정(郝定)이 양안아의 통솔을 받다가 흩어져 도망한 군중 6만여 명을 모아 다시 기의해 대한(大漢)황제를 칭하고, 백관을 두고 태안·등주·연주·단주 등의 주와 내무(萊蕪)·신태(新泰) 등 십여 개의 현을 차례로 공격해 함락시켰다. 또 비주(邳州: 황하 옛길의 북안에 위치하며 오늘날 강소성 邳縣의 남쪽 古邳)를 함락시키고, 사람을 파견해 남북의 여러 기의군과 연락해 황하의 남과 북에서 동시에 함께 기병하기로 약속했는데, 그 뜻은 금 왕조를 일거에 멸망시키는 데 있었다.

금의 조정에서는 상서우승 후지(侯摯)가 동평(東平)에서 행성의 업무를 보고 있었는데, 한편으로는 항복을 권유하고 한편으로는 토벌하면서 기의군을 진압했다. 흥정 원년(1217)에 제남·태안·등주·연주 등지의 민중이 다시 기의하자 후지가 체주(棣州)방어사 완안정(完顔霆)을 파견해 군사를 거느리고 가서 토벌하게 하니, 전후로 기의군 1,000여 명을 베어 죽이고 기의군의 수령 석화오(石花五)와 하전(夏全) 및 기의군 2만여 명과 노인 및 어린이 5만여 명의 항복을 받아들였다.

유주(濰州) 북해(北海: 산동성의 濰坊) 사람 이전(李全)은 지령 원년에 군사를 일으켜 해주와 비주 등지를 공격해 점령했다. 다음 해에 양안아가 피살되자 그의 누이동생 묘진(妙眞)이 이전의 군대와 합했다. 이전과 묘진은 결혼해 부부가 되어 계속 금에 대항했다. 그들은 초주(楚州)를 근거지로 삼아 산동동로와 산동서로를 오고가면서 산동 지방에서 강력한 반금 세력 중 하나가 되었다. 흥정 2년(1218)에 이전은 장림(張林)과 더불어 청주·거주(莒州)·등주·내주 등 열두 개 군을 가지고 남송에 귀부하니, 남송에서는 그를 동경로총관으로 삼았다. 정대 4년(1227)에 이전의 군대는 청주에 주둔하고 있었는데, 몽고군과 전투를 벌여 패배하자 몽고에 항복했다.

그 이외에 하북 지방의 주원아(周元兒)는 심(深)·기(祁)·속록(束鹿)·안평(安平)·무극(無極) 등 현에서 활약했다. 그리고 하남 남양(南陽)의 오타산(五朶山)에는 어장이(魚張二)가 거느린 1,000여 명의 군중이 있었는데, 조정에서는 사람을 파견해 항복을 권유했지만 따르지 않았다. 그리고 산동에서 이왕(李旺)이 거느린 무리들이 교서(膠西)와 고밀(高密)의 여러 촌락과 섬 사이에서 활약했다. 하동의 풍천우(馮天羽)는 석주(石州: 山西省 離石)에서 군중 수천 명을 거느리고 있었는데, 풍천우가 피살된 뒤 남은 무리가 적취산(積翠山: 山西省 方山의 북쪽)으로 들어가 스스로를 보호했다.

농민의 반항 투쟁을 제외하고 금 왕조는 또한 수시로 군변의 위협을 받았다. 남쪽으로 천도한 후 하북 지방 방어는 많은 부분을 의군에 의지했는데, 의군은 임시로 모집되어 우수한 사람과 그렇지 않은 사람이 섞여 있었다. 관군은 곧 장수들은 교활하고 군졸들은 사나워, 외부의 적에 의지하는 것을 중히 여기고 조금이라도 자신의 생각과 다르면 곧 장수를 죽이고 한 지역에 근거해 반란을 일으켰다. 그러나 조정에서도 어찌할 방법이 없어 단지 관작을 상으로 주면서 초무할 뿐이었다.

정우 2년(1214)에 북경에서 군변이 일어나 선차제공(宣差提控) 완안습렬(完顏習烈)은 북경유수 오둔양(奧屯襄)을 죽이고 자신은 다시 부하에게 피살되었는데, 조정에서는 이를 통제할 수 없어 조서를 내려 이 일과 관련된 모든 사람을 사면했다.

원광(元光) 2년(1223)에는 비주에서 군변이 일어났다. 종의(從宜)경략사 납합육가(納合六哥)와 도통 금산안준(金山顔俊)이 비주 행성의 몽고강(蒙古綱)을 죽이고 비주를 근거지로 삼아 반란을 일으켰다. 조정에서는 토벌할 힘이 없어서 후한 상을 주면서 항복을 유도하고, 아울러 조서를 내려 몽고강이 죄가 있다고 하면서 납합육가 등의 반란군을 위무했다. 또 경략사에서 승진시켜 원수부로 하고, 납합육가를 사주(泗州)방어사와 권원수좌감군으로 삼아 반란군의 장수를 안무했다. 그러나 납합육가 등은 거짓으로 위무를 받는 척하면서 오히려 암암리에 홍요군의 이전과 연락을 취하다가, 후에 홍요군의 고현(高顯)에 의해 피살되었다.

금·송·몽고의 세 나라가 각축전을 벌이는 가운데 금대 말기의 농민 기의군 장수 중 일부는 세 나라 사이에서 단호하지 못했고, 세 나라 또한 모두 높은 관직을 주어 그들이 자신의 지배를 받도록 하려고 했다. 예를 들면 시청과 팽의빈 등은 금 왕조의 군사적 압력 아래 송에 귀부했고, 이전은 먼저 송에 항복했다가 후에 몽고에 항복했으며, 국용안(國用安)은 때로는 금에 항복하고, 때로는 송에 항복하고, 또 어떤 때는 몽고에 항복하기도 했다.

2) 금 후기의 정치와 경제

선종이 남쪽으로 천도하고 중경이 함락되자 하북과 하동 지방은 혼란에 빠지고, 군민들은 금 왕조의 통치에 대해 신뢰감을 상실했다. 홍요군의 반금 투쟁이 고조된 것은 바로 이러한 정서와 형세를 반영한 것이다. 남쪽으로 천도한 이후에 조정에서 통제 가능한 곳은 단지 남경·경조·봉상(鳳翔)·부연(鄜延) 등 몇 개의 로뿐이었다. 섬서 지방에서는 전투가 끊이지 않았고, 하남 지방은 땅은 좁고 백성은 곤궁했다. 군정의 비용은 막대했는데, 송에서 배상을 받고자 했다. 그러나 선종이 여러 차례 군사를 일으켜 송을 정벌했지만 잃은 것에 미치지 못했고, 또 얻은 땅을 방어하는 데 필요한 비용과 양식이 수만 석이나 관에 이르기 때문에 하는 수 없이 다시 버릴 수밖에 없었다. 남쪽으로 천도한 이후에 금 왕조는 심각한 정치적·경제적 위기에 빠졌다.

통치 집단의 사치와 부패 ▪▪▪ 영토가 날로 축소되고 비용은 날로 증가하며 백성의 고충이 가중되는 상황에 최고 통치자인 금 선종 완안순을 우두머리로 하는 금 왕조의 귀족 관료들은 실지를 수복할 결심은 하지 않고 눈앞의 안일만 탐내며 되는 대로 살아갔으며, 사치와 부패는 이전과 비교해 전혀 변화가 없었다. 부역이 가중되어 백성은 곤궁하고 강력한 적국이 변경을 압박하는데 선종의 궁중 연회는 끝까지 줄어들지 않았고, 의식은 여전히 정교하고 아름다운 것만을 향수하고자 했다.

황제의 격구용 막대기를 만들기 위해 농사에 쓰이는 소가 부족한 상황에서도 공부에 명령을 내려 개봉부에서 흰 소를 사서 가죽을 벗겨 만들었다. 관부에는 이미 공급할 양이 없는데, 백성들이 바친 양이 살찌지 않았다고 남경 전운사를 책망하기도 했다. 이러한 황제의 영향으로 "고관과 호족과 군사를 담당하는 장수 가운데 사치를 숭상하지 않는 자가 없고, 의복·식품·마차는 오직 다투어 화려함만을 일삼았다"·"경사에 명금으로 만든 복식과 주옥 및 무소뿔이나 상아를 판매하는 자가 날마다 증가했다"17)고 한다.

제왕과 귀족은 불법 행위를 많이 저질렀다. 선종의 황후의 언니이자 말제의 이모는 "사치가 더욱 심하고 권세가 하늘을 찔러 길을 가던 사람도 가끔은 뇌물을 주면서 아첨해 재물이 산처럼 쌓여 있다"고 기록되었다. 선종의 아들 형왕(荊王) 수순(守純)은 "공개적으로 뇌물을 받아 관리가 승진하거나 물러나고" 방종한 가노들이 시장에서 강제로 물품을 빼앗아 상인들을 침탈했다. 평장정사 완안백살(完顏白撒)은 황족으로서 장상의 지위에 있으면서 더욱 사치스러웠다. 성의 서쪽에 집을 지었는데 궁궐과 같고, 그중 첩과 시녀들이 백으로 헤아리는데 모두가 궁녀처럼 금색 실로 짠 비단 옷을 입었다.18)

관리의 부패 ■■■ 남쪽으로 천도한 후 조정에서는 진흥시킬 만한 일은 하지 않았고, 정치는 쇄신할 만한 희망이 없었다. 장수가 된 사람 중 많은 이가 권문세가 출신으로 모두가 부잣집 풋내기들이었다. 관원이 된 사람들도 혹자는 권문세가 출신이고, 혹자는 뇌물로 청탁해 관직을 얻은 사람들이었다. "재상이나 집정관이 된 자들도 왕왕 회복할 것을 도모하지 않고, 상하가 같은 풍조로서 다만 구차하게 눈앞에 즐거움만을 추구한다. 무릇 어떤 사람이 개혁을 말하면 반드시 허튼 짓이라고 하면서 이를 억누른다. 매번 북쪽의 군사들이 국경을 억압하면 군주와 신하들이 서로 눈물을 흘리고 혹은 대전 위에서 탄성을 내기도 한다. 그러다가 적이 물러가면 엄숙한 마음이 풀어지고, 다시 연회를 베풀어 황각(黃閣)에서 마신다." 재상이나 집정관으로 사람을 쓸 때는 반드시 예리하지 않고 부드러워서 통제하기 쉬운 사람을 선택하고 말하기를 "일을 내는 것이 두렵다"고 한다. 바른 사람이나 군자는 모두 채용되지 않고, 혹은 채용되더라도 오래갈 수 없었다.19)

---

17) 『金史』, 「陳規傳」.
18) 劉祁 著, 崔文印 點校, 『歸潛志』(中華書局, 1983).
19) 『歸潛志』(中華書局, 1983).

선종은 형법을 좋아하고 정치에서의 위엄을 숭상하여, 근신들을 눈과 귀로 삼아 백관을 사찰했다. 근시국(近侍局)의 관원은 종실이나 권문세가나 은총을 받은 사람들로 충당하는데, 이러한 모습이 사인들에게 매우 비천하게 비추자 위엄과 명망을 높이기 위해 후기에는 또한 사인을 채용하고자 생각했다. 그러나 정직한 사람들은 받아들이지 않거나 혹은 오래 그 자리에 있을 수 없었고, 나쁜 사람과 어울려 함께 못된 짓을 하는 사람들은 비록 그 자리에 있으면서도 오히려 바로잡을 수가 없어 풍기를 바꾸는 데는 도움이 되지 않았다. 관원이 된 사람들은 혹은 탐오하고 가혹하거나 혹은 윗사람을 속이고 아랫사람을 억압해 통제하기 어려웠다. 귀문귀족에게 뇌물을 주고 백성에게서 착취하는 것을 능사로 하고 모두가 국사에 뜻을 두지 않았다.

예를 들어 변방의 장수나 병사가 적을 섬멸하여 공을 세우면 조정에서는 사자를 파견해 널리 알리고 관직과 상품을 내린다. 그러면 상을 받는 사람은 반드시 사자에게 어느 정도 선물을 주어야 하는데 "혹은 말을 주기도 하고 혹은 금을 주기도 하는데 습관이 되어 상례가 되었다"[20]고 한다. 만일 조금이라도 뜻에 맞지 않으면 갖은 방법으로 헐뜯어 죄를 뒤집어씌웠다.

조정의 풍기가 바르지 않았기 때문에 지방은 더욱 정숙할 수가 없었다. 숙주(宿州)의 장수 흘석렬아오탑이 남송의 군대에 승리를 거두고 농민 기의를 진압하는 데 공이 세우자 재상과 집정관을 멸시하고, 사인들을 능욕하고, 관민을 협박해 강탈하는 등 마음 내키는 대로 불법을 행했다.

흘석렬아오탑은 자주 북채를 이용해 사람을 때리면서 '노고추(盧鼓椎)'라고 불렀다. 숙주의 군영에 아오탑이 좋아하는 기녀 몇 명을 모아두고, 사주 그중 한 사람을 시켜 은으로 만든 부절을 차고 성안으로 가서 뇌물을 구하도록 했는데, 이를 '선차행성(宣差行省)'이라고 한다. 숙주의 장수들은 곧 아내를 시켜 멀리까지 환영을 나가 많은 재물을 바친다.

---

20) 『金史』, 「張行信傳」.

도단사충(徒單思忠)은 삼으로 만든 채찍으로 사람을 때리기 좋아해 '마추상공(麻椎相公)'이라고 한다. 전운사 이특립(李特立)은 '반절검(半截劍)'이라고 부르는데, '짧고 작지만 예리하다'는 말이다. 그 외에 완안마근출(完顏痲斤出)·포찰교주(蒲察咬住)·포찰합주(蒲察合柱) 등도 모두가 가혹하게 착취하기로 유명한 사람들이다.

상벌이 명확하지 않아 백관을 격려할 수도 없었다. 황제는 국사를 중요하게 여기지 않았으며, 많은 재상과 집정관은 직언을 하려 들지 않고, 가까운 신하들은 날조하거나 아첨하는 풍조가 있었다. 사방에서 재난으로 손실을 입거나 백성의 고통 따위를 상주해 알리려는 사람은 대부분 없었는데 "성상의 마음을 괴롭힐까 두렵다"고 말했다. 재상과 집정관이 시사를 의논하다가 처리하기 어려운 때는 번번이 해산하면서 말하기를 "기다렸다가 다시 의논합시다"라고 했다.

백관과 장수는 전란을 피해 하남으로 이주하고자 하고 하북 지방에 거류하기를 원하지 않았기 때문에 하북의 주현에는 결원이 생기기에 이르렀다. "하북에 거류하는 자는 피난을 위해 싫어하고, 하남에 거류하는 자는 하는 일 없이 봉록을 받으면서 직무는 게을리했다."[21] 공을 세운 장수나 병사는 상을 받지 못하고 감히 말을 하거나 감히 행동하는 사람은 배척 혹은 축출되는 경우가 많았는데, 공을 세운 예로는 복산안정이 있고 감히 간언한 이로는 서정(胥鼎)이 있다. 이들은 파면되지 않으면 주살되었다.

과중한 부역 ■■■ 종실과 백관이 남쪽으로 이주하는 동시에 선종은 대신들의 반대에도 불구하고, 하북 지방 군호의 가족도 하남으로 이주시켜 하남 지방은 갑자기 인구가 100만 명이나 증가했다. 이주한 군호를 어떻게 안치시킬 것인지의 문제는 당시 직면한 커다란 난제 중 하나로, 해결 방법은

---

21) 『金史』, 「完顏弼傳」.

천도한 토지를 수용하거나 세금을 늘리는 두 가지 이외에는 달리 방법이 없었다. 가령 백성이 소작하는 관전을 빼앗으면 첫째, 민호가 본업을 잃게 되고, 둘째, 많은 군호가 소가 없어 땅을 얻어도 경작할 수 없어 헛되이 혼란해지기만 할 뿐이다. 세금을 늘리면 이미 감당하기 어려울 만큼 과중한 부담을 진 백성이 더욱 받아들이기 어려울 것이다.

여러 차례 회의를 거쳐 결정하기를 하남 지방 관전의 소작료를 두 배로 늘리고 군호에게는 봉급의 절반을 양식으로 주며, 나머지 절반은 현금으로 바꾸어 지급한다는 것이었다. 그 결과 "징수한 세금과 소작료는 마침내 이전보다 세 배가 되었다"[22]고 한다. 또한 규정된 세금과 잡세 및 무절제하게 부과되는 잡역이 있었지만, 지출이 수입보다 많은 상황에서 교묘하게 명목을 만들어 온갖 방법으로 거두어들였다. 심지어 소금·철·술을 전매하는 이외에 다시 기름까지 전매할 것을 의논하니 백성은 그 혼란을 이겨내기 어려웠다. 여기에 더해 양식과 물품이 매우 부족해 물가가 급등했고, 지폐의 가치가 하락하고 화폐 제도가 크게 무너지기에 이르렀다.

금 왕조의 통치자들은 남쪽으로 이주해 온 관병들을 우대하고 그 지역 백성에게는 가혹하게 착취해 하남 지방 백성은 일반적으로 불만을 품고 있었다. 지동평부사이자 산동서로병마도총관 완안필이 상소해 지적하며 "부역이 빈번해 하남의 백성들은 새로 온 이들은 강하고, 기존의 백성들은 궁핍하다. 여러 지방의 부자가 장사하면서 토착인들의 이익을 침탈하지만, 정해진 호적이 없어 부역과 공납을 징수할 사람이 한 명도 없으므로" "임시로 고르게 정하기를"[23] 요구하자, 선종이 상서성에 의논하게 했지만 끝내 허락받지 못했다.

비록 백성의 경제력은 대단히 곤궁했지만, 통치자들은 오히려 자상하게 보살피지 않고 경성의 방비를 강화하기 위해 남경성[개봉] 안에 다시 자성(子

---

22) 『金史』, 「高汝礪傳」.
23) 『金史』, 「完顔弼傳」.

城)을 수축했는데, 사방 40리 안에 있는 백성의 집을 많이 파괴했다. 공사가 시작되자 백성을 징발해 사역하면서 이를 조정의 관원에게 다시 감독하게 했는데, 조금이라도 진전이 없으면 번번이 곤장을 때렸다.

경제력의 쇠퇴와 양식의 결핍 ■■■ 재정의 곤란을 해결하기 위해 금 왕조에서는 세금을 늘리는 이외에 다시 곡식을 납부하면 관직을 수여하는 납속보관법(納粟補官法)을 시행하고, 심지어 승려에게 도첩이나 자의사호(紫衣師號) 등도 모두 판매한 예가 있다. 납속보관법은 비록 부분적으로 재정 곤란을 해결할 수는 있었지만, 오히려 관료 사회의 난잡함과 이치의 파괴를 더욱 격화시켰다.

당시에 하남 지방으로 이주한 군호가 거의 100만 명으로, 1년에 360만 석의 양식이 필요했다. 그러나 하남 지방에서 관전의 지조 수입은 1년에 겨우 156만 석으로 필요한 양의 절반에도 미치지 못해, 군호는 겨우 절반의 양식으로 끼니를 해결했다. 그러나 군호의 양식 문제는 근본적으로 해결할 방법이 없었다.

정우 4년(1216)에 다시 목마지를 수용해 군호에게 나누어 주는 것을 논의했다. 그러나 목마지가 적고 또 오랫동안 황폐화되어 경작하기 어렵고, 군호는 농기구가 부족해 토지를 얻어도 경작할 수가 없었다. 이에 다시 여러 관청과 현을 동원해 하남의 백성에게 소를 빌려 군호가 황무지를 개간하는 것을 돕게 했다. 만일 황무지를 개간해 경작할 수 있는 토지로 만들면, 절반은 군호에게 주고 절반 농민에게 주도록 했다. 동시에 여러 수부(帥府)에 조서를 내려, 쉬면서 힘을 비축했다가 피로한 적군을 맞아 싸울 수 있도록 둔전을 행하게 했다.

이러한 모든 조치는 논의한 것은 많지만 취득한 효과는 비교적 적었고, 하남 지방에서 양식이 부족한 문제는 여전히 해결할 수 없었다. 백성의 부담은 가중되고 홍수 또한 빈번히 발생해 백성들은 도망하고 토지는 황폐화되니 다시 재정 수입은 감소하고 국가의 비용은 결핍되었다. 박주(亳州)를 예로 들면 원래 6만 호가 있었는데, 흥정 연간에 이르면 남은 사람이 10분에 1에도 미치지 않지만 징발하는 액수는 과거보다 몇 배가 많았다.

하북과 하남 및 하동 지방의 양식이 부족해지자 개봉 부근의 주현에서 많은 사람들이 경사로 와서 양식을 팔아 '곡물 가격이 폭등'하기 이르렀다. 경사의 관료와 귀족의 수요를 확보하기 위해 금 정부는 하북 지방 백성의 죽고 사는 문제는 돌보지 않고, 양식이 도성에서 반출되어 하북 지방으로 운송되는 것을 금지했다.

정우 4년에 어쩌다 평양행성(平陽行省) 서정의 건의를 받아들여 곡물이 황하를 건너는 것을 윤허했지만, 다시 황하 연변의 나루터에 초소를 설치해 적재하는 것을 막고 억지로 상인에게 명령해 비례에 따라 관부에 판매하게 했으니, 이를 이른바 '난적(攔糴)'이라고 한다. 이 때문에 하북과 하동 지방으로 운송된 양식의 양은 극소수였다. '난적'은 하북과 하동 지방에 양식이 부족한 현상을 가중시켰고, 그렇다고 하남 지방의 양식 문제를 해결한 것도 아니었다.

그러자 양식의 수용에 도움을 구했다. 정우 연간에 노주(潞州)의 수부가 요주(遼州)·심주(沁州) 등지에서 처음으로 양식을 수용하는 선례를 만들었는데 "후한 상을 걸어 사람을 유인해 폭로하게 했다. 주현에서는 수부를 꺼려 채찍과 곤장을 때려 구금하고 곳곳에서 소란스러우니, 참으로 가련하다"고 전해진다. 몽고군이 이르러 성을 포위하는 기간에 개봉에서는 다시 양식을 수용했는데, 먼저 각 가성으로 하여금 스스로 액수를 보고하게 한 나음에 건장한 자는 세 말, 어린아이는 절반을 남기고, 그 나머지는 모두 납부했다. 물래 숨긴 자들은 그 되와 말을 계산해 죄를 논했다. 그리고 도성에 있는 서른여섯 개의 방(坊)마다 각각 찾아 색출하는 이들을 선발해 그 일을 주관하게 했는데, 종실인 완안구주(完顏久住)가 특히 포악했다. 어떤 시어머니와 며느리 두 사람이 봉두(蓬豆)를 음식으로 했는데 납부한 양식 가운데 봉자(蓬子)가

섞여 있자 책망을 받고 곤장을 맞아 그 자리에서 즉사했다. 이렇게 해서 수용한 양식은 3만 곡(斛)도 되지 않았고, 도성은 더욱 생기를 잃어갔다.

황하의 홍수와 민호의 도망 ■■■ 오대 이래로 황하는 여러 차례 범람했다. 송 인종 때는 황하의 하류가 두 갈래로 갈려 한 줄기는 대명부(大名府)와 창주(滄州)를 지나 직고(直沽: 지금의 천진시 獅子林橋의 북쪽 일대)에서 바다로 들어갔고, 또 한 줄기는 복양(濮陽)을 지나 무체(無棣) 혹은 빈주(濱州)에 이르러 바다로 들어갔다. 송 신종 때는 북쪽 길이 막혀 물길이 남쪽으로 옮겨지고 양산박에서 갈라져 북청하(北淸河)와 남청하(南淸河)의 두 강으로 흘러들었다. 북청하는 동류하다가 무체와 빈주 일대에 이르고, 남청하는 회수를 통해 바다로 들어갔다. 북송 말년에는 동류하는 물길이 끊어지고 다시 북쪽 길로 돌아갔다.

천회 연간에 금이 남벌을 하자 송나라 사람들은 제방을 터서 금군을 막았기 때문에 황하의 물길이 다시 남쪽으로 옮겨졌다. 이후에 황하는 여러 차례 둑이 터져 범람해 재난을 일으켰다. 대정 연간에 이르러 홍수의 근심은 더욱 빈번해졌다. 황하가 때로는 터지고 때로는 막히면서 정해진 곳이 없이 옮겨 다녔다.

금 왕조는 황하 연안의 상하류 지역에 25개의 소(埽)[24]를 만들고 도순하관(都巡河官)·산순하관(散巡河官) 및 소병(埽兵)을 두어 황하의 상황을 순시하고 제방과 강둑의 보수를 책임지게 했다. 매년 장작 111만 3,000여 묶음, 풀 183만여 묶음, 대량의 목재와 석재를 사용하고, 걸핏하면 노동자 수십만 명 심지어 100만 명을 동원하기도 했다.

대정 21년(1181)에 황하가 다시 북쪽 길로 흐르면서 산동과 하북 지방이 심각한 재난을 당했다. 어떻게 하면 홍수의 근심을 막을 수 있을지가 역시 세

---

24) 황하 정비 공사에서 수수깡·나뭇가지·돌 등을 끈으로 묶어 강안을 보호하기 위해 만든 원통형 완충물이다. _옮긴이 주

종과 장종 시기에 여러 차례 토론했던 중요한 문제였다. 명창 5년(1194)에 도수감승 전력(田櫟) 등이 황하의 치수에 대한 방안을 상소하기를 황하의 물을 남과 북의 두 길로 나누어 남류하는 황하는 둑과 제방으로 견고히 하고 북류하는 황하는 이전의 길로 소통시키자고 주장했지만, 채택되지는 않았다.

선종이 남천한 후에는 믿을 만한 곳이 단지 하남로 한 곳뿐이었다. 정우 3년(1215)에 단주(單州) 자사 안잔천택(顔盞天澤)과 연주(延州) 자사 온살가희(溫撒可喜)가 황하를 터서 북쪽으로 흐르게 하면, 첫째는 방어에 유리하고, 둘째는 진흙땅을 옥토로 만들 수 있다고 주장했다. 재신들은 이 일을 이루기가 어렵다고 생각해 받아들이지 않았다. 그런데 이 기간에 남쪽으로 흐르던 황하가 다시 연진(延津)과 진교(陳橋)에서부터 휴주(睢州)와 귀덕(歸德)에 이르렀다가, 다시 남청하로 들어가는 하나의 지류를 형성했다. 홍정 4년(1220)에 하남 지방에 홍수가 나서 당주·등주·유주(裕州)·채주·식주(息州)·수주·영주·박주·귀덕부가 심각한 재난을 당해 절반이 넘는 민호가 도망했다. 이것은 아마도 황하·회수·영수(潁水) 등 여러 하천이 범람한 결과일 것이다.

하남 지방의 수재는 금 왕조 통치자들에게 또 하나의 심각한 타격을 안겼다. 재정 수입이 감소하고 국가의 비용이 부족할 것을 두려워해 선종은 침수된 주현에 조직적으로 서둘러 파종하도록 명령했다. 물이 빠져나간 곳은 밭작물을 심고, 물이 고여 있는 곳에서는 벼를 심게 했으며, 부자들에게 명령해 본업에 복귀한 빈민에게 소를 빌려주고 종자를 대여하도록 했다.

애종 정대 9년(1231)에 황하의 남쪽 지류에 대홍수가 발생해 높이가 거의 성과 같았다. 그러나 이처럼 나라가 망하기 직전에 이르러 통치자들은 이미 치수를 하고 재난을 구제한다거나 백성의 고통 따위는 돌아볼 겨를이 없었다. 반대로 몽고군이 성을 포위할 때는 쌍방이 모두 각자의 군사적 목적에 맞도록 하천의 물을 이용했다.

교초의 가치 하락과 화폐 제도의 혼란 ■■■　금 왕조는 중국의 역사에서 첫 번째로 지폐를 사용한 왕조로, 화폐를 어떻게 안정시킬지에 대해 귀감으로 삼을 만한 역사적 경험이 없었다. 세종 때부터 화폐와 물품의 가치 문제로 계속 시달렸다. 구리의 생산이 풍족하지 않았기 때문에 주전한 액수가 비교적 적었고, 더욱이 '정륭통보'나 '대정통보'의 글자 모양이 매우 가지런하고 재료가 송전보다 우수해 사람들이 다투어 보존하고 비축했다.

그런데 교초는 경역 밖에서는 유통될 수 없어 동전이 적고 교초가 많아진다면 교초의 유통은 차단될 것이다. 조정에서는 일찍이 명주로서 교초와 교환하고, 전매 수입과 징수하는 여러 가지 세금을 교초로 바꾸어 납부하도록 하고, 관원과 병사의 봉록은 동전과 명주, 은과 교초를 절반씩 지급하는 것을 허락하고, 고액권 지폐를 회수하고, 부호들에게 동전으로 물품과 교환하는 것을 장려하고 한전법(限錢法)을 제정하는 등의 조치를 채택해 교초의 유통을 촉진시켰다. 아울러 은폐인 '승안보화'와 당십전인 '태화중보' 등을 주조해 동전의 부족을 보충하고 교초의 가치 하락을 방지했다. 그러나 '승안보화'는 발행된 지 오래지 않아, 개인적으로 주조하는 자가 많고 품질을 보증할 수 없어 마침내 사용이 정지되었다.

교초는 금 왕조의 경내에서 계속 유통되던 중요한 화폐다. 해릉왕 때는 교초의 사용 기한이 7년이었고 기간이 만료되면 이전의 교초를 새로운 교초로 바꾸는데, 사람들이 불편하다고 생각했다. 장종 때는 장기적으로 유통되도록 바꾸고 마모되거나 훼손되면 교초고(交鈔庫)에서 교환해 주면서 교초의 생산 비용을 징수했다.

장종 후기에는 관호와 부호가 동전을 비축하자 동전을 구하기 어렵게 되었다. 더욱이 정부가 대량으로 교초를 인쇄하면서 나가는 것은 많고 들어오는 것이 적어 물가가 상승하고 교초의 신용도가 하락했다. 선종이 남쪽으로 천도한 후에는 화폐 제도의 혼란이 다시 군사적 무능, 정치적 부패와 마찬가지로 심각한 경제 문제가 되었다.

장종 때는 비록 교초가 원활하게 유통되지 않는 폐단을 철저히 해결하지는 못했지만, 고액권 교초를 계속 회수함으로써 교초의 가치가 하락하는 것을 방지하기 위해 노력했다. 그러나 선종 때는 교초를 대량으로 인쇄해 제조하는 것을 재정 곤란을 해결하는 수단으로 사용했기 때문에 정우 2년(1214)에는 20관에서 100관까지와 200관에서 1,000관에 이르는 교초를 인쇄·제작했다. 이에 따라 통화 팽창의 정도가 격화되어 물품이 귀하고 화폐의 가치가 하락하는 현상이 더욱 심화되었다. 교초의 유통을 촉진하기 위해 한 차례 동전 사용을 금지한 적이 있었다. 그러자 상인들이 동전을 가지고 국경을 넘어 송과 무역하여 다시 대량의 동전이 외부로 유출되는 현상이 나타났다. 그리고 부호들이 많은 동전을 비축하지 못하고 또 교초의 가치 하락에 영향을 심하게 받아 빈곤해졌는데, 당시에 이를 '좌화(坐化)'[25]라고 했다.

정우 3년 7월에는 '정우보권(貞祐寶券)'을 발행했는데, 조정에서는 단지 방출할 줄만 알고 회수하지 않았기 때문에 "발행된 지 겨우 몇 개월 만에 다시 유통되지 않아서" 1,000전짜리 지폐의 가치가 겨우 몇 전에 불과했다. 다음 해에 다시 '정우통보(貞祐通寶)'를 발행해 1관을 이전의 교초 1,000관으로 했다. 이때 화폐 제도가 자주 바뀌어 수시로 나타났다가 수시로 무너지니, 교초를 인쇄하는 데 사용할 종이가 부족해졌다. 또한 많은 상피고지전을 징수하자, 백성들은 이미 교초의 가치 하락으로 고통을 받은 데다 다시 교초의 생산비까지 떠안아야 해 부담이 증가했다.

정우통보가 유통된 지 5년이 되자, 다시 가치가 하락해 원래 4관의 가치가 은 1냥의 가치였는데, 흥정 5년(1221)에 이르면 800관까지 하락했다. 이에 다시 '흥정보천(興定寶泉)'을 제작해 1관을 정우통보 400관과 같고, 2관을 은 1냥으로 했다. 원광 2년(1223)에는 다시 비단으로 '원광진화(元光珍貨)'를 인쇄 제작하여 은폐 및 각종 교초와 함께 사용했다.

시행한 지 오래지 않아 은의 가치는 날로 상승하고 흥정보천의 가치가

---

[25] 『歸潛志』를 참조. 본래는 불교 용어로 승려가 앉은 채로 입멸하는 것을 지칭했는데, 이 시기에 앉아서 손해를 본다는 의미로 차용한 듯 보인다.

날로 하락해 백성들은 여전히 은으로만 가격을 말해서 홍정보천의 신용도 은 다시 하락했다. 그래서 다시 은 1냥의 가치는 홍정보천 300관을 초과할 수 없고, 무릇 물품의 가치가 은으로 3냥 이하인 것은 은으로 교역하는 것을 금지하며, 3냥 이상일 때는 3분의 1은 은으로 지불하고 3분의 2는 홍정보천·원광진화·정우중보 등의 지폐로 지불한다고 했다.

도성과 지방의 주군에 평준무(平準務)를 설치하여 홍정보천과 은의 환전 업무를 책임지게 했다. 사적으로 환전하거나 법을 어긴 자를 고발하는 자에게는 차등을 두어 처벌하거나 상을 준다고 규정했다. "이 명령이 내려지자 시장에서는 낮에도 문을 닫고 상인들이 장사를 하지 않아서 조정에서 이를 근심했다. 이에 시장에서 은으로 교역하는 것과 은과 홍정보천을 사적으로 환전하는 것을 금지하는 법을 폐지했다. 그러나 위에서는 사용을 제한한다는 규정이 있지만 아래서는 실제로 명령을 따르는 않았는데, 담당 관청에서 비록 이를 알고 있지만 통제할 수 없었다."[26]

애종 정대 연간에 민간에서는 단지 은으로만 교역했다. 천흥 2년(1234) 10월에 채주에서 다시 '천흥보회(天興寶會)'를 인쇄해 은과 함께 유통시켰으나 이때 채주는 이미 몽고군에게 포위당해 곤란한 상태였고, 금 왕조는 멸망 직전에 처해 있었다.

3) 군사력의 쇠퇴

관군의 무능 ■■■ 정치적·경제적 위기와 마찬가지로 심각한 것은 금 군대의 기율이 무너지고 전투력이 저하되었다는 것이었다. 야호령과 회하천(澮河川) 전투에서 금군 정예 부대의 손실이 극심했고, 규군의 반란과 항복은 다시 한 번 금 왕조의 무장 역량을 쇠약하게 만들었다. 남쪽으로 천도한 후

---

26) 『金史』, 「食貨志三」.

많은 군사가 임시로 소집되었기 때문에 훈련이 부족하고, 장수들의 교만하고 방자한 태도는 전보다 더욱 심해졌다. 진규(陳規)는 바로 다음과 같이 지적했다.

> 장수는 대체로 먼저 출신 관품이나 혹은 문벌귀족이나 부잣집 아들인가, 혹은 친척이나 친구 중에 부탁할 만한 사람이 있는지를 논한다. 평시에 거주할 때는 의기와 기개가 스스로 높지만 적을 만나면 머리와 꼬리가 오그라들면서 장수가 이미 스스로 겁을 먹으니, 사졸들이 무릇 누가 앞으로 나가려 하겠는가? 또 평상시에 거주할 때는 가혹하게 군사들의 재물을 모으고 보낸 선물을 받으니, 이로 인해 사졸들이 양민들을 어지럽혀도 통제할 수가 없다. 군사들을 거느리고 적에 대응할 때 길에서는 곧 전후가 어지럽게 행군하고 주둔할 때는 곧 문을 열고 집을 골라 힘없는 백성을 핍박하고 위협하면서 내키는 대로 요구한다. 이러한데 그들에게 법을 두려워하고 나라를 위해 죽으라고 하는 것이 어찌 어렵지 않겠는가? 하물며 지금 군관들의 수가 너무 많아 천호부터 위로 만호가 있고 부통이 있고 도통이 있으며 부제공이 있으니, 양은 열 마리인데 양치기는 아홉 명으로 호령이 일치되지 않고 번번이 서로가 견제한다.[27]

또한 경제가 곤궁하고 비용이 많이 부족한데, 장수들은 풍부하게 먹고도 남는 것이 있지만 사졸들은 기아와 추위를 막기에도 부족해 상하가 한마음이 될 수 없으니 관군을 믿을 수 없다는 것은 상상만 해도 알 수 있다.

그러나 하북과 하동을 지키는 군민들 가운데는 여전히 꿋꿋하게 적에게 대항하는 자들이 있어 일부의 중하급 장교와 관원과 군사 및 지방의 호족들이 혹은 의군을 모집하고 혹은 성채를 만들어 스스로 보호하면서 하북과 하

---

[27] 『金史』, 「陳規傳」.

동 지방에서 몽고에 대항하는 중요한 역량이 되었다. 조정에서도 하남을 보위할 희망을 그 지역 군민들의 신상에 맡겼다. 재상과 집정관을 파견해 행성 명의로 관군을 지휘·통제하면서 금 왕조에 반항하거나 몽고에 대항하는 지방 세력을 초무했다.

그러나 난리를 틈타 일어난 여러 무장역량은 서로 간에 통솔되지 않았고, 서로 협력이나 지원도 하지 않았다. 심지어 상호 간에 공격하거나 합병하기도 하여 마치 물과 불의 형세와 같이 내부적인 손실이 많았고, 적에 대항하는 역량도 약화되었다.

안팎으로 모두 곤란한 금 조정에서는 하북 지방을 통제할 힘이 없었고 여러 갈래의 지방 무장 세력이 서로 협력하게 할 수도 없었다. 이에 하북 각지의 장관들에게 명령하여 그 지역 군민들의 추천만 받을 수 있다면 그로 하여금 그 지역 군민들을 통솔하면서 영토를 지키고 적에 대항하도록 하고, 조정에서는 고관대작을 주어 구슬리며 통제했다. 그리고 나중에는 더 나아가 9공봉건이 있었다.

9공봉건 ■■■ 금 왕조가 남쪽으로 천도한 후 하북과 하동 지방의 방어는 수비하는 관병 이외에 주로 그 지역의 토호와 초무된 농민 기의군에 의지했다. "관군이 모두 패망한 나머지 정예군이 거의 모두 없어지고 의병은 또한 행군이나 전투를 익히지 않아서 오합지졸과 다름이 없다."[28] 그러나 군사를 모아 스스로를 방어하는 일부의 토호들은 상당히 인심을 얻고 또 일정한 전투력과 호소력도 있었다.

예를 들면 하북 의군의 대장인 묘도윤(苗道潤)은 전투에 공이 있어 일찍이 사람을 파견해 남경에 이르러 관직을 구했다. 이때 하남전운사 왕확(王擴)은 "묘도윤이 군중을 모아서 공이 있으니 이로 인해서 그를 책봉하고 그 스

---

28) 『金史』, 「古里甲石倫傳」.

스로 지키게 하면서 구슬리면 상책이 될 것입니다"29)라고 했다. 선종은 그의 의견을 채택해 묘도윤을 선무(宣武)장군 겸 동지순천군절도사사(同知順天軍節度使事)에 책봉했는데, 이것이 토호를 책봉해 관직을 하사한 시초다.

후에 한림직학사 조병문과 우사간 술갑직돈(術甲直敦) 등이 모두 일찍이 조정에 건의하기를 하북에서 지방 무장 세력의 수령을 책봉해 관리로 삼자고 했다. 홍정 3년(1219)에 태원이 적에게 함락되고 하북의 군현들이 스스로 지킬 수가 없게 되자 군신들이 다시 한 번 토호 가운데 위엄과 명망을 가진 이들을 모집해 잠시 그 방면에 큰 권력을 주면서 그로 하여금 각각 한 지역씩을 지키게 하자는 의견을 제기했다. 홍정 4년에 금 왕조는 일차적으로 산동·하북·하동 지방에서 아홉 명을 공으로 책봉하여 그들로 하여금 한 지역씩을 지키면서 백성을 안정시키고 전투가 있으면 서로 돕게 했다.

9공은 모두 선무사를 겸하고 관품은 은청영록대부(銀靑榮祿大夫)에 해당했으며, '선력충신(宣力忠臣)'이라는 칭호를 하사해 그 지역의 군사에 관한 일을 총괄하게 했다. 관리를 임명하고, 조세를 징수하고, 상벌과 명령도 편의에 따라 할 수 있게 했다. 9공은 금 왕조를 대신해 몽고와 몽고에 항복한 한족 지방 무장 세력들에 대항했는데, 이것은 남쪽으로 천도한 후 몽고의 오고타이가 대거 남벌을 시행하기 전까지 하북 지방의 정치와 군사 방면에서 나타난 커다란 특징 중 하나다.

처음에 책봉한 9공은 창해공(滄海公) 왕복(王福), 하간공(河間公) 이랄중가노(移剌衆家奴), 항산공(恒山公) 무선(武仙), 고양공(高陽公) 장보(張甫), 이수공(易水公) 정안민(靖安民), 진양공(晉陽公) 곽문진(郭文振), 평양공(平陽公) 호천작(胡天作), 상당공(上黨公) 장개(張開), 동거공(東莒公) 연령(燕寧) 등이다. 그들이 통제한 지역은 동쪽으로는 산동으로부터 시작해 서쪽으로는 하동북로에 이르는데, 금 왕조는 그들을 이용해 황하 이북에 몽고를 저지하는 방어선을 구

---

29) 『金史』, 「苗道潤傳」.

축했다. 9공 이외에 금대 후기에는 다시 난세를 틈타 군사를 일으켜 부분적인 병력을 보유하며 반복적으로 몽고와 금과 송에 투항했던 열 개 무장 세력의 두목들을 군왕(郡王)으로 책봉하기도 했다.

9공 가운데 진양공 곽문진이 진사 출신인 것을 제외하고 그 나머지는 모두 지방 무장 세력의 수령이었다. 그중 상당공 장개와 항산공 무선의 실력이 가장 강했다. 창해군 왕복은 후에 익도에서 반란을 일으킨 장림에게 항복했고, 하간공 이랄중가노는 하간을 지킬 수 없어서 고양공 장보에게 귀부했다. 이수공 정안민은 원에 항복하라는 권유를 받아들이지 않다가 부하에게 피살되었다. 평양공 호천작은 몽고에 항복하고 돌아올 것을 도모하다가 피살되었다. 동거공 연령은 전사했다.

진양공 곽문진은 정대 연간에 위주(衛州)를 지키고 있었고, 상당공 장개는 노주(潞州)를 빼앗긴 후 남경에 거주하고 있었는데, 애종을 따라 달아날 것을 도모하다가 백성들에게 피살되었다. 항산공 무선은 공에 책봉된 그해에 몽고에 항복했다가 정대 2년에 몽고에서 임명한 진정원수(眞定元帥) 사천예(史天倪)를 살해하고 금으로 돌아왔다. 남경에 이르자 다시 항산공으로 책봉하고 위주(衛州)에 공부(公府)를 두었으나, 천흥 말년에 채주를 구원하라는 조서를 받들지 않았다. 고양공 장보는 신안(信安) 일대를 계속 군건히 지키고 있었는데, 애종 후기에 이르러 조정과 연락이 단절되었다. 하북 지방에서 9공을 책봉해 하북에 대한 정부의 군사적 부담을 경감시킬 수는 있었지만, 멸망할 운명에 있는 금 왕조를 구제할 수는 없었다.

3. 봉고군의 선년석인 진공과 금 왕조의 멸망

정대 2년(1225)에 칭기즈 칸이 서정을 끝냈다. 정대 4년에 서하를 멸망키시고 금 왕조에 대한 군사적 공세를 강화해 덕순·평양·임조(臨洮)를 계속 공격해 함락시켰다. 금 왕조는 한편으로는 화친을 구하면서 한편으로는 방어할 계책을 논의했다. 이때 섬서행성에서 의견을 올리기를 "상책은 스스로 나가 싸우는 것이고, 중책은 섬주(陝州)로 옮기는 것이고, 하책은 섬서를 버리고 동관(潼關)을 지키는 것입니다"라고 했는데, 금 애종은 하필 하책을 선택했다. 중경(中京: 하남성 낙양)과 귀덕(歸德: 하남성 商丘)에 성을 더 높이 쌓고, 개봉 외곽에 해자를 준설해 물러나 지키다가 달아날 준비를 했다.

정대 5년에 충효군제공(忠孝軍提控) 완안진화상(完顏陳和尚)이 대창원(大昌原)에서 400명의 기병으로 공격해 온 몽고군에 승리를 거두어 몽고와 전쟁을 시작한 이래 처음으로 큰 승리를 거두어 여러 군대의 사기가 크게 높아졌다. 그러나 오래지 않아 몽고에서 오고타이 칸이 즉위하고 금 왕조에 대한 전면적인 진공을 시작함으로써 금과 몽고와의 전쟁은 최후의 단계로 들어갔다.

1) 섬서의 함락

정대 6년[원 태종 2년, 1230]에 몽고군이 경조(京兆: 陝西省 서안시)를 포위 공격했다. 다음 해 봄에는 봉상(鳳翔)을 포위 공격했다. 금 애종은 한편으로 군사를 파견해 봉상의 원병을 더하고, 한편으로는 동관의 방비를 강화했다. 문향(閺鄕)에 주둔하고 있던 금의 장수 완안합달(完顏合達)과 이랄포아(移剌蒲阿)는 몽고군의 세력이 강성해 감히 출전하지 못한 채, 경조와 봉상의 위기는 돌아보지도 않고 하남만 지키고 있었다. 조정에서 사자를 파견해 계속 재촉하자 하는 수 없이 동관을 나와 적을 맞이했지만, 군사들이 화음(華陰)에 이르러 몽고군과 교전을 막 시작하자마자 즉시 군사를 거두어 동관으로 들어가 버렸다. 경조와 봉상은 함락되어 동관 이서의 땅은 더는 금 왕조의 소유가 아니었다.

2) 삼봉산 전투

금군은 섬서를 버리고 많은 군사로서 동관과 황하의 전선을 방어했지만, 이러한 것들은 이미 칭기즈 칸이 예측했던 것이다. 칭기즈 칸이 일찍이 유언을 남겨 말하기를 "금국의 정예 부대는 동관에 있을 것인데 남쪽으로는 산이 이어져 있고 북쪽으로는 황하가 막고 있어, 갑자기 격파하기는 쉽지 않을 것이다. 만일 송에서 길을 빌리면 송은 금과 대대로 원수이기 때문에 반드시 우리의 계책을 허락할 것이다. 그러면 병사를 당주와 등주로 보내 곧바로 대량(大梁)을 교란시키라. 금이 다급해져 반드시 동관의 군사를 부를 것이다. 그러나 수만 명의 군사들이 천 리를 달려 구원하면 사람과 말이 모두 피로해져 비록 올 수는 있겠지만 싸울 수는 없을 것이니, 반드시 격파될 것이다"[30]라고 했다.

여름에 몽고의 대한이 여러 장수와 99천(泉)[내몽고 卓資의 북쪽에 灰騰梁]에서 피서하면서 금국을 멸망시킬 방책을 의논하고, 군사를 세 길로 나누어 남하해 변경(汴京)을 빼앗아 일거에 금 왕조를 멸망시키기로 결정했다. 이에 오고타이가 스스로 중로군을 거느리고 황하를 건너 낙양을 거쳐 진격하고, 숙부 알척적근(斡惕赤斤)이 좌로군을 통솔해 산동의 제남을 경유해 진격하고, 동생 타뢰(拖雷)가 우로군을 거느리고 보계(寶雞)에서부터 남하해 송에 길을 빌리고 한수(漢水)를 따라 북쪽으로 올라가 당주와 등주에 이르러 변경을 포위해 공격하는 모습을 형성하도록 했다.

9월에 몽고의 중로군이 하중부[山西省 永濟市 서쪽]를 포위하고, 서로군은 요풍관(饒風關)에 이르렀다가 금주(金州: 陝西省 安康市)에서부터 동진했다. 금 측에서는 한편으로 황하를 지켜 북로를 저지하고, 한편으로는 군사를 양주(襄州)와 등주로 내려보내 남로를 차단하고자 했다.

---

30) 『元史』, 「太祖紀」.

12월에 하중부가 함락되었고, 중로군은 백파(白坡)에서 황하를 건너 황하의 방어선이 전면적으로 붕괴되자 개봉의 경계가 심각해졌다. 서로군은 북쪽으로 가서 한수를 건넜는데, 금의 여러 장수가 반쯤 강을 건넜을 때 습격하자고 청했으나 총책임자인 이랄포아가 따르지 않았다. 몽고의 모든 군대가 한수를 건넌 뒤 쌍방이 우산(禹山)에서 전투를 벌이면서 금군은 전력을 다해 싸워 겨우 조그만 승리를 거두었지만, 이랄포아 등은 대첩을 거두었다고 보고해 백관이 술잔을 들어 서로를 축하했다.

천흥 원년[원 태종 4년, 1232] 정월에 몽고의 중로군이 정주에 주둔했다. 금 애종은 도성 가까운 곳에 거주하는 각종 군인들의 가족 60만 명에게 도성으로 들어오라고 명령해 황하를 터서 도성을 방어하고자 했다. 같은 때에 몽고의 서로군이 흩어져 북상하면서 주현을 불태우고 금군을 교란시키자 금군은 먹을 식량이 없어졌다. 몽고군이 균주(鈞州: 하남성 禹縣)에 이르렀을 때 쌍방이 삼봉산(三峰山)에서 싸우는데, 몽고군은 배불리 먹은 후에 생기 있는 군대가 교대로 출전하는데 금군은 사흘 동안 굶은 사람들이었다. "이때 이미 눈이 사흘 동안 내렸고, 전투하는 땅은 삼밭인데 많은 곳이 네다섯 번을 경작해 사람과 말이 진흙탕에 빠지면 정강이까지 찼다. 군사들이 갑옷을 입고 눈 위에 뻣뻣하게 서 있고, 창에는 서까래와 같이 얼음이 맺혀 있었다."[31] 몽고군이 삼면에서 포위해 공격하다가 균주의 한쪽 길을 열어 금군이 포위망을 뚫고 나오게 하는 동시에 대군으로 협공하자 "금군은 한 사람도 도망한 사람이 없었다"고 한다. 완안합달과 이랄포아는 몽고군에게 포로로 잡혔다가 피살되었다.

---

31) 『金史』, 「移剌蒲阿傳」.

3) 금 애종의 도주와 최립의 변

천흥 원년(1232) 2월에 금군은 동관을 버리고, 허주(許州)의 군사들이 병변을 일으켜 몽고에 항복했으며, 노씨(盧氏)와 휴주(睢州)와 중경이 연이어 함락되었다. 3월에 몽고는 사자를 보내 항복을 권유하는 동시에 조병문과 공원조(孔元措) 등 스물일곱 명과 항복한 사람들의 가족을 요구했다. 금 애종은 조왕(曹王) 완안와가(完顏訛可)를 인질로 삼고 사자를 보내 화친을 의논했다. 7월에 금군이 몽고의 의화사(議和使) 당경(唐慶)을 죽이고 화의를 중단하자 몽고군은 더욱 세차게 성을 공격했다. 변경이 포위되고 수개월이 지나자 창고가 비게 되었다.

여름이 되자 전염병까지 유행해 60일 동안에 여러 문을 통해 죽어 나온 자가 90여 만 명이고, 여기에 빈곤해 장례를 치를 수도 없는 자들은 그 수에 포함되지 않았다. 10월에는 명령을 내려 민간에 비축한 양식을 수색하면서 한 사람당 세 말을 남기고 나머지는 모두 관부에서 가져가는데, 만일 방해하면 곤장을 때리는 일이 대단히 많았다. 위로는 친왕이나 후비의 가족부터 아래로는 홀아비와 과부 및 빈곤한 사람들도 모두 예외일 수 없고 무고하게 살해된 사람도 있을 정도여서 크게 민심을 잃었다.

12월에 애종은 동쪽을 정벌한다는 명목으로 변경을 벗어나 도주하면서 우승상이며 추밀사이자 좌부원수인 완안새불(完顏賽不) 등에게 수행하게 하고, 완안노신(完顏奴申)과 습날아불(習捏阿不)을 추밀부사와 참지정사로 삼아 도성을 지키게 했다.

"방어하는 두 신하는 본래 어리석고 계책이 없어 다만 문을 닫고 지키는 것만 알았다.… 쌀 한 되의 가격이 은으로 두 냥으로서 빈민들을 이따금 사람의 시체를 먹었고 죽은 사람들이 연이어 보였다. 관부에서는 날마다 성을 나가는 마차의 수를 기록하는데, 하룻밤이면 그 고기를 조금도 남김없이 모두 잘라 먹는다. 많은 관리 집안의 사람들도 길거리에서 구걸을 하고 민간에서는 그들의 자식을 먹는 자도 있었다.… 또한 날마다 말과 소 같은 탈것들을 죽여 스스로 먹고, 상자나 말의 안장 및 말다래 등 모든 가죽으로 만든 물건에 이르기까지 무릇 먹을 수 있는 것은 모두 삶아서 먹었다. 그 귀한 가문의 주택이나 무릇 저자에 화려한 집들의 목재는 모두 거두어 불을 땠다. 성안에 보이는 것은 모두 기와와 벽돌의 폐허로서 이전의 번화하고 화려한 모습은 다시 볼 수 없었다."32)

성안에 사람들은 함정에 빠진 것과 같이 아침은 그런 대로 지내지만 저녁은 보장할 수 없는 상황에서 날마다 동쪽으로 정벌을 나간 애종이 승리했다는 소식만 눈이 빠지게 기다렸다.

2년 정월에 애종이 사자를 보내 태후와 황후 및 여러 비빈을 맞이하려고 했으나 몽고군의 의해 저지당했다. 인심은 더욱 불안해지고 관원이나 사서인 가운데 성을 탈출해 북쪽으로 돌아가기를 도모하는 이들도 있었고, 형왕(荊王)을 옹립해 성을 가지고 몽고에 항복하고자 하는 이들도 있다. 그러나 두 집정관은 써볼 만한 계책이 하나도 없어 사서인들은 실망하고 날마다 어떤 걸출한 인물이 나타나 백성을 도탄에서 구해주기만을 간절히 바랐다.

경성서면원수(京城西面元帥) 최립(崔立)이 변경을 방어하는 두 신하를 죽이고 위소왕의 아들 양왕(梁王) 종각(從恪)을 옹립해 감국으로 삼고는 스스로 몽고 군영으로 가서 항복을 청했다. 아울러 명령을 내려 여러 군사에게 약속하기를 "백성에게서 1전을 빼앗아도 사형에 처한다"라고 하자 사서인들은 한 가닥 활로가 생겼다고 다행스러워했다. 그러나 최립은 결코 백성을 생각하는 사람이 아니었다. 그는 스스로 태사와 군마도원수 겸 상서령과 정왕이 되어 사사로이 개봉부 창고의 재물을 취하고 도성의 금은을 수탈했다. 태후, 황후와 여러 비빈, 여러 왕과 종실을 몽고 군영으로 보내고, 또한 백관들에게 그를 위해 비석을 세워 공적을 찬양해야 한다고 넌지시 일러 관민들의 불만

---

32) 『歸潛志』.

을 불러일으켰다가 천흥 3년 6월에 부장 이백연(李伯淵)에게 피살되었다.

4) 채주성의 함락과 금의 멸망

애종은 성을 나와 진류(陳留)와 기현(杞縣)을 지나 황릉강(黃陵崗)에 머물렀다. 천흥 2년(1234) 정월에 황하를 건너 북쪽에 있는 위주를 공격했으나 이기지 못해 다시 남쪽으로 황하를 건너 귀덕에 이르렀다. 6월에는 귀덕을 떠나 채주로 달아나서 근시를 파견해 무선을 불러 원병으로 보내라고 했다. 무선은 송의 금주(金州)를 취하고 다시 애종을 받들어 촉(蜀)으로 가려고 할 뿐 제때에 채주를 구원하려 하지 않았다.

변경의 포위가 풀어지면서 몽고는 여러 차례 남송으로 사자를 보내 군사를 연합해 금을 멸망시키기로 약속했다. 8월에 몽고와 송의 협의가 체결되었는데 금을 멸망시킨 후에 하남의 땅을 송에 돌려준다는 것이었다. 이에 송과 몽고의 연합군이 당주와 식주를 공격했고, 무선의 군대가 석천(淅川)에서 붕괴되어 금의 애종이 서쪽으로 달아나 촉으로 들어가는 길도 끊겼다. 9월에 몽고군은 긴 보루를 쌓으면서 채주를 포위했다.

11월에 송의 장수 맹공(孟珙)이 2만 명의 군사를 거느리고 30만 석의 양식으로 원군을 보내 군사를 연합해 채주를 포위했다. 12월에 몽고군이 연강(練江)을 터뜨리고 송의 군사들이 시담수(柴潭水)를 끌어들여 여수(汝水)로 들어가게 하고는 땔감과 풀을 깔아 길을 만들어 채주성 아래로 공격해 들어갔다.

3년 정월에 송의 군사가 남문을 공격해 격파하고, 몽고군은 서문으로 들어갔다. 금의 애종은 종실이자 채주동면 원수인 승린(承麟)에게 황제를 전위(傳位)하고 스스로 목을 매어 죽었다. 승린이 출전했다가 전투 중에 죽고 금은 멸망했다.

11장

금과 국내 각 정권과의 관계

금 왕조는 13년이라는 짧은 시간 동안 요의 천조제와 북송의 휘종과 흠종 두 황제를 포로로 잡고 요를 멸망시키고 송 왕조를 억지로 남쪽으로 천도하게 해, 당시의 중국 경역 내에서 영토가 가장 넓고 세력이 가장 강한 정권이 되었다. 남송과는 회수를 경계로 삼고 서하와는 종번 관계를 수립했다. 중국의 역사에서는 요와 북송이 대치한 뒤를 이어서 다시 금과 남송이 대치하는 시기로 접어들었다. 중국 영역 내의 세 정권 사이에는 평화와 전쟁이 뒤엉킨 복잡한 관계가 존재했다.

1절
금대 전기 남송과의 화전

1. 송 정권의 중건과 남천

천회 5년에 금의 장수 종한과 종망은 북송의 군신들을 굴복시키고, 장방창(張邦昌)을 황제로 삼아 대초(大楚)를 건립해 금 왕조의 부용국으로 만들어 황하 이남의 지역을 통치하도록 함으로써 북송은 멸망했다. 4월에는 북송의 두 황제와 종실과 백관을 압송하며 변경에서 철수해 북쪽으로 돌아가고 아울러 두 황제를 강등해 서인으로 만들었다. 5월에 송 휘종의 아홉째 아들인 강왕(康王) 조구(趙構)가 유신들의 추대를 받아 귀덕에서 즉위해 조씨의 송 정권을 재건했다.

천회 6년에 송의 두 서인이 상경에 이르러 소복을 입고 태조의 사당에 참배한 뒤 태종을 알현하고 휘종 조길은 혼덕공으로, 흠종 조환은 중혼후로 책봉해 한주(韓州: 요령성 梨樹鎭 북쪽의 偏臉城)에 안치했다가 천회 9년에 호리개로(胡里改路: 지금의 흑룡강성 依蘭)로 옮겨 안치했다. 그 외에 송의 포로들도 금 왕조의 내지에 안치되었다. 7월에는 남송의 고종이 금에 표를 올리며 화친을 청했다.

금 왕조가 장방창을 초의 황제로 세운 목적은 조씨의 황하 이남에 대한 통치를 빼앗는 데 있었기 때문에 남송의 고종이 즉위한 것은 확실히 금의 통치자들이 용인할 수 없는 것이었다. 11월에 금 태종은 조서를 내려 송을 정벌하는데, 반드시 조씨를 멸망시키기 전까지는 그만두지 않겠다고 했다.

금군의 약탈과 강압적인 동화 정책은 하북과 하동 지방 백성의 보편적인 불만과 반항을 불러일으켰다. 남송이 건립될 때 하북과 하동 지방의 충성스러운 민병들이 금군과 필사적인 투쟁을 벌이고 있었고, 동경유수 종택(宗澤) 또한 변경의 방위 업무를 적극적으로 계획하면서 고종을 영접해 도성으로 돌아와 국토를 재정돈하려고 했다. 그러나 고종은 군신들이 병사를 모집하고 군마를 매입하고 성과 해자를 정비하고 무기를 수선하자는 호소는 돌아보지 않고, 감히 동경으로 들어가려 하지 않았다. 그는 한편으로는 두 황제를 돌려보내 달라고 요청하면서, 한편으로는 남쪽으로 옮겨 금군을 피할 준비를 했다.

금 왕조의 여러 장수는 송에 대해 군대를 이용하는 방법과 책략에서 역시 의견의 차이가 있었는데 "혹자는 먼저 하북 지방을 평정하고자 하고, 혹자는 섬서 지방을 먼저 평정하고자 했다"[1]고 한다. 금 태종은 곧 양쪽의 책략을 모두 사용하여 "강왕 조구는 마땅히 갈 곳이 궁색하니 이를 추격한다. 송이 평정되기를 기다렸다가 장방창과 같은 부용국을 세우는 것이 마땅하다"[2]고 했다. 이에 금에서는 동쪽과 서쪽 두 길로 남송을 향해 군사를 움직였다.

동로는 종보·종한·종필·발리속(撥離速) 등이 통솔해 천회 6년[건염 2년, 1128]에 복주(濮州)·대명·창주·상주(相州)·동평·제남·치주(淄州)·청주(青州)·유주(濰州) 등의 하북과 산동의 여러 주를 함락시키고, 유예를 항복시켰다. 다음 해 정월에 서주(徐州)를 함락하여 송 왕조가 양자강과 회수에서 서주의 관

---

1) 『金史』, 「世紀補」.
2) 『金史』, 「宗翰傳」.

용 창고로 운송해 온 대량의 재물을 얻어 군사를 위로하는 데 사용했다. 발리속의 군대는 양주를 함락시켰으나 송의 황제를 포로로 잡지 못하고, 대량의 서적과 문서, 금은 등의 재물을 약탈한 후에 잠시 철수했다.

3월에 송 고종이 도망하는 가운데 호종 군관 묘부(苗傅)과 유정언(劉正彦)에게 폐출되었다가 4월에 복벽했다. 그는 강남의 한 모퉁이의 통치를 확보하고 부친이나 형의 액운을 당하지 않기 위해 금의 황제와 원수부에 계속 편지를 보내 황제 칭호를 버리고 기꺼이 변방의 신하가 되기를 원한다고 했다. 동시에 두충(杜充)을 건강(建康)유수로 삼아 양자강을 방어하는 군사와 말을 통제하면서 유광세(劉光世)·한세충(韓世忠)과 함께 양자강을 지키게 했다.

금의 원수부에서는 한편으로 그 편지에 답을 해 항복을 권유하고, 다른 한편으로는 다시 강을 건널 준비를 했다. 천회 7년 가을에 종필을 총사령관으로 하고 달라·발리속·마오(馬五) 등이 두 길로 나뉘어 강을 건너고, 서로는 광주(光州: 하남성 潢川縣)·황주(黃州: 호북성 黃岡縣)에서 강을 건너 강서로 나갔다. 동로는 저주(滁州: 안휘성 滁縣)·화주(和州: 안휘성 和縣)를 경유해 마가도(馬家渡)에서 강을 건넜다. 남송의 양자강 수비군은 혹은 싸우지도 않고 도망가거나 혹은 동정을 살피다가 나가 항복해 금군은 마치 무인지경으로 들어가는 것과 같았다.

송 고종은 항주에서 도망을 나와 처음에는 월주[지금의 절강성 소흥시]와 명주[지금의 절강성 寧波市]를 지나고, 이어서 배를 타고 바다로 들어갔다. 금군도 배를 타고 바다로 나가서 추격했으나, 미치지 못해 돌아왔다. 종필이 회군할 때는 진상(鎭江)의 북쪽에서 선널 계획이었는데 황천탕(黃天蕩)에서 송의 장수 한세충에게 저지당해 48일 동안 강을 건너지 못하고, 하는 수 없이 군사를 돌려 건강(建康)으로 돌아갔다가 천회 8년 5월에 육합현(六合縣)에서 강을 건너 북쪽으로 돌아갔다.

서로는 강을 건넌 후에 남창(南昌)과 강주(江州: 강서성 九江)에 이르렀다가 취할 만한 대상이 보이지 않자 한바탕 약탈을 하고 북쪽으로 돌아갔다.

남송을 건립한 후에 어떻게 금군의 남침을 방어하고 변경을 수복할 것인지를 놓고 계속 어떤 계획도 없었고, 여러 신하나 장수의 의견도 전혀 통일되지 않았다. 비록 금 왕조가 군사적 진공을 시작할 가능성이 예측되더라도 죽음을 각오하고 싸울 결심은 하지 않았다. 종필의 이번 남침에 대해서도 송군은 조직적이고 강력한 저항을 하지 못했다. 다만 개별적인 장수와 각 지역 백성의 무장 역량으로, 기회를 틈타 소규모로 습격하거나 저지하는 정도였다. 그래도 이러한 소규모의 저항 또한 금 왕조의 장수들에게는 남송 정권을 소멸시키는 것이 결코 쉬운 일이 아니라는 것을 인식시켰다. 더구나 양자강 이북의 백성들이 많은 곳에서 목책 울타리를 쌓고 스스로 지키면서 금에 귀순하려 하지 않았다. 어떻게 양자강 북쪽의 백성들을 안무할 것이며 어떻게 새로 획득한 영토를 다스릴 것인지가 금 왕조가 직면한 더욱 직접적이고 간절한 문제였다. 이로부터 일부 여진 장수는 조씨의 정권을 멸망시키고 다른 성의 인물을 황제로 세운다는 최초의 희망을 바꾸기 시작했다.

가장 먼저 이 문제를 제기한 사람은 군사를 이끌고 남벌에 참가한 종필이었다. 종한이 다시 남벌을 의논할 때, 종필은 반대하기를 "강남은 낮고 습한데 지금 병사와 말이 지쳐 있고 비축한 양식도 풍족하지 않으니 혹시 성공하지 못할까 두렵다"[3]고 말했다. 금 왕조는 일거에 송을 멸망시킬 힘도 없었지만, 또 조씨 정권의 존재도 달갑지 않았다. 그래서 부용국을 세워 완충 지역을 만들자는 의견을 채택했고, 한인으로 한인을 통제하는 방침으로 꼭두각시의 손을 빌려 숙적을 소멸시키거나 약화시키기를 기대했다.

방침이 확정되자 금 왕조에서는 절가구(折可求)와 유예 중에서 선정하려고 했다.

---

3) 『金史』, 「劉豫傳」.

2. 유제(劉齊)의 폐립

1) 유예의 건립

유예는 경주(景州) 부성현(阜城縣) 사람으로, 북송 휘종 선화 말년에 하북로 제점형옥사(提點刑獄事)를 지냈다. 송 고종이 양주로 남하할 때 지제남부(知濟南府)로 임명했다. 이때 산동은 금군이 공격해 점령했기에 민생이 도탄에 빠지고 질서가 혼란해 유예는 산동으로 가려 하지 않고 강남의 지방관을 구하고자 했지만, 허락을 받지 못하자 분연히 임지로 부임했다. 천회 6년[宋 건염 2년, 1128] 12월에 달라가 제남을 공격하자 유예는 성을 가지고 항복해, 산동에 주둔하는 달라에게 자신의 뜻을 굽히면서 아첨했다.

금의 장수가 부용국을 세울 때 달라는 유예를 세울 생각을 하고 있었다. 서경유수 고경예(高慶裔) 또한 종한에게 유예를 세우라고 권유해 후에 추천한 은혜를 보답받으려 했다. 이에 고경예가 차례로 경주(景州: 하북성 景縣)·덕주(德州)·박주(博州: 山東省 聊城)와 동평의 여러 주군에 이르자 사람을 시켜 추대하게 했고, 종한이 희윤을 파견해 조정에 허락을 요청했다.

천회 8년(1130) 9월에 고경예와 예부상서 한방(韓昉)이 옥새와 인수를 가지고 와서 유예를 세웠다. 그 조서에 "지금 유예를 세워 아들 황제로 삼는다. 이는 이웃 나라의 군주이기도 하면서 또 대조(大朝)의 아들이기도 한 것이다"라고 썼고, 책봉 문서에서는 "국호는 대제(大齊)라고 하고 대명부(大名府)를 국도로 한다. 내내로 아들의 예를 수행하며 영구히 성실하게 공납하라. 너에게 영토를 맡기는 것은 이전 초(楚)의 예와 같다"[4]라고 규정했다.

이로부터 유예는 역사적인 또 하나의 아들 황제가 되었다. 동평을 동경으로 삼아 계속 동평에 거주했다. 그리고 태원에서 포로로 잡혀 신하가 된

---

4) 『金史』, 「劉豫傳」; 『大金國志』, 「立齊國劉豫册文」.

장효순(張孝純)을 재상으로 삼고, 동생 유익(劉益)을 북경유수로 삼았으며, 아들 유린(劉麟)을 상서좌승상 겸 제로병마대총관에 임명했다. 11월 23일부터 부창(阜昌)을 연호로 삼고, 부창 3년에는 변경으로 천도했다.

제국에서는 10분의 1세와 5등 세법을 이어 시행했으며, 과거로 인재를 등용했다. 군사 제도는 금 왕조의 제도를 모방해 향을 각각 채(寨)로 하고, 토호를 채사(寨使)로 삼았다. 5호를 보(保)로 하고, 1호에 장정이 두 명 있으면 그중 한 사람을 군사로 하여 매월 두 차례 모여 훈련해 합격한 사람은 실제 사용하는 정규군으로 삼았다. 한 사람이 징발될 때마다 같은 보의 네 명이 의복과 양식을 준비한다. 숙주(宿州)에 귀수관(歸受館)을 세우고, 사주(泗州)에 초수사(招受司)을 세워 남송의 사대부와 군민을 초치했다. 또한 각장을 설치해 남북의 화물을 통하게 했다.

유예의 제(齊) 정권은 비록 자신의 국호와 연호가 있기는 했지만, 부용국이 되어 경내의 중요한 조치들은 반드시 금 왕조의 허가를 받아야만 했다. 그 경역을 유효적절하게 통제하고 남송의 군사적 공격으로부터 방어를 보장하기 위해 금 왕조는 제국의 영토 안에 군사를 분산해 주둔시키고 있었다. 유예는 금 왕조의 도움을 받아 장정을 모집하고 남송의 항복한 병사와 장수를 재편성한 기초 위에 역시 자신만의 일정한 무장 역량을 갖추고 있었고, 남송과의 전쟁 과정에서 금 왕조는 이러한 일부의 군사력과 협력하기를 희망했다.

2) 금·제 연합군의 남송 침략

관섬(關陝) 지역의 전쟁 ■■■ 남송의 일부 장수는 하동과 관롱(關隴) 지역 백성의 기질이 강인해 용맹하게 싸울 수 있고, 또 대대로 장수 집안의 일부 토착 대성이 있어 군사들의 공급원이 되는 곳으로 인식했다. 그리고 동관의 서쪽으로는 사방이 막혀 견고하기 때문에 수비는 쉬워도 공격하기 어려우니, 마땅히 남송이 부흥할 수 있는 근거지가 될 것이라고 생각했다. 그러므로 남송이 건립된 초기에 주전파들 중 어떤 사람은 변경을 도성으로 해야 한다고 계속 주장하고 또 어떤 사람은 관중과 섬서 지방으로 이주해야 한다고 주장했다. 송 고종은 비록 그들의 의견을 채택하지는 않았지만, 관중과 섬서 지방의 중요성에 대해서는 역시 어느 정도 인식하고 있었다.

금 왕조의 통치자 역시 관중과 섬서 지방은 반드시 다투어야만 하는 곳이라고 인식했다. 그래서 천회 6년[송 건염 2년, 1128]에 남벌할 때, 하동의 여러 장수가 의견을 제기하기를 "섬서는 서하와 인접하여 사안이 중대하니 군사를 파할 수 없습니다"[5]라고 했다. 이에 누실(婁室)·포찰(蒲察)·파로화 등에게 섬서의 군사를 주관하게 하고, 동주(同州)와 화주(華州) 및 경조·봉상·연안 등의 부를 연이어 함락시켰다. 7년 2월에 송의 인부로(麟府路) 안무사 절가구가 인주(麟州)·부주(府州)·풍주(豊州) 등 세 개 주를 가지고 항복했다.

종필이 남벌할 때 섬서 지방의 주현들이 계속해서 금 왕조를 배반하고 송에 항복했지만 누실 등은 다만 연주(延州) 이북 지역만을 지킬 수밖에 없어, 군사적 형세가 금에 불리했다. 관중과 섬서 일대의 군사적 역량을 강화하기 위해 천회 8년에 종필은 일단 회군했다가 종보와 함께 다시 섬서 지방에 이르러 서부 전선의 병력을 증강시켰다. 그리고 달라에게 양자강 이북 지역을 안무하게 했다. 동부 전선이 잠시 평정되어 갈 때, 금과 송의 서부 전선 쟁탈전이 강화되었다.

천회 7년에 남송에서는 장준(張浚)을 천섬선무처치사(川陝宣撫處置使)로 임명했다. 다음 해에 장준은 흥원(興元: 陝西省 漢中市)에서 군사를 배치하고 진천(秦川) 지방 다섯 개 로의 병마·양식·풀을 섬서의 부평(富平)으로 집결시켜, 여기에서 금과 더불어 결전을 치를 준비를 했다. 9월에는 직접 가서 전쟁을 감독했다. 송의 병사는 비록 많으나 군영과 보루가 견고하지 못했다.

---

5) 『金史』, 「宗翰傳」.

금군은 장준이 거만해 적을 가볍게 보는 약점을 이용하여 누실을 좌익으로 하고, 종필을 우익으로 삼아 양군이 함께 전진해 기병으로 송의 군영 주변의 향채(鄕寨)를 점령해 송군을 포위했다. 임시로 소집된 송군은 강력하고 통일적인 지휘 역량이 부족해 일시에 혼란에 빠졌다. 장준이 가장 먼저 달아나고 여러 로의 군사와 말 또한 연속으로 궤멸되어 흩어졌다.

금군은 승리는 틈타 경주(涇州)·위주(渭州)·원주(原州)·환주(環州)·공주(鞏州)·조주(洮州)·하주(河州)·악주(樂州)·서령주(西寧州)·난주(蘭州)·곽주(廓州)·적석(積石) 등의 주와 봉상부(鳳翔府)·경양부(慶陽府) 등의 부를 함락시켜 섬서 5개 로를 모두 금군이 점거하게 되었고, 이를 전부 제국에 귀속시켰다. 이로부터 금 왕조와 남송은 서쪽 전선에서 마침내 성주(成州: 甘肅省 成縣)·계주(階州: 甘肅省 武都縣)·민주(岷州: 甘肅省 岷縣)·조주(洮州: 甘肅省의 臨潭縣)를 경계로 하고, 남송은 군사적 요충지인 봉상부의 화상원(和尙原)과 농주(隴州: 陝西省 隴縣)의 방산원(方山原)을 점거했다.

부평 전투 이후에 남송의 진봉로도통제(秦鳳路都統制) 오개(吳玠)는 "흩어진 군졸을 모아 산관(散關)의 동쪽에 있는 화상원을 지키면서 양식을 비축하고 병장기를 수선하며 목책을 배열해 죽기를 각오하고 지킬 계획을 세웠다"[6]고 한다. 섬서의 백성들은 그에게 희망을 걸고 자주 양식과 풀을 내어 오개의 군대를 도왔는데, 이는 금 왕조와 제국이 섬서 지방을 통치하는 데 위협이 되었다. 따라서 화상원은 금 왕조와 송이 반드시 쟁탈해야 하는 곳이 되었다.

누실의 사후에 완안고(完顏杲 즉 撒離喝)가 섬서에 주둔하면서 다시 화상원을 공격해 취할 것을 도모했다. 5월에 몰립(沒立)을 보내 봉상부에서 출병하고, 오로절합(烏魯折合)은 계주와 성주에서 산관을 나와 함께 화상원에서 전투하게 했다. 오개는 먼저 도착한 오로절합의 군대를 격파하고, 다시 장수

---

[6] 『宋史』, 「吳玠傳」.

를 보내 몰립을 격퇴해 두 군대가 회합하지 못하고 아무런 공이 없이 돌아가게 했다.

오래지 않아 종필이 여러 지방의 군사 10만여 명을 모아 부교를 만들어 위수(渭水)를 건너, 보계(寶雞)에서부터 길게 이어진 군영을 만들고 돌을 쌓아 성을 만들어 계곡을 끼고 송군과 싸웠다. 10월에 화상원을 공격하자 오개는 견실한 노와 강력한 활을 이용하여 차례를 나누어 번갈아 발사하니 금군이 진격할 수가 없었다. 다시 기습 부대를 내보내 금군의 측면을 공격해 양식 보급로를 차단하고, 다시 군사가 후퇴할 길목에 매복을 두었다. 금의 군사들이 송의 복병에 패배하고, 화살에 맞은 종필은 간신히 몸만 탈출했다. 그리하여 금에서는 완안고를 섬서경략사로 삼았다.

천회 10년[송 소흥 2년, 1132]에 오개는 선무처치사사(宣撫處置使司) 도통제를 겸해, 동생 오린(吳璘)을 화상원에 주둔시켰다. 완안고는 오개가 하지(河池: 陝西省 徽縣의 남쪽)에 주둔한 틈을 타서 화상원을 공격할 준비를 했다. 완안고는 군사를 나누어 진주(秦州)에 주둔했다가 희하(熙河)를 나와 송군이 섬서 남부와 희하로부터 들어오는 원병의 길을 단절시켰다. 그리고 스스로 군사를 거느리고 상진(上津: 陝西省 白水縣의 북쪽)으로 나가 금주(金州: 陝西省 安康)를 함락시키고, 양주(洋州: 陝西省 洋縣)로 들어가 홍원(興元)을 압박했다.

오개는 하지(河池)에서부터 밤새 행군해 완안고와 요풍령(饒風嶺: 陝西省 石泉縣의 서쪽)에서 대전을 벌였다. 6일 밤낮 동안 격전을 벌여 죽은 사람이 산처럼 쌓였다. 금군이 샛길을 통해 관의 뒤쪽에서 나와 복병으로 송군을 공격하니, 송군은 패해 삼천(三泉: 陝西省 寧強縣의 북쪽)으로 달아났다. 금군이 북쪽으로 돌아갈 때 오개는 군사를 보내 무휴관(武休關: 陝西省 留壩)에서 요격해 금군 1,000여 명을 죽였다. 그러자 금군은 치중을 버리고 달아났다. 이 전투에서 금군은 비록 승리를 거두기는 했지만, 여전히 손실이 이득보다 많았다.

천회 11년에 금의 장수 종필과 완안고가 제국의 장수 유기(劉豫)와 더불어 10만 명의 군사로 다시 선인관(仙人關: 陝西省 徽縣의 남쪽)을 공격했다. 오개는 화상원이 촉(蜀)에서 거리가 멀어 양식의 보급이 어려웠기 때문에 동생 오린에게 명령해 화상원을 버리고 선인관으로 물러나 살금평(殺金平)에다 보루를 쌓고 방어하라고 했다. 오린이 군사를 통솔해 금군과 제국의 군대를 맞아 7일 밤낮 동안 격전을 치를 때 형의 군대가 도착해 합류할 수 있었다.

금군은 군사를 양쪽으로 나누어 함께 오개의 진영을 동시에 공격했다. "사람마다 무거운 갑옷을 입고, 쇠고리가 서로 연결되고 물고기를 꿴 것처럼 줄줄이 올라왔다. 오린은 '주대시(駐隊矢)'에게 번갈아 활을 발사하게 하니 화살이 비가 오는 것 같았고, 죽은 자가 층을 이루며 쌓였다."[7] 송군이 내달아 공격해 금의 진영으로 들어가 한상(韓常)에게 활을 쏘아 그의 왼쪽 눈을 맞혔다. 그리고 다시 군대를 보내 그들의 퇴로를 막았다.

금국과 제국의 군대가 이 전투를 벌인 이유는 촉으로 들어가려는 것이었다. 그런데 오씨 형제가 선인관을 굳게 지킴으로써 그 뜻을 이룰 수 없었다. 그리하여 마침내 촉으로 들어가려는 목표를 버리고 섬서의 경영에만 전념하게 되었다.

하남 지방에서의 전투 ■■■ 제국이 건립되자 황하 이남에 또 하나의 한족 정권이 출현했고, 금 왕조에는 동맹국이 하나 증가했으며, 남송의 입장에서는 적국이 하나 많아졌다. 남송에서는 남송 정권에 대해 불만을 품은 일부 장수나 사인이 곧 제국에 의탁했기 때문에, 남송은 정치적·군사적인 측면에서 더욱 피동적이 되었다. 북송 말년 모집한 이성(李成)·공언주(孔彦舟)나 서문(徐文) 등과 같은 일부 의군의 수령에게도 각각 안무사·초토사나 통제와 같은 관직을 제수했으나 그들은 군사를 이끌고 금 왕조에 항복했다. 남송이 건립된 후에 그들은 송 고종을 따라 남천해 이성·공언주 등은 종상(鍾相)과 양마(楊麼)의 기의를 진압하다가 패배한 뒤 배반과 복종을 거듭하며 정처 없

---

7) 『宋史』, 「吳玠傳」.

이 떠돌아다니는 이른바 '유구(流寇)'가 되었다.

　금군의 강남에 대한 군사적 압박이 잠시 경감되었을 때 남송에서는 내부를 정돈하기 시작했고, 이러한 유구들은 가장 먼저 해결해야 할 문제였다. 이에 이성과 공언주 등이 연이어 제국에 항복했다. 그리고 역경(酈瓊)과 서문 등도 송의 장수들과 갈등이 있어 남송을 배반하고 제국에 귀순했다. 이처럼 배반한 장수들은 금 왕조와 제국을 대신해 남송과 하남이나 회수 유역을 다투는 무장 세력이 되었다. 제국이 건립되면서 송군은 "하루도 이들과 더불어 전투를 하지 않은 날이 없었고" 이들은 때로는 승리하기도 하고, 패배하기도 했다.

　천회 11년[소흥 3년, 1133]에 남송의 장수 우고(牛皋)·이횡(李橫)·동선(董先) 등이 여주(汝州)와 영창(潁昌) 등을 함락시키고 금과 제국의 군대와 주선진(朱仙鎭)에서 전투를 벌였다. 그러나 송군은 경솔하게 진군하고 후원군이 이어지지 않아 금과 제국의 군대가 다시 연이어 등주·양양·영주(郢州) 등을 되찾고, 아울러 이성에게 방어를 맡겨 천섬(川陝) 지역의 금군과 서로 호응하게 했다.

　오개와 오린이 천섬 지역에서 승리하고 하남과 회전(淮甸)에서 소규모의 승리를 거두자 남송의 관병들이 고무되었고, 송 왕조의 강남에 대한 통치도 최초의 혼란한 시기를 지내면서 질서가 점차로 회복되었으며, 금 왕조와의 전쟁에서도 조금씩 회복되는 기미를 보였다. 그리하여 제국과 양양 및 당주와 등주 등 여섯 개 군(郡)을 다투는 쟁탈전을 시작했다.

　천회 12년에 송에서는 악비(岳飛)를 강남서로 서기주제치사(舒蘄州制置使) 겸 황복주한양군덕안부제치사(黃復州漢陽軍德安府制置使)로 삼아 양양부와 당주·등주·수주(隨州)·영주·신양군(信陽軍) 등 여섯 개 군을 수복하는 중책을 맡겼다. 그리고 한세충에게는 사수의 북쪽에 주둔하게 하여 적을 혼란스럽게 하고, 유광세(劉光世)에게 진주와 채주에서 나가 성원하게 하여 금국과 제국에 대한 북벌을 시행했다.

5월에 악비의 군대[岳家軍]가 제국의 지주(知州) 형초(荊超)에게 승리하고 영주를 공격해 점령했다. 양양에 주둔한 제의 장수 이성이 성을 버리고 달아나자 양양과 수주를 연달아 함락시켰다. 7월에 악비의 군대는 다시 패퇴해서 등주를 수비하던 이성과 금 왕조의 발근 유합(劉合)을 격퇴하고 등주·당주·신양군을 점령했다.

악비의 군대가 양양·등주에서 연달아 승리하자 유예에게는 커다란 압박이 되었다. 이에 유예는 금 왕조에 악비의 군대를 피해 회전(淮甸)에서부터 남하해 양주와 채석(采石)에서 강을 건너 건강(建康)을 취할 것을 건의했다. 금 왕조에서는 이 건의를 받아들였다. 9월에 종필과 제국의 태자 유린이 금국과 제국의 군대를 이끌고 회수를 건너 남하하여, 기병으로 사주(泗州: 안휘성 盱眙의 북쪽)에서부터 저주(滁州)를 공격하고, 보병으로 초주(楚州: 안휘성 淮安)에서부터 승주(承州)를 공격하도록 배치했다. 이때 종필은 천장(天長)에 주둔하고, 유린은 우이군(盱眙軍)에 주둔했다.

남송은 장준(張俊)에게 건강부를 지키도록 하고, 한세충은 양주로 진군해 주둔하게 했으며, 유광세는 당도(當涂: 안휘성 馬鞍山市 當涂縣)에서 수비하게 하면서, 장준(張浚)에게 여러 곳의 병마를 지휘·통솔해 금군을 방어하게 했다. 10월에 한세충의 부장인 해원(解元)이 고우(高郵)에서 금군을 패배시키고, 악비의 부장인 우고(牛皋)가 여주성(廬州城) 아래에서 금군을 패배시켰으며, 회서(淮西) 안무사 구유(仇愈)가 수춘부(壽春府)를 공격해 함락시켰다.

금 왕조와 제국이 이번에 연합군으로 남하하는 데는 진전이 대단히 순조롭지 않았고, 여기에 더해 장맛비가 계속 내리고 양식도 제대로 공급되지 않았다. 병사나 장수나 모두 피폐해지고 사기가 저하되어 저주(滁州)에 주둔한 지 겨우 47일이 지난 연말에 철수해 돌아갔다.

천회 13년[소흥 5년, 1135] 정월에 금의 태종 오걸매가 병으로 죽고 희종이 즉위했다. 이에 요와 송 왕조에서 항복한 신하들의 영향으로 금 왕조는 무력 정복을 위주로 하는 방침을 고쳐 점차 정치적으로 국가를 다스리는 방향으로 바꾸기 시작했다. 남송의 군사적 형세 또한 조금씩 전환의 계기가 있어서 종상과 양마의 기의를 진압하고, 금 왕조와 제국과의 전쟁에서도 몇 번의 승리를 거두었다. 이에 금 왕조와 제국과 남송 사이의 관계가 조정의 시기로 진입하기 시작했다.

이해에 남송의 지추밀원사 장준(張浚)이 여러 로의 병마를 감독하면서 금국에 대한 군사적인 배치도 조정했다. 한세충에게는 승주와 초주에 근거해 유주와 양주를 도모하고, 유광세에게는 합비에서 회수 이북 지역을 초무하게 했다. 또 장준(張俊)에게는 건강부에서 군사를 훈련시키고, 우이군(盱眙軍)으로 나가 주둔하고, 악비에게는 양양에 주둔하면서 중원을 엿보게 했다. 이후에 남송은 군사적으로 상당히 호전되는 기색이 있어서 유광세는 수춘현(壽春縣)을 수복했고, 악비는 진여군(鎭汝軍), 상주(商州), 괵주(虢州), 서경의 장수현(長水縣) 등을 함락시켰다.

남송의 군사적 진공에 대한 반격을 위해 유예 또한 경내에서 20만 명의 향군을 모집해 9월에 유린·유예(劉猊)·공언주 등에게 여러 군대로 나누어 통솔하게 했다. 그리고 금군과 협력하면서 와구(渦口)·수춘·광주(光州)에서 세 길로 나눠 남송을 공격했다. 10월에 유예(劉猊)가 안풍(安豐)과 작피(芍陂: 안풍의 남쪽)와 정원(定遠)에서 패배했다. 여주(廬州)의 유린은 유예의 군대가 패배했다는 소식을 듣고 역시 군사를 철수했다. 12월에 한세충은 다시 회양군(淮陽軍)에서 금군을 패배시켰다. 이렇게 하여 제국 군대의 남침은 실패했다.

3) 유예의 폐립

금 왕조의 군대가 강을 건너서 남하하든 아니면 금 왕조와 제국의 연합군이 송을 공격하든 간에 조씨의 송 정권을 소멸시키려는 목적은 모두 이루지 못했다. 태종 만년과 희종 초년에 남송의 강남에 대한 통치는 점차 안정되고 군사적인 역량도 어느 정도 강화되었다. 금 왕조와 제국은 하남과 양회 지방과 천섬(川陝)의 전장에서 모두 앞으로 나아갈 수 없었고, 전쟁에 염증을 느끼는 관병들의 정서는 보편적으로 확대되었다. 또한 금 왕조의 통치자들도 남송 정권을 소멸시키는 것이 결코 쉬운 일이 아니라는 것을 느끼기 시작했다.

통치 집단 내부에서도 사회 질서를 안정시키고 통치 제도를 건립해 온전히 하라고 요구하는 소리가 날로 커져갔다. 여진 귀족 가운데 국가를 통치하는 방침과 국가의 미래 발전 방향에 대해 존재하는 의견의 차이와 갈등도 날로 심화되어 금 왕조는 국가의 앞날과 새로 점령한 영토에 대해 어떻게 통치할 것인지 중대한 선택에 직면했다.

제국의 건립은 여진인의 군사적 부담을 경감시킬 수 없었고, 금과 남송의 관계도 계속 적절하게 처리할 수 없었다. 금 왕조의 통치자들은 유예에 대해 점차 불만과 실망스러운 정서가 생겨났다. 그리고 남송이 빈번하게 사자를 파견해 화친을 구하는 것도 초기에 여진 귀족 사이에 형성되었던 조씨의 송 정권에 대한 선입견을 차차 버리고, 그들이 제국이나 송과의 관계를 새롭게 고려해 보도록 촉진했다.

남송은 건립한 날부터 시작해 금 왕조와 회북이나 심지어 양자강 이북을 다툰다는 방침을 확정한 적이 없었는데, 진회(秦檜)가 도망해 돌아온 후로는 주화파가 계속 고종의 중시를 받았다. 그들은 끊임없이 사신을 보내 화친을 구하고 다만 금 왕조에서 군사적으로 진공해 그들이 억지로 발을 붙일 여지가 없을 때에만 비로소 주전파 장수들을 기용해 잠시 저항함으로써, 그들이 한 모퉁이에서 안주하는 것을 확보할 뿐이었다.

금 태종 때는 남송이 화의를 청하는 것을 거들떠보지 않았고, 어떤 때는 사자를 가두어놓고 돌려보내지 않을 때도 있었다. 희종 때는 금 왕조의 통치 집단은 어쩌면 조구가 그의 부친이나 형보다 더욱 굴종시키기 쉬운 황제라는 것을 점차 인식하게 되었다. 따라서 남송에 대한 적대적인 감정은 전보다 어느 정도 완화되었다.

천회 15년[소흥 7년, 1137]에 조구는 그의 부친 조길[휘종]의 사망 소식을 듣고, 조문을 명목으로 이전에 금 왕조에 사신으로 간 적이 있는 왕륜(王倫)을 다시 금 왕조에 사신으로 파견했다. 왕윤은 여진 귀족과 유예의 갈등을 이용해 기회를 보아 달라에게 건의하기를 "하남의 땅은 상국이 이미 스스로 소유하지 못하고 그것을 유예에게 책봉해 준 것이 조씨에게 돌려주는 것과 무엇이 다르겠습니까?"[8]라고 했다.

이후에 여진 귀족의 권력 투쟁 가운데 고경예와 종한이 이어 사망하고 여진 내지를 중심으로 노예제를 발전시키자고 주장하는 종반 등이 득세했다. 달라가 종한을 대신해 중원의 사무를 처리하는 군정대권을 장악하고 있었기 때문에, 유예는 폐립될 운명을 이제 피할 수 없게 되었다.

9월에 금 왕조의 상서성과 원수부가 함께 토론해 제국은 "모든 일에 잘못이 많고 끝까지 이룬 바가 없다"고 인식하고 마땅히 "제국을 다시 폐하고 온 천하에 이르기까지 모두 안무를 시행한다"[9]고 하여 황제의 윤허를 받았지만 유예는 모르고 있었다. 송에서 항복한 장수 역경(酈瓊)이 와서 유예가 금 왕조에 군사를 청한다고 하자 금에서는 흔쾌히 허락했다.

그리고 11월에 금 왕조는 제국을 도와 남쪽을 정벌한다는 것을 명분으로 제국 군사에 대한 동원과 지휘권의 달라고 요구하고, 아울러 제의 군사들을 변경(汴京)으로 이동시켰다. 그리고 군사를 의논한다는 명분으로 유린에게 혼자 말을 타고 활주(滑州)로 오라고 명령해 유린을 사로잡았다. 후에 변경으로 들어가서 조서를 내려 제국을 폐지하고 유예를 촉왕(蜀王)으로 강봉했다.

---

8) 『金史』, 「王倫傳」.
9) 『三朝北盟會編』卷182.

3. 황통화의

1) 천권화의와 결렬

하남과 섬서의 반환 ■■■ 여진 귀족들은 유예를 폐립하는 문제에는 비록 의견은 일치했지만, 하남과 섬서의 땅을 송에 돌려주는 문제에는 의견 차이가 있었다. 유예가 폐립된 후 금 왕조는 변경에 행대상서성을 설치하고 달라를 좌부원수로 하여금 변경을 지키게 하여, 달라는 금 왕조에서 송 왕조와 관련된 사무를 처리하는 실력자가 되었다. 연말에 송의 사신 왕륜과 고공회(高公繪)를 돌려보내면서 "휘종의 시신과 황태후를 돌려보내는 것을 허락하고, 또 하남의 여러 주를 돌려주는 것도 허락한다"[10]고 했다.

송 고종은 뜻밖의 일을 맞이해 기뻐 어쩔 줄 몰라 하며 잠시도 지체하지 않고 왕륜을 다시 금 왕조에 사신으로 보내 첫째, 유예의 폐립에 감사하며, 둘째, 화친을 구하는 뜻을 전했다. 동시에 소흥 8년[금 천권 원년, 1138] 3월부터 달라와의 관계가 긴밀했으며 화친을 주장해 강등된 진회를 상서우복야와 동중서문하평장사 겸 추밀사로 기용해 금 왕조에서 제의해 온 화의에 응답하며 금 왕조와 화친을 맺을 것을 계획했다.

6월에 금 왕조에서는 오릉사모(烏陵思謀)과 석소경(石少卿)을 파견해 왕륜과 함께 송에 이르러 영토 반환을 의논했다. 금 왕조에서는 남송이 신하를 칭하고 공납을 바치며 금 왕조의 부용국이 될 것을 요구했다. 고종과 진회의 주관하에 남송은 금 왕조에서 제출한 가혹한 조건을 전반적으로 수락했다.

7월에 휘종의 시신을 받들어 맞이한다는 명분으로 왕륜을 다시 한 번 금 왕조에 사신으로 파견했다. 8월에 달라와 종반과 종준(宗雋)의 주관하에 금 왕조에서는 원래 제국에 속했던 하남과 섬서의 땅을 남송에게 돌려주기로

---

10) 『建炎以來系年要錄』 卷177.

결정했다. 아울러 장통고(張通古)를 초유강남사(招諭江南使)로 파견해 희종의 조서를 가지고 강남을 초유하게 했다. 11월에 장통고가 항주에 이르렀고, 12월에 진회가 송 고종을 대신해 무릎을 꿇고 엎드려 절하는 예를 갖추어 금 왕조의 조서를 받음으로써 사실상 남송은 금 왕조에 부속 관계가 되는 것을 승인했다.

화의의 결렬 ▪▪▪   천권 원년에 체결한 금과 송의 화의는 매우 취약한 것으로 송 왕조 측에서는 수많은 대신들이 반대의 의견을 가지고 있었고, 금 왕조 측에서는 화의를 집행할 수 있는가의 여부가 여진 귀족 가운데 대립하는 양대 파벌의 실력이 어떻게 증감되느냐에 달려 있었다. 천권 2년에 남송은 한편으로는 한초주(韓肖冑)를 보사사(報謝使)로 하고, 왕륜을 영호재관(迎護梓官) 및 교할지계사(交割地界使)로 삼아 금 왕조에 사신으로 보내고, 한편으로는 하남과 섬서 지역으로 관원을 파견하여 금 왕조에서 돌려주는 주현을 접수할 준비를 했다. 금 희종은 조서를 내려 하남과 섬서를 돌려주고, 변경에 있던 행대상서성을 연산부로 옮겼다.

그러나 금 왕조의 정국 변화가 화의의 집행에 영향을 끼쳤다. 7월에 종반과 종준이 모반죄로 피살되고, 왕륜은 종필에 의해 기주(祁州)에 구금되었다. 8월에 달라 또한 모반죄의 명목으로 피살되고, 종간과 희윤과 종필 일파가 새롭게 득세했다. 금에서는 송 왕조의 표문(表文)에 연호를 기록하지 않았고, 바친 예물이 직공(職貢)을 칭하지 않았다고 하여 송의 사신 왕륜을 구금한 것은 본래 화의를 파기하고자 하는 의도였던 것이다.

천권 3년에 금 희종은 종필을 도원수로 삼아 행대상서성의 일을 처리하게 했다. 그리고 5월에는 조서를 내려 남송을 정벌하고 하남의 영토를 수복하라고 했다.

순창 전투 ▪▪▪   도원수 종필이 정예병 10여 만 명을 이끌고 네 개의 길로 나누어 남하했다. 종필은 여양(黎陽)에서 황하를 건너 변경으로 나아가고, 우감군 완안고는 하중부를 나와 섬서로 나아가며, 발근 섭려(聶黎)는 산동에서 나오고, 이성은 맹진(孟津)에서 황하를 건너 낙양을 공격해 점령했다. 송의 신임 동경유수 맹유(孟庾)와 남경유수 노윤적(路允迪)은 투항하고, 서경유수 이리용(李利用)은 성을 버리고 달아났다.

이때 송에서 새롭게 임명한 동경유수 유기(劉錡)가 임지로 가는 도중 순창(順昌: 안휘성 阜陽)에 도달했을 때, 금군은 이미 진주(陳州: 하남성 淮陽)를 점령하고 순창 방향으로 전진하고 있었다. 유기는 지순창부 진규(陳規)와 상의해 공동으로 굳게 지키자고 하고 군사를 나누어 방어했다. 유기 등은 금의 선봉 부대와 접전을 벌여 처음에 소규모 승리를 거두었다. 그러나 오래지 않아 금의 원군이 도달해 순창성을 포위했다. 유기는 군사를 나누어 네 개의 문을 열고 적을 맞아 싸워 다시 한 번 승리를 거두었는데, 금군의 죽은 말과 사람이 헤아릴 수 없을 정도로 많았다. 이어 그는 금군이 적을 가볍게 보고 무더위를 견디지 못한다는 약점을 이용해 쉬면서 힘을 비축했다가 피로한 적군을 맞아 갑자기 습격하는 전술을 채택해 다시 금군을 대패시켰다. 이는 금과 송이 전쟁을 시작한 이래 드물게 보이는 대승리였다.

2) 악비의 북벌과 황통화의

영창·언성 전투 ■■■　유기가 금군과 순창에서 싸우고 있을 때, 송 고종은 악주(鄂州)에 주둔하고 있는 호북·경서로 선무사 악비에게 적을 맞아 싸울 준비를 시키고, 아울러 사자를 파견해 순창을 지원하라고 명령했다. 악비는 한편으로는 장수를 파견해 유기를 지원하고, 한편으로는 사람을 파견해 황하를 건너 하북 지방의 충의 민병과 연락하여 그들로 하여금 산동·하북·하동 지방의 주현을 공격하라고 명령했다. 그리고 악비는 남송 관군의 북벌에 호흡을 맞추어 변경을 수복하고 하삭(河朔) 지방으로 진군했다.

6월 중순에 악가군의 주력 부대가 하남의 중심 지역으로 출발했다. 오린의 부장인 이사안(李師顏)이 부풍(扶風)에서 적을 패배시키고, 악비의 부장인 우고(牛皋)도 경서에서 적을 격파했다. 손현(孫顯)도 진주와 채주의 경계에서 승리했고, 한세충의 부장도 회양군에서 적에게 승리를 거두어 남송의 군사적 형세는 크게 호전되었다.

유기에게 패배한 금의 장수 한상은 달아나 영창(穎昌)에서 주둔하고 있었는데, 북상하던 악가군이 영창을 첫 번째 중점 공격 목표로 설정했다. 악비의 부장인 장헌(張憲)이 영창에서 40리 떨어진 곳에서 금의 장수 한상을 격패하고 승리를 틈타 영창을 탈환했다. 조금 후에는 다시 영창성 밖에서 종필과 한상의 군대를 격파해 영창에서 승리한 성과를 확고히 했다.

그러자 금군은 후퇴해 진주를 지키고 있었다. 악가군은 영창으로 진군해 영창에서 주둔하고 있다가 즉각 장수를 파견해 장헌의 군대와 회합해 다시 진주를 습격했다. 쌍방은 진주로부터 15리 떨어진 곳에서 격전을 벌였는데, 금군이 패배해 진주성으로 퇴각했다. 지원군이 이르기를 기다렸다가 다시 송의 군대와 성 밖에서 전투를 벌였다. 그러나 금군이 다시 패배하고 진주가 함락되었다. 이어서 정주와 낙양도 잇따라 악가군이 공격해 점령했다.

악가군의 승리는 금군에 대한 최대의 위협이 되었다. 7월에 악비가 언성(郾城)에서 주둔하면서 부장들을 지휘해 영창에 주둔하게 하거나 길을 나누어 금군을 습격하게 했다. 종필은 언성이 비어 있는 틈을 타 용호대왕(龍虎大王, 完顏突合速)·개천대왕(蓋天大王, 종현)·한상 등 여러 장수를 포함해 정예병 1만 5,000명을 거느리고 언성으로 급히 나아가 악가군의 대본영을 직접 공격했다. 친위군과 순찰하는 기마군으로 맞아 싸운 악비는 영창 전투의 경험을 이용해 마찰도(麻札刀)·제도(提刀)·대부(大斧)를 무기로 하여 위로는 적을 치고 아래로는 말의 다리를 쳐 금군과 용감하게 싸웠다. 정오 무렵부터 시작해 해가 질 때까지 싸우는데 금군이 더는 지탱하지 못하고 패배해 물러났다. 송군은 승리를 틈타 20여 리까지 추격하면서 금군의 발근 아리타(阿里朵)을 죽이고 언성 전투에서 승리를 거두었다.

언성 전투에서 패배한 후에 금군은 물러나 임영(臨潁)에서 주둔했는데 악비의 부장인 양재흥(楊再興)이 군사를 이끌고 순찰을 돌다가 영창현 경내의 소상교(小商橋)에서 갑자기 금군과 마주해 용감하게 대항했으나 소수로서 많은 적을 상대했기 때문에 금군에 패배했다. 장헌(張憲)의 부대가 서둘러 도착해 금군과 다시 싸웠는데, 쌍방에 서로 많은 사상자를 있었다. 금군이 북쪽으로 철수하는 도중에 다시 장헌 등에게 습격을 받아 마필과 병장기 등에 막대한 손실을 입었다.

이후에 종필은 여러 곳의 금군을 집결시켜 병력을 집중해 영창을 공격했다. 7월 중순에 쌍방은 각각 3만여 명의 병력을 투입해 영창에서 대전을 벌였다. 서문 밖에다 진영을 갖추고 대단히 고되고 격렬한 전투를 벌인 결과 금군은 참담한 손실을 입었다. 종필의 사위로서 통군이자 상장군인 하금오(夏金吾)가 전사하고 포로로 잡히거나 피살당한 크고 작은 수령들이 일흔세 명이고 사망한 군사가 500여 명이며, 전마·병장기·깃발·북 등의 손실은 수를 헤아리기 어려울 정도여서 남송과의 전쟁을 시작한 이래 드물게 보이는 참패를 당했다.

남송과의 전쟁 중에 금 왕조는 이미 많은 수의 병력을 투입했지만, 송 왕조 측에서 투입한 전투력은 실제로 악가군 부대 하나였다. 비록 쌍방이 모두 많은 사상자가 있었지만, 송군의 총체적인 군사력은 확실히 금군보다 우위에 있었기 때문에 남송은 전장에서 주도권을 장악할 수 있었다. 만약 남송의 군신과 군민이 함께 용감하게 대항했다면 금군은 대단히 위험한 상황에 빠질 수 있었다. 종필은 한편으로는 노인과 아이를 나누어 황하를 건너 북으로 돌아가게 하고, 또 한편으로는 여러 곳의 병마를 집결시켜 악가군을 중점적으로 습격하는 동시에 부대를 철수시킬 준비를 했다.

황통화의 ■■■ 금군이 하남의 전장에서 계속 패배하고 있을 때 악비는 전면적인 북벌을 계획하기 시작했다. 악비는 송 고종에게 "여러 로의 병사들에게 신속하게 동시에 전진"11)하여 중원을 수복하고, 곧바로 유연(幽燕: 현재의 북경 지역)을 공격하자고 주청했다. 그러나 조정에서는 오히려 악비의 군사적인 승리를 이용해 화친을 의논하는 활동을 강화했다. 그들은 장준(張俊)의 부대를 숙주와 박주에서 철수시켜 악가군을 고립무원의 상황에 처하게 하여 많은 적들의 표적이 되게 함으로써 악가군의 용맹스러운 전투로 획득한 대단히 좋은 기회를 상실했다.

악가군은 전진하면 구원병이 없고 차마 후퇴는 할 수 없는 상황에 처했는데 송 고종은 금자패(金字牌)12)를 사용해 악비에게 군사를 철수시키라고 명령함으로써 "10년의 공이 하루아침에 무너지는" 필생의 한을 악비에게 남겼다.

악비가 부득이하게 군사를 철수시킨 뒤, 종필도 계절이 점차 무더워져 변경으로 군사를 철수시켰다. 가을이 되자 종필은 공격의 중점 목표를 회수 서쪽에 있는 장준(張俊)의 방어선으로 삼았다. 황통 원년[소흥 11년, 1141] 정월에 종필과 한상은 비수(淝水)를 건너 수춘부(壽春府)를 점령했다. 2월에 여주(廬州)를 함락시키고 장준·유기·양기중(楊沂中)과 자고(柘皐)에서 격전을 벌였다.

금군이 수춘부와 여주를 공격해 점령할 때 송 측의 회서 지역에는 소수의 병력만 있었는데, 상황이 이렇게 되자 긴급하게 악비와 한세충을 파견하여 구원하게 했다. 장준과 그의 부장들도 앞뒤로 화주(和州), 함산(含山), 전초(全椒), 소현(巢縣)과 소관(昭關) 등지로 가서 주둔했다. 금군은 화주에서 퇴각해 자고로 갔다. "자고는 모두 평지로서 금나라 사람들이 말하는 기병에게 유리한 곳이다." 금군은 10만여 명의 군사로서 길을 끼고 양쪽으로 진을 쳐 송군이 이르기를 기다렸다. 송의 장수 양기중·장준·유기의 부대가 속속 도

---

11) 嶽珂, 『金陀粹編』, 四庫全書本.
12) 송대에 가장 빠른 속도로 발송하는 문건이 있을 때 역참에서 보여주는 문서로, 붉은 칠을 한 나무패에 황금색 글자를 써서 얻은 이름이다._옮긴이 주

달했다. 양기중은 적을 가볍게 보고 먼저 전진하다가 패배했다. 장준의 부장인 왕덕휘(王德麾)의 부대가 금군의 오른쪽을 공격해 그 수령 가운데 한 사람을 활로 쏘아 죽이고, 승세를 타서 맹렬하게 공격하니 금군이 패배해 후퇴했다.

북쪽으로 후퇴한 금군은 호주(濠州)를 공격해 함락시키고 중무장한 군사를 호주의 사방 근교에 매복시켜 회수를 건널 태세를 갖추면서, 한편으로는 회수 하류의 적룡주(赤龍州)에서 나무를 베어 장애물을 설치함으로써 한세충이 호주를 구원하는 것을 방해했다. 양기중(楊沂中)이 호주성 아래에 이르러 성안이 비어 있는 것을 알고 군사를 입성하게 했다. 금의 매복했던 군사들이 밀려들어 오니 송군은 크게 패배했다. 양기중·장준·유기의 군대가 잇따라 강을 건너고 한세충도 초주(楚州)로 군사를 돌렸다.

금군은 이 남송 침범에서 승리도 거두고 패배도 했기 때문에 이득과 손실은 비슷했다. 남송 최고 통치 집단이 고토를 회복할 계획이 없었고 여러 장수들도 전력을 다해 항전하려 하지 않았기 때문에 전쟁과 평화의 주도권은 계속 금의 여진인 집권파의 손안에 있었다. 금 왕조가 천권 3년에 남송에 대해 전쟁을 일으킨 이후 전장의 상황을 전체적으로 보면 금 왕조가 승전한 경우는 적고 패배한 적이 많았기 때문에, 호주에서 승리한 후부터 종필은 마침내 유리한 조건에서 남송과 화친을 이야기할 수 있었다.

황통 원년 8월 종필은 구류했던 송의 사신을 돌려보내면서 남송에 서신을 전달하게 했다. 서신에는 은혜를 저버리고 도발한 것을 질책하면서 아울러 "이미 여러 길의 대군을 모았으니 수륙으로 동시에 진격할 것인데, 군사들이 갈 시간이 조석에 달려 있다"고 위협하며 항복을 강요했다. 송 고종은 즉시 사신을 파견해 종필에게 화친을 청했다.

송 왕조의 화친을 청하는 사신이 빈번하게 왕래하던 당시에 하남과 섬서의 전장에서는 쌍방의 소규모 대항전이 계속 벌어지고 있었는데, 승패는 쌍방이 비슷했다. 10월에 종필이 답신을 보내 송 측에서 하는 말을 믿을 수 없다고 질책했다. 남송에서는 다시 분주하게 금 왕조에 위량신(魏良臣)과 왕공량(王公亮)을 사신으로 파견해 영토를 돌려준다는 깊은 은혜를 저버린데 대해 깊이 후회하고 사죄한다고 하면서 "위에서 명령하고 아래서 따르는 것이 분수의 상식인데 어찌 감히 번번이 모든 말을 다하면서 본분을 뛰어넘는 죄를 다시 범하겠습니까? 오로지 위량신 등에게 상국의 가르침을 듣고 역량을 돌아보아 받들어 복종할 수 있는 것을 어찌 감히 모든 것을 다해 재조의 은혜에 보답하지 않을 수 있겠습니까?"[13]라고 했다. 동시에 사신들에게 세폐와 할지 등의 조건을 받들어 도원수와 면전에서 협의하게 했다. 그리고 화친을 청하며 성의를 표시하기 위해 모반죄로 항전의 명장 악비를 하옥시켰다.

11월에 금 왕조의 종필이 송에 세 번째 서신을 보내 화의를 허락했다. 연말에 남송에서는 악비를 죽였다. 황통 2년[소흥 12년, 1142] 2월 남송에서 금 왕조에 하주(何鑄) 등을 사신으로 보내 서표(誓表)를 올렸는데, 송에서는 이를 '소흥화의(紹興和議)'라고 한다. 화의에서 다음과 같이 규정했다.

① 금 왕조와 남송은 회수 중류에서 대산관까지를 경계로 하고, 회수의 서쪽에 있는 당주와 등주는 금 왕조에 속한다. 등주에서 서쪽으로 40리와 남쪽으로 40리를 경계로 하여 등주에 속하고 40리의 바깥과 서남부는 광화군(光化軍)에 속해서 남송에 귀속시킨다.
② 남송은 금왕조에 대해서 신하를 칭하고 "자손 대대로 영원히 신하의 절개를 지킨다." 금 황제의 생일이나 원단에는 남송에서는 사신을 보내서 축하해야 한다.
③ 남송에서는 매년 금 왕조에 은 25만 냥과 명주 25만 필을 공납하는데 임술년[금 황통 2년, 송 소흥 12년]부터 시작해서 매년 봄철에 사람을 시켜서 사주(泗州)까지 운반하여 납부한다.

---

13) 『三朝北盟會編』 卷206.

이에 금 왕조에서는 좌선휘사 유괄(劉筈)을 송에 사신으로 보내 조구를 남송의 황제로 책봉했다. 이로부터 남송은 "속국으로 배열하여" "대대로 신하의 직분을 지키면서 영원히 울타리가 되어" 화의가 성립되었다.

황통화의는 금 왕조와 남송 사이에 첫 번째로 군사적 대항을 중지한 협약이다. 금 왕조는 송 고종이 감히 금 왕조에 대항하지 않고 기꺼이 강남의 모퉁이에 안주하기를 원하는 심리를 군사적 위협의 수단으로 사용함으로써 그로 하여금 억지로 가혹한 조건을 받아들이게 하여 전장에서는 얻을 수 없는 실제적인 이익을 획득했다. 송 고종 또한 그들의 경제적 우세를 배경으로 회수 이남 지역을 통치하면서 권력 기반을 다지게 되었는데, 이는 바로 조구가 마음속으로 갈망하던 결과였다. 그는 이에 이르러 마침내 진회와 종필의 손을 빌려 화의를 실현하게 되었다.

2절
중·후기 금과 송의 관계

천권 원년[소흥 8년, 1138]부터 금 왕조에서는 하남 등지를 남송에 귀속시키는 대신 남송에 신하를 칭하면서 공납을 바치라고 요구했고, 그래서 초유사 장통고(張通古)를 파견했다. 그러나 송 고종은 군신들 앞에서 공공연히 금 왕조에 신하라고 칭할 수 없었다. 이 때문에 파견한 사신도 대부분 휘종의 시신을 돌려달라고 비는 것을 명분으로 했다. 황통화의가 성립되고 쌍방이 함께 경계선을 결정한 후에 금은 휘종의 시신과 고종의 생모 위씨(韋氏)를 남송으로 돌려보냈다. 황통 3년부터 정륭 6년에 이르기까지 남송은 계속 협의를 이행했고, 남송의 종실 가운데 금국에 있는 사람들은 각각 봉록을 받았다.

1. 정륭남벌과 대정화의

정륭남벌 ■■■■ 해릉왕은 중도로 천도한 이후에 다시 남경의 궁전을 수축하면서 천하를 통일할 뜻이 있었다. 그는 정륭 6년[소흥 31년, 1161] 5월에 변경으로 천도했다. 해릉왕은 한편으로는 군사와 말을 징발하고, 한편으로는 송 고종에게 생일을 축하하는 기회를 이용해 남송에 회남의 땅을 요구하고 아울러 진주(陳州)·채주·당주·등주 등을 순찰하고 사냥하면서 서로 협조하게 했다. 또한 남송이 파견한 국신사가 자신의 뜻에 부합하지 않는다고 하여 만나지 않고 돌려보냈다.

9월에 해릉왕은 직접 서른두 개 총관의 군사를 거느리고 좌우 대도독과 수군 및 한남·서촉삼도도통제를 두고 길을 나누어 남벌하는데, 한 부대는 바닷길을 돌아 임안으로 나가고, 한 부대는 숙주(宿州)와 박주(亳州)를 나와 회사(淮泗)로 나가며, 또 한 부대는 채주에서부터 형주(荊州)와 양양(襄陽)에 이르며, 한 부대는 봉상(鳳翔)에서부터 대산관을 취하게 했다.

남송 또한 군사를 나누어 성도(成都)·안강(安康)·양양(襄陽)·강릉(江陵)·무창(武昌)·강주(江州)·지주(池州)·건강(建康)·경구(京口) 등의 요지를 지키게 했다. 회남의 여러 주군이 치소를 들판으로 옮기는 것을 허락하고, 방을 붙여 중원의 군민을 초유하고, 아울러 조서를 내리고 친정에 나섰다.

11월에 해릉왕이 화주(和州)에 이르렀을 때 세종이 스스로 즉위했다는 소식이 전해졌고, 해릉왕은 군사에게 강압적으로 명령해 채석에서 강을 건너다가 남송에서 군대를 감독하러 온 중서사인 우윤문(虞允文)에게 패배했다. 다시 양주로 진군해 과주(瓜州)에서 강을 건너 남송과 더불어 화약을 맺은 뒤 다시 군사를 돌려 정국을 수습하려 했다. 23일에 과주에 이르자 모든 군사를 재촉해 강을 건너라고 명령했다.

이때 세종이 쓴 사면서가 군중에 이르자 이를 본 여러 장수는 다른 마음을 먹었고, 모든 군사가 싸우기를 꺼려했다. 이때 완안원의(完顔元宜) 등이 은밀하게 해릉왕을 죽여 새로운 황제에게 항복하자고 모의해, 해릉왕이 심복인 친군을 태주(泰州)를 함락시키기 위해 파견해 황제의 장막을 지키는 수비가 비어 있는 틈을 타서 군중에서 해릉왕을 죽이니, 여러 길로 남정에 참가한 군사가 잇따라 후퇴했다.

대정화의 ■■■ 금 세종이 스스로 황제가 된 때는 바로 금 왕조 건국 이래 가장 심각한 상황에 직면한 시기다. 해릉왕이 터무니없이 무거운 세금을 징수해 백성은 빈곤을 이기기 어려웠고, 전국에 두루 퍼진 백성의 반항 투쟁도 금 왕조의 결코 안정적이지 못한 통치의 기초를 뒤흔들었다. 특히 이랄와알이 통솔하는 거란 백성의 기의는 금 왕조의 북방 영토 절반을 석권했고, 금 왕조의 많은 병력을 견제했다. 그리고 남송의 경제가 이미 점차 회복되고 정치도 점차 안정되어, 남벌의 실패는 금 정권으로 하여금 중원으로 반격해 오는 남송의 위협에 또다시 직면하게 했다. 통치를 확고히 하기 위해 금 세종은 반드시 남송에 대해 주동적으로 화의를 제의해야만 했었다.

세종이 즉위한 후 도독부 명의로 남송에 문서를 이첩하게 하고 좌감군 고충건(高忠建)을 보유사(報諭使)로 삼아 군사를 파하고, 영토를 귀속시키고, 군사를 돌리고, 우호 관계를 회복하는 일을 보고하게 하고, 아울러 좌부원수 완안구영(完顏毅英)을 파견해 남쪽 변경과 섬서 등 로의 사무에 조치를 취하게 했다.

남송은 즉시 금국에서 내란이 발생한 기회를 이용해 양주·화주(和州)·등주·채주·사주(泗州)·여주(汝州)·진주와 하남부·우이군 등의 땅을 수복하고, "몸을 떨쳐 일어나 의를 행하라"·"군중을 이끌고 와서 투항하라"는 격문을 통해 장수들에게 금을 버리고 송에 귀순하라고 초유했다. 금 왕조의 수비하는 장수들은 여전히 각자의 방어 구역을 굳게 지키고 있었고, 어떤 주현에서는 잃었던 곳을 다시 수복하기도 했다. 송 고종은 한편으로는 여러 장수에게 경계를 넘어 금군을 추격하지 말라고 단속하면서, 한편으로는 기회를 이용해 소흥화의의 조항을 고쳐 송 왕조의 지위를 개선하기를 희망했다.

대정 2년[소흥 32년, 1162] 정월에 금 왕조에서는 하북·산동·섬서 등 지방에서 남벌에 참가한 보병을 풀어주었는데, 이는 곧 국내의 질서를 안정시키고자 하는 남송에 대해 평화적인 태도를 보여주기 위한 것이었다. 이에 상응해 6월에 남송 또한 한림학사 홍매(洪邁)를 파견해 세종의 즉위를 축하했다. 쌍방이 화친을 이루는 데는 비록 공통된 인식이 있었지만, 조건이 일치하지 않아 금 세종은 여전히 황통화의 조항을 유지할 것을 희망했다. 그러나 남송의 "서신의 말이 이전의 방식과 다르다"고 하여 홍매를 돌려보내면서 "송 왕에게 돌아오기를 유시한다"고 했기 때문에 처음으로 사절을 서로 파견했지만, 화의를 달성하지는 못했다.

7월에 고종이 선양하고 효종이 즉위했다. 효종은 진취적인 마음이 있어서 주전파 장준(張浚)을 강회동서로 선무사로 삼아 군사적 배치를 강화했다. 악비의 원래 관직을 회복시켜 주고 예에 따라 다시 장사를 치러주었다. 사서인에게 시정의 좋고 나쁜 점을 말하는 것을 장려하면서 중흥하려는 의지를 보였다. 비록 평화적 대화를 포기하지는 않았지만, 금 왕조에 사신을 파견할 때도 오히려 "적국의 예를 사용하고자 한다"고 했다.

이때 이랄와알의 부하인 괄리(括里)와 찰팔(札八) 등이 남송으로 도망했다. 남송은 그들을 이용해 북쪽에 있는 금 왕조의 주현을 공격해 사주·수주·당주·해주(海州) 등을 잇따라 함락시켰다. 남송의 공세에 직면해 금 세종도 남송에 대해 군사를 동원하기로 결정했다. 10월에 금 세종은 좌부원수 흘석렬지령(紇石烈志寧)에게 조서를 내려 남쪽 변경을 경략하도록 했다. 11월에는 우승상 복산충의(僕散忠義)에게 명령해 군사적 사무를 총괄시키고, 남경에 거주하면서 여러 장수가 송을 정벌하는 일을 통제·관리하는 동시에 "그들이 만약에 침략한 강토를 돌려주고 공납의 예를 예전과 같이 하면, 곧 군사를 파해도 좋다"[1]고 지시했다.

대정 3년에 남송에서는 장준(張浚)을 추밀사로 삼았다. 흘석렬지령은 장준에게 문서를 보냈는데, 문서를 통해 전한 내용은 대략 "침탈한 본조의 내지를 돌려주고 원래 획정한 경계를 각자 지키고 모든 일을 황통 이래의 옛 약속에 따를 수 있다면, 우리 원수부에서도 마땅히 군사적으로 엄준한 상황

---

1) 『金史』, 「僕散忠義傳」.

을 풀어줄 수 있다. 만일 반드시 겨루어보고자 한다면 군사를 모아 서로 견주어보기를 청한다"는 내용이었다.

장준은 가을이 되면 금국의 군사들이 대거 진격할 것을 미리 예측하고 먼저 발동해 제어하는 것이 마땅하다고 생각했다. 이에 이현충(李顯忠)에게 호주(濠州)를 나가 영벽(靈璧)으로 진군하고, 소굉연(邵宏淵)에게는 사주(泗州)를 나가서 홍현(虹縣)으로 진격하게 했다. 이때 송 조정에서는 전쟁과 화친에 대한 의견이 일치하지 않았는데, 효종은 장준과 독대해 군사를 출병하는 일을 의논했지만 3성과 추밀원에서는 모르고 있었다. 흘석렬지령은 송군과 숙주(宿州)에서 전투를 벌였는데, 송의 장수들이 한마음으로 협력하지 못했기 때문에 숙주를 얻었지만 다시 잃었다.

숙주에서 패전한 후에 장준은 상소문을 올려 스스로를 탄핵하고 퇴직하기를 청했으나, 효종은 조서를 내려 친정을 명령했다. 그러나 화친을 주장하는 이들은 장준이 가볍게 군사를 출동한 죄를 다스려달라고 계속 요구했다. 효종은 하는 수 없이 조서를 내려 자신을 책망하고 화의를 결정했다.

8월에 흘석렬지령이 남송의 3성과 추밀원에 서신을 보내 남송이 해주·사주·당주·등주 등 네 개의 주를 귀환시키고 신하를 칭하며 공납을 바치고, 남송의 영토로 도망해 들어간 금 왕조의 백성을 돌려보내 줄 것을 요구했다. 서신을 네 차례 왕래하는 동안 남송은 처음에는 네 개의 주를 돌려주지 않고, 또 세폐를 경감하고자 했다. 그러나 나중에는 네 개 주와 세폐를 비교하지 않으면, 반드시 군신들이 명분을 다투게 되어 있었다.

남송의 군주와 신하가 반복해 의논했지만, 선쟁을 주장하는 사람과 화친을 주장하는 사람이 각각 절반이었다. 이때 금 세종이 지시하기를 "만약 송이 강토를 돌려주고 세폐를 이전과 같이 한다면 표를 올려 신하를 칭하는 것을 면제해 주고, 대대로 조카의 나라가 되는 것을 허락한다"고 했다. 아울러 많은 군사를 회수의 경계에 배치해 압박을 가하고, 흘석렬지령의 비주력 부대로 회수를 건너 우이군·호주·여주·화주·저주 등을 함락시켰다.

이때 송 왕조 측에서는 비록 군사적으로 불리하지만, 효종은 오히려 화친을 구하는 것을 부끄럽게 생각했다. 이에 금 세종이 군사 행동을 원하지 않는 것을 기회로 갖은 방법을 동원해 화친의 조항에서 금 왕조가 더 많이 양보하도록 했다.

대정 4년 12월에 화친의 조항에서 다음과 같이 규정했다.

① 금과 송은 숙질의 나라로, 송 효종은 금 세종을 숙부라고 칭한다.
② 송은 세폐로 은 20만 냥과 명주 20만 필을 금에 납부하여, 황통화의보다 5만 냥과 필을 경감한다.
③ 영토의 경계는 황통과 소흥의 옛 규정을 따른다.
④ 피차 배반해 상대방에게로 도망한 사람들을 다시는 되돌려 보내지 않는다.

송 효종은 금 왕조 내부의 변고를 이용해 '국체를 바로잡는다'는 태도를 견지하면서, 마침내 금과 남송의 종번 관계를 고쳐 송이 금 왕조와 동등한 지위를 얻음으로써 이전의 북송과 요와의 관계를 회복시켰다. 동시에 금 왕조에서 송으로 돌아온 사서인을 보호해 그들로 하여금 안심하고 송 왕조의 경역에서 거주할 수 있게 했다. 이는 금 왕조의 관민들이 남송으로 투항하는 데 유리한 조건 중 하나이자, 북송이 요 왕조에서 줄곧 얻어내지 못했던 목표였다. 송 왕조의 입장에서 보면 이 화의는 적지 않은 승리의 하나였다. 따라서 다음 해에 송 효종이 건도(乾道) 원년으로 연호를 바꾸었기 때문에 송 왕조에서는 이 화의를 '융흥화의(隆興和議)'라고 칭한다.

2. 개희북벌과 태화화의

대정화의 이후로 금과 송은 계속 정상적이고 평화적인 왕래를 유지했으며 쌍방은 각자 국경에서 각장을 열어 경제와 문화적 왕래가 북송과 요 왕조만큼 밀접하지는 않았지만, 그래도 역시 심각한 충돌은 일어나지 않았다. 더욱이 금에서는 세종과 장종이 모두 남송과의 관계를 유지하는 것을 대단히 중시해 예악 제도를 완전히 하는 측면에서도 송의 제도를 귀감으로 삼은 것이 많았다. 그러나 태화 연간(1201~1208)이 되면 금에서 이미 쇠퇴의 조짐이 나타나고, 몽고 여러 부락의 세력이 점차 강해지면서 수시로 금 왕조의 북쪽 변경을 습격해 어지럽혔다. 남송의 경내에는 다시 하나의 세력이 중원으로의 북벌을 준비하기 시작했다.

1) 송군의 북벌

명창 5년[소희 5년, 1194]에 송 영종(寧宗) 조확(趙擴)이 종실 조여우(趙汝愚)와 외척 한탁주(韓侂冑)의 활동으로 선양을 받아 즉위했다. 한탁주는 스스로 책략을 결정하는 데 공이 있다고 생각했으며, 또 황후의 숙부가 되어 "수시로 틈을 보아 위엄를 부렸다. 자신과 생각이 다른 사람을 배척하면서 "세력과 기세로 다른 사람을 능멸했다"고 한다.

이때는 금 왕조의 국세가 날로 쇠약해지고 송의 일부 주전파 관료와 장수들이 다시 중원으로 북상해 실지를 회복할 욕망을 싹띄우기 시작했다. 한탁주는 일찍이 금 왕조에 사신으로 다녀온 적이 있어 금의 허실함을 대략 알고 있었다. 또 군사를 일으켜 공을 세우고 이를 이용해 그의 지위를 확고히 하려고 했다. 이에 한탁주 일파의 지지하에 북벌하자는 논의가 시작되었다.

송 측에서는 물자를 모으고 군졸을 모집하고, 장수를 선발하고 병사를 훈련시켰다. 진강부에 한세충의 사당을 세우고, 악비를 추봉해 악왕으로 삼았으며, 대거 군사를 일으키기 위한 사상과 여론 방면의 준비를 갖추었다. 동시에 국경 주변의 주현에서는 수시로 조금이라도 침입의 움직임이 있으면 금 왕조 변방 장수의 경계심을 불러일으켰고, 송으로 간 사신에 의해 발각되기도 했다. 그러나 금 장종은 남송과의 평화적인 국면을 소중하게 여기어 가벼이 싸움의 발단이 만들어지는 것을 원하지 않았다. 항상 여러 신하를 타이르고 훈계하여 함부로 말을 해 일이 불거지지 않게 했다.

태화 5년[開禧 원년, 1205]에 송에서는 한탁주를 평장정사로 삼고 그의 심복 소사단(蘇師旦)을 안원군(安遠軍) 절도사로 삼아 적극적으로 북벌을 준비했다. 아울러 홍(虹)·신식(新息)·포신(褒信) 등의 현을 차례대로 공격해 점령했다. 금 왕조 변방의 주에서 송의 첩보를 얻은 사람이 있어 "송나라 사람들이 강주(江州)·악주(鄂州)·악주(岳州)에 많은 군사를 주둔시키고, 갑옷과 병장기를 비축하고 전함을 수선해 5월에 침입하려고 한다"[2]는 것을 알게 되었다. 금 장종도 비로소 "추밀원에 명령해 송 왕조에 문서를 보내 서약에 따라 새로운 병사들을 철수시키고 함부로 국경을 넘지 마라"[3]고 했다.

아울러 평장정사 복산규(僕散揆)를 파견해 하남선무사로 삼고, 여러 지방의 병사들을 집합시켜 송에 대비했지만, 송과 전쟁을 벌일 생각은 없었다. 동시에 군신들을 소집해 대책을 의논했는데 군신들 중에 어떤 사람은 송이 "감히 맹약을 파기하지는 않을 것이다"라고 말하기도 하고, 또 어떤 사람은 송군이 성읍을 포위 공격하는 것이 "좀도둑만큼도 안 된다"고 했지만, 장종은 끝까지 말썽이 생기는 것을 원하지 않아 조서를 내려 하남선무사를 폐지했다. 6년에 송 왕조의 정단을 축하하는 사신 진극준(陳克俊)이 작별 인사를 할 때도 장종은 여전히 금 왕조는 군사력을 사용할 생각이 없음을 계속 표명하면서 송 왕조 측의 호응이 있기를 희망했다.

금 왕조의 참고 양보하는 태도는 오히려 남송의 주전파 여러 장수의 기

---

2) 『金史』, 「完顔匡傳」.
3) 『金史』, 「章宗紀」.

세를 살려주어 개희 2년[태화 6년, 1206] 5월에 송에서는 금을 정벌한다는 조서를 내렸고, 이를 송나라 사람들은 '개희북벌'이라고 했다. 이때에 이르러 금 장종도 비로소 복산규를 임명해 좌부원수를 겸하고, 추밀부사 완안광(完顏匡)을 우부원수로, 섬서병마도통사 완안충(完顏充)을 원수우감군으로, 지진 정부사 오고론의(烏古論誼)를 원수좌도감으로 삼아 남벌한다는 조서를 중외에 선포했다. 또 한탁주의 조부 한기(韓琦)의 무덤을 보호하라고 명령해 분쟁의 실마리를 평화적으로 해결할 여지를 충분히 남겨두었다.

10월에 복산규가 여러 지방의 군사 14만 명을 감독해 아홉 개의 길로 나누어 영수(潁壽)·와구(渦口)·당등(唐鄧)·청구(淸口)·진창(陳倉)·성기(成紀)·임담(臨潭)·염천(鹽川)·내원(來遠) 등지로부터 동서 두 개의 선으로 나누어 전면적으로 출격했다. 금 왕조의 군대가 일단 출격하자 마침내 송병이 패배해 광화군(光化軍)·조양(棗陽)·강릉·신양(信陽)·수주(隨州)·양양·안풍군(安豐軍)·저주(滁州)·호주(濠州)·진주(眞州)·성주(成州)·계주(階州)·대산관 등의 지역이 금군의 공격으로 연이어 함락되었다.

한탁주는 마침내 군사를 일으킨 것을 후회하며 개인적으로 재산 20만 관을 내어 군사비에 보태고, 사람을 시켜 서신을 가지고 금의 군영으로 가서 화친을 청하면서 잘못을 소사단(蘇師旦) 등에게 전가했다.

2) 오희의 배신

건염(1127~1130) 이래로 '오'씨는 대대로 오가군을 거느리고 사천과 섬서 지역에서 주둔하고 있었다. 송 광종은 오씨가 대대로 서쪽의 군사를 장악하고 있는 것은 국가에 불리하다고 생각해 마침내 오린의 아들 오정(吳挺)이 사망한 때를 틈타 그의 군사를 구화(丘崇)에게 맡기고, 오린의 손자 오희(吳曦)는 겨우 어떤 한직을 얻었다가 후에는 전전부도지휘사(殿前副都指揮使)가 되어 뜻을 이루지 못하고 우울하게 생활했다. 가태(嘉泰) 원년[태화 원년, 1201]에 오린이 스스로 한탁주에게 말해 홍주(興州)도통제가 되었다. 그는 군사를 홍주에 주둔시키고 마침내 다시 군사를 통솔하게 되었다. 태화 6년[개회 2년, 1206] 12월에 오희는 계주(階州)·성주(成州)·화주(和州)·봉주(鳳州) 등 네 개의 주를 가지고 금의 장수인 완안강(完顏綱)에게 항복했으며, 아울러 사천의 지도와 오씨의 족보를 바치자 금 왕조에서는 오희를 촉왕으로 삼았다.

오희가 금에 항복하자 송 왕조는 사천의 요충지를 잃었고, 이는 송의 형호로(荊湖路)의 안전에 중대한 위협이 되었다. 태화 7년[개회 3년, 1207년]에 오희는 스스로 촉왕을 칭하고 개원했다. 또한 백관을 두고 성도에 궁전을 짓기도 했다. 수군(隨軍)전운사 안병(安丙)을 승상장사(丞相長史)로 삼고, 장수들을 파견해 각각 금국의 군사를 인도해 봉주(鳳州)를 공격했다. 또한 군사를 만주(萬州)에 주둔시키고 가릉강(嘉陵江)에 배를 띄워 금병과 함께 양양을 협공하겠다고 공언하기도 했다. 2월에 안병이 홍주 합강창(合江倉)의 관리 양거원(楊巨源) 등과 더불어 오희를 죽이자, 사천은 다시 송 왕조의 소유가 되었다.

3) 태화화의

태화 7년 8월에 송 왕조에서는 방신유(方信孺)를 파견해 금으로 가서 화친을 의논하게 했다. 금 왕조에서는 사로잡힌 금의 백성의 귀환, 세폐의 증가, 북벌 수괴의 압송, 번국을 칭하고 영토를 할양할 것을 요구했다. 방신유는 단지 포로의 귀환과 별도의 통사전(通謝錢)을 지급하겠다고만 했으나, 거절당하고 돌아왔다. 11월에 송 왕조에서는 다시 왕륜의 손자 왕남(王柟)을 사신으로 파견했는데, 한탁주는 금나라 사람들이 주모자를 추궁하는 데 노해 다시 군사를 일으키고자 했다. 왕남이 금에 이르자 세폐를 은 30만 냥, 명주 30만 필로 늘리고, 군사들의 위로금으로 300만 관을 지급하며, 소사단을 죽여 금 왕조에 머리를 바치는 것을 화의의 조건으로 내놓았다. 금 장종은 한탁주의 머리를 회남의 땅과 바꿀 것을 강력히 요구했다.

태화 8년[가정 원년, 1208] 4월에 송에서 한탁주와 소사단의 수급을 금 왕조의 원수부에 바치자, 금은 원수부를 파하고 송과 화친했다.

3. 세폐의 중지와 선종의 남벌

대안 3년(1211)에 몽고가 남하해 금을 공격하자 송의 생신 축하 사절이 탁주(涿州)에서 더는 나가지 못하고 돌아왔다. 이후에 송은 금의 변방에 우환이 있는 것을 기회로 연변 주현에서 수시로 습격해 어지럽혔다.

금 선종이 남천한 후에 송의 금에 대한 태도는 더는 공손하지 않았고, 또 세폐의 납부도 중지하는 동시에 변방의 수비를 강화했다. 그러나 여전히 약속에 따라 사신을 파견해 축하하면서 금 왕조의 허실을 탐지하고자 했으며, 또 금과의 분쟁에 함부로 발단을 만들려고 하지도 않았다. 정우 2년[가정 7년, 1214]에 서하가 송과 협약을 맺어 금을 협공하자고 했으나, 송은 응하지 않았다.

이와 동시에 금 왕조는 오히려 남진해 남송의 주현을 취해 북방에서 잃은 영토를 보충하려고 생각하고 있었다. 이때 진언(陳言)하는 사람 가운데 왕세안(王世安)이 우이(盱眙)와 초주(楚州)를 공격해 취하자는 계책을 올리자, 추밀원에서 상주해 왕세안을 초토사로 삼고, 회남으로 사람을 파견해 송 왕조 경역으로 들어간 홍요군의 수령과 남송의 관리들에게 귀순을 권유했다. 정우 4년에 상서우승상 술호고기가 남송을 정벌해 영토를 확장하자고 청했다. 4월에 원수좌도감 오고론경수와 점서추밀원사 완안새불에게 군사를 거느리고 남벌하게 하자, 금과 송은 다시 한 번 평화적인 왕래가 단절되었다.

흥정 원년[가정 10년, 1217] 4월에 금군은 차례로 신양(信陽)·용산(隴山)·광주(光州)·번성(樊城) 등의 주현에서 송군을 격파했다. 송 또한 격문을 보내 중원의 군민을 초유하고 군사를 모집해 금을 토벌했다. 아울러 금에 반항하는 농민 무장 세력을 이용해 금에 예속된 사주(泗州)·영벽(靈璧)·해주(海州)·동해(東

海)·확산(確山)·식주(息州) 등의 주현을 습격하게 했다.

8월에 선종은 한편으로는 송나라 사람들이 맹약을 어긴 상황을 군사들에게 통보하고, 또 한편으로는 대신들에게 명령해 송 왕조에 대한 방침을 토론하게 하니, 집현원 자의관(諮議官) 주개(朱蓋)가 글을 올려 적을 막을 세 가지 방책을 말했다. 10월에 우사간 허고(許古)와 집현원 자의관 여감(呂鑒) 등이 화친이 마땅하다고 극언했다. 여감은 특히 지적하기를 군사를 일으킨 후에 당주나 등주로부터 수주와 사주에 이르기까지 주둔하는 군사가 수십만 명으로 거주하는 백성을 거의 동원했고, 군사들까지도 도망하는 자가 있다. 그리고 평화적으로 교류할 때는 식주(息州)의 각장에서만 "매년 각장에서 얻은 포백이 수천 필이고 은이 수백 냥으로, 모두 계산하면 포백 수만 필과 은 수천 냥인데 군사를 일으킨 후에 모두 잃었다"[4]고 하고, 아울러 날씨가 추워 기마병에게 유리한 때를 이용해 병사들을 변경에 모아두고 화의를 재촉해야 한다고 주장했다. 그러나 술호고기는 허고가 초안을 작성한 문서가 취하기에 부족하다고 하면서 화친을 방해했다.

선종은 술호고기의 의견을 채택하고 관원을 파견해 백성의 말을 사들였다. 11월에 당주·등주·채주 원수부에 조서를 내려 군사를 일으켜 남송을 정벌하게 했다. 또 평장정사 서정을 보내 관롱 지방에서부터 출병하게 하면서 다시는 다른 의견을 말하지 말라고 했다. 서정은 한편으로는 군사를 나누어 진주(秦州)·공주(鞏州)·봉상(鳳翔)의 세 길로 일제히 전진시키고 한편으로는 여전히 송을 정벌하는 것이 시의적절하지 않다고 지적했지만, 술호고기를 우두머리로 하는 상서성에서는 받아들이지 않았다. 동시에 송에서도 금을 정벌한다는 조서를 전국에 반포했다.

남벌 이래로 서쪽 전선에서는 일찍이 화주(和州: 西和州로 지금의 甘肅省 西和)·성주(成州)·양주(洋州)를 점령하고 대산관은 얻었지만, 지킬 수가 없어 대

---

4) 『金史』, 「術虎高琪傳」.

산관을 불태우고 군사를 후퇴시켰다. 동쪽 전선에서는 비록 광주(光州)·신양(信陽)·조양(棗陽)·수주(隨州)·광산(光山)·안풍군(安豐軍)을 차례로 점령하고 또한 한 차례 동백(桐柏)에서부터 송의 경역으로 들어갔지만, 군사와 장수를 모두 잃으며 함락했다가 다시 잃어 영토를 남쪽으로 더욱 확장할 수가 없었다.

그리고 북방에서는 몽고군이 가까이 진격해 오는 것 이외에도 포선만노가 스스로 황제로 즉위했고, 서부에서는 수시로 서하의 습격을 받았다. 내부에서는 홍요군의 반항이 여기저기서 끊임없이 일어났으며, 어떤 때는 송에 투항해 송군과 함께 금의 주현으로 진공해 오기도 했다.

정우와 홍정 연간의 남벌은 금 왕조로 하여금 세폐와 각장의 수입을 헛되이 상실하게 했고 전쟁의 부담만 증가시켰으며, 원래부터 대단히 심각한 정치적·경제적·군사적 위기를 더욱 가중시킬 뿐이었다. 그리하여 금 왕조는 남송과의 전쟁을 끝낼 준비를 시작했다. 홍정 2년[가정 11년, 1218]에 서쪽 전선에서 성주(成州)·계주(階州)·화주(和州) 및 대산관을 연이어 함락시켰다. 12월에는 금 선종이 승리를 틈타 화친하고자 하여 개봉부 치소에 살고 있는 여자우(呂子羽)를 상문사(詳問使)로 파견해 화친을 의논하게 했으나, 송에서는 받아들이지 않아 금과 송의 화의는 정식으로 단절되었다.

선종은 추밀부사이자 부마도위인 복산안정을 좌부원수와 권참지정사 겸 행상서성 원수부사로 다시 임명했다. 홍정 3년에 복산안정이 군사를 거느리고 남송을 계속 정벌했다. 서쪽 전선에서 홍원부(興元府)와 양주(洋州)를 얻었으나 다시 잃고, 동쪽 전선에서 복산안정이 송군과 안풍군·저주·호주·광주에서 선투를 벌이면서 황주(黃州)·화주(和州)·선초(全椒)·천장(大長)·육화(六和)로 진격해 들어가고, 기동 기병이 양자강의 북안까지 이르렀다. 남송의 건강부가 크게 놀라 송 왕조에 항복한 홍요군의 수령 이전(李全)과 계선(季先)에게 각각 초주(楚州)와 연수군(漣水軍)에서 나가 송군을 구원하니 금군이 퇴각해 돌아갔다.

이때 송에서는 관작으로 홍요군의 수령을 초유하고 그들을 이용해 남경의 동쪽과 남쪽 및 산동의 주현을 습격함으로써 금 왕조의 병력을 견제했다. 동시에 서하가 함께 협공하자는 제안에 호응하니 금 왕조의 군사적 형세는 더욱 피동적으로 바뀌었다. 금 선종은 병력을 집중시켜 송군에 심각한 타격을 가한 뒤 화친을 의논해 남쪽의 위협을 해소시키고자 했으나, 송 왕조의 호응을 얻을 방법이 없었다.

송 왕조에서 배상을 받으려는 목적으로 시작한 이 전쟁은 교착 상태에 빠져들어 그만두려고 해도 그만둘 수 없었다. 금 왕조는 하는 수 없이 남쪽·북쪽·서쪽의 삼면에서 동시에 전투를 벌였다. 생존을 위해 금 선종은 하는 수 없이 자신이 일으켜 헛되이 시일을 보내면서 오래도록 질질 끌고 있는 이 '남정'의 전쟁을 계속 진행시켜 나갔다. 아울러 어쩔 수 없이 정예병을 하남·하북·섬서 지역에 배치함으로써 몽고에 대한 방어는 더욱 쇠약해졌다.

7월에 송의 장수 맹종정(孟宗政)·호재흥(扈再興) 등이 조양(棗陽)에서 금의 장수 완안와가(完顏訛可)를 대패시켜 금군 3만 명을 죽이고 양식·기물·갑옷 등 획득한 물자를 헤아릴 수 없는, 금과 송이 전쟁을 벌인 이래로 매우 큰 승리를 거두었다. 흥정 4년[송 가정 13년, 서하 광정 15년, 1220]에 송과 서하가 함께 금을 협공하자는 협의가 체결되었다. 서하인들이 출병해 공주(鞏州: 甘肅省 隴西)를 공격했는데, 송군이 탕창(宕昌: 甘肅省 宕昌)을 나와 호응해 함께 공주를 공격했지만 이기지 못하고 돌아갔다. 동시에 송의 사천선무사가 여러 장수에게 각각 천수(天水)·장도(長道)·대산관·자오곡(子午穀)·상진(上津)에서부터 출병하라고 명령해 서쪽 전선에서 금군을 향해 전면적으로 출격했다.

흥정 5년에 금 왕조에서 다시 여러 지방의 군사를 채주로 결집시키고, 다시 조서를 내려 송을 정벌했다. 행원수부를 채주·식주·당주·등주에 설립하고, 행추밀원을 숙주에 설립했다. 이때 당주·등주 방면의 금군이 패배했으나 이겼다고 상주했다. 복산안정은 식주에서부터 황주(黃州)와 기주(蘄州: 호북성 蘄春)로 진격해 양자강까지 갔다가 철수했다.

원광 원년[가정 15년, 1222]에 다시 원수좌감군 완안와가를 행원수부사로 삼아 3로의 병마를 통솔해 송을 정벌하게 하여 처음에 작은 승리를 얻었다. 그러나 퇴각할 때 송군에 요격당해 대패하고, 부원수 시전(時全)이 패배로 인해 피살되었다.

4. 금의 멸망

원광 2년[송 가정 16년, 1223]에 선종이 죽고 애종이 즉위했다. 사방에서 적의 공격을 받는 곤경에서 벗어나기 위해 그는 서하 및 남송과 화친하는 방침을 택했다. 정대 원년[송 가정 17년, 1224]에 상서령사 이광영(李廣英)을 파견해 저주(滁州)에서 우호 관계를 맺게 하고, 또 추밀원판관 이랄포아(移剌蒲阿)로 하여금 군사를 이끌고 광주(光州)에 이르러 금이 다시는 남침하지 않는다고 선언하게 했다.

정대 2년[송 보경 원년, 서하 건정 3년]에 금 왕조는 성공적으로 서하와의 화해를 실현했고, 계속해서 다시 송과의 화친을 준비했다. 정대 3년에 다시 여러 차례 백관에게 명령해 송과 우호 관계를 맺는 일을 의논하게 했지만, 결과는 없었다. 애종이 채주로 달아난 후에 일찍이 섬서행성과 더불어 흥원(興元)을 취할 것을 도모했다. 이때 송과 몽고는 군사를 연합하자는 협의가 이미 체결되어 해볼 만한 계책이 별로 없는 상황에서 애종은 다시 사신을 보내 송에 양식을 빌리려고 했지만, 송은 허락하지 않았다.

몽고의 대군이 남징하기 전에 칭기즈 칸이 내려준 바에 따라 방략이 이미 결정되어 있었다. 그것은 일부 군사가 동관을 돌아 송에서 길을 빌려 남과 북 양쪽에서 변경을 협공한다는 것이었다. 몽고가 사신을 보내 송과 더불어 군사를 연합해 금 왕조를 멸망시킬 것을 의논하자, 송의 신하들은 모두 옳다고 생각했지만, 권공부상서 조범(趙範)만이 홀로 다른 의견을 내놓았다.[5] 그의 동생 조규(趙葵)가 건의하기를 "지금 국가의 군사력이 넉넉하지 않으니 잠시 화의를 따르고 근본적인 힘이 장성해지기를 기다렸다가 두 황제의 수치를 씻고 중원을 회복해야 합니다"라고 했다. 송 이종은 그의 의견을 받아들여 추신지(鄒伸之)를 파견해 몽고군에게 가서 알리는 동시에 금을 멸망시킨 이후에 하남의 땅을 송에 귀속시키는 것을 협공의 조건으로 제시했다. 이에 송과 몽고는 협의를 달성했다.

천흥 2년[송 소정 6년, 원 태종 5년, 1233] 4월에 항산공 무선이 금의 당주와 등주를 수비하는 장수와 더불어 애종을 모시고 촉으로 들어갈 것을 모의하고, 송의 광화군(光化軍)을 공격했다. 송의 경서병마검할 맹공(孟珙)이 금의 등주를 수비하는 장수 이랄원(移剌瑗)을 항복시키고, 순양(順陽: 하남성 淅川의 남쪽)과 마등산(馬磴山)에서 무선을 패배시켜 애종이 서쪽으로 달아날 길을 끊었다. 8월에 몽고의 장수 탑찰아(塔察兒: 타차르)가 다시 왕즙(王楫)을 송으로 파견해, 송에서 군사를 보내 몽고군과 회합해 당주를 공격하자고 했다. 9월에 금 애종이 송에 사신을 보내 양식을 빌려달라고 하면서, 아울러 순망치한의 이치로 비유했으나 송에서는 윤허하지 않았다.

천흥 3년[송 단평 원년, 원 태종 6년, 1234] 정월에 송과 몽고의 연합군이 채주를 공격해 함락시키자 금의 애종은 분신해 자살했다. 맹공과 탑찰아가 금 애종의 유골, 보옥, 각종 법물을 나누어 돌아갔다. 오래지 않아 송의 형부시랑 겸 경호(京湖)안무사 겸 지양양부(知襄陽府) 사숭지(史嵩之)가 포고문을 통해 금의 멸망을 알리고, 획득한 금 애종의 유골, 보옥, 각종 법물과 사로잡은 금 왕조의 관리들을 조정에 바쳤다. 몽고와는 영토를 나누어 지키기로 하고, 진주와 채주의 북쪽은 몽고에 귀속시키고 당주와 등주 이남은 송 왕조에 귀속시켰다. 금 왕조는 이전에 북송과 연합해 요 왕조를 멸망시키고 계속 남하해 북송을 멸망시키고 남송과 대치했는데, 이때에 이르러 다시 송과 몽고의 연합군에 의해 멸망했다.

---

5) 『宋史』, 「理宗紀」.

3절

금과 서하의 관계

처음에 서하는 요 왕조의 번국으로서 일찍이 군사를 보내 요 왕조를 도왔다. 그 후 금 왕조의 정치적인 회유와 군사적인 압력에 의해 금에 신하를 칭하고 금 왕조와 종번 관계를 맺었다. 이로부터 서하는 다시 금 왕조의 역량에 의지해 남송 및 금과 더불어 중국의 역사에서 다시 한 번 삼국이 정립하는 국면을 구성할 수 있었다.

1. 금·서하 간 종번 관계의 확립

1) 서하의 신복

금 천보 6년[하 元德 4년, 요 보대 2년, 1122]에 요의 천조제가 협산(夾山)으로 도망하고 금의 군사가 추격하면서 서경을 함락시킬 때, 서하에서는 그들의 장수 이양보(李良輔)를 파견해 군사 3만 명을 거느리고 요 왕조를 구원하다가 천덕(天德)에 이르러 금군에 패배했다. 다음 해에 금 태조 아골타가 스스로 군사를 거느리고 천조제를 추격하면서 종망에게 명령해 서하와 연락하게 했다. 아울러 지시하기를 서하가 "만일 요 왕조를 섬길 때와 마찬가지로 직책과 공납을 다할 수 있다면 마땅히 그들이 오는 것을 허락하고, 다른 마음을 먹지 못하게 하라. 만약 요의 천조제가 그곳에 이르면 잡아서 보낼 수 있도록 하라"1)고 했다.

첩보를 통해 서하에서 천조제를 맞이하고자 한다는 것을 알았을 때 종망은 다시 서하국에 격문을 전하기를 "과연 나에게 의부하고자 한다면 마땅히 전에 유시한 바와 같이 요의 천조제를 잡아서 보내라. 만약 주저하며 두 마음을 먹는다면 아마 후회하게 될 것이다"2)라고 하면서 한편으로는 우호적인 태도를, 다른 한편으로는 위엄 있는 모습을 보였다.

천회 2년[하 元德 6년, 1124]에 종한이 서남·서북 양 로의 도통이 되어 서하와의 화의가 달성되었다. 서하의 숭종(崇宗)이 압박에 의해 금 왕조에 서표를 올리고 신하를 칭하자, 금 왕조에서는 서하에 하채(下寨) 이북, 음산(陰山) 이남, 을실야랄부(乙室耶剌部) 토록박(吐祿泊) 이서의 땅을 주었다.

서하는 몇 가지를 약속했는데, 다시는 요의 천조제를 구원하지 않는 것을 비롯해 만일 금 왕조에서 군사를 징발하면 또한 여기에 응하고, 만약 천조제가 그들의 경역에 이르면 곧장 잡아서 보내며, 이후 다른 나라의 사자가 서하의 영역을 거쳐 금 왕조로 가려 하면 서하에서는 이를 방해하지 않고 "해마다 조회하여 하례하고, 공납하며 표장을 올리고, 사자를 시켜 왕복하는 등의 일을 비롯한 모든 일을 영원히 신하로서 요 왕조를 섬기던 구례에 따른다"3)는 등이었다. 이로부터 서하는 요 왕조의 부용국에서 금 왕조의 부용국으로 변했다.

---

1) 『金史』, 「西夏傳」.
2) 『金史』, 「宗望傳」.
3) 『金史』, 「西夏傳」.

2) 금·서하 경계의 확정

요 왕조가 멸망한 이후에 금과 송은 협공의 약속을 이행하는 문제를 놓고 서로 논쟁이 발생해 관계가 악화되었다. 금 왕조는 북송을 다음 공격 목표 중 하나로 삼았고, 서하는 다시 금 왕조가 북송으로 진공할 때 동맹이 되었다.

서하의 협조를 얻기 위해 금 왕조는 천덕(天德)·운내(雲內)·금숙(金肅: 내몽고 準格爾旗 서북쪽)·하청(河淸: 내몽고 東勝의 북쪽)의 네 개 군과 무주(武州)와 하동 8관(館)의 땅을 서하에 주기로 결정했다. 천회 4년[서하 원덕 8년, 송 정강 원년, 1122]에 서하의 군대가 황하를 건너 천덕, 운내, 하동 8관의 땅을 취하고, 아울러 송의 진위성(震威城: 송의 府州에 있었으며 지금의 山西省 府穀縣 경내)을 공격해 점령했다.

서하가 새로 얻은 영토의 위치는 매우 중요해 북쪽으로는 야율대석과 통할 수 있고, 동쪽으로는 송과 더불어 하동의 주현을 다툴 수 있었다. 8관의 땅은 풍요롭고 벼를 생산할 수 있어 서하인들이 더욱 중요하게 생각했다. 처음에 금은 북송의 허실을 자세히 알지 못했지만, 송의 군사적 상황을 알게 된 후에는 당초에 땅을 떼어 준 것을 대단히 후회했다.

이전에 왕아해(王阿海)가 천회 2년에 태종의 서조(誓詔)를 가지고 서하에 이르렀는데, 서조를 받는 예의를 놓고 서하와 논쟁이 발생했다. 또한 금군이 서하의 변경에 들어가서 여러 차례 어지럽힌 바 있어, 서하에서는 도통부에 글을 올려 상황을 진술했다. 희윤은 서하가 맹세를 어겼다고 의심해 마침내 사냥을 명분으로 군사 수만 명을 거느리고 서하군을 갑자기 습격해 이미 허락한 땅을 되찾았다. 건립한 지 얼마 되지 않은 금과 서하의 종번 관계는 대단히 취약한 것이었다.

서하의 불만을 가라앉히기 위해 희윤은 송과 교섭할 때 북송에 신종 이후로 서하에서 얻은 땅을 돌려주라고 요구해, 송을 통해 서하의 이러한 손실을 보충해 주려고 했다. 그러나 금과 송의 전쟁이 발생하면서 이러한 방안

역시 실현되지 못했다. 북송을 멸망시키고 장방창을 황제로 세운 뒤 금은 초와 서하의 경계선을 정할 때 섬서 북부의 땅을 서하에 주어 천덕·운내와 바꾸기로 결정했다.

천회 2년에 누실이 섬서 지방을 경략할 때 섬서의 북부를 서하에 넘겨주지 않으려고 하자, 태종은 원수부에 "마땅한 바를 심사해 처리하라"고 명령했다. 당시에 누실의 주관하에 어쩌면 또 돌이 쌓인 땅으로 섬서 북부의 주현과 바꾸려고 했을 것이다.[4] 유예를 황제로 세웠을 때 금에서는 또 섬서와 하남의 땅을 유예에게 귀속시켰다. 유예를 폐립했을 때는 하남과 섬서 지방을 남송에 귀속시켰다.

황통 6년[서하 人慶 3년, 1146]에 서하의 요청에 따라 서부 연변의 덕위성(德威城)·서안주(西安州: 영하 同心縣의 서남쪽)·정변군(定邊軍, 陝西省 志丹縣의 서쪽) 등의 땅을 떼어 서하에 주었다. 정륭 연간에 남송을 정벌하기 전에는 사신을 보내 서하와 경계를 획정하고, 연변에 각각 봉화대를 세워 상호 침범을 피했다.

2. 금대 전기 서하와의 관계

서하는 숭종 이건순(李乾順) 때부터 시작해 국세가 이미 약해져 비록 금과 송이 서로 다투는 시기를 이용해 영토를 확장하고자 했으나, 끝내 원하는 바를 이루지 못했다. 그들은 이미 금의 세력에 포위되어 있는 것을 달갑게 여기지는 않았지만, 다른 나라에 제약을 받는 상황을 변화시킬 힘도 없었다. 그러나 여러 부류의 금에 반항하는 세력들 또한 모두가 서하를 쟁취해야만 할 목표로 삼았기 때문에 금은 서하에 대한 방비를 시종 늦추지 않았다. 금은 중원에서 두 차례 번국을 도와 세우고 한 번은 하남과 섬서의 땅을 송에

---

4) 『金史』, 「移剌成附結什角傳」.

귀환시켰지만, 서하는 오히려 시종 어떠한 좋은 것도 얻을 수가 없었기 때문에 금에 대해 당연히 불만이 있었다. 서하는 계속 피동적으로 금에 대해 번국의 의무를 실천했지만, 쌍방의 갈등과 마찰은 피할 수 없는 것이었다.

태종에서부터 희종 초년에 이르기까지 섬서와 하동의 여러 장수는 계속 서하가 천조제나 야율대석과 왕래할 것이라고 의심했다. 천보 6년[서하 元德4년, 1122]에 요의 천조제를 추격할 때는 비록 이미 서하와 화친을 맺었지만, 종한과 알로(斡魯)는 모두 서하에 다른 계책이 있을 것이라고 의심했다.[5] 천회 6년[서하 正德 2년, 1128]에 송을 정벌할 때 섬서 지방을 어떻게 처리할 것인지 문제를 놓고 하북과 하동에 있던 여러 장수의 의견이 달랐던 것도 서하에서 기인했다. 하북의 여러 장수는 섬서의 군사를 후퇴시켜 힘을 합해 남벌하자는 것이었고, 하동의 여러 장수는 곧 그것이 옳지 않다고 강력하게 주장했던 것이다.[6] 태종이 마침내 누실에게 섬서를 경략하게 하자 누실은 잇따라 장안과 봉상을 함락시켰지만, 결코 서하에 땅을 돌려주려는 행동은 하지 않았다. 서하는 곧 기회를 틈타 송과 더불어 관중과 섬서 지방을 쟁탈하고자 하여 송의 연안부(延安府)에 격문을 보냈지만, 끝내 금의 위세가 두려워 감히 출병하지 못했다.

금이 세 차례나 약속을 지키지 않은 일은 자연스럽게 서하인들의 불만을 불러일으켰고, 남송에서는 오히려 있는 힘을 다해 서하인의 마음을 얻어 금군을 견제하고자 했다. 서하는 곧 금과 송 양쪽의 요구를 모두 들어줄 수 있어서 이미 출병하지 않으면 금을 돕는 것이고, 또 군사를 파견하면 송군의 뒤를 따라가는 것이다. 오래지 않아 송은 다시 서쪽으로 서하와 결탁하고 동쪽으로는 고려와 연합해 종택의 북벌에 협력하게 하려고 계획했지만, 그 중요한 것들을 모두 얻을 수 없었다.

서하의 국세가 쇠약해지고 남송과도 단절되자, 서하는 하는 수 없이 금

---

5) 『金史』, 「斡魯傳」.
6) 『金史』, 「宗翰傳」.

에 더욱 의지하게 되었다. 금 왕조의 중요한 상대는 남송이기 때문에 서하에 대한 방침도 서하와 요나 송과의 관계를 단절시키는 데 계속 주의를 기울였고, 금과 송이 대치하는 가운데 서하가 확고부동하게 금 왕조의 편에 서게 하는 것이었다.

천권 2년[서하 大德 5년, 1139]에 서하의 숭종 이건순이 죽고 아들인 이인효(李仁孝)가 즉위해 서하의 인종(仁宗)이 되었다. 이인효의 즉위가 전환점이 되어 금의 서하에 대한 책략도 무력으로 경계하는 것을 위주로 하는 방법에서 정치적으로 서하의 마음을 얻는 방향으로 전환했다. 통치를 확고하게 하기 위해 이인효도 자발적으로 금에 접근했다. 금과 서하의 관계는 어느 정도 개선되었고, 이해에 금에서 사신을 보내 책봉령을 내려 이인효에게 개부의동삼사(開府議同三司) 겸 상주국(上柱國)을 더해 주었다.

그러나 서하 군신들은 금에 대한 태도를 놓고 의견이 일치하지 않았다. 대경(大慶) 원년[금 천권 3년, 1140]에 하주(夏州)의 통군이자 거란 사람 소합달(蕭合達)이 금의 신하로 복종하기를 원하지 않는다고 하면서, 하주에서 이인효를 배반하고 거란의 남은 무리과 연합해 요 왕조의 부흥을 호소하면서 서평부(西平府)와 염주(鹽州)를 점거했다. 반란은 비록 진압되었지만, 서하의 세력이 다시 한 번 쇠약해졌다. 이인효는 다시 하는 수 없이 대국의 위세를 빌려 그의 지위를 유지했다.

황통 원년[서하 대경 2년, 1141]에 이인효는 각장을 설치하고 금국에 호시를 열어달라고 요청해 허락을 받았다. 이후 금 왕조는 수덕주(綏德州)·보안(保安)·난주(蘭州)·동승(東勝)·환주(環州) 등지에 각장을 설립하고, 서하와 무역했다. 금국은 각장에서 마필과 주옥 등을 구입하고 서하는 금국으로부터 생사와 비단과 같은 물품과 생활필수품 등을 구입했다.

해릉왕이 남벌할 때 서하는 다시 기회를 틈타 변경 지역의 탕강(蕩羌)·통협(通峽)·구양(九羊)·회천(會川) 등의 성채[모두 오늘날 寧夏 회족자치구의 경내에 있다]를 공격해 점령했다.

3. 금·서하 간 종번 관계의 강화

대정 초년에 서하는 점령했던 국경 부근의 성채를 금에 돌려주는 대신 금에 송군이 점령한 토지를 되찾는 것을 도와달라고 하는 동시에, 정륭 말년에 포로로 잡힌 인구와 재물을 서하에 요구하는 것을 정지해 줄 것을 청했다. 금 세종은 서하의 요구를 들어주어 금과 서하의 관계는 다시 한 번 조정되었다. 서하는 소합달의 반란과 대경 4년(1143)에 번부(蕃部) 백성의 반란을 거쳐 국세가 더욱 예전 같지 않았다. 백성의 기의를 진압하는 가운데 한족 관료 임득경(任得敬)의 세력이 강해지면서 당항 귀족 이씨의 정권은 다시 내부에서 발생한 분열 활동의 위협을 받았다.

서하의 권신 임득경은 원래 송의 서안주(西安州) 통판이었는데 서하에 항복한 뒤 점차 권문귀족이 되었다가, 딸이 숭종 이건순의 황후가 되면서 권력을 휘둘렀다. 또 소합달과 번부 백성의 반란을 진압하는 과정에서 공을 세워 상서령과 중서령으로 승진해 국상이 되고, 또 친척이 모두 군정의 요직을 맡아 홀로 권력을 독차지하자 야심이 날로 커졌다. 그는 영주(靈州)와 하주(夏州)를 근거지로 하여 "몰래 다른 뜻을 키우면서 서하국을 도모하고자 했다. 종실의 대신들을 무고해 죽이면서 그 세력을 점차 핍박했지만, 이인효는 제어할 수 없었다"[7]고 한다.

임득경은 정권을 찬탈할 목적을 실현하기 위해 한편으로 금의 지지를 구하고, 다른 한편으로는 남송과 연락해 그들과 함께 서쪽 변경의 여러 번부를 공격하기로 약속함으로써 그가 통제하는 범위를 확대하고자 했다. 대정 7년 [서하 天盛 19년, 1167]에 그는 궁중의 조회에서 금국에 자신의 병을 치료할 의사를 파견해 달라고 요청할 것을 명령했다. 다음 해에 은혜에 감사한다는 명분으로 금에 대량의 예물을 보냈으나, 금 세종은 이를 돌려보냈다.

---

7) 『金史』, 「西夏傳」.

대정 10년[서하 乾祐 원년, 1170]에 임득경은 이인효를 핍박해 영주(靈州) 일대를 자신에게 달라고 하고, 금에는 표를 올려 자신을 책봉해 달라고 했다. 금 세종은 "하국이 번국을 칭한 세월이 오래되었는데"·"이유 없이 나라를 갈라서 다른 사람에게 줄 수 없다"고 하면서, 만일 이인효가 스스로 존립할 수 없다면 곧 군사를 보내 그를 토벌해 주살하는 것을 돕기로 결정했다. 임득경은 금의 지지를 얻지 못하고, 또한 송에서 사자를 파견해 보낸 납환서(蠟丸書)[8]가 또 서하에 의해 탈취되었다. 금 세종의 지지하에 서하의 인종은 임득경과 그의 당파를 죽이고, 서하에 대한 통치권을 유지했다.

금 세종은 힘써 안정을 구하고 속국의 재물을 탐내지 않았으며, 변경에 일이 발생하는 것을 원하지 않았다. 또한 임득경의 공물을 받지 않았고 나라를 나누어달라는 그의 요청도 들어주지 않았으므로, 이인효로 하여금 끝없이 은혜에 감사하는 마음을 갖게 하여 금과 서하의 종번 관계는 확고해질 수 있었다. 그러나 세종은 여전히 변방 지역 백성의 무역이 변방에서 우환을 일으킬 것을 두려워했다. 그리하여 각장의 수를 줄여 단지 동승과 환주만 남기고자 했으나, 서하가 거듭 요구하자 수덕(綏德) 각장까지 남기는 것을 허락했다. 아울러 서하의 사신이 도성의 회동관(會同館) 안에서 호시무역을 하는 것도 허락했다.

그러나 서하는 금이 변경을 획정하는 것과 무역을 제한하는 정책에 대해 마음속으로 계속 불만을 품고 있었고, 서요와 남송 또한 수시로 사신을 보내 연락하거나 혹은 서하에 길을 빌려 금을 공격할 것을 도모했다. 여기에 더해서 이미 금의 실력은 이전보다 확실히 크게 약화되었다. 따라서 대정 연간 후기와 장종이 즉위한 후에 쌍방은 변경에서 수시로 소규모의 마찰을 빚어, 서하의 군사가 일찍이 인주(麟州)·남주(嵐州)·석주(石州)·방주(坊州)·보안주(保安州)·진융군(鎭戎軍) 등지로 들어가 사람과 가축을 약탈하고 심지어 금의 변

---

[8] 밀랍으로 만든 속이 빈 공으로, 고대에 기밀문서를 보관했으며, 방습과 기밀 누설 방지 등에 효과가 있다. _옮긴이 주_

방의 장수를 살해하기도 했다.

명창 4년[서하 乾祐 24년, 1193]부터 대안 3년[서하 光定 원년, 1211]에 이르는 동안 금의 세력이 쇠약해지고 서하에 대한 통제력도 느슨해져, 서하 종실의 폐립 활동에 대해서도 더는 개입하거나 간섭할 수 없었다. 금과 서하는 모두 쇠망의 시기로 접어들었다.

4. 금대 후기 금·서하 관계의 재조정

칭기즈 칸이 고비 사막 북쪽에서 흥성하자 금과 서하 이 두 정권에 거대한 영향을 미쳤고, 몽고가 금과 서하에 대해 군사를 동원하자 금과 서하의 관계에 커다란 변화가 일어났다.

태화 5년[서하 천경 12년, 1205]에 칭기즈 칸이 처음으로 서하에 대해 군사를 일으켰는데 이 전쟁은 탐색전의 성격이 짙은 약탈 전쟁으로 변방의 성채들을 공격해 함락하고, 많은 수의 사람과 가축과 재물을 노략질한 후 신속하게 철수했다. 서하에서는 오랫동안 국정을 장악한 진이군왕(鎭夷郡王) 이안전(李安全)이 그의 사촌 형 이순우(李純祐)를 폐립하고 스스로 즉위해 양종(襄宗)이 되었다. 서하의 통치자는 북쪽 변경의 강력한 적을 중시하는 모습을 전혀 보이지 않았다.

1) 금·서하 관계의 악화

칭기즈 칸은 금에 대해 군사를 일으킬 때 측면으로부터 올 수 있는 위협을 제거하기 위해, 또다시 태화 7년[원 태조 2년, 서하 應天 2년, 1207]과 대안 원년[원 태조 4년, 서하 웅천 4년, 1209]에 두 차례 서하로 출병했다. 서하인들은 당해 내지 못하고 금을 향해 구원병을 요청했는데, 위소왕은 "적들끼리 서로 공격하는 것은 우리나라에 복이다"9)라고 생각하면서 좌시만 하고 구하지 않아, 서하의 양종은 강압에 의해 하는 수 없이 몽고에 공녀를 바치고 화친을 청했다. 이로부터 서하가 몽고에 신하로 복종하면서 금에 대해서는 진공하는 정책을 취하자, 금과 서하의 종번 관계에 위기에 처했다.

몽고 군대가 철수한 후에 서하는 즉시 금국의 가주(葭州: 陝西省 佳縣)를 공격해 보복했다. 대안 3년에 이준욱(李遵頊)이 즉위해 신종(神宗)이 되었는데, 그는 몽고에 귀부해 금국에 대항하는 정책을 계속 집행하면서 수시로 금과의 변경에 있는 주현을 침략했지만, 이전과 마찬가지로 사신은 계속 왕래했다. 그는 금군이 회하보(澮河堡)에서 패배하고 몽고군이 중도로 곧장 돌격해 간다는 소식을 듣자, 역시 기회를 틈타 군사를 파견해 경주(涇州)와 빈주(邠州)를 침범해 어지럽히고 평량부(平凉府)를 포위 공격했다. 이후 다시 수시로 금과의 변경에 있는 보안주(保安州)·경주(涇州)·회주(會州)·경원주(慶原州)·적석주(積石州)·연안부(延安府) 등지를 공격하고 약탈했다.

처음에 금에서는 그래도 변방의 관리에게 유시해 서하의 경역에는 들어가지 말라고 했으나, 후에는 서하의 병사들이 끊임없이 침범해 어지럽히자 선종 정우 3년[서하 光定 5년, 1215]에 조서를 내려 서하의 정벌을 의논하게 했다. 그런데 섬서선무사에서 상주하기를 "가볍게 움직이는 것은 마땅하지 않다"고 하여 마침내 의논을 중지했다.

그러나 서하인들이 부연(鄜延)에서부터 환경(環慶)과 임조(臨洮)에 이르는 변경 지역을 빈번히 침범해 어지럽히자, 금 또한 하는 수 없이 반격했다. 정우 4년(1216)에 금군이 염주(鹽州)·유주(宥州)·하주(夏州)·위주(威州)·영주(靈州)·안주(安州)·회주(會州) 등을 공격했다. 그리고 흥정 원년[서하 광정7년, 1217]에는 조서를 내려 서정(胥鼎)에게 3만 명의 군사로 서하를 정벌하게 하니, 서정이 "마땅히 남쪽 변경의 방비가 필요하지 않을 때까지 서하를 정벌하는 일을 의

---

9) 吳廣成, 『西夏書事』.

논하는 것은 옳지 않다"라고 강력하게 주장하자 다시 중지했다. 이때 금 왕조는 사면에서 적의 공격을 받아 금 선종도 서하와 화친할 생각이 있었지만, 완안경산노(完顔慶山奴)가 "서하는 결코 화친하려고 하지 않으니, 다만 속임을 당할 뿐이다"[10]라고 말하자 화친을 중지했다.

서하가 몽고에 대해 신하를 칭했지만, 결코 그들은 전쟁의 재난에서 벗어날 수 없었다. 몽고는 자주 서하의 군사를 징발해 몽고군을 따라 전투를 돕게 했다. 서하는 이미 몽고의 통제를 받았고, 또 여러 차례 금군에 패배해 생산력이 파괴되고, 국가의 재정이 궁핍해졌다.

그리하여 흥정 2년[서하 광정 8년, 1218]에 서하에서는 화친할 생각으로 다시 호시를 열 것을 요구하면서 과거와 마찬가지로 신하를 칭하겠다고 했으나, 이번에는 금에서 호응하지 않았다. 이후 쌍방은 변경의 성채에 서로 침공하는 일이 그치지 않았고, 승부 또한 각각 절반이었다. 흥정 4년에 금의 섬서행성에서 서하와 화친을 의논했으나 결과가 없었다. 금과 서하의 관계가 파열되면서부터 "재난이 만들어져 10년 동안 해결하지 못하고, 한 번 이기고 한 번 패배하면서 정예병들이 모두 소진되어 두 나라가 모두 피폐해졌다"[11]고 한다.

2) 금·서하 관계의 재조정

1223년[금 원광 2년, 서하 건정 원년]에 금 애종이 즉위해 서하 및 남송과의 문제를 해결하는 데 착수했다. 이때 서하 신종의 몽고에 의부하고 금에 대항하는 정책이 일부 관료와 귀족의 반대에 부딪혔는데, 그들은 금과의 화친을 주장했다. 이해에 서하 신종은 태자인 이덕임(李德任)에게 명령해 군사를 거느리고 금을 공격하게 했다. 이덕임은 금국의 군대가 여전히 강한데 그들과 더

---

10) 『金史』, 「西夏傳」.
11) 『金史』, 「西夏傳」.

불어 끊임없이 전쟁을 하는 것은 화친을 약속하는 것만 못하다고 생각했다. 그렇지만 신종 이준욱이 이를 받아들이지 않자, 이덕임은 승려가 되어 태자의 자리를 버리겠다고 청했다가 하옥되었다. 어사중승 양덕의(梁德懿) 또한 마찬가지의 건의를 올렸다가 파면되었다.

이준욱은 10만 명의 군사로 몽고의 목화려(木華黎)를 도와 금의 봉상부를 공격했는데 금군이 굳게 지키자 서하의 사졸들은 전쟁에 염증을 느꼈고, 군사를 통솔하는 장수도 승리할 수 없다고 생각해 군사를 거느리고 후퇴했다. 몽고에서 사신을 보내 죄를 묻자 이준욱은 차남 이덕왕(李德旺)에게 양위했다.

서하 헌종(獻宗) 이덕왕은 부친의 정책을 바꾸어 금국과 화친할 것을 결정했다. 정대 원년[서하 건정 2년, 1224] 9월에 사신을 보내 금과 우호 관계를 맺고, 다음 해에 화의를 달성했다. 화의에서는 양국이 각각 본국의 연호를 사용하고 서하의 황제는 금의 황제를 형이라 하며, 상호 사절단을 파견하고 호시를 개방하기로 규정했다.

이미 금과 화친을 맺자 서하의 몽고에 대한 태도에도 변화가 발생했다. 이덕왕은 칭기즈 칸이 서정을 떠나 돌아오지 않은 때를 이용해 고비 사막 북쪽의 여러 부락과 연락해 함께 몽고에 대항했다가 칭기즈 칸의 토벌을 초래했다. 1227년[원 태조 22년, 서하 寶義 2년, 금 정대 4년]에 서하는 몽고에 의해 멸망했다.

금과 서하가 서로 침범하고 습격하면서 쌍방이 모두 피해를 입어 객관적으로 몽고에 좋은 기회를 제공했다. 금 애종과 서하 헌종은 비록 이러한 국면을 바로잡기는 했지만 때는 이미 너무 늦었고, 마지막에는 서하와 금이 차례로 몽고에 멸망당했다.

12장

금의 문화와 여진인의 사회생활

1절

금대 문화의 발전과 그 특징

건국하기 이전에 여진 각 부락의 발전 수준은 매우 큰 차이가 있어 생여진은 여전히 부락연맹체의 발전 단계에 머물러 있었고, 계적여진과 숙여진의 발전 수준은 약간 높았다. 아골타가 여진 각 부락을 통일하고 요 왕조에 대항해 건국하는 과정에서 계적여진과 숙여진이 새로운 여진공동체에 가입해 생여진의 정치·경제·문화의 발전을 가져왔다. 여진인은 스스로 발해와 일가(一家)라고 인식했으며, 발해의 문화는 그들에게 중요한 영향을 끼쳤다.

요 왕조와의 종번 관계는 그들로 하여금 거란 문화에 물들게 했다. 여진의 상층부에는 거란어를 완전히 이해하는 인사가 적지 않았고, 국가의 통치, 대외 관계, 언어와 문자, 풍속과 습관 등 여러 방면에서 모두 요 왕조의 영향을 매우 많이 받았다. 건국한 후에 여진의 상층부 인사들은 적극적이고 진취적이었으며, 거란의 대자와 소자를 모두 이해하는 문화적 소양을 갖춘 군대의 장수들이 출현했고, 그들은 전쟁이나 정권을 건립하는 데 모두 중요한 역할을 했다.

북송과의 왕래는 또한 그들이 적극적으로 한족의 문화를 이해하고 흡수하도록 촉구했다. 따라서 여진 상층부의 문화적 소양은 빠른 속도로 높아졌다. 건국 초기에 많은 수의 한인이 이주해 와서, 금 왕조의 내지로 한족의 문화를 전파했다. 이후 여진인이 중원으로 남하하면서 그들을 다시 한족의 문화라는 망망대해에 처하게 되었다. 여진인들도 한인들과 마찬가지로 농경을 본업으로 삼았기 때문에, 그들은 한족의 문화를 흡수하는 데 더욱 적극적이고 더욱 자연스러웠다. 비록 최고 통치자들이 그들의 통치를 유지하는 데 필요했기 때문이기는 하지만, 행정 명령의 수단으로 여진인들에게 그들의 옛 풍속을 지키라고 강제하기도 했다. 그러나 여진인의 한화 추세는 오히려 저지하기 어려운 것이었다.

한족의 문화를 대거 흡수하는 동시에 여진 민족은 또한 자신들의 특징을 지니고 있었기 때문에, 한인들 또한 자신도 모르는 사이에 여진 등 민족의 문화에 영향을 받아 감화되는 것을 피할 수 없었다. 이것이 곧 금의 문화가 한족의 문화를 위주로 하면서도, 여러 민족의 문화가 서로 융합되는 특징을 보이게 했다.

1. 문학과 예술

1) 언어와 문자

여진의 경역 안에서는 주로 한어와 거란어·여진어가 사용되었다. 여진어는 알타이어 계열에서 퉁구스-만주어족에 속하며, 명대의 여진어와 청대의 여진어는 일맥상통한다. 건국 이전에 여진인들은 자기 민족의 문자가 없어 문서로 왕래할 때는 거란문자나 한자를 빌려 썼다. 건국 후에 태조가 희윤과 엽로에게 문자를 창제하라고 명령했고, "희윤이 이에 한인들의 해서체를 모방하고 거란 문자의 제도를 참고해, 본국의 언어와 합치시켜 문자를 창제했다"[1]고 한다. 희윤 등이 창제한 여진 문자는 대자(大字)라고 칭하며, 천보 3년(1119)에 정식으로 반포되어 거란 문자나 한자와 함께 통용되는 공식적인 문자가 되었다. 여진인들이 이 민족의 문자를 이해할 수 있도록 태종은 엽로에게 명령해 도성에 학교를 설립해 여진 문자를 가르치고, 귀족의 자제를 선발해 배우게 했다.

이후에 희종이 다시 스스로 여진 문자를 창제해 천권 원년(1138)에 반포하니, 이를 여진소자(女眞小字)라고 칭하고 대자와 함께 사용했다. 현재 발견된 여진 문자는 단지 한 가지뿐인데 그것이 대자인지 그렇지 않으면 소자인지 확정할 수는 없기 때문에 학계에서는 그것을 다만 여진자라고만 칭한다. 여진자는 사각형에 한자의 一, ㅣ, ノ, ㄴ, 丶 등의 획으로 구성되었는데, 일반적으로 단음절이다. 그러나 여진어의 어휘는 다음절이 많기 때문에 하나의 어휘가 자주 두세 개의 여진자로 구성되었다.

여진어를 반포한 후 관청끼리 왕래하는 문서에 사용하는 외에도 한문으로 된 경전과 역사 저작물을 대량으로 번역했다. 세종 대정 4년(1164)에 여진 대자와 소자로 번역한 경서를 반포하고 모극마다 두 사람씩 선발해 학습하게 했다. 오래지 않아 다시 여진자를 배우는 학교를 건립하고 여러 로의 학생 3,000명을 모아 입학시켰다. 대정 9년에 100명의 성적 우수자를 선발해 도성에 이르러 국가가 생계를 유지하게 해주면서 고서와 시문과 책략 등을 학습하게 했다. 그리하여 일군의 지식이 있는 여진 청년을 육성해 여진 문자를 이용한 문화 교육이 더욱 발전하고, 여진인 책론진사과를 설치하는 데 유리한 여건을 형성했다.

대정 13년에 처음으로 여진인 책론진사과를 개최해 도단일(徒單鎰) 등 스물일곱 명을 선발했다. 이후에는 새로운 진사를 교수로 삼아 도성에 여진국자감을 설치하고 여러 로에는 여진 부학을 설립해 사서인의 자제 가운데 학문에 뜻이 있는 이들을 모집했다. 여진 진사는 다른 여러 과거와 마찬가지로

---

1) 『金史』, 「完顔希尹傳」.

인재를 선발하는 중요한 경로의 하나로, 여진이 멸망할 때까지 계속 시행되었다.

당시에 여진 문자를 사용해 찬술한 문서와 시문 저작 및 번역한 경서와 사서는 지금 이미 존재하지 않는다. 현존하는 금대의 여진 문자로는 문헌·금석문·묵적 등 세 가지가 있다. 예를 들면「대금득승타송비(大金得勝陀頌碑)」와 일부의 부절, 청동 거울, 도장의 상단이나 측면에 새겨진 명문 등이 있다. 이 외에 섬서 지구 문물관리위원회와 원래 소련과학원 동방학연구소 레닌그라드 분소에 각각 소량의 여진자 필사본 일부를 보존하고 있다. 내몽고 호화호특시(呼和浩特市)에 있는 만부화엄경탑(萬部華嚴經塔)의 내부 벽면과 과이심우익(科爾沁右翼) 전기(前旗)와 중기(中旗)의 경내에 있는 석벽에서도 여진자로 쓰인 문자가 발견되었다. 명나라 사람 왕세정(王世貞)의『엄주산인사부고(弇州山人四部稿)』와 방천로(方千魯)의『방씨묵보(方氏墨譜)』에는 모두 현명한 왕이 신중하게 덕을 베풀면 사해가 두루 복종한다[明王愼德, 四海咸賓]라는 의미의 여진 문자 몇 개가 기록되어 있다.

현재 여진 문자에 대한 연구는 이미 많은 진전을 이루어 김계종(金啓孮), 진치충) 교수가 편저한『여진문사전(女眞文辭典)』은 문자의 구조, 독음, 여진어 문법 등의 방면부터 여진의 언어와 문자에 대해 전면적이고 계통적으로 연구한 저작이다.

한어는 비단 금 왕조의 경역 내에서 한인들만 사용하는 것이 아니고 거란·여진·발해의 상층 인사들도 일반적으로 모두 한어에 능통했다. 사용 범위와 중요성에서 모두 여진의 어문보다 위에 있었다. 각각의 민족이 언어가 통하지 않을 때는 곧 한어를 공동의 언어로 사용했다.[2]

거란어 또한 거란인들만 사용하는 것이 아니라 금 건국 초기에는 적지 않은 여진족 상부 계층의 인사들도 거란어를 알았다. 거란 문자는 관방의 문

---

2)『三朝北盟會編』.

자가 되어 건국 초기부터 장종 초년까지 계속 사용되다가 명창 2년에 비로소 법령으로 폐지시켰다. 거란 문자가 금의 경내에서 교류하는 데 중요한 위치를 차지했기 때문에 상서성·어사대·추밀원에 모두 거란 영사(令史)와 역사(譯史)가 있었고, 5경·부·전운사·방어주·자사주에도 역사를 두어 거란 문자로 된 문서의 처리를 담당했다.

2) 문학

여진인의 발전 수준이 비록 한인이나 발해·거란보다 낙후했지만 여진 사회가 신속히 발전하고 급격히 변화하면서, 군사 행동이나 정권의 건설 및 대외적인 교류의 필요성과 요·송 왕조의 영향 아래 아주 짧은 기간 내에 그들의 문화적 소질과 문학적 수준이 신속히 제고되었다. 문학예술의 영역에서는 뛰어난 업적을 이룬 한인·발해인·거란인이 일시에 배출되었다. 시사(詩詞)·가부(歌賦)·서예·회화 방면에서 여진인 중에 뛰어난 업적을 남긴 이들이 적지 않았다.

『금사』「문예전」에 다음과 같은 글이 있다.

금대 초기에는 문자가 없었다.… 태조가 이미 훙하고 요의 옛 사람들을 얻어 기용해 사신으로 왕복하면서 그 말이 이미 문자가 되었다. 태종이 이어 즉위하고 이에 선거의 법을 시행했다. 송을 정벌할 때 변경의 도적을 취하고 송의 사인들이 많이 귀순했다. 희종은 선성[전설 중에 한문을 만들었다고 하는 倉頡을 말한다]을 배알하는데, 제자의 예와 같이 북면했다. 세종과 장종 때는 유가의 풍조가 크게 변해 학교가 날로 성행하고, 선비가 과거를 통해 지위가 재상에 이르는 자가 계속 뒤를 이었다. 당시에 유학자들은 비록 전문적으로 유명한 선생의 학문은 없지만, 조정의 제도와 정책이나 이웃 나라와의 국서나 명령에는 뚜렷하고 명백하며 일목요연

함이 있었다. 금은 무력을 사용해 나라를 얻은 점에서는 요와 다른 점이 없지만, 한 시대의 창작에는 당과 송의 사이에 세울 수가 있어 요의 시대가 미치지 못하는 바가 있다면 문으로 한 것이고 무로 한 것이 아니다.[3]

청나라 사람인 조익(趙翼) 또한 매우 적절하게 금대 문학예술의 성취가 "위로는 요대를 덮고, 아래로는 원대를 능가한다"[4]고 지적했다.

금대 초기에 요와 송 왕조로부터 금으로 들어온 한인·발해인·거란인과 여진인 지식인들이 그들의 문화와 지식으로서 요 왕조에 대항하고 송을 멸망시키는 정치적 교섭과 군사적 활동에 종사했다. 그들은 통치 제도를 수립하고 또 완전하게 했으며, 통치 집단 내부의 갈등과 충돌을 조정해 금의 통치 범위를 확대했다. 또한 새로 점령한 영토의 통치를 강화하고, 사회질서를 안정시키고, 생산력을 발전시켜 하층 민중의 생활 여건을 개선하는 등 금 정권을 건립하고 확고히 하며 발전시키는 데 대단히 크게 공헌했다. 금대 후기에는 생산력이 발전하고, 재부가 축적되고, 사회적으로 안정되고, 예악 제도가 날로 완전해진 반면 통치 집단 내부에 투쟁이 날로 심화되었기 때문에 일부 여진 귀족은 정치를 회피하게 되었는데, 그들의 성과는 주로 문학예술 방면으로 표출되었다.

문학 ■■■ 건국한 초기에 문화적 지식으로 사회에 봉사하며 특출하게 공헌한 사람으로 가장 먼저 완안희윤을 꼽을 수 있다. 그가 창제한 여진 문자는 여진 민족이자 전체 중국 민족의 중요한 재산이다. 금대 초기에 정권을 건립하는 데 그는 종간이나 종한과 함께 적극적이고 진취적이었으며, 당시 전체 중국의 정치 무대 위에서 금 정권의 지위를 강화하고, 노예주 귀족의 보수 세력들이 노예 제도를 발달시키자고 하는 정치적 주장을 억제하고 여

---

3) 『金史』, 「文藝上」.
4) 趙翼, 『廿二史劄記』 卷28.

진 사회의 발전을 촉진했다. 그가 재상을 지내는 기간에 "국가에 큰 정무가 있으면 모두 몸소 근심거리를 먼저 맡아 다스려서" 어느 정도는 여진족 상부 계층의 단결과 화해를 유지했다.

이 외에 종간과 종웅은 법률을 만들고 제도를 정하고 생산력을 발전시키는 방면에서, 엽로·와리랄(訛離剌)·온적한체달(溫迪罕締達) 등은 교육 사업 방면에서 모두 나름대로 공헌한 바가 있다.

희종 이후에 문학이 날로 흥성했다. 금대 사람들은 시사를 매우 사랑했는데 금대 시의 풍격은 당과 송으로부터 이어받았고, 이백·두보·소동파·황정견에게서 배웠다. 금대 황제들은 해릉왕 완안량에서부터 장종 완안경, 선종 완안순에 이르기까지 모두가 문장에 기교가 있었고, 시부에 능했다. 해릉왕이 번왕을 지낼 때 다른 사람을 위해 부채에다가 다음과 같은 글을 지었다.

大柄若在手	대권은 손안에 있는 것 같고
淸風滿天下	청풍은 천하에 가득하다

또 남벌하기 전에는 다음과 같이 정치적 이상과 포부를 작품에 남겼다.

萬里車書盡混同	만 리의 마차나 서책이 모두 섞여 같은데
江南豈有別疆封	강남이 어찌 다른 나라의 영토로만 있겠는가
陳兵百萬西湖側	백만의 대군을 [항주의] 서호 옆에 늘려 세우고
立馬吳山第一峰	강남 지방 제일 높은 봉우리에 말을 세워두리라

이 외에 그의 사는 「소군원(昭君怨): 영설(詠雪)」·「염노교(念奴嬌)」·「간대설(看大雪)」·「작교선(鵲橋仙): 대월(待月)」·「희천앵(喜遷鶯): 사대장군한이야(賜大將軍韓夷耶)」 등이 있는데, 창작의 풍격은 비록 가볍고 부드러움이 담긴 작품도 있기는 하지만, 다수는 기세가 드높은 작품이다. 사물을 노래하는 동시

에 작자의 정치적 심경을 토로해 사람들에게 "강하고 굳센 말을 내뱉지만, 사실은 기세가 등등해 사람을 짓누른다"라는 평가를 받고 있다.

장종 완안경은 "타고난 자질이 총명하고 시사에 꼽을 만한 작품이 많이 있다"고 전해진다. 장종의 부친 현종(顯宗) 윤공(允恭)은 "문학을 좋아하고 시를 잘 쓰고 그림을 잘 그렸는데, 특히 인물과 말 그림이 더욱 뛰어났다"5)고 하여, 그의 작품은 당시 사람들에게 사랑을 받았다. 장종의 숙부 영공(永功)은 "경적과 역사서를 두루 섭렵하고 법서(法書)와 명화를 좋아했다"고 한다.6)

영공의 아들 완안숙(完顔璹)도 시문에 능하고 해서와 초서에 뛰어났고, 더욱이 서화를 수집하는 것을 좋아했다. 남천 후에는 비록 생계가 어려워 거주하는 곳이 적막하고 변변한 물건도 없었지만, 그래도 여전히 거문고 악보가 책상에 가득하고 소장한 서화가 수십 폭이 있었는데, 모두가 세간에서는 드물게 보이는 것이었다. "집에서 거주하며 다만 외우고 읊조리는 것을 낙으로 삼았다." 완안숙은 문사인 조병문·양운익(楊雲翼)·뇌연(雷淵)·원호문(元好問)·이분(李汾)·왕비백(王飛伯) 등과 밀접하게 교류했다. 그는 손님을 접대할 때 술과 안주와 맛있는 음식을 준비할 힘이 없으나, "향을 피우고 차를 달이면서 소장한 책을 모두 꺼내 대정과 명창 연간의 고사를 이야기하면서 해가 지도록 손님이 돌아가지 못하게 했다"고 한다. 왕비백은 그에 대해 다음과 같은 시를 썼다.

宣平坊里榆林巷	선평방리의 유림 골목은
便是臨淄公子家	곧 임치 공자의 집이다
寂寞畫堂豪貴少	적막한 화당에 호강 귀족은 적지만
時容詞客聽琵琶	때때로 문사들을 받아들여 비파를 듣는다

---

5) 『歸潛志』 卷1.
6) 『金史』, 「世宗諸子傳」, 越王永功.

유기(劉祁)는 이것이 바로 완안숙의 생활에 대해 진실하게 묘사한 것이라고 생각했다. 그는 평생 동안 쓴 시문이 매우 많은데, 만년에 스스로 그 시를 삭제하고 300수와 악부 100수만을 엮어 이를 『여암소고(如庵小稿)』라고 했다.

그가 지은 사는 「임강선(臨江仙)」과 「춘초벽(春草碧)」 등이 있는데 창작의 기교 면에서 보면, 당시 한족 사 작가들과 비교해도 손색이 없었다. 내용 또한 그 자신이 금의 쇠퇴기를 살아가면서 느낀 감정을 구체적으로 표현했다. 청대 사람 황주이(況周頤)는 그의 사를 칭해 "강사(姜史)와 신류(辛劉) 두 파를 겸해 가지고 있다"고 하여, 그의 문사의 공력이 얼마나 깊은지를 충분히 알 수 있다.[7]

금대 전기에 문단에서 일정한 성과를 얻은 한인·발해인·거란인 작가로는 채송년·채규(蔡珪)·오격(吳激)·우문허중(宇文虛中)·곽장천(郭長倩)·소영기(蕭永祺)·고사담(高士談)·호려(胡礪)·조가(趙可)·정자담(鄭子聃)·양백인(楊伯仁) 등이 있다. 그들의 시와 사 중에서 일부 우수한 작품은 원호문이 편저한 『중주집(中州集)』에 수록되어 있다. 그중 채송년과 오격은 악부시로 이름이 알려졌는데, 문사가 분명하면서 함축적인 것을 당시에는 '오채체(吳蔡體)'라고 했다.

호려의 자는 원화(元化)인데 부와 시를 "붓을 잡으면 바로 완성하는데 예술적 취향이 맑고 감칠맛이 있었다"라고 전해진다. 그는 천회 10년에 진사과에 장원으로 급제했다. 정주(定州) 관찰판관으로 부임해 감독하고 가르치는 것을 게을리하지 않아, 가르침을 받은 자들이 모두 과거 시험에 합격했는데 이름이 앞에 있었다. 그들의 과거 시험 답안지는 과거에 응시하고자 하는 사람들에게 모범이 되었는데, 이를 '원화격(元化格)'이라고 한다.

양백인은 시와 문장에 모두 뛰어났는데 작품 구상이 빨라 해릉왕이 매우 높게 평가했고, 아울러 문장을 아는 것으로 당시 사람들에게 알려졌다. 세종은 그가 문장을 작성하는 데 능숙해 한림직학사, 시강(侍講), 영수기거주(領修

---

7) 陳衍 輯, 「金詩紀事」.

起居注)로 임명했다. 오격은 『동산집(東山集)』이 있고, 조가는 『옥봉산인집(玉峰散人集)』이 있으며, 곽장천은 『곤유집(崑崳集)』이 있다. 채송년과 그의 아들 채규도 모두 문집이 전해지고 있다.

그러나 그들은 새로운 정권을 건설 내지 확고하게 한 점, 전장 제도를 확립하고 완전하게 했다는 점, 금에서 인재 선발과 육성 등의 방면에서 더욱 특출하게 공헌했다.

금대 후기에는 당회영·양운익·조병문·왕약허(王若虛)·이순보(李純甫)·뇌연·원호문 등이 있다. 당회영은 문장의 작성에 능숙했고, 아울러 서예와 『요사』를 편수한 것으로 이름이 알려져 있다. 양운익은 경학·역학·수학 및 제자백가의 학문에 뛰어났다.

조병문은 "재기와 문재가 있었고 서신을 작성하는 데 뛰어났다"·"위로는 6경의 해석에서부터, 외부로는 불학과 도학 및 의학의 연단술까지 전심하여 연구하지 않은 것이 없어서"[8] 저술한 바가 수십만 글자다. 문장을 작성하는 데 변별과 분석에 장점이 있고, 규범에 스스로 얽매이지 않아서 "글로써 생각을 나타내야 한다"라고 주장했다. 그의 시는 예술적 경지가 심원하고 함축적인 의미를 담고 있다. "칠언장시는 풍격이 일률적인 것에 얽매이지 않고 자유로우며, 율시는 장려하고, 짧은 시는 대단히 정교하다. 많은 것이 근체시로 만들어졌으며, 오언고시는 곧 침울하면서도 고저장단이 있다." 양운익과 더불어 문장을 평가하는 권위를 장악하고 있어서 당시의 사람들은 '양조(楊趙)'라고 했다.

그의 문집은 『부수집(滏水集)』이라고 부르는데 왕약허의 『호남유로집(滹南遺老集)』, 이정민(李靖民)의 『장정집(莊靖集)』, 원호문의 『유산집(遺山集)』, 채송년의 『명수집(明秀集)』, 단극기(段克己)와 성기(成己)가 공동으로 저술한 『이묘집(二妙集)』, 백박(白朴)의 『천뢰집(天籟集)』 등이 현재까지 전해지고 있는

---

[8] 『歸潛志』 卷1.

데, 이를 합해 『구금인집(九金人集)』이라고 한다.

조병문은 "문장을 지으려면 마땅히 6경·좌구명·장주(莊周)·태사공·가의(賈誼)·유향(劉向)·한유를 스승으로 삼아야 하고, 시를 지으려면 시경, 이소(離騷), 문선, 고시 19수(古詩十九首)부터 아래로는 이백과 두보에 이르기까지 스승으로 삼아야 한다. 서예를 하려면 삼대의 금석문, 종요(鍾繇), 왕희지, 구양순(歐陽詢), 우세남(虞世南), 안진경(顏眞卿), 유공권(柳公權)을 스승으로 삼아야 하고, 여러 사람의 장점을 모두 얻은 후에 탁월해져서 스스로 일가를 이루어야 한다"9)고 제창했다.

이순보의 호는 병산(屛山)거사인데 원래부터 총명하고 배우는 데 통하지 않는 것이 없었다. 문장이나 사부(詞賦)나 경의(經義) 이외에도 불교나 도교에까지 정통했다. "문장을 지을 때는 장주(莊周)나 좌씨(左氏)를 본받았기 때문에 그의 사(詞)는 웅대하고 기괴하며, 간단하고 고풍스러웠다. 웃으면서 이야기하거나 노해 꾸짖는 것까지도 확실히 모두 조리 있는 글로 나타냈다. 당시에 세태가 그리 좋지 않아 벼슬길에 나갈 뜻이 없이 선승이나 사인과 교류하면서 술을 마시거나 글을 지으며 살았다.

그 스스로의 찬문에서 말하기를 "체구는 조그맣지만 작은 풀이 구주(九州)를 보고, 용모는 못생겼지만 개미나 이 사이에 공후(公侯)다. 언어로 곤궁하게 먹고 살지만 쇠사슬도 풀 수 있고, 문장은 어리석고 거짓이지만 1만 마리의 소도 찾아올 수 있다. 어찌하다가 시대에 버린 바가 되었지만, 명분에 갇히지 않은 사람이 누구인가? 내가 배운 것은 깨끗한 이름의 장주(莊周)다"10)라고 하여 자신의 재능을 믿고 남을 깔보며 시류에 따라 부침하지 않는 강하면서 고집 센 문인의 한 사람을 진짜와 똑같이 생동감 있게 묘사했다. 만년에는 그의 문장을 편집해 무릇 성리학과 불교·도교를 논한 것들은 '내고(內稿)'라고 하고 그 나머지의 문장과 사부 등은 '외고(外稿)'라고 했다.

---

9) 『滏水集』.
10) 『歸潛志』.

조병문과 이순보의 시문은 풍격이 완전히 다르지만, 금대 중기에 전력을 다해 참신함이나 화려함만을 추구하는 문단의 풍조를 바로잡았다는 측면에서는 오히려 방법은 다르지만 같은 효과를 냈다는 오묘함이 있다.

뇌연은 "문장을 작성하는 것은 오로지 한유(韓愈)를 모범으로 삼았는데 특히나 서사에 뛰어났다. 시는 소동파·황정견·주희를 섞은 것 같지만, 새롭고 기이하다"고 하며, 또 "서간문에 능숙해 말은 간단하지만 매우 조리가 있었다"고 한다. 작품으로는 칠언시「매영(梅影)」이 있다.

북위 종실의 후예 원호문은 호가 유산(遺山)이고, 금대 말기에 시문의 성과를 집대성한 사람으로, '일대종공(一代宗工)'이라고 불린다. 그는 금대 말기에 전란이 백성들에게 끼친 고통을 목격하면서 적지 않은 편수의 나라를 근심하고 백성을 근심하는 현실주의적이며 애국주의적인 시를 썼다. 시풍에서는 이백과 두보를 직접 계승하고 소동파나 황정견을 계승하지 않았다.11) 당송 이래로 많은 시인의 장점을 이어받아 자신만의 특수한 풍격을 창조했는데, 그 총체적인 풍격은 "맑고 웅혼하고, 예스럽고 우아하다[淸雄古雅]"12)하다는 네 글자로 요약할 수 있다.

내용적인 측면에서는 산수와 경치를 묘사한 작품도 있기는 하지만, 많은 수의 작품은 금대 말기의 부패한 정치와 잔혹한 전쟁이 백성에게 가져다 준 끝없는 고통을 반영한 '상란시(喪亂詩)'이고, 바로 이러한 걸출한 작품들이 문학사에서 원호문이라는 시인의 지위에 기초를 다지게 했다. 그의 시는 "그때 접촉한 사건을 느끼면서 소리와 눈물을 함께 흘려 천년이 지난 후에도 더욱 독자로 하여금 이리저리 넘기면서 차마 손을 뗄 수 없게 한다. 대개의 일은 가정이나 국가에 관한 것인데 더욱 쉽게 사람을 감동시킨다."

그의 시는 칠언시가 가장 좋고 오언시가 다음으로, "오언시는 고아하고, 순박하며 침울하고, 칠언의 악부시는 옛 제목을 쓰지 않고 특별히 새로운 뜻

---

11) 『陵川集』,「遺山先生墓銘」.
12) 盧興基,「萬古騷人嘔肺肝, 乾坤淸氣得來難」,『社會科學戰線』(1990년 제4기).

을 창출했다"13)고 하여 아주 깊은 사상적 내용이 있을 뿐만 아니라 예술적 가치도 대단히 높았다. 그의 오언고시 「기산(箕山)」은 정신적인 측면이나 풍격의 측면에서 모두 "두보에서 끊어진 기예"14)라고 할 수 있어, 조병문은 "소릉(少陵: 두보) 이래 이러한 작품은 없다"고 칭송했다. 장편 시 「유룡산(遊龍山)」의 풍격은 완전히 이백을 계승하면서도 시인 자신의 독특한 풍격을 창조했다.

근래의 소조평(邵祖平, 1898~1969)은 "고금의 시인들 가운데 두보에게서 배운 사람들이 많지만, 탁월하여 스스로 일가를 이룰 수 있었던 사람은 이의산(李義山, 이상은)·황산곡(黃山谷, 황정견)·원유산(元遺山, 원호문) 세 사람뿐이다. 이상은은 두보에게서 그 우아함을 배웠고, 황정견은 두보에게서 변화를 배웠으며, 원호문은 두보에게서 모든 것을 배웠다. 모두가 이에 두보와 같으면서도 두보가 아니고, 두보가 아닌 것 같으면서도 두보와 비슷하다. 이미 기꺼이 옛사람의 신복이 되기를 원하지 않으면서도 그 시조를 잊지 않는 것이 진실로 두보에게서 배운 것이다"15)라고 평론해, 원호문의 시가 창작에 대해 대단히 높은 평가를 내렸다.

시사의 이론에서 원호문은 독특한 견해가 있었다. 그의 『논시삼십수(論詩三十首)』와 『두시학(杜詩學)』 등은 창작의 종지, 예술의 풍격, 계승과 창신의 관계 등의 방면에서 자신의 관점을 서술했고, 나아가 고대 작가들의 작품에 대해 품평했다.

원호문의 문장과 사 작품 또한 매우 높은 수준에 이르렀다. "문장을 짓는 데 규범이 있으며 여러 가지 문체를 갖추고 있다"·"그의 장구나 단구나 새롭게 명성을 날렸으며 은혜와 원망을 서술한 것 또한 수백 편이다". 그리하여 당시에 "사방 비석의 명문들이 모두 그의 문하에게 몰려들었다."

원대에 들어 그는 전심전력을 다해 금대의 사실들을 수집하고 편찬해 금

---

13) 『金史』, 「文藝下」, 元好問.
14) 『萬古騷人嘔肺肝, 乾坤淸氣得來難』.
15) 『萬古騷人嘔肺肝, 乾坤淸氣得來難』.

대의 전장 제도와 문물을 보존하는 데 대해 대단히 큰 공헌을 했다. 그는 또한 금대 시인들의 시집 『중주집(中州集)』을 편집해 금대 시인 249명의 시를 수록하고 아울러 각각의 시인마다 작은 열전을 만들어 그들의 생애를 서술하고 겸하여 그의 시를 평가했다. 『유산선생집(遺山先生集)』에는 그의 많은 시문과 저작을 보존하고 있다.

서예와 회화 ■■■ 금대의 서예와 회화에서 요와 송의 풍격을 계승해 탁월한 업적이 있는 서예와 회화의 명가들이 배출되었다. 금 왕조는 화원(畫院)을 개설해 궁정에 역대 서화의 명품을 소장했으며, 금 장종은 본인이 곧 서화의 감상자이자 수집가였다. 여진 귀족 중에는 회화의 명인들이 적지 않았는데, 완안윤공은 노루·사슴·사람·말을 잘 그렸고, 먹으로 그린 대나무도 매우 뛰어났다. 그의 작품으로는 〈칠성록도(七星鹿圖)〉·〈가화록도(街花鹿圖)〉·〈해각미도(解角麋圖)〉·〈과하마도(果下馬圖)〉·〈묵죽도(墨竹圖)〉 등이 있다.

해릉왕 완안량은 사의화16)를 좋아했고, 방죽(方竹)을 묘사하는 데도 특별한 정취가 있었다. 완안욱(完顏勗)은 먹으로 대나무를 그리는데 "거의 있는 그대로에 가까웠다"고 하며, 그의 그림으로서 세상에 전해지는 것으로 〈임하청풍도(林下清風圖)〉·〈기수수황도(淇水修篁圖)〉·〈절지죽도(折枝竹圖)〉·〈묵죽도(墨竹圖)〉 등이 있다.

왕정균(王庭筠)은 서예와 회화에 모두 뛰어나 일찍이 화원을 주관하기도 했다. 산수화와 고목 및 대나무와 돌을 잘 그렸으며, 소동파와 미불(米芾)에게서 전수받아 초서를 쓰는 데 더욱 뛰어났다. "평가하는 자들이 말하기를 그의 활달하고 거리낌이 없는 점은 미불에게 뒤지지 않는다"17)고 한다. 그가 쓴 「박주묘학비(博州廟學碑)」는 힘이 있고 웅장한 풍격으로 "양양(襄陽)의

---

16) 중국화의 전통 화법 중 하나로, 정교함을 추구하지 않고 빠른 시간에 간단한 선이나 묵색 또는 채색으로 사람의 표정이나 사물의 모양을 묘사하는 것이다. _옮긴이 주_

17) 王毓賢, 『繪事備考』.

굳세고 수려함이 있으며, 삐뚤어진 것이 없다"고 하면서 금석문 가운데 자주 볼 수 있는 것이 아니라고 했다.18) 현재 전해지는 작품으로는 〈창애고목도(蒼崖古木圖)〉·〈비폭계산도(飛瀑界山圖)〉·〈괴석도(怪石圖)〉 등이 있다. 그의 아들 왕만경(王曼慶) 또한 먹으로 대나무와 산수화를 잘 그렸는데, 먹으로 그린 그의 대나무는 "자태에 색다른 아름다움이 나타난다"고 평가받았다.

화가 임순(任詢)은 시문과 서화에 모두 정통해 "서예는 당시에 제일이었으며, 그림 또한 절묘한 작품에 속한다. 평가하는 사람들이 말하기를 그림이 서예보다 수준이 높고, 서예는 시보다 높으며, 시는 문장보다 수준이 높다"19)고 했다. 동시에 그는 또한 수집가의 한 사람으로, 집에 서예의 법서와 명화 수백 폭을 소장하고 있었다.

이조(李早)는 인물과 말을 잘 그려 명창 연간에 이름을 날렸다. 양방기(楊邦基)는 산수화를 이성(李成)에게 배웠는데, 인물과 말도 잘 그렸다. 거란인 야율리(耶律履)는 사슴을 잘 그렸고 인물과 말 또한 아름다웠는데, 먹으로 그린 대나무는 더욱 절묘했다. 그의 작품으로는 〈문유명록도(文圃鳴鹿圖)〉·〈백록도(白鹿圖)〉·〈투록도(鬪鹿圖)〉 등이 있다.

이 외에 장규(張珪)는 인물화를 잘 그렸고, 장공좌(張公佐)·야율호연(耶律浩然)·이중략(李仲略)·이휼(李遹)은 산수화를 잘 그렸는데, 특히 이휼은 "용과 호랑이 또한 절묘한 작품에 속한다"는 평을 받았다. 조병문은 매화와 죽석을 잘 그렸으며, 방주(龐鑄)는 산수화와 짐승과 새 그림에 뛰어났다. 발해인 대간지(大簡之)는 소나무와 돌이 있는 풍경화에 뛰어났고, 서영지(徐榮之)는 화조화에 뛰어났다. 단지현(段志賢)은 용을 잘 그렸고, 이중화(李仲華)는 소용돌이치는 물이나 큰 나무를 잘 그렸으며, 여류 화가 교부인(喬夫人)은 대나무를 잘 그렸고, 사의휴(謝宜休)의 아내 아환(阿環)은 "산수화를 이성에게 배웠는데 맑고 부드러움이 격식에 맞았고, 대나무 그림은 황화도인(黃華道人)에게 배

---

18) 孫承澤,『庚子銷夏記』.
19)『金史』,「文藝上」, 任詢.

왔는데 대단히 아름다웠다"고 한다.

금대에 서예의 명가로는 왕정균과 임순 외에 전기에는 왕경(王競)이 있고, 후기에는 당회영·조풍(趙渢)·조병문이 있다. 왕경은 황통 초년에 응봉한림문자(應奉翰林文字)가 되었다가 천덕 연간에 한림직학사와 예부상서를 역임했는데, 초서와 예서 및 여진대자를 잘 썼다. 당시에 중경과 남경의 두 도성 궁전의 편액 글씨는 모두 그가 쓴 것이다.

당회영은 "전서체에 뛰어나 당시에 제일이라고 했고, 학자들이 이를 존숭했다"고 한다. 그의 소전(小篆)은 이양빙(李陽冰) 이래 미치는 이가 드물었다. 조풍은 "해서체는 안진경과 소동파를 겸하고 행서와 초서는 제가의 서체를 갖추었다. 그의 초탈하고 호방함은 또한 양응식(楊凝式)과 비슷하며, 소동파와 황정견의 사이에 있다"[20]고 전해진다. 당시 사람들은 두 사람을 병칭해 '당조(黨趙)'라고 칭했다. 그리고 조병문의 "초서는 더욱이 웅건하고 힘이 있었다"고 한다.

금 장종도 서예에 어느 정도 조예가 있었는데, 그는 송 휘종의 수금체[휘종의 서체로 필세가 가늘지만 힘이 있다]를 배우고 선화자(宣和字)를 모방했는데, 진짜와 거의 비슷했다.

음악·무도·북곡 ■■■ 여진인들의 초기 가곡으로는 「자고곡(鷓鴣曲)」만 있고, 그것도 단지 고하와 장단의 2성만 있었다. 악기도 북과 피리만 있었다. 무도 중 자주 보이는 것이 거울 춤인데 무희가 두 손에 거울을 들고서 상하로 춤을 추며 움직인다. 거울 빛이 반짝거리면 마치 사묘에 그려진 전모(電母: 번개의 여신으로서 한 손에 거울을 들고 권선징악을 행한다는 중국 전설상의 여신)와 같았다. 손님을 맞이하거나 궁중의 연회에서 십 수 명이 춤을 추는데, 춤을 추는 사람은 "다만 평상복을 입고 소매에서 손을 꺼내는 이외에 곡절과

---

[20] 『金史』, 「文藝上」, 黨懷英; 『金史』, 「文藝下」, 趙渢.

회전은 시작과 끝을 알지 못한다"21)고 했다. 이러한 무도의 형식은 마땅히 전투하는 동작을 모방한 것인데『수서』「말갈전」과『송막기문(松漠紀聞)』에는 "자주 군사적 의미를 만들어 사용한다"·"그 자세한 내용은 모두 전투하는 모습이다"라고 기록되어 있다.

요 왕조를 멸망시킨 후에는 그들의 교방(敎坊)의 사람과 악공을 얻었고, 악기는 허리에 차고 양쪽을 두드리는 요고와 피리, 노관(蘆管)과 비파(琵琶), 방향(方響)과 쟁(箏), 생(笙), 공후(箜篌), 박판(拍板) 등이 있었다. 허항종이 천회 초년에 상경에서 백희(百戱)를 보았는데, 이미 "중원의 왕조와 매우 비슷하다"고 했다. 개봉을 얻은 이후에는 다시 많은 북송의 악공, 악기, 음악 서적, 악곡을 노략질해 한족 지역의 음악·춤·백희 등의 형식을 흡수해 음악과 무도의 내용 또한 날로 풍부해졌다. 세종과 장종 때는 더 나아가 궁정 음악을 제정했다.

중원으로 진입한 뒤 여진족 고유의 음악이 한족과 기타 여러 민족의 악곡을 흡수한 기초 위에서 새로이 발전했고, 내용도 더욱 충실해졌다.22)

북송에서 유행한 '설화(說話)'와 '제궁조(諸宮調)' 등의 설창예술[산문과 운문으로 꾸민 민간 예술]이 금대에 다시 어느 정도 발전했다. 제궁조는 말하기도 하고 노래하기도 하지만, 노래를 위주로 하는 문예 형식의 일종이다. 연결된 여러 가지 궁조의23) 악곡이 조화를 이루어 공연하기 때문에 제궁조라고 부른다.

제궁조는 많은 민중의 깊은 사랑을 받았는데 농촌이나 도시에서 모두 널

---

21)『三朝北盟會編』에 許亢宗의『宣和乙巳奉使行程錄』이 기록되어 있다.
22)『中原音韻』에서 기록하기를 원대의 잡극에서 여진의 가곡을 사용한 것이 적지 않은데 예를 들면 "女眞風流體 등의 樂章은 모두 여진의 음성으로 노래한 것이다"라고 한다. 이 외에 일본 학자 靑木正兒[隋樹森 옮김],『元人雜劇槪說』(中國戱劇出版社, 1957년판)을 참조.
23) 중국 고대 음악의 음계는 宮·商·角·徵·羽·變徵·變宮의 7음으로 이루어지고, 이 각각의 음은 주음이 되어 하나의 음계를 이룰 수 있다. 궁을 주음으로 하는 음계를 궁이라 하고, 그 밖의 음을 주음으로 하는 음계를 조라고 부른다._옮긴이 주

리 유행했다. 산서성의 평양 지역에서는 희곡 활동이 활발했기 때문에 북송 때부터 이미 무대를 짓기 시작했다. 금대에 들어서도 이 지역에서 희곡을 공연하는 활동은 여전히 대단히 빈번했다. 대정 8년에 산서성 홍동(洪洞)의 이벽촌(伊壁村) 동악묘(東嶽廟)에, 그리고 홍정 2년 산서성 임분(臨汾)의 동항촌(東亢村) 성모사(聖母祠)에 일찍이 무대를 건설했었다. 1959년에 산서성 후마(侯馬)에서 금대 대안 2년에 사망한 동씨(董氏)의 무덤이 발굴되었는데, 묘실 안에는 나무처럼 쌓아 만든 무대가 있고 무대 위에는 푸른 벽돌을 조각해 만든 다섯 명의 연기자들이 있는데 얼굴이나 의복에 색이 칠해져 있다. 오른쪽에서부터 왼쪽으로 부정(副淨)·인희(引戲)·말니(末泥)·첩기(捷譏)·장고(裝孤)[24]가 배열되어 있는데, 그들은 어느 명절의 상황을 연기하고 있다. 이러한 발견은 중국의 희극사를 연구하는 데 중요한 자료를 제공하고 있다.

현존하는 금나라 사람들의 제궁조는 작자를 알 수 없는 「유지원(劉知遠)」과 동해원(董解元)의 「서상기(西廂記)」 두 종류가 있다. 동해원[해원은 당시 독서인의 범칭이다]은 장종 때 사람이고, '서상기' 고사는 원래 당대 원진(元稹)의 『앵앵전(鶯鶯傳)』에서 기원했는데, 동씨가 그것을 개편해 봉건적인 예교에 반대한다는 적극적인 내용을 수록했다. 동해원의 「서상기」라는 제궁조는 상당히 성숙한 경지에 이르렀기 때문에 '북곡(北曲)의 비조'로 칭해지며, 원대에 왕실보(王實甫)가 개편한 잡극 「서상기」의 기초를 다졌다.

---

24) 송대 吳自牧의 『夢粱錄』 「妓樂」에서 기록하기를 "또한 말하기를 잡극 중에는 末泥를 장으로 하여 네 명 혹은 다섯 명이 공연한다. 末泥는 主張 배역이고, 引戲는 分付 역할이며, 副淨은 發喬, 副末은 打諢 역할을 한다. 간혹 한 사람이 첨가되기도 하는데 裝孤라고 한다"고 했다. 명대 陶宗儀의 『輟耕錄』 「院本名目」에서도 "금의 원본에 연출은 다섯 명인데 하나는 副淨으로 옛날에는 參軍이라 했고, 하나는 副末이라 하고, … 하나는 引戲라고 하고, 하나는 末泥라고 하고, 하나는 孤裝이라고 한다"고 했다. _옮긴이 주

2. 역사학

여진인들은 서로가 입과 귀로 전하는 방식에 의지해 많은 사람이 자기 족속의 연원을 알고 있었다. 일찍이 수국과 천보 연간에 오고내의 여덟 번째 아들 아리합만(阿離合懣)은 여진인의 역사를 수집하는 것을 중시했다. 그는 "사람됨이 총명하고 민첩하며 무릇 한번 듣거나 보면 평생토록 잊지 않았다. 처음에는 문자가 없었지만, 선대 족속들의 사건을 모두 암기할 수 있어 완안사갈(完顔斜葛)과 함께 본조의 족보를 수찬했다. 사람을 보면 이전에 알지 못하는 사람이라도 그 부친과 조부의 이름을 들으면 곧 세대가 이어서 나온 순서를 능히 말할 수 있었다. 혹은 시간이 오래된 과거의 일도 우연히 그를 거치면 역사로 기억되었다. 간혹 사람들이 잊어버린 것도 그때마다 하나하나 변별하고 분석해 이를 말하면 질문하는 자들도 모두 그 의미를 이해했다"[25]고 한다. 이것은 여진 문자를 창제하기 이전에 서로 입과 귀를 통해 전하는 방식으로 역사를 기록한 전통이 연속된 상황을 보여주는 것이다. 그가 가지고 있던 사료들은 죽기 전에 이미 종한에게 전부 전해주었다.

태종 때 요 왕조에서 항복한 거란인·발해인·한인의 영향을 받아 관련된 사료의 수집과 정리에 착수해 국사를 편수할 준비를 시작했다. 천회 6년(1128)에 조서를 내려 "선대에 전해오는 사적을 방문하여 구해 국사를 준비하게 하고, 완안욱(完顔勖)과 야율적월(耶律迪越)에게 담당하게 했다"고 한다.

황통 원년(1141)에는 완안욱이 『조종실록(祖宗實錄)』 3권을 편찬했는데, 시조 함보 이하 열 명의 사적을 담았다. "모든 부족은 이미 무슨 부라고 말하고, 다시 무슨 강의 누구라고 말하고, 또 무슨 향의 무슨 촌이라고 말해 별도로 이들을 식별했다. 무릇 거란과 왕래하거나 어떤 부락을 정벌하는데 그 사이에 속임수나 모략도 전혀 숨기는 바가 없었다. 일에 상세한 것도 있고 소

---

25) 『金史』, 阿離合懣.

략한 것도 있지만, 전부 그 진실을 얻도록 했다"26)고 하여, 완안욱은 문자 기록으로써 이 왕조의 역사를 기록한 첫 번째 여진족 사학가가 되었다. 같은 해에 완안욱은 동감수국사관(同監修國史官)에 임명되었다. 황통 8년에 다시 『태조실록』 20권을 편수했고, 희종 천회 15년(1137)에는 다시 한방과 야율소문(耶律紹文) 등에게 명령해 『국사』를 편수하게 했다.

금 왕조에 역사를 편수하는 기관으로는 국사원(國史院)이 있어 감수국사(監修國史)·수국사(修國史)·동수국사(同修國史)와 편수(編修)·검열(檢閱) 등의 관원을 두어 각각 한인·여진인·거란인으로 나누어 임명했고, 아울러 재상이나 집정관을 감수나 동수국사관으로 삼았다.

세종 때는 좌승상 흘석렬양필(紇石烈良弼)을 감수국사로 삼고, 장경인(張景仁)·유중연(劉仲淵)·조망지 등을 동수국사관으로 삼아 대정 7년(1167)과 대정 11년에 『태종실록』과 『예종실록(睿宗實錄)』을 차례로 편찬했으며, 또 정자담(鄭子聃) 등에게 『해릉서인실록(海陵庶人實錄)』을 편찬하게 했다.

장종 때는 상서좌승 완안광(完顏匡)을 동수국사로 삼아 『세종실록』과 『현종실록(顯宗實錄)』을 편찬하게 하니, 명창 3년(1192)에 『세종실록』을 완성해 다음 해에 진상하고, 태화 3년(1203)에는 다시 『현종실록』을 완성했다.27)

선종 흥정 원년(1217)에는 고여려(高汝礪)와 장행간(張行簡)에게 명해 함께 『장종실록』을 편찬하게 하니, 흥정 4년에 완성했다. 동시에 상서성에 상주해 『해릉서인실록』의 예에 따라 위소왕의 사적을 편찬하게 했다. 애종 정대 5년(1228)에는 다시 『선종실록』을 편찬했다.

채주성이 함락되었을 때 애종이 죽어 정대 연간과 천흥 연간의 역사 사실은 실록에 기록할 수는 없었지만, 금 왕조의 유신들 중에는 여전히 금대 전체의 전장 제도와 문물을 보존하는 것을 자신의 소임으로 여기는 이들이 있었다. 그들은 자신의 노력을 통해 금대 말기의 정치적·경제적·군사적 상

---

26) 『金史』, 「始祖以下諸子」, 完顏勗.
27) 『金史』, 「章宗紀」와 그 校勘記를 참조.

황을 수집하고 기록해, 후세인들이 역사를 편찬하는 데 필요한 많은 양의 진귀한 사료를 보존했다. 그중 탁월하게 공헌한 사람으로는 원호문·유기(劉祁)·왕악(王鶚) 등이 있다.

이 외에 희종 때 완안욱이 일찍이 『여진군망성씨보(女眞郡望姓氏譜)』를 편찬했고, 장종 태화 연간에는 『제신진언문자(諸臣陳言文字)』를 편찬했다. 승안 연간에는 우보궐 양정수(楊庭秀)의 건의를 받아들여 태조·태종·희종·세종 등 4대 황제의 언행을 수집하고 분류해 『성훈(聖訓)』을 편찬했는데, 그 책들은 다른 각도에서 금대 전체의 전장 제도와 역사적 사실을 기록했다.

당대의 실록과 국사를 편찬하는 동시에 금 왕조는 또한 일찍이 두 차례에 걸쳐 앞선 왕조의 역사를 편찬했다. 황통 연간에 야율고(耶律固)가 주관해 『요사』를 편찬했는데 야율고가 완성하지 못하고 사망하자, 그의 제자 소영기(蕭永棋)가 스승이 완성하지 못한 사업을 이어받아 황통 8년에 완성했다. 이 책은 총 75권인데 그중 본기가 30권, 지가 5권, 열전이 40권이다. 그러나 야율고와 소영기가 편찬한 『요사』는 간행되지 못했다.

장종 때 두 번째로 인력을 구성해 다시 한 번 편찬했다. 이때의 편찬 작업은 장종이 즉위한 해부터(1189) 태화 7년(1207)까지 총 18년의 시간이 소요되었고, 편찬에 참가한 사관들도 차례로 이랄리·당회영·조풍·학우(郝俁)·이랄익(移剌益)·소공(蕭貢)·가현(賈鉉)·진대임 등이 있다. 이때의 편찬 작업은 이전의 요사보다 훨씬 더 힘을 기울여 전국적인 범위로 광범위하게 관련된 자료를 수집해 "무릇 민간에 요 왕조 때의 비문이나 묘지명 및 여러 학자의 문집 혹은 요대의 옛일에 관한 기억까지도 모두 관부로 올리게 했다"[28]고 한다. 이 책은 최후에 진대임이 완성했기 때문에 '진대임의 『요사』'라고 칭한다. 비록 이 책 또한 정식으로 출판되지는 않았지만 확실히 많은 양의 자료를 보존하고 있어, 원대에 『요사』를 편찬할 때 진대임의 『요사』 중 여러 황

---

28) 『金史』, 「文藝上」, 黨懷英.

제의 본기, 병지·예의지·형법지, 후비·공주·방기 등의 열전을 모두 참고하거나 인용했다.

그 외에 개인적인 저술로는 장종 때 응봉학림학사를 지낸 한옥(韓玉)의 『원훈전(元勳傳)』이 있다.

금대에는 또 일부 학자 중에 옛 역사를 연구하는 데 힘쓴 사람들이 있었는데, 예를 들면 해릉왕과 세종 때의 채규는 중도에서 발굴된 두 기의 연왕묘를 고찰해 『양연왕묘변(兩燕王墓辨)』를 저술해 "장례 제도, 명칭, 새겨진 글자에 근거해 매우 상세하게" 기록했다. 또 심약(沈約)·소자현(蕭子顯)·위수(魏收)의 『송서』·『제서』·『북위지』를 합해 『남북사지』 30권을 지었고, 『보정수경(補正水經)』 5편, 『속금석유문발미(續金石遺文跋尾)』 10권, 『진양지(晉陽志)』 12권을 저술했다. 마정국(馬定國)은 글자의 획과 문헌을 통해 석고(石鼓)의 연원을 고증해 1만여 글자로 서술했다. 그 외에 양운익은 『속통감(續通鑒)』 몇 권을 저술했다.

3. 유학과 종교

건국하기 이전에 여진인들은 샤머니즘을 숭상했다. 그들은 만물에 영혼이 있다고 믿었으며, 아울러 최고의 신령은 천신이라며 신봉해 길흉화복을 모두 하늘의 뜻으로 돌렸다. 매번 큰일이 있을 때마다 하늘의 도움을 구하는 기도를 올렸다. 무당은 신의 사자이자 대변인으로 무엇이든 기도해서 구하는 것이 있으면 무당이 주관하는데, 그들은 이미 다른 사람을 대신해 아들을 구하거나 복을 빌거나 사악한 것을 물리치거나 재앙을 쫓아낼 수 있을 뿐만 아니라, 주문을 외어 원수에게 재앙이나 재난을 내리게 할 수도 있었다. 한 문화에 대한 이해가 날로 심화되면서 여진인들도 공자·맹자의 학설과 유가 사상을 받아들이기 시작했다.

1) 유학의 전파

중원으로 진입한 후에 거란인과 한인의 영향 아래 여진인의 사상과 문화에 급격한 변화가 발생했다. 유가 사상은 통치 계급이 대대적으로 주창하는 사상이자 행위의 준칙이 되었고, 9경과 여러 역사서는 학교의 필수 과목이자 과거 시험의 중요한 내용이었다. 희종 때부터 시작해 공자는 최고 통치자들에 의해 중시되었고,29) 세종과 장종 때 이르러 더욱 숭고한 지위를 얻었다. 동시에 정호와 정이의 학설과 남송대 주희의 학문이 금 왕조의 경내로도 전수될 수 있었다.

여진인 가운데 경학의 연구와 전파에 힘쓴 이로는 완안종도(完顔宗道)와 도단일(徒單鎰) 등이 있다. 완안종도는 『주역』과 『맹자』를 통달했고, 도단일은 유가 사상의 선양과 전파 및 제자를 교육하는 데 힘을 써서 『학지급(學之急)』과 『도지요(道之要)』 두 편을 저술하고, 돌에 새겨 태학의 여러 학생을 격려했다. 아울러 『홍도집(弘道集)』 6권을 저술하기도 했다.

조병문은 『역총설(易叢說)』· 『중용설(中庸說)』· 『양자발미(揚子發微)』· 『태현전찬(太玄篆贊)』· 『문중자류설(文中子類說)』 등의 저서가 있다. 이순보는 경의와 성리학 연구에 많은 힘을 기울였으며, 아울러 불교와 도교까지 연구했다. 『중용집해(中庸集解)』· 『명도집해(鳴道集解)』와 『능엄(楞嚴)』· 『금강경(金剛經)』· 『노자』· 『장자』 등의 해석집이 있으며, "중국은 심학이고, 서방은 문교"라고 했다.

금나라 사람들은 진대의 유가 저술을 연구하고 배우는 동시에, 양 송 이학의 발생에 대해서도 두루 섭렵하고 온 나라를 다스릴 재능 있는 유사들의 집단을 배양했는데, 그들 가운데 일부는 후에 몽고족이 정권을 건립하고 한족의 법을 추진할 때 중요한 역할을 하기도 했다.

---

29) 『金史』, 「熙宗紀」.

송 정권이 남쪽으로 천도하자 이정의 학설이 그 발원지인 북방에서 한때 파묻혀 알려지지 않는 상태로 있었다. 사회가 안정되면서 이정의 학설이 금 왕조의 경역 안에서 천천히 부흥하고, 주희의 학설 또한 북방으로 전입되기 시작했다.

택주(澤州)는 일찍이 정호가 직접 그의 학설을 강의하던 곳인데, 태화 연간에 이르러 이준민(李俊民)이 일어나 이정의 학설을 강의할 때 "따르는 자가 매우 많아서 천 리가 멀다 하지 않고 오는 자가 있을 정도였다"30)고 한다. 남천 후에 이준민은 은둔 생활을 하는 형선생(荊先生)에게서 소옹(邵雍)의 황극수(皇極數)을 배워 금대 말기에 황극경세학에 조예가 가장 깊은 학자가 되었다.

패주(霸州) 신안(信安) 사람인 두시승(杜時升)은 벼슬길에 나가지 않고 승안과 태화 연간에 숭산(嵩山)과 낙산(洛山)에 은거하면서 '이락(伊洛)의 학'으로 후진을 양성했다. 요동 사람 고중진(高仲振)은 많은 책을 읽어 지식이 많았는데, 더욱이『역경』「황극경세학」에 조예가 깊었지만, 숭산에 은거하며 살았다. 제자 왕여매(王汝梅) 또한 은거하면서 문생들을 가르쳤다. 이주(易州) 사람인 마구주(麻九疇)는『주역』을 공부했는데, 소옹의『황극도』을 학습하여 체득한 바가 상당히 많았다.

이 외에 완안진화상(完顏陳和尚)은 일찍이 왕악(王渥)에게서 "신안주씨소학서(新安朱氏小學書)"를 배웠고, 제주(濟州) 사람인 서지강(徐之綱)은 금대 말기에 역시 "하남의 이정과 강남의 주희·장식·호굉·채원정을 근본으로 삼아『춘추』와『역경』을 철저히 연구했다"31)고 한다.

2) 도교에서의 새로운 파벌의 창립

금대 초년에는 여진인들이 샤머니즘을 신봉하는 이외에 원래부터 요와

---

30)『元史』,「李俊民傳」.
31) 姚大力,「金末元初理學在北方的傳播」,『元史論叢』제2집을 참조.

송의 경내에 전해지던 각종 종교도 모두 계속 전파되었다. 불교와 도교는 한인과 거란인 사이에 계속 전해졌을 뿐만 아니라 여진인에게도 전해졌다. 일찍이 양무제(梁武帝)가 불교를 숭배한 잘못을 비평했던 금 세종도 만년에는 마침내 불교에 상당히 빠져들었다. 불교가 금대에 광범위하게 전파되었던 사실은 불교 경전의 간행에 기인한 것으로 볼 수 있다. 유명한 『조성장(趙城藏)』은 곧 민간에서 자료를 수집해 20여 년의 시간을 들여 조각한 것이다.

그러나 북송 말기에 정치적으로 부패하고 군사적으로 무능해, 금대 초기의 사회적 혼란, 여진군 장수들의 강압에 의한 동화, 해릉왕 시기의 빈번한 정벌 전쟁은 북방 백성의 보편적인 불만과 완강한 저항을 불러일으켰다. 부분적인 하층의 독서인들은 송 정권에 대한 신뢰감을 상실했으면서도 새로운 정권에 협력하고자 하지 않았고, 역시 금 왕조의 통치에 무장해 반항할 결심과 용기도 없었다. 생존을 위해 그들은 방향을 바꾸어 종교에서 도움을 구하고 속세를 떠나 처신하는 방법을 모색했다.

이에 금대 초년에 하북 지역에서는 대도교(大道敎)·전진교(全眞敎)·태일교(太一敎)와 같은 새로운 도교의 파벌이 출현해 금 왕조의 통치와 금 왕조의 종교 정책 심지어는 원대 초기의 형세에까지 모두 중대한 영향을 끼쳤다.

대도교는 진대도교(眞大道敎)라고도 칭하며 황통 연간에 창주(滄洲) 악릉(樂陵) 사람 유덕인(劉德仁)이 개창했다. 유덕인의 호는 무우자(無憂子)이고 자칭 '현묘도결(玄妙道訣)'이라고 하여 신을 부르고 잡귀를 드러내는 술책으로 사람의 병을 치료해 신도들이 매우 많았다.

대도교는 『도덕경』을 종지로 삼고 원도교의 일부 계율과 무위의 지혜와, 다툼이 없는 평화로운 처세 방식, 만족할 줄 알면 모욕을 당하지 않고, 그만둘 줄 알면 위험하지 않다는 등의 종지를 계승하는 외에 유가 사상과 불교의 일부 내용을 흡수하기도 했다. 그들은 "스스로의 힘으로 밭을 갈고, 뽕나무를 심으며"·"스스로 집을 지어 거주하고, 우물을 파서 마시며, 농사를 지어 먹고, 누에를 쳐 옷을 입어서, 모든 것이 반드시 자기에게서 나오고 모든 것을 다른 사람에게서 취하지 마라"고 제창하면서, 신도들에게 "세력을 멀리하고 빈천을 편안히 여기며, 힘들여 경작해서 먹고, 수입을 헤아려 지출하라"고 요구했다.

대도교의 교장은 소송을 겸해 처리하고 분쟁을 조정하며, 심지어는 차꼬나 수갑과 채찍이나 곤장 같은 도구까지도 있어, "형벌의 위엄을 갖춘 것이 관부와 같았다"고 한다. 그 종파의 창시자와 역대로 교장을 담당했던 사람들은 모두가 독서인으로서 그 신도들 중에는 지식계의 인사들이 적지 않았다. 따라서 그들은 유학자들과 왕래하고 그들의 영향을 비교적 많이 받았는데, 실제로는 종교라는 미명하에 출현했고 유학자가 창건해 장악했던, 송 왕조의 유민이 스스로 다스리고 스스로 보호하는 조직이었다.

대도교가 전파된 지역은 주로 산동과 하북 지방이다. 그들은 금의 통치에 대해 협력하지도 않고 반항하지도 않는 태도를 취했기 때문에 금 왕조 통치자의 중시나 지지를 얻지 못했지만, 명문화된 법령으로 단호히 금지하지도 않았다. 그러나 야율초재(耶律楚材)의 논조로 보면 어쩌면 어떤 시기에는 금지된 적이 있었던 듯하다.[32]

전진교는 전진도(全眞道)라고도 하며 정륭 연간에 함양 사람 왕철(王喆)이 개창했다. 왕철의 초명은 중부(中孚)이고, 천권 초년에 무거(武擧)에 응시했으나, 급제하지 못하고 돌아가서 도교를 배웠다. 정륭 4년에 이름을 '철'로 고치고, 자를 '지명(知明)'으로 호를 '중양자(重陽子)'로 했는데, 세상 사람들은 중양진인(重陽眞人)이라고 불렀다. 대정 7년(1167)에 산동의 영해주(寧海州: 산동의 牟平)에 이르러 도교를 전도하자, 그 지역의 부호인 마옥(馬鈺)과 손불이(孫不二) 부부가 그를 위해 암자를 만들어주고 편액에 '전진(全眞)'이라는 이름을 붙여 그 종파를 '전진도'라고 칭했다.

전진교는 출가 제도를 창립하고 도교를 배워 수행하면서 '성정을 함양한

---

32) 陳垣, 『南宋初河北新道教考』(北平輔仁大學叢書, 第八, 1941년판); 陳智超, 『金元眞大道教史補』, 『曆史研究』, 1986년 제6기를 참조.

다'·'감정과 욕심을 제거하라'·'자기를 이기고 굴욕을 참으라'·'심성을 순수하고 평안하게 하고 무효한 일을 하지 마라'라고 제창했다. 도교를 위주로 하면서 유교와 불교를 뒤섞어 삼교합일을 주장했다.

전진교는 산동·하북·섬서·하남 등지로 전파되었다. 왕철에게는 유명한 제자 일곱 명이 있어 7진이라고 부른다. 그중 옥양(玉陽)진인 왕처일(王處一)은 대정 27년과 29년에 두 차례 세종의 부름을 받고 알현해, "정신을 아끼며 온전히 하고" "스스로 만족하고 작위하지 않는" 수신과 치국의 도와 아울러 그것을 위해 재를 올리고 법사를 행해야 한다고 진설했다. 장생(長生)진인 유처현(劉處玄)은 승안 3년에 장종에게 "향락적 욕구를 줄이면 몸이 편안하고, 세금을 가볍게 하면 나라가 태평하다"는 도리를 진설했다.

장춘(長春)진인 구처기(丘處機)는 금과 몽고 교체기에 송과 금 정부에서 여러 차례 불렀지만 가지 않고, 오히려 제자들을 거느리고 천 리나 되는 머나먼 길을 떠나 중앙아시아로 가서 칭기즈 칸을 만나 그에게 색욕을 절제하고, 사려를 줄이고, 효도를 숭상하라는 수신의 도와 세금을 가볍게 하고, 살육과 노략질을 금지하라는 치국의 요체를 강술해, 몽고 귀족이 한족 지역에서 나라를 다스려 통치하는 데 일정한 역할을 했다. 그리하여 후세의 사람들은 "한 마디 말로 살인을 중지한 것은 고인에게는 어려웠는데 많은 도망한 신하들이 그에 의지해 평안했다. 자신을 돌보지 않고 고생하면서 글로서 나라를 맡기고 돌아갈 때는 황금의 보관을 썼다"[33]고 그를 칭송했다.

전진교의 조사와 7진은 모두 전문적인 저작이 있어서 그들의 철학과 종교 사상을 상세히 밝혔다. 그중에는 왕철의 『중양전진집(重陽全眞集)』·『중양교화집(重陽敎化集)』, 왕처일의 『운광집(雲光集)』, 구처기의 『반계집(磻溪集)』·『명도집(鳴道集)』, 마옥의 『동현금옥집(洞玄金玉集)』·『점오집(漸悟集)』, 유처현의 『선악집(仙樂集)』·『황정내경옥경주(黃庭內景玉經注)』, 학대통(郝大通)의 『삼

---

33) 朱國祚, 『題白雲觀詩』(北京出版社, 1988).

교입역론(三教入易論)』·『주역참동계간요석의(周易參同契簡要釋義)』, 담처단(譚處端)의 『수운집(水雲集)』, 손불이의 『손불이원군법어(孫不二元君法語)』·『손불이원군전술단도비서(孫不二元君傳述丹道秘書)』 등이 있다.

태일교는 위군(衛郡: 하남성 汲縣) 사람 소포진(蕭抱珍)이 천권 연간에 개창했는데, 노자 사상을 종지로 삼았다. 즉 노자의 학문으로 수신하고 점복과 제사의 기술로 천하를 다스린다는 것이다. 황통 8년(1148)에 희종이 소포진을 불러 입궁하자, 도를 묻고는 후한 예우를 해주고 또 태일만수관(太一萬壽觀)이라는 암자를 하사했다. 2대 도사 소도희(蕭道熙)는 천장관(天長觀)에 거주했는데, 그 역시 일찍이 세종의 부름을 받아 총애와 은사를 크게 받으면서 종파의 명성을 크게 떨쳤다. 태일교는 금대에 영향력이 매우 컸다.

이 외에 금대에 불교와 도교의 새로운 파벌 중에는 강선(糠禪)·표선(瓢禪)·혼원(混元) 등의 종파가 있었는데, 모두가 흥성하고 쇠퇴한 것이 일정하지 않았다.

금대 초기에는 여러 종교의 파벌에 대해 기본적으로 간섭하지 않는 태도를 취했다. 그러나 정권이 확고해진 후에는 변화가 있어 혹은 그 종파를 이용해 새로운 정권을 위해 일하게 하고, 혹은 통치에 장애가 생기면 명문화된 법으로 금지하기도 했다. 대정 28년에는 일찍이 "강선과 표선을 금지하고, 그들이 머문 집은 처벌했다"고 하며, 명창 2년에는 다시 "태일혼원에서 부록(符籙)을 받은 자가 사사로이 암자나 집을 짓는 것을 금지했다"고 한다.

4. 과학 기술

금 왕조는 천문 역법, 수학, 의학, 건축 등의 방면에서 모두 뚜렷한 성과를 얻었으며, 후인들을 위해 풍부한 유산을 남겼다.

1) 천문 역법과 수학

초기에 여진인들은 "세월의 그믐과 초하루를 알지 못해 나이가 많고 적은 것을 알 수가 없었다"[34]고 한다. 그래서 풀이 한 번 푸르면 한 살로 했다. 오고내 때 이르러 요의 정삭(正朔: 정은 1년의 첫째 날이고, 삭은 1월의 첫째 날이다)을 받아들였다. 요를 멸망시키고 그들의 태사(太史)를 얻고서야 비로소 천문과 역법을 이용해 미루어 계산하고 길흉을 예측했다. 북송을 멸망시키고 그들의 도서, 법물, 천문 기기를 접수하고 북송의 천문 역법의 인재를 흡수함으로써 북송대 천문 역법의 성과를 계승했다. 이러한 기초 위에 금대의 천문 연구와 역법의 추산이 발전했다.

천회 5년(1127)에 사천감(司天監)의 양급(楊級)에게 명령해 『대명력(大明曆)』을 만들게 하니, 양급은 송의 『기원력(紀元曆)』에 더할 것은 더하고 뺄 것은 빼 새롭게 계산하여 천회 15년에 완성해 반포했다. 대정 17년(1177)에는 『대명력』의 계산이 정밀하지 않고 시간에 오차가 있어 사천감 조지미(趙知微)에게 다시 수정하게 하니 조지미는 기하학적 방법을 사용해 일식과 월식을 예측하고, 대정 21년에 새로운 달력을 완성했다. 동시에 한림응봉 야율리(耶律履)도 『을미력(乙未曆)』을 제작했다. 상서성에서는 세 권의 역서를 서로 비교한 후에 조지미가 만든 새로운 달력을 사용하기로 결정했다. 그리고 장행간(張行簡)·양운익·당회영 등이 모두 『태을신력(太乙新曆)』의 교정에 참가했다.

금대에는 수학 방면에서 상당히 높은 성과를 취득했다. 천원술(天元術)은 중국 고대 수학에서 대수 방정식의 방법을 세우고 해답을 구한 사람이다. 이것이 가장 처음 나타난 것은 11세기 말기다. 장주(蔣周)가 저술한 『익고(益古)』라는 책에는 당시에 유행했던 수학 공식인 천원술을 기록했는데, 원(元)을 미지수로 하고 식을 세워 해답을 구했다. 금대 말기에 유명한 수학자 이야

---

[34] 『金史』, 「世紀」.

(李冶)는 『측원해경(測圓海鏡)』 12권을 저술했는데, 천원술을 사용해 내접원과 관련된 170개의 문제를 해결했다. 이야는 또 천원술의 입문서 『익고연단(益古演段)』 3권을 저술하기도 했다. 이 외에 양운익은 『오성취정변(五星聚井辨)』·『구고기요(勾股機要)』·『상수잡설(象數雜說)』 등의 천문 역법과 관련된 저작이 있다.

2) 의학

금대 의학에서의 성과는 매우 높아 유명한 의학자 유완소(劉完素)를 대표로 하는 하간(河間)학파와 장원소(張元素)를 대표로 하는 이수(易水)학파가 형성되었다.

유완소는 하간부 사람으로, 후세에 붙여진 의학 방면 '금원 4대가' 중 한 사람이다. 치료할 때 "감열소염제를 쓰기 좋아해, 마음에 불을 내리고 체액을 늘리는 것을 위주로 치료하여"[35] 중의학에서 말하는 한량파다. "불처럼 뜨거운 아픈 부위를 명백히 밝히고 뜨거운 증상을 잘 치료해 이름이 한때 세상에 널리 알려져서 하간학파의 개조가 되었다."[36] 저서로는 『소문현기원병식(素問玄機原病式)』·『선명방론(宣明方論)』·『상한직격방(傷寒直格方)』·『상한표본심법류췌(傷寒標本心法類萃)』 등이 있다.

유완소는 오랫동안 『소문(素問)』을 연구해 이론을 실제와 연결시킬 수 있었고, 화열병의 병리 변화와 치료 원칙을 총결했다. 약물로 풍한을 발산시키고 열을 내려 보음하는 요법을 제기함으로써, 중의학 이론 및 치료의 발전과 향상을 촉진해 "당시 의학계에서 최초로 용감하게 창신(創新)한 의학자 중 한 사람이자, 금원대 의학에서 새로운 경지를 개척해 의학계에서 중요한 지위를 차지한다"[37]고 기록되었다.

---

35) 『金史』, 「方伎傳」, 劉完素.
36) 任應秋 主, 『中醫各家學說』(上海科學技術出版社, 1980).

그의 재전(再傳) 제자 주진형(朱震亨)은 그의 이론을 더욱 발전시켜 대량의 치료 경험을 축적하고, '상화론(相火論)'과 '양은 남는 것이 있으나 음은 넉넉한 것이 없다'는 학설을 제기해 원대의 명의가 되었다.

휴주(睢州) 고성(考城) 사람 장종정(張從正)은 멀리는 『소문』과 『상한론(傷寒論)』을 본보기로 삼고, 가까이는 유완소를 존경했던 '공사론(攻邪論)'의 창시자다. 그는 "질병은 사악함에서 발생한다"는 견해를 제기해, 발한·구토·설사의 세 가지 방법으로 질병의 사악함을 공격적으로 제거했다. 발한·구토·설사의 세 가지 방법을 원활하게 운용하는 데 대해 풍부한 경험을 축적하고, 장중경(張仲景)의 『상한론』에서 응용한 범위를 확충해 중국 의학의 '치료 원칙과 방법' 이론의 발전에 공헌했다. 그의 저서로는 『유문사친(儒門事親)』 3권이 있다.

이주(易州: 하북성 易縣) 사람 장원소(張元素)의 자는 결고(潔古)이고, 이수학파의 창시자다. 일찍이 유완소가 상한을 다스리는데 약을 써서 병의 증상에 맞는 것을 보고 유완소도 감복했다. 이수학파는 장기 증후의 병리학적 구조와 치료를 연구 과제로 삼아 하간학파와 어깨를 겨루는 의학상의 파벌이 되었다. 장원소의 학술적인 성과는 곧 '장부변증설(臟腑辨證說)'과 '견약제방론(遣藥制方論)'을 창립했다는 것인데, 상당히 계통적인 이론이 있다. 그는 5운6기(五運六氣)38)에 대해서도 연구해 "생명을 주관하는 것은 사람에게 있고, 생명을 버리는 것 또한 사람에게 있다"·"장수와 요절의 장단은 모두 사람이 만든 것이다"라는 변증법적인 관점을 제기했다.39)

그의 학생 이고(李杲)는 '비위내상론(脾胃內傷論)'을 창립해 상한(傷寒)의 병리학적 구조와 치료에 대해 탁월하게 공헌했다.

---

37) 甄志亞 主, 『中國醫學史』(上海科學技術出版社, 1984).
38) 간략하게 '運氣'라고도 하는데 운은 목·화·토·금·수의 다섯 단계의 추이고, '기'는 風·火·暑·濕·燥·寒이라는 여섯 가지 기후의 변화를 말한다. _옮긴이 주_
39) 張元素, 『病機氣宜保命集』.

장종정·주진형·이고·유완소를 '금원 4대가'라고 칭한다.

3) 건축

금대에 건축 분야는 특히 도시 건설과 교량 축조 방면에서 현저한 성과를 보였다.

여진인들이 초기에 거주하던 주택은 대부분 산에 의지해 초목으로 만들어 비교적 초라했다. 건국 후에 가장 먼저 회령부에 궁전을 건축하고, 상당히 규모가 큰 상경성을 수축했다. 해릉왕이 재위하던 기간에는 중도와 남경을 차례대로 건설했는데, 송의 도성 건축의 배치·풍격·기술을 본보기로 삼고, 또 한인과 발해인에게 그 일을 감독하게 했기 때문에 새로운 도성의 도시 건설은 상당히 높은 수준에 이르렀다.

중도의 열세 개의 문은 동쪽·서쪽·남쪽에 각각 세 개가 있고 북쪽 성벽에는 네 개가 있었다. 그중 풍의문(豐宜門) 안에 있는 용진교(龍津橋)는 한백옥으로 난간을 만들었는데 "그 색은 순백색이고 조각이 정교해 마치 그림을 그린 것과 같았다"고 한다. 궁전은 장엄하고도 화려했으며, 궁궐의 전각과 문은 순전히 푸른 기와만을 사용했다. 궁성 앞 대로의 양쪽에는 버드나무를 심었고, 동쪽과 서쪽에는 각각 100여 칸의 회랑이 있었는데, 이 장랑의 용마루 역시 푸른 기와로 덮었다. 성안에는 어조지(魚藻池), 요지전(瑤池殿), 격구를 하거나 활쏘기를 연습하는 상무전(常武殿), 광무전(廣武殿)이 있었다. 성의 북쪽에는 이궁으로 태령궁(太寧宮: 후에는 壽寧宮·壽安宮·萬寧宮 등으로 이름이 바뀌었다)과 경화도(瓊華島)가 있었다.

교량 건축 분야에서 금 왕조는 탁월한 성과를 보여 중도의 노구교(蘆溝橋)는 대정 29년(1189)부터 명창 3년(1192)까지 건설했는데, 그것은 비단 금대의 건축사에서뿐만 아니라 중국 교량의 역사에서도 흔히 볼 수 없는 걸작이다.

대정 28년(1188)에 세종은 노구하(蘆溝河)를 사절이나 여행객이 왕래하는 요충지로 생각해 석교를 건설하라고 명령했으나, 시행하지 못하고 승하했다. 다음 해에 장종이 즉위하고 석교를 건설하라고 명령했다. 명창 3년에 다리가 완성되자 처음에는 광리교(廣利橋)라고 했는데, 민간에서는 노구석교라고 불렀다.

노구교의 전체 길이는 266.5미터로서 화북 지방에서는 가장 긴 고대의 아치형 돌다리다. 열한 개의 아치가 있으며 다리의 너비는 7.5미터에 높이는 약 10미터다. 다리의 노면은 석판을 평평하게 붙이고 양쪽에는 돌로 난간을 만들었는데, 각각 140개의 돌기둥을 사용했다. 돌기둥의 높이는 약 1.4미터이고, 석판을 박아 기둥을 만들었다.

다리 아래에는 주춧돌을 만들었는데, 물이 흘러오는 쪽으로 뾰족한 형태를 만들어 물길을 나누고 얼음을 깨기 편하게 했다. 다리의 아치는 둥근 모양인데 주춧돌의 좌우로 각각 하나씩의 아치를 만들어 다리 노면에 무게가 원형의 아치를 통해 주춧돌로 전해지도록 했다. 각각의 아치가 함께 무게를 버티게 했는데, 이것이 아치가 연속된 다리의 큰 장점이라고 할 수 있다. 이처럼 여러 개의 아치로 만든 다리를 형식적으로 분류해 '연공교(聯拱橋)'라고 부른다.

노구교의 부속 건축물로는 동서 양쪽에 회랑이 있고, 가장 유명한 것은 노구교 난간의 사자 기둥과 기둥 위 석조 사자다. 기둥 위에 석사자의 숫자가 많고 조각 예술의 수준이 대단히 높다. 석사자는 큰 것도 있고 작은 것도 있으며 움직이는 것도 있고 가만히 있는 것도 있는데, 표정과 태도가 모두 달라서 민간에서는 "노구교의 사자: 셀 수 없음[蘆溝橋的獅子: 數不淸]"이라는 혈후어(歇後語)[40]가 있을 정도다. 1962년에 북경시 문물공작대의 조사를 거

---

40) 숙어의 하나로, 앞뒤 두 부분으로 나뉜다. 앞부분은 수수께끼의 문제와 같고, 뒷부분은 본뜻이거나 본뜻과 동일한 자음으로 수수께끼의 답안과 같다. 보통 앞부분만 얘기하고 뒷부분은 남이 터득하도록 남겨둔다. 예를 들면 '兎子尾巴―長不了[토끼의 꼬리는 ― 길지 않다]'는 '오래 갈리가 없다'는 의미다._옮긴이 주

쳐 석사자 숫자의 수수께끼가 마침내 공개되었는데, 전체 다리 기둥 위에 있는 석사자는 총 486마리라고 한다.

노구교가 완성된 뒤 원대·명대·청대에 모두 보수 공사를 한 적이 있는데, 원대에는 다리 위에 과가탑(過街塔)[41]을 만들었고, 청대에는 비각을 세웠다. 현재 금대에 만든 회랑이나 원대에 만든 과가탑은 없지만, 청대에 건립한 비각은 여전히 다리 끝에 우뚝 서 있다.

다리가 완성된 후에는 교통을 편리하게 했을 뿐 아니라 도성에서 일대 장관이 되어 금대부터 이미 '노구효월(蘆溝曉月: 노구교의 새벽달)'이라는 명칭이 있었다. 원대 이래로 노구교를 읊은 시가 역사 기록에 끊임없이 보인다. 원대의 포도원(蒲道元)은 다음과 같이 읊었다.

蘆溝石橋天下雄	노구의 석교는 천하의 으뜸으로
正當京師往來沖	경사로 왕래할 때마다 솟구쳐 있다

명대의 왕영(王英)은 다음과 같은 시를 지었다.

曙色微涵波影動	새벽빛이 희미하게 감쌀 무렵 그림자의 움직임이 물결치고
殘光猶帶浪花流	남은 빛은 띠처럼 되어 꽃의 물결로 파도친다

그리고 근대에는 노구교에서 일본이 중국을 침략한 7·7사변이 발생해 중국과 해외에 널리 알려졌다.

노구교는 완성된 뒤 지금까지 800여 년의 역사를 간직하고 있으며 비록 역대 왕조마다 보수를 하기는 했지만, 다리의 몸체나 다리의 기단 및 많은

---

41) 거리나 대로 위에 기둥을 받치고 높은 기단을 만든 다음에 위에다 탑을 만들고 기둥과 기단의 사이로 마차나 사람이 통과하게 만든 것을 말한다. **_옮긴이 주**

수의 조각은 여전히 금대에 지은 원래의 것을 보존하고 있는 동시에 여전히 내구력이 뛰어나다. 1975년 북경시 문물국, 교통운수국, 시정 설계, 기초 건설 등의 기구에서 공동으로 노구교의 적재량에 대해 과학적 실험을 시행한 바 있는데, 400여 톤을 초과하는 대형 평판 트레일러가 고대의 이 다리를 안전하게 통과해 중국 고대 사람들의 교량 건설 분야에서의 지혜와 창조력을 다시 한 번 보여주었다.

2절
여진인의 사회생활

1. 혼인, 가정, 성씨, 부락 조직

거란인과 마찬가지로 여진인 부락도 원시사회의 혈연적 씨족 부락 조직과 본질적으로 다른 면이 있었다. 설령 발전이 늦었던 생여진의 완안부라 하더라도 혈연에서부터 지연으로 변환되는 과정이 그의 시조 함보 시기에 이르면 이미 발생했는데, 다른 종족 사람 함보가 완안부에 들어간 자체가 곧 이렇게 판단하는 근거 중 하나다. 그의 4세손 수가에 이르러 안출호수에 정착할 무렵에는 이러한 과정이 대체로 완성되었다. 이는 혼인이나 가정의 변화와 함께 진행된 것이다.

1) 혼인

여진 귀족의 혼인 상황으로 보면 여진인 또한 같은 성씨와는 결혼하지 않았다. 소조(昭祖) 석로 이후부터 완안씨 귀족은 모두 다른 성씨의 사람과 결혼했다. 정치적 필요와 옛 풍속의 영향으로 완안씨는 또한 다른 부락의 귀족과 비교적 확고한 혼인 집단을 결성했다.

혼인의 체결 ▪▪▪　　여진인의 결혼에는 원시 씨족제의 잔재를 비교적 많이 보유하고 있었다. 혼인을 체결하는 방식에서 이종과 고종 사이의 결혼도 상당히 보편적이었다. 그 배우자를 선택하는 방식은 남녀가 자유롭게 결정하기도 하고, 연장자가 대신해 선택할 수도 있었다. 일반적으로 말하면 귀족 자제들의 결혼은 정치나 재산과의 관계가 밀접하기 때문에 연장자들이 많이 결정했고, 빈곤한 가정의 자녀들은 배우자를 선택하는 데 비교적 많은 자주권을 누리고 있었다.

『삼조북맹회편(三朝北盟會編)』에 기록하기를 "그들은 결혼할 때 부자들은 곧 소와 말을 화폐로 삼고, 가난한 사람들은 여자의 나이가 열다섯 살이 되면 길에서 노래를 부른다. 그녀가 노래할 때 스스로 집안 내력, 특기, 용모 등을 표현하면서 배우자를 구한다는 뜻을 나타낸다. 이를 듣는 사람 중에 결혼하지 않았고 받아들이려 하는 사람이 데리고 돌아간다. 그 후에 바야흐로 예물을 갖추고 여자와 함께 집으로 가서 부모에게 고한다"고 했다.

오야(烏惹)는 생여진과 계적여진의 사이에 거주하는데, 그들의 혼인 상황은 생여진과 비슷하다. 홍호는 『송막기문』에서 오야의 여자가 배우자를 선택하는 상황에 대해 "거란과 여진의 귀족 자제나 부잣집 아들들은 8월 15일에 술에 취하면 곧 잇따라 이끌고 따르면서, 말을 달려 그곳에서 연회를 열고 즐긴다. 부녀자들은 그들이 이른 것을 듣고 모여서 그들을 본다. 중간에 [여자들에게] 모시고 앉게 하여 남자들과 더불어 술을 주면 마시고, 또 춤을 추거나 노래를 부르면서 잔을 권하는 여자도 있다. 만나기를 서로 약속하고 시시덕거리며 오고가다가 곧 데리고 돌아간다. 돌아보지 않고서 말 발자국을 쫓는 데 몇 리를 멀다 하지 않는다. 그 데리고 가는 사람에 대해 부모는 누군지 묻지도 않는다. 몇 달을 머물다가 아이가 있으면 비로소 차·음식·술을 몇 대의 수레에 갖추어 친정으로 가는데 이를 배문(拜門)이라고 하고 이에 따라 사위의 예를 행한다. 그들의 풍속에서는 남녀가 스스로 돈을 내고 하는 결혼보다 좋은 것을 도모하는 것이라고 말한다"라고 서술했다.

아마도 부모의 간섭이 날로 증가하면서 젊은 남녀가 배우자를 선택하는 자유에 제한을 받기도 하고, 혹은 여진 사회의 분화가 날로 격화되어 권세에 의지해 부녀자를 차지하는 행위가 발생한 것인데, 건국을 전후한 시기에는 여진인 사이에 투혼(偸婚: 비밀 결혼)과 창혼(搶婚: 약탈혼) 현상도 출현했다.

투혼을 하기에 가장 좋은 시기는 정월 16일의 방투(放偸: 금대와 원대의 풍속으로 정월 16일에는 훔치는 것을 금하지 않는 것)이다. 방투는 여진인들이 거란으로부터 계승한 습속의 일종인데, 재미있는 것은 그것을 의외로 혼인의 자유를 요구하는 남녀가 이용했다는 것이다. "또한 먼저 여자와 개인적으로 약속을 하고 때가 되면 훔쳐가는 것인데, 여자가 머물기를 원하면 곧 이를 들어준다." 이러한 모든 것이 원시사회의 혼인 형태의 잔재가 짙게 남아 있고, 그것이 받은 강렬한 충격을 반영한다.

건국 전에 여진 귀족 사이에 약탈혼 현상도 존재했는데, 그것은 폭력으로 재산을 빼앗는 것과 마찬가지의 약탈 행위다. 건국 후에 송 황실의 비빈이나 종실의 여자를 강압적인 방법으로 받아들인 것도 이와 같은 종류로 볼 수 있다.

여진인 가운데는 연장자가 주관하는 혼인으로서 쌍방의 부모가 자녀의 실제 상황에 근거해 결혼 약속을 체결하는 이외에, 뱃속에 있는 아이의 혼인을 정하는 현상도 존재했다. 쌍방의 부모가 자녀가 태어나기 이전에 이미 사돈이 되기로 약속하는 것이다. 아이가 출생하기를 기다렸다가 만약에 같은 성이면 의형제나 자매가 되고 성별이 다르면 곧 부부가 되는 것인데, "비록 귀천이 크게 달라도 절대로 바꿀 수 없는 것이었다"[1]고 한다. 뱃속에 있는 아이의 혼인을 정하는 것은 일종의 혼인이나 결의를 통해 우정을 강화하는

---

[1] 『松漠紀聞』.

방식으로, 생여진 중에 이러한 혼인 형태가 많았다.

혼인의 의식 ■■■　　여진인은 결혼을 약속하거나 결혼하는 데 모두 특수한 의식이 있었다. 그들은 납폐의 예를 행하는 것을 '배문'이라고도 한다. 때가 되면 신랑 측의 친척과 가족이 함께 신부의 집으로 가는데 적으면 약 열 대이고 많으면 백 대에 이르는 수레에 술과 음식을 가지고 가서 신부 측 친척들과 연회를 베푼다. 연회석상에는 남자와 여자가 나누어 앉고, 먼저 금이나 은 혹은 나무로 만든 잔으로 술을 마신 다음에 대연지(大軟脂: 기름에 튀긴 면의 일종)·소연지(小軟脂)·유밀과 등의 다식을 먹는다.

다식을 모두 먹으면 차와 치즈를 먹는데 "신부 측은 나이에 상관없이 모두 온돌 위에 앉고 신랑 측은 그 아래에 빙 둘러 예를 행하는데, 이를 '남하녀(男下女)'라고 한다. 예를 행한 후에는 신랑 측에서 예물로 가져온 마필을 끌고 오는데, 적으면 열 필이고 많을 때는 백 필이다. 신부 측에서는 그 집에서 말을 잘 보는 사람을 지정해 가장 좋은 말로 10분의 2나 3만을 선택하고, 아울러 의복으로 답례한다.

여진인의 예물은 후세에 나타난 매매 혼인에서 말하는 납채와는 다른데, 그것은 원시사회에 처가에서 거주하는 방식에서 남편의 집에 거주하는 방식으로 바뀌는 과도적 시기에 발생한 것으로 신부 측 씨족의 손실을 배상하는 대가의 일종이다. 마찬가지로 일반적인 남자는 결혼한 후에 처갓집에 거주하면서 장인과 장모를 모시고, 각종 노역에 종사해야만 했다. 한인들의 입장에서 보면 노예와 큰 차이가 없고, 심지어는 "술을 권하거나 음식을 올리는 것도 모두 직접 해야만 했다"고 한다. 3년 후에는 부인을 데리고 자신의 집으로 돌아가는데, 처가에서는 노예나 소·말을 내주었다. 이와 같이 원시사회에 처가에 거주하는 잔여 형식에서부터 일부일처제로 진입한 후에도 습속이 되어 남아 있었던 것이다.

그리고 납폐의 예와 답례는 곧 경제적인 원인을 제외하고는 쌍방이 재부를 과시하는 방식이기도 하다. 중원으로 들어간 후에도 이처럼 재부를 비교하고 겉치레를 중시하는 현상이 날로 심해져 조정에서 하는 수 없이 행정적인 수단을 사용해 규제를 가하기에 이르렀다. 그런데 한인들의 습속에 영향을 받아 처가에서 거주하는 모습은 금대가 되면 이미 많이 보이지 않는다.

수계혼 ■■■ 여진인 사이에 원시적 혼인 습속의 잔재가 남은 또 하나의 특징적인 모습은 수계혼(收繼婚) 현상이 보편적으로 존재한다는 것이다. "옛 풍속에 부녀자가 과부로 거주하면 종족이 뒤를 잇는다."[2] 여진인들의 이러한 혼인 형태에 대해 당시 한인들이 남긴 기록은 상당히 많은데,[3] 한인들에게 "개나 돼지와 다름이 없다"고 조롱받는 이러한 혼인 풍속이 사실은 인류 사회의 혼인이 발전하는 데 반드시 거쳐야 하는 단계 중 하나로 바로 부형제혼의 잔재다.[4]

이러한 혼인 풍속은 모계 씨족제 사회 후기에 출현했는데, 계급사회로 진입한 후에도 여전히 남아 있는 이유는 부녀자가 가정의 재산으로 간주되어 남편이 죽은 후에 친족이 계승하여 가정의 재산이 외부로 유출되지 않도록 보증하기 위해서였다. 따라서 계모나 과부가 된 형수를 아내로 받아들이고 부친이나 형의 아이들을 부양하는 것은 곧 같은 종족 남자의 권력이자 의무였다. 중원으로 진입한 후에 여진인들에게 봉건적 개념이 수립되면서 수계혼 현상도 점차로 감소했다.

금대 황실의 혼인 ■■■ 여진인의 혼인 관계와 관련된 기록 가운데 황실의 혼인만큼 많은 것이 없다. "국조 고사에 모두 도단·당괄·포찰·나라·복산·

---

2) 『金史』, 「後妃下」, 睿宗貞懿皇后.
3) 『三朝北盟會編』.
4) 夫兄弟婚은 혼인 습속의 일종으로, 어느 여자의 남편이 죽으면 반드시 죽은 남편의 형제에게 다시 시집을 가고 남편의 형제 또한 그녀와 결혼할 권리와 의무가 있다. _옮긴이 주

흘석렬·오림답(烏林答)·오고론(烏古論) 등 여러 부의 부장 가문과 대대로 혼인해 황후를 맞이하고 공주를 시집보냈다"5)고 했는데, 이것이 금대 황실 결혼의 특징이다. 그것은 거란의 황실이 후족인 소씨(蕭氏)와 혼인하는 것과 마찬가지로 원시적인 혼인 형태의 잔재가 남아 있는 것이면서, 정치 행위를 구체적으로 드러낸 것이기도 하다. 다른 점이 있다면 다만 금대 황실의 혼인 대상이 야율씨보다 조금 더 광범위했다는 것뿐이다. 이는 완안부 귀족이 흥기할 때 이루어진 혼인 방식으로 부락 연맹을 강화시킨 산물이기도 하다.

생여진은 같은 성씨와 결혼하는 것을 금지했다. 그러나 숙여진은 같은 성씨와의 결혼에 대해 제한이 없었고 발해인은 금대 중기에 이르기까지 여전히 투혼 습속이 남아 있었는데, 이러한 혼인 풍속은 모두 국가에서 법령으로 금지했다. 민족 간의 갈등과 장벽을 해소하기 위해 일찍이 금에서도 거란인 또는 한족과의 결혼을 여진인들에게 장려했다.

2) 가정

건국하기 이전에 여진인들은 이미 가부장적 노예제가 발전하는 시기로 진입했다. 여진인들의 가정에는 남성 가장의 처와 자식, 또한 가정의 노예도 포함되었다. 건국한 초기에 전쟁이 빈발하면서 노예의 수도 매우 많이 증가했다. 이것이 여진 사회 노예점유제의 성질을 결정한 것이다. 이 외에 여진인의 가정에는 또한 그 자체의 고유한 특징이 있다.

아들이 장성하면 분가한다 ■■■ 『금사』 「세기」에서 기록하기를 "생여진의 풍속에 아들을 낳아 장성하면 분가한다"고 했지만, 이처럼 별거하는 가정 사이에는 여전히 매우 밀접한 연계가 있었다. 아골타의 조부인 오고내에

---

5) 『金史後妃下』, 「章宗元妃李氏傳」.

게는 다섯 명의 아들이 있었는데 완안 가족의 사업을 위해 오고내는 그의 첫째 아들에게 차남과 동거하게 하고, 삼남과 사남을 동거하게 했다. 그리하여 한 사람은 가족 내의 일을 처리하고, 한 사람은 생여진 여러 부락을 통일하는 대업에 종사하게 했다.

분가한 후의 소가정에는 각자의 주택과 소가정이 관리하는 일정한 액수의 재산이 있었다. 그들은 여진 사회의 기층 단위이고, 소가정 거주지는 일반적으로 대가정이 속한 범위 안에 있었다.

함께 경작하는 대가족 ■■■ 각자 독립된 소가정과 자신이 분가해 나온 대가족과의 사이에는 대단히 밀접한 연계를 유지하고 있었다. 대가족은 실제로 여진 사회에 계속 존재했고, 아울러 응분의 작용을 했던 것으로 보인다. 당시 기록에는 이를 '족장(族帳)'이라고 칭한다. 건국한 초기에 송의 사신 마확이 목격했던 상황은 "3 내지 5리의 사이마다 한 개 혹은 두 개의 족장이 있는데, 한 개의 족장은 30 내지 50가정을 초과하지 않는다"[6]였다. 여기에서 말하는 족장은 부계의 대가정, 즉 '종족'을 가리킨다. 그리고 '가'는 곧 연장자에게서 분가해 나온 자제들로 구성된 소가정인 것이다.

대가족은 여진 사회와 여진인의 일상적인 활동 가운데 각각의 소가정이 어떠한 중요한 활동에 종사하도록 연락하고 조직하는 역할을 담당했다. 완안씨 가족은 생여진 여러 부락을 통일하고 정권을 수립하는 활동 중에 완안부의 핵심이자 중요한 역할을 하는 역량이었다. 석로가 처음 법규를 만들었을 때 부락 사람들의 반대를 받았지만, 그의 숙부 사리홀(謝里忽)의 도움으로 비로소 보존할 수 있었다. 사리홀이 그를 구해준 이유는 그가 "반드시 가업을 계승해야 부락의 군중을 안정시킬 수 있다"는 것이었다. 이러한 대가족의 역할은 일반적으로 생산 활동 가운데서 가장 많은 작용을 발휘했다. 생산력이

---

6) 『三朝北盟會編』에 인용된 馬擴의 『茅齋自敍』.

낮았기 때문에 서로 도우며 협력하는 것이 더욱 중요했고, 따라서 가족이 모여 경작하는 것은 대가족의 생산 활동 가운데 중요한 직무이자 기능이었다.

이처럼 대가족이 생산 활동을 하는 중에 서로 돕는 행위는 중원으로 들어간 후에 약간의 저항을 받았다. 토지 분배가 제한되고 동일한 가족의 여러 가정이 비교적 분산되어 거주했기 때문에, 대가족은 해체되기 시작했다.

3) 성씨와 부락

시간이 너무 오래 지났고, 또 고찰해 볼 만한 문자 기록이 없기 때문에 여진인들이 성씨를 쓰게 된 기원은 이미 그 자세한 면모를 알기 어렵다. 그러나 최초에 그들의 성씨는 씨족이나 부락과 모종의 관계가 있었다. 사회가 발전해 원시적인 혈연의 씨족과 부락이 점차 해체되면서 성씨와 부락 사이에는 혈연적인 연계가 점차 지연 관계로 전환되어 부락과 성씨의 의미에도 변화가 발생했다. 늦어도 완안부가 안출호수에 정착해 거주할 때가 되면, 비록 약간의 원시 시대의 잔재가 여전히 남아 있기는 했지만, 부락의 혈연적인 유대는 벌써 해이해지고 지연적인 관계가 이미 확립되었다.

종실, 동성, 이성의 완안씨 ■■■ 생여진 부락에서 혈연적인 관계가 해이해진 것은 동일한 가족의 후예가 다른 부락에 나누어 속하거나, 동일한 부락 안에 혈연관계가 전혀 없는 가정이나 가족을 포함하는 것으로 나타난다.

완안씨를 예로 들면 『금사』 「종실표」 서에 "금나라 사람들은 처음에 완안의 12부에서 기원했는데, 그 후에 모두 그 부락으로써 성씨를 삼았다. 사관들의 기록에 종실이라고 칭하는 자가 있고, 완안이라고 칭하는 자가 있다. 완안이라고 칭하는 자도 두 가지가 있는데, 하나는 동성의 완안인데 대개는 먼 친척으로 예를 들면 석토문(石土門)이나 적고내(迪古乃)가 여기에 속한다. 또 이성의 완안이 있는데 대개는 부락 사람으로 예를 들면 환도(歡都)가 여기에 속한다"고 기록하고 있다.

　여기에서 말하는 완안 12부는 마땅히 안출호수의 완안부가 핵심이 되어 구성한 초기의 완안씨 부락 연맹을 가리킨다. 이 연맹에 속한 사람들은 후에 "모두 부락으로써 성씨를 삼아" 완안씨가 되었다. 확실히 완안부 연맹의 각 가족이나 가정은 모두 혈연관계를 이룬 것이 결코 아니다. 금의 황실과 혈연관계가 없는 완안씨는 곧 '부인(部人)'이고 또한 '이성의 완안씨'인 것이다.

　금 황실의 시조 함보에게는 직계와 방계의 후예가 있어 이들을 각각 종실과 동성의 완안씨로 구분한다. 동성의 완안씨는 먼 친척으로, 함보 형제의 후손이다. 예를 들어 함보의 동생 보활리(保活里)의 후예인 석토문과 적고내, 그리고 형인 아고내(阿古乃)의 후손 갈소관(葛蘇館) 사람 호십문(胡十門) 등이 여기에 속한다.

　함보의 직계 후손은 종실의 완안씨인데 대정 연간 이전에는 '종실'이라고 통칭했다가, 명창 연간 이후에는 '내족(內族)'이라고 바꾸어 불렀다. 모든 문헌 기록에서는 단지 이름만 기록하고 성씨는 기록하지 않았다. 선종대에 이르면 다시 일률적으로 '완안'이라고 칭했다. 종실의 완안은 많은 사람이 안출호수 완안부에 속하지만, 그 부락 전부가 종실로 구성된 것은 결코 아니다. 예를 들면 금대 초기에 명재상인 희윤은 함보와 혈연관계가 없다.

　이성의 완안씨 가운데 유명한 사람으로는 희윤을 들 수 있다. 완안희윤의 증조부인 석로는 "소조 석로와 같은 시기에 같은 부락에 살면서 이름까지 같은 사람인데, 서로 알고 나서 맹세해 말하기를 '살아서는 같은 물가에서 거주하고 죽어서는 같은 계곡에 묻히자'라고 했다. 그곳 사람들이 소조 석로를 '용감한 석로'라고 하고 희윤의 증조부는 '현명한 석로'라고 불렀다"[7]고 한다. 후에 현명한 석로는 안출호수 완안부를 떠났다가 그의 아들 핵손(劾孫) 때 다시 돌아왔다. 이후에 석로의 손자 환도와 증손자 희윤은 마침내 그 부

---

7) 『金史』, 「歡都傳」.

락의 성원이 되었다. 그들은 의심의 여지없이 이성의 완안씨이고, 확실히 이러한 이성 완안씨의 수는 심지어 동성의 완안씨나 종실로서의 완안씨보다 많았다.

다른 측면에서 보면 안출호수 이외에도 완안을 부락의 이름으로 하는 자들이 있었는데, 이러한 각 부락의 성원들도 모두 완안을 성씨로 삼았다. 예를 들면 아달란수(雅達瀾水) 완안부 사람인 아고덕(阿庫德)과 백달(白達), 태신특보수(泰神忒保水) 완안부의 발근 안단(安團), 야라로(耶懶路) 완안부의 부장 석토문(石土門) 등과 같은 사람이다.

동시에 완안부 부락 연맹에 가입한 부락 중 초기에는 완안을 부락의 이름으로 하지 않은 이들이 있었다. 예를 들면 누실 일족은 "그 선조는 합독이라고 하는 자인데, 아주호수[안출호수]의 발원지에 거주해 완안부 사람이 되었다. 그 조부 흡로직은… 재물이 향리에서 가장 많았는데, 부락 사람들의 숫자가 점차 많아져 넓은 땅을 선택해 아달뢰수로 이주하자 나린과 마길 등 칠수의 사람들이 모두 귀부했다. 부친 백답은… 세조를 섬겨 칠수부장이 되었다"8)고 한다. 이 칠수부장 백답이 안출호수 완안부를 중심으로 하는 부락 연맹에 가입했고, 또한 자연스럽게 완안부의 사람이 되는 동시에 완안이라는 성씨를 취득했던 것이다. 이와 상반되는 경우가 함보의 후손 중 어떤 사람은 그 부락을 나가 별도로 새로운 부락을 만들었으니, 예를 들면 신은수(神隱水) 완안부의 발근 야가(冶訶)는 곧 경조 오고내의 후손이다.

이로부터 부락의 이름은 그 수령의 성씨로부터 나왔고, 같은 성씨로 만들어진 다른 부락은 곧 각자의 거주지로 나눈다는 것을 알 수 있다. 그것은 문헌 기록에서 보이는 여진인의 성씨가 당시 여진 여러 부락보다 먼저 만들어졌고, 이때의 여진인들은 이미 원시 씨족 부락의 여정을 마쳐 원시 씨족과 부락이 해체되는 동시에 개별적인 가정과 지연적인 부락도 이에 따라 생겨

---

8) 羅福頤 輯, 『滿洲金石志外編』, 「壯義王完顏婁室碑」..

났다는 하나의 역사적 사실을 보여준다. 초기 씨족 성원들의 후예가 이미 각자 다른 지역을 옮겨가서 다른 부락에 가입해, 어떤 사람은 수령이 되고 어떤 사람은 부락의 평민 혹은 노예로 전락하기도 했다. 부락은 혈연에서 지연으로의 전환을 완성했고 씨족 또한 종족으로 대체되었다.

『금사』「백관지」의 기록에 의하면 여진인에게는 백성(白姓)과 흑성(黑姓)의 구분이 있었다. 백성은 완안·온적한(溫迪罕)·협곡·복산을 위주로 한 스물일곱 개 성씨와 배만과 도단을 위주로 한 서른 개 성씨 및 오고론(吾古論, 烏古論)을 위주로 하는 스물여섯 개 성씨를 포함한다. 흑성은 당괄과 포찰을 위주로 하는 열여섯 개 성씨 등 총 아흔아홉 개 성씨를 포함한다. 백성과 흑성의 구분은 어쩌면 최초의 씨족과 어떠한 연원 관계가 있을 것이다. 동시에 『성씨보』에 열거된 성씨 중에는 별도의 새로운 정보를 제공하는데, 그것은 여진인 가운데 광길랄(光吉剌)이나 몽고와 같이 숙신 계통 이외의 사람들도 포함하고 있다는 것이다.

부락 조직 ■■■ 건국 이전의 생여진 부락은 몇 개의 대가족으로 구성되었고, 부락의 수령은 발근이라 불렸으며, 군사를 거느리고 전투를 하면 맹안이나 모극이라고 불렀다. 몇 개의 부락은 부락 연맹을 구성했고, 연맹의 수령은 도부장(都部長, 도발근)이라고 불렀다.

이른바 완안 12부는 곧 안출호수 완안부를 핵심으로 하는 생여진 사람들의 부락 연맹 조직 중 하나였다. 그것은 함보의 직계와 방계 후예 및 그와 혈연관계가 없는 사람들이 이끄는 열두 개의 부락으로 구성되었다.

이 외에 생여진 사회에는 같은 시기에 다른 부락 연맹도 존재하고 있었다. 영가 때 완안부와 겨루었던 유가(留可)는 통문(統門)과 혼준(渾蠢)의 두 강이 합류하는 곳에 거주하는 오고론부 사람인데, 유가와 연맹을 결성했던 부락으로는 도단과 포찰 등의 부락이 있다. 이 두 개의 세력 집단이 대항한 형세를 분석해 쌍방의 실력을 예측해 그들이 말하기를 "도단부의 무리는 14부를 하나로 하고, 오고론부의 무리는 14부를 하나로 하며, 포찰부의 무리는 7부를 하나로 해 무릇 35부다. 완안부는 12부뿐으로, 35부로 12부와 싸우니 세 사람이 한 사람과 싸우는 셈이므로 반드시 승리할 것이다"9)라고 했다.

유가 등의 사람들이 당시 형세에 대해 분석한 것을 보면, 완안부 연맹은 결코 세력이 매우 강한 연맹이 아니었다. 그들은 토지가 비옥하고 물도 좋고 발전 수준이 비교적 높은 거란과 근접한 안출호수를 선택해 정착지로 삼고, 게다가 몇 대에 걸쳐 몇 명의 뛰어난 수령이 연이어 출현했기 때문에 처음에는 약했지만 후에는 강해질 수 있었다. 적들에게 승리를 거두고 여진 여러 부락을 통일한 기초 위에 정권을 수립하고 나아가 당시 중국의 경내에서 영토가 가장 넓고 세력이 가장 강한 정권이 되었다.

이를 통해 보면 건국하기 이전에 생여진 부락 조직은 부락 → 부락 연맹 → 부락 대연맹의 세 개 단계가 존재했다. 이 부락 대연맹은 전체의 생여진 사람을 포함하는 가장 높은 단계에 가장 큰 범위의 연맹이었다. 그것은 국가 조직에 이미 상당히 접근했고 금 정권을 건립하는 기초였는데, 그것의 핵심은 완안 12부의 부락 연맹이었다.

이런 식으로 보면 금 황실의 혼인 관계를 이해하는 것도 어렵지 않다. 이종과 고종 사촌 사이의 결혼은 원시사회의 잔재에 영향을 받은 것이고, 결혼 대상의 선택은 또 사회적 현실과 정치적 이권의 산물이다. 당시의 사회 상황에서 말하면, 그들의 결혼 대상은 모두 완안씨 가족의 거주지와 서로 가까운 가족이다. 석로의 아내 도단씨나 오고내의 아내 당괄씨를 예로 들면 그들의 가족은 모두가 안출호수 부근에 거주했고, 이것은 여진인들이 정착하여 농업 생활에 진입했다는 것을 보여준다. 그리고 도단·당괄·포찰 등의 가족은 모두 생여진 가운데 강하고 힘이 있는 귀족으로서 완안씨의 사업에는 그들의 지지와 협력이 필요했고, 이것이 곧 이러한 혼인 관계가 형성된 정치적 원인이다.10)

---

9) 『金史』, 「留可傳」.
10) 王可賓, 『女眞國俗』(吉林大學出版社, 1988년판)을 참조.

2. 생활 습속

세 부류 여진인들은 건국 이전에 사회 발전의 수준이 같지 않았기 때문에 생산과 생활 방식에서도 일정한 차이가 있었는데, 숙여진의 발전 정도가 가장 높았고 회발이 다음이고 생여진은 양자에 비해 발전 정도가 낮았다.

1) 음식·거주·상장례

주택 ■■■ 초기에는 완안부 역시 생여진 가운데 발전이 비교적 늦었던 부락이다. 그들은 "집이 없고 산과 물에 의지해 구덩이를 파고 그 위에 대들보를 걸치고 흙으로 덮었다. 여름에는 나와서 물과 풀을 따라 거주하고 겨울에는 그 안으로 들어가 있는데, 일정하게 거주하는 곳이 없었다"고 한다. 이처럼 구덩이를 파서 쌓은 주택은 산에 의지하고 물 가까이에 있는 반수혈식 건축으로서 초기 읍루인들의 유풍이다.

헌조 수가 때에 이르러 완안 일족은 해고수(海古水: 지금의 흑룡강성 아성시에서 동북쪽으로 10km 거리에 있는 大海溝와 小海溝)로 옮겨 거주했는데 "개간하여 경작하고 비로소 집을 지었는데 마룻대와 처마가 있는 방식으로, 사람들은 그 땅을 '납갈리(納葛里)'라고 불렀다. 납갈리라는 것은 한족의 말로 주택이라는 말이다. 이로부터 마침내 안출호수의 옆에서 정착해 거주했다"[11]고 기록되어 있다.

이때에 이르러 완안 가족은 원래 옮겨 다니며 정해진 곳이 없던 상황에 비교적 안정적이며 영구적인 성격의 정착 생활로 전환했고, 거처 역시 수혈식 혹은 반수혈식에서 완전히 지면 위의 건축으로 전환했다. 안출호수는 토

---

11) 『金史』, 「世紀」.
　'納'은 만주어로 '地'이고 '葛里'는 몽고어 '房屋'이다. 여진인의 주택에 변화는 어쩌면 동호족 계열의 영향을 받았을지 모른다. _옮긴이 주

지가 비옥하고 요나 회발에 가까워, 이런 양호한 사회 환경이 그들의 사회 발전 과정을 촉진했다.

땅 위에 지은 주택은 수혈식 형태가 발전해 변화된 것으로, 그것은 여전히 산에 의지해 짓는다는 특징이 있었다. 『삼조북맹회편』에는 이러한 건축에 대해 "그들의 풍속은 산과 계곡에 의지해 거주하고 나무를 연결해 울짱을 만든다. 집의 높이는 몇 자 정도이고 기와는 없이 목판으로 덮는데, 간혹 자작나무 껍질을 쓰기도 하고 혹은 풀을 엮어 만들기도 한다. 담장으로는 울타리를 만드는데, 대체로 모두 나무로 만들고 문은 모두 동향으로 한다. 방을 둘러 흙으로 침대를 만들고 그 아래에 불을 피워놓고 그 위에서 서로 잠을 자기도 하고 음식을 먹기도 하면서 생활하는데, 이를 '항(炕)'이라고 하고 이로써 그 온기를 취한다"라고 비교적 구체적으로 묘사했다.

이러한 건축 형태는 그 지역의 기후 조건에 적응한 것이다. 북방의 겨울은 매우 추워 산과 계곡에 의지하고 문을 동쪽으로 내어 바람을 막을 수 있었으며, 온돌을 만들어 온기를 취할 수 있었다. 온돌의 사용은 중국의 북방 소수 민족의 일대 발명이다.[12] 늦어도 북위 시기에 이미 온돌과 관련된 기록이 있다. 역도원(酈道元)은 『수경주(水經注)』에 관계사(觀雞寺)에서 사용하는 온돌에 대해 "대당(大堂)은 매우 높고 넓어서 천 명의 승려가 들어갈 수 있는데 아래는 모두 돌을 엮어 만들었다. 위에는 흙을 덮고 그 안은 통하는데 가지가 뻗고 줄기가 흩어지듯 만들었다. 그 옆의 실외에서는 부뚜막의 불길이 사방으로 나오고, 불기운이 안으로 흘러들어 온 당 안이 모두 따뜻하다"라고 기록했다. 당대(唐代)에 유주(幽州)에 있던 사원 중에는 온돌로 난방을 하기도 했다. 이처럼 온돌로 난방을 하는 방식은 어쩌면 늦어도 북위나 수당 시기에 이르면 이미 하북 지역으로 전파되었을 것이고, 비교적 광범위하게

---

[12] 한국 이외에 온돌의 원리로 난방을 하는 곳은 중국의 동북부와 몽고의 일부인데 이들의 온돌은 한국의 온돌과는 전혀 다른 것으로, 중국 동북부에서는 방의 일부 즉 잠자는 곳에만 설치하고, 몽고에서는 파오(게르) 바닥에 이것을 이용한다. _옮긴이 주

백성의 거주에 응용된 것은 금대부터 시작되었다.

의복 ■■■ 여진인의 의복은 베와 가죽을 원료로 했다. "토산품에 뽕나무와 누에가 없어 오직 포만을 방직하는 것이 많아, 귀하고 천한 것은 베의 거칠고 섬세함으로 구별한다. 또 문화가 뒤떨어진 불모의 땅으로 가죽이 아니면 추위를 막을 수가 없기 때문에 빈부를 가리지 않고 모두가 가죽옷을 입는다.

많은 부자들이 봄과 여름에 모시·면·명주로 적삼과 치마를 만들고, 또 간혹 세포를 쓰기도 한다. 가을과 겨울에는 담비·날다람쥐·여우와 너구리 혹은 새끼 양의 가죽으로 가죽옷을 만들어 입는다. 가난한 사람들은 봄과 여름에 모두 베를 사용해 적삼과 치마를 만들고, 가을과 겨울에는 소·말·돼지·양·고양이·개·생선·뱀의 가죽이나 혹은 노루·사슴의 가죽으로 적삼을 만들고, 바지와 양말도 모두 가죽으로 만든다."13)

상의는 짧고 좌임이며, 백색 옷 입기를 좋아한다. "부인의 의복은 대오자(大襖子)라고 하는데 옷깃이 없고 남자의 도복(道服)과 같다. 치마는 금군(錦裙)이라고 하는데 치마의 길이는 좌우가 각각 두 자가 되지 않는 정도이고, 철사로 주변을 두르고 비단으로 감싸 홑치마 위에 덧대어 입는다."

건국 후에는 혹은 거란의 영향을 받고 혹은 한족 의복의 영향을 받아, 의복의 형태에도 변화가 있었다. 『금로도경(金虜圖經)』에서 말하기를 금은 "군신의 의복이 대체로 중국과 비슷한데 단지 좌임만이 다르다"고 했고, 『금지』「남녀관복」에는 "요를 멸망시키고 송을 침략하면서부터 점차 문양의 장식이 있었고, 부인은 '소요(逍遙)'로 감싸기도 하고 혹은 두건으로 감싸기도 한다"라고 기록되어 있다.

금대 중기에 이르러 풍속이 점차 사치해지면서 의복을 제작하는 데도 더

---

13) 『大金國志』 卷39, 「男女冠服」.

욱 호화로움을 추구했다. 부귀한 집에서는 심지어 노비까지도 모두 비단옷을 입었다. 사치스럽고 화려한 기풍을 바로잡기 위해 장종 때는 일찍이 예부와 상서성에 의복의 제도를 제정하라고 명령했다. 그리하여 황제, 황후, 태자, 종실, 내·외명부와 신하들의 조복·제복·공복을 제외하고 평상복의 제도까지도 재정했다.

희종이 연산(북경)으로 들어가면서 황제는 통천관(通天冠)을 쓰고 강사포(絳紗袍)를 입었다. 면류관은 24류이고 곤룡포는 푸른 비단을 두 겹으로 만들었는데, 해와 달, 용과 호랑이, 산과 불 등의 장식이 있었고 이는 모두 전대의 제도를 답습한 것이다. 황후는 화주관(花珠冠)을 쓰고 푸른 비단에 아홉 마리 용과 네 마리의 봉황 및 꽃과 새 등으로 장식했다. 태자는 흰 구슬을 이용한 9류관을 쓰고, 푸른 상의에 붉은 치마를 입었다.

그들의 평상복으로는 허리띠·두건·반령의(盤領衣: 원반 모양의 옷깃)와 검은 가죽 신발을 착용했다. 그들의 옷은 소매가 좁고 옷깃은 원반 모양이며, 겨드랑이 부분을 꿰맸고 옷의 아래 부분은 주름을 잡았다. 앞가슴과 어깨 부분 소매와 같은 곳에는 새나 짐승·화초·산수 등의 장식을 더할 수 있으며, 하의로는 긴 바지를 입었다.

부녀자들은 첨군(襜裙)이라는 치마를 입었는데 많은 것이 진한 붉은색이고 그 위에는 전체적으로 가지 모양으로 수를 놓았으며, 치마 전체에 여섯 개의 주름을 잡았다. 상의는 단삼(團衫)이라고 하는데 진한 붉은색이나 흑색 혹은 검은 빛이 도는 자주색을 사용했다. 직선의 옷깃에 좌임이며, 겨드랑이를 꿰매고 양쪽에는 다시 두 개의 주름을 잡았다. 치마의 길이는 앞부분은 땅을 스칠 정도이고, 뒷부분은 한 자 정도가 땅에 끌렸다.

신분과 지위에 따라 사용하는 옷의 재료도 규정이 있었다. 서민들은 거친 명주, 삼베, 짐승의 털, 면화, 무늬가 없는 흰색 비단, 풀솜 등으로 만든 옷만 입는 것을 허용했으며, 병졸들은 무늬 없는 비단, 거친 명주, 삼베와 짐승의 털로 만든 옷만 허용했다. 노비들은 거친 명주나 삼베나 짐승의 털로 만든 옷만 입는 것을 허용했다. 동시에 여진인들이 남송 사람들의 옷차림새를 따라할 수 없도록 엄격히 규정했다.

금대 제(齊) 국왕의 무덤에서 출토된 남성과 여성의 두루마기, 바지, 속옷, 치마, 허리띠, 두건, 가슴 보호대[가죽으로 만들어 활을 쏠 때 가슴을 보호하는 물품], 복대와 양말 등은 여진인들의 복장을 연구하는 데 실제적인 자료를 제공한다. 그중에 도포는 원반형 혹은 교차형의 옷깃에 소매가 좁고 좌임이다. 매듭으로 단추를 만들고 금색 구슬, 나는 학, 권운문[W와 a를 기본 선형으로 하여 만든 문양] 등의 도안으로 직조했다. 이러한 복식은 화려하며 진귀하고, 정교하면서도 아름답다. 더욱이 색깔과 광택이 산뜻하고 아름다우며 제작이 정교하고 치밀해, 중국 고대의 북방 소수 민족 복장의 특징과 풍격을 갖추고 있다.

머리 모양 ■■■   여진인들은 변발을 했는데 그 자세한 방식은 알 수 없다. 송나라 사람들이 "부인의 변발은 땋아서 쪽을 틀었고, 남자의 변발은 뒤로 내려뜨렸다"·"뒷머리만을 남겨 색실로 이를 묶는다"·"대머리에 변발을 한다"·"머리를 묶고 정수리를 드러낸다"는 등으로 기록했다. 문헌 기록이나 출토된 문물 자료만으로 분석해 보면, 여진인의 변발은 어쩌면 후세의 만주족과 비슷한 것 같기도 하고, 혹은 머리를 두 쪽으로 묶어 양쪽 어깨로 드리웠던 듯하다.

여진인들은 장신구를 사용하는 것을 좋아해 부녀자들은 비녀·팔찌·귀걸이 및 반지와 같은 장식품이 있고, 남자들도 "귀에 금과 은을 늘어뜨리기를" 좋아했다. 금에서는 부녀자들의 장신구에 진주나 비취·금을 상감한 장신구 등을 사용할 수 없도록 규정했다. 흑룡강 지역에서 출토된 장신구와 패물 등은 많은 것이 금과 은, 동과 철, 돌로 제작되었다.

금대 복장의 발전과 변화 추세는 간소한 것에서 사치스럽게 변한 점과 각 민족의 복장이 서로 영향을 끼쳤다는 점이다. 태조와 태종 시기에는 황제와 황후, 백관과 평민의 복장에 명확한 구별이 없었다. 희종 이후부터 점차 화려한 풍조에 물들면서 군주와 신하, 백관과 백성 사이의 경계가 점차 엄격해졌다. 중원으로 이주한 뒤 여진의 평민들이 빈번하게 한인들과 접촉하는 가운데, 역시 한인들의 생활 습관과 풍속에 영향을 받는 것은 피할 수 없었다. 그러자 대정과 명창 연간에 비로소 남송 사람들의 옷차림새를 따르는 것을 금지하는 명령을 발표했다.

또 하나의 현저한 현상은 여진인의 옷차림새가 한족 지역 심지어 남송에까지 영향을 주었다는 것이다. 요대 이래로 연경 이북의 한인들은 소철이 "의복은 점차 변하는데, 언어는 그대로다"·"좌임이 이미 반을 넘었다"라고 말한 바와 같이 이미 호복으로 바꾸어 입었다. 금대 초기에 통치자들이 다시 강제적으로 여진화 정책을 추진해 한인들로 하여금 머리를 자르고, 짧은 두건을 쓰고, 왼쪽으로 옷을 여미도록 했다.

여기에 더해 후에 여진인들이 대거 남쪽으로 이주하자, 한인들은 이들과의 접촉이 날로 증가해 여진인의 의복이나 머리 모양이 한족 지역에서도 유행하기 시작했고, 심지어는 남송 지역에까지 전해졌다. 범성대가 말하기를 "백성 역시 오랫동안 호복에 익숙해지니 태도와 기호가 이와 더불어 변했다. 가장 심한 것이 의복과 장신구의 종류인데, 그 제도가 거의 오랑캐처럼 되었다"고 했다. 이에 상응해 여진 등 소수 민족의 의관과 용품이 시장에서 중요한 상품이 되었다.[14]

음식 ■■■ 생활 조건이 변화해 여진인이 먹은 음식물의 내용과 습관이 전기와 후기에 약간 다르게 나타난다. 건국을 전후한 시기에는 농작물의 품종이 비교적 적었고, 음식물도 양식을 제외하고 많은 것이 어로와 사냥의 산물이었다. 통치 범위가 확대되고 물질과 재부가 증가하면서 식품도 날로 풍

---

14) 宋德金, 『金代的社會生活』(陝西人民出版社, 1988년판); 范成大, 『攬轡錄』을 참조.

부해지고, 생활의 질도 어느 정도 향상되었다.

여진인들이 식용하는 양식으로는 좁쌀·쌀·보리·기장·수수·콩·메기장·메밀 등이 있었다. 가축과 가금 및 사냥의 포획물로는 돼지·닭·양·개·말·소·당나귀·사슴·토끼·이리·곰·노루·여우·문착[짖는 사슴]·거위·오리·기러기·생선·개구리 등이 있었다. 야채로는 파·부추·마늘·장과·미나리·죽순·순무·아욱·병아리콩과 야생 식물 작약화 등이 있었다. 그들은 술을 양조하고 간장을 제조할 줄 알았으며, 또한 기후가 한랭한 북방에서 기나긴 겨울에도 야채를 먹기 위해 독특한 야채 보관 방법을 창조해 장아찌와 절임을 만들었다.

여진인들의 음식은 양식을 위주로 하고 육류와 야채로 반찬을 만들었다. 음식을 먹는 방법도 이미 그 자체로 특징이 있어 거친 음식에서 정갈한 음식으로 변화되는 과정에 있었으며, 이러한 변화 과정에서 빈부의 차이와 사회적 지위에 고하의 차이도 나타나고 더욱 격화되었다. 남송의 사람이 기록하기를 "그들의 식사는 싸라기로 술을 양조하고 콩으로 간장을 만들며 반 정도 익힌 쌀로 밥을 만든다. 방금 죽인 개의 피와 파와 부추를 담아 섞어 이를 먹고, 순무와 돌피로 국을 끓인다. 식기로는 바가지나 질그릇이 없고 사발이나 젓가락도 없어, 모두가 나무로 쟁반을 만들어 쓴다.

봄과 여름 기간에는 다만 나무 대야를 이용해 죽을 담는다. 사람 수의 많고 적음에 따라 죽을 담아 작고 자루가 긴 나무 국자로 돌려가면서 둥글게 모여 함께 먹는다. 죽을 먹을 때 고기의 종류는 많지 않고, 다만 생선과 노루 종류만을 사용하고 간혹 익힌 고기를 사용하기도 한다. 겨울에도 차게 마시며, 오히려 나무 접시에 밥을 담고 나무 대야에 국을 담는다. 밥을 먹을 때 고기의 종류는 죽을 먹을 때와 같다. 마시는 술은 헤아릴 수가 없는데, 다만 한 개의 나무 국자를 이용해 돌아가면서 마신다. 다리는 굽고, 말린 고기를 삶고, 나머지 고기는 야채와 함께 절구로 찧어 죽을 만들어 먹는다"[15]라고

---

15) 『三朝北盟會編』 卷3.

했다. 이는 초기 여진인의 음식 먹는 방법으로서, 송의 사신인 마확이 본 것과 크게 다르지 않았다.16)

태종 때는 여진인들이 거란인이나 한인과의 접촉이 날로 많아지면서 시야가 점차 확대되어 음식을 먹는 방식과 식품의 종류가 모두 어느 정도 증가했다. 송 휘종 선화 5년[금 태종 천회 3년, 1125]에 송의 사신 허항종이 본 것은 마확이 보았던 것과 이미 약간의 차이가 있었다. 그가 청주(淸州: 요의 石城縣으로 지금의 하북성 당산 동북쪽의 開平)에서 먹었던 것은 술·죽·밥이고, 밥에 곁들여 먹었던 반찬으로는 "간 겨자와 식초를 뿌린 고기, 선지와 내장을 끓인 탕, 부추를 끓인 국" 등인데 송나라 사람은 "먹고 싶은 생각이 없었지만" "오랑캐들은 이를 좋아했다"고 말했다. 함주(咸州)에서는 술을 마시면서 오락을 즐겼는데 과일, 밥과 반찬, 술과 고기가 "몇 개의 식탁에 가득했고", 그 외에도 만두와 증편[발효시킨 밀가루로 만든 여러 겹의 떡으로 각 층 사이에 대개 기름과 소금을 넣고 쪄냈다]과 백숙호병17) 등 여러 가지 밀가루 음식이 있었다. 아울러 이전에는 볼 수 없었던 '다식'과 '육반자'18)도 있었다. 이때 지방 관청에서 사신을 접대하는 기준이 당초 아골타의 연회보다 음식의 종류도 더욱 많고, 만드는 방법도 약간은 정교하고 세밀해졌다.

홍호가 기록한 바에 의하면 송의 사신에게 공급한 음식으로 술·밀가루·쌀·양고기·식초·소금·기름·소스·과일과 돈 등이 있었고, 납폐의 예를 행할 때는 대연지·소연지와 밀고 등이 있었다.19) 그리고 작약의 싹을 끓인 면은

---

16) 馬擴, 『茅齋自敍』에서는 그가 선화 연간에 금으로 사신을 가서 아골타를 따라 수렵을 나갔다가 밥을 먹는 상황을 묘사하고 있다.
17) 백숙호병은 엿당과 꿀을 물과 밀가루에 섞어 약간 발효시킨 후 꿀을 발라 화로에 구워 만든 전병이다.
18) 허항종의 『선화을사봉사행정록』에서 말하는 다식은 "油煮面食, 以蜜塗淬,… 非厚意不設"이고, 육반자는 "以極肥肉或脂潤切大片一小盤, 虛裝架起, 間揷靑蔥三數莖,… 非大宴不設"이다.
19) 홍호는 천회 7년(1129)부터 황통 3년(1143)까지 금 왕조 경내에 머물렀는데, 기록된 것은 태종 후기에서 희종에 이르는 시기의 상황이다. 대연지와 소연지는 중국의 한식날 식사를 대신해 먹는 찬 음식과 비슷한데, 후세에 꽈배기와 비슷하다. 밀고는 잣과 호두를 꿀에 담가 찹쌀가루와

더욱이 신기해 "무릇 빈객을 접대하는 곳에서 본래부터 쓰였는데, 그 맛이 바삭바삭하고 맛이 있어 오랫동안 머물 수 있다"고 했고, 주변(朱弁) 또한 그가 먹은 소나무 껍질의 맛을 크게 칭찬했다고 한다.[20]

후에는 음식물의 품종이 날로 정교하고 세밀해져 독자적인 특색을 갖춘 음식들이 중국의 민족 음식 문화에 새로운 내용을 더했을 뿐만 아니라, 각 민족의 음식 습관이 상호 영향을 주었다는 것을 생동적으로 보여주었다. 그 중에 시랄규채냉갱(廝剌葵菜冷羹)·증양미돌(蒸羊眉突)·탑부랄압자(塔不剌鴨子)·야계살손(野雞撒孫)[21] 등이 있는데, 어떤 것은 차게 해 먹는 요리이고 어떤 것은 구운 요리이며 어떤 것은 삶은 고기 요리로서 맛이 매우 독창적이었다.

또한 찹쌀에다 감, 대추 소, 잣, 호두를 찌고 꿀을 찍어 먹는 감떡과 밤 가루에 찹쌀을 더해 면을 만들고, 꿀과 면을 쪄서 만든 고려밤떡이 있다. 고려밤떡은 이름을 보면 알 수 있듯이 여진인들이 고려에서 배운 것이고, 여진의 아욱국 끓이는 방법 또한 발해의 아욱국과 같아 어쩌면 발해에서 배웠을 가능성도 없지는 않다.[22]

여진인은 우유·술·차를 음료로 마셨다. 그들은 술을 좋아하고 손님이 오는 것을 좋아해 술을 마시면 헤아릴 수가 없고, 반드시 취하거나 도망가야지 비로소 그쳤다. 초기에는 싸라기로 술을 양조했지만, 요와 북송을 멸망시킨 후에는 술의 품질도 어느 정도 향상되고 소비량도 매우 많아 국가에서 전매

함께 사각형 혹은 원형으로 혹은 감꼭지 모양으로 만든 간식이다. 이는 여진인의 식품 종류가 증가했다는 것을 보여준다.

20) 『中州集』.
21) 시랄규채냉갱은 비름을 삶은 물에 각종 고기와 채소를 채로 썰어 다시 삶고 소스를 뿌려 만든 음식이고, 증양미돌은 일종의 양고기 찜인데 '眉突'은 만주어로 '고기'라는 뜻이다. 탑부랄압자는 삶은 오리 요리로 닭이나 거위로도 만들 수 있고, 야계살손은 야생 닭을 삶은 요리로 메추라기로도 만들 수 있다. _옮긴이 주
22) 『居家必用事類全集』, 「庚集」(北京圖書館古籍珍本叢刊, 書目文獻出版社, 1988년판). 여기서 말하는 감떡은 어쩌면 홍호가 말한 유밀과일 가능성도 있는데, 후에 만드는 것이 더욱 정교해지고 원료가 더욱 다양해졌다.

하는 품목 중 하나가 되었다.

여진의 내지에는 본래 차가 생산되지 않았지만, 늦어도 태종 때가 되면 여진인에게도 이미 차를 마시는 습관이 생겼다. 중원으로 들어간 후에는 차를 마시는 풍속이 더욱 성행해 남송에서 차를 구매하기 위해 많은 국가의 재부를 소모해야 했으므로, 심지어 어쩔 수 없이 차 마시는 것을 제한하기도 했다.

교통 ■■■ 여진인은 읍루인의 전통을 계승해 강을 건널 때 배를 이용할 줄 알았고 작은 배를 만들 수도 있었다. 어떤 때는 간혹 "말을 태우고 건너기도 했다"고 한다. 송과의 전쟁 중 선박을 제조하는 장인들을 포로로 잡음으로써 전선과 해선을 제조할 수 있었다.[23]

수상 운송은 금에서 중요한 위치를 차지하고 있어 해릉왕이 연경으로 천도한 후에 은주(恩州)·경주(景州)·청주(淸州)·헌주(獻州)·심주(深州)와 같이 하천에 인접한 주현에 모두 창고를 만들어 양식을 저장했다. 황하·장수(漳水)·어하(御河)·형수(衡水)·호타하(滹沱河)·운하는 모두 선박으로 통항이 가능하다. 여러 창고의 양식은 조운이나 해운으로 통주까지 이르고, 다시 고량하와 백련담(白蓮潭: 북경의 積水潭) 등의 여러 가지 물길을 거쳐 도성에 도달하게 된다. 통주의 위로는 지세가 높고 험해 두 강물의 상류에 수문을 만들고 물을 막아 선박의 통행에 유리하게 했다. 세종 때는 다시 노구(蘆溝)와 금구(金口)를 개착해 물을 끌어들여 조운을 통하게 하려 했다. 비록 완공하지는 못했지만, 금 왕조가 수운을 중시했다는 것을 충분히 알 수 있다.

육로 교통은 주로 축력과 수레를 이용했다. 말은 중요한 교통의 도구이고, 소와 당나귀는 물건을 싣기도 하고 직접 탈 수도 있는 교통의 도구다. 금은 중국 고대의 역전 제도를 계승해 경내에 역참을 설치해 공문을 전달하고, 공무를 처리하는 관원이나 사신들이 왕래하기 위한 교통수단을 제공했다.

---

23) 『松漠紀聞』.

태화 6년(1206)에 다시 "급체포(急遞鋪)를 설치하고 방울 소리를 내면서 전달하는데, 하루에 300리를 간다. 군령이나 황하의 제방과 관련된 일이 아니면 급체포의 말을 타는 것을 허락하지 않았다"[24]고 전해진다. 이러한 급체포 제도는 원으로 계승되었다.

질병과 상장례 ■■■   초기에 여진 사회에는 의사나 약품이 없었다. 병이 나면 무당을 청해 법술을 쓰고, 돼지나 개를 죽여 악귀를 쫓거나 귀신을 진정시키며, 또 저주하거나 재앙을 쫓기 위해 빌기도 했다. 혹은 환자를 싣고 깊은 산이나 큰 계곡으로 들어가 병을 숨기기도 했다. 중원으로 들어간 후에는 비록 여전히 무당의 법술을 빌려 병을 치료하기도 했지만 역시 점차 약물을 사용했으며, 일부의 여진족 독서인 또한 약간의 의술을 알게 되었다.

여진인들은 토장(土葬)을 행했다. 초기에는 "죽은 자를 땅에 묻었지만, 관이나 곽은 없었다"고 한다. 건국 후에는 거란인과 한인의 영향을 받아 점차 관과 곽의 제도가 있었고, 빈부의 차이가 묘장의 형태에 선명하게 반영되었다. 가난한 사람들은 관은 있지만 곽이 없었고, 부자들은 관과 곽을 모두 갖추었는데, 혹은 석관에 목곽을 쓰기도 하고 혹은 목관에 석곽을 사용하기도 했다. 금대의 무덤 가운데 비교적 많이 보이는 것은 수혈식 토광석곽묘다. 정륭 연간 이전에는 토장이 많아 석곽 안에 목관을 사용했다. 대정 연간 이후에는 화장이 비교적 보편적이었는데, 석곽 안에 유골을 담은 석함이나 목갑을 두었다. 이러한 석곽묘는 요대 무덤의 석실이나 석곽을 간략하게 해 만든 것이다.

흑룡강성 수빈현(綏濱縣) 영생촌(永生村)에 있는 열네 기의 금대 평민 무덤은 토갱식 목관묘인데 구조가 비교적 간단하고, 부장품으로 질그릇, 자기, 동과 철, 도기와 석재 장식품 등이 있다. 수빈현의 오리미고성(奧里迷古城)에

---

24) 『金史』, 章宗紀.

서 발견된 금대 고분군에는 장방형의 토갱식 목관묘·적석묘·화장묘가 있다. 적석묘는 바닥에 석판을 사용해 평평하게 깔았는데 부서진 관목과 철제 못이 발견되었다. 화장묘에서는 불에 탄 관목의 흔적이 있다. 내몽고자치구 파림좌기(巴林左旗)의 금대 화장묘 안에서는 작은 목관이 발견되었다.

관료와 귀족의 무덤에는 부장품이 비교적 많고, 무덤 안에는 벽화나 벽돌이나 석재 조각이 많이 있다. 흑룡강성 아성시 거원향(巨源鄕) 성자촌(城子村)의 금대 제(齊) 왕의 무덤은 금대 전기 귀족들의 무덤 양식을 이해하는 데 필요한 실례를 제공해 준다. 이 무덤은 수혈식 토갱 석곽목관묘의 하나로, 석곽은 동서 방향에 가깝고, 길이는 2.8미터에 너비는 1.9미터, 높이는 1.5미터다. 사면의 벽은 네 개의 화강암으로 만들어졌다. 석곽 안에는 장방형의 목관을 두었고, 관 안에는 부부 두 사람이 묻혀 있는데 사지는 위를 향해 곧게 뻗고 머리는 서쪽, 다리는 동쪽에 두고 있다. 여러 층에 여러 가지 수의가 있는데 남성이 8층에 열일곱 점, 여성이 9층에 열여섯 점으로 도포와 적삼, 치마와 바지, 요대와 관모, 신발과 양말이 있다. 또한 부장품으로는 금은 장식품, 금덩어리, 은패 등이 있다.

완안희윤·완안누실·완안충 등의 묘지에는 석인·석양·석호·석주와 신도비 등의 조각이 있다. 오고론와론(烏古論窩論)과 오고론원충(烏古論元忠)의 무덤은 석곽이 비교적 크고 석곽 안에는 석재 관상(棺床)이 있으며, 위에는 석관 혹은 화려하게 묘금칠(描金漆: 칠기의 제작 방법으로 검은색이나 붉은색으로 칠한 위에 금으로 문양을 그린 것)을 한 관이 있다. 그리고 녹정식(盝頂式) 혹은 비석 형태의 묘지(墓誌)가 발견되었다.

하북과 산서성에서 발견된 한인의 무덤 또한 벽화나 조각이 많이 있다. 내용은 무덤 주인의 생활을 그린 그림이나 24효 고사, 무사·시녀·화초·동물·권운 등이 많다. 산서성 임분시 양분현(襄汾縣) 곡리촌(曲里村)의 금·원대 무덤에서는 벽돌로 두 여자가 바둑을 두는 장면, 자녀를 교육시키는 장면, 말을 타고 격구를 하거나 연기를 하는 장면 등이 조각되어 있는데, 내용이 독특하고 조각한 그림이 사실에 가까우며 생동적이다. 임분시 양분현 남동촌(南董村)에서 발견된 금대 무덤에는 벽돌에 산악도(散樂圖: 악기를 연주하는 장면을 묘사한 그림)가 그려져 있고, 산서성 후마시(侯馬市)의 동씨(董氏) 무덤에는 다섯 개의 벽돌로 조각한 연기자 등이 있어, 금대 회화와 조각 및 당시의 사회생활, 체육 운동, 문화 오락 등을 연구하는 데 참고할 만한 중요한 가치가 있다.

여진인들은 가족마다 모두 자신들의 묘지가 있어 많은 사람들이 사후에 고향으로 옮겨와 장사를 치렀는데, 친족들이 장례식에 모여 피눈물을 흘리며 사자를 애도했다. 그 방법은 칼로 얼굴을 가볍게 베어 피가 이마에 흐르게 하고, 그 피가 눈물과 함께 흐르게 하는 것인데 이를 '송혈류(送血淚, 피눈물로 보낸다)'라고 한다. 초기에는 노비나 타던 말을 순장했는데 건국 후 오래지 않아 폐지되었다. 거란인과 마찬가지로 사자에게 제사를 지내며 추모할 때 '소반(燒飯)'의 풍속이 있었다.

2) 세시풍속과 예의

세시풍속 ■■■ 여진인은 처음에 연대 기록이 없고, 고정된 명절도 없었다. 거란인·발해인·한인과 접촉한 후에 세시와 명절이 있었고, 아울러 신속하게 거란인과 한인의 풍속을 대거 흡수했다.

처음에 여진 귀족들은 모두 생일 날짜를 알지 못했는데, 요나 송 왕조와 왕래하는 데 필요했기 때문에 많은 사람들이 명절을 선택해 생일로 삼았다. 예를 들어 종한은 원단이 생일이고 희윤은 상원절[음력 정월 대보름]이 생일이며, 다른 사람들도 각각 사월 초파일이나 단오, 칠석, 중원[음력 7월 15일], 추석, 하원(음력 10월 보름), 동짓달 초하루 등을 생일로 삼았다.

금 왕조는 원단·한식·입춘·단오·입추·중양 등의 명절을 모두 관례에 따라 휴일로 정했는데, 이는 의심의 여지없이 거란인이나 한인과 접촉한 뒤 형성된 것이고 그 풍속 또한 요나 송에서 계승한 것이 많았다. 여진인은 생일, 원단, 정월 대보름, 단오와 중양절을 중시했고, 또한 금 왕조에서 가장 중요한 명절이기도 했다.

천회 3년에 송과 서하에서 사자를 파견해 원단을 축하했다. 이때에는 여진에게도 음력의 신년이 있었던 것이다. 『금사』 「예지 9」에 기록된 원단이나 황제의 생일을 축하하는 의식은 후기에 점차 완비된 것이다. 그 내용은 채찍을 울리고 시간을 알리며, 황태자와 백관이 춤을 추면서 무릎 꿇고 절을 하고, 축사를 올리는 등의 항목으로 되어 있다. 사서인의 가정에서는 폭죽을 터뜨리거나, 부적을 붙이거나, 잔치를 하는 방식으로 경축한다.

정월 대보름은 상원절 혹은 원소절이라고도 한다. 태종 때는 여진인들에게 아직 이 명절이 없었는데 연경을 얻으면서 점차 중국의 풍속에 물들어 희종 때가 되면 성행했다. 해릉왕이 천도한 후에는 한인들의 풍속에 따라 등롱을 달아 경하하고, 새로운 궁궐에서 연회를 베풀어 군신들과 시를 지으면서 마음껏 마시기도 했다. 세종 때는 일찍이 정월 대보름에 궁 안에 등롱을 다는 것을 금지했지만, 풍속이 이미 형성되어 폐지하고자 해도 할 수 없었으며 후에는 오히려 더욱 성행했다. 동시에 여진인도 거란인의 방투(放偸) 풍속을 계승해 정월 16일에는 사람들이 하루 동안 도적이 되는 것을 허락했다.

입춘은 농업 생산과 밀접하게 관련된 명절이다. 금에서도 요나 송을 계승해 입춘에 토우를 깨거나 춘반이라는 전통 식품을 만드는 풍속이 있었다.

단오절·중원절·중양절 등 세 가지 명절의 습속은 요와 송의 풍속이 뒤섞여 단오절에는 색실을 매고, 웅황주를 마시고, 쑥 잎을 꽂고, 창포를 매달고, 향기로운 탕에서 목욕을 한다. 중양절에는 높은 곳으로 올라가 수유나무를 꽂고 국화주를 마신다. 동시에 단오·중원·중양의 3대 명절에는 배천례(拜天禮)를 행한 후에 활로 버드나무를 쏘거나 격국 등의 오락 활동을 한다.

원단은 사흘 동안 쉬고 한식은 닷새를 쉬는 것을 보면, 금에서는 삼월 삼짇날이나 한식도 매우 중시했다.

예의 ■■■ 여진인은 "과거에 예의와 법도가 없어 군주와 백성이 같은 하천에서 목욕을 하고 길에서 어깨가 서로 맞닿았다. 백성이 비록 닭을 죽여도 역시 그 군주를 불러 함께 먹었다"·"그들의 절기에 순서는 원단에 해를 향해 절을 하며 서로 경하하고, 단오에는 버드나무를 쏘면서 하늘에 제사지냈다"25)고 한다. 서로 만나면 친근감의 표시로 손을 잡는 예의와 존경의 표시로 무릎 꿇고 절하는 예의가 있다. 손을 잡는 것은 친근감을 표시하기도 하고 또 중대한 부탁이나 위로를 표시하기도 한다. 무릎을 꿇는 예는 여진어로 '살속(撒速, sāsù)'이라고 하는데 "먼저 팔짱을 끼고 몸을 조금 숙였다가 점차 다시 폈다가 왼쪽 무릎을 꿇고 좌우로 팔을 흔드는데, 마치 춤을 추는 모습이다. 무릇 무릎을 꿇고 팔을 흔드는데 아래로는 무릎을 털고 위로는 곧 좌우의 어깨까지 닿는데 네 번을 한다. 이와 같이 하면서 네 번 무릎을 꿇고 나서 손으로 오른쪽 무릎을 누르고 왼쪽 다리만 무릎을 꿇으면 예가 끝나게 된다"26)고 기록되어 있다. 장종 때 "공복의 치마에는 조배(朝拜)를 하고, 다른 여러 사람의 편복에는 모두 본조의 절을 하라"고 규정했다.

통치가 안정된 후 점차 천지와 조종(朝宗), 바람과 번개의 신, 명산과 바다의 신, 선성(宣聖)과 무성(武成), 전대의 제왕 등을 제사하는 의식이 완비되었고, 동시에 각종 조정에서의 예의도 제정되었다. 이러한 예의 중 많은 것은 당과 송을 참조해 제정한 것이다. 동시에 일부의 예의는 또한 여진인과 거란인의 몇몇 전통을 간직함으로써 각 민족의 예의 제도가 상호 영향을 끼치고 상호 융합했다는 특징을 보여주고 있다. 예를 들면 여진인의 배천례의 기초 위에 당과 송의 예의 제도를 참조해 금 왕조의 교례(郊禮)를 형성했고, 단오절에 하늘을 향해 절을 하고 버드나무를 쏘는 습속도 계속 남아 있었다.

태조 사후에 도성에 사당을 세우고 태묘라고 칭했다. 여러 지방에도 사당을 세우고, 혹은 요의 옛 사당을 이용해 황제의 화상을 안치했다. 희종 황

---

25) 『松漠紀聞』.
26) 『金史』, 「禮志八」.

통 3년(1143)에는 상경에 태묘를 세웠고, 해릉왕이 연경으로 천도한 후에는 예전의 사당을 확대해 조종의 신주를 모셨다. 정륭 연간에는 다시 남경에 태묘를 세웠고, 점차 종묘의 제도가 생겨났다.

처음에 여진인들은 아들 낳기를 원할 때면 모두 무당을 청해 대신 기도를 시켰다. 명창 6년(1195)에 장종이 아들이 없어 다시 고매(高禖: 혼인과 생육을 관리하는 신으로 교외에서 제사를 지내 郊禖라고도 한다)에게 제사를 지내고, 춘분에는 청제(青帝)·복희(伏犧)·여왜(女媧)·강원(姜嫄)·간적(簡狄)에게 제사를 지냈다. 이는 아들을 구하는 예에도 여진과 한인의 예가 함께 사용되었음을 알 수 있다.

세종 때는 봉건 시기에 특별한 의미가 있는 산과 하천에 각각 봉호를 부여했다. 백두산은 원래 여진인과 그 선조들이 경외하는 산이자 여진인의 발상지로, 대정 12년(1172)에 홍국령응왕(興國靈應王)으로 책봉하고 산의 북쪽에 사당을 세웠다. 대방산(大房山)은 금대 황제들의 능침이 있는 곳으로, 대정 21년에 칙서를 내려 그 산의 신을 보릉공(保陵公)으로 책봉했다. 출하점 전투 직전에 태조는 신명의 계시와 도움을 받아 순조롭게 혼동강을 건넌 것으로 생각하고, 대정 25년에 혼동강의 신을 홍국응성공(興國應聖公)으로 책봉했다. 같은 해에 다시 상경의 호국림(護國林)을 호국가음후(護國嘉蔭侯)로 책봉했다.

대정 8년에 태조가 일찍이 요 왕조를 정벌할 때 잠시 머물렀던 왕국애(旺國崖)의 이름을 바꾸어 정녕산(靜寧山)으로 하고, 명창 6년(1195)에 장종은 그 산의 신을 진안공(鎮安公)으로 책봉했다. 또한 장종이 태어난 마달갈산(痲達葛山)의 신을 명창 4년에 서성공(瑞聖公)으로 책봉했다. 또 대정 연간에는 홍수의 우환이 심각한 노구하와 황하의 신을 안평후(安平侯)와 소응순제성후(昭應順濟聖后)로 책봉했는데, 책봉과 제사에는 각각 그 의식을 갖추게 했다.

오락 ■■■ 여진인들은 그들 나름의 오락 활동이 있었고, 또 거란인과 한인의 유희와 오락 방법을 받아들이기도 했다. 여진인은 활쏘기를 좋아했는데, 거란인과 발해인에게서 버드나무 쏘기와 격국을 배웠다. 동시에 거란인을 통해 쌍륙(雙六)과 바둑·장기 등의 유희·오락 방법을 배웠다. 북송을 멸망시킨 후에는 답교(踏橋)·줄타기·장대타기·공놀이·닭싸움·잡극 등도 금의 내지로 들어왔다. 남쪽으로 천도한 후에는 더욱 직접적으로 한인들의 각종 오락 방식을 받아들여 금대 사람들의 저술에서 투호나 연날리기 등의 활동도 보인다.

이 외에 여진인들도 씨름을 좋아했고, 거란 등 북방 민족과 마찬가지로 알십합(嘎什哈: 돼지나 양의 종지뼈로 만들어 주사위처럼 던지며 즐기는 놀이)을 좋아했다. 그들에게는 더욱 '포설(抛雪)'이라는 특별한 유희가 있었는데, 겨울이 되어 한바탕 큰 눈이 오고 나면 노비와 동복이 눈을 뭉쳐 둥글게 만들어 날이 밝으면 친한 친구의 집에 던졌다. 주인이 이를 보면 즉시 그들을 초대해 연회를 베풀며 오락 활동을 하는데, 이러한 풍습은 각별한 특색이 있어 원대까지 이어졌다.

부록: 금의 중대사 기록표

연도	연호	사건
1092년	요 大安 8년 송 元祐 7년 하 天祐民安 3년	파랄숙을 생여진 부족 절도사로 삼고 아골타·영가·사불실·환도 등을 상온으로 삼음
1094년	요 大安 10년 송 紹聖 원년 하 天祐民安 5년	요가 영가를 생여진 부족 절도사로 임명함
1103년	요 乾統 3년 송 崇寧 원년 하 貞觀 3년	완안부 귀족이 본부의 법령으로 여진 제 부를 호령 영가가 죽고 조카 오아속이 생여진 부족 절도사를 계승
1110년	요 乾統 10년 송 大觀 4년 하 貞觀 10년	완안부가 아소성을 공격해 점령
1112년	요 天慶 2년 송 政和 2년 하 貞觀 12년	아골타가 춘날발에서 천조제 조건 아소가 요나라로 도주
1113년	요 天慶 3년 송 政和 3년 하 貞觀 13년	오아속이 죽고 아골타가 생여진 부족 절도사를 계승
1114년	요 天慶 4년 송 政和 4년 하 雍寧 원년	아골타가 군대를 일으켜 영강주·출하점에서 요 군대와 전투를 벌임
1115년	요 天慶 5년 금 收國 원년 송 政和 5년 하 雍寧 2년	여진의 건국 9월 여진 군대가 황룡부 점령 요 천조제가 친정
1116년	요 大慶 6년 금 收國 2년 송 政和 6년 하 雍寧 3년	고영창이 자립하고 여진군이 심주와 동경을 점령
1117년	요 天慶 7년 금 天輔 원년 송 政和 7년 하 雍寧 4년	여진이 현주·건주·의주·천주 등을 점령

1118년	요 天慶 8년 금 天輔 2년 송 重和 원년 하 雍寧 5년	요가 여진에 사신을 파견해 화의를 제안 송이 여진에 사신을 파견해 대요 동맹을 추진
1119년	요 天慶 9년 금 天輔 3년 송 宣和 원년 하 元德 원년	여진 문자 반포
1120년	요 天慶 10년 금 天輔 4년 송 宣和 2년 하 元德 2년	여진이 상경을 점령 여진과 송이 해상의 맹약을 체결
1121년	요 保大 원년 금 天輔 5년 송 宣和 3년 하 元德 3년	야율여도가 여진에 투항
1122년	요 保大 2년 금 天輔 6년 송 宣和 4년 하 元德 4년	여진이 국호를 大金으로 개칭하고, 요의 상경을 점령 천조제가 협산으로 도주, 야율순이 자립[북요] 금이 서경과 남경을 점령
1123년	요 保大 3년 금 天會 원년 송 宣和 5년 하 元德 5년	금군이 천조제의 아들 趙王·許王·秦王을 포로로 잡음 금 태조 아골타가 사망하고, 동생 오걸매가 계승 요 천조제가 협산에서 나와 서하로 도주
1124년	요 保大 4년 금 天會 2년 송 宣和 6년 하 元德 6년	서하의 이건순이 금에 상표하고 의부 야율대석이 막북에서 칭왕
1125년	요 保大 5년 금 天會 3년 송 宣和 7년 하 元德 7년	요의 천조제가 금군에 포로로 잡힘으로써 요가 멸망함 처음으로 우두세를 시행
1126년	금 天會 4년 송 靖康 원년 하 元德 8년	금의 장수 종망이 변경을 포위하자 송은 태원·중산·하간을 할양하고, 강왕 조구와 소재 장방창을 인질로 화친을 청함 종한이 태원과 평양을 함락 10월에 종한과 종망이 항하를 건너 남벌해 변경을 포위

연도	연호	사건
1127년	금 天會 5년 송 建炎 원년 하 正德 원년	금군이 송의 두 황제를 포로로 삼음; 북송 멸망 금이 장방창을 초국 황제로 세움 조구가 응천부에서 즉위해 남송 건국
1128년	금 天會 6년 송 建炎 2년 하 正德 2년	금이 송의 두 황제를 상경으로 이주시키고 송 정벌 송 고종은 양주와 항주로 남하
1129년	금 天會 7년 송 建炎 3년 하 正德 3년	금군이 장강을 건너자 송 고종은 해상으로 피신
1130년	금 天會 8년 송 建炎 4년 하 正德 4년 제 阜昌 원년	금이 유예를 제국 황제로 세움 금이 야율여도를 파견해 야율대석을 토벌 금과 송의 부평 전투
1132년	금 天會 10년 송 紹興 2년 하 正德 6년 제 阜昌 3년	야율대석이 葉密立에서 칭제
1134년	금 天會 12년 송 紹興 4년 하 正德 8년 제 阜昌 5년	야율대석이 東征 송의 장수 악비의 북벌
1137년	금 天會 15년 송 紹興 7년 하 大德 3년 제 阜昌 8년	금이 유예를 폐립
1138년	금 天眷 원년 송 紹興 8년 하 大德 4년	금이 여진소자 반포 금이 송과 화친을 맺고 하남과 섬서를 송에 돌려줌
1140년	금 天眷 3년 송 紹興 10년 하 大慶 원년	완안희윤이 피살 종필이 남벌하고 화의가 결렬 순창·영창·언성 전투
1141년	금 皇統 원년 송 紹興 11년 하 大慶 2년	금·송의 자고·호주 전투 황통화의·소흥화의 체결

1147년	금 皇統 7년 송 紹興 17년 하 人慶 4년	전각의 당화
1149년	금 皇統 9년 송 紹興 19년 하 天盛 원년	해릉왕이 희종을 살해하고 즉위, 12월에 天德으로 개원 도원수부를 추밀원으로 개혁
1153년	금 貞元 원년 송 紹興 23년 하 天盛 5년	연경으로 천도하고 중경으로 삼음
1154년	금 貞元 2년 송 紹興 24년 하 天盛 6년	처음으로 교초고를 설치하고 교초를 발행
1158년	금 正隆 3년 송 紹興 28년 하 天盛 10년	전감을 설치하고 '정륭통보' 발행
1160년	금 正隆 5년 송 紹興 30년 하 天盛 12년	야율살팔과 이랄와알의 기의
1161년	금 大定 원년 송 紹興 31년 하 天盛 13년	해릉왕이 송을 정벌하다가 군중에서 피살됨 세종이 요양에서 즉위하고 대정으로 개원
1162년	금 大定 2년 송 紹興 32년 하 天盛 14년	이랄와알이 포로로 잡히고 거란인의 항금 투쟁 실패
1164년	금 大定 4년 송 隆興 2년 하 天盛 16년	통·검추배를 시행 대정화의·융흥화의 체결
1173년	금 大定 13년 송 乾道 9년 하 乾祐 4년	처음으로 여진진사과를 개설
1182년	금 大定 22년 송 淳熙 9년 하 乾祐 13년	우두세의 최고 세액을 40구로 결정
1192년	금 明昌 2년 송 紹熙 3년 하 乾祐 23년	노구교 건설

연도	연호	주요 사건
1197년	금 承安 2년 송 慶元 3년 하 天慶 4년	은폐 '승안보화' 주조
1206년	금 泰和 6년 송 開禧 2년 하 應天 원년 원 太祖 원년	송의 개희북벌 실패 송의 장수 오희가 금에 항복 칭기즈 칸이 대몽고국 건국
1207년	금 泰和 7년 송 開禧 3년 하 應天 2년 원 太祖 2년	진대임이 『요사』 편찬 완성
1208년	금 泰和 8년 송 嘉定 원년 하 應天 3년 원 太祖 3년	태화화의 체결
1211년	금 大安 3년 송 嘉定 4년 하 光定 원년 원 太祖 6년	칭기즈 칸의 1차 금 공격, 야호령과 회하보에서 전투
1213년	금 貞祐 원년 송 嘉定 6년 하 光定 3년 원 太祖 8년	칭기즈 칸의 2차 금 공격, 자형관과 거용관에서 전투 흘석렬집중이 위소왕을 살해하고 선종이 즉위 금이 공녀, 금백, 어린 남녀 아이를 바치고 화친을 청함 야율유가가 자립해 왕에 올라 국호를 요라고 명명
1214년	금 貞祐 2년 송 嘉定 7년 하 光定 4년 원 太祖 9년	선종이 변경으로 천도 규군이 금을 배반하고 몽고에 투항 포선만노가 요동선무사가 되어 야율유가 토벌
1215년	금 貞祐 3년 송 嘉定 8년 하 光定 5년 원 太祖 10년	금의 중도가 함락됨 포선만노가 자립하고 국호를 대진으로 명명
1218년	금 興定 2년 송 嘉定 11년 하 光定 8년 원 太祖 13년	서요 멸망

연도	연호	사건
1225년	금 正大 2년 송 寶慶 원년 하 乾定 3년 원 太祖 20년	금과 서하가 화의 체결
1227년	금 正大 4년 송 寶慶 3년 하 寶義 2년 원 太祖 22년	몽고가 서하를 공격해 서하 멸망
1232년	금 天興 원년 송 紹定 5년 원 太宗 4년	금과 몽고가 삼봉산에서 전투를 벌임 12월에 애종이 도주
1233년	금 天興 2년 송 紹定 6년 원 太宗 5년	최립이 변경에서 몽고에 항복 애종이 위주에서 도주하던 중 돌아와 귀덕과 채주에 이름 송과 몽고가 금을 협공하기로 하고 엽합군이 채주 포위
1234년	금 天興 3년 송 端平 원년 원 太宗 6년	정월에 채주가 함락되고 금 멸망

참고문헌

[元]脫脫, 『宋史』(中華書局, 1977).

[元]脫脫, 『遼史』(中華書局, 1974).

[元]脫脫, 『金史』(中華書局, 1975).

[宋]司馬光, 『自治通鑑』(中華書局, 1956).

[宋]李燾, 『續資治通鑑長編』(中華書局, 1979).

[宋]馬端臨, 『文獻通考』(武英殿本).

[淸]徐松輯, 『宋會要輯稿』(中華書局, 1957, 影印本).

[宋]王欽若, 『册府元龜』(中華書局, 1960, 影印本).

[宋]王偁, 『東都事略』(武英殿聚珍本).

[宋]王鼎, 『焚椒錄』(津逮叢書本).

[宋]徐夢莘, 『三朝北盟會編』(光緖三十四年刻本).

[宋]葉隆禮, 『契丹國志』(賈敬顔·林榮貴 点校 上海古籍出版社, 1985).

[宋]洪皓, 『松漠紀聞』(遼海叢書本).

『五代宋金人游記十一種疏證』(賈敬顔疏證 油印本).

[金]元好問, 『遺山集』(四部叢刊初編本).

[金]元好問, 『中州集』(四部叢刊本).

[金]王寂, 『拙軒集』(九金人集本, 光緖年間吳重熹輯印).

[金]趙秉文, 『閑閑老人滏水文集』(九金人集本, 光緖年間吳重熹輯印).

[金]王若虛, 『滹南遺老集』(九金人集本, 光緖年間吳重熹輯印).

[金]李靖民, 『莊靖集』(九金人集本, 光緖年間吳重熹輯印).

[金]蔡松年, 『明秀集』(九金人集本, 光緒年間吳重熹輯印).

[金]段克己·段成己, 『二妙集』(九金人集本, 光緒年間吳重熹輯印).

[金]白朴, 『天籟集』(九金人集本, 光緒年間吳重熹輯印).

[宋]宇文懋昭, 『大金國志』(掃葉山房本).

[淸]厲鶚 輯, 『遼史拾遺』(乾隆八年刻本).

陳述, 『全遼文』(中華書局, 1982).

金毓黻, 『宋遼金史』(商務印書館, 1946).

傅樂煥, 『遼史叢考』(中華書局, 1984).

馮家升, 『馮家升論著輯粹』(中華書局, 1987).

陳述, 『契丹社會經濟史稿』(生活讀書新知三聯書店, 1963).

張正明, 『契丹史略』(中華書局, 1979).

蔡美彪 外, 『中國通史』(第六冊)(中華書局, 1979).

郭沫若, 『中國史稿』(第五冊)(人民出版社, 1983).

陳述, 『契丹政治史稿』(人民出版社, 1986).

楊樹森, 『遼史簡編』(遼寧人民出版社, 1984).

舒焚, 『遼史稿』(湖北人民出版社, 1984).

楊藥薇, 『契丹王朝政治軍事制度硏究』(中國社會科學出版社, 1991).

張博泉, 『金史簡編』(遼寧人民出版社, 1984).

張博泉, 『金代經濟史略』(遼寧人民出版社, 1981).

宋德金, 『金代的社會生活』(陝西人民出版社, 1988).

王可賓, 『女眞國俗』(吉林大學出版社, 1988).

韓儒林, 『穹廬集』(上海人民出版社, 1982).

[日]三上次男, 金啓孮 譯, 『金代女眞硏究』(黑龍江人民出版社, 1984).

[日]外山軍治, 李東源 譯, 『金朝史硏究』(黑龍江朝鮮民族出版社, 1988).

劉浦江, 『遼金史論』(遼寧大學出版社, 1999).

지은이 후기

　1980년대 이후 발전하기 시작한 중국의 경제는 문화·교육·과학 등 연구 분야를 성장시키는 데 크게 기여했다. 예전에는 중국사에서 비주류로 여기던 요사와 금사가 중시되면서, 전례 없는 많은 관심이 쏟아지고 있다. 게다가 이 시대에 대한 고고학적 발굴이 진척되어, 두 왕조의 역사 연구는 더욱 활발해지고 있다. 각 분야에 제공되는 다양한 고고학적 성과는 사료가 부족한 요사와 금사의 공백을 일부 보완해 주고 있다.
　최근 들어 일부 대학에서는 역사학과 학부 과정에 요사와 금사를 선수 과목으로 개설하고 있다. 이렇다 보니 중등 학력 이상의 사람들 중에는 전공과 상관없이 거란과 여진 문화에 대한 관심을 가지고 그 문화의 전파자 역할을 하기도 한다. 예를 들면 내몽고자치구의 적봉(赤峰)이나 요령성의 부신(阜新), 하북성의 평천(平泉)과 같은 곳에서는 거란과 여진의 역사를 학습하고 연구하는 것이 유행할 정도다.
　필자는 『요금간사(遼金簡史)』를 저술하기 위해 학술 서적과 논문을 광범위하게 섭렵했다. 그러나 이 책은 전문서가 아닌 입문서로서의 성격을 띠며, 이런 까닭에 대학 학부 과정의 선택 과목 교재로 주로 사용된다. 필자는 입문서라는 특징을 충족시키기 위해 역사를 전공하지 않는 학생도 읽을 수 있도록 글을 썼다. 출판 후 독자들의 반응도 나쁘지 않았다.

    필자는 이 책을 통해 많은 이들 특히 젊은이들이 요사와 금사 그리고 그 민족과 문화 등에 대해 더 많은 관심을 두기 바라며, 이 분야 연구자들이 연구에 정진하는 데 이 책이 보탬이 되기를 바란다. 이러한 생각의 연장에서 이 책의 한국어판 출판은 저자에게뿐만 아니라 이 책에도 커다란 행운이라고 생각한다. 한국 요·금사 연구자들의 비평과 지적을 바라마지 않는다.

    『요금간사』의 한국어판 출판에 앞서 원서를 출판한 복건인민출판사(福建人民出版社)와 책임 편집을 맡아준 축민영(祝敏影, 주민잉)·임빈(林斌, 린빈)·유아충(劉亞忠, 리야중) 선생에게 감사드린다. 또한 이 책을 번역해 준 나영남·조복현 선생과 한국어판 출판을 결정해 준 (주) 신서원에도 감사의 뜻을 전한다. 마지막으로 변함없는 마음으로 이 책을 격려해 주고, 도움을 주신 많은 분들에게 깊이 감사드린다.

2014년 10월 25일 중국 북경에서
이계지

찾아보기

ㄱ

가고부(加古部) 417, 419, 461
가돈성(可敦城) 94, 235~236
가돌우(可突于) 49
가비능(軻比能) 35
가서(賈瑞) 401
가호군(家戶軍) 448
각고(権酤) 443
각장(権場) 476, 584, 586
각저(角觝) 323
각화무(榷貨務) 442
갈라(曷懶) 381
갈라전(曷懶甸) 352
갈소관(曷蘇館) 381
갈오토(葛烏菟) 35
감주 회골(甘州回鶻) 94
강공필(康公弼) 362
강묵기(姜默記) 181
개교사(開敎寺) 181, 286

개화사(開化寺) 296
거란대자(契丹大字) 280
거란소자(契丹小字) 280
거란장(契丹藏) 287
거마하(拒馬河) 457
거용관(居庸關) 499
거자원(車子院) 180
건판제(乾辦制) 442
격국(擊鞠) 206, 322
결옥관(決獄官) 58
경격(耿格) 511
경경(耿京) 401
경군(硬軍) 400
경당(經幢) 299
경사휘(敬嗣暉) 399
경주(慶州) 105, 219, 358
계관호(鷄冠壺) 179
계부방(季父房) 307
계선(季先) 575

계적여진(系籍女眞) 341
계주(薊州) 75
고경예(高慶裔) 392, 543, 553
고공회(高公繪) 554
고구려(高句麗) 39
고량하(高梁河) 258
고려(高麗) 91
고막해(庫莫奚) 28, 37
고북구(古北口) 358
고사담(高士談) 395
고여려(高汝礪) 612
고영창(高永昌) 223, 357
고주(尙州) 359
고중진(高仲振) 616
고충건(高忠建) 565
고팔부(古八部) 38
곡양(曲陽) 250
곤발(髡髮) 313
골리파(鶻里叵) 315

공거법(貢擧法) 85, 116
공번(孔璠) 411
공언주(孔彦舟) 548~549, 551
공원조(孔元措) 412
공총(孔總) 411
곽문진(郭文振) 529
곽약사(郭藥師) 230, 363
곽위(郭威) 124, 255
곽의(霍儀) 512
관매제(官賣制) 443
관서국(官書局) 467
관호(官戶) 423
괄리(括里) 402, 566
광평전(廣平澱) 219
교방(敎坊) 609
교초고(交鈔庫) 476, 524
구유(仇愈) 550
구처기(丘處機) 619
국구장(國舅帳) 70
국론(國論)발극렬 376
국사원(國史院) 612
군목(群牧) 140, 160
군목소(群牧所) 472
군수전(軍需錢) 446
굴가(窟歌) 43, 45
궁분인(宮分人) 146
궁분호(宮分戶) 108
궁위기군(宮衛騎軍) 113
궁적감호(宮籍監戶) 455
귀대단(鬼代丹) 302
귀덕(歸德) 539

귀화(歸化) 359
규군(糺軍) 114, 383
균덕실(勻德實) 55, 307
극렬부(克烈部) 492
극로륜하(克魯倫河) 491
근시국(近侍局) 517
금릉(金陵) 367
금산안준(金山顏俊) 514
급체포(急遞鋪) 446, 650
기재(祁宰) 400
기주(沂州) 401

ㄴ

난성(欒城) 80, 253
난적(攔糴) 521
난하(灤河) 166, 174, 196
날갈(刺葛) 61
날리(涅里) 50, 55
날발(捺鉢) 100, 104
남대왕부(南大王府) 102
남면관(南面官) 98
남청하(南清河) 522
남추밀원(南樞密院) 99
남탑(南塔) 182
납속보관법(納粟補官法) 520
납합육가(納合六哥) 514
납합참모합(納合參謀合) 485
납합춘년(納合椿年) 485
낭군(郎君) 54
내날이아(乃捏呷兒) 314
내류수(淶流水) 353

내류하로(淶流河路) 356
내만(乃蠻, 나이만) 494
내원군(來遠軍) 476
노구교(盧溝橋) 504, 624
노구하(蘆溝河) 624
노윤적(路允迪) 556
노합하(老哈河) 27, 29, 162
녹초(鹿哨) 164
뇌연(雷淵) 600, 602, 604
누약(樓鑰) 474
누완온돈사충(耨盌溫敦思忠) 485
능면원(綾綿院) 463

ㄷ

단부(段部) 35
단석괴(檀石槐) 34
단오절(端午節) 653
단지현(段志賢) 607
달라(撻懶) 231
달라(撻懶) 392, 450, 493, 541, 543, 545, 553~555
달로고부(達魯古部) 353
달로고성(達魯古城) 356
달리박(達里泊) 499
달마(撻馬) 59
답돈(蹋頓) 33
당경(唐慶) 534
당고(唐古) 503
당주(唐州) 455, 549, 561, 576
당하(唐河) 250
당항(黨項) 266

당회영(黨懷英) 412, 608
대간지(大簡之) 607
대금의례(大金儀禮) 410
대금집례(大金集禮) 410
대도교(大道敎) 617
대동부(大同府) 101
대림아원(大林牙院) 99
대명력(大明曆) 621
대명로(大名路) 441
대명부(大名府) 464, 522, 543
대산관(大散關) 561, 574, 576
대연림(大延琳) 133
대요(大遼) 78
대인(大人) 51
대인선(大諲譔) 73
대정(大定) 404
대정부(大定府) 101, 381
대조영(大祚榮) 340
대진(大眞) 508
대척은사(大惕隱司) 100
대초(大楚) 539
대하(大賀) 306
대하씨 연맹(大賀氏聯盟) 41
대흥부(大興府) 381, 473
대흥안령(大興安嶺) 490
덕수(德壽) 503
덕흥부(德興府) 500
도단남평(徒單南平) 501
도단사충(徒單思忠) 518
도단수소(徒單守素) 400
도단일(徒單鎰) 501, 595, 615

도롱고수(徒籠古水) 346
도리회(陶里樺) 316
도발극렬(都勃極烈) 375
도온수(陶溫水) 346
독길사충(獨吉思忠) 499
독답(禿答) 350
돌궐(突厥) 39, 490
동경(東京) 183
동관(童貫) 230, 531, 544
동란(東丹) 73
동리(凍梨) 312
동선(董先) 549
동승(東勝) 359
동재(董才) 224
동중서문하평장사(同中書門下平章事) 100
동평로(東平路) 441
동평부(東平府) 464
동하(東夏) 509
동해여진(東海女眞) 343
동호(東胡) 28
두규(杜奎) 401
두시승(杜時升) 616
두아연(頭鵝宴) 105
두어연(頭魚宴) 105, 211
두충(杜充) 541
둔전(屯田) 153
득승타(得勝陀) 431
등문고원(登聞鼓院) 84
등주(登州) 360
등주(鄧州) 455

ㅁ

마고사(磨古斯) 200~201, 492
마구주(麻九疇) 616
마보(馬步) 77
마인망(馬人望) 205
마정(馬政) 360
마확(馬擴) 368, 418, 647
마회(摩會) 43
막남(漠南) 32
막북(漠北) 32
막하불(莫賀弗) 38
막호발(莫護跋) 36
만도가(謾都訶) 376
망도(望都) 249
맹고사(萌古斯) 493
맹공(孟珙) 578
맹부방(孟父房) 307
맹안모극제(猛安謀克制) 380, 382
맹유(孟庾) 556
맹종정(孟宗政) 576
모용부(慕容部) 35
모용황(慕容皝) 37
목간가한(木杆可汗) 40
목단강(牡丹江) 343
목엽산(木葉山) 286
목화려(木華黎) 507, 590
몰립(沒立) 546
몰연부(沒撚部) 347
몽고강(蒙古綱) 514
묘도윤(苗道潤) 528

묘부(苗傅) 541
묘진(妙眞) 513
무상가한(無上可汗) 47
무선(武仙) 529, 536, 578
무주(武州) 362
무측천(武則天) 47
무특(冒頓) 31
무휴관(武休關) 547
묵철가한(默啜可汗) 47
문비(文妃) 220
물력전(物力錢) 439

ㅂ

박주(亳州) 364
발극렬(勃極烈) 375
발근(孛菫) 375
발라사군 94, 237
발리(拔里) 305
발리속(撥離速) 540~541
발해(渤海) 73, 340, 344
발해대가노(渤海大家奴) 353
발흑(跋黑) 345
방곽삼(方郭三) 511
방신유(方信孺) 572
방적(龐迪) 456
배문(拜門) 629, 631
백구(白溝) 358
백달(白達) 637
백산(白山) 344
백언공(白彦恭) 403
백탑(白塔) 182

백하(白河) 363
번한전호(蕃漢轉戶) 141
별고덕부(驚古德部) 350
병마도부서사(兵馬都部署司) 115
보계(寶雞) 547
보도근(步度根) 35
보속완(普速完) 240
보원감(寶源監) 477
보풍감(寶豐監) 477
보활리(保活里) 636
복산규(僕散揆) 570~571
복산안정(僕散安貞) 510, 512, 518, 575
복산충의(僕散忠義) 566
복산홀토(僕散忽土) 403
복야(僕射) 77
봉성(奉聖) 359
부곡(部曲) 103, 149
부신미(傅慎微) 456
부족군(部族軍) 113
부통감(阜通監) 477
부평(富平) 545
북대왕부(北大王府) 102
북면관(北面官) 98
북선휘원(北宣徽院) 99
북안주(北安州) 359
북요(北遼) 221
북주(北珠) 207
북청하(北清河) 457, 522
북추밀원(北樞密院) 98
북탑(北塔) 182

북한(北漢) 255
분초록(焚椒錄) 283
비석(髀石) 323
비섭아(比涉兒) 504, 522, 545, 551
비화창(飛火槍) 469

ㅅ

사귀전(射鬼箭) 62, 111
사근(俟斤) 53
사대(沙袋) 111
사류(射柳) 322
사리홀(謝里忽) 634
사숭지(史嵩之) 578
사장황족(四帳皇族) 307~308
사주(泗州) 544
사하(沙河) 457
삭주(朔州) 362
살개(撒改) 376
살금평(殺金平) 548
살랄적(撒剌的) 55, 174
살리갈(撒離喝) 422
살속(撒速) 654
삼봉산(三峰山) 533
삼야율(三耶律) 306
삼천(三泉) 547
상경(上京) 181, 183
상승군(常勝軍) 230, 363
상온(詳穩) 77

상원절(元宵節) 652
상주(相州) 364
상피고지전(桑皮故紙錢) 447, 525
새이아사(賽咿兒奢) 316
생여진(生女眞) 209
서남로초토사(西南路招討司) 115
서랍목륜하(西拉木倫河) 29, 158
서문(徐文) 548
서북로초토사(西北路招討司) 115, 235
서야율(庶耶律) 308
서여피(徐呂皮) 186
서여현(徐汝賢) 511
서영지(徐榮之) 607
서요(西遼) 237
서원(徐元) 401
서정(胥鼎) 518, 521, 574, 588
서평부(西平府) 584
석경당(石敬瑭) 75, 251
석소경(石少卿) 554
석중귀(石重貴) 78, 252
석진부(析津府) 101
석토문(石土門) 635, 637
석화오(石花五) 513
선덕주(宣德州) 500
선비(鮮卑) 32
선인관(仙人關) 547
선평(宣平) 499
성현(星顯) 380

성현수(星顯水) 349
세리(世里) 56, 306
세선(世選) 42, 51
세제의(歲除儀) 318
소가(小哥) 81
소간(蕭幹) 221
소경(蕭慶) 394
소굉연(邵宏淵) 567
소누근(蕭耨斤) 192
소달름(蕭撻凜) 94, 131
소도희(蕭道熙) 620
소보살가(蕭菩薩哥) 191
소보형(蘇保衡) 399
소봉선(蕭奉先) 211, 221
소빈(蘇濱) 344
소빈수(蘇濱水) 352
소사단(蘇師旦) 570~572
소영기(蕭永琪) 412, 613
소올납(蕭兀納) 204
소작(蕭綽) 81, 127
소중공(蕭仲恭) 365
소포진(蕭抱珍) 620
소한가노(蕭韓家奴) 173, 193
소합달(蕭合達) 584
소항덕(蕭恒德) 342
소해리(蕭海里) 210, 351
소황실위(小黃室韋) 420
소회충(蕭懷忠) 403
소홍(邵興) 368
속강제서(續降制書) 384
속말강(粟沫江) 343

속산군(屬珊軍) 113
속행조리(續行條理) 384
손만영(孫萬榮) 43~49
송막기문(松漠紀聞) 169
송막도독부(松漠都督府) 41
송혈류(送血淚) 652
송화강 343
수가(綏可) 344, 417, 628, 640
수계혼(收繼婚) 632
수순(守純) 516
수주(壽州) 450
수충(守忠) 502
숙여진(熟女眞) 341
숙주(宿州) 455, 474, 517, 544, 564, 567
순창(順昌) 556
순흠황후(淳欽皇后) 119
술률씨(術律氏) 305
술률월리타(述律月理朶) 62
술호고기(術虎高琪) 500, 502, 504, 573~574
슬슬의(瑟瑟儀) 318
습날아불(習捏阿不) 534
습부실(習不失) 376
승천태후(承天太后) 83, 88, 110, 131
시령사(市令司) 475
시립애(時立愛) 359, 361
시책례(柴冊禮) 52
신기질(辛棄疾) 402
신토문(神土門) 484

찾아보기 671

실활(失活) 43
심주(瀋州) 134
심주(沈州) 357, 420
십가(十哥) 402

ㅇ

아고내(阿古乃) 636
아고덕(阿庫德) 637
아골타(阿骨打) 209, 351~352
아달(雅達) 345
아달란수(雅達瀾水) 637
아르군 강 158
아리합만(阿離合懣) 376, 611
아매(阿買)발극렬 376
아발사수(阿跋思水) 417
아소(阿疎) 212
아신(阿辛) 349, 484
아십하(阿什河) 462
아이태산(阿爾泰山) 69
아전부(阿典部) 351
악비(岳飛) 549, 551, 556, 558, 561, 566, 569
악이혼하(鄂爾渾河) 492
악주(鄂州) 556
안단(安端) 61, 80
안단(安團) 637
안대(按帶) 441
안병(安丙) 572
안진(按陳) 507
안춘(按春) 484
안출호수(按出虎水) 344, 417,

628, 635
알로(斡魯) 376, 583
알로타(斡魯朶) 106
알십합(嘎什哈) 656
알척적근(斡惕赤斤) 532
암목(巖木) 307
암반(諳班)발극렬 375, 389
압록강여진 341
압자하(鴨子河) 354
애문관(雁門關) 75
애책(哀策) 299
액이고납하(額爾古納河) 490
야라(耶懶) 344
야라로(耶懶路) 637
야율경(耶律璟) 81, 125
야율고(耶律固) 613
야율대석(耶律大石) 221, 234, 403, 473, 492, 583
야율덕광(耶律德光) 119
야율리(耶律履) 607, 621
야율배(耶律倍) 73, 119, 250, 283
야율사진(耶律斜軫) 342
야율살팔(耶律撒八) 402
야율석로(耶律釋魯) 55, 58, 307, 344, 628, 634
야율소(耶律昭) 173
야율소문(耶律紹文) 612
야율순(耶律淳) 219, 221, 359
야율아몰리(耶律阿沒里) 342
야율알리타(耶律斡里朶) 356

야율여도(耶律餘睹) 220, 359, 365, 493
야율연희(耶律延禧) 203
야율옥질(耶律屋質) 122
야율완(耶律阮) 80, 121
야율우지(耶律羽之) 74
야율유가(耶律留哥) 383, 504, 506~507, 638
야율융서(耶律隆緒) 81
야율을신(耶律乙辛) 197
야율이호(耶律李胡) 119
야율인선(耶律仁先) 197
야율장노(耶律章奴) 216, 218, 357
야율적월(耶律迪越) 611
야율종진(耶律宗眞) 191
야율준(耶律濬) 198
야율중원(耶律重元) 192
야율질자(耶律迭刺) 280
야율초재(耶律楚材) 288
야율한덕(耶律狼德) 58
야율현(耶律賢) 81
야율홍기(耶律洪基) 195
야율휴가(耶律休哥) 83, 172, 259
야호령(野狐嶺) 499, 526
야회(耶悔) 345, 380
양급(楊級) 621
양기중(楊沂中) 559
양덕의(梁德懿) 590
양박(楊朴) 358

양방기(楊邦基) 607
양백인(楊伯仁) 601
양산박(梁山泊) 454
양성(羊城) 183
양숙(梁肅) 440
양안아(楊安兒) 510
양양(襄陽) 550
양운익(楊雲翼) 600, 602, 622
양재흥(楊再興) 558
양정수(楊庭秀) 613
양종(楊從) 200
양호(楊浩) 369
어렵(漁獵) 162
언성(鄢城) 557
엄고지(罨古只) 59
여감(呂鑒) 574
여구하(臚朐河) 69
역경(酈瓊) 553
연녕(燕寧) 529
연운 16주(燕雲十六州) 355
연파(燕頗) 130
연호전(年號錢) 187
염사(鹽司) 442
엽로(葉魯) 386, 594, 599
영가(盈歌) 210, 346
영강주(寧江州) 212~213, 353~354, 390, 453, 458
영변(寧邊) 359
영온(令穩) 70
영주(穎州) 455
영주도독부(營州都督府) 45

영창(穎昌) 557~558
예랄산(拽剌山) 104
예지황후(睿智皇后) 82
오개(吳玠) 546, 548
오걸매(吳乞買) 360
오격(吳激) 602
오경향정(五京鄉丁) 113
오고(烏古) 92, 491
오고내(烏古乃) 209, 345, 633
오고론(烏古論) 344
오고론경수(烏古論慶壽) 505, 573
오고론부(烏古論部) 638
오고론와론(烏古論窩論) 651
오고론원충(烏古論元忠) 651
오고론의(烏古論誼) 571
오고타이 531
오국(五國) 345
오국부(五國部) 92
오둔양(奧屯襄) 500, 514
오로알(敖魯幹) 220
오로절합(烏魯折合) 546
오릉사모(烏陵思謀) 554
오린(吳璘) 547~548, 557, 571
오림답여(烏林答與) 512
오불둔(烏不屯) 419, 461
오아속(烏雅束) 211, 352
오야(烏惹) 629
오야부(烏惹部) 92
오원(五院) 70, 102
오정(吳挺) 571

오춘(烏春) 348, 419, 461
오현명(烏玄明) 130
오환(烏桓) 32
오희(吳曦) 571
온도부(溫都部) 345, 348, 461
온돈부(溫敦部) 417
온적한체달(溫迪罕締達) 599
와리(瓦里) 59
와리랄(訛離剌) 599
완안강(完顏綱) 500~501, 572
완안경(完顏璟) 408, 599
완안경산노(完顏慶山奴) 589
완안고(完顏杲) 359, 376, 546~547, 556
완안광(完顏匡) 571, 612
완안구영(完顏彀英) 565
완안구주(完顏久住) 521
완안노신(完顏奴申) 534
완안누실(完顏婁室) 232, 359, 390, 421, 545, 651
완안단(完顏亶) 389
완안량(完顏亮) 397, 606
완안마발(完顏麻潑) 402
완안발리속(完顏拔離速) 493
완안백살(完顏白撒) 516
완안복수(完顏福壽) 400
완안부(完顏部) 209, 344
완안새불(完顏賽不) 534, 573
완안숙(完顏璹) 600
완안순(完顏珣) 501, 599
완안습렬(完顏習烈) 514

찾아보기 673

완안승유(完顏承裕) 499, 508
완안승휘(完顏承暉) 502, 506
완안앙(完顏昂) 419
완안양(完顏襄) 495, 504
완안영공(完顏永功) 600
완안영성(完顏永成) 483
완안영원(完顏永元) 441
완안영제(完顏永濟) 497
완안영중(完顏永中) 483~484
완안오리야(完顏烏里也) 441
완안옥측(完顏沃側) 402
완안와가(完顏訛可) 534, 576
완안욱(完顏昱) 376
완안욱(完顏勖) 389, 606, 611
완안원의(完顏元宜) 400, 564
완안윤공(完顏允恭) 600, 606
완안윤도(完顏允蹈) 484
완안정(完顏霆) 513
완안종도(完顏宗道) 615
완안진화상(完顏陳和尙) 531, 616
완안충(完顏充) 571
완안파로화(完顏婆盧火) 390, 421, 493, 545
완안필(完顏弼) 512, 519
완안합달(完顏合達) 531
완안희윤(完顏希尹) 386, 391, 393, 543, 555, 581, 594, 598, 636, 651
왕경(王競) 608
왕계충(王繼忠) 82

왕공량(王公亮) 561
왕남(王柟) 572
왕덕휘(王德麾) 560
왕륜(王倫) 553~555
왕명(王明) 369
왕복(王福) 529
왕비백(王飛伯) 600
왕선(王善) 369
왕세안(王世安) 573
왕소(王韶) 275
왕아해(王阿海) 581
왕악(王鶚) 613
왕악(王渥) 616
왕약허(王若虛) 602
왕언(王彦) 369
왕여매(王汝梅) 616
왕우직(王友直) 401
왕정균(王庭筠) 606
왕처일(王處一) 619
왕철(王喆) 618
왕확(王擴) 528
왕회(王澮) 509
요락수(饒樂水) 29
요련(遼輦) 306
요련가한(遙輦可汗) 50
요련구장(遙輦九帳) 380
요련씨 연맹(遙輦氏 聯盟) 50
요양(遼陽) 71, 130
요양부(遼陽府) 101, 464, 475
요주(饒州) 219
요풍령(饒風嶺) 547

용감수경(龍龕手鏡) 290
용구하(龍駒河) 403
우고(牛皋) 549, 550, 557
우궐(于闕) 56
우궐(于厥) 92, 186
우두세(牛頭稅) 409, 437, 488
우두지세(牛頭地稅) 428
우문부(宇文部) 35
우문허중(宇文虛中) 395, 601
우월(于越) 59
우윤문(虞允文) 564
우중문(虞仲文) 362
우퇴병(牛腿甁) 179
운내(雲內) 359
운중(雲中) 363
울주(蔚州) 359
웅주(雄州) 256
웅주(雄州) 358
원군(怨軍) 225, 229
원앙박(鴛鴦泊) 104, 359
원호문(元好問) 600, 602, 604~605, 613
월리타(月里朶) 58
위구르 53
위량신(魏良臣) 561
위승군(威勝軍) 365
위장(圍場) 409
유계(幽薊) 16주 76
유괄(劉筈) 398, 562
유광세(劉光世) 541, 549, 551
유기(劉夔) 547

유기(劉錡) 556

유기(劉祁) 613

유덕인(劉德仁) 617

유리망(劉里忙) 368

유린(劉麟) 550~551, 553

유수광(劉守光) 71, 245

유숭(劉崇) 125, 255

유연(柔然) 39

유예(劉豫) 367, 540, 542~543, 550, 554

유완소(劉完素) 622

유원(六院) 70

유이조(劉二祖) 511

유익(劉益) 544

유인공(劉仁恭) 60, 71, 245

유정언(劉正彦) 541

유주(幽州) 75, 248

유주(幽州) 도독부 44

유중연(劉仲淵) 612

유지원(劉知遠) 255

유처현(劉處玄) 619

유천무(流泉務) 476

육원(六院) 102

융덕부(隆德府) 365

은술가(銀術可) 390

은주(恩州) 359

은패천사(銀牌天使) 207

을리골령(乙離骨嶺) 346

을실부(乙實部) 77, 102, 114, 160, 310

을실이(乙室己) 305

읍루(挹婁) 340

응로(鷹路) 207, 212

응천부(應天府) 367

이강(李綱) 367

이건순(李乾順) 276, 582

이계봉(李繼捧) 267

이계천(李繼遷) 267

이고(李杲) 623

이광영(李廣英) 577

이극용(李克用) 60, 245

이덕명(李德明) 268

이덕왕(李德旺) 590

이덕임(李德任) 589

이라로(移懶路) 353

이랄리(移剌履) 412, 433

이랄와알(移剌窩斡) 403, 503, 565~566

이랄원(移剌瑗) 578

이랄조(移剌慥) 384

이랄중가노(移剌衆家奴) 529

이랄찰팔(移剌槊八) 403

이랄포아(移剌蒲阿) 531, 533, 577

이르티시 강 236, 238

이리근(夷離董) 51, 70

이리용(李利用) 556

이리필원(夷離畢院) 99

이분(李汾) 600

이사안(李師顔) 557

이석(李石) 405

이성(李成) 548, 556, 607

이세호(二稅戶) 145, 154, 423, 432

이순보(李純甫) 602~603, 615

이순우(李純祐) 587

이안전(李安全) 587

이야(李冶) 621

이양보(李良輔) 579

이양조(李諒祚) 273

이열(夷列) 240

이영(李英) 505

이용감(利用監) 477

이원호(李元昊) 268

이원황족(二院皇族) 307

이인효(李仁孝) 584

이전(李全) 511, 575

이정민(李靖民) 602

이조(李早) 607

이존욱(李存勖) 245

이종가(李從珂) 251

이준민(李俊民) 616

이준욱(李遵頊) 588

이진충(李盡忠) 43, 47

이철창(李鐵槍) 401

이통(李通) 399

이통감(利通監) 477

이특립(李特立) 518

이해고(李楷固) 48

이현충(李顯忠) 567

이회수(李懷秀) 52

이횡(李橫) 549

이흠(李遹) 607

찾아보기 675

익도(益都) 510
인속이치(因俗而治) 97
인일(人日) 315
인저석(寅底石) 61
인정군(人丁軍) 448
인황왕(人皇王) 122
일육권(日六眷) 36
임득경(任得敬) 585
임순(任詢) 607
임황(臨潢) 403
임황부(臨潢府) 101, 460
입춘(入春) 314

ㅈ

작답(斫答) 504
장각(張覺) 361
장각(張慤) 369
장개(張開) 529
장경인(張景仁) 612
장공(張龔) 368
장광재령(張廣才岭) 346, 420
장규(張珪) 607
장도(長道) 576
장령휘(張令徽) 363
장림(張琳) 215, 223, 530
장방좌(張邦佐) 512
장방창(張邦昌) 364, 366, 539, 582
장보(張甫) 529
장수(漳水) 457
장수(長壽) 485

장여읍(張汝揖) 510
장여즙(張汝楫) 512
장영(張榮) 370
장왕(張旺) 401
장용(張用) 369
장원소(張元素) 623
장종정(張從正) 623
장준(張浚) 545, 550~551, 566
장준(張俊) 550~551, 559
장중언(張中彥) 471
장통고(張通古) 555, 563
장행간(張行簡) 612
장헌(張憲) 558
장호(張浩) 398
장혼궁(章渾宮) 420
장홍신(張弘信) 440
장효순(張孝純) 543
재생의(再生儀) 317
저장호(著帳戶) 108, 147
적고내(迪古乃) 353, 635
적렬(敵烈) 92, 491
적몰지법(籍沒之法) 56
적영고(翟永固) 400
전각(田殼) 395, 413
전력(田櫟) 523
전연의 맹약[澶淵之盟] 91, 260
전전도점검사(殿前都點檢司) 100
전진교(全眞敎) 618
절가구(折可求) 542
점택무(店宅務) 476
정륭통보(正隆通寶) 477

정안(定安) 130
정안민(靖安民) 529
제거굉사과(制擧宏詞科) 386
제궁제할사(諸宮堤轄司) 108
제궁조(諸宮調) 609
제남(濟南) 543
제산의(祭山儀) 318
조개산(趙開山) 401
조공모(趙恭冒) 368
조광윤(趙匡胤) 257
조구(趙構, 강왕) 367, 539
조규(趙葵) 577
조량사(趙良嗣) 358
조망지(曹望之) 612
조방걸(趙邦傑) 368
조범(趙範) 577
조병문(趙秉文) 529, 600, 602, 608, 615
조복(阻卜) 93, 131, 200, 491
조아하(洮兒河) 490
조여우(趙汝愚) 569
조오가한(阻午可汗) 50, 139
조용의(曹勇義) 362
조자지(趙子砥) 370
조주(祖州) 219
조주(趙州) 368
조지미(趙知微) 621
조풍(趙灃) 608
족장(族帳) 54, 309
족장(族帳) 634
종각(從恪) 535

종간(宗幹) 359, 391, 555, 599
종망(宗望) 359, 362, 365, 539, 580
종반(宗磐) 359, 392, 553, 555
종보(宗輔) 540
종웅(宗雄) 599
종준(宗雋) 392, 555
종택(宗澤) 369, 540
종필(宗弼) 394, 540~541, 545, 547, 550, 555, 558, 560
종한(宗翰) 231, 299, 359, 363, 366, 391, 450, 539~540, 542~543, 553, 583
좌기궁(左企弓) 359, 361, 376
좌화(坐化) 525
주개(朱蓋) 574
주변(朱弁) 648
주온(朱溫) 247
주외(主隈) 350
주원아(周元兒) 513
주진형(朱震亨) 623
준주(浚州) 364
중경(中京) 182~183
중도(中都) 398
중부방(仲父房) 307
중양절(重陽節) 317, 653
중주집(中州集) 606
지염(池鹽) 469
직불고(直不姑) 93
진규(陳規) 527, 556
진극준(陳克俊) 570

진대임(陳大任) 412, 613
진양(晋陽) 125
진적사(眞寂寺) 296
진정부(眞定府) 366
진주(鎭州) 115, 121
진주(陳州) 449, 556~557
진회(秦檜) 552, 554
질랄(迭剌) 61
질랄부(迭剌部) 70, 107

ㅊ

찰가(察哥) 125
찰랄아(札剌兒) 504
찰팔(札八) 566
참지정사(參知政事) 100
창주(滄州) 522
창혼(搶婚) 630
채규(蔡珪) 471, 601, 614
채송년(蔡松年) 394, 478, 601
채정(蔡靖) 363
채주(蔡州) 449, 455, 526, 536, 564, 576, 578
책론진사과(策論進士科) 595
척은(惕隱) 77, 100
천덕(天德) 359
천석황제(天錫皇帝) 221
천수(天水) 576
천우황제(天佑皇帝) 237
천인읍사(千人邑社) 286
천조제(天祚帝) 204
천태(天泰) 508

철골타(鐵骨朶) 111
철려부(鐵驪部) 354
철륵(鐵勒) 39
철목진(鐵木眞) 493, 495
철화포(鐵火炮) 469
청령(青嶺) 344
청헌거(青軒車) 311
초갈(稍喝) 419
초오이파(炒伍備叺) 317
초인고(鈔引庫) 442
초인제(鈔引制) 442
최립(崔立) 535
최회부(崔淮夫) 438
추신지(鄒伸之) 578
출하점(出河店) 214, 354, 655
취의가(醉義歌) 281, 283
측(昃)발극렬 376
칭기즈칸 498, 502, 505, 530, 577, 587, 590

ㅋ·ㅌ

카라한 왕국 94~96, 236
케룰렌 강 69, 158
타뢰(拖雷) 532
타쇄(陀鎖) 503
타초곡(打草穀) 78, 113, 254
탁발규(拓跋珪) 37
탄산(炭山) 104, 166, 174
탈알린륵(脫斡鄰勒) 495
탑찰아(塔察兒) 578
탑탑이(塔塔爾) 493

태신특보수(泰神忒保水) 637
태원(太原) 363, 543
태원부(太原府) 366
태일교(太一敎) 620
태주(泰州) 357, 403, 453
태평(太平) 508
택주(澤州) 359, 365
토골론(土骨論) 345
토새이아(討賽咿兒) 316
토하(土河) 29
통검추배(通檢推排) 440
통문(統門) 345, 380, 638
통주(通州) 457, 471, 505
투애(投厓) 111
투하주(投下州) 102
투혼(偸婚) 630

ㅍ

파랄숙(頗剌淑) 346
파속부로(婆速府路) 460
팔척구(八尺口) 456
패주(覇州) 256
패특보(孛特補) 402
팽의빈(彭義斌) 512
편고(扁鼓) 164
평량부(平凉府) 588
평수년(平水本) 468
평양로(平陽路) 430
평주(平州) 361, 363
평준무(平準務) 526
평지송림(平地松林) 358

포고지(蒲古只) 58, 147
포로모타부(蒲魯毛朶部) 92
포로모타(浦盧毛朶)여진 341
포마전(鋪馬錢) 446
포선만노(蒲鮮萬奴) 506, 508, 575
포설(抛雪) 656
포섭부(蒲聶部) 347
포여(蒲與) 381
포족(胞族) 304
포찰(蒲察) 344, 545
포찰석가노(蒲察石家奴) 493
포찰칠근(蒲察七斤) 505
풍도(馮道) 78
풍주(豊州) 460
풍천우(馮天羽) 513
피실군(皮室軍) 113
필륵가(畢勒哥) 236
필리지리(必里遲離) 317

ㅎ

하간부(河間府) 464
하곡(河曲) 272
하동 8관(館) 581
하란산(賀蘭山) 273
하이라얼 강 167
하진(夏㐰) 513
하중부(河中府) 532
학정(郝定) 512
한기(韓琦) 571
한기선(韓企先) 377, 395

한덕양(韓德讓) 82, 146
한방(韓昉) 389, 393, 543, 612
한상(韓常) 548, 557, 559
한성(漢城) 167, 174
한세충(韓世忠) 541, 549, 551, 557, 559, 569
한아사(漢兒司) 99
한여가(韓汝嘉) 400
한연휘(韓延徽) 82, 152
한옥(韓玉) 614
한전(閑田) 153
한전법(限錢法) 524
한지고(韓知古) 82, 395
한초주(韓肖冑) 555
한탁주(韓侘冑) 569, 571~572
합보(函普) 344, 611, 628, 636
함주(咸州) 343
함평(咸平) 381
함평부(咸平府) 475
합라전(合懶甸) 341
합불륵한(合不勒汗) 497
해염(海鹽) 469
해원(解元) 550
해육부(奚六部) 102, 310
해주(解州) 368
핵리발(劾里鉢) 345, 348
핵손(劾孫) 636
행궁(行宮) 104, 106
허고(許古) 574
허항종(許亢宗) 473, 647
현주(顯州) 357

협고석리가(夾古石里哥) 512
협곡청신(夾谷淸臣) 495
협산(夾山) 359
호괴(胡瑰) 292
호란하(呼蘭河) 346
호려(胡礪) 601
호련(胡輦) 94, 131
호륜호(湖倫湖) 164
호리개(胡里改) 381
호십문(胡十門) 636
호재흥(扈再興) 576
호천작(胡天作) 529
호타수(滹沱水) 457
혼동강(混同江) 91
혼준(渾蠢) 380, 638
홀한성(忽汗城) 73
홍매(洪邁) 565
홍오군(紅襖軍) 510
홍호(洪皓) 424, 647
화상원(和尙原) 546
화신전(火神澱) 81
화신전의 변[火神澱之變] 125

화주(和州) 564
환도(斡都) 635
활가(滑哥) 60~61
활랄혼수(活剌渾水) 345
활주(滑州) 364
황룡부(黃龍府) 119, 130, 217, 356, 390, 453
황수(潢水) 29
황천탕(黃天蕩) 541
황통제(皇統制) 384
황하부전(黃河夫錢) 445
회골두(回鶻豆) 173
회골부(回鶻部) 94
회령부(會寧府) 379, 389, 475, 624
회발(回跋) 341, 343
회발부(回跋部) 92
회주(懷州) 219
회평주(會平州) 389
회하천(澮河川) 499, 526
회흘(回紇) 359
횡도의 싸움[橫渡之戰] 123

횡장(橫帳) 305~306
후당(後唐) 341
후주(後周) 255
후지(侯摯) 512
흉노(匈奴) 28
흑산(黑山) 31, 286
흔덕근가한(痕德菫可汗) 56
흘석렬(紇石烈) 344
흘석렬부(紇石烈部) 345, 417
흘석렬아오탑(紇石烈牙吾塔) 512, 517
흘석렬지령(紇石烈志寧) 403, 566~567
흘석렬집중(紇石烈執中) 500~501
흘석열량필(紇石烈良弼) 612
흠애정변(欽哀之變) 193
흠애황후(欽哀皇后) 192
흥요(興遼) 133
흥주(興州) 460
흥중부(興中府) 101

찾아보기 **679**